平罗年鉴

2022

◎平罗县地方志研究室　编

方志出版社
Publishing House of Local Records

图书在版编目(CIP)数据

平罗年鉴. 2022 / 平罗县地方志研究室编.—北京:
方志出版社, 2022. 12
ISBN 978-7-5144-5540-3

I. ①平… II. ①平… III. ①平罗县－2022－年鉴
IV. ①Z524.34

中国版本图书馆 CIP 数据核字(2022)第 257443 号

责任编辑:高孟君
责任校对:刘玉霞
责任印制:梅中英
出 版 者:方志出版社
地　　址:北京市朝阳区潘家园东里 9 号(国家方志馆 4 层)
邮　　编:100021
网　　址:http://www.zgfzcb.cn
发　　行:方志出版社图书营销中心(010-67110500)
印　　刷:宁夏文之杰印刷科技有限公司
开　　本:889 毫米×1194 毫米 1/16
印　　张:20
字　　数:632 千字
版　　次:2022 年 12 月第 1 版
印　　次:2022 年 12 月第 1 次印刷
定　　价:298.00 元

平罗县地方志编纂委员会

主　任：郭耀峰　县委副书记、政府县长

副主任：黄勤如　县委副书记

委　员：王利民　县委办公室主任

马春朝　人大办公室主任

雍珍善　政府办公室主任

陈小龙　政协办公室主任

杜学利　县委宣传部常务副部长

王继平　县发改局局长

梁　迈　县工信局局长

杨红军　县宗教局局长

张素玲　县文广局局长

杜艳红　县统计局局长

宋志斌　县财政局局长

吴会军　县档案馆馆长

委员会办公室设在县档案馆，吴会军兼办公室主任。

《平罗年鉴(2022)》编务人员

主　　编：吴会军

副 主 编：周　阳

编　　辑：吴会军　周　阳　邢宏亮　崔宁霞　苏　静

谢建锋　陈淑琴　马金平　马　斌

审稿人员：吴会军　周　阳　邢宏亮

摄　　影：周　阳　王　刚　吴　军　岳昌鸿等

编辑说明

一、《平罗年鉴》编纂指导思想是：以马克思列宁主义、毛泽东思想、邓小平理论、“三个代表”重要思想、科学发展观、习近平新时代中国特色社会主义思想为指导，坚持辩证唯物主义和历史唯物主义的立场、观点和方法，做到存真求实、实事求是，强化正史观念、信史观念、全史观念，努力为建设开放富裕和谐美丽平罗发展服务。

二、《平罗年鉴2022》系统汇集2021年1月至12月平罗县各项事业发展状况、重大事件和新成就、新经验，具有“资治、存史、教化”价值，为各级领导和社会各界人士了解平罗、建设平罗提供信息服务。

三、本年鉴采用分类编辑法，坚持年度性、全面性、系统性、层次性原则。以类目、分目、条目组成主体框架，条目是年鉴的基本表现形式。全书条目标题统一用黑体字加【】表示。所有条目均排在目录之中，作为检索系统，便于读者查阅。

四、本年鉴表现形式以记述为主，并穿插表格、图片。图片分公益彩页和插图（插图由各单位提供），力争做到图文并茂，相得益彰。

五、本年鉴体裁以编年体为主，少部分内容采用纪事本末体。

六、本年鉴设特载、专载、大事记、平罗综览、中共平罗县委员会、平罗县人大常委会、平罗县人民政府、政协平罗县委员会、中共平罗县纪律检查委员会　平罗县监察委员会、群众团体、民主党派、法治、社会管理、经济管理、财政　税务、科学技术、金融　保险、农业农村、工业、交通　通信、商业贸易、城乡建设、自然资源与环境保护、教育　体育、卫生健康　医疗保障、文化旅游、民族　宗教、乡镇、荣誉、附录，共30个类目。

七、本年鉴“组织机构及领导名录”收录行政、事业单位以及驻平区市属单位2021年在岗的副科级实职以上领导干部，任免情况予以注明。

八、本年鉴资料（含内文插图）由平罗县属单位及辖区内有关单位指定专人负责撰稿和提供，并经单位主要负责人审核，由县年鉴编辑部撰稿总纂成书，最后由县年鉴编辑部委员会审定，报自治区年鉴部门审批。

九、本年鉴文中所收录数据，由各单位负责提供，并经主管部门审核。国民经济和社会发展的重要数据，均采用平罗统计公报数据。

十、本年鉴严格实行出版物汉字使用管理规定及法定计量单位、出版物上的数字用法、标点符号规定，力求规范化。

平罗县地图

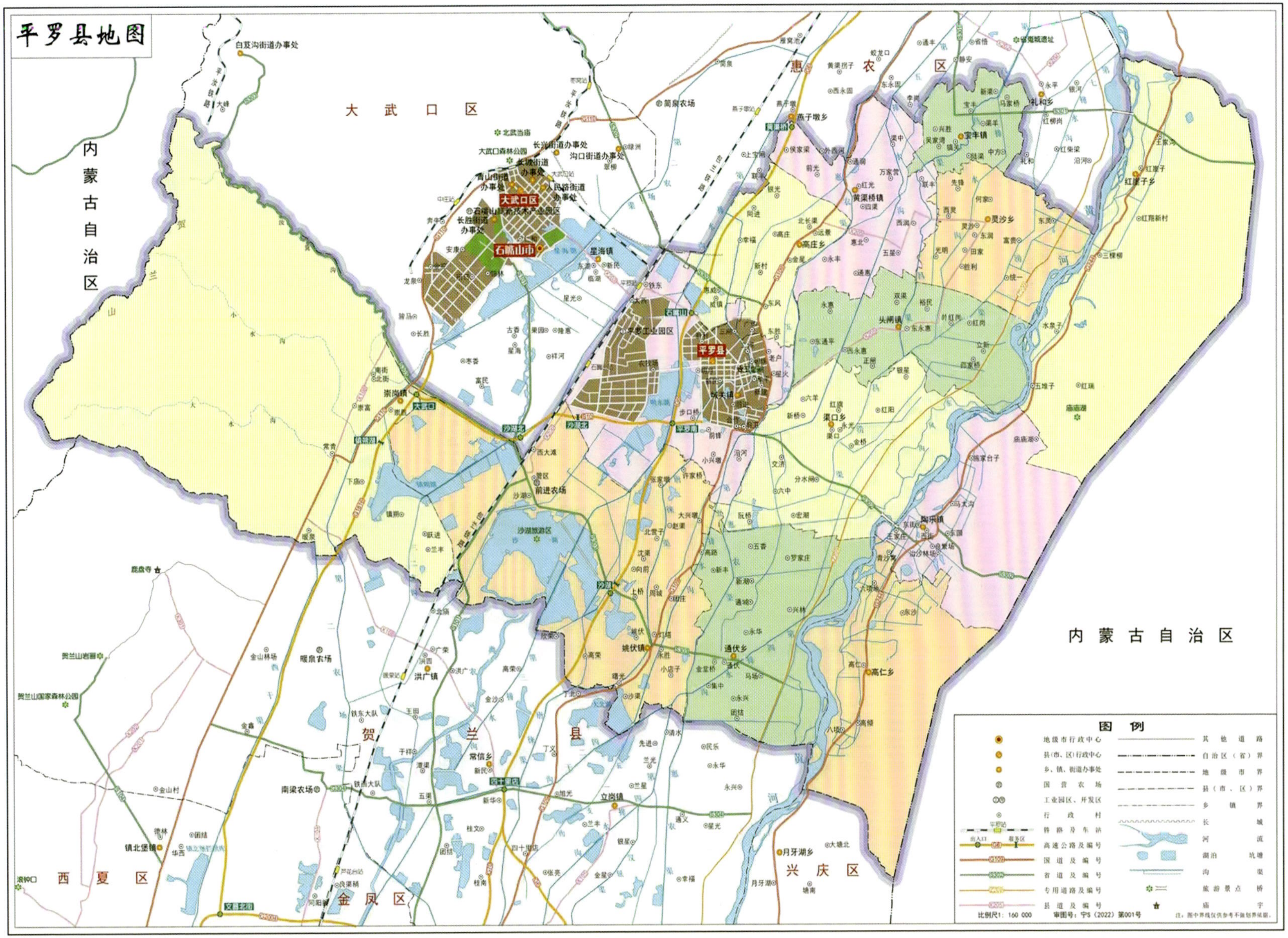
大武口区
惠农区
内蒙古自治区
内蒙古自治区
贺兰县
兴庆区
金凤区
西夏区
石嘴山市
大武口区
平罗县
宝丰镇
礼和乡
黄渠桥镇
灵沙乡
红崖子乡
燕子墩乡
高庄乡
头闸镇
渠口乡
城关镇
陶乐镇
高仁乡
通伏乡
姚伏镇
崇岗镇
星海镇
沙湖旅游区
前进农场
洪广镇
常信乡
立岗镇
月牙湖乡
镇北堡镇
暖泉农场
南梁农场
简泉农场
图例
地级市行政中心
县(市、区)行政中心
乡、镇、街道办事处
国营农场
工业园区、开发区
行政村
铁路及车站
高速公路及编号
国道及编号
省道及编号
专用道路及编号
县道及编号
其他道路
自治区（省）界
地级市界
县（市、区）界
乡镇界
长城
河流
湖泊 坑塘
沟渠
旅游景点 桥
庙宇
比例尺1：160 000
审图号：宁S（2022）第001号
注：图中界线仅供参考不做划界依据。

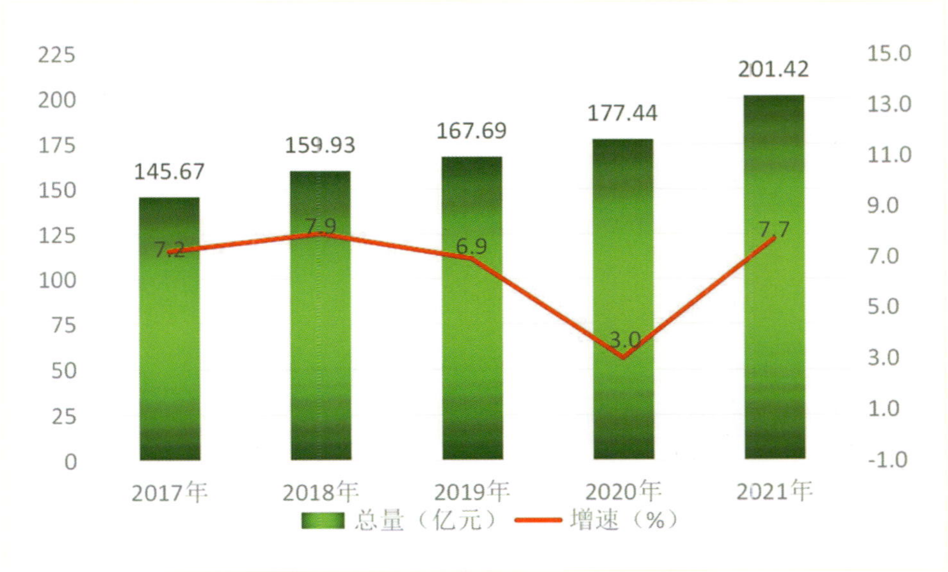

2017—2021 年全县地区生产总值及增速

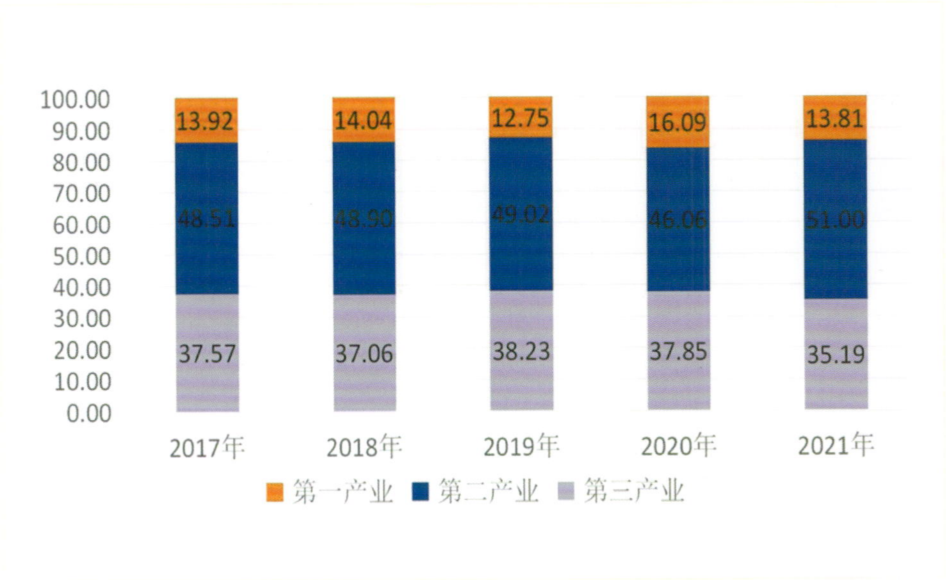

2017—2021 年全县三次产业增加值占地区生产总值比重

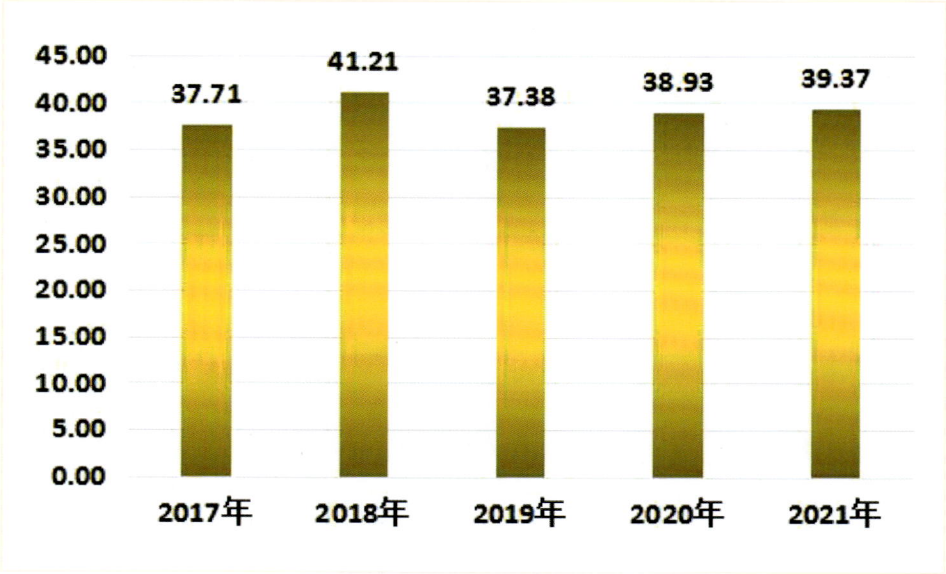

全县 2017—2021 年粮食产量(单位:万吨)

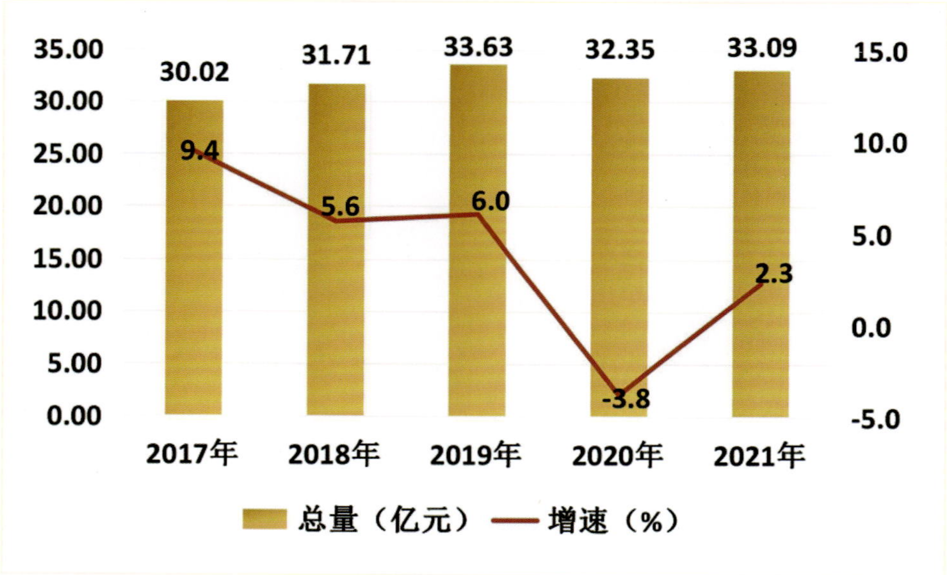

全县 2017—2021 年社会消费品零售总额及增速

2017—2021 年全县地方一般公共预算收入及增速

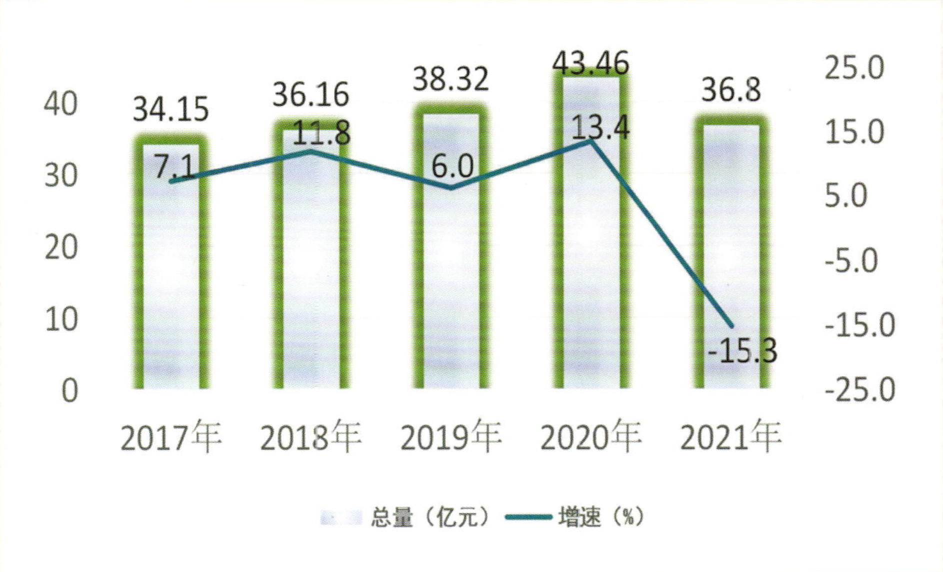

2017—2021 年全县地方一般公共预算支出及增速

2017—2021 年全县城镇居民人均可支配收入及增速

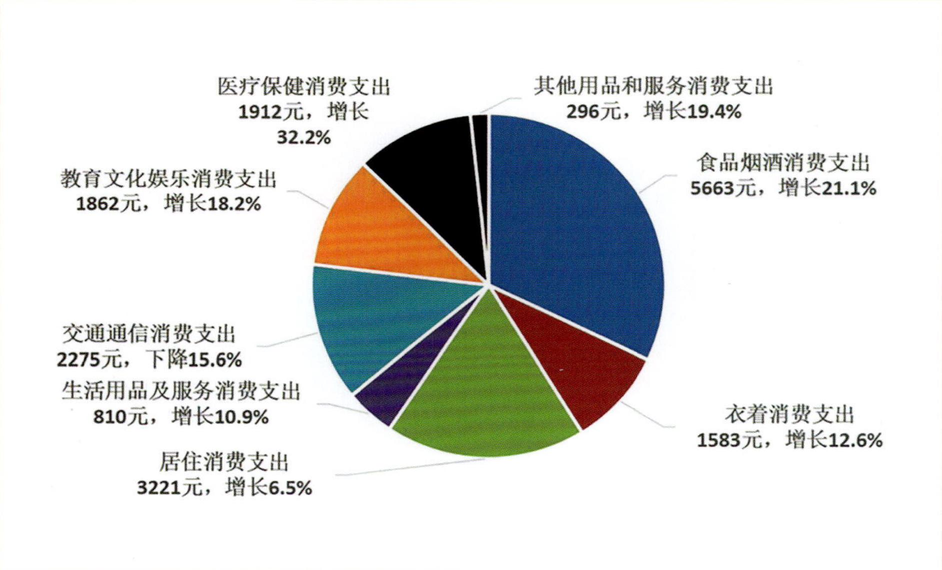

2021 年全县城镇居民人均生活消费支出构成及其增长幅度

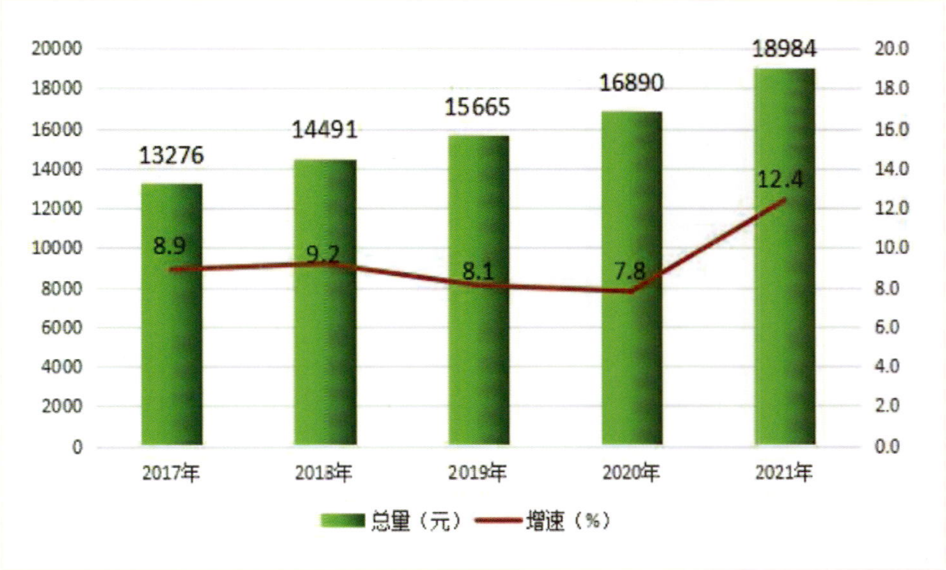

2017—2021 年全县农村居民人均可支配收入及增速

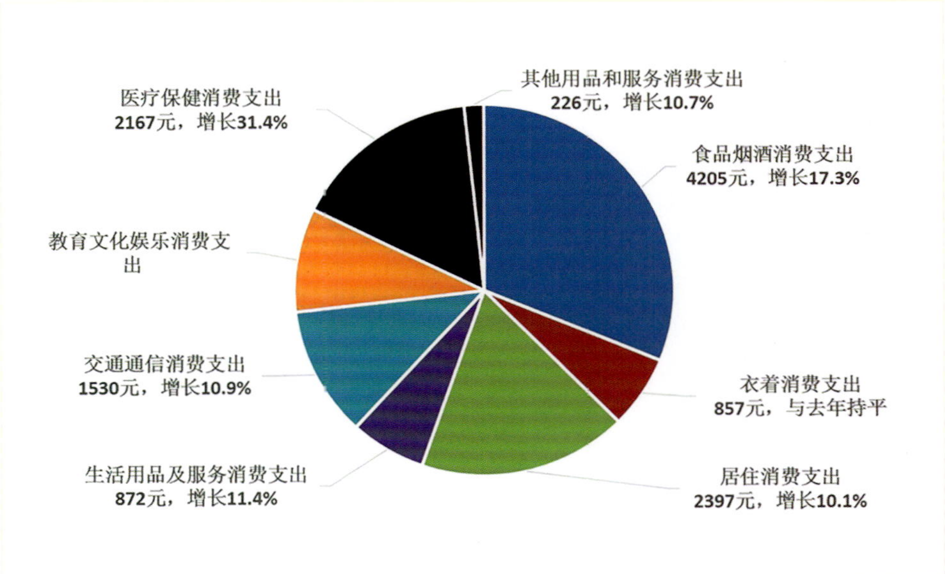

2021 年全县农村居民人均消费支出及其构成

贺兰山整治前

贺兰山整治后(1)

贺兰山整治后(2)

贺兰山整治

城市绿化

城市道路建设

城市建设

汇融新天地广场

建设中的姚伏镇灯塔村大村庄

玉皇阁公园改造

黄河标准化堤防

设施农业

平罗县头闸镇蔬菜制种园区

崇岗镇红树莓种植园区

现代化生态灌区自动化测控闸门

现代化生态灌区计量设施改造工程

现代化灌区信息化工程

平罗县瀚泉海水环境及生态修复综合治理工程

宁夏泰金种业股份有限公司

泰金种业蔬菜制种基地

番茄种植园区

红翔新村大地蔬菜种植园区

头闸镇蔬菜制种园区

庙庙湖土豆种植园区

庙庙湖移民村设施农业

庙庙湖村设施农业产业园

崇岗镇常青村红树莓节

宁夏欣启源农牧有限公司奶牛场

宁夏首朗吉元新能源科技有限公司

宁夏凌云化工有限公司

宁夏廷远活性炭有限公司

神州轮胎车间

宁夏滨泽新能源科技有限公司

崇岗工业园区

工业园区绿化带

建设中的宁夏润阳硅材料科技有限公司建设

宁夏滨泽新能源科技有限公司

平罗中学大课间

平罗中学大课间活动

平罗中学

红瑞燕宝小学

“互联网 + 教育”标杆校

2021 年 6 月 21 日，县委组织部组织开展“光荣在党 50 年”纪念章颁发暨新党员入党宣誓仪式

2021 年 6 月 11 日，共青团平罗县委员会组织开展传承党的百年光辉史基因　筑牢中华民族共同体意识专题宣讲

2021 年 4 月 29 日，县委宣传部、共青团平罗县委员会、平罗县文化旅游广电局、组织开展我用青春为党献礼五四文艺演出

2021 年 3 月 11 日，城关明月社区开展板凳课堂

4 月 1 日,由宁夏回族自治区教育厅主办、宁夏足球协会承办、平罗县教育体育局协办的全区中国足协 C 级教练员培训班在平罗县圆满落下帷幕

10 月 15 日至 20 日,在平罗县全民健身中心足球场和平罗二中足球场火热进行

平罗县崇岗镇长青村游园

惠民公园

黄河岸边荷花池

目 录

特 载

专 载

大事记

平罗综览

人文地理

自然环境

重要活动

政协平罗县委员会

综　述

重要会议

重要活动

中共平罗县纪律检查委员会 平罗县监察委员会

概　述

巡察监督

重要会议

重要活动

群众团体

科学技术

科技管理

人才工作

气　象

金融　保险

中国人民银行平罗县支行

工商银行平罗支行

农业技术推广

农业综合开发

农业综合执法

动物卫生监督

水产管理

农村经济管理

交通　通信

交通运输

邮　政

电　信

商业　贸易

商务投资

供　销

烟　草

盐　业

城乡建设

概　述

城市执法管理

公共事业管理

房地产管理

建设工程管理

教育　体育

教　育

体　育

平罗中学

职业教育中心

卫生健康　医疗保障

卫生健康

特　载

奋力担当先行区建设排头兵
高质量建设富裕美丽新平罗

——在中国共产党平罗县第十五次代表大会上的报告

（2021 年 9 月 24 日）

中共平罗县委书记　宋世文

同志们：

现在，我代表中共平罗县第十四届委员会向大会作报告。

中国共产党平罗县第十五次代表大会，是在庆祝我们党百年华诞的重大时刻、开启全面建设社会主义现代化新征程的关键节点，召开的一次承前启后、继往开来的重要会议。

大会的主题是：高举习近平新时代中国特色社会主义思想伟大旗帜，深入学习贯彻习近平总书记视察宁夏重要讲话精神，团结带领广大党员干部群众，立足新发展阶段，贯彻新发展理念，融入新发展格局，弘扬伟大建党精神，凝心聚力，真抓实干，奋力担当先行区建设排头兵，高质量建设富裕美丽新平罗。

一、回顾五年历程，在砥砺前行中交出满意答卷

县第十四次党代会以来，在自治区党委、市委的坚强领导下，县委始终坚持以习近平新时代中国特色社会主义思想为指导，团结带领全县上下，应对重大挑战、经受重大考验、破解重大难题，圆满完成了“十三五”规划目标任务，全面建成了小康社会，疫情防控取得重大成果，各项事业发展取得新进步、迈上新台阶，在平罗改革发展稳定进程中谱写了浓墨重彩的崭新篇章。

——我们始终坚持转型升级、创新驱动，综合实力显著增强。全县GDP达到177.4亿元、年均增长6.4%，人均GDP达到6.5万元、年均增长6.2%，完成固定资产投资546亿元、年均增长2.3%，地方一般公共预算收入达到7.1亿元、税收收入占比达70%。现代农业发展势头强劲，粮食总产量达38.5万吨，宁夏种业博览会影响力不断提升；传统工业加快转型升级，首朗吉元燃料乙醇、福瑞硅烷偶联剂等一批转型项目、高端项目投产达效，培育规上企业167家、科技型企业125家，工业总产值达到399亿元，平罗工业园区获评国家级产业转型升级示范园区；服务业呈现多元发展态势，成功创建国家全域旅游示范县，获批全国电子商务进农村综合示范县。通过五年的转方式、调结构、换动能，经济发展开创了总量扩大、质量提升的全新局面。

——我们始终坚持生态优先、绿色发展，生态环境改善向好。中央环保督察及“回头看”反馈问题完成整改销号，污染防治攻坚战取得阶段性重大成果。实施大气污染防治项目554个，治理“散乱污”企业684家，出清“僵尸企业”129家，崇岗园和西大滩实现由“黑”到“绿”的华丽蜕变。建成循环产业园污水处理厂和典农河、翰泉海人工湿地等21个水生态环境治理工程，黄河平罗段水质稳定在Ⅱ类，沙湖平均水质稳定达到Ⅲ类。土壤环境质量总体保持稳定，一般工业固废综合利用率提高到51.8%，畜禽粪污综合利用率达到96%。绿色空间不断扩大，森林覆盖率达到8.09%。通过五年的改善生态、污染治理、环境保护，天蓝地绿水美的美丽平罗更加靓丽。

——我们始终坚持深化改革、扩大开放，发展活力更加强劲。全面改革不断深化，实施重点领域改革任务362项。“四权”改革破题开局，各项任务举措落实落地；农村改革纵深推进，累计办理农村产权抵押贷款15.6亿元，80%的行政村集体经营性收入达到10万元以上，多项改革成果为国家修法提供了“平罗智慧”；“放管服”改革不断深化，政府类、社会类投资项目审批时限大幅压缩，企业开办时间压缩至0.5个工作日，新增市场主体1.64万户。对外开放不断扩大，招商引资、招商引企成效明显，引进落地项目542个，争取各类资金207亿元。通过五年的不断深化改革、扩大开放，破解了发展难题，拓展了发展空间，增强了发展活力。

——我们始终坚持统筹融合、协调推进，城乡发展阔步前行。城市更新行动稳步推进，累计实施水电气路讯网、老旧小区改造、公共配套设施等城建项目120个，热电联产集中供热全覆盖，老城区逐步提质升级，新城区功能日益完善，城镇化率达到53.7%。乡村建设行动稳步推进，打造美丽小城镇6个、美丽村庄38个，完成改厕2万多户，农村垃圾和污水处理设施不断完善，饮水和住房安全全面达标，庙庙湖村获评全国美丽宜居村庄，农村人居环境三年整治行动圆满收官。通过五年的城乡建设、环境治理，让老百姓居住更暖心、出行更顺心、生活更舒心。

——我们始终坚持为民惠民、共建共享，民生福祉持续增进。城镇居民和农村居民人均可支配收入分别达到29683元、16890元，年均增长6.9%和8.4%。脱贫攻坚战取得全面胜利，3个贫困村脱贫出列，14466名建档立卡贫困人口全部脱贫，全国易地扶贫搬迁后续扶持工作现场会在我县观摩，陶乐镇荣获全国脱贫攻坚先进集体。教育、医疗、文化、养老、社保等公共服务水平不断提升，“互联网+教育”示范县、“互联网+医疗健康”示范区建设取得实质进展，义务教育发展基本均衡县通过国家验收，创新推出“基层检查＋上级诊断＋区域共认”诊疗服务“平罗模式”，乡村综合文化服务中心全覆盖，县融媒体中心建成投用，新时代文明实践中心建设被列为国家试点，涌现出白琴、马金兰等全国道德模范、中国好人。通过五年的持续补短板、强弱项，民生事业取得了全面进步，老百姓的生活水平大幅提升，实现了富口袋与富脑袋的双丰收。

——我们始终坚持底线思维、依法治县，社会大局和谐稳定。政治、经济、社会等重点领域保持稳定，防范化解重大风险攻坚战取得积极成效。平安平罗、法治平罗建设取得明显成效，连续四年获评全区“平安县”。扫黑除恶专项斗争、政法队伍教育整顿深入开展，荣获全区扫黑除恶专项斗争先进集体。矛盾纠纷排查化解扎实有效，通过领导干部包案下访等制度推动化解了一批信访积案。成功创建全国民族团结进步示范县，宗教领域突出问题全面整改完成。通过五年的依法治理、法治建设，社会和谐、民族团结、宗教和顺的局面更加巩固。

——我们始终坚持党要管党、从严治党，政治生态风清气正。开展“两学一做”学习教育、“不忘初心、牢记使命”主题教育和党史学习教育，党员干部“四个意识”更加牢固、“四个自信”更加坚定、“两个维护”更加自觉，坚定不移感党恩听党话跟党走，意识形态领域持续向善向好。基层党建“六项行动”、模范机关创建、软弱涣散和后进党组织整顿、“两新”组织建设等取得明显成效，乡镇、村（社区）换届工作圆满完成。加强干部队伍建设，调整交流干部1594人次；落实“三优”政策，乡镇干部工资高于县直机关同职级20%，村（社区）干部报酬提高22%以上。加强反腐倡廉建设，持续发力纠治“四风”，深化拓展基层减负，立案查处违纪违法案件476件，给予党纪政务处分506人次，移送司法机关9人。基本完成中央和自治区党委巡视反馈问题整改。本届县委巡察实现全覆盖。通过五年的持续抓政治强责任、抓教育强信念、抓班子强队伍、抓基层强基础、抓惩治强震慑，党风政风为之一新，广大干部人心思齐、人心思进。

五年来，县委切实加强党的全面领导，充分发挥总揽全局、协调各方作用，全力支持县人大及其常委会、政府、政协、法院、检察院依法依章履行职能，落实党管武装政治责任，巩固和发展爱国统一战线，有效发挥群团组织作用，为推动改革发展稳定凝聚起了强大合力。

五年砥砺奋进，成就鼓舞人心。这些成绩的取得，是习近平新时代中国特色社会主义思想定向领航的结果，是自治区党委、市委坚强领导的结果，是在历届县委打下的基础上接续奋斗的结果，是全县广大党员干部群众辛勤创造的结果。在此，我代表中共平罗县第十四届委员会，向为平罗改革发展付出心血汗水、作出积极贡献的各级领导班子、党员干部、广大群众以及社会各界人士，致以崇高的敬意，表示衷心的感谢！

五年的发展实践，饱含着奋斗的艰辛和成功的喜悦，蕴含着深刻的启示和宝贵的经验。我们深切体会到：无论发展环境多复杂，坚持党的坚强领导，坚持用党的创新理论厘清思路、廓清迷雾，始终是确保各项事业沿着正确方向发展的根本前提；无论发展形势怎么变，坚持以新发展理念引领高质量发展，用发展的办法解决发展中的问题，始终是县委工作的主旋律；无论发展困难有多少，坚持用改革破解难题、激发活力，用创新增强动力、推动发展，始终是打开工作局面的重要法宝；无论发展压力有多大，坚持人民至上，解决群众反映的操心事、烦心事、揪心事，始终是经济社会发展的出发点和落脚点。这些经验来源于我们理论的清醒、认识的升华、实践的积累，必须长期坚持。

同志们，奋斗充满艰辛，成绩来之不易。我们可以自豪但绝对不能自满，我们可以自信但绝对不能自大。必须清醒地认识到：当前我县发展中还存在一些不容忽视的问题，工作中还有不少亟待改进的地方，对照高质量发展要求，经济结构矛盾突出、资源环境约束趋紧、增长动力后劲不足、质量效益仍然偏低的状况尚未根本改变；对照群众生活美好期盼，老百姓的富裕程度、公共服务供给水平、生态环境质量等方面还存在较大短板；对照全面从严治党政治责任，有的党员干部思想理念、能力水平与新形势、新任务、新要求还不相适应，等等。对此，我们必须以科学的态度、正确的认识、有力的举措，在今后工作中切实加以解决。

二、展望五年远景，在审视思辨中把准时代坐标

新时代绘就新蓝图，新征程吹响新号角。习近平总书记在庆祝中国共产党成立100周年大会上向全世界庄严宣告，经过全党全国各族人民持续奋斗，我们实现了第一个百年奋斗目标，在中华大地上全面建成了小康社会，历史性地解决了绝对贫困问题，正在意气风发向全面建设社会主义现代化强国的第二个百年奋斗目标迈进。进入新的发展阶段，站在新的历史起点，在谋划和推进现代化进程中高质量建设富裕美丽新平罗，需要我们辩证把握发展大势，认真审视自身发展，充分把握机遇挑战，始终保持永不懈怠的精神状态、一往无前的奋斗姿态，在危机中育先机，于变局中开新局。

建设富裕美丽新平罗，必须在明辨发展形势中做到准确识变、科学应变。当今世界正处在激荡变革期，百年变局与世纪疫情交织叠加，中华民族伟大复兴进入关键时期。我们平罗也一样，当前正处在大有作为的战略机遇期、不进则退的转型关键期、蹚出新路的时代答卷期，正面临着“东升西降”演变带来的发展格局之变、新一轮科技和产业革命带来的驱动力量之变、县域经济发展带来的竞争态势之变、群众对美好生活期盼带来的民生需求之变。面对变革这个时代主题，唯有准确识变、科学应变、主动求变，才能赢得主动、抢得先机、制胜未来。

建设富裕美丽新平罗，必须在审视自身发展中做到扬长补短、扬长避短。平罗是宁夏的一块宝地，发展的机遇与挑战并存，发展的优势与短板并存。唯有充分发挥资源禀赋独特、产业基础良好的先天优势，充分用好国家支持宁夏建设先行区的利好政策，拿出壮士断腕的决心、刀刃向内的狠劲，才能破解能源结构偏煤、产业结构偏重、生产结构偏粗的困境，破除“高碳”锁定、“高耗”制约带来的难题，蹚出一条高质量发展的路子。

建设富裕美丽新平罗，必须在履职担当尽责中做到坚守初心、恪守民心。习近平总书记多次强调，江山就是人民，人民就是江山。建设富裕美丽新平罗，时代是出卷人，我们是答卷人，群众是阅卷人，唯有时刻把人民装在心中，牢记“任期是有限的，责任是无限的”，坚持发展为人民谋幸福、发展为人民增福祉，以担当的精神把工作做优、把实事做实、把民心做暖、把事业做强，才能践行初心、践诺使命，努力做出无愧于时代、无愧于人民、无愧于历史的业绩。

建设富裕美丽新平罗，必须在提升能力本领

中做到守正创新、推陈出新。软肩膀挑不起硬担子。建设先行区、推动高质量发展，对各级领导干部的能力本领提出了新的更高要求。唯有对标习近平总书记提出的提高“七种能力”的要求，全面增强服务发展、保障发展、推动发展的本领，善于创造性地开展工作，敢于打破过时的发展模式、陈旧的思维定式、制约的路径依赖，下大气力解决新办法不会用、老办法不管用、硬办法不敢用、软办法不顶用的能力问题，才能全力破解产业转型发展、生态环境保护、城乡环境治理等难题，奋力开创各项工作新局面。

建设富裕美丽新平罗，必须在转变作风中做到真抓实干、务实苦干。历史从来不等待观望者、懈怠者，只会眷顾实干者、奋斗者。唯有大力弘扬“社会主义是干出来的”伟大号召，坚持实字为先、干字为要，在现代化建设中撸起袖子加油干，在先行区建设中探索创新主动干，在产业转型升级中甩开膀子务实干，在社会民生改善中一心为民用情干，在各项事业发展中团结一致齐心干，不搞表面文章，不搞虚假政绩，才能以实干展现新作为、焕发新气象，靠实干体现新担当、交出新答卷。

今后五年工作的指导思想是：坚持以习近平新时代中国特色社会主义思想为指导，按照“五位一体”总体布局和“四个全面”战略布局要求，坚决贯彻落实习近平总书记视察宁夏重要讲话精神和党中央重大决策，全面贯彻落实自治区党委、市委部署要求，立足新发展阶段，贯彻新发展理念，融入新发展格局，坚持和加强党的全面领导，坚持稳中求进工作总基调，以推动高质量发展为主题，以深化供给侧结构性改革为主线，以改革创新为根本动力，以满足人民日益增长的美好生活需要为根本目的，推进全面从严治党向纵深发展，统筹发展和安全，坚决守好三条生命线，走出一条高质量发展新路子，奋力担当先行区建设排头兵，高质量建设富裕美丽新平罗，为继续建设经济繁荣民族团结环境优美人民富裕的美丽新宁夏作出平罗贡献。

今后五年，我们的主要奋斗目标是：

——经济实力明显提升。地区生产总值达到300亿元左右，地方一般公共预算收入达到15亿元左右，年均增速分别高于全区平均水平。创新能力显著提高，R&D经费投入强度达到全区平均水平。经济结构进一步优化，现代产业体系基本形成。

——生态环境明显改善。绿色低碳生产生活方式基本形成，能源资源利用效率大幅提升，生态环境质量持续改善，城乡人居环境显著改观，主要污染物排放总量持续减少，单位GDP用水量、能源消耗逐步下降，森林覆盖率达到12%以上。

——社会文明明显进步。社会主义核心价值观深入人心，全民思想道德素质明显跃升，公共文化服务体系更加完善，群众精神文化生活日益丰富，全国县级文明城市创建取得积极成效。

——改革开放明显突破。重点领域改革系统集成、协同高效，“四权”改革取得重要成果，农村改革再创“平罗经验”，营商环境进一步优化，市场主体充满活力，开放型经济体制不断完善、新优势不断显现、新动能不断增强。

——民生水平明显提高。扎实推进共同富裕，城镇居民和农村居民人均可支配收入年均分别增长7%和8%以上，城镇调查失业率控制在5.5%以内。社会事业全面进步，各类教育普及程度高于全区平均水平，基本公共服务水平达到全区中上水平，人均预期寿命达到全区平均水平。

——治理效能明显增强。全面依法治县深入

推进,民主法治更加健全,基层基础更加稳固,六大领域基层治理体系更加完善,治理能力现代化水平走在全区前列,发展安全保障更加有力。

——党的建设明显加强。全面从严治党向纵深发展,各领域党建工作全面进步、全面过硬,各级领导班子更加坚强有力,基层党组织战斗堡垒作用和党员先锋模范作用充分发挥,干部队伍作风素质更加过硬,政治生态更加风清气正。

实现新的奋斗目标,做好未来五年工作,必须坚持“一个统领”,围绕“两大定位”,打好“三大战役”,实现“三个转变”。

一个统领:就是坚持以先行区建设统领富裕美丽新平罗建设。建设先行区,是习近平总书记赋予宁夏的时代重任,既是殊荣,更是责任。平罗全境属于黄河流域,经济社会的发展得益于黄河的滋润,群众的幸福生活受益于黄河的哺育。县委提出要奋力担当先行区建设排头兵,就是要心怀“国之大者”、服务国家战略、站位黄河流域,把先行区建设作为政治任务和时代重任,以先行的理念、先破的改革、先试的担当,推动经济结构优化、发展方式转变、增长动能转换,干在实处、走在前列,为全区黄河流域县(市)生态保护和高质量发展作出示范、创造经验、打造样板。

两大定位:就是既要共同富裕,又要全域美丽。共同富裕是社会主义的本质要求,是人民群众的共同期盼。平罗已经全面建成小康社会,在现代化建设新征程中,面对人民群众日益增长的美好生活需要,必须把促进共同富裕摆在重中之重的位置、作为为人民谋幸福的着力点,通过高质量发展实现群众物质生活富裕,通过深厚文化滋润实现群众精神生活富裕,推动全体人民共同富裕迈出坚实步伐。全域美丽是现代化建设的题中应有之义,就是要以生态环境之美,让绿色成为发展的鲜明底色;以民族团结之美,让各民族手足相亲、守望相助;以社会和谐之美,让政治安全、社会安定、人民安宁的大好局面持续巩固。

三大战役:就是要打好“产业转型发展战役”,通过深化供给侧结构性改革,优化产业结构、产能结构、产品结构,加快构建现代产业体系,切实解决产业结构倚重倚能、层次不高、竞争力不强等问题,实现质量变革、效率变革、动力变革。打好“生态环境保护战役”,围绕控总量、减存量、增绿量,坚定不移打好污染防治、绿化贺兰山、大规模国土绿化等硬仗,呵护好“母亲河”,守护好“父亲山”,保护好“平罗蓝”。打好“城乡环境治理战役”,通过实施城市更新和乡村建设两大行动,全面提升城市人居环境面貌,全面治理农村环境“脏乱差”和村庄“空心化”等突出问题,建设美丽县城、美丽乡村。

三个转变:就是要加快推动发展方式从规模速度为主转向量的增长质的提升,结构调整从增量扩容为主转向调整存量做优增量、增长动力从要素投入为主转向要素拉动创新驱动,实现“工业大县”向“工业强县”的转变。就是要紧盯现代畜牧、优质瓜菜、特色制种等优势产业,在区域化布局、标准化生产、品牌化经营、融合化发展上下好先手棋,完善现代农业产业、生产、经营三大体系,实现“农业大县”向“农业强县”的转变。就是要充分挖掘平罗丰富的文化资源,打响文化品牌,做好融合文章,把文化优势转化为经济优势、竞争优势,实现“文化大县”向“文化强县”的转变。

三、奋进五年征程,在攻坚克难中闯出发展新路

新目标开启新征程,新使命召唤新作为。奋力担当先行区建设排头兵,高质量建设富裕美丽新平罗,是县委对全县人民作出的庄严承诺,必

须以新发展理念为引领，聚焦“七个明显”的奋斗目标，紧扣“1233”的方向路径和战略任务，以知责于心、担责于身、履责于行的行动自觉，锐意进取、攻坚克难，走出一条贯彻中央精神、落实区市要求、体现平罗特色的高质量发展路子。

（一）着力推动产业发展，促进经济量质大提升。坚持把产业发展作为富财强县的根本之策，优一产、强二产、兴三产，切实以产业的大发展推动经济综合实力的大提升。

以重点产业增后劲。聚焦自治区九个重点产业，全面推进产业发展向高端化、绿色化、智能化、融合化方向发展；提高煤炭作为化工原料的综合利用效能，促进煤化工产业高端化、多元化、低碳化发展。实施集群发展行动，大力发展化工、晶硅、电池、石墨烯等新材料产业，积极发展煤基特种燃料、煤基生物可降解材料，实施宁夏润阳10万吨高纯多晶硅和5G兆高效电池、新安科技草胺膦和草甘膦高效农药、多氟多BDO等项目，打造500亿级新材料产业集群；大力发展光伏、风电、氢能等产业，打造100亿级清洁能源产业集群；大力发展功能食品、营养食品、保健食品等产业，打造100亿级绿色食品产业集群；创建国家现代农业示范区，支持现代化牧场建设，奶牛存栏达到20万头以上，引进高端乳制品加工企业，打造150亿级高端奶产业集群。实施龙头培育行动，坚持引培并重，扎实推进“个转企、小升规、规改股、股上市”，支持做大做强一批行业龙头企业、市场单打冠军，培育上市企业2家，形成大企业顶天立地、中小企业铺天盖地。实施品牌打造行动，用好宁夏种业博览会等平台，打响国家区域性蔬菜良种繁育基地和“平罗种子”品牌，打响“黄渠桥羊羔肉”国家地理标志品牌，唱响“醉美沙湖、毓秀平罗”国家全域旅游品牌，增强产业发展竞争力。实施融合增值行动，大力推行“旅游+”“文化+”“服务+”模式，培育壮大现代物流、特色商贸、网络电商等新产业新业态，做精沙湖国家级旅游度假区，培育一批旅游重点村，打造集景区旅游、乡村旅游、生态旅游为一体的全域旅游“升级版”。

以转型升级提动能。正确处理立与破、进与退、保与压的关系，坚决打好产业转型发展战役，打造经济转型发展创新区示范样板。做好“调”的文章，运用市场化、法治化手段，淘汰落后产能，出清“僵尸企业”，为先进产能、先进产业腾出发展空间。做好“转”的文章，大力实施工业转型升级三年行动，深入推进延链补链强链壮链，绿色氰胺产业重点发展氰胺医药、电子级双氰胺等下游产品，装备制造产业重点发展高端轮胎、精密铸件等高端产品，提高附加值，增强竞争力。做好“改”的文章，大力实施结构改造、绿色改造、技术改造、智能改造，持续推进设备换芯、机器换人、生产换线、产品换代，抓好滨江燃料乙醇、神州轮胎三期四期等项目建设，力争技改投资年均增长10%以上。

以做优园区强支撑。在提升竞争力上下功夫，以创建自治区高质量发展示范园区为抓手，加快园区总体规划和总规环评编制，力争把平罗工业园区打造成千亿级园区，带动全县工业总产值突破千亿元。在提升承载力上下功夫，深化园区体制机制改革，完善“管委会+公司”实体化运作模式，赋予更多自主权，加快完善道路、供排水、蒸汽管网、生态绿化等基础设施，配套建设商务中心、租赁住房、商贸物流等服务设施，打造“低成本园区”。在提升集聚力上下功夫，坚持亩均论英雄、产值论英雄、效益论英雄，坚持错位发展、布局合理，集中打造医药农药、精细化工、碳基材料等专业园，提高产业集聚集群效应。

（二）着力保护改善生态，促进环境质量大提升。深入贯彻落实习近平生态文明思想，牢固树立绿水青山就是金山银山的理念，坚定打好生态环境保护战役，守好改善生态环境生命线。

狠抓污染防治攻坚。坚定抓好中央和自治区环保督察反馈问题整改提升，集中攻克老百姓身边的突出生态环境问题，打造环境污染防治率先区示范样板。持续打赢蓝天保卫战，扎实推进“四尘”同治，实施重点行业超低排放改造，开展园区“异味源”专项整治，推动工业污染物全面达标排放，确保环境空气质量稳定达到国家二级标准，优良天数比例达到80%以上。持续打好碧水保卫战，以入黄排水沟为重点，以企业污染源头治理为关键，实施工业园区污水处理厂、中水厂等项目，全面落实河湖长制，统筹推进“五水”共治，确保主要入黄排水沟水质稳定达标，黄河平罗段水质保持Ⅱ类进Ⅱ类出。持续打好净土保卫战，深入推进“六废”联治，实施工业固废综合利用项目，科学处置工业固废（危废）和医废，加强农膜、农药、化肥等农业面污染源防治，建设大宗工业固废综合利用示范基地。

狠抓生态保护建设。统筹山水林田湖草沙系统治理，加快县域国土空间规划编制，加强生态保护修复和环境综合治理，打造生态保护修复示范区示范样板。打好黄河生态治理硬仗，实施黄河宁夏段头道墩至都思兔河右岸综合治理滨河道路、河道控导、滩区退耕还湿等工程，保障黄河安澜、保护流域生态，打造河段堤防安全标准区示范样板。打好绿化贺兰山硬仗，实施贺兰山东麓平罗段生态修复等重大项目，提升气候调节、防沙固碳、水源涵养生态功能。打好大规模国土绿化硬仗，实施110国道、典农河流域、红陶公路等生态廊道建设，抓好环村绿化、主干道路、防沙治沙等全域绿化工程，探索“以林养林”“以地换林”“以能换林”新模式，五年内完成营造林25万亩，治理荒漠化10万亩以上，恢复湿地16万亩以上。

狠抓绿色低碳发展。严格落实“三线一单”管控制度，确保资源可持续、环境可承载。认真落实碳达峰碳中和目标要求，科学制定碳达峰行动方案，坚决遏制“两高”项目盲目发展。探索“工业+生态”发展模式，大力发展循环经济，实施余热回收发电、尾气制燃料乙醇等再生资源利用项目，走出一条“吃干榨尽”变废为宝的绿色发展路子。坚持“四定”原则，推进现代化生态灌区建设，实施中线供水、“互联网+城乡供水”工程，加快建设节水型社会。

（三）着力抓好以城带乡，促进城乡面貌大提升。坚持新型城镇化与乡村振兴双轮驱动，既建设繁华的城市、也建设繁荣的农村，既抓“面子”也抓“里子”，坚定打好城乡环境治理战役，让人民生活更舒心、更美好。

提升城市建设品质。推进老城区有机更新，科学规划设计城市风貌，挖掘城市文化底蕴，加快老旧小区、城中村、背街小巷特色化改造，提升主街道、标志性建筑等外立面形象，彻底整治烂尾楼等城市“伤疤”，改出城市新颜值、发展新空间、生活新品质。推动新城区扩容提质，盘活闲置楼盘，开发高品质住宅小区，实施全民健身馆、游泳馆等项目，增强集聚力和辐射力。着力补齐基础设施短板，实施第三污水处理厂等项目，完善排水防涝、雨水截污、垃圾污水处理等配套设施，提高城市综合承载力。提升交通畅达能力，打通城市断头路，建设智慧停车场，优化公交线路，让群众出行更加便捷高效。拓展城市绿色空间，加强城市出入口绿化美化，因地制宜建设小微游园、城市绿道，推进拆墙透绿、见缝植绿，打造城市“绿肺”、城市“氧吧”。

提升乡村建设内涵。坚持用经营城市的理念经营小城镇，结合资源禀赋、区位特点和产业特色，加快推进陶乐、黄渠桥、姚伏、崇岗等中心镇建设，统筹推进宝丰、红崖子、通伏、高仁等特色乡镇建设，打造一批产业强镇、商贸重镇、文化名镇、旅游小镇，真正把乡镇建成服务农民的区域中心。坚持把生态宜居作为美丽乡村的基底，加快编制村庄布局规划和“多规合一”实用性村庄规划，高标准配套基础设施、公共服务设施，科学规划布局产业园、创业园，打造姚伏镇灯塔村等一批黄河流域生态宜居美丽村庄，推动“千村一面”向“各美其美”转变。全面落实自治区农村人居环境整治示范县创建任务，推动厕所改造、垃圾污水治理、清洁取暖全域覆盖，打造“五美乡村”。

提升城乡管理水平。深化全国县级文明城市创建，加大城乡管理投入力度，深入开展城乡环境综合整治，健全完善常态化管理机制，不断提升城乡管理精细化水平。加强环境保洁管理，全面整治“六乱”突出问题，清理整治管线“蜘蛛网”，推动街面管理网格化、集市管理规范化、路面清扫机械化，让环境更整洁、更干净、更优美。加快智慧城市建设，推进智慧社区、交通、城管、旅游、气象等“城市大脑”建设，让城市更聪明、更智慧、更便利。创新管理体制机制，加强联合执法能力建设，提高文明执法水平，让城市更规范、更文明、更有温度。规范物业服务管理，全面推广“红色物业”模式，提高物业服务质量，提升群众满意度。

（四）着力深化改革开放，促进发展活力大提升。着眼融入新发展格局，以改革的魄力、开放的姿态、创新的锐气，推动改革开放取得新突破，为高质量发展蓄势赋能。

坚持用好深化改革重要法宝。坚持问题导向、目标导向、结果导向，推出一批创新型、引领型举措，有的放矢推进各项改革。深化“放管服”改革，全面推行审批服务“马上办、网上办、掌上办、就近办、一次办”，让市场主体和群众依规办事不求人，以一流的营商环境吸引投资。深化“四权”改革，围绕节水增效、盘活增值、降污增益、植绿增绿4个重点目标，抓住确权、赋能、定价、交易4个关键环节，健全资源有价、使用有偿、交易有市、节约有效的制度机制，积极争取复垦指标跨省交易，促进群众增收、企业增效、资源节约、生态改善。深化农村综合改革，抓好全国集成农村改革、宅基地制度改革等试点任务，探索“一户一田”“一村一庄”“一家一证”“一社一型”发展模式，释放更多改革红利。统筹推进社会事业、党的建设制度等领域改革，争取一批国家级、自治区级改革试点，形成更多可复制可推广的“平罗经验”。

坚持用好扩大开放关键一招。畅通对外开放通道，协调推进包银高铁平罗段、银昆高速北延伸段等重大工程，实施农村公路提标改造、国道109线改扩建等一批快速通道建设项目，形成县内顺通、周边顺畅、全国融通的综合交通体系。提升对外开放能级，深入开展“六争两招两引”活动，紧盯京津冀、长三角、粤港澳等地区，对接央企、500强、上市公司、行业领军企业，以产业链招商为重点，以优化供应链为突破，引进一批投资强度大、科技含量高、亩均效益好、带动能力强的大项目好项目，形成储备一批、签约一批、落地一批、达产一批的良好格局。实行投资项目承诺制，健全完善项目从洽谈对接、签约落地，到开工建设、投产达效全过程跟踪推进机制，保障市场主体放心投资、安心发展，每年招商引资实际到位资金增长10%以上。

坚持用好创新驱动第一动力。实施创新驱动发展战略，以创新推动产业转型升级、赋能实体经济、激活民营经济。强化创新主体培育，实施科技型企业倍增计划，加大政府科技投入，支持企业开展研发活动、承担科技项目、加强技术合作，引导企业向“专精特新”转变，带动全社会研发投入稳步增长，五年内高新技术企业、科技型中小企业增长一倍。做优技术创新平台，支持企业合作建立产业研究院、技术创新中心、中试基地等平台，实行攻关任务“揭榜挂帅”，开展氰胺化工、固废利用等技术研发攻关，突破一批关键核心技术、推出一批高端产品、建立一批行业标准，带动产业技术水平整体提升。聚集创新创业人才，健全完善培养引进、使用评价、激励服务体系，开展“人才＋产业”行动计划，推动人才向产业和企业聚集。

（五）着力增进民生福祉，促进幸福指数大提升。坚持人民至上，始终同人民想在一起、干在一起，尽力而为、量力而行，着力解决人民群众急难愁盼问题，让老百姓的获得感成色更足、幸福感更可持续。

提高人民收入水平。深入实施移民致富提升行动，严格落实“四个不摘”要求，精准发力推进六个重点和九个专项提升措施，突出抓好产业、就业、社会融入3件事情，健全防止返贫动态监测和帮扶机制，提升移民村村容村貌，把移民村打造成巩固拓展脱贫攻坚成果同乡村振兴有效衔接的示范村。扎实推进城乡居民收入提升行动，落实“四个夯实、四个确保”举措，多渠道增加城乡居民收入，提高低收入群体收入，扩大中等收入群体。实施就业促进行动，做好高校毕业生、农民工、退役军人、残疾人和城镇困难人员等重点群体就业，让更多就业者积极就业、公平就业、充分就业，有稳定的工作、稳定的收入。兜牢基本民生保障底线，实施全民参保计划，完善基本养老、基本医疗、社会救助体系，建立特殊群体帮扶解困长效机制，织密织牢社会保障网。

办好人民满意教育。坚持立德树人根本任务，落实基础教育质量提升行动“五大工程”，提高整体办学水平，打造“学在平罗”教育品牌。实施第四期学前教育发展三年行动计划，扩大普惠性学前教育资源供给，创建自治区普及普惠发展县。推动义务教育学校标准化建设，实施薄弱学校改造与能力提升项目，创建全国义务教育优质均衡发展县。推动普通高中基础设施提档升级，促进多样化特色化发展，全面提高教育教学质量。推进职业教育产教深度融合，加大护理、药剂、汽修等技术技能人才培养，把职教中心办成高职专科学校。加快“互联网＋教育”示范县建设，全面普及“三个课堂”应用。加强教师队伍建设，壮大骨干教师队伍。推动特殊教育向两头延伸，规范民办教育和校外培训机构。落实“双减”工作，促进学生全面发展。

满足人民健康需求。紧盯全民健康水平提升“十大行动任务”，全方位全周期保障人民健康。提升全民健康素养，广泛开展健康科普活动。加快医疗机构提档升级，实施县人民医院救治能力提升项目，推动建成国家三级乙等医院，加强乡镇卫生院和社区卫生服务中心建设，提升村卫生室标准化建设水平。提高医疗卫生服务能力，深化“互联网＋医疗健康”示范区建设，让老百姓在家门口享受优质的医疗服务和良好的健康管理。推进紧密型医共体建设，完善分级诊疗服务体系。加强乡村全科医生培养，提升医疗水平。促进中医药传承创新发展，争创中医特色重点医院。加强重大疫情救治体系和能力建设，常态化做好新冠肺炎疫情防控工作。健全居家养老服务体系，加快医养康养产业发展。积极应对人口老龄化，全面落实“三孩”生育政策。

（六）着力加强文化建设，促进文明程度大提升。紧紧围绕高举旗帜、聚民心、育新人、兴文化、展形象的使命任务，唱响主旋律、传播好声音、凝聚精气神，为各项事业发展提供坚强思想保证、强大精神动力、良好文化条件。

打牢共同思想基础。严格落实意识形态工作责任制，牢牢掌握意识形态工作领导权，加强阵地建设和管理，确保意识形态领域绝对安全。巩固壮大主流思想舆论，深化拓展新时代文明实践中心建设，推进“两中心”深度融合发展，讲好平罗故事，传递平罗声音，展示平罗形象。大力弘扬民族精神、时代精神和伟大建党精神，广泛开展“中国共产党人的精神谱系”学习宣传，让广大干部群众心中有信仰、脚下有力量。充分发挥先进典型示范引领作用，深化时代楷模、道德模范、最美人物等学习宣传，用身边榜样教育身边人、感染身边人、鼓舞身边人。

提升社会文明水平。积极培育和践行社会主义核心价值观，深化爱国主义、集体主义、社会主义教育，推动社会公德、职业道德、家庭美德、个人品德建设，真正使社会主义核心价值观内化于心、外化于行。深化群众性精神文明创建，着力提高文明村镇、文明单位、文明家庭、文明校园“细胞创建”质量，大力整治失德失范失信行为，全面提升社会文明程度。广泛开展文明社会风尚行动，深入推进文明出行、文明交通、文明就餐等系列活动，引导干部群众坚决抵制不良风气、积极倡导文明新风、自觉养成良好习惯。

加快文化繁荣发展。实施文化惠民工程，广泛开展文化进万家、广场文化艺术节、戏曲进校园等群众性文化活动，常态化举办各类艺术、体育赛事，不断丰富群众文化生活。实施基础提升工程，优化公共文化资源配置，推进乡村公共文化场所达标升级，配套完善全民健身中心设施，创建全区体教融合示范县和全民健身示范县。实施遗产保护工程，加强非物质文化遗产保护和传承，深入挖掘红色文化资源，传承好黄河文化基因，讲好“黄河故事”，努力打造黄河文化传承彰显区示范样板。

（七）着力彰显良法善治，促进治理能力大提升。坚持底线思维，增强忧患意识，树牢法治观念，着力构建共建共治共享的社会治理格局，保障人民安居乐业，保持社会和谐稳定。

加强民主政治建设。充分发挥县委总揽全局、协调各方的领导核心作用，支持人大及其常委会依法履行职能，支持政府依法行政，支持人民政协发挥政治协商、民主监督、参政议政作用，支持法院、检察院依法独立公正行使职权，支持人民团体依照法律和各自章程开展工作。巩固发展新时代爱国统一战线，加强与民主党派、工商联、无党派人士联系合作，统筹做好双拥、人民武装、老干部、关心下一代等工作，充分发挥工青妇等群团组织桥梁纽带作用，找到最大“公约数”，画出最大“同心圆”，汇聚强大“正能量”。

提升社会治理效能。加快落实“1+6”基层社会治理任务，扎实做好市域社会治理现代化试点工作，深化城乡基层治理示范创建，全方位提升县域社会治理效能。一体推进法治平罗建设，全面实施“八五”普法规划，扎实推动《民法典》实施，推动形成崇法向善、循法而为的社会风尚。坚持和发展新时代“枫桥经验”，健全矛盾纠纷多元化解机制，千方百计解决信访突出问题。深入开展平安平罗建设，常态化开展扫黑除恶斗争，深化拓展政法队伍教育整顿成果，全力维护社会大局和谐稳定。

做好民族宗教工作。认真学习中央民族工作会议精神，全面贯彻党的民族理论和民族政策，以铸牢中华民族共同体意识为主线，以民族团结进步创建为抓手，认真排查解决民族领域突出问题和风险隐患，构筑中华民族共有精神家园，促进各民族交往交流交融，坚决守好促进民族团结生命线。全面贯彻党的宗教工作基本方针，坚持我国宗教中国化方向，依法加强宗教事务管理，深化“五进”宗教场所活动，巩固提升宗教领域突出问题治理成果，积极引导宗教与社会主义社会相适应。

防范化解重大风险。坚持总体国家安全观，强化全民国家安全教育，坚定维护国家政权安全、制度安全、意识形态安全，坚决守好维护政治安全生命线。积极稳妥推进地方政府债务化解，抓好房地产和工程、金融领域风险防范，坚决守住系统性风险底线。全面落实安全生产责任制，深化安全生产专项整治，加快建设安全发展示范城市，坚决防范遏制重特大事故。落实“四个最严”要求，推进全域食品药品安全区建设。健全完善应急管理体系，全面提升自然灾害、事故灾害的应急和处置能力。

四、坚持党的领导，在全面从严中推进纵深发展

实现未来五年奋斗目标，关键在党，关键在人。全县各级党组织要全面贯彻新时代党的建设总要求，统筹抓好党的建设各项工作，为奋力担当先行区建设排头兵、高质量建设富裕美丽新平罗提供坚强政治保证。

（一）强化政治引领，夯实绝对忠诚的思想根基。坚持以党的政治建设为统领，提高政治判断力、政治领悟力、政治执行力，增强“四个意识”、坚定“四个自信”、做到“两个维护”，自觉在思想上政治上行动上同以习近平同志为核心的党中央保持高度一致。坚持和完善“第一议题”制度，深入学习贯彻习近平新时代中国特色社会主义思想，巩固深化党史学习教育和“四史”宣传教育成果，感悟思想威力，掌握思想武器，提升思想境界，自觉做到“三个不动摇”。始终胸怀“两个大局”、心怀“国之大者”，完善重大决策督查落实制度，凡事从政治上考量、在大局下行动，着力提升把方向、谋大局、定政策、促改革能力，推动党中央重大决策和自治区党委、市委部署要求落地生根、开花结果。

（二）强化用人导向，锻造能征善战的干部队伍。认真落实新时期好干部标准，注重在改革发展主战场、维护稳定第一线、服务群众最前沿考察识别干部，真正把维护党的集中统一领导态度特别坚决、明辨大是大非立场特别清醒、铸牢中华民族共同体意识行动特别坚定、热爱各族群众感情特别真挚的干部选出来、用起来。深入实施政治能力、专业能力提升“两大工程”，全面落实干部教育培训计划，加强干部思想淬炼、政治历练、实践锻炼和专业训练，不断增强各方面本领。坚持严管厚爱结合，用好“三个区分开来”，真正为担当者担当、为奋斗者减压、为有为者鼓劲。统筹做好年轻干部、女干部、党外干部、少数民族干部、离退休干部工作，加强和改进驻村干部工作。坚持党管人才原则，加强人才队伍建设。

（三）强化基层基础，构筑坚强有力的战斗堡垒。全面贯彻新时代党的组织路线，持续深化基层党建“六项行动”，下大气力解决弱化、虚化、边缘化问题，推动各领域基层党组织全面进步、全面过硬。牢固树立大抓基层的鲜明导向，落实公务员职务与职级并行制度和乡镇干部“三优”政策，健全完善“我为群众办实事”长效机制，深入推进“抓乡促村、整乡推进、整县提升”示范县乡创建，使每一个基层党组织都成为党旗高高飘扬的战斗堡垒。严格落实“三会一课”等基本制度，经常性加强党员教育管理，建好党支部，选好带头人，最大限度把群众积极性调动起来、觉悟提高起来、认识升华起来，凝心聚力干好共同事业。持续壮大村集体经济，提高服务群众能力。

（四）强化作风建设，营造担当作为的实干氛围。大力弘扬“社会主义是干出来的”伟大号召，迎难而上肯干，创新突破敢干，讲究方法会干，推动形成百舸争流、千帆竞发的生动局面。大兴雷厉风行之风，实行工作项目化、管理清单化、落实专班化机制，建立公开晾晒成绩制度，说了就算、定了就干、干就干好。大兴真抓实干之风，以督查倒逼进度，以考核倒逼实效，对县委政府作出的决策、部署的工作，快办快结、快速反馈，确保事事有结果、件件有回音。大兴精诚团结之风，树牢大局意识、团结意识、形象意识，互相补台、精诚合作，共同协作、密切配合，一个声音喊到底，一个目标干到底，一张蓝图绘到底。

（五）强化反腐倡廉，涵养风清气正的政治生态。坚决扛起管党治党主体责任，持续保持反腐倡廉高压态势，持之以恒纠治“四风”突出问题，一体推进不敢腐、不能腐、不想腐。常态化开展廉政教育，经常进行案例剖析，引导党员干部始终秉持“赶考”心、坚定走好“赶考”路。严格落实中央八项规定及其实施细则精神，强化监督制约，完善制度机制，把好传统带进新征程，把好作风弘扬在新时代。强化“一把手”和领导班子监督管理，坚决查处群众身边腐败问题，做到正风肃纪不停步、反腐惩恶不手软。持续深化政治巡察，高质量完成届内巡察全覆盖。

同志们，蓝图已经绘就，奋斗正当其时。让我们更加紧密地团结在以习近平同志为核心的党中央周围，在自治区党委、市委的坚强领导下，团结带领全县广大干部群众，不忘初心、牢记使命，凝心聚力、真抓实干，为奋力担当先行区建设排头兵、高质量建设富裕美丽新平罗而不懈奋斗！

名词解释：

1.“1233”方向路径和战略任务：坚持“一个统领”，围绕“两大定位”，打好“三大战役”，实现“三个转变”。

2.九个重点产业：枸杞、葡萄酒、奶产业、肉牛肉羊、电子信息、新材料、绿色食品、清洁能源、文化旅游。

3.“五位一体”总体布局：经济建设、政治建设、文化建设、社会建设、生态文明建设。

4.“四个全面”战略布局：全面建设社会主义现代化国家、全面深化改革、全面依法治国、全面从严治党。

5.三条生命线：促进民族团结生命线、维护政治安全生命线、改善生态环境生命线。

6.“四权”改革：用水权改革、土地权改革、排污权改革、山林权改革。

7.四大提升行动：移民致富提升行动、城乡居民收入提升行动、基础教育质量提升行动、全民健康水平提升行动。

8.“三优”政策：工资待遇优厚、选拔使用优先、生活条件优待。

9.七种能力：政治能力、调查研究能力、科学决策能力、改革攻坚能力、应急处突能力、群众工作能力、抓落实能力。

10.六大领域基层治理：乡村治理、社区治理、宗教治理、校园治理、企业治理、社团治理。

11.六争两招两引：争政策、争资金、争项目、争试点、争示范、争会议和招商引资、招才引智。

12.四尘：扬尘、煤尘、汽尘、烟尘。

13.五水：饮用水源、黑臭水体、工业废水、城镇污水、农村排水。

14.六废：建筑垃圾、生活垃圾、危险废物、畜禽粪污、工业固废、电子废弃物。

15.三线一单：生态保护红线、环境质量底线、资源利用上限和生态环境准入清单。

16.两高：高耗能、高排放。

17.四定：以水定城、以水定地、以水定人、以水定产。

18.两中心：新时代文明实践中心、县融媒体中心。

19.五美乡村：环境美、田园美、村庄美、庭院美、乡风美。

20.三个课堂：专递课堂、名师课堂、名校网络课堂。

21.三个不动摇：坚持和加强党的全面领导不动摇，坚持和发展中国特色社会主义不动摇，坚持实现中华民族伟大复兴的宏伟目标不动摇。

22.基层党建“六项行动”：实施习近平新时代中国特色社会主义思想入脑入心、党建引领发展、组织制度落实、强化基础保障、考核优化提升、立标杆作表率行动。

政府工作报告

——在平罗县第十八届人民代表大会第一次会议上

（2021年11月7日）

县人民政府县长　郭耀峰

各位代表：

现在，我代表县人民政府，向大会报告工作，请予审议，并请各位政协委员和列席人员提出意见。

一、2021年和过去五年工作回顾

2021年是中国共产党成立100周年，也是开启全面建设社会主义现代化新征程的第一年。一年来，县人民政府坚持以习近平新时代中国特色社会主义思想为指导，在自治区、市党委、政府和县委的坚强领导下，在县人大、政协的监督支持下，咬定目标、务实苦干，统筹推进疫情防控和经济社会发展，较好地完成了县十七届人大五次会议确定的目标任务，迈出了高质量发展坚实步伐。

（一）从严抓实疫情防控，应对措施有力有效。坚持外防输入、内防扩散，抓好常态化疫情防控，实行县处级领导包抓网格机制，细化工作专班11个，组建流调队伍14个，设置哨点诊室17个，建设标准化集中隔离点1个，抽调830名机关干部、志愿者下沉一线，累计跟踪管理中高风险地区返平人员1718人，核酸检测18.7万份，免费接种疫苗42.4万剂次。提升应急处置能力，有效处置了“8·20”输入性鼠疫疫情和“10·6”入境货物受新冠病毒污染等突发性事件。

（二）狠抓项目夯实基础，支撑作用不断加强。聚力十大工程抓进度扩投资，谋划实施项目187个。黄河右岸综合治理滨河道路、贺兰山生态修复工程加快推进，“互联网+城乡供水”、利垦奶牛养殖场二期等52个重点项目全部开工，首朗吉元尾气制燃料乙醇等50个项目竣工投产。慕恩化工10万吨甲胺、滨泽6万吨燃料乙醇、盛如意菌草栽培加工等84个项目先后落地，实际到位资金64.6亿元，截至9月底，制造业投资、民间投资分别增长14.7%、45.4%。

（三）推动产业转型升级，发展质效稳步提高。围绕9个重点产业抓提升促转型，实施新材料、电子信息、清洁能源等产业项目113个，永泰化学电石炉、国宁煤基炭材催化剂等17个技改项目投产达效，完成技改投资7.4亿元，工业总产值预计年底突破500亿大关。绿色食品、肉牛肉羊、奶产业不断壮大，奶牛存栏5万头，肉牛肉羊饲养量分别达10.2万头、85万只。粮食生产实现“十八连丰”，成功举办宁夏第八届种业博览会，国家现代农业示范区通过评审。文化旅游、电子商务、现代物流、健康养老等新业态蓬勃发展，服务业增加值增长8%左右。

（四）突出抓好污染防治，环境质量明显改善。自治区环保专项督察转办件办结率100%。深入开展蓝天保卫战“1+9”专项行动，158个大气污染防治项目顺利实施，290家企业实现规范化治理，“散乱污”企业动态清零。严格落实三级河湖长制，河湖“四乱”问题全部销号，红崖子污水处理厂主体完工，入黄排水沟水质持续改善。扎实做好土壤污染防治，一般工业固废综合利用率、危废处置率分别达60%、100%，农药、化肥利用率分别达到41%、40.5%。完成营造林3.12万亩，治理荒漠化4.2万亩。

（五）统筹推进各项改革，内生动能得以增强。以“四权改革”破题开局，调查界定林草地43万亩，清理规范无证用水企业86家，宁平碳素、丰华生物在全区率先探索排污权交易，入市交易集体经营性建设用地291亩，实现增值收益804万元。行政审批制度改革不断深化，“证照分离”、相对集中行政许可权改革全面完成，1273项政务服务事项实现“最多跑一次”，全程网办率达90%。农村集成改革纵深推进，顺利完成二轮土地承包到期后延包试点，获批全国第二批宅基地改革试点。国企、供销、财税金融、文化教育卫生等领域改革取得新成效。

（六）持续推动环境整治，城乡面貌显著变化。启动城市环境集中整治暨综合执法行动，改造老旧小区49个、背街小巷16条，配套建设小微游园、生态停车场20个，建成区绿地率达到41.7%。实施工业园区环境综合整治专项行动，成立德泓投融资公司，推行“管委会+公司”运作模式，督促67家企业拆墙造绿、透绿，新增绿地3800亩，新修道路18公里，园区形象明显提升。开展农村人居环境综合整治提升百日攻坚行动，完成户厕改造1050户，拆除土坯房7721间，退出空心村8个，建设生态宜居美丽村庄5个。黄渠桥特色镇、姚伏中心村建设加快，庙庙湖、红瑞、红翔村容村貌实现大提升，农村生活垃圾实现市场化治理，乡村环境明显变好。

（七）加快发展社会事业，人民生活愈加美好。“四大提升行动”扎实推进，急难愁盼问题得到有效解决，群众的获得感体验更深、幸福感体会更多。预计城乡居民人均可支配收入分别增长8.5%、9%以上；红翔、红瑞、庙庙湖三个移民村集体经济收入分别达到38万元、64万元、200万元。13个教育惠民工程基本完工，“县管校聘”改革试点成效明显，普惠性幼儿园覆盖率达81.8%。县医院救治能力提升项目加快推进，建成3个基层区域医疗中心，异地就医实现即时结算。安全生产专项整治三年行动卓有成效，四项指标大幅下降，食品药品抽检合格率高于全区平均水平。平安平罗、法治平罗建设纵深推进，矛盾纠纷排查化解扎实有效，政治安全和社会大局持续稳定。

同时，金融、电力、通信、气象等工作扎实推进，民族宗教、国防动员、人防、爱国卫生、科协、地震、老龄、工会、青年、妇女儿童、档案、残疾人、红十字等各项事业取得了新进展。

各位代表,2021年作为本届政府的收官之年,各项工作扎实有效。回顾过去的五年,我们笃定前行、砥砺奋进,应对解决了各种困难和挑战,圆满完成了“十三五”规划目标任务,全面建成了小康社会,各项事业发展取得新进步、迈上新台阶。

五年来,我们致力于稳增长调结构,综合实力显著增强。预计地区生产总值由2016年的127.2亿元增长到190亿元,年均增长6.4%,人均GDP达到6.5万元,年均增长6.2%;累计完成固定资产投资372亿元,增长12%;地方一般公共预算收入累计达到39.8亿元。先进装备制造、新材料、生物医药等新兴产业规模逐步扩大,新增规上工业企业73家,规上工业总产值预计年内可达到500亿元,平罗工业园区获评国家产业转型升级示范园区、国家级绿色园区。建成自治区级以上绿色工厂10家、科技创新平台17家,培育国家高新技术企业21家,R&D(研究与试验发展)经费投入强度由0.63%提高到1.58%。现代畜牧、优质瓜菜、特色制种等特色优势产业占农业经济比重达70%。三产对经济增长贡献率达到51.2%。

五年来,我们致力于强生态优环境,绿色发展更加坚定。中央环保督察及“回头看”反馈21个问题全部办结,蓝天、碧水、净土“三大保卫战”取得阶段性成果。554个大气污染防治项目、21个水生态环境治理项目顺利实施,平罗工业园区固废处置场、生活垃圾填埋场建成投运,空气质量持续向好,黄河出境断面水质稳定在Ⅱ类,土壤环境总体稳定。贺兰山生态环境综合整治攻坚战成效显著,累计治理修复26.7平方公里,持续推进生态建设,森林覆盖率达8.3%。

五年来,我们致力于抓改革促开放,市场活力得到激发。全面改革不断深化,50余条经验做法在全国全区交流推广,获批全国首个集成农村改革试验区,农村土地流转、产权自愿有偿退出转让等改革成果,为国家修法立法贡献“平罗经验”。“放管服”改革成效凸显,项目审批跑出了“平罗加速度”,企业开办时间压缩至0.5个工作日,县乡村三级政务服务体系建设走在全区前列。招商引资扎实有效,落地项目452个,到位资金553亿元。红崖子黄河大桥、石银高速连接线、京藏高速平罗段改扩建等重大交通项目建成通车,外联内通的开放格局基本形成。

五年来,我们致力于提品质添魅力,城乡建设步伐加快。编制平罗县国土空间总体规划,完成多规合一实用性村庄规划14个。投入35.6亿元,改造棚户区8532套150万平方米、老旧小区83个53万平方米。惠民生态健身公园、新区生态公园等一批利民益民项目建成投用。打造美丽小城镇6个、美丽村庄35个,新改建农村公路130公里,卫生厕所普及率、污水处理率分别达到90%和40%,黄渠桥镇获评中国最美村镇,庙庙湖村获评全国美丽宜居村庄,农村人居环境整治三年行动完成目标任务。

五年来,我们致力于惠民生增福祉,生活质量普遍提高。民生支出累计达到144.3亿元,占一般公共预算支出的79.2%。脱贫攻坚战取得全面胜利,3个贫困村全部出列,14466名建档立卡贫困人口全部脱贫,人均收入实现翻两番,陶乐镇荣获全国脱贫攻坚先进集体。教育事业均衡发展,建成13个乡镇幼儿园,普及高中阶段教育通过自治区验收,义务教育发展基本均衡县通过国家验收。健康平罗建设持续推进,三医联动不断深化，分级诊疗格局基本形成，县域内就诊率达95%，医改经验在全国推广。社会保障坚实有力，累计新增及转移就业14.5万人，城镇登记失业率控制在3.8%以内，城乡居民基本养老、医疗保险保障兜底作用更加突出，新增养老服务场所55个。文体事业蓬勃发展，荣获自治区第十五届运动会县区组第一名。

五年来，我们致力于抓治理保稳定，社会大局安定有序。全面开展六大领域基层治理，社区治理工作得到自治区党委、政府肯定，“七五”普法顺利通过终期验收，“数字法治、智慧司法”信息化建设走在全区前列。注重源头化解矛盾纠纷，信访总量下降20%。在全区率先开展城乡社区警务改革，扫黑除恶专项斗争取得全面胜利，连续四年获评自治区“平安县”。县乡村三级退役军人服务体系健全完善。民族团结、宗教和顺、社会稳定的良好局面持续巩固，安全生产形势保持总体稳定。

五年来，我们致力于守初心担使命，政府自身建设全面加强。开展“两学一做”学习教育、“不忘初心、牢记使命”主题教育、党史学习教育，锤炼了广大党员干部绝对忠诚的政治品质，推动了初心使命扎根铸魂。认真执行重大事项向县委请示报告、重大决策出台前向人大常委会报告制度，办复人大代表建议180件、政协提案274件。严格落实中央八项规定及其实施细则精神，坚决执行自治区、市“八条禁令”，持之以恒纠“四风”，政府公信力、执行力得到增强。

五年来，我们先后荣获全国粮食生产先进县、国家食品安全示范县、国家健康促进县、全国民族团结进步示范县、国家园林县城、国家全域旅游示范县等40项国字号荣誉，全区双拥模范县、首批禁毒示范县、“四好农村路”示范县、党建+社会救助试点县等29项自治区级荣誉。

各位代表，艰难方显勇毅，磨砺始得玉成。五年征途充满艰辛，奋斗成果殊为不易，这是习近平新时代中国特色社会主义思想举旗定向的结果；是自治区、市党委、政府和县委坚强领导、科学决策的结果；是县人大、政协有力监督、大力支持的结果；是全县上下和衷共济、苦干实干的结果。在此，我代表县人民政府，向奋战在各行各业、各条战线的广大干部群众，向全体人大代表、政协委员，向各民主党派、工商联、无党派人士、人民团体和离退休老同志，向政法干警、消防指战员、驻平官兵、驻平单位，向所有关心、支持、参与平罗发展的朋友们，致以崇高的敬意和衷心的感谢！

在总结成绩的同时，我们也清醒认识到，全县发展还存在不少困难和问题：经济结构矛盾突出，资源环境约束趋紧，增长动力后劲不足，质量效益偏低的状况尚未根本改变；老百姓富裕程度，公共服务供给水平，生态环境质量等方面还存在较大短板；一些单位和干部法治能力、担当意识和服务水平还有欠缺，一些领域消极腐败现象仍有发生，自身建设还需抓细抓常。我们一定高度重视这些问题，采取有力措施，切实加以解决。

二、未来五年奋斗目标和发展重点

踏上新征程，奋斗正当时。新一届政府的任期，正值全面开启社会主义现代化建设新征程、向第二个百年奋斗目标进军的关键时期，也是平罗实现高质量发展的历史窗口期和重要的机遇挑战期。县第十五次党代会综合分析大势，科学描绘了平罗今后五年发展的宏伟蓝图，确定了“1233”方向路径和战略任务。只要我们保持定力、坚定信心，抢抓机遇、乘势而上，就一定能在千帆竞发、百舸争流的新时代，创造出无愧历史、不负人民的新业绩！

今后五年，政府工作的总体要求是：坚持以习近平新时代中国特色社会主义思想为指导，按照“五位一体”总体布局和“四个全面”战略布局要求，坚决贯彻落实习近平总书记视察宁夏重要讲话精神和党中央重大决策，全面贯彻落实自治区、市党委、政府和县委部署要求，立足新发展阶段，贯彻新发展理念，融入新发展格局，坚持和加强党的全面领导，坚持稳中求进工作总基调，以推动高质量发展为主题，以深化供给侧结构性改革为主线，以改革创新为根本动力，以满足人民日益增长的美好生活需要为根本目的，推进全面从严治党向纵深发展，统筹发展和安全，坚决守好三条生命线，走出一条高质量发展新路子，奋力担当先行区建设排头兵，高质量建设富裕美丽新平罗，为继续建设经济繁荣民族团结环境优美人民富裕的美丽新宁夏作出平罗贡献。

今后五年，政府工作的主要目标是：

——经济实力明显提升。地区生产总值达300亿元左右，地方一般公共预算收入达15亿元左右，年均增速分别高于全区平均水平。创新能力显著提高，R&D经费投入强度达到全区平均水平。经济结构进一步优化，现代产业体系基本形成。

——生态环境明显改善。绿色低碳生产生活方式基本形成，能源资源利用效率大幅提升，生态环境质量持续改善，城乡人居环境显著改观，主要污染物排放总量持续减少，单位GDP用水量、能源消耗逐步下降，森林覆盖率达12%以上。

——社会文明明显进步。社会主义核心价值观深入人心，全民思想道德素质明显跃升，公共文化服务体系更加完善，群众精神文化生活日益丰富，全国县级文明城市创建取得积极成效。

——改革开放明显突破。重点领域改革系统集成、协同高效，“四权”改革取得重要成果，农村改革再创“平罗经验”，营商环境进一步优化，市场主体充满活力，开放型经济体制不断完善、新优势不断显现、新动能不断增强。

——民生水平明显提高。扎实推进共同富裕，城乡居民人均可支配收入年均分别增长7%和8%以上，城镇调查失业率控制在5.5%以内。社会事业全面进步，各类教育普及程度高于全区平均水平，基本公共服务水平达到全区中上水平，人均预期寿命达到全区平均水平。

——治理效能明显增强。全面依法治县深入推进，民主法治更加健全，基层基础更加稳固，六大领域基层治理体系更加完善，治理能力现代化水平走在全区前列，发展安全保障更加有力。

实现上述目标，我们必须坚持以先行区建设为统领，立足“共同富裕”“全域美丽”两大定位，重点推进七个方面工作：

（一）在促进产业转型升级上持续发力，培育经济增长新动能。聚焦九个重点产业，全力打好产业转型发展战役，加快构建以工业为支撑的现代产业体系，打造经济转型发展创新区样板。实施农产品加工提升行动，培育引进龙头企业，建设优质大米、精品粮油等绿色食品加工专业园，引导农产品就地就近加工转化增值，推进农村一、二、三产业融合发展，力争农产品加工转化率达到75%以上，打造100亿级绿色食品产业集群。提升奶产业全产业链竞争力，引进高端乳制品加工企业，建设乳制品加工项目，打造150亿级高端奶产业集群。加快传统产业现代化振兴，持续攻坚“四大改造”，推进新旧动能转换，支持现有产业智能转型，打造绿色氰胺150亿级和先进装备制造50亿级产业集群。推动新兴产业规模化崛起，大力发展节能环保、电子信息、新能源、煤基特种燃料、煤基生物可降解材料等产业，引进和发展一批知名龙头企业，实施一批融合发展项目，打造新材料500亿级、清洁能源100亿级产业集群。支持中小企业发展壮大，走专精特新之路，培育上市企业2家、百亿级企业5家，形成大企业顶天立地，中小企业铺天盖地，打造千亿级园区，力争工业总产值突破千亿元，实现“工业大县”向“工业强县”的转变。推动生产性服务业融合化发展，支持科技咨询、流程诊断、信息服务等专业化、社会化发展，加快工业生产性物流、冷链物流和城乡配送等物流网络体系建设，促进现代服务业同先进制造业、现代农业深度融合。推动生活性服务业品质化发展，加快健身、教育、文化等服务业发展，支持建设休闲健康养生养老基地，开发老年社区和养老综合体，打响陶乐“中国慢生活休闲体验镇”品牌。大力发展新业态新模式，培育发展电子商务、旅游民宿、定制消费等新兴业态，加快产业更新，提升服务功能，力争五年内现代服务业增加值突破120亿元。

（二）在实现乡村振兴上持续发力，谱写三农工作新篇章。坚持把解决好“三农”问题作为工作的重中之重，持续推进农业农村发展，促进农业高质高效、乡村宜居宜业、农民富裕富足。实施农业产业化提升行动，加快国家现代农业示范区创建，完善产业、生产、经营三大体系，推动品种培优、品质提升、品牌打造和标准化生产，做大做强现代畜牧、优质瓜菜、特色制种等优势产业，打造高端肉牛肉羊生产基地和“番茄之乡”“沙漠瓜菜之乡”，打响国家区域性蔬菜良种繁育基地品牌，实现“农业大县”向“农业强县”的转变。实施乡村建设行动，高质量完成“多规合一”实用性村庄规划编制，坚持“一村一案、实事求是”，逐步退出“空心村”，推进52个中心村建设，打造一批特色鲜明、生态宜居的乡村振兴示范村。抓好村容村貌、垃圾治理、污水处理、厕所改造等重点任务，成功创建自治区农村人居环境整治示范县，让群众在一点一滴中感知变化、感受幸福。实施乡村文明行动，深化爱国主义、集体主义、社会主义教育，推动社会公德、职业道德、家庭美德、个人品德建设，真正使社会主义核心价值观内化于心、外化于行。深化文明创建活动，持续推进农村移风易俗，引导群众广泛讨论、凝聚共识，提炼模范家规家训，带动村民开展自我教育、自我管理，推动形成文明乡风、良好家风、淳朴民风。实现巩固拓展脱贫攻坚成果同乡村振兴有效衔接，保持过渡期内现有政策总体稳定，严格落实“四个不摘”要求，健全防止返贫动态监测机制，持续跟踪收入变化和“两不愁三保障”巩固情况，实现脱贫人口不返贫、边缘人口不致贫。

（三）在加强生态文明建设上持续发力，展现绿色宜居新魅力。深入贯彻习近平生态文明思想，全力打好生态环境保护战役，出清环境污染存量，拓展绿色发展增量，以生态环境之美提升发展底色。深化污染防治攻坚。统筹推进“四尘”同治、“五水”共治、“六废”联治，环境空气质量稳定达到国家二级标准，黄河出境断面水质稳定保持在Ⅱ类，土壤环境质量安全稳定，打造环境污染治理率先区样板。持续开展生态建设。坚持山水林田湖草沙系统治理，持续实施国土绿化、生态修复、湿地恢复等工程，完成营造林25万亩，治理荒漠化10万亩以上，恢复湿地16万亩以上，打造生态保护修复示范区样板。实施河岸堤防、河道控导、滩区治理工程，保障黄河安澜、保护流域生态，打造河段堤防安全标准区样板。推动绿色低碳发展。围绕国家“双碳”目标，贯彻能耗“双控”部署，落实“四水四定”要求，坚决遏制“两高”项目盲目发展，综合评估企业能耗、污染、税收、产值情况，实行分类排序、错峰生产等措施，倒逼重点行业开展节水、节能、环保技术改造，推动高耗能、高耗水、高排放产能有序退出，推进污染排放减量化、产业发展低碳化。

（四）在提升城乡品质上持续发力，适应全域美丽新要求。坚持建设与管理并重，下大力气解决城乡融合发展的短板和问题，全力打好城乡环境治理战役，加快建设魅力县城、宜居小镇、美丽乡村。坚持城镇规划“一张图”，挖掘城镇文化底蕴，科学设计镇区风貌，高质量推动乡镇建设走特色化、差异化发展之路。合理布局生产生活生态功能空间，补齐水电路气讯等短板弱项，打造一批产业强镇、商贸重镇、文化名镇、旅游小镇，真正把乡镇建设成为服务农民的区域中心。提升城市内涵，推进老城区有机更新，突出抓好老旧小区、背街小巷特色化改造，有序推进路网完善、管网更新、设施配套等工程，提升主街道、标志性建筑等外立面形象，改出城市新颜值。推进新城区扩容提质，搬迁县人民医院，建设科技科普馆、全民健身馆等一批公共服务设施，适度开发中高档小区，提升城市新品质。积极解决县城基础设施遗留问题，盘活闲置商业综合体，整治烂尾楼等城市“伤疤”，加快裸露地利用和城中村退出，因地制宜建设小微游园、城市绿道，拓展城市新空间。推动精细化管理，建立街长制，整治“六乱”突出问题，推动全国县级文明城市创建。完善路长制，发展公共交通，倡导绿色出行，有效缓解交通拥堵。加快智慧城市建设，推进智慧社区、城管、旅游、气象等“城市大脑”建设，逐步实现“一网通管”。

（五）在深化改革开放上持续发力，拓展创新发展新空间。坚持以改革优化资源配置、提升服务效能，以开放激发市场活力、拓展发展空间。增强重点改革推动力。打好“四权”改革主动仗，从根本上解决影响高质量发展机制性障碍、结构性矛盾、深层次问题。深化农村综合改革，统筹推进社会事业改革，争取一批国家级、自治区级改革试点。增强创新发展驱动力。实施科技型企业倍增计划，引进培养一批高技能人才，攻关突破一批卡脖子技术，推动产业链上中下游、大中小企业融通创新，五年内高新技术企业、科技型中小企业增长一倍，创新平台达到30家，万人有效发明专利拥有量达到6.5件。增强开放合作带动力。坚持“引进来”和“走出去”并重，落实促进开放型经济发展政策措施，用好宁夏内陆开放型经济试验区、中阿博览会经贸合作平台，积极开展“六争两招两引”活动，提升借力发展能力。增强营商环境软实力。全面贯彻《优化营商环境条例》，进一步激发市场主体活力。深入推进“放管服”改革，持续清理规范行政许可事项，不断优化完善一网通办、就近可办、一次办结。

（六）在增进人民福祉上持续发力，启航共同富裕新征程。持续加强普惠性基础性民生建设，促进改革发展红利全民共享，推动实现精神物质双富裕。深入推进城乡居民收入提升行动。落实“四个夯实，四个确保”举措，多渠道增加低收入群体收入，扩大中等收入群体。完善基本养老、医疗保险制度，全面实施全民参保计划，健全分级分类社会救助体系。深入推进移民致富提升行动。突出抓好六个重点、九个专项提升，深化产业、就业、社会融入后续扶持，把移民村打造成巩固拓展脱贫攻坚成果同乡村振兴有效衔接示范村，实现搬迁群众人均可支配收入基本达到全区农村居民平均水平。深入推进基础教育质量提升行动。扎实推进“五大工程”,加快学前教育普及普惠发展、义务教育优质均衡发展、高中教育特色多样发展,把平罗中学打造成全区县域中学标杆学校,把宁夏卫校办成培养专门人才的样板学校,打造“学在平罗”教育品牌,振兴平罗教育事业。深入推进全民健康水平提升行动。全面落实“十大工程任务”,深化医药卫生体制改革,健全突发公共卫生应急处置体制机制,加快紧密型医共体建设,推进“互联网+医疗健康”,提升县级医疗救治能力和基层卫生服务能力。广泛开展全民健身运动,积极备战自治区第十六届运动会。深入推进文化软实力提升行动。实施文化惠民、基础提升、遗产保护三大工程,加快推进现代公共文化服务体系建设,不断满足人民群众日益增长的精神文化需求。扶持社会文艺团体发展,推动创作一批有地域特点的文艺作品,打响“书香平罗”品牌,争创“宁夏诗词之乡”,培育壮大文化产业,健全现代文化产业体系,打造黄河文化传承彰显区样板,实现“文化大县”向“文化强县”的转变。

(七)在创新基层治理上持续发力,彰显法治善治新气象。统筹推进六大领域基层治理,创新“互联网+基层社会治理”,抓好全国市域社会治理现代化试点,打造共建共治共享的社会治理新格局。坚持和发展新时代“枫桥经验”,完善矛盾纠纷多元化解机制,扎实推进“八五”普法,提升全面依法治县工作水平。严格政府债务限额管理,健全金融风险防范机制,提高风险化解能力。坚持总体国家安全观,防范化解政治安全风险,牢牢守住政治安全生命线。落实安全生产责任制,强化行业安全监管。推进军民融合深度发展,争创新一轮双拥模范县。巩固深化政法队伍教育整顿成果,常态化推进扫黑除恶斗争,加大电信网络诈骗、涉毒、涉环境等违法犯罪行为防范打击力度,建设更高水平的平安平罗、法治平罗,以社会和谐之美筑牢发展根基。持续巩固全国民族团结进步示范县成果,争创铸牢中华民族共同体意识示范区,坚决守好民族团结生命线,以民族团结之美凝聚发展力量。

三、2022年重点工作

各位代表,2022年,是新一届政府履职的起始之年。全县经济社会发展主要预期目标是:地区生产总值增长7%以上,固定资产投资增长8%左右,地方一般公共预算收入增长8%左右,城乡居民人均可支配收入分别增长7.5%、8.5%以上,完成自治区、市下达的约束性指标。

围绕全年目标任务,重点抓好以下九个方面工作:

(一)加快推进农业农村现代化。以全面推进乡村振兴为抓手,加快产业发展,配套基础设施,提升人居环境,让农业更强、农村更美、农民更富。

促进农业全面升级。持续推进“3+X”现代产业发展,开展高水平美丽生态牧场建设与应用示范,建设河东现代奶业科技创新示范区,奶牛、肉牛、肉羊饲养量分别达到10万头、10.8万头、90万只,特色制种、优质瓜菜面积持续扩大。开展耕地地力保护提升行动,粮食播种面积稳定在82万亩、产量稳定在38万吨以上。提质升级农产品加工业,力争培育市级以上现代农业产业园2家、龙头企业和示范场(社)28家。实施品牌打造行动,强化“两品一标”认证,打响“沙漠瓜菜”“富硒大米”“平罗种子”等农产品品牌,做响“黄渠桥羊羔肉”国家地理标志品牌,放大品牌溢价效应。积极推进数字供销试点工作,精准服务农业发展。

促进农村全面进步。加快“五美乡村”建设，改造旧村50个，有序推进高庄乡高庄村、通伏乡新丰村等9个生态宜居美丽村庄建设，把姚伏镇灯塔村建设成为全区的示范村。深入实施移民安置区基础设施建设三年推进计划，抓好农田水利基本建设、盐碱地治理、生态绿化等项目，全面提升农民生产生活条件。加快创建自治区农村人居环境整治示范县，扎实推进“五洁”行动，积极引导畜禽养殖出村入园，改造户厕650座，新建头闸污水处理厂、提标升级庙庙湖污水处理站，全面消除农村黑臭水体，提升村容村貌。健全常态化、专业化、社会化管护机制，全面推行“积分制”“门前三包”“红黑榜”等制度，有力推进人居环境整治和美丽乡村建设。

促进农民全面发展。实施农村青年致富“领头雁”计划、新生代农民工等职业技能培训项目，年内培训1000人次以上。培育壮大新型职业农民队伍，大力培养有文化、懂技术、善经营、会管理的农村实用人才，支持农村“致富能人”、返乡农民工、返乡大学生创新创业，新提供就业岗位1000个，让更多农民有就业岗位、稳定收入。加强农村思想道德建设，普及科普知识，传播文明理念，提升农民精神风貌。深化拓展新时代文明实践中心建设试点，壮大志愿服务队，开展最美家庭、美丽庭院、好媳妇、好婆婆评选活动，提高乡村社会文明程度。

（二）切实提升工业质量效益。聚焦高端化、智能化、绿色化、融合化发展方向，大力实施工业转型升级三年行动，加快构建绿色、低碳、循环的新型工业体系。

坚持创新引领。落实自治区“创新30条”政策，加大政府科技投入，引导企业向专精特新转变，带动全社会R&D经费投入强度达到1.8%，有研发投入的规上企业达到65家。持续推进科技创新“双倍增”行动计划，支持企业合作建立产业研究院、技术创新中心、中试基地等平台，新增国家高新技术企业3家、自治区科技小巨人企业2家、科技型中小企业10家。实施创新人才引进计划，探索建立“项目＋人才”“企业＋高校”“企业＋科研院所”等柔性引才伙伴关系，引进高层次人才10名以上。加快科技成果转化，发挥好技术转移服务平台作用，转化科技成果8项，实现技术合同交易额0.8亿元。

壮大产业集群。实施集群发展行动，围绕绿色氰胺、先进装备制造、新材料等主导产业，制定产业链补短板清单和技术路线图，加快培育核心企业，抓好贝利特医药中间体、大地石墨烯大飞机轮胎、格瑞化工甲磺草胺等延链补链项目，推动产业链向下游拓展，促进产业集群集聚发展。对标国内一流水平，大力推进“四大改造”，加快淘汰落后产能，重点抓好宁平碳素石墨化制品、晟晏锰系球团等30个技改项目，力争技改投资增长10%，新增智能工厂和数字化车间5家。实施龙头培育行动，强化政策引导和资金扶持，建立完善优质企业成长培育库，引导企业兼并重组、强强联合，支持蓝博思、滨河新材料等成长性好、贡献率高的中小微企业做大做强，产值过亿元企业达到60家，规上工业增加值增长10%以上。

提升园区功能。完善“管委会＋公司”实体化运作模式，提升园区基础设施，新改建太西园纬一路、新安路延伸段等6条道路，实施太西园绿化工程、崇岗园生态修复项目，启动企业公租房建设，配套金融、商贸物流等服务设施，打造功能齐全、服务到位的低成本园区。推进土地节约高效利用，提高亩均投资强度和产出效益。加快智慧园区建设，依托科技创新中心，实施数字化、网络化、智能化改造，建成氰胺、特色冶金、碳基材料共享检测平台，争创国家级创业孵化示范基地。

（三）着力推动服务业加快发展。围绕布局优化、业态创新，培育引进高端服务业态，促进人气聚集和服务业繁荣。

促进消费升级。优化商业设施布局，鼓励宏泰商业广场、国际建材城等商业综合体全方位开展招商活动，激活商业存量资源，引进优质企业，集聚人气汇聚商气。改造提升老户、富乐民等农贸市场，做优阳光文化商城、汇融九街等重点商圈和特色街区，培育一批新业态新模式，引进和建设一批高质量生活性服务业项目，推动购物、娱乐、休闲等业态融合发展，满足居民消费升级需求。扎实开展电子商务进农村工作，促进工业品下乡和农产品进城双向流通，力争电商交易额增长10%以上。

推进文旅融合。挖掘利用黄河、长城、红色及地方特色文化资源，讲好“平罗故事”，彰显“平罗魅力”。加快文化馆、图书馆数字化改造，建设市民阅读中心，布局智能自助图书馆和城市书房，向市民免费开放。实施融合增值行动，大力推行“旅游+”“文化+”“服务+”模式，加快大沙湖国家旅游度假区、河东农文旅产业融合示范区建设，打造黄渠桥村红色文化等一批乡村旅游重点村，提升全域旅游示范县品牌影响力。办好“宁夏种业博览会”“乡村文化旅游节”等特色活动，力争游客接待量和旅游总收入均增长20%以上。

壮大现代物流。加快物流智能化转型，推进石嘴山保税物流中心（B型）平罗库、滨河公共智能物流平台等重点项目建设，拓展保税物流、期货物流、网络货运，打造宁北现代物流中心。开展A级物流企业创建，培育品牌物流企业2家，推动现代物流提标提质。支持仁源商贸、昊帅粮油等冷链仓储保鲜设施建设，补齐农产品产地“最初一公里”短板。完善县乡村三级快递物流服务体系，借助邮快合作，建设乡镇服务站2个、乡村服务点50个，快递下乡进村服务覆盖率达100%。

（四）聚焦项目扩大有效投资。坚持把项目建设作为推动高质量发展的“生命线”，全力服务项目建设，以项目扩大投资，以投资促进发展。

加大“六争两招两引”。围绕产业体系建设，大力开展产业链招商、以商招商、社会化招商，紧盯江苏顺风光伏、多氟多等企业，引进一批延链补链壮链强链项目，力争招商到位资金增长10%。精准把握国家产业政策和投资动向，围绕生态环保、数字农业、公共服务、基础设施建设等重点领域，高质量谋划储备一批重大项目，争取纳入国家和自治区计划“盘子”，争取资金增长10%以上。做好“产才融合”文章，持续抓好产业人才引领、技能人才支撑、社会事业人才保障、全域旅游人才培育、农村实用人才助推“五大工程”，培养引进人才1000人，汇聚高质量发展智力资源。

加快推进项目建设。聚焦高质量发展、生态环保、“两新一重”等领域，全年实施重点项目40个，完成年度投资51.5亿元。深化“5+3”项目推进机制，坚持“一个项目、一名领导、一套班子、一抓到底”，力促润阳多晶硅、新安磷基特殊化学品一体化等一批项目开工，加快“互联网+城乡供水”、利垦牧场三期等一批项目建设，确保滨河BDO、新锐高品质巯基丙酸等一批项目投产达效，形成滚动发展、压茬推进格局。

加强项目要素支撑。全力保障项目用地、供水供电、人力资源等要素，扎实做好能评、环评等各项前期工作，为项目建设提供优质高效服务。

严格落实项目资金管理和财务审计制度，严把招投标、建设质量、工程监理、竣工验收、安全生产等关口，确保把每一个项目都建成精品工程。深化政银企合作，帮助企业多渠道、低成本融资，努力提高社会资本投资率和参与率，实现各类资本融合发展、共创共赢。

（五）大力推进改革攻坚。充分发挥改革突破和先导作用，力求在重要领域和关键环节取得更大成效，不断提高竞争优势。

全面推进“四权”改革。落实确权、赋能、定价、交易四个关键环节改革任务，推进环境资源有限有价有偿使用。聚焦“节水增效”，建立用水权基准价，推动用水权入市交易，力争万元 GDP 用水量下降 13%。聚焦“盘活增值”，将国有土地使用权出租、转让、抵押纳入区市交易平台，提高土地资源市场化配置效率。聚焦“植绿增绿”，全面完成林权类不动产权发证，探索“以林养林”“以地换林”“以林换能”新模式，完成政企合作林 3 万亩。聚焦“降污增益”，完成排污权有偿使用和交易改革，推动主要污染物排放总量明显下降。

深化农村综合改革。抓好集成农村改革和新一轮宅基地制度改革等试点任务，探索建立租赁、继承使用机制，推进农村宅基地数字化管理。健全土地投资经营公司运营机制，加强城乡闲置土地收储整治、国有农用地经营管理、集体未利用地开发利用，退出整治“空心村”闲置房地 500 户以上，清理腾退闲置建设用地 1000 亩以上。拓宽集体经营性建设用地入市渠道，探索建立集体经营性建设用地先租后让、租让结合、弹性年期的供应方式，实现与国有土地同权同地同价。

打造一流营商环境。巩固相对集中许可权改革成果，加强审管联动体系建设。推进“一件事”套餐服务和“一窗受理”集成服务，推动行业综合许可证系统落地。加快数字政府建设，深化“互联网 + 政务服务”，拓展“一证通办”“一照通办”“跨省通办”服务，逐步实现政务服务事项“一网通办”、移动端好办。加强诚信建设，健全信用监管体系，深入推进“双随机一公开”和“互联网 + 监管”，以公平监管促进公平竞争。

（六）推动生态环境持续好转。践行“绿水青山就是金山银山”的发展理念，打好三大保卫战，坚决守好改善生态环境生命线。

强化环境污染防治。持续抓好中央和自治区督察反馈问题整改，集中攻克老百姓身边的突出生态环境问题。深入开展工业源防治、扬尘防控等 9 个专项行动，实施坤水水泥、滨河海利超低排放改造等项目 35 个，空气优良天数达到目标考核要求。严格落实河湖长制，抓好三排、五排等重点入黄排水沟治理，建成投用红崖子园污水处理厂，确保黄河出境断面水质稳定保持在Ⅱ类。启动红崖子园一般固废处置场、益瑞科技固废资源化利用项目建设，着力推进畜禽粪污资源化利用，大力推广有机肥、病虫害统防等化肥农药减量技术，全面改善土壤环境质量。

大力开展生态修复。打好大规模国土绿化硬仗，加快推进红陶公路生态廊道、金色河生态公园等 11 个绿化项目，建设毛乌素沙漠生态公园及“以林换能”示范区，完成营造林 5 万亩，森林覆盖率达到 9%以上。打好绿化贺兰山硬仗，锚定“三年见成效，三十年披绿装”目标，推进历史遗留废弃沙坑治理和浅山区绿化，保护好贺兰山生态底色。打好黄河生态治理硬仗，加快黄河河道综合治理，有序推进退地还湿、退地还草等生态项目，完成荒漠化治理 2 万亩，湿地修复 3 万亩。积极推行林长制，建立“林草一张图”，完善三级森林草原资源管理、考核机制，确保每片林管得牢、管得好。

推进节能减排降碳。坚决推进“三线一单”生态环境分区管控，严格落实“双控”目标，坚决遏制“两高”项目盲目发展。全面落实节能审查制度，实现高耗能行业、重点用能单位在线监测全覆盖，新建项目单位产品能耗达到国内一流水平。推广清洁生产和循环经济，实施金属新材料矿渣微粉、阳光焦化焦炉尾气回收等再生资源利用项目，推进煤炭减量替代，实现减污降碳协同效应最大化。倡导绿色生活方式，开展绿色社区、节约型机关等“绿色细胞”创建，推广使用节能家电、新能源汽车等产品，推动绿色低碳发展方式融入生产生活。

（七）加快推进城乡协调发展。加快城乡发展一体化步伐，统筹规划、建设、管理，不断优化布局、完善功能、提升活力，推进城乡重大基础设施和公共服务设施共建共享，推动城镇和乡村建设相互衔接，实现人口与经济发展、基础设施保障、公共服务供给、生态资源相协调。

提升城市品质。加大老旧小区改造步伐，完善唐徕、沁春园等12个小区基础设施，改造提升鼓楼周边区域，建设玉皇阁公园，清理整治老旧管线管网等“蜘蛛网”，让城市背街小巷旧貌换新颜。实施城市防洪排涝工程，改造翰林大街给排水，打通怀远大街、明珠路北延伸段，提高城市综合承载力。持续抓好裸露地整治，新建4个小微游园、生态停车场，实施唐徕渠带状公园亮化、高速平罗南出口绿化工程，拓展城市绿色空间。

加强城市管理。以争创全国县级文明城市、卫生县城为载体，广泛开展市民文明意识、文明行为教育。加强城市环境整治，提标改造环卫设施，推进生活垃圾分类治理，长效治脏治污治乱，让城市更整洁。加强城市综合执法队伍建设，大力推行“马路办公”，规范农贸市场、临时摊位等经营，遏制交通乱象、净化道路环境，让城市更有序。全面落实《物业管理条例》，推广“红色物业”“智慧物业”模式，建成智慧小区、标准化物业小区10个，探索社区代管无物业小区试点，实行社区物业业主三位一体化管理。

建设美丽乡村。强化城乡衔接，加快陶乐、姚伏、黄渠桥、崇岗等重点小城镇建设，统筹推进红崖子、通伏、高仁等特色乡镇建设，形成立体化城镇网络体系。完善重点小城镇基础设施，加快实施特色街区、大村庄、美丽村组建设，提升学校、卫生院、养老院服务能力，引导农民向城镇、中心村集中。支持镇区产业聚集，突出抓好羊产业小镇、种子小镇建设，推进镇园一体化发展，提高城镇产业带动能力。

（八）持续增强人民幸福指数。坚持财力优先向民生集中，政策优先向民生倾斜，服务优先向民生覆盖，深入推进“四大提升行动”，努力让平罗人民生活得更加幸福。

提高城乡居民收入。扩大就业促增收，支持灵活就业和新业态就业，抓好重点群体就业，新增城镇就业1500人以上，农村劳动力转移就业2.1万人以上；以创业带动就业，培育创业实体670个以上。扶持产业促增收，实行贷款贴息、整村授信等金融支农政策，创新开展新型农业保险试点，降低生产成本，发展特色种养业，拓展经营净收入空间。盘活资产促增收，引导农民利用闲置土地、零散土地，入股合作社、集体经济，扩大农民租金股息、红利等收入比例。强化帮扶促增收，有效衔接产业扶持、就业培训、社会保障等后续政策，推动移民稳定增收。

提升社会保障能力。稳步推进城乡养老、医

疗保险参保扩面，做到应收尽收、应保尽保。保障农民工工资，切实维护农民工合法权益。强化困难群体基本救助制度，健全分级分类社会救助体系，落实好城乡居民最低生活保障。加强医疗救治、临时救助和农村“三留守”人员、残疾人关爱服务，解决好“一老一小”问题。深入开展民族团结进步创建，铸牢中华民族共同体意识。认真落实“1+6”基层治理方案，提高社会治理能力和治理水平。

办好人民满意教育。落实立德树人根本任务，加快发展更加公平更高质量的教育。实施教育薄弱环节与能力提升项目，加快平罗四中综合楼、城关九小等项目建设，更新升级中小学信息化基础设施，全面普及“三个课堂”应用。完善教师轮岗交流、培养培训机制，实施第二届“三名”工程，壮大优秀骨干教师队伍，夯实教研共同体建设，促进城乡教育协同发展，稳步提升教育教学质量。扎实推进“五项管理”，全面落实“双减”要求，加强校外培训机构治理，提升课后服务质量，促进学生全面发展、健康成长。

提升全民健康水平。深入推进县域公立医院综合改革，加快县医院救治能力提升工程，争创国家三级乙等医院；建设全区中医特色重点医院，推进中医药传承创新。加快县域医共体建设，深入实施同心全科医生特岗计划，持续开展“千名医师下基层”活动，促进优质医疗资源下沉乡村。提升“互联网＋医疗健康”示范区建设成效，推广电子健康码便民服务，实现县域内健康信息互通共享。启动疾病预防控制机构改革，提升重大突发公共卫生事件应急处置能力。常态化抓好疫情防控，坚决防止疫情输入。广泛开展爱国卫生运动。启动实施妇女儿童“两个规划”。全面落实三孩生育政策。

（九）着力防范化解重大风险。统筹发展与安全，落细落实风险防范责任，妥善化解各领域风险。

防范化解经济领域风险。加强政府债务监测预警，提高收入质量，优化支出结构，积极化解政府债务。开展非法集资、企业信用风险排查整治，严厉打击金融诈骗等违法犯罪行为，强化各类金融组织监管，引导金融机构加快处置消化不良信贷资产，防止发生区域性、系统性金融风险。加强与民营企业沟通联系，动态掌握风险底数，分类制定化解方案，及时阻止风险传导蔓延。落实国有企业改革三年行动方案，加强县属国有企业监管，确保国有资产保值增值。

严密防范安全生产风险。深化应急管理综合行政执法改革，压实“三管三必须”责任，巩固提升安全生产专项整治三年行动成果，争创国家安全发展示范城市。创建全域“食品药品安全区”，提高食品药品安全保障水平。加强地震、气象服务，整合安全生产、自然灾害等领域应急救援资源，建设统一调度、协调高效的监测预警平台，提升防灾减灾救灾能力。做好第一次全国自然灾害综合风险普查，全面摸清全县自然灾害风险隐患底数。

妥善化解社会领域风险。完善领导包案化解制度，健全乡镇信访联席会议机制，打造社会矛盾纠纷调处化解中心，不断优化县乡村三级矛盾纠纷排查化解工作网络，畅通群众利益诉求渠道。持续开展重大项目社会稳定风险评估，集中治理重复信访、化解信访积案，依法规范信访秩序。严厉打击各类违法犯罪，大力整治社会治安突出问题，持续增强人民群众安全感。

四、持之以恒加强政府自身建设

立足新起点，开启新征程，我们必将更加重视政府自身建设，保持发展定力，进一步转变工作职能，持续改进作风，每年办好10件民生实事，努力做到为人民服务、对人民负责、受人民监督、让人民满意。

始终坚持忠诚为政。自觉把党的全面领导贯穿政府工作全过程、各环节，学懂弄通做实习近平新时代中国特色社会主义思想，树牢“四个意识”，坚定“四个自信”，做到“两个维护”。弘扬伟大建党精神，时刻心怀“国之大者”，不断提高政治判断力、政治领悟力和政治执行力。对党中央、国务院决策部署闻令而动，对自治区、市党委、政府的工作安排坚决执行，对县委的具体要求全面落实，严格做到令行禁止、政令畅通，永葆对党绝对忠诚的政治品质。

始终坚持实干兴政。积极响应“社会主义是干出来的”伟大号召，深入一线体察民情、了解民意，下大力气解决群众、企业、基层反映强烈的问题。大力倡导说了就算、定了就干、干就干好的良好作风，明职责、交任务、定标准、严督查、保目标，以实干实效取信于民。坚持严管厚爱结合、激励约束并重，健全完善容错纠错机制，加强对敢担当、善作为干部的激励保护，决不让肯干事、会干事、干成事的干部吃亏。

始终坚持依法行政。深入学习贯彻习近平法治思想，纵深推进法治政府建设，始终坚持法定职责必须为、法无授权不可为。自觉接受人大法律监督、政协民主监督、审计经济监督和社会舆论监督，广泛听取民主党派、工商联、无党派人士和人民团体意见建议。深化综合行政执法改革，推进政务公开，加强政策解读，主动回应社会关切。规范重大行政决策程序，严格按照法定权限作出决策，确保经得起法治考量、体现民意取向。
始终坚持廉洁从政。贯彻全面从严治党要求，深入推进政府系统党风廉政建设，切实扛牢“一岗双责”，守好重点领域、重点部门、关键岗位的廉政底线。严格落实中央八项规定及其实施细则精神，从严执行自治区、市“八条禁令”，力戒形式主义、官僚主义。大力发扬自我革命、自我斗争精神，严惩各类违纪违法行为，着力营造风清气正、干事创业的良好政治生态。严控“三公”经费支出，把更多的财力用在保民生、补短板、促发展上。

各位代表，奋斗成就梦想，实干创造未来！让我们更加紧密地团结在以习近平同志为核心的党中央周围，在自治区、市党委、政府及县委的坚强领导下，团结带领全县干部群众，不忘初心、牢记使命，实干担当、成就作为，为奋力担当先行区建设排头兵、高质量建设富裕美丽新平罗而不懈奋斗！

名词解释：

1.“1233”方向路径和战略任务：坚持“一个统领”，即以先行区建设为统领；围绕“两大定位”，就是既要共同富裕，又要全域美丽。打好“三大战役”，即打好产业转型发展战役、生态环境保护战役、城乡环境治理战役；实现“三个转变”，即实现“工业大县”向“工业强县”的转变、“农业大县”向“农业强县”的转变、“文化大县”向“文化强县”的转变。

2.九个重点产业：枸杞、葡萄酒、奶产业、肉牛肉羊、电子信息、新材料、绿色食品、清洁能源、文化旅游。

3.蓝天保卫战“1+9”专项行动：污染防治攻坚行动和工业源防治、扬尘防控、清洁取暖、油烟油品和散煤防控、“散乱污”企业整治、禁烧、车辆污染防控与禁放、控油、文明祭祀9个专项攻坚。

4.六大领域基层治理：乡村、社区、宗教、校园、企业、社团治理。

5.“四大改造”：结构改造、绿色改造、技术改造、智能改造。

6.“四尘”“五水”“六废”：四尘即扬尘、煤尘、汽尘、烟尘，五水即治污水、防洪水、排涝水、保供水、抓节水，六废即建筑垃圾、生活垃圾、危险废弃物、畜禽养殖废弃物、工业固废、电子废弃物。

7.“四水四定”：以水定城、以水定地、以水定人、以水定产。

8.六争两招两引：争政策、争资金、争项目、争试点、争示范、争会议和招商引资、招才引智。

9.五美乡村：环境美、田园美、村庄美、庭院美、乡风美。

10.“五洁”行动：道路、集镇、村庄、庭院居室、沟渠清洁。

11.“5+3”项目：城市交通、生态环境治理、农业农村、园区建设、公共服务5类政府投资项目和工业、服务业、农业产业化3类社会投资项目。

12.三线一单：生态保护红线、环境质量底线、资源利用上限和生态环境准入清单。

13.三个课堂：专递课堂、名师课堂、名校网络课堂。

14.五项管理：作业、睡眠、手机、课外读物、健康管理。

15.双减：减轻义务教育阶段学生作业负担和校外培训负担。

16.三管三必须：管行业必须管安全、管业务必须管安全、管生产经营必须管安全。

平罗县人大常委会工作报告

——在平罗县第十八届人民代表大会第一次会议上

（2021 年 11 月 8 日）

人大常委会主任　马长青

各位代表：

我受县第十七届人大常委会委托，向大会报告工作，请予审议，并请列席人员提出意见。

过去五年工作回顾

县十七届人大一次会议以来，县人大常委会高举习近平新时代中国特色社会主义思想伟大旗帜，立足新起点、担当新使命、展现新作为，在县委的坚强领导和区市人大的精心指导下，坚持党的领导、人民当家做主、依法治国有机统一，依法履职尽责、主动担当作为，召开常委会议 33 次，听取和审议工作报告 56 次，组织开展调研视察 96 次，作出决议决定 129 项，依法任免国家机关工作人员 253 人次，较好地发挥了人大常委会政治机关、权力机关、工作机关、代表机关的作用，为推动全县经济社会高质量发展和民主法治建设做出了积极贡献。

一、坚持以习近平新时代中国特色社会主义思想为统领，强化党的领导、坚定政治方向

五年来，常委会始终坚持党的全面领导，坚定正确政治方向，树牢人大工作“方向标”。始终坚持把学习贯彻习近平新时代中国特色社会主义思想作为首要政治任务，深入学习贯彻习近平法治思想、习近平总书记关于坚持和完善人民代表大会制度重要思想。把政治理论作为常委会组成人员、人大代表和机关干部履职培训、学习研讨的重要内容，履职尽责的政治基础不断夯实。始终坚持把党的领导贯穿于人大工作各方面、全过程，注重发挥常委会党组把方向、管大局、保落实的作用，坚决贯彻落实县委重大决策部署，切实做到思想认识到位、贯彻落实到位、监督保障到位。严格执行重大事项向县委请示报告制度，综合运用监督手段，有效推动县委决策部署的贯

彻落实，使县委意图在人大工作中得到充分体现。常委会领导严格按照县委部署要求，落实重大项目、重点产业、重大改革、城乡环境治理等包抓任务。

二、坚持以围绕中心服务大局为遵循，依法监督注重实效、担当作为务求实绩

五年来，常委会始终坚持正确有效依法监督，聚力推动全县经济社会健康平稳发展。

紧扣发展大局，在助推高质量发展上持续发力。面对过去五年严峻复杂的发展形势，把推进经济健康平稳发展作为首要任务。围绕全面建成小康社会，听取审议全面建成小康社会指标完成情况专项报告，对全面建成小康社会监测体系中存在的短板弱项进行分析，提出具体意见建议，督促政府逐项解决落实，确保圆满完成全面建成小康社会指标任务。围绕经济稳健运行，紧盯全县经济运行形势和推进供给侧结构性改革等关键问题，调研全县工业经济运行和重大项目建设等工作情况，审议年度国民经济和社会发展计划等专项工作报告，督促和支持政府及有关部门进一步落实稳增长、促改革、调结构、惠民生、防风险等各项措施。围绕产业转型升级，专题调研黄河流域生态保护和高质量发展先行区建设，对科技创新等工作开展调研，推动政府在创新机制、加大研发力度等方面下功夫，以科技创新支撑转型发展高质量发展。围绕新产业新业态发展，对全县“9+3”重点特色产业发展、电商服务、全域旅游示范县创建等工作开展调研，助力全县新产业新业态加快成长。围绕农村综合改革、“四权”改革献计出力、担当作为。

保持慎终如始，在打好三大攻坚战上奋发有为。助力防范风险。依法审查政府债券发行和安排使用情况，强化对新增债务发行规模和用途的合法合规性审查，防范化解政府债务风险。对财政议案进行审查并作出决议，监督政府依法理财，着力提高财政资金使用效益。助力脱贫攻坚。调研、视察移民村产业发展、帮扶措施落实等工作情况，督促政府进一步压实责任，助推实现精准脱贫。组织各级人大代表开展“脱贫攻坚，人大代表在行动”“一对一”结对帮扶系列活动，实现代表履职和精准脱贫有机结合。围绕产业发展、农民增收、环境治理、一村一庄建设、闲置村庄退出、产权制度改革等工作开展专题调研、视察，推动乡村振兴。助力污染防治。对大气、水、土壤污染防治法贯彻实施情况开展执法检查，以法律刚性约束，推动科学治污、精准治理。审议政府年度环境状况和环境目标完成情况报告，督促生态环境保护责任落实，加快改善生态环境质量。对贺兰山生态环境治理、生态林业建设、创建全国县级文明城市等工作开展专题调研和视察。

注重监督实效，在强化财政预算监督上精准发力。坚持事前、事中、事后全过程监督有机衔接，不断增强人大预算审查监督的实效性。加强预决算审查监督，成立财政预决算审查咨询委员会，提高了预算监督工作的专业化和制度化水平；依托人大预算联网监督系统平台，实现对财政预算及部门预算编制、调整、执行、决算等全链条的实时在线监督。充分发挥审计监督职能，每年听取政府审计工作报告和审计查出问题整改情况报告，紧盯“屡审屡犯”问题，持续对审计问题整改落实情况进行监督。建立政府向人大常委会报告国有资产管理情况制度，每年对全县国有资产管理开展专项调研，审议行政事业、国有企业、国有自然资源三类国有资产管理情况的专项和综合报告，实现了国有资产管理监督全覆盖。

坚持人民至上，在增进民生福祉上久久为功。围绕人民对美好生活的向往，倾力督促解决民生问题。着力推动社会事业发展。专题调研视察全县义务教育、学前教育、职业教育发展情况，推动政府不断优化教育资源配置，努力实现学前教育普及普惠发展、义务教育优质均衡发展、普通高中多样化特色发展、职业教育产教融合发展的目标。检查就业促进法实施情况，对各类群体就业创业工作情况开展调研，督促政府采取更加有效的措施，以更高质量扩大就业，保障民生。对城市物业管理、公共交通体系运行等民生工作开展调研、视察，推动实现人民群众高品质生活。着力推动社会保障体系建设。持续监督医疗卫生体制改革和医疗保障改革工作，深入调研村卫生室、养老服务和社会保障体系建设等工作，督促政府深化医疗体制改革，有效扩大各项社会保障制度覆盖面，织密民生保障网。专题调研食品安全工作，保障人民群众“舌尖上的安全”。着力推动民生实事办理。积极组织人大代表征集、督办民生实事，每年将“十件民生实事”列为人代会审议计划和人大监督的重要内容。五年来，督促政府高效办理民生实事50件，累计完成投资32.3亿元，老旧小区改造顺应人民期盼，居民养老保险待遇切实提高、教育卫生事业不断发展，城乡环境面貌不断优化等，促进政府破解基础设施滞后、社会保障不充分、城乡环境差等民生难题。

三、坚持以推进法治平罗建设为重心，法治思维深入人心、依法治县成效明显

五年来，常委会坚持以法治思维凝聚共识、以法治原则规范行为、以法治措施促进公平，全面推进法治平罗建设。

决议决定有法有据。根据县域经济社会发展实施、依法作出决议、决定，推动县委决策部署通过法定程序成为全县人民的自觉行动。依法审查《平罗县国民经济和社会发展第十四个五年规划和2035年远景目标纲要》并作出决议，把“十四五”规划确定的发展目标和重点任务转变为全县人民的共同意志和统一行动。作出了《关于开展第八个五年法治宣传教育的决议》，夯实全面依法治县的社会基础。

执法检查有质有效。坚持把加强执法检查摆在监督工作突出位置，每年围绕群众最为关切的热点难点问题，选定相关法律法规作为执法检查内容，确保检查监督突出重点。坚持全面检查与重点检查相结合，反馈意见与跟踪整改相结合，对村民委员会组织法、教师法、消防法等10部法律法规贯彻实施情况开展检查，针对存在的突出问题，深入了解实情，厘清问题症结，提出中肯建议，推动整改落实，促进了相关法律法规有效实施。

司法监督有力有为。高度重视对司法工作的监督，听取和审议“两院”司法改革，法院“两个一站式”建设、员额制法官运行和检察院认罪认罚从宽制度运行、公益诉讼、量刑规范化公诉情况等专项工作报告，支持和促进司法机关深化司法体制改革，依法公正行使审判权、检察权。对全县扫黑除恶专项斗争、公共法律服务体系建设、基层派出所建设等工作开展调研、视察，促进全县政治安全、社会安定、人民安宁。

履职监督有始有终。坚持党管干部与人大依法选举任免相统一，进一步规范人事任免工作程序，建立完善新任命干部履职承诺、履职评议等一系列任职前后监督机制。贯彻实施宪法宣誓制度，新任命国家机关工作人员向宪法庄严宣誓，切实增强了任命人员崇尚宪法、维护宪法的使命感和责任感。积极探索完善干部任后监督机制，把对事的监督和对人的监督有机结合，实现了对本届任命的政府部门主要负责人履职评议的全覆盖。

四、坚持以发挥代表主体作用为己任，工作机制更加健全、履职活力充分激发

五年来，常委会始终坚持依靠代表，充分发挥代表主体作用，不断激发代表履职活力。

面对疫情，代表力量更加彰显。新冠肺炎疫情发生以来，常委会迅速行动、主动作为、及时倡议，广大代表积极响应、捐款捐物、坚守一线，共同筑起疫情防控人大防线，书写人民至上、大爱无疆的人间赞礼。发出《致全县人大代表和人大工作者的慰问信》，350多名人大代表主动下沉到村队（社区），不畏艰险冲锋在前，不分昼夜奋战一线。127名人大代表捐款捐物500余万元，助力疫情防控。蒋洪波、王怀东代表积极行动，驰援武汉新鲜蔬菜，先进事迹被央视报道，多名区市县人大代表疫情防控工作成效在《人民代表报》《宁夏人大》等报刊上刊登，生动诠释了“人民选我当代表，我当代表为人民”的庄严承诺。

搭建平台，代表履职更具活力。积极推动代表活动阵地建设，以“六有六规范”建设为目标，投入资金106万元，完成13个乡镇代表工作室、21个村（社区）代表活动室建设提标扩面，推动代表活动场所由乡镇向村（社区）延伸，成为代表履职的“加油站”、反映民意的“回声壁”、为民服务的“连心桥”。完善常委会组成人员联系代表、代表联系群众双联工作机制，扎实开展代表“五个一”活动。五年来，走访接待选民43012人次，反映社情民意6004件，督办民生实事2599件，调处化解矛盾纠纷3443件，联系帮扶困难家庭5218户，切实增强代表履职实效。制定代表履职评价及不称职代表退出办法，实现了代表履职建档和述职评议全覆盖，为代表连任和不称职退出提供依据。

健全机制，代表建议更见实效。认真落实交办、领办、督办等工作机制，做到出卷、答卷、评卷的高度统一，促进议案建议办理质量不断提升。深化集中交办、常委会负责人重点督办、政府领导领办、部门单位承办的工作机制，推动议案建议办理取得实效。制定议案建议和民生实事网络评议办法，全面推行“开门办理”，建立未完成议案建议和民生实事向人大常委会专题报告制度，及时召开专项报告会和办理评议会，加强跟踪督办，推动议案建议办理由“答复型”向“落实型”转变。五年来，本届人大向区、市人代会提交议案5件、代表建议164件，有效解决了全县一批事关经济社会发展和人民群众切身利益的问题。向县人代会提出议案6件、代表建议166件，办结率95%，累计完成投资54亿元。在全县开展中心村和“一村一庄”建设、河东现代农业产业园建设、农村人居环境综合治理等议案和加大县域水污染治理及综合利用、实施河东地区人畜饮水工程改造提升、推进特色羊产业小镇建设、加强县城小区物业服务管理等建议办理成效突出，切实把群众的小事当作政府的大事来办，更好地体现了人民利益、反映了人民意愿、增进了人民福祉。

五、坚持以全面提升履职能力为目标，自身建设提质增效、基层基础更加坚实

五年来，常委会始终坚持强基固本，持续提高依法履职服务保障能力。

强化政治建设，完善履职保障。强化党组管党治党政治责任，加强“模范机关”创建和机关党支部标准化规范化建设，健全完善党建工作制度和长效机制。严格落实全面从严治党主体责任，扎实开展“不忘初心、牢记使命”主题教育，认真开展党史学习教育，树牢“四个意识”，坚定“四个自信”，做到“两个维护”。严格落实意识形态工作责任制，不断改进文风会风，精简会议文件，力戒形式主义、官僚主义，切实转变作风，打造风清气正的地方国家权力机关新形象。

强化制度建设，确保履职规范。完善主任会和常委会议事规则，规范会议程序，使人大工作更加制度化、规范化。建立健全机关各项工作制度。指导乡镇人大按照“三有六规范”标准，健全组织制度，完善工作机制，规范工作程序，夯实乡镇人大工作基础。

强化机关建设，创建全国文明单位。深化社会主义核心价值观教育，着力用社会主义核心价值观引领思想、凝聚共识、推动工作。以德为先，坚持开展道德讲堂，开展系列主题活动，接受传统教育、传承红色基因，用理论滋养初心、用行动引领使命。建立健全志愿服务机制，成立志愿服务队伍，常态化开展爱国卫生日活动、文明劝导等各项公益活动，强力推动机关精神文明建设。县人大常委会机关成为全区首个荣获“全国文明单位”称号的人大常委会机关。

各位代表，五年来，常委会工作的顺利开展和不断进步，得益于县委的坚强领导，饱含着常委会组成人员和全体人大代表、人大工作者的辛勤付出，离不开“一府一委两院”的积极配合，源自于全县人民及社会各界的大力支持。在此，我谨代表县人大常委会向大家表示崇高的敬意和衷心的感谢！

各位代表，五年来的辛勤努力和探索奋进，成绩鼓舞人心；五年来的忠诚履职和发展实践，蕴含宝贵经验。我们深刻体会到要做好人大工作，必须坚持党的领导。只有始终与县委保持政治上同向、思想上同心、工作上同步、发展上同力，才能使人大工作更有作为、更见实效。必须坚持服务大局。只有在指导思想上围绕中心，在工作部署上服务发展，在监督重点上紧扣大事，才能不断增强人大工作针对性、实效性和权威性。必须坚持履职为民。只有树牢以人民为中心的发展思想，支持和保证人民通过人民代表大会行使国家权力，发展全过程人民民主，人民代表大会制度才能始终拥有深厚坚实的根基。必须坚持依法治县。只有言必讲法、行必依法、办事靠法，充分发挥人大工作在法治建设中的职能优势，推动地方国家机关在法治轨道上开展工作，才能更好地把制度优势转化为治理效能，为推动改革、促进发展、维护稳定提供强有力的法治保障。必须坚持依靠代表。只有始终同人民群众保持密切联系，充分调动和激发全体代表的积极性、主动性、创造性，更加接地气、察民情、聚民智、惠民生，人大工作才能焕发出更加蓬勃的生机与活力。

五年来的工作历程，我们也清醒地认识到，常委会各项工作与时代的发展、人民的期望还有一定差距：一是监督方式还需进一步完善、监督质效有待进一步提高。二是代表工作还需进一步创新，代表主体作用有待进一步加强。三是对决议决定和审议意见的跟踪监督力度还需进一步加大。四是自身建设还需进一步提高等。

今后五年工作建议

各位代表，刚刚召开的中央人大工作会议，全面总结了我国人民代表大会制度的发展历程和巨大成就，科学概括了关于坚持和完善人民代表大会制度的重要思想和丰富内涵，明确提出了加强和改进人大工作的重大原则和主要任务，为我们做好新时代人大工作提供了遵循。县第十五次党代会，深入分析了新时代平罗发展的历史机遇和方向路径，科学谋划了平罗未来五年的发展蓝图和战略举措。新一届人大常委会要始终坚持以习近平新时代中国特色社会主义思想为指导，坚决贯彻落实中央人大工作会议精神，按照县第十五次党代会确定的目标任务，立足新发展阶段、贯彻新发展理念、融入新发展格局，紧扣县委"1233"方向路径和战略任务，坚持党的领导、人民当家做主和依法治国有机统一，依法履行宪法和法律赋予的职责，着力加强人大"四个机关"建设，依法履职、全面履职、高效履职，为奋力担当先行区建设排头兵，高质量建设富裕美丽新平罗作出人大贡献。

一、围绕建设忠诚担当的政治机关，在强化理论武装中夯实政治根基

牢牢把握人大"政治机关"定位要求，把党的全面领导贯穿于人大履职的全过程、各方面，确保人大工作正确政治方向。深入学习贯彻习近平法治思想、习近平总书记关于坚持和完善人民代表大会制度的重要思想，自觉把深学笃用习近平总书记在中央人大工作会议上的讲话精神作为贯穿人大工作的主线，坚定政治方向，保持政治定力，始终坚持党对人大工作的全面领导，自觉维护县委总揽全局、协调各方的领导地位，保证县委的各项决策部署在人大得到全面贯彻落实和有效执行。坚持党要管党、全面从严治党，充分发挥县人大常委会党组把方向、管大局、保落实的重要作用，制定和落实我县加强和改进新时代县乡人大工作的实施意见，构建职责清晰、分工明确、上下联动、齐抓共管的人大工作格局。

二、围绕建设坚强有力的权力机关，在推进民主法治中彰显责任担当

牢牢把握人大"权力机关"定位要求，依法行使法律赋予县级人大的监督权、重大事项决定权和人事任免权。实行正确监督、有效监督、依法监督，充分运用审议报告、调研视察、专题询问等法定监督手段，优化监督方式，全力打好监督"组合拳"，保证行政权、监察权、审判权、检察权依法正确行使。进一步健全讨论、决定重大事项制度，严格落实政府重大决策出台前向人大报告制度，就事关经济社会发展稳定大局和广大人民群众普遍关注的重点热点问题，依法作出决议决定，不断提升决议决定的科学化、民主化、法治化水平。坚持党管干部和人大依法任命相统一的原则，规范行使人事任免权，坚持颁发任命书、向宪法宣誓、履职承诺等制度。加强对任命人员的任后监督，进一步完善履职评议办法，提高履职评议实效。充分发挥立法联系点作用，配合做好区、市立法工作，深入开展规范性文件备案审查工作。

三、围绕建设务实高效的工作机关，在推动高质量发展中提升服务水平

牢牢把握人大"工作机关"定位要求，紧扣县委"1233"方向路径和战略任务，聚焦推动全县高质量发展过程中的难点问题和人民群众关心关注的热点问题，推动解决制约经济社会发展的突出矛盾和问题，凝聚推动全县经济社会高质量发展的强大合力。突出加强对“十四五”规划纲要执行、产业发展、污染防治、民生福祉等方面工作进行监督，依法做好预算决算审查、国有资产管理和政府债务监督工作，加大对审计查出问题整改情况跟踪监督力度，推动县委决策部署落地见效。围绕推进法治平罗建设，认真组织执法检查，监督“八五”普法决议落实，审议法检“两院”专项工作，推动法律法规全面有效实施。健全完善即时交办和跟踪督办制度，把审议意见的落实作为人大监督的重中之重，真正推动“一府一委两院”解决问题、改进工作，确保监督成果转化为实实在在的工作成效。

四、围绕建设亲民为民的代表机关，在发挥代表作用中强化宗旨意识

牢牢把握人大“代表机关”定位要求，突出代表主体地位，积极探索新形势下开展代表工作的新机制、新途径，加强服务管理，支持和保障代表依法履职、发挥作用。加强同人大代表和人民群众的密切联系，丰富人大代表联系人民群众的内容和形式，更好地回应群众诉求和呼声。丰富闭会期间代表活动，畅通代表和群众知情知政和民主参与渠道。进一步落实“双联”制度，用好代表工作室、活动室，坚持常态化开展接待选民等活动。进一步提高代表议案建议工作质量，不断提高办理效率和办结效果。健全代表考核评价机制，建立代表信息库和履职档案，健全代表激励、约束、退出机制，激发代表自觉践行“人民选我当代表、我当代表为人民”的使命担当。

五、围绕全面加强人大自身建设，在从严要求中锻造过硬干部队伍

严格按照习近平总书记在中央人大工作会议上对加强人大自身建设的新要求，全面加强人大自身建设。切实加大专业知识培训、专业化队伍建设力度，加快知识更新、优化知识结构、拓宽思路眼界，不断提高政治判断力、政治领悟力、政治执行力。注重加强对乡镇人大的工作指导，促进规范建设，激发创新活力，联动监督履职，形成人大工作凝心聚力、协同高效的良好局面。坚持求真务实工作作风，积极主动担当作为，以实干精神创造新的业绩。坚持服务代表、服务群众、服务基层，密切联系群众。

严格落实全面从严治党政治责任，加强作风建设，巩固全国文明单位成果，创建“模范机关”。锻造敢于担当、善于作为、履职尽责的人大干部队伍。

各位代表，让我们更加紧密地团结在以习近平同志为核心的党中央周围，高举习近平新时代中国特色社会主义思想伟大旗帜，紧紧围绕县第十五次党代会确定的目标任务，以新的精神状态、新的发展理念、新的思路举措，奋力开创人大工作新局面，为奋力担当先行区建设排头兵、高质量建设富裕美丽新平罗而不懈奋斗！

名词解释：

1.四个机关：各级人大及其常委会要不断提高政治判断力、政治领悟力、政治执行力，全面加强自身建设，成为自觉坚持中国共产党领导的政治机关、保证人民当家做主的国家权力机关、全面担负宪法法律赋予的各项职责的工作机关、始终同人民群众保持密切联系的代表机关。

2.一府一委两院：指县人民政府，县监察委员会，县人民法院，县人民检察院。

3.三有六规范：对乡镇人大建设提出“有机构、有场所、有经费，规范选举工作、代表会议、主席团工作、代表履职活动、制度建设和信访工作”

的建设目标。

4.六有六规范：对代表工作室提出“有场所、有制度、有公示、有计划、有活动、有经费，规范履职评价、规范视察调研、规范工作流程、规范培训学习、规范述职测评、规范建议办理”的目标。

5.“双联”工作机制：人大常委会组成人员联系人大代表、人大代表联系人民群众。

6.“9+3”重点特色产业：指枸杞产业、葡萄酒产业、奶产业、肉牛肉羊产业、电子信息产业、新材料产业、绿色食品产业、清洁能源产业、文化旅游产业9个重点产业，河东现代农业产业示范园区、精细化工专业园、种子小镇3个专业产业园。

7.“1233”方向路径和战略任务：坚持以先行区建设统领富裕美丽新平罗建设的“一个统领”，围绕共同富裕、全域美丽“两大定位”，打好产业转型发展、生态环境保护、城乡环境治理“三大战役”，实现“工业大县”向“工业强县”转变、“农业大县”向“农业强县”转变、“文化大县”向“文化强县”转变的“三个转变”。

8.模范机关：按照中央、自治区和市县党委统一部署，开展“让党中央放心、让人民群众满意”的模范机关创建活动。

中国人民政治协商会议
第十一届平罗县委员会常务委员会工作报告

——在政协第十二届平罗县委员会第一次会议上

（2021 年 11 月 6 日）

县政协主席　毛精明

各位委员、同志们：

我代表政协第十一届平罗县委员会常务委员会，向大会报告工作，请审议。

过去五年工作回顾

过去五年，是我县各项事业发展取得进步、改革发展谱写新篇章的五年，也是平罗政协事业开拓创新、奋发有为、成果丰硕的五年。五年来，各级领导关心平罗政协、关爱平罗政协、关注平罗政协，对平罗县政协工作给予了鼎力支持、注入了强大动力。我县政协先后代表宁夏县区政协参加了汪洋主席、张庆黎副主席主持召开的全国政协党建工作座谈会、地方政协工作座谈会和卢展工、马飚副主席调研宁夏政协工作时召开的座谈会，并作了发言；全国政协副主席夏宝龙、汪永清先后莅临我县政协机关调研政协工作，这在平罗政协历史上尚属首次；自治区政协主席崔波等区市领导多次来我县调研指导工作，对我们的工作给予了充分肯定，这使我们倍感振奋、备受鼓舞！

五年来，在中共平罗县委的坚强领导和上级政协的精心指导下，县政协常委会坚持以习近平新时代中国特色社会主义思想统揽工作全局，充分发挥人民政协专门协商机构作用，始终坚持团结和民主两大主题，紧紧围绕建言资政和凝聚共识双向发力这条主线，扎实履行政治协商、民主监督、参政议政职能，为推动全县经济社会高质量发展贡献了政协智慧和力量。

（一）坚持政治引领，政协党建创新发展。五年来，我们认真贯彻落实新时代党的建设总要求，突出抓好政治建设这一根本，不断提高政协党的建设质量，以党建工作的新成效推动政协事业高质量发展。

始终不渝坚持党的全面领导。自觉接受县委领导，及时传达学习中央和区市县党委重要会议精神，严格落实重大事项请示报告制度，主动配合做好县委政协工作会议筹备，牵头起草了《关于新时代加强和改进人民政协工作的实施方案》《关于加强新时代平罗县政协党的建设工作的实施意见》等一系列文件，高标准完成县委安排的工作任务。坚持定期汇报政协党组工作，主动争取县委支持，增设社会治理委员会，并配备优秀干部充实政协队伍，着力解决了政协“两个薄弱”问题。

坚定不移加强政协党的建设。充分发挥政协党组把方向、管大局、保落实的重要作用，健全完善党组议事规则，全面落实从严治党、意识形态、全面从严治党主体责任制，切实发挥“关键少数”示范引领作用。扎实推进政协机关党建工作，成功创建五星级党组织，荣获“全市先进基层党组织”称号，承接了市直机关党建观摩交流，政协机关党建工作走在全县前列。率先设立专委会功能型党支部，认真执行“两会一联系”工作机制，积极探索党员委员“一方隶属、双重管理”办法，建立党组成员联系专委会功能型党支部、专委会功能型党支部联系党员委员、党员委员联系党外委员的“三联系”制度，实现了党的组织对党员委员的全覆盖、党的工作对政协委员的全覆盖。

持之以恒强化思想理论武装。建立健全以党组理论学习中心组学习为引领，主席会议带头学、常委会议重点学、委员培训专题学、机关例会跟进学的理论学习体系，推进政协理论学习制度化、规范化、常态化。在扎实做好“两学一做”学习教育“不忘初心、牢记使命”主题教育和党史学习教育的同时，按照全国政协和自治区政协统一部署，深入开展了“习近平总书记关于加强和改进人民政协工作的重要思想”“新时代新使命新样子”等主题学习研讨活动，累计开展专题学习82场、交流研讨33次，收集报送理论文章54篇、感悟体会900余篇，是全区政协系统学习内容最广泛、召开研讨会议频次最高、报送理论文章最多的县区。在自治区政协理论研讨成果交流会上，我县代表县区政协作了交流发言，交流发言稿在《中国政协网》刊发。

坚持不懈广泛汇聚共识力量。坚持商以求同、协以成事，积极探索凝聚共识工作的方法载体，切实发挥人民政协重要阵地、重要平台、重要渠道作用。制定出台《关于加强和促进人民政协凝聚共识工作的实施意见》，健全主席会议成员联系各民主党派和工商联制度，不断完善“双向发力”程序机制。畅通各党派团体参加政协工作的共同性事务情况交流渠道，广泛邀请各党派团体、各族各界人士参与政协协商议政活动，经常走访委员、开展谈心谈话、帮助解决困难，每年组织全体政协委员开展1~2次以凝聚共识为目的的重大项目建设视察参观活动，让委员真实感受县委政府改革发展取得的成效，感受中国共产党的伟大，最大限度地凝聚思想、凝聚力量、凝聚共识。

（二）发挥特色优势，政协协商成果丰硕。五年来，我们深入贯彻习近平总书记“把协商民主贯穿履行职能全过程”重要指示精神，不断探索、开拓创新，推动政协专门协商机构“专”出特色、“专”出质量、“专”出水平。

专题协商广泛深入。建立县委会同政府、政协制定年度协商计划提出机制，健全完善以全体会议为龙头，专题议政性常委会议和专题协商会议为重点的协商议政格局。五年来，先后聚焦产业转型升级、生态保护、乡村振兴、改善民生、社会治理等深入协商议政，共组织开展全体会议协商5次，专题议政性常委会议协商11次、专题协商24次，形成协商报告42篇，提出对策建议270余条，每次协商成果都得到县委、县政府主要领导批示，部分建议转化为党政决策，有效彰显了人民政协在服务改革发展全局中的独特价值。

民主监督有力有效。全面贯彻县委《关于加强和改进人民政协民主监督工作的实施意见》文件精神，充分发挥协商式监督的优势和特色，本着"帮忙"的态度，以"四改四转"为抓手，紧扣县委政府重大决策、重大项目、重要工作和人民群众关心关注的热点难点问题，综合运用会议监督、专项监督、视察监督等方式，围绕"学前教育发展情况""农村房屋征收政策落实情况"等开展协商式监督43次，通过广泛征求群众意见，集中专家学者会诊开方，做到在参与中服务、在服务中监督、在监督中解决问题，助推了县委政府决策部署落地见效。

提案协商扎实推进。充分发挥提案在政协履行职能中的积极作用，切实抓好提案征集、审查立案、面商督办、跟踪反馈等关键环节，探索建立提案立案"三审制"，全面推行提案"清单制"，坚持落实重点提案党政领导"领办制"，提案工作机制不断创新，工作程序不断完善。定期组织提案人和承办单位，开展提案面商、现场督办，有力促进了提案建议落实，提高了提案办理质量，助推了全县经济社会发展。五年来，共收到委员提案756件，立案283件，办结271件，办结率达到了95.8%。

社情民意充分反映。制定《平罗县政协反映社情民意信息工作暂行办法》，强化社情民意信息的舆情汇集和民意表达功能，引导政协委员聚焦党政所需、民生关切，及时反映社情民意，更好地发挥履职"直通车"作用。五年来，围绕交通、养老、医疗等方面，反映社情民意信息80余条。《关于加大河东现代农业示范园区扶持力度的建议》等多篇社情民意信息被县委政府采用，并逐一得到解决，实现了发现问题在一线、联动协商在一线、问题解决在一线、凝聚共识在一线。

（三）创新协商机制，政协经验多次交流。五年来，我们立足人民政协新方位新使命，持续研究新问题、探索新途径，创造了许多可借鉴、可复制的鲜活经验，多次在全区政协系统交流。

把准"专"的定位延伸协商触角。坚持不建机构建机制，在乡镇和社区搭建了16个"政协协商工作室"，构建乡镇（社区）点题、政协组织、实地协商、广泛参与的协商格局，解决了政协在基层无平台干事、无人干事、无事可干的困境，打通了政协履职"最后一公里"。先后围绕"高庄乡绿色农产品加工流通产业基地建设""东苑社区基础设施建设"等议题，开展基层政协协商活动20余次，助推10余项基层急难愁盼问题落实解决，相关工作经验在2019年全区市县政协工作经验交流会上作了交流。

聚力成果转化提升议政质效。把推动政协协商从"做了什么"向"做出什么效果"转变作为落脚点，探索建立协商成果"1+N+X"报送、"三转一编""三项落实"机制，将建言议政与跟踪问效有力结合，助力协商成果"落地生根"，有效改变了"建议止于批示"的协商模式。五年来，9篇专题协商报告转为大会发言，16项专题协商成果转化为提案，“打造沙漠瓜菜产业样板”“大力发展休闲观光农业”等一批意见建议得到落实。《建立成果报送转化落实机制，提高政协专题协商议政质效》工作经验在2020年全区政协经验交流座谈会进行了交流，并纳入自治区政协《2021年需坚持完善、重点推开、探索创新和推荐借鉴的工作清单》中向全区推广。《完善政协协商活动制度机制，提高政治协商制度化、规范化、程序化水平》一文被崔波主席向全区推荐。

搭建特色平台拓宽履职渠道。以委员专业为基础，打破界别限制，在医药、教体等界别率先建立了6个“界别委员联络工作室”，让委员在原界别不变的基础上，以“第二界别”更好发挥专长。先后围绕“医养结合工作”“稳定教育领域人才队伍”等难点、堵点问题，开展界别协商10余次，不断发出界别“好声音”。扎实开展“委员讲堂”活动，推动委员下沉乡镇、社区一线，围绕解读《民法典》、传染病防治等内容开展授课10余场，受众达500余人次，“委员讲堂”已成为展示委员才华的“大舞台”、锻炼委员的“点将台”。

（四）注重文化传承，书香政协活力彰显。五年来，我们坚持将文史工作作为政协独具特色的重要任务、履行职能的重要形式，不断挖掘工作潜力、汇聚工作合力，推进文史工作进入新模式、开创新局面。

着力让文化自信“树”起来。立足我县深厚的人文历史，专题召开“挖掘平罗县民间文化资源”座谈会，并搜集整理300余篇文章、600多幅照片，编辑出版《平罗特色美食》《平罗民间故事》等6本书籍，形成《游在平罗》系列丛书，为宣传平罗文化、留住平罗记忆发挥了重要作用，成为平罗对外交流赠送书籍和创建国家全域旅游示范县的加分项目。汇聚50余幅历届政协委员、名家新秀的画作，结集出版《翰墨平罗·书画摄影作品集》，以不同表现形式描绘毓秀平罗的美丽画卷，填补平罗书画文集的空白。

着力让书香政协“靓”起来。高标准建成了文史馆，生动展示平罗政协第一届委员会至本届的奋进历程和委员风采，以馆藏形式传承平罗政协历史。集多方资源打造了资料阅览室，坚持办好“周五阅读、读书分享会”等系列活动，广泛迎接区内外兄弟政协参观交流、互赠书籍，使资料阅览室成为“委员之家”“学习之家”“交流之家”。摘编国家领导人关于政协工作的重要论述、收集历届政协委员的剪纸、摄影等作品打造了独具特色的文化长廊，营造了浓厚的“书香政协”氛围。

着力让文史资政“活”起来。坚持“三亲”原则，用一批特色鲜明、存史价值高的书籍，讲好“政协故事”“委员故事”。坚持每年编辑《协商调研视察成果汇编》和《提案汇编》，集中展现政协委员的智慧结晶。围绕全国政协成立70周年和我县本届政协换届工作，编印了《辉煌70年——平罗政协纪实》《政协第十一届平罗县委员会要事汇编》等6本书籍，生动记录了平罗县历届政协履职实绩。在全区政协系统率先出版了《责任担当——平罗县政协委员战疫纪实》，弘扬县政协委员在疫情防控中为国履职、为民尽责的正能量。编印了《平罗政协委员风采》《荣誉与责任》书籍，全方位展示了本届以来全体政协委员在各条战线上取得的优异成绩、作出的重要贡献、彰显的时代风采。

（五）主动服务大局，政协作为充分展现。五年来，我们把履职为民作为根本使命，聚焦大事、关注实事、紧盯难事，始终保持与县委同向同行、同频共振，在县委坚强领导下因势而动、顺势而为。

参与中心工作尽职尽责。班子成员主动参与乡村振兴、社会治理等中心工作，积极承担包抓重点项目、特色产业等任务，多次深入红崖子乡、陶乐镇等地开展结对帮扶工作，多方协调解决产业发展、学生就学等难题。积极投身疫情防控工作，及时协调解决包抓片区物资短缺、人员紧张等问题，发动委员主动参与、捐资捐物，为打赢疫情防控阻击战践行初心使命。扎实做好招商引资工作，赴江苏、山东等地引进鹌鹑、草编等项目落户平罗，扎实履行全县大气污染防治、农村人居环境整治等督导职责。全程参与种子小镇建设，牵头举办了首届全县水稻产业发展论坛，为推动乡村振兴战略的实施发挥了积极作用。

聚焦民生关注赋智赋能。坚持发挥联系广泛、智力密集、人才荟萃的优势，围绕群众关注的厕所革命、老旧小区改造等事项开展调研协商，推动实际问题得到解决。围绕“十四五”规划，组织召开界别座谈会、广泛开展网络议政，收集意见建议20余条，为编好规划聚智聚力。围绕“民生实事办理落实情况”开展实地视察、召开会议评议，广泛建言献策，助推各项实事有效落实。每年组织委员深入乡镇、社区、学校，开展健康义诊、送法律、送科技等活动，力所能及为基层群众做好事、办实事。广泛动员政协委员和各参加单位，开展慈善捐赠、志愿服务等社会公益活动50余场次，对孤寡老人、困难学子等群体持续开展慰问活动，做到紧贴民生履职尽责。

（六）加强队伍建设，政协力量日益增强。五年来，我们深刻把握人民政协“四个一线”要求，突出政协委员是政协工作的主体、机关干部是政协履行职能的重要保障这一主题，持续加强“两支队伍”建设，履职能力不断增强。

夯实委员履职之基。建立健全新任委员谈心谈话制度、政协委员履职量化考核细则、退出和暂停履职管理办法等制度机制，实行委员履职动态管理，严把“准入关”、畅通“出口关”，全面激发委员履职效能。拓宽委员发展视野，坚持每年外出主题培训制度，让委员充电学习成为常态，先后赴浙江安吉、井冈山、贵州等地开展“两山理念”“革命传统教育”“巩固拓展脱贫攻坚成果同乡村振兴有效衔接”等专题培训，累计培训委员500余人次，提升了委员政治把握能力、调查研究能力、联系群众能力、合作共事能力，进一步增强了委员“懂政协、会协商、善议政”的履职内生动力。

激发干部奋进之力。着眼思想建设，坚持每周一例会学习制度，有计划、有目的、有针对性地对机关干部进行教育培训，提高干部政治素质。着眼制度建设，完善《政协机关政治理论业务学习制度》《工作人员考勤制度》等，建立政协干部年度履职档案，健全了以制度管人、管事的运行机制。着眼作风建设，深入贯彻落实中央八项规定精神及其实施细则，组织干部职工开展反腐倡廉警示教育，进一步提高干部廉洁自律意识，着力建设忠诚、干净、担当的政协干部队伍。

各位委员、同志们，过去五年，我们各项工作取得了一定成绩，这是上级政协悉心指导、中共平罗县委坚强领导的结果，是县人大、县政府和各乡镇、各部门大力支持的结果，是政协各参加单位、全体政协委员共同奋斗的结果，是社会各界和广大人民群众共同参与的结果。在这里，我代表县政协第十一届常委会向所有关心、支持政协工作的领导和同志们表示衷心的感谢和崇高的敬意！

回顾五年来的履职实践，我们深切体会到，做好新时代政协工作，必须坚持中国共产党的领导，这是人民政协事业发展进步的政治保障；必须发挥专门协商机构作用，这是人民政协事业发展的基本要求；必须紧紧围绕中心服务大局，这是人民政协履行职能始终遵循的重要原则；必须把凝聚共识贯穿履职全过程，这是人民政协的重要职能和履职的中心环节；必须不断改革创新与时俱进，这是推动政协事业不断发展的不竭动力；必须注重发挥好委员主体作用，这是人民政协工作的优势所在、活力所在。

回顾五年来的工作，我们也要看到，有些工作同新时代新任务的要求相比、同县委的要求和人民群众的期待相比还有一定差距。主要是：政协党的建设各项制度还需继续完善，协商议政的方式还需继续探索创新，民主监督的机制程序还需继续健全，委员队伍管理还需继续加强，等等。这些都需要我们高度重视、认真研究，并在今后五年的工作中切实加以改进。

今后五年工作建议

刚刚结束的平罗县第十五次党代会绘就了今后全县发展蓝图。未来五年，将是我县实现“七个明显”奋斗目标，在攻坚克难中闯出发展新路的五年，也是人民政协知责于心、担责于身、履责于行的五年。十二届县政协工作的总体要求是：坚持以习近平新时代中国特色社会主义思想为指导，深入贯彻习近平总书记视察宁夏重要讲话精神，持续贯彻落实中央和区市县党委政协工作会议精神，紧紧围绕县第十五次党代会确立的“1233”方向路径和战略任务，把加强思想政治引领、广泛凝聚共识作为中心环节，坚持团结和民主两大主题，不断提高政治协商、民主监督、参政议政水平，更好凝聚共识，努力开创新时代平罗政协事业发展新局面，为奋力担当先行区建设排头兵，高质量建设富裕美丽新平罗贡献政协力量。

按照上述要求，对今后五年政协工作提出以下建议：

（一）持续强化理论引领，在筑牢共同思想政治基础上牢之再牢。共同思想政治基础是人民政协的“根”和“魂”。要坚持把深入学习贯彻习近平新时代中国特色社会主义思想作为重中之重，深入贯彻落实习近平总书记“七一”重要讲话精神，不断感悟真理力量，坚守绝对忠诚的政治品格。坚持和完善党组理论学习中心组学习为引领的理论学习体系，统筹运用专题学习、集中辅导、委员讲堂等形式，巩固拓展习近平总书记关于加强和改进人民政协工作的重要思想学习研讨成果，组织开展全国政协系统党的建设经验交流会精神、县第十五次党代会精神学习研讨活动，持续用党的创新理论武装头脑，引导全体政协委员不断提升政治判断力、政治领悟力、政治执行力，不断增强对中国共产党和中国特色社会主义的政治认同、思想认同、理论认同、情感认同，不断夯实坚定不移跟党走的思想政治根基。

（二）持续强化团结民主，在广泛凝聚各方共识上紧之再紧。广泛凝聚共识是建立人民政协的初衷。要坚持把广泛凝聚共识放在突出位置，发挥人民政协“三个重要”作用，团结引导各党派团体、各族各界人士切实把行动统一到县委的决策部署上来，为推进高质量建设富裕美丽新平罗厚植民意和社会基础。要发挥好团结统战功能作用，进一步密切同党外知识分子、民族宗教界人士、非公有制经济人士、新的社会阶层人士的沟通联络，最大限度激发社会各界履职热情，为实现县第十五次党代会确定的奋斗目标汇聚更多同行者，形成强大正能量。要发挥凝聚共识平台载体作用，持续深入开展委员读书活动，及时总结推广“政协协商工作室”“界别委员联络工作室”等经验，推动凝聚共识工作不断取得新实效。

（三）持续强化建言献策，在助推实现新的奋斗目标上实之再实。建言献策助推发展是人民政协的永久担当。要坚持紧盯目标献良策，紧扣县第十五次党代会提出的奋斗目标、发展战略和重点任务，聚焦推动产业发展、保护改善生态、增进民生福祉等，深入开展调查研究、协商建言活动，紧紧围绕先行区建设“十大工程项目”、建好示范区、推广“平罗经验”等，每年开展2次以上专题议政性常委会协商和多次专题协商，为县委政府科学决策献良策。要坚持聚焦问题建诤言，围绕我县增长动力后劲不足等制约发展问题，精选课题、精心组织、多角度切入、多形式协商，提供一系列可行解决方案。要坚持立足民生求实效，聚焦群众关心关注的热点难点问题，围绕提高城乡居民收入水平、办好人民满意的教育、满足人民健康需求等民生问题，开展专项视察监督、充分反映民意、提交民生提案，协助做好解民忧、惠民生的工作。

（四）持续强化机制创新，在推进专门协商机构制度建设上细之再细。制度建设是人民政协工作提质增效和创新发展的基础。要进一步完善政协协商形式、协商议题提出机制，落实好《政协平罗县委员会协商工作规则》，构建发扬民主和增进团结相互贯通、建言资政和凝聚共识双向发力的协商议政机制。要进一步健全政协与民主党派合作共事机制，对各民主党派以本党派名义在政协发表意见、提出建议等作出机制性安排，努力做到合心谋事、合作共事、合力干事。要进一步完善知情明政、协调落实和权益保障机制，规范和细化民主监督意见交办程序，构建多方内外部联动机制，以有效的制度体系引导协商监督活动有序开展。

（五）持续强化担当作为，在加强政协两支队伍建设上强之再强。抓紧抓实自身建设是做好人民政协工作的前提和保证。要加强领导班子建设，按照“严起来、紧起来、动起来”的要求，切实担负起把区市县党委决策部署落实下去，把社会各界共识凝聚起来的重大政治责任。要加强委员队伍建设，加大新任委员培训力度，提高委员履职本领，完善委员学习培训、履职评价等制度，着力提升委员队伍整体素质。要加强机关队伍建设，严格执行中央八项规定和自治区党委“八条禁令”精神，深入开展“讲政治、转作风、强责任、抓落实”主题活动，持续改进作风文风会风，不断提高干部政务服务能力和统筹协调能力，着力建设一支“懂政协、会协商、善议政，守纪律、讲规矩、重品行”的高素质政协干部队伍。

各位委员、同志们，实干铸就伟业，奋斗开创未来。在实现第二个百年奋斗目标新征程上，让我们更加紧密地团结在以习近平同志为核心的党中央周围，在县委的坚强领导下，以担当的魄力、奋斗的精神、实干的态度，砥砺品格，继往开来，开拓前进，为奋力担当先行区建设排头兵，高质量建设富裕美丽新平罗做出新的更大贡献！

名词解释：

1.两个薄弱：政协基础工作薄弱、人员力量薄弱。

2.两会一联系：习近平新时代中国特色社会主义思想学习座谈会、功能型党支部组织生活会，党员委员联系党外委员。

3.双向发力：建言资政和凝聚共识双向发力。

4.四改四转：改“要权监督”为“民主监督”，

推动监督理念转变；改“挑刺找茬”为“推进工作”，推动监督内容转变；改“强制监督”为“协商监督”，推动监督方式转变；改“分散监督”为“集中监督”，推动监督机制转变。

5.三审制：提案审查会议初审、政协主席会议复审、政协常委会议定审。

6.“1+N+X”报送机制：“1”就是专题协商主报告、“N”就是N个子课题调研报告、“X”就是委员专题发言、群众意见建议，每次专题协商后，将上述内容集中整理，以《政协专报》报送县委政府。

7.“三转一编”机制：“三转”即：将协商成果转化为大会发言、转化为政协提案、转化为社情民意；“一编”即：将每年的协商、调研、视察报告和委员专题发言进行整理，编印《年度协商调研视察成果汇编》。

8.“三项落实”机制：协商成果督办落实机制、协商成果考评落实机制、协商成果反馈落实机制。

9.“三亲”原则：亲历、亲见、亲闻。

10.“七个明显”奋斗目标：经济实力明显提升、生态环境明显改善、社会文明明显进步、改革开放明显突破、民生水平明显提高、治理效能明显增强、党的建设明显加强。

11.“1233”方向路径和战略任务：坚持以先行区建设统领富裕美丽新平罗建设，围绕既要共同富裕、又要全域美丽“两大定位”，打好产业转型发展、生态环境保护、城乡环境治理“三大战役”，实现工业大县向工业强县、农业大县向农业强县、文化大县向文化强县“三个转变”。

12.十大工程项目：黄河黑山峡河段开发工程、黄河宁夏段河道治理项目、“三山”生态保护和修复工程、城乡供水一体化工程、银川至太原时速350公里高速铁路工程、银川河东国际机场改扩建工程、银昆高速宁夏段工程、宁夏至华中特高压直流输电及配套新能源工程、青铜峡抽水蓄能电站工程、银川城市地下轨道交通项目。

专　载

平罗县 2021 年民生实事完成情况

2021 年，县人民政府坚持以习近平新时代中国特色社会主义思想为指导，认真贯彻习近平总书记视察宁夏重要讲话精神，在自治区、市党委、政府和县委的正确领导下，在县人大、政协的监督和支持下，坚持以提升人民群众幸福感、获得感、满意度为目标，按照“便民、利民、惠民”原则，把民生工作作为一切工作的出发点和落脚点，对涉及群众切身利益的突出问题，尽心解决、尽责落实，按时完成了 10 件民生实事计划目标任务。

一、落实情况

1.实施老旧小区改造工程。投资 5122 万元，完成健康小区等 14 个老旧小区 6 万平方米室外基础设施改造。

2.实施城市公共服务提升工程。投资 900 万元，在县城区新建公厕 7 个，完成改造公厕 9 个。

3.实施宜居环境提升项目。投资 2000 万元，在县城区新建生态停车场 7 个、小微游园 5 个。

4.实施校园安全保障项目。投资 318 万元，在 35 所中小学（幼儿园）校门口完成 267 根硬质防撞柱的安装。

5.实施学生近视防控行动。投资 426 万元，为 22 所中小学安装学生护眼照明灯具 640 间、可调节式课桌椅 4365 套，同时完成学生视力健康档案系统信息录入。

6.实施孕妇健康检查项目。投资 42 万元，免费为全县孕妇开展唐氏综合征产前筛选 1064 例、四维彩超检查 1073 例。

7. 实施老年人健康关爱工程。投资 179 万元，免费为全县 65 岁以上老人接种流感疫苗 13980 人。

8. 实施城乡居民养老金提标工程。为全县 2.49 万名享受养老保险待遇人员，每人每月再增加 5 元，累计增资 120 万元。

9.实施城市交通安全项目。投资 109 万元，安装投用 8 处行人过街指示系统，完成安装导向标牌 26 处，调整 43 个路口区划，增设非机动车道，画斑马线 28 处。

10. 实施农村道路安全工程。投资 4857 万元，建成盛华阳光产业路、自然村通硬化路、奶牛场二期入场道路 28.37 公里；完成宝丰兴胜村中心路、渠口六羊村中心路、高庄新村肉牛场入场道路等 14 条 30 公里农村路改建；完成陶左公路三排桥、黄宝公路五排桥 2 座危桥改造；完成安装标牌 408 块、信号灯及电子警察系统，施划各类标线 10000 平方米。开展交通安全培训 71 期 4000 人次。

二、主要做法

一是主动征求意见。为广泛听取民声民意，摸清摸透广大群众普遍关心关切的民生问题，根据“群众受益、政府职能、财力可行、当年办结”的原则，通过发放征集通知，向各部门征集意见，同时通过政府网站、平罗发布等平台发布公告，面向社会各界、干部群众广泛征集意见建议，推动民生实事从“为民做主”向“由民做主”转变。

二是健全办理机制。县政府历来高度重视民生实事办理，对 10 件民生实事实行项目化、清单化管理，逐项分解落实到县级领导和相关责任单位。落实县处级领导包抓工作机制，政府分管领导定期召开专题会议研究部署办理工作。责任单位将民生实事办理与落实全县重点项目、重点工作、办理人大代表建议意见、政协提案等工作有机结合，确保民生实事顺利办理。

三是强化督查问效。为提高办理质量，政府主要领导多次深入一线检查指导，坚持政府常务会议每季度听取一次办理情况汇报。政府分管领导主动靠前、现场办公，及时解决存在的困难和问题。政府督查室每月对民生实事办理情况开展一次督查，及时掌握民生实事进度，采取实地督办和跟踪督办等形式，定期编发督查通报，有效提升办理实效。

大事记

1月

4日 召开县政府党组2021年第1次(扩大)会议,党组书记、代县长郭耀峰主持。

8日 召开2021年度第2次县委常委会会议,县委书记蒋哲文主持。

15日 召开2021年度第4次县委常委会会议,县委书记蒋哲文主持。专题研究县“两会”相关议题。

19日 县公安局侦破跨区域系列扒窃案件,抓获犯罪嫌疑人4人,破获案件10余起。

23日 政协第十一届平罗县委员会第五次会议开幕。听取政协第十一届平罗县委员会工作报告。

24日 平罗县第十七届人民代表大会第五次会议开幕,听取、讨论和审议《政府工作报告》《平罗县国民经济和社会发展第十四个五年规划和二〇三五年远景目标纲要(草案)》等报告。

26日 平罗县第十七届人民代表大会第五次会议完成各项议程胜利闭幕。补选郭耀峰为县人民政府县长、冯斌当选县人大常委会副主任;金立栋当选县人民检察院检察长;表决通过各报告的决议。

是日 召开安全生产工作暨2021年县安委会第二次全体会议,县长郭耀峰主持,部署安全生产重点工作。

27日 召开平罗县平安建设暨信访维稳工作会议,副县长陈东升参加会议。

29日 平罗县召开全县水务专题会议,部署有关工作。副县长李晓坤参加会议。召开新型冠状病毒感染的肺炎疫情工作调度会,传达学习石嘴山市应对新型冠状病毒感染的肺炎疫情工作指挥部第4次例会精神,部署疫情防控工作。

2月

1日 召开平罗县2020年度根治欠薪冬季专项行动及重大欠薪案件办理情况联合执法检查座谈会，副县长李晓坤参加会议。

是日 自治区人力资源和社会保障厅副厅长张宏伟一行到平罗县督查根治欠薪冬季专项行动与重点督办案件处理情况。

3日 自治区供销社八届六次理事会在银川召开，平罗县获评全区供销系统2020年度综合业绩考核一等奖。

9日 召开全县第十四届纪律检查委员会第六次全体会议。

是日 市长张利一行到平罗县调研安全生产和春节市场保障供应情况，实地察看平罗工业园区和阳光商业广场。

是日 召开县人民政府党组2020年度党员领导干部民主生活会，政府党组书记、县长郭耀峰主持。

10日 市委常委、县委书记蒋哲文，县长郭耀峰分别对节前安全生产、市场保障供应和疫情防控工作等进行督导检查。

18日 市委常委、县委书记蒋哲文带领发改局等部门调研全县春耕备耕工作，先后到宁夏穗丰种业有限公司、通伏万亩绿色富硒稻鱼综合种养示范区、众合兴农农业服务有限公司、瑞欣农业生产资料有限公司，了解春耕种子储备及销售、新型经营主体代耕代种、企业融资等情况。

19日 召开县人民政府全体(扩大)会议暨廉政勤政工作会议，传达学习自治区、市政府全体(扩大)会议及纪委全会精神，通报《2020年全县获奖及各类示范区实验区试点情况》《县政府2020年工作任务分工落实情况》和《2021年政府工作报告任务分工》以及《2021年10件民生实事任务分解》，安排部署2021年政府各项工作和廉政勤政工作；县长郭耀峰分别与县政府班子成员签订2021年党风廉政建设责任书。

24日 县长郭耀峰调研一季度重点开工项目进展情况。

是日 召开工程建设政府采购等重点领域突出问题专项整治工作部署会，副县长寇学文参加会议。

25日 召开县委理论学习中心组(扩大)会议，专题辅导黄河流域生态保护和高质量发展内容。

是日 市委常委、县委书记蒋哲文一行调研工业企业生产经营及项目建设情况，现场协调解决企业项目建设过程中存的问题和困难。

是月 为有效阻断新冠病毒通过冷链食品传播风险，严格落实冷链食品管控措施，出动执法人员300余人次，排查冷库66家、农村集贸市场13个、营业性超市7家，检测商户1200余户，针对重点人群、商品进行核酸检测744批次。

是月 开展“迎新春送温暖、稳岗留工”专项行动，为124家企业发布招聘岗位4412个，为107家企业发放援企稳岗补贴72万元。

3月

1日 县长郭耀峰调研园区部分企业发展情况，协调解决部分企业在新建、续建中面临的问题和困难，推动企业高质量发展。

是日 自治区党委统战部、自治区民委调研平罗县民族宗教工作。

3日 县长郭耀峰调研城市建设工作，先后到平罗县保障性安居工程老旧小区节能改造二期工程、翰林大街与人民东路交叉口等地，就老旧小区改造工作调研。

是日 市委常委、县委书记蒋哲文调研重点项目和政府投资项目建设情况。

4日 平罗县委召开农村工作会议，传达学习中央、自治区党委和市委农村工作会议精神，部署2021年全县农村工作、农村人居环境整治提升"百日攻坚"专项行动工作和国家数字乡村试点建设工作。

5日 县委宣传部、县文明办主办，县团委、县民政局、县文化旅游广电局等多家单位承办的第九届"鲜花朵朵送雷锋"公益活动暨县"学雷锋志愿服务月"启动仪式在县城西区文化广场举行。

10日 自治区人大常委会执法检查组对平罗县贯彻实施《中华人民共和国社区矫正法》情况进行执法检查。

是日 召开平罗县推进基层整合审批服务执法力量改革动员会。石嘴山市委常委、县委书记蒋哲文参加会议。

11日 国家森林城市调研评估组到平罗县开展石嘴山市国家森林城市复验。

是日 自治区政协调研组到平罗县开展"推进全面依法治区"工作专题调研。

15日 全国新冠病毒疫苗接种工作调研指导组到平罗县调研指导。

16日 市委常委、县委书记蒋哲文主持召开全面深化改革委员会第六次会议，传达学习中央、自治区、市委全面深化改革委员会会议精神，传达自治区党委办公厅《关于印发〈全区全面深化改革重点任务和举措落实情况督查调研通报〉的通知》和自治区党委改革办《关于抓好改革任务整改落实工作的通知》等精神；安排部署平罗县改革整改落实工作。

17日 召开农村人居环境整治提升"百日攻坚"专项行动工作推进会，县长郭耀峰主持。

是日 市委常委、县委书记蒋哲文、县长郭耀峰对全县2021年第一期县规委会拟审议议题进行调研。先后到纬一路、人民西路、新渠路、六中等地，了解全县道路、排水、停车场、城市环境设施各项目挂牌、规划设计、征地拆迁等情况。

18—19日 召开2021年全县重点项目重点工作现场推进会。市委常委、县委书记蒋哲文，县人大常委会主任马长青、县政协主席毛精明等县四套班子领导深入全县重点项目重点工作现场了解项目建设进度、存在问题、困难及下一步推进措施。

19日 自治区政府妇儿工委对平罗县2011—2020年实施妇女儿童发展规划情况开展

终期评估检查。

24 日 召开县委组织、宣传、统战工作会议，总结 2020 年组织、宣传、思想、文化、统战工作，部署 2021 年的各项工作。

26 日 自治区发改委调研平罗县第一批重大项目开工情况。

29 日 召开平罗县相对集中行政许可权改革推进会，副县长寇学文参加会议。

30 日 湖北省国土整治中心副主任吴鹏、自然资源部国土整治中心高级工程师刘非等一行人到平罗县开展补充耕地国家统筹实地核实工作。

是日 召开国道 109 改扩建项目征地拆迁协调会，副县长寇学文参加会议。

是日 全县 2021 年文化科技卫生“三下乡”暨“我为群众办实事”集中示范活动在县城饮马湖广场正式启动。

31 日 市委常委、县委书记蒋哲文主持召开县委理论学习中心组(扩大)会议，石嘴山市纪委书记、监委主任雍建华专题讲座廉政警示教育。

是日 市委常委、县委书记蒋哲文主持召开全县政法队伍教育整顿领导小组第二次会议，传达学习相关讲话和文件精神，对全县政法队伍教育整顿再督促，对学习教育环节问题整改再部署。

4月

1 日 石嘴山市委书记王刚调研指导平罗县公安局队伍教育整顿工作。

2—16 日 文化科技卫生“三下乡”暨“我为群众办实事”集中示范活动专场在头闸镇等 12 个乡镇、移民村进行巡回演出。

6 日 县长郭耀峰召开政府党组党史学习教育第四次集中学习会议，会议学习《论中国共产党历史》相关内容。

7 日 中央政治局委员、国务院副总理胡春华到平罗县考察工作，县公安局抽调警力 220 人次现场安保执勤。

9 日 召开党史学习教育集中学习会议。县委副书记、政法委书记朱辉主持学习《习近平新时代中国特色社会主义思想学习问答》篇目之《思想之旗领航向、人间正道开新篇》。

10 日 组织 90 余名宗教教职人员参加全市宗教界人士“党亲·国好·法大”主题培训班。

12 日 县委举办理论学习中心组(扩大)会议暨碳达峰碳中和碳交易内涵及应对专题辅导讲座。

13 日 市委常委、县委书记蒋哲文会同县相关部门负责人，对黄河宁夏段头道墩至都思兔河右岸综合治理滨河道路工程（一期)拆迁征收工作和河东地区毛乌素沙漠地(红崖子段)防沙治沙工作进行调研。

16 日 市委常委、县委书记蒋哲文主持县委专题会议，听取重点项目建设情况以及存在的问题和困难，相关部门汇报关于黄河支流都思兔河流域平罗段环境综合整治工程，平罗工业园区红崖子园道路工程、污水处理厂工程，关于原 1 号、2 号水库生态治理修复等工程的推进情况。

18 日　国务院安委办危化品重点县第五轮专家指导服务预备会在平罗县召开，会议部署第五轮指导服务工作。

19 日　县长郭耀峰调研全县生态治理项目。先后深入平罗工业园区、典农河流域西侧及瀚泉海周边生态修复项目等现场，实地察看 2021 年重点实施的生态治理项目建设情况。

20 日　县公安局侦破一起冒充领导诈骗案件，抓获犯罪嫌疑人 4 名、破获案件 1 起、带破外省案件 20 余起、涉案价值 150 余万元。

23 日　召开平罗县推进工业企业创新和高质量发展工作会议，传达学习中央、自治区经济工作会议精神和相关政策，对 2020 年全县加快工业产业集群创新发展和推进创新驱动战略实施的 90 多家优秀企业进行奖励，奖励金额达 2200 多万元。

29 日　县长郭耀峰调研全县重点项目，先后深入金筑新材料技术有限公司、宁源冶金有限公司、阳光焦化有限公司等企业，实地了解重点项目建设进展情况。

29 日　召开平罗县县乡领导班子换届工作会议，学习贯彻习近平总书记关于做好换届工作的重要指示精神。市委常委、县委书记蒋哲文出席并讲话。

5月

5 日　县长郭耀峰、县人大常委会主任马长青、县委副书记朱辉等四套班子领导带领各乡镇、部分部门主要负责人赴青铜峡市考察学习农村人居环境综合整治和葡萄酒产业发展工作。

10 日　县长郭耀峰一行先后深入宁夏平罗工业园区茂华路道路工程、宁夏众翔环保科技有限公司、老旧小区改造项目等地调研第二批集中开工项目及节前安全生产工作。

11—12 日　召开平罗县农村人居环境整治提升“百日攻坚”专项行动观摩推进会，先后对全县 13 个乡镇、30 个农村人居环境整治点进行观摩。

12 日　县委书记蒋哲文、县长郭耀峰走访慰问民族团结进步模范个人和家庭和睦、家风淳朴的回族群众代表，并向全县广大回族等少数民族群众致以节日的问候。

21 日　召开 2021 年全区第二批重大项目集中开工现场推进会。平罗县 19 个重大项目集中开工，总投资 14.18 亿元，市县领导王刚、张利、郭耀峰等出席会议。

26 日　市委常委、县委书记蒋哲文深入平罗县工业园区精细化工基地调研水环境保护工作。

是日　国家统计局宁夏调查总队党组书记、总队长李强一行至平罗县调研平罗县调查队工作。

31 日　召开平罗县“四权”改革动员部署会议，传达学习自治区、市“四权”改革有关会议精神，安排部署全县“四权”改革工作。

是月　县公安局破获一起公安厅挂牌督办的省级毒品目标案件，抓获涉案嫌疑人 15 人，缴获毒品冰毒 33.34 克、麻古 1.58 克。

6月

1日　县长郭耀峰代表平罗县委、县政府慰问少年儿童和教师。

2日　中国畜产品流通协会常务副会长张金诚带队考察平罗县肉牛产业发展情况。

3日　华安证券股份有限公司投资银行业务管理委员会董事总经理兰永生到平罗县考察企业及产业发展情况、了解金融服务需求。

是日　在县城西区广场举办平罗县庆祝中国共产党成立100周年“永远跟党走——幸福生活舞起来”广场舞大赛。

7日　县长郭耀峰深入红崖子乡对全县奶产业发展情况进行调研。先后到宁夏金沙泉牧业有限公司、瑞丰源农牧有限公司以及宁夏利垦牧业有限公司等企业，就全县奶产业规划及项目建设中存在的困难和问题进行深入了解。

14日　县长郭耀峰主持召开全县安全防范工作会议。会议传达学习习近平总书记、李克强总理关于安全生产的指示批示，国家、自治区安全防范工作会议等精神。

17日　自治区副主席王和山一行深入平罗县红崖子乡红翔新村调研百万移民致富提升行动并举行座谈会。市县领导武裕国、郭耀峰等陪同调研。

18日　县长郭耀峰先后深入黄渠桥镇、宝丰镇、灵沙乡、头闸镇调研人居环境整治工作，调研姚伏镇大社区建设工作。

22日　举行“光荣在党50年”纪念章颁发暨新党员入党宣誓仪式。县长郭耀峰在仪式上致辞。

23日　举办平罗县庆祝中国共产党成立100周年“辉煌历程见证新发展”党史摄影书法美术展。

25日　举行平罗县庆祝中国共产党成立100周年及“两优一先”表彰大会，表彰41名优秀共产党员、26名优秀党务工作者、35个先进基层党组织。

28日　在人民会堂举办平罗县庆祝中国共产党成立100周年“永远跟党走”文艺演出，县长郭耀峰观看演出。

是日　县长郭耀峰主持召开县委全面深化改革委员会第七次会议。会议传达学习中央全面深化改革委员会第十九次会议、自治区党委全面深化改革委员会第十三次会议和市委全面深化改革委员会第九次会议等精神。

30日　召开平罗县庆祝中国共产党成立100周年座谈会。会议邀请自治区、市、县“两优一先”代表；获得“光荣在党50年”纪念章老党员、老干部代表；教育、卫生、政法领域代表；民主党派、无党派、宗教界人士代表；民营企业家代表；劳动模范、道德模范代表；基层干部、群众代表。县委副书记、县长郭耀峰代表县委发表讲话。

是日　各民主党派平罗县总支、支部委员会召开换届大会，选举产生了新一届班子。

7月

1日 县长郭耀峰调研县城闲置公共建筑利用情况，先后到原平罗第五中学、玉皇阁市场、羽毛球馆、全民健身中心等地，详细了解各场地占地面积、造价、现状及使用情况。

3日 在县城西区广场举办庆祝中国共产党成立一百周年“永远跟党走”文艺演出。

6日 召开平罗县各界人士庆祝中国共产党成立100周年座谈会。统一战线各方面代表人士32人参加会议。

9日 自治区公安厅科技信息化局局长周洪波在市局警务科技处副处长崔彦国的陪同下，实地督导调研平罗县“无人警局”。

10日 县长郭耀峰主持召开中国共产党平罗县第十四届委员会第七次全体会议。会议讨论中国共产党平罗县第十五次代表大会的主要任务、召开时间和主要议程、代表名额和结构比例、“两委”的组成及其原则、提名“两委”候选人的办法等内容，并表决通过《中国共产党平罗县第十四届委员会第七次全体会议关于召开中国共产党平罗县第十五次代表大会的决议》。

14日 召开县委理论学习中心组暨党史学习教育集中学习会，自治区老干部局“塞上金秋”宣讲团何银玲老师围绕“传承党的百年民族团结史光辉基因、铸牢中华民族共同体意识”开展专题讲座。

22日 第六次全国残疾人事业工作会议在北京召开，会上表彰了“十三五”期间残疾人工作先进单位200家、全国残疾人工作先进个人399名，平罗县残疾人工作委员会荣获“全国残疾人工作先进单位”称号。

23日 县长郭耀峰主持召开县政府第89次常务会议，传达学习有关法律法规和会议精神，听取相关工作汇报。会议传达学习《中华人民共和国行政处罚法》、中央全面深化改革委员会第二十次会议精神、习近平总书记对防汛救灾工作的重要批示和咸辉主席批示精神；听取全县水旱灾害防御工作、上半年公安工作及禁毒工作、上半年规上工业企业能耗“双控”工作、上半年经济运行情况及建议等情况的汇报。

24日 县长郭耀峰对全县政府类投资项目建设情况进行调研。先后深入平罗中学运动场地改造项目、平罗工业园区站前路绿化工程和河西地区北部“互联网+城乡供水”提升改造工程等地，详细了解项目建设情况。

27日 第八届宁夏种业博览会开幕式及项目签约仪式在平罗县举行。石嘴山市委副书记、政法委书记王建主持开幕式。中国工程院院士、湖南农业大学校长邹学校，自治区人大常委会副主任董玲，自治区政协副主席李泽峰，中国种子协会会长张延秋，农业农村部科技发展研究中心主任杨雄年，市委书记、市人大常委会主任王刚，市长张利，农业农村部种业管理司副司长杨海生，自治区农业农村厅副厅长赖伟利，县长郭耀峰共同为第八届宁夏种业博会开幕。

29 日 县长郭耀峰等四套班子领导，对驻地官兵和部分优抚对象进行看望慰问。先后到石嘴山军分区、预备役工兵团、市消防救援支队、武警支队，向驻地官兵致以节日的问候和祝福，详细询问官兵们的工作、生活、学习和队伍建设情况，并认真听取部队负责人介绍情况。

30 日 县长郭耀峰主持召开应对新型冠状病毒肺炎疫情工作指挥部专题会议，部署全县新冠肺炎疫情防控工作。传达学习《自治区应对新冠肺炎疫情工作指挥部办公室关于印发〈入境解除隔离入宁人员健康管理工作指南〉的通知》《自治区应对新冠肺炎疫情工作指挥部办公室关于印发全区老年人新冠病毒疫苗接种指导方案的通知》；传达学习全区推进新冠病毒疫苗工作电视电话会议精神；通报近期全县新冠疫情防控工作进展及新冠病毒疫苗接种工作情况。

是日 县长郭耀峰带领水务局、应急管理局、自然资源局等相关部门负责人调研全县防汛工作。先后到省道 303 线汝箕沟至白芨沟段、贺兰山东平罗段遗留废弃砂石矿山治理项目现场了解防汛工作。

是日 市委统战部验收组一行先后深入高仁乡、陶乐镇庙庙湖村、灵沙九年制学校、城关镇东苑社区，对创建全区民族团结进步示范单位工作进行初验。

8月

5 日 召开应对新冠肺炎疫情工作会议，县长郭耀峰主持会议，传达习近平总书记对当前疫情防控工作作出的重要指示、李克强总理的批示和国务院联防联控机制电视电话会议精神以及自治区疫情防控工作会议精神；部署疫情防控工作。

6 日 平罗县 2021 年度第二批集体经营性建设用地入市签约仪式在县农村产权流转交易中心举办。对符合条件的 6 宗农村集体经营性建设用地予以协议方式出让，土地规划用途为仓储，出让面积 93.27 亩，成交总价 591.88 万元，村集体分享土地增值收益 175.21 万元。

8 日 平罗第三水厂在工业园区开工建设，水厂有效库容 1 万立方米，建有清水池 2 座、二级加压泵房 1 座、变配电室、加药间、水厂自动化系统。项目建成后，供水总能力将提升到 10 万吨 / 日，供水管网将覆盖主城区、头闸、渠口等 9 个乡镇。

9 日 自治区党委组织部副部长景瑜一行到平罗县调研党支部联系点，实地走访姚伏镇灯塔村、通伏乡新丰村和陶乐镇庙庙湖村，并召开学习贯彻习近平总书记“七一”重要讲话精神宣讲报告会。

10 日 国务院联防联控机制院感工作第七指导组组长、国家卫健委医院管理研究所所长叶全富带队到平罗县督导医疗机构新冠病毒院感防控工作，实地走访县人民医院、县中医院，详细了解县定点医院门诊预检分诊、发热门诊、院内感染科等重点部门防控措施落实情况。

是日 市委副书记、政法委书记王建一行到平罗县督导疫情防控措施落实情况，实地调研贝利特化学股份有限公司、黄渠桥镇并听取有关汇报。

是日 县长郭耀峰组织召开理论学习中心组暨党史学习教育集中学习会。会议传达学习《习近平总书记在西藏考察期间重要讲话精神》《黄坤明同志在学习宣传贯彻习近平总书记“七一”重要讲话精神电视电话会议上的讲话》。

是日 县长郭耀峰调研全县绿化工作。先后深入瀚泉海、亲水大道、沙湖大道、110国道等地，详细了解今秋明春重点路段绿化工作。

11日 位于渠口乡交济村和银北医院的2个社区多功能运动场建成并投入使用，每个运动场面积800平方米，配有健身路径和足球场、羽毛球场、乒乓球场等。

11—17日 对全县各学校8000余名15~17周岁学生进行新冠疫苗第一剂次注射。

12日 自治区公安厅副厅长陈加先一行到平罗县调研电信网络诈骗打击治理工作，实地调研城关镇明月社区电信网络诈骗治理工作并召开座谈会听取相关汇报。

是日 自治区自然资源厅党组成员、副厅长杨洪涛一行到平罗县督查2020年、2021年土地例行督察反馈问题整改情况。

13日 组织开展全员新冠病毒核酸检测实战演练。县直部门、乡镇、机关工作人员及司乘物流商业服务人员等共7000余人参与现场采样。

13—14日 县长郭耀峰带领党政考察团先后赴吴忠市红寺堡区、银川市西夏区镇北堡镇考察学习“四大提升行动”全面促进乡村振兴工作和人居环境提升整治、文化旅游及“9+3”特色重点产业工作。

15日 县审批服务局工程建设项目综合窗口通过工程建设项目审批管理系统，为县应急管理局“平罗县翰林南街消防站辅助设施及应急物资储备库项目”发出建筑工程施工许可证电子证照，这是平罗县核发的第一张建筑工程施工许可电子证照。

16日 县长郭耀峰主持召开迎接自治区文明县城复检现场推进会，观看市容市貌短片并听取相关工作情况汇报。先后深入北门玉皇阁市场、翰林大街、鑫河南苑小区等地，就市场整顿、车辆乱停乱放、环境卫生脏乱差整治情况等了解情况，并召开座谈会，对迎接自治区文明县城复检复验工作进行部署。

17日 县长郭耀峰主持召开深入实施“四大提升行动”全面促进乡村振兴工作会议。牵头部门就移民致富提升行动、城乡居民收入提升行动、基础教育质量提升行动、全民健康水平提升行动“四大提升行动”推进情况进行汇报。13个乡镇党委书记就乡村振兴工作进行汇报。

18日 市委书记王刚一行调研宁夏卫生学校高职创建情况，实地调研宁夏卫生健康职业学院并听取相关汇报。

是日 县政协主席毛精明、党组书记任学成一行到县公安局督导检查县政协十一届五次会议提案办理情况及打击治理网络电信诈骗犯罪工作。

18—24日 对全县各学校的10000余名12~14岁学生进行新冠疫苗第一剂次注射。

20日 自治区公安厅副厅长李云峰一行到平罗

县调研执法办案管理中心建设及管理使用工作，实地调研县公安局执法办案管理中心合成作战区、执法办案区、涉案财物管理区等地并听取工作介绍、查看工作开展情况。

23日 2021年度“全国十佳农民”在浙江省嘉兴市“中国农民丰收节”活动主会场揭晓，平罗县盈丰农贸有限公司董事长蒋洪波被授予“2021全国十佳农民”称号。

24日 市人民政府副市长、公安局局长张虎，市公安局党委委员、副局长陈东升一行到平罗县金水湖畔小区、244国道查验站、黄渠桥高速出口查验站督导检查疫情防控工作。

25日 文化和旅游部、国家发展改革委正式公布第三批全国乡村旅游重点村和第一批全国乡村旅游重点镇(乡)名单，平罗县高仁乡六顷地村榜上有名。

是日 自治区戒毒管理局副局长范占彪一行6人到平罗县调研社区戒毒康复工作。

26日 县公安局在山西公安机关的密切配合下，成功让平罗县渠口乡失踪16年的王某与其父母实现“团圆”。

是日 县公安局联合大武口区公安分局，成功侦破跨区域系列盗窃沿街商铺案件，抓获犯罪嫌疑人4人，破获案件18起，涉案价值30余万元。

30日 召开平罗县领导干部大会，宣布自治区党委和自治区党委组织部关于平罗县委主要领导任职决定：宋世文任石嘴山市委委员、常委、副书记，平罗县委书记(正厅级)，宁夏平罗工业园区党工委书记。市委书记、市人大常委会主任王刚出席会议并讲话，市委常委、组织部部长刘虹主持会议。

是日 自治区乡村振兴局局长徐海宁一行到平罗县调研陶乐镇庙庙湖村产业、就业、乡村治理等工作，实地走访陶乐镇万亩沙漠瓜菜现代化农业产业园区和庙庙湖村肉牛养殖基地。

31日 石嘴山市委副书记、平罗县委书记宋世文调研乡村振兴和环境突出问题整治工作。

是月 省道302线蒙宁界至陶乐段改建工程，5月开工建设，已完成路基工程、桥涵工程，正在进行水泥稳定碎石基层摊铺工作。

是月 经水利部批准，平罗县河东水厂入选全国农村供水规范化水厂。河东水厂位于平罗县红崖子乡王家沟村境内，工程建成于2017年，主要由水源泵站、上水管网、调蓄水库、水厂和配水管网组成，年供水能力达到1000万立方米。供水范围涉及高仁乡、陶乐镇、红崖子乡3个乡镇和庙庙湖、红瑞、红翔3个生态移民村5.02万人、5.66万头规模化养殖奶肉牛以及精细化工基地。

是月 平罗县第六中学新建教学楼项目5月初开工建设，并加紧施工，项目总投资1100多万元，建设内容涉及三层框架结构教学楼、消防水泵房及附属水、暖、电设施等。新增18个教学班，改善办学条件。

9月

2日 自治区党校教育长张继业一行到平罗县调研县委党校选址情况，实地调研县委党校综合楼、新建党校进展情况并召开座谈会。

是日 自治区党委第五巡视组组长杨光利一行到平罗县开展常规巡视工作,巡视组听取平罗县网信工作情况汇报,并对网信工作中存在的不足和问题进行交流座谈。

是日 市委副书记、平罗县委书记宋世文调研工业经济高质量发展工作。

2—8日 对全县各学校8000余名15~17周岁学生进行新冠疫苗第二剂次接种。

3日 县长郭耀峰对全县重点河湖水环境治理工作进行调研。深入姚伏镇、沙湖及典农河等地,详细了解五排上游断面水环境治理、沙湖水环境治理和典农河三排庄水环境治理等情况。

是日 召开国务院第八次大督查迎检工作推进会,安排全县相关迎检工作。会议传达学习国务院第八次大督查动员会议、自治区政府迎接国务院第八次大督查专题会议精神,并就迎检工作进行部署。

是日 自治区党委常委、政法委书记赖蛟一行到平罗县调研政法工作,实地走访平罗县人民法院诉讼服务中心。

5日 自治区党委统战部、自治区民委第三方测评组对平罗县第十一批全区民族团结进步示范单位进行测评验收。

9—15日 对全县各学校的10000余名12~14岁学生进行第二剂次新冠疫苗接种。

14日 自治区党委统战部对平罗县统战工作进行巡视调研。县委常委、统战部部长、政法委书记李晓坤陪同。

16日 国务院发展研究中心副主任王安顺一行到平罗县调研农村土地制度改革、特色农业发展、巩固拓展脱贫攻坚成果同乡村振兴有效衔接等情况。石嘴山市委书记王刚,市长张利,石嘴山市委副书记、平罗县委书记宋世文以及市领导蔡闯陪同调研。

是日 召开2022年项目谋划及对接情况专题会议。县长郭耀峰主持,13个乡镇和相关部门负责人分别汇报2022年重点项目谋划工作,项目主要涉及工业、农业产业、民生、休闲旅游等众多领域,政府分管领导及职能部门围绕工作职责对项目可行性提出意见和建议。

17日 石嘴山市委副书记、平罗县委书记宋世文主持召开第十五次党代会报告征求意见座谈会,听取、征求离退休干部代表及部分"两代表一委员"、民主党派代表对《中国共产党平罗县第十五次代表大会报告(征求意见稿)》的意见建议。

18日 自治区党委常委、统战部部长白尚成,自治区政协副主席李泽峰带领自治区党委第四专题调研组,调研平罗县贯彻落实中央民族工作会议精神情况。

是日 石嘴山市副市长董立军到平罗县检查全县节前疫情防控和安全生产工作。先后深入阳光商业广场和汽车站,实地对重要场所疫情防控、消防安全、安保情况等进行检查。

是日 县长郭耀峰调研老旧小区和背街小巷改造提升工作。先后到铁合金小区、鼓楼西街、健康巷、怀通路等地,详细了解全县老旧小区和背街小巷改造提升工作,听取情况介绍,仔细询问工程建设进度。

是日 石嘴山市第一届青少年网络文明素养大赛落下帷幕。平罗县共上报32件作品,其中20件作品分别获得创意绘画、主题演讲视频及情景短剧类一、二、三等奖,9名教师荣获优秀辅导老师称号，县教体局荣获优秀组织奖。

19—21 日 第六届石嘴山市青少年科学节在石嘴山市科技馆举行，平罗县派出 3 支参赛队，13 名学生参加比赛项目。县职教中心 21 级 19 班康复专业新生李凯乐、金俊杰取得高中组第一名的优异成绩，荣获水火箭项目一等奖。

23—25 日 中国共产党平罗县第十五届委员会和纪律检查委员会在县城召开，大会听取县委、县纪委的工作报告，选举产生中共平罗县第十五届委员会和纪律检查委员会。

25 日 第十五届县委、纪委分别召开第一次全体会议，选举产生“两委”常委、书记和副书记。

24 日 自治区文化和旅游厅发布公告，经自治区旅游景区质量等级评定委员会按程序综合评定，石嘴山市庙庙湖生态文化旅游区达到国家 AAAA 级旅游景区标准，确定为国家 AAAA 级旅游景区。

26—27 日 农业农村部政策与改革司副司长金三林一行调研农村改革工作。调研组一行先后到灵沙乡胜利村、盈丰植保专业合作社、姚伏镇灯塔村、通伏乡通城村等地，通过实地调研、听取汇报等方式，对“一村一庄”项目建设、社会化服务带动农村产业发展、“空心村”退出和中心村建设、集体经营性建设用地调整入市、“一块田”改革等情况进行详细了解。

27 日 县委书记宋世文，县长郭耀峰调研城市建设工作。先后深入公检法广场、银北养老院南侧、鼓楼步行街、怀通路、东环路、翰林大街等地，实地调研了解城市规划、道路、市政基础设施、旧城改造、小微游园、疏浚工程建设及城市绿化等方面的情况。

是日 召开创城迎检工作推进会。会议对近期创城迎检工作进行再细化分工，明确任务完成时限。县长郭耀峰主持。

28 日 自治区侨联副主席郑大鹏一行到平罗县开展“侨胞服务日”活动，参观平罗县星海社区“侨胞之家”，看望并慰问部分侨眷代表，送上党和政府的关怀和节日祝福。

29 日 自治区卫生健康委联合自治区文明办举办“宁夏好医生　宁夏好护士”年度人物宣传发布活动，选树爱岗敬业、忠诚履职、乐于奉献的 2021 “宁夏好医生　宁夏好护士”年度人物 20 名，县中医院骨科副护士长刘晓菲被评选为“宁夏好护士”年度人物。

是日 召开全县秋冬农田水利基本建设动员会。县委书记宋世文主持。

30 日 全国人大民族委员会主任委员、中国科学院院士，“一带一路”国际科学组织联盟主席白春礼一行考察宁夏神州轮胎公司大飞机轮胎研制情况。区市县领导彭友东、刘虹、张文阁、郭耀峰陪同调研。

是月 举办平罗县首届残疾人职业技能大赛，共有 23 名选手参加，将从刺绣、剪纸、茶艺等项目中各选 3 名优胜者参加全市技能大赛。

是月 全县选派 54 名年轻干部到部门、乡镇挂职锻炼，稳步提升年轻干部解决实际问题、应对突发情况服务专业领域等能力。

是月 县人民医院合理分流医院日常门诊就诊

压力，推行节假日门诊、节假日高压氧和核磁检查与治疗，最大限度满足患者在节假日时段的就诊需求。

10月

1日 县长郭耀峰检查全县重点领域安全防范工作。先后来到县中医院、汇融新天地商业广场、宁夏参进宁宇达冶金有限公司等地，详细了解全县重点领域安全防范、疫情防控、安全隐患排查整治等情况。

6日 自治区党委常委、宁夏军区司令员赵建宏检查平罗县人武部战备值班和节日期间相关保障工作。

是日 县长郭耀峰调研老旧小区改造配套基础设施建设项目部分标段施工进展情况。先后来到位于前进路、怀通路等路段的10个项目标段，详细查看施工现场地下管网敷设、给水及供暖管网施工等情况，询问工程进度、完工时间和施工过程中遇到的困难等问题。

8日 召开平罗县农业农村重点工作推进会，通报全县巩固拓展脱贫攻坚成果与乡村振兴有效衔接工作、前三季度农村人居环境整治工作以及近期农村居民收入工作情况，安排部署有关工作。

9日 召开全县“讲政治、转作风、强责任、抓落实”主题活动动员会，县长郭耀峰主持，市委副书记、县委书记宋世文在会上讲话。

是日 自治区副主席王和山一行到平罗县调研百万移民致富提升行动包抓情况，实地走访红翔新村沙漠瓜菜基地、宁夏瑞丰源牧业有限公司、红翔新村广场等地，在红翔新村村部召开座谈会。

是日 自治区党委统战部第五调研组对平罗县开展《中国共产党统一战线工作条例》学习宣传贯彻情况进行专题调研。

10日 在陕西省举行全国第十一届残运会暨第八届特奥会跆拳道提前比赛项目中，县残疾人运动员焦龙顺利摘金，获得宁夏运动员在本届全国残运会中的首金。

11日 召开平罗县化工企业安全环保警示教育暨大排查大整治工作会议，通报近期环境污染犯罪案件、涉危险化学品企业安全事故、涉危险化学品环境违法犯罪案件等情况。部署有关工作。

是日 召开平罗县基础教育质量提升行动现场观摩暨工作推进会。观摩人员先后到庙庙湖小学、陶乐一小、平罗四幼等地，实地观摩基础教育质量提升行动进展情况。

是日 平罗县委教育工作领导小组召开2021年第4次会议，部署全县义务教育阶段“双减”工作；传达学习中共中央办公厅、国务院办公厅印发《关于进一步减轻义务教育阶段学生作业负担和校外培训负担的意见》，自治区党委办公厅、政府办公厅印发《关于进一步减轻义务教育阶段学生作业负担和校外培训负担的实施方案》，自治区党委教育工作领导小组第八次全体会议精神；讨论审议相关文件。

13日 中国科协专职副主席、书记处书记孟庆海到平罗县陶乐镇调研科普助力产业发展、助力乡村振兴，“三长”服务移民村新时代文明实践建设等工作。

是日 召开全县宣布中央军委国防动员部命令大会，任命杨建军为县人民武装部政委、周军为县人民武装部副部长。

是日 石嘴山市副市长、公安局局长董立军，带领市信联办、市政府督查室、市公安局相关人员一行通过座谈交流、实地走访等形式，督导调研平罗县工作。

是日 石嘴山市举办“社会主义是干出来的”主题演讲比赛决赛，灵沙乡政府吴文静荣获二等奖、县公安局王健荣获三等奖。

14日 自治区政协副主席郑震一行到平罗县调研“推进宗教中国化进程”等工作，通过实地走访、查阅资料和召开座谈会等方式，对平罗县宗教活动场所、推进宗教中国化进程和就有关文件落实等情况进行详细了解。

是日 召开县委党史学习教育领导小组第三次（扩大）会议暨“我为群众办实事”实践活动推进会。市委副书记、县委书记、县委党史学习教育领导小组组长宋世文主持。

是日 自治区政协副主席郑震带领调研组调研平罗县“推进宗教中国化进程”等工作，并就有关文件落实情况召开座谈会。

19日 自治区发展改革委副主任蒋哲文一行来平调研能耗“双控”“两高”项目整改、中央预算内投资项目等工作，实地调研宁夏润阳硅材料科技有限公司光伏材料项目等7个项目，并召开座谈会。

20日 县长郭耀峰主持召开应对新冠肺炎疫情防控工作会议，对新冠肺炎疫情防控工作进行再安排、再部署。

是日 由宁夏回族自治区体育局主办的2021年全区青少年女子U18足球锦标赛在平罗二中足球场圆满落下帷幕，全区10支足球队180余名运动员参加比赛，经过6天24场激烈角逐，平罗县代表队获得亚军。

21日 在“政府开放月”系列活动中，县政府邀请部分社区代表、群众代表以及法律工作者等20余人，先后实地观摩10件民生实事中的“校园安全保障项目”、“老旧小区改造工程项目”、银北养老医院北侧小微游园和生态停车场。

22日 市委副书记、县委书记宋世文调研平罗县工业经济运行和冬季供暖保供工作。先后到阳光焦化有限公司、滨河供热站、国宁活性炭有限公司等地，详细了解项目建设和企业运行情况。

是日 县长郭耀峰调研全县疫情防控工作，先后来到政务服务大厅、京藏高速平罗南出口、银北医院核酸检测点、家和春天小区、汇融新天地商业广场等地，详细了解疫情防控工作。

22日 自治区党委教育工作领导小组公布9个第一批校园治理达标县（校）名单，平罗县通过自治区校园治理达标县（校）验收考核。

23日 市委副书记、县委书记宋世文，县长郭耀峰深入全县疫情防控各卡点，实地检查疫情防控工作。

是日 石嘴山市委书记、人大常委会主任王刚一行到平罗县调研新冠肺炎疫情防控工作。实地走访京藏高速平罗南出口等地，听取相关领导疫情防控工作汇报。

25日 市委副书记、县委书记宋世文督导调研全县疫情防控工作。

是日 市城管委办公室结合平时督查暗访、第三方实地测评、资料审核的方式对三县区进行综合评比，平罗县第三季度城市综合管理评比排名第一名，获得红旗。

26—27 日 市委副书记、县委书记宋世文，县长郭耀峰督导全县秋冬农田水利基本建设暨秋季绿化工作。

27 日 召开县委应对新冠肺炎疫情工作领导小组第 31 次会议。市委副书记、县委书记宋世文主持，传达学习自治区党委应对新冠肺炎疫情工作领导小组扩大会议、市委应对新冠肺炎疫情工作领导小组第 34 次会议精神，分析研判当前疫情防控形势，部署重点工作。

29 日 司法部授予 597 个司法所“全国模范司法所”称号，授予 796 人“全国司法所模范个人”称号，县黄渠桥司法所副所长陈雨荣获“全国司法所模范个人”称号。

是月 全县围绕重点农田、农田示范方、面上农水、今秋明春国土绿化工程、农村环境人居整治 5 个方面建设内容，全面打响秋冬农田水利基本建设大会战。

是月 德渊热力有限公司抢抓施工“黄金期”，加快县城区热电联产集中供热项目三期五标段工程建设，提高县工业园区轻工业园的供热保障能力。

是月 山西多地遭遇连续强降雨，平罗县红翔沙漠甜瓜专业合作社伸出援手，组织工人采摘 10 吨新鲜沙漠蔬菜，日夜兼程运送到山西灾区，以实际行动帮助受灾群众渡过难关。

11月

2 日 教育部公示第三批全国中小学中华优秀传统文化传承学校认定结果名单，县城关一小、城关二小、城关四小、城关五小、高庄中心学校 5 所学校入选。

是日 县长郭耀峰调研全县工业项目推进情况。平罗县副县长徐建军陪同调研。

3 日 召开县委应对新冠肺炎疫情工作领导小组第 32 次会议，市委副书记、县委书记宋世文主持，传达学习孙春兰副总理 10 月 29—30 日在甘肃调研时的讲话、陈润儿在银川市督导调研疫情防控工作时的讲话及有关批示等精神；听取有关工作情况汇报；部署全县疫情防控工作。

是日 自治区党委组织部开展全区“最美公务员”人选推荐活动，平罗县委组织部副部长、县直机关工委常务副书记王霞入选。

4 日 召开县委应对新冠肺炎疫情工作领导小组第 33 次会议，县委书记宋世文主持，会议对全县疫情防控工作再安排、再部署、再加压。

6—8 日 召开政协第十二届平罗县委员会第一次会议。会议通过政协第十二届平罗县委员会第一次会议政治决议、政协第十二届平罗县委员会第一次会议关于政协第十一届平罗县委员会常务委员会工作报告的决议、政协第十二届平罗县委员会第一次会议关于政协第十一届平罗县委员会提案工作情况报告的决议、县政协十二届一次会议提案审查委员会关于提案审查情况的报告和政协平罗县委员会 2022 年协商计划。任学成当选县政协主席，谭润、代正礼、樊燕当选县政协副主席。

7—9日 召开平罗县第十八届人民代表大会第一次会议。会议表决通过了关于县人民政府工作报告的决议、关于平罗县2021年国民经济和社会发展计划执行情况与2022年国民经济和社会发展计划报告的决议、关于平罗县2021年财政预算执行情况和2022年财政预算报告的决议、关于平罗县人民政府2021年民生实事办理情况和2022年民生实事报告的决议、关于平罗县人大常委会工作报告的决议、关于平罗县人民法院工作报告的决议、关于平罗县人民检察院工作报告的决议、关于代表议案的决定。马洪斌当选为县人大常委会主任、郭耀峰当选为县政府县长、杨自军当选为县监察委员会主任、王正栋当选为县人民法院院长、金立栋当选为县人民检察院检察长；文军、冯斌、王新民、刘桂莲当选为县人大常委会副主任，寇学文、徐建军、王敏、杨瑞雍、杨占斌、张万青当选为县人民政府副县长。

10日 县委常委会召开“坚持以案促改、深化作风建设”专题民主生活会。市委副书记、县委书记宋世文主持。

11日 开展秋冬季义务植树活动。市委副书记、县委书记宋世文、县委副书记、县长郭耀峰等四套班子全体领导，与干部群众一起参加。

15日 召开平罗县大气污染防治攻坚调度第三次会议，通报全县打赢蓝天保卫战暨“1+9”攻坚行动督查情况，深入分析形势，查找问题，部署重点工作。

16日 县委书记宋世文、县长郭耀峰分别看望慰问疫情防控一线工作人员。

17日 召开平罗县安全生产专项整治三年行动2021年度第二次推进会议，对安全生产专项整治三年行动再安排、再部署。

18日 召开县委理论学习中心组暨党史学习教育专题研讨会，传达有关文件、会议精神，围绕“四个专项行动”交流讨论，对“我为群众办实事”实践活动再鼓劲、再督办、再发力。

是日 由人民日报、中央党校举办的“基层党建与民生发展”优秀案例大型征集活动公布第五批入选名单，平罗县选送的案例《念好“三字诀”推动村集体经济高质量发展》入选。

19日 县委书记宋世文调研全县生态环保工作。先后到生态环境应急指挥调度中心、大地公司PVA渣场、都思兔河等地，详细了解全县生态环保工作。

是日 农业农村部、财政部和国家发展改革委员会公示首批农业现代化示范区创建名单，通过县级申请、市级推荐、省级择优遴选、专家书面评审和视频答辩等程序，全国100个县（市、区）脱颖而出，平罗县榜上有名。

20日 宁夏新安职工书屋荣获中华全国总工会命名，被授予全国职工书屋示范点荣誉称号，同时获赠价值3.6万余元的书籍。

22日 政府党组召开“坚持以案促改、深化作风建设”专题民主生活会。政府党组书记、县长郭耀峰主持，传达学习贯彻习近平总书记关于作风建设的重要论述、全面落实中央八项规定和自治区、市“八条禁令”精神。

是日 石嘴山市铸牢中华民族共同体意识手抄报大赛和全市少先队员“传承党的百年光辉史基因 铸牢中华民族共同体意识”主题手抄报比赛获奖名单揭晓，平罗县共获得48个奖项。

23日 县长郭耀峰调研督导环保督察反馈问题整改情况。先后到宁夏嘉龙嘉诚工贸有限公司、宁夏天瑞热能有限公司等企业，了解2018年中央环保督察“回头看”，2019年自治区环保督察，2021年自治区环保专项督察反馈问题整改情况。

24日 召开全县领导干部学习贯彻党的十九届六中全会精神研讨班，市委副书记、县委书记宋世文主持。

是日 自治区发改委副主任蒋哲文一行到平罗县调研全县重点项目建设、固定资产投资完成和2022年项目谋划储备工作，实地调研宁夏利垦牧业有限责任公司红崖子第二奶牛场等项目。

是日 自治区水利厅副厅长麦山一行到平罗县调研用水权改革落实工作，并召开座谈会。

25日 召开平罗县第四季度经济运行分析会议，听取有关部门1—10月经济工作运行情况汇报，深入分析当前全县经济运行态势。

26日 银川都市圈中线供水工程输配水（第一批）项目在平罗县陶乐镇庙庙湖村80万立方米水库试通水，这标志着银川都市圈中线供水工程输配水项目具备供水条件，2022年，平罗县河东地区21万亩土地可“畅饮”黄河水。

是日 自治区生态环境厅副厅长平学智一行来平开展帮扶指导和生态环保“四进”活动，并召开座谈会。

是日 召开平罗县全面推进农村公路“路长制”工作推进会，安排部署全县农村公路“路长制”相关工作。

是日 《石嘴山市教育科研规划2019年度课题》专项课题结题评审结果揭晓，平罗县申报的64项课题有41项综合评定良好，准许结题，结题率达64.1%。

27日 2021年度全区乡村文化建设示范性评选结果公示，分别评选12个优秀乡镇（街道）综合文化站、10个优秀农民文化大院，平罗县黄渠桥镇综合文化站、黄渠桥镇通润村王尚忠文化大院入选。

11月28日—12月3日 2021年全区青少年男子U18足球锦标赛在平罗县举行，全区16支代表队参加比赛。

30日 自治区党委、人民政府公布全区“七五”普法工作先进集体和先进个人名单，平罗县纪委监委、司法局获先进集体称号，县人民政府办公室副主任马亚西、县司法局局长谢生良等获先进个人称号。

12月

1日 县委书记宋世文主持召开县委议军会议。传达学习习近平总书记在中央政治局第32次集体学习时的重要讲话等精神；听取驻平部队工作情况汇报，审议通过相关议题。

是日 自治区文化和旅游厅公布2021年度全区先进非遗保护责任单位、先进保护传承基地、优秀保护实践案例和非遗年度人物评选结果，平罗县文化馆实施的“梨园新苗唱大戏——平罗县非遗（戏曲）进校园”活动入选优秀保护实践案例。

6日 国家发展改革委员会下达重大区域发展战略建设2021年第二批中央预算内投资计划19.14亿元，宁夏6个项目下达资金5.03亿元，其中平罗县工业园区红崖子污水处理厂获资金支持1.78亿元。

是日 由民政部、人力资源和社会保障部联合举办的全国养老护理职业技能大赛决赛在江苏省南京市闭幕，来自全国32支参赛队的128位选手参加比赛，平罗县颐养中心的杨丽荣获优胜奖。

6—7日 自治区交叉检查组到平罗检查“合坊并寺”、宗教场所“三统一”等工作。

9日 召开平罗县应对新型冠状病毒肺炎疫情工作指挥部第5次会议，传达有关会议精神，安排部署疫情防控工作。

是日 召开县委全面深化改革委员会第8次会议，县委书记宋世文主持，传达学习中央全面深化改革委员会第二十次、第二十一次、第二十二次、自治区党委全面深化改革委员会第十四次等会议精神，审议相关文件。

是日 自治区政府副主席王道席一行到平罗县督导黄河宁夏段滩区乱建乱占问题整改情况，并实地调研天河湾湿地林场。

是日 自治区财政厅党组成员、纪检组长白德东一行到平罗县宣讲党的十九届六中全会精神，并实地调研社区治理工作。

10日 2021年“欢乐宁夏”全区群众文艺会演现落下帷幕，自治区文化和旅游厅公布优秀组织奖单位及获奖节目名单，平罗县文化馆报送的小品《验收之前》荣获创作奖戏剧小品类一等奖，祁燕、王爱华、王飞荣获优秀辅导奖。

12日 平罗县委农村工作领导小组召开2021年第3次会议，传达学习全国农办主任座谈会、全国乡村振兴局长视频会等会议精神。通报全县医保收缴情况，自治区反馈平罗县巩固拓展脱贫攻坚成果同乡村振兴有效衔接工作存在的问题。

14日 水利部河湖司副司长陈大勇一行到平罗县调研黄河流域生态保护和高质量发展工作，实地调研滨河大道四排口和种子小镇等。

是日 县长郭耀峰现场督办中央环保督察转办件办理情况，先后到宁夏飞华建材有限公司、宁夏致邦工贸有限公司、宁夏路大路木业有限公司等地，与企业负责人、有关部门负责人进行深入交流，实地了解了中央环保督察各转办件办理情况。

是日 自治区发改委副主任冀晓翀一行到平罗县召开固定资产投资形式分析座谈会，针对固定资产投资中的难点堵点问题，剖析原因、研讨对策。

15日 平安中国建设表彰大会在北京召开，平罗县荣获2017—2020年度“平安中国建设示范县”。

16日 市委副书记、县委书记宋世文现场督办中央生态环境保护督察通报的典型案例问题整改工作，实地查看红崖子园1、2号尾水库、宁夏汉润生物科技有限公司、博天污水处理厂和红崖子污水处理厂施工现场。

17 日 自治区妇联党组成员、副主席李东梅一行到平罗县调研家庭教育工作，通过实地走访、召开座谈会等方式了解平罗县家庭教育工作现状。

18 日 市委副书记王伟一行到平罗县调研疫情防控工作，实地察看平罗南出口治安检查站、原二闸中学集中隔离点。

是日 由人民日报《民生周刊》杂志社、中共中央党校出版社、北京师范大学政府管理研究院联合主办的第九届中国民生发展论坛暨“献礼建党百年”基层党建优秀案例集《旗帜》首发式在北京人民日报社新媒体大厦举行，平罗县《宁夏平罗：念好“三字诀”推动村集体经济高质量发展》入选“献礼建党百年——‘基层党建与民生发展’优秀案例”。

20 日 县长郭耀峰调研 2021 年城市建设项目进展情况，先后来到山水大道、金桥路、东苑街、怀通路等地看项目、听汇报、问进展，详细了解停车场、小微游园、道路改造、老旧小区改造等城市建设项目进展情况。

是日 县公安局成功抓获涉嫌电信诈骗犯罪嫌疑人 12 人，扣押涉案手机 14 部、银行卡 25 张、POS 机 1 部，全国串并案件 30 余起，为群众挽回经济损失 200880 元。

21 日 召开平罗县城区文明祭祀工作推进会，安排部署县城区文明祭祀工作。

23 日 石嘴山市代市长王伟深入平罗县对中央环保督察转办件、重点项目、安全生产等工作进行调研。

28 日 县长郭耀峰调研巩固脱贫攻坚与乡村振兴有效衔接项目资金使用情况。

29 日 市委副书记、县委书记宋世文专题调研纪检监察工作。查看纪委监委标准化谈话室、档案室、心理健康室，与纪委监委、巡察办成员座谈交流，听取相关工作情况。

平罗综览

人文地理

【地理位置】

平罗县位于宁夏回族自治区北部，地处北纬38°36′8″~39°5′13″、东经105°57′42″~106°58′2″。东、西分别连接内蒙古自治区鄂托克旗和阿拉善左旗，南邻贺兰县，北与石嘴山市大武口区、惠农区相接。南北宽约55千米，东西长约84.5千米。东越黄河，从平罗穿越8个乡镇，县境内长9.5千米，年径流量1408万立方米。西有贺兰山阻隔腾格里沙漠，是银川平原的天然屏障。全县土地总面积2060.84平方千米。主要种植春小麦、水稻、玉米、瓜果、蔬菜等。水稻品质优良，制种产业发达，享誉全国。县域湖泊广布，植被丰茂，被誉为“西部百强县、塞上小江南”。

【建置沿革】

西汉元朔至元狩年间（前128—前117），建廉县，驻所在今崇岗镇暖泉村，属北地郡辖。北魏孝昌二年(526)后，属灵州。西魏，隶属灵州普郡回乐县。北周，属怀远郡怀远县辖。唐初，属关内道灵州怀远县；唐先天二年(713)，属关内道定远军(今姚伏镇东)辖；唐开元九年(721)，为朔方节度使定远军辖；后为定远县，唐景福元年(892)改为警州。西夏，属定州定远县(今姚伏镇东)辖。元中统二年(1261)，属西夏中兴等路行中书省辖。元末，属甘肃行中书省及宁夏行省定州辖。明嘉靖三十年(1551)，改设为平虏守御千户所，辖今银川以北地区。清顺治二年(1645)，改平虏守御千户所为平罗所；清雍正二年(1724)，改平罗所为平罗县，隶属宁夏府辖。1929年，隶属宁夏省。中华人民共和国成立初，属宁夏省；1954年，属甘肃省银川专署；1958年，属宁夏回族自治区辖；1972年，属银北地区；1975年，属石嘴山市辖至今。

【人口变化】

明嘉靖二十一年(1542)，县境有人口3486人。清雍正年间，宁夏、宁朔、中卫、灵州、固原等地招民到平罗落户。至乾隆四年(1739)，平罗人口增至 16490 户、158360 人。以后,因天灾人祸,人口逐年减少。1941 年,人口为 60894 人,后因河南难民流入。1949 年, 全县人口增至 87547 人。中华人民共和国成立后,各地支边人员逐步流入,人口自然增长较快。1953 年第一次人口普查时,人口增至 120163 人。1956 年后,河南、陕西、浙江等地移民迁入 8031 人。1964 年第二次人口普查时,人口 138986 人。1972 年,中宁县枣园公社移民迁入 1167 人。1982 年第三次人口普查时,人口 229957 人。1990 年第四次人口普查,人口 245626 人。2000 年第五次人口普查,人口 266599 人。2004 年,原陶乐县 3 个乡(镇)合入平罗县,全县户籍总人口 288372 人。2010 年第六次人口普查,人口 253010 人。2011—2014 年,生态移民迁入 3787 户、20305 人。2014 年年末,户籍人口 278909 人。2020 年第七次人口普查,全县常住人口 274206 人。2021 年年末,全县户籍总人口 309226 人。

平罗县各乡镇人口分年龄段情况表(2021 年)

表 1　　　　单位:人

序号	乡镇名称	人口数	0~17 岁	18~35 岁	36~59 岁	60 岁以上
1	城关镇	71667	11771	15968	31387	12541
2	姚伏镇	30865	4701	6982	12561	6621
3	通伏乡	21872	4444	5310	8562	3556
4	渠口乡	23029	4443	5653	9095	3838
5	头闸镇	19706	3565	4621	7878	3642
6	黄渠桥镇	23891	4558	5655	9434	4244
7	高庄乡	25162	5244	5805	9858	4255
8	宝丰镇	17644	3617	4279	6808	2940
9	灵沙乡	20951	4566	5048	8145	3192
10	崇岗镇	12804	2170	2934	5292	2408
11	陶乐镇	16074	3678	3969	5783	2644
12	高仁乡	7476	1383	1799	2989	1305
13	红崖子乡	18085	5154	4974	5686	2271
合计		309226	59294	72997	123478	53457

自然环境

【气候特点】

平罗县地处内陆，多受西北来的冷空气控制，属大陆性气候。由于贺兰山的屏障作用，西北来的冷空气难以长驱直入，形成了热量丰富、日照充足、干旱少雨、蒸发强、春暖快、夏热短、秋凉早、冬寒长、昼夜温差大的气候特点。2021 年，气温明显偏高，温差偏大；年内有 8 个月平均气温比历年同期平均值偏高。降水明显偏少，有 9 个月降水比历年同期偏少，降水分布上春季降水明显偏多，夏季降水明显偏少。年日照时数比历年平均值略偏少。年内大风出现日数比 2020 年增多，霾、扬沙、沙尘暴、大雾出现日数较 2020 年减少。灾害性天气出现频次比上年降低，强度减弱。热量资源好，气温年较差、日较差大，光照充足，空气相对湿度低，春季沙尘天气造成空气质量较 2020 年同期偏差，秋冬季冷空气多，空气质量优良天数较 2020 年偏多。总体上绝大部分时段气象条件较好，有利于农业生产和农事活动的开展。

【空气质量】

2021 年 1 月 1 日至 12 月 31 日，平罗县玉皇阁站点有效监测 364 天，优良天数 275 天，达标比例为 75.5%。同比优良天数减少 15 天(去年优良天数 290 天，达标比例 79.7%，2021 年同比下降 5.3%)。首要污染物为 PM_{10}、$PM_{2.5}$。其中，PM_{10} 平均浓度为 110 微克 / 立方米，同比(90 微克 / 立方米)上升 22.2%；$PM_{2.5}$ 平均浓度为 36 微克 / 立方米，同比(35 微克 / 立方米)上升 2.9%；SO_2 平均浓度为 19 微克 / 立方米，同比(20 微克 / 立方米）下降 5.0%；NO_2 平均浓度为 32 微克 / 立方米，同比(35 微克 / 立方米)下降 8.6%；CO 平均浓度为 1.8 微克 / 立方米，同比(2.0 微克 / 立方米）下降 10.0%；O_3 平均浓度为 162 微克 / 立方米，同比(145 微克 / 立方米)上升 11.7%。

【水环境质量】

国控断面黄河平罗段平均水质为Ⅱ类；沙湖平均水质为Ⅲ类；都思兔河入黄口平均水质为Ⅳ类（扣除本底值氟化物），水质监测断面达标率 100%。区控断面第三排水沟平罗段平均水质为Ⅴ类；第五排水沟平罗入境段平均水质为Ⅳ类、出境段平均水质为Ⅲ类；三二支沟平罗段平均水质为Ⅳ类；四二干沟平罗县入黄口断面平均水质为Ⅲ类，水质监测断面达标率 80%。土壤环境保持安全状态，未发生重特大水环境污染事故。

自然资源

【土地资源】

依据 2020 年第三次全国国土调查数据，平罗县土地总面积 206086.3 公顷。按照土地权属划分，国有土地总面积 115755.18 公顷，占全县土地总面积的 56.17%；集体土地总面积 90331.12 公顷，占全县土地总面积的 43.83%。按照土地用途划分，农用地总面积 131005.89 公顷，占全县土地总面积的 63.57%；建设用地总面积 17387.43 公顷，占全县土地总面积的 8.44%；未利用地总面积 57692.98 公顷，占全县土地总面积的 27.99%。

【矿产资源】

矿产分布主要有煤炭、黏土、大理石、石灰石、铁矿石、硫矿石等十多种，初步探明煤炭储量 16.4 亿吨。其中，太西煤探明储量 6.4 亿吨，具有“三低、六高”(低灰、低硫、低磷，高发热量、高比电阻率、高机械强度、高精煤回收率、高块煤率、高化学活性)的特点,是理想的动力电煤和化工用煤;境内的黄河东岸紧邻中国最大的整装煤田鄂尔多斯煤田,初步探明煤炭储量近10亿吨。硅石探明储量1754.6万吨,预测远景储量42.8亿吨,品位较高(二氧化硅含量96.8%~99.4%),是硅系列产品、钢铁炉料和玻璃工业的优质原料。黏土储量19亿吨,是陶瓷、水泥、建材工业的重要原料。砂石资源丰富,是建筑业的主要原料,主要分布在崇岗镇。

【林木资源】

全县共有林地47160.46公顷。按地类划分,有林地7693.43公顷,疏林地4420公顷,国家特别规定灌木林地9027.27公顷,未成林造林地1169.53公顷,未成林封育地18568.6公顷,苗圃39.94公顷,无立木林地3655.01公顷,宜林地2536.67公顷,林业辅助生产用地50.01公顷。2021年,以贺兰山生态修复、黄河流域平罗段生态保护修复、园区绿化、主干道路绿化为重点,全年共完成营造林面积2207公顷,其中,人工造林1240公顷,未成林抚育提升及退化林改造967公顷。

【草原资源】

国有草原面积22万亩,以温性荒漠类草原为主要草场,这类草场主要由旱生和超旱生灌木、小灌木、小半灌木组成群落。以旱生杂草类、沙生灌木、半灌木占优势种群,主要有沙冬青、唐古特白刺、柠条、沙蒿、珍珠、红砂、列氏合头草、猪毛菜、猫头刺、禾草等,分布于平罗县大部分天然草原,其特点是:植物生长极其稀疏,生存环境严酷干旱,裸地较多,群落结构植物种类简单,低质低产。通过退牧还草工程人工种草及禁牧封育的实施,2021年,草原生态修复面积2.5万亩。

【湿地资源】

根据2010年第二次全国湿地资源调查数据,全县湿地二调面积36994.8公顷。2017年,组织开展湿地确权。2020年,结合湿地确权面积对湿地资源进行调查统计,全县湿地确权调查数460个,全县湿地总面积37002.97公顷。2021年,湿地保护修复2047公顷,恢复湿地5360公顷。保持安全状态,未发生重特大水环境污染事故。

经济建设

【概况】

提升重点特色产业,狠抓产业转型,开工实施113个重点产业项目,粮食生产实现“十八连丰”。预计全年实现地区生产总值200亿元,增长8%左右;规模以上工业增加值预计增长15%左右;城乡居民人均可支配收入预计分别增长8.8%、12.4%左右;荣获平安中国建设示范县称号。

【农业生产】

按照“压玉米、扩饲草、强特色”的工作思路,主攻现代畜牧、优质瓜菜、特色制种三大产业。全县粮食、瓜菜、制种、饲草面积分别达到82.07万亩、18万亩、8万亩、11.95万亩,打造300亩以上小麦、水稻、玉米园区4个,200亩以上瓜菜产业园区30多个,争创瓜菜“四好”园区4个、制种园区18个。发展壮大绿色食品、肉牛肉羊、奶产业,奶牛存栏5万头,肉牛肉羊饲养量分别达10.2万头、85万只;牛肉产量10050吨,羊肉产量7436.0吨;粮食生产实现“十八连丰”。

【产业发展】

围绕 9 个重点产业抓提升促转型，实施新材料、电子信息、清洁能源等产业项目 113 个，永泰化学电石炉、国宁煤基炭材催化剂等 17 个技改项目投产达效，完成技改投资 7.4 亿元，工业总产值 2021 年年底突破 500 亿元大关。举办宁夏第八届种业博览会，国家现代农业示范区通过评审。文化旅游、电子商务、现代物流、健康养老等新业态蓬勃发展，服务业增加值增长 8%左右，全县社会消费品零售总额增长 2.3%。

【深化改革】

以“四权改革”破题开局，调查界定林草地 43 万亩，清理规范无证用水企业 86 家，宁平碳素、丰华生物在全区率先探索排污权交易，入市交易集体经营性建设用地 291 亩，实现增值收益 804 万元。深化行政审批制度改革，全面完成“证照分离”、相对集中行政许可权改革，1273 项政务服务事项实现“最多跑一次”，全程网办率达 90%。推进农村集成改革，完成二轮土地承包到期后延包试点，获批全国第二批宅基地改革试点。

社会建设

【城乡建设】

启动城市环境集中整治暨综合执法行动，改造老旧小区 49 个、背街小巷 16 条，配套建设小微游园、生态停车场 20 个，建成区绿地率达到 41.7%。实施工业园区环境综合整治专项行动，成立德泓投融资公司，推行“管委会 + 公司”运作模式，督促 67 家企业拆墙造绿、透绿，新增绿地 3800 亩，新修道路 18 公里。开展农村人居环境综合整治提升百日攻坚行动，完成户厕改造 1050 户，拆除土坯房 7721 间，退出空心村 8 个，建设生态宜居美丽村庄 5 个。加快建设黄渠桥特色镇、姚伏中心村，提升建设庙庙湖、红瑞、红翔村的村容村貌，农村生活垃圾实现市场化治理，乡村环境明显变好。

【教育体育】

实施教育惠民工程 13 个，新增义务教育阶段学位 2340 个，普惠性学前教育学位 1440 个，普惠性幼儿园覆盖率达 81.8%。推动落实中小学生“五项管理”和“双减”重点任务，全县 1.6 万名中小学生享受课后服务，学科类培训机构由 35 家减少到 14 家，压减率达 60%。实施中小学教师“县管校聘”改革，完成 34 所学校 1985 人次聘任工作。建立“阳光体育”大课间“六定两平台”机制，推进体教融合发展，培育国家级体育特色学校 30 所、区级体育传统特色学校 4 所，平罗县被国家体育总局确定为首批县域足球典型。2021 年，中考均分较 2020 年提高 36.3 分，平罗中学高考本科上线率 88.5%，较 2020 年提高 1.5 个百分点，平罗二中艺术类本科上线率 94%，较 2020 年提高 2 个百分点。

【医疗健康】

县人民医院通过三级乙等综合医院评估，在红崖子工业园区建设平罗县人民医院急救分站。完成陶乐镇中心卫生院发热门诊、通伏乡等 18 个基层医疗卫生机构发热哨点诊室建设。推进“互联网 + 医疗健康”一体化应用平台建设，实现县域内信息互通。成立平罗县医疗健康总院，组建 3 个基层区域医疗服务中心，开展医保支付方式改革，异地就医实现即时结算。2021 年，县域内就诊率达到 94.1%。开展健康管理，推进家庭医生签约服务；开展“优质服务基层行”活动，千名医师下基层促进乡村振兴。

【文化旅游】

制定出台《平罗县文化旅游产业高质量发展推进方案》，文化旅游产业项目完成投资1.12亿元。实施智慧旅游（二期）项目、农村应急广播体系建设项目、玉皇阁和钟鼓楼保护提升建设项目、沙湖协同区基础设施建设等，沙湖旅游景区基础设施建设项目、庙庙湖、拉巴湖景区基础设施提升建设项目及乐海山产业园、蕾牧高科产业园，及云乐、沁园、卧龙等重点乡村旅游示范点建设项目。实施数字图书馆、数字文化馆等建设项目和村（社区）综合文化服务中心示范点项目。开展文化科技卫生“三下乡”、庆祝建党100周年“永远跟党走”广场文化艺术节活动等46场次，举办沙湖水上旅游文化节、观鸟节、沙雕节、乡村文化旅游节和红树莓采摘节等文化旅游节庆活动。实施文艺创作“六个一”工程，《塞上》文学期刊出版2期；《平罗诗苑》出刊4期；《书香平罗》系列丛书完成创作，《黄河画卷》完成构图，平罗县文化馆打造原创小品《验收之前》。开展非物质文化遗产调查、申报、保护工作，黄渠桥老豆腐传统制作技艺、老铁锅制作技艺正式列入第六批自治区级非物质文化遗产代表性名录项目。泥哇呜项目荣获2021年宁夏黄河流域非遗作品创意大赛暨“两晒一促”优品大赛二等奖，草编项目获优秀奖。

【脱贫攻坚】

紧盯“两不愁三保障”，聚焦短板弱项，扎实开展“四查四补”等工作，输出务工移民6914人，为贫困群众新增公益性岗位150个。开展线上培训19期973人次，线下培训283人次。落实复工复产，为11家扶贫企业和专业合作社办理扶贫产业担保基金贷款1928万元；建立政策性移民“户在人不在”“一户一档”1092户，排查老灌区“两不愁三保障”存疑问题户（含自发移民）288户并建立“一户一档”，全部解决存疑问题；实施全县义务教育阶段动态清零机制，建档立卡贫困家庭学生无辍学现象；实现建档立卡贫困人口健康扶贫政策、基本医保、大病保险全覆盖和“先诊疗、后付费”“一站式”结算，贫困群众参保率达100%；庙庙湖、红瑞、红翔新村3个贫困村村集体经济收入分别达到200万元、64万元、38万元。全面完成141户671人剩余建档立卡人口脱贫退出任务。

【社会保障】

持续做好城乡低保、高龄津贴、残疾人两项补贴等各类社会救助金的发放，累计发放各类救助金8062万元，惠及23.9万余人次，确保群众急难问题得到及时解决。为145名孤儿发放养育津贴100.6万元。全县各单位对2399户重点低保户开展送资金、送物资等结对帮扶。

【平安建设】

平安平罗、法治平罗建设纵深推进，成立巡特警大队，建成步行街、政务中心反恐“四联三防”（联建、联防、联处、联勤，防冲撞、防砍杀、防爆炸）两处示范点。矛盾纠纷排查化解扎实有效，排查化解矛盾纠纷4888件，化解4825件，化解率98.7%。政治安全和社会大局持续稳定，完善落实依法办理、社会面管控、舆论引导“三同步”工作机制，持续开展扫黑除恶专项斗争，荣获全区扫黑除恶专项斗争先进集体称号。加快社会治安“小翼看家”云防控建设。对全县13个乡镇共50247户农村住房进行鉴定，全面完成危房改造2551户；投入资金1.537亿元，实施农村饮水安全提质增效项目3个，全县农村自来水普及率达到96%以上，贫困村农村集中供水率达100%；

开展安全生产专项整治三年行动，食品药品抽检合格率高于全区平均水平。连续4年被自治区评为“平安县”，荣获“2017—2020年平安中国建设示范县”称号。

【疫情防控】

实行县处级领导包抓网格机制，细化工作专班11个，组建流调队伍14个，设置哨点诊室17个，建设标准化集中隔离点1个，抽调830名机关干部、志愿者下沉一线，累计跟踪管理中高风险地区返平人员1718人，核酸检测18.7万份，免费接种疫苗42.4万剂次。有效处置“8·20”输入性鼠疫疫情和“10·06”入境货物受新冠病毒污染等突发性事件。

中共平罗县委员会

综　述

【概况】

2021 年，坚持以习近平新时代中国特色社会主义思想为指导，深入学习贯彻中共十九届五中、六中全会精神，坚决贯彻落实习近平总书记视察宁夏重要讲话精神，统筹疫情防控和经济社会发展，团结带领全县上下应对重大挑战、经受重大考验、破解重大难题，各项事业取得积极成效。全年实现地区生产总值 200 亿元，增长 8%左右；规模以上工业增加值预计增长 15%左右；城乡居民人均可支配收入分别增长 8.8%、12.4%左右。

【应对疫情防控】

坚持外防输入、内防扩散，抓好常态化疫情防控，实行县处级领导包抓网格机制，细化工作专班 11 个，组建流调队伍 14 个，设置哨点诊室 17 个，建设标准化集中隔离点 1 个，设置临时集中隔离点 10 个，抽调 830 名机关干部、志愿者下沉一线，跟踪管理中高风险地区返平人员 1718 人，核酸检测 18.7 万份，免费接种疫苗 42.4 万剂次。提升应急处置能力，有效处置“8·20”输入性鼠疫疫情和“10·6”入境货物受新冠病毒污染等突发性事件。

【加强项目投资】

全面实施“扩大有效投资年”行动，黄河右岸综合治理滨河道路、宁夏瑞丰源牧业有限公司奶牛场二期、宁夏滨泽新能源科技有限公司 6 万吨燃料乙醇等 52 个重点项目全部开工，完成投资 40.14 亿元；宁夏首朗吉元新能源科技有限公司尾气制燃料乙醇等 50 个项目竣工投产，高效农业投资、民间投资、制造业投资分别增长 88%、22%、7.1%。宁夏慕恩化工科技有限公司 10 万吨甲胺、滨泽 6 万吨燃料乙醇、盛如意（菌草）宁夏科技发展有限公司栽培加工等 84 个招商项目先后落地，争取各类资金 37.89 亿元，招商到位资金 83 亿元，增长 10%。

【促进产业转型】

聚焦“9+3”重点特色产业抓提升促转型，开工实施113个重点产业项目，粮食生产实现“十八连丰”，奶牛存栏5万头，肉牛肉羊饲养量分别达10.2万头、85万只，获评首批国家现代农业示范区。工业技改投资增长23.8%，装备制造业、战略性新兴产业增加值分别增长38.5%、6.8%，企业科技研发投入增长42.1%，R&D经费投入强度达到1.58%。现代物流、全域旅游、健康养老等新业态蓬勃发展，第三产业对经济增长贡献率达到36.8%。

【保护生态环境】

自治区环保专项督察转办件办结率100%，中央第四环保督察转办问题27批次59件办复率100%。开展蓝天保卫战“1+9”专项行动，实施158个大气污染防治项目，“散乱污”企业动态清零。严格落实河湖长制，河湖“四乱”问题全部销号，红崖子污水处理厂主体完工，黄河平罗段水质持续保持Ⅱ类进Ⅱ类出。做好土壤污染防治，一般工业固废综合利用率、危废处置率分别达60%、100%，农药、化肥利用率分别达到41%、40.5%，完成营造林3.3万亩，治理荒漠化4.2万亩。停建、停产违规“两高”项目7个，单位能耗强度下降10%左右，扭转“十三五”以来能耗不降反升局面。

【深化改革】

落实“证照分离”、相对集中行政许可权改革，“网上办”“一次办”政务服务事项分别达90%和88%，政府和社会投资项目审批时限分别由过去的115个、75个工作日压缩至80个和55个工作日。获批全国第二批宅基地试点等4项改革任务。国企、供销、财税金融、文化教育卫生等领域改革取得新成效。

【改善城乡环境】

开展城市环境综合整治，改造老旧小区49个、背街小巷16条，配套建设小微游园、生态停车场20个，建成区绿地率达到41.7%。实施工业园区环境综合整治专项行动，成立德泓投融资公司，推行“管委会＋公司”运作模式，新增绿地3800亩，新修道路18公里，园区形象明显提升。开展农村人居环境综合整治提升百日攻坚行动，农村户厕改造1050户，拆除土坯房7721间，退出空心村8个，建设生态宜居美丽村庄5个，农村生活垃圾实现市场化治理，城市、园区、农村环境明显改善。

【发展社会事业】

将82%以上的财力用于民生事业，做好十件民生实事，推进移民致富、城乡居民收入、基础教育质量、全民健康水平“四大提升行动”，城乡居民人均可支配收入分别增长8.5%、9%以上，城镇登记失业率控制在3.8%以内。落实13个教育惠民工程，普惠性幼儿园覆盖率达81.8%。推进县医院救治能力提升，建成3个基层区域医疗中心。开展安全生产专项整治三年行动，四项指标大幅下降，食品药品抽检合格率高于全区平均水平。推进平安平罗、法治平罗建设，开展基层六大领域治理，荣获平安中国建设示范县称号。

【全面从严治党】

深化党史学习教育，开展“讲政治、转作风、强责任、抓落实”主题活动，推动各级党组织检视问题612个，制定整改措施579项，办结率达95%。加强干部队伍建设，全年研究任免干部15批次362人次，晋升职级43人。聚焦换届政策要求和安排部署，为13个乡镇统一配备干部74名。开展“抓乡促村、整乡推进、整县提升”示范县乡和模范机关创建行动，整顿软弱涣散和后进村党组织 10 个。坚持从严执纪，全年处置各类问题线索 358 件，立案 77 件 88 人，给予党纪政务处分 78 人，组织处理 245 人。对 11 个单位常规巡察，十四届县委实现巡察全覆盖。

重要会议

【中共平罗县第十五次代表大会】

2021 年 9 月 23—25 日在平罗县城召开，大会选举产生中国共产党平罗县第十五届委员会和纪律检查委员会。9 月 25 日下午，第十五届县委、纪委分别召开第一次全体会议，选举产生“两委”常委、书记和副书记。

【十四届县委全体扩大会议】

中共平罗县第十四届委员会第七次全体会议于 2021 年 7 月 9 日在行政中心三楼会堂召开。审议通过《关于召开中国共产党平罗县第十五次代表大会的决议（草案）》。

【十四届县委常委会】

第 2 次会议　1 月 8 日召开，县委书记蒋哲文主持。传达学习习近平总书记在中央农村工作会议上的重要讲话精神、习近平总书记在中央政治局民主生活会上的重要讲话精神；传达学习自治区党委经济工作会议精神、自治区建设黄河流域生态保护和高质量发展先行区第三次推进会精神；听取全县新冠肺炎疫情防控工作情况汇报；听取县人大常委会、政府、政协、法院、检察院党组 2020 年工作情况汇报；听取各群团组织 2020 年工作情况汇报；审议县委组织部《关于呈报〈县委常委会 2020 年度民主生活会方案〉的请示》；研究干部事宜（略）。

第 3 次会议　1 月 15 日召开，县委书记蒋哲文主持，传达学习习近平总书记在省部级主要领导干部学习贯彻党的十九届五中全会精神专题研讨班开班式上的重要讲话精神；传达学习《中共中央　国务院关于全面推进乡村振兴加快农业农村现代化的意见》《中国共产党统一战线工作条例》精神；研究 2021 年全县主要经济预期目标；审议县政府党组《关于呈报〈平罗县 2021 年固定资产投资项目计划〉的请示》《关于呈报〈平罗县电子信息产业发展推进方案（2020—2025 年）〉的请示》《关于呈报〈平罗县新材料产业发展推进方案（2020—2025 年）〉的请示》《关于 2021 年“两节”期间化解政府隐性债务的请示》；审议县委组织部《关于事业单位管理岗位非领导职责职员等级晋升的请示》。

第 4 次会议　1 月 18 日召开，县委书记蒋哲文主持，研究县政府党组《关于呈报〈政府工作报告（送审稿）〉的请示》《关于呈报〈关于 2020 年 10 件民生实事完成情况和 2021 年 10 件民生实事（草案）的报告（送审稿）〉的请示》《关于呈报〈关于 2020 年财政预算执行情况和 2021 年财政预算（草案）的报告〉的请示》《平罗县 2020 年国民经济和社会发展执行情况与 2021 年国民经济和社会发展计划（草案）的报告（送审稿）》《平罗县国民经济和社会发展第十四个五年规划和二〇三五年远景目标纲要（送审稿）》；研究县人大常委会党组《关于召开平罗县第十七届人民代表大会第五次会议有关事宜的请示》《关于呈报〈县人大常委会工作报告（送审稿）〉的请示》；研究县政协党组《关于召开政协第十一届平罗县委员会第五次会议的请示》《关于呈报〈中国人民政治协商会议平罗县委员会常务委员会工作报告（送审稿）〉的请示》《关于呈报〈政协第十一届平罗县委员会 2021 年民主协商和监督工作计划（送审稿）〉的请示》《关于拟表彰县政协十一届三次会议以来优秀委员、优秀提案、优秀提案集体和提案先进承办单位的请示》；审议县委组织部《关于补选政协第十一届平罗县委员会常务委员的请示》《关于增补王成军等为政协第十一届平罗县委员会委员的请示》；研究干部事宜。

第 5 次会议　2 月 3 日召开，县委书记蒋哲文主持，传达学习习近平总书记在中央政治局第二十七次集体学习时的重要讲话精神；传达学习十九届中央纪委五次全会和自治区纪委十二届五次全会精神、自治区十二届人大四次会议和市十四届人大六次会议精神以及自治区政协十一届四次会议和市政协十一届五次会议精神、自治区、市工程建设政府采购等重点领域突出问题专项治理工作动员部署会议精神，审议《关于呈报〈平罗县开展工程建设政府采购等重点领域突出问题专项治理工作方案（送审稿）〉的请示》；审议县委办公室《关于呈报〈中共平罗县委常委会2021 年工作要点（送审稿）〉的请示》《关于呈报〈县委常委会“不忘初心、牢记使命”主题教育专题民主生活会整改方案落实情况通报（送审稿）〉的请示》《关于呈报〈县委常委会 2020 年度民主生活会对照检查材料（送审稿）〉的请示》；审议县委编办《关于呈报〈平罗县关于推进基层整合审批服务执法力量的实施方案（送审稿）〉的请示》；审议县委组织部《关于呈报〈县委常委会 2020 年度民主生活会准备情况报告（送审稿）〉的请示》；审议县纪委监委《关于召开中共平罗县第十四届纪律检查委员会第六次全体会议的请示》《关于呈报〈县纪委十四届六次全体会议工作报告（送审稿）〉的请示》。

第 6 次会议　2 月 18 日召开，县委书记蒋哲文主持，传达学习习近平总书记在贵州考察调研时的重要讲话精神；传达学习中央政法工作会议和自治区党委政法工作会议精神、全国和全区组织、宣传、统战部部长会议精神；部署重点工作：一是要收心归位抓落实；二是要围绕目标抓落实；三是要聚焦重点抓落实；四是要转变作风抓落实；五是要严督细查抓落实。

第 7 次会议　3 月 2 日召开，县委书记蒋哲文主持，传达学习习近平总书记在党史学习教育动员大会上的重要讲话精神，审议县委宣传部《关于在全县开展党史学习教育的实施方案（送审稿）》；传达学习陈润儿书记在平罗县调研黄河宁夏段头道墩至都思兔河右岸综合治理工程时的讲话精神、全区领导干部学习贯彻党的十九届五中全会精神专题研讨班精神；审议县政府党组《关于呈报〈平罗县国家数字乡村建设试点工作实施方案（送审稿）〉的请示》《关于呈报〈黄河平罗段西岸河滩地收回整治退地还湿工作方案〉的请示》《关于呈报〈平罗县推进相对集中行政许可权改革开展审批服务事项划转工作实施方案（送审稿）〉的请示》，县委农村工作领导小组办公室《关于呈报〈关于全面推进乡村振兴加快农业农村现代化的实施意见（送审稿）〉的请示》《关于呈报〈关于实现巩固拓展脱贫攻坚成果同乡村振兴有效衔接的实施方案（送审稿）〉的请示》《关于召开县委农村工作会议的请示》，县委办公室《关于呈报〈县委常委会 2020 年度民主生活会整改方案（送审稿）〉的请示》；研究干部事宜。

第 8 次会议　3 月 5 日召开，县委书记蒋哲文主持，传达学习习近平总书记在全国脱贫攻坚总结表彰大会上的重要讲话精神、习近平总书记在中央党校（国家行政学院）中青年干部培训班开班式上的重要讲话精神、《中共中央办公厅印发〈关于加强巡视巡察上下联动的意见〉的通知》

精神、全国、全区政法队伍教育整顿动员部署会议精神；审议县委政法委《关于呈报〈平罗县政法队伍教育整顿实施方案（送审稿）〉的请示》；听取全县重点项目推进情况汇报；审议县政府党组《关于呈报〈平罗县文化旅游产业高质量发展推进方案（送审稿）〉的请示》《关于呈报〈平罗县奶产业高质量发展推进方案（送审稿）〉的请示》《关于呈报〈平罗县肉牛产业高质量发展推进方案（送审稿）〉的请示》《关于呈报〈平罗县肉羊产业高质量发展推进方案（送审稿）〉的请示》《关于呈报〈2021年平罗县种子小镇建设方案（送审稿）〉的请示》《关于呈报〈平罗县葡萄酒产业高质量发展推进方案（送审稿）〉的请示》《关于呈报〈平罗县现代枸杞产业高质量发展推进方案（送审稿）〉的请示》《关于呈报〈平罗县清洁能源产业高质量发展推进方案（送审稿）〉的请示》《关于呈报〈平罗县绿色食品高质量发展推进方案（送审稿）〉的请示》《关于呈报〈宁夏平罗精细化工专业园推进方案（送审稿）〉的请示》。

第9次会议　3月25日召开，县委书记蒋哲文主持，传达学习习近平总书记在中央财经委员会第九次会议上的重要讲话精神、全区市县乡领导班子换届工作会议精神、《关于抓好抓实全区党史学习工作的通知》精神，研究贯彻落实意见；传达学习《石嘴山市党政领导干部安全生产责任制实施办法》精神，听取第一季度安全生产工作情况汇报；审议县委宣传部《关于呈报〈中共平罗县委关于中国共产党成立100周年庆祝活动方案（送审稿）〉的请示》；审议县政府党组《关于呈报〈平罗县农村生活垃圾治理工作实施方案（送审稿）〉的请示》《关于呈报〈平罗县2021年大规模国土绿化暨草原生态修复实施方案（送审稿）〉的请示》《关于呈报〈宁夏平罗工业园区生态绿化项目实施方案（送审稿）〉的请示》《关于呈报〈黄河支流都思兔河流域平罗段环境综合整治工程建设方案（送审稿）〉的请示》《关于呈报〈宁夏平罗工业园区红崖子园污水处理厂工程实施方案（送审稿）〉的请示》《关于召开平罗县推进工业企业创新和高质量发展工作会议的请示》《关于兑现平罗县加快工业产业集群创新发展和推进创新驱动战略若干政策的请示》。

第10次会议　4月10日召开，县委书记蒋哲文主持，传达学习习近平总书记在福建考察时的重要讲话精神、习近平总书记在参加首都义务植树活动时的重要讲话精神、《中共中央关于加强对“一把手”和领导班子监督的意见》精神、十届市委2021年第十次常委会会议有关精神；审议县委办公室《关于呈报〈平罗县“六争两招两引”工作实施方案（送审稿）〉的请示》、团县委《关于呈报〈平罗县中长期青年发展规划试点工作实施方案（送审稿）〉的请示》、县红十字会《关于召开平罗县红十字会第一次会员代表大会的请示》；研究干部事宜。

第13次会议　5月10日召开，市委常委、县委书记蒋哲文主持，传达学习习近平总书记在4月30日中央政治局会议和中央政治局第二十九次集体学习时的重要讲话精神；传达学习全市“9+3”重点特色产业观摩推进会精神，安排部署下一阶段工作；听取全县信访工作情况汇报；审议《关于呈报〈“党旗在基层一线高高飘扬——我为群众办实事”实践活动工作方案（送审稿）〉的请示》、关于呈报〈关于在党史学习教育中组织开展“传承党的百年光辉史基因、铸牢中华民族共同体意识”主题教育活动方案（送审稿）〉的请示、审议《关于呈报〈关于开展“大学习大调研大谋划大落实”活动的实施方案（送审稿）〉的请示》《关于呈报〈关于在全县青少年中开展“学党史听党话跟党走”主题教育活动的方案（送审稿）〉的请示》，县委办公室《关于废止、宣布失效和修改部分党内规范性文件的请示》。

第 16 次会议　6 月 16 日召开，县委副书记、县长郭耀峰主持，传达学习习近平总书记对湖北十堰市“6·13”燃气爆炸事故的重要指示精神和李克强总理批示精神，审议县安委会《关于呈报〈全县各领域安全生产问题隐患排查整治集中攻坚行动方案（送审稿）〉的请示》；传达学习习近平总书记在中央政治局第二十九次集体学习时的重要讲话精神，审议县生态环境保护工作暨实施生态立县战略领导小组办公室《关于呈报〈平罗工业园区环保治理提升助推高质量发展实施方案（送审稿）〉的请示》；传达学习《中共中央纪委机关　中共中央组织部　国家监察委员会关于严肃换届纪律加强换届风气监督的通知》精神；审议县委组织部《关于各乡镇召开党员代表大会有关事宜的请示》《关于呈报〈全县“两优一先”表彰大会实施方案〉的请示》；研究县纪委监委议题；研究干部事宜。

第 17 次会议　6 月 25 日召开，县委副书记、县长郭耀峰主持，传达学习习近平总书记在青海考察时、在中国科学院第二十次院士大会、中国工程院第十五次院士大会、中国科学技术协会第十次全国代表大会和在参观“‘不忘初心、牢记使命’中国共产党历史展览”时的重要讲话精神；传达学习《中国共产党组织工作条例》精神，研究贯彻意见；传达学习中央信访工作联席会议 2021 年第一次全体（扩大）会议、自治区庆祝建党 100 周年信访安全保障工作会议精神，研究贯彻意见；传达学习 6 月 6 日自治区党委常委会扩大会议精神，听取全县贯彻落实习近平总书记视察宁夏重要讲话精神情况汇报；审议县创建全国县级文明城市指挥部办公室《关于呈报〈平罗县创建全国县级文明城市暨迎接自治区文明县城复检工作方案（送审稿）〉的请示》；审议县委督查检查考核领导小组办公室《关于 2020 年度全县效能目标管理考核有关事项的请示》；审议县政府党组《关于呈报平罗县 2021 年招生工作计划的请示》、县委组织部《关于召开中国共产党平罗县第十四届委员会第七次全体会议的请示》、县委统战部《关于各民主党派平罗县总支、支部委员会换届的请示》。

第 18 次会议　7 月 5 日召开，县委副书记、县长郭耀峰主持，传达学习习近平总书记在庆祝中国共产党成立 100 周年大会上的重要讲话精神、《中共中央办公厅关于认真学习贯彻〈习近平总书记在庆祝中国共产党成立 100 周年大会上的讲话〉的通知》精神；传达学习陈润儿书记在自治区党委常委会（扩大）会议上的讲话精神；围绕学习领会习近平总书记在庆祝中国共产党成立 100 周年大会上的重要讲话精神进行交流发言。

第 19 次会议　7 月 9 日召开，县委副书记、县长郭耀峰主持，传达学习习近平总书记在中国共产党与世界政党领导人峰会上的主旨讲话精神、《中共中央办公厅　国务院办公厅关于坚决遏制“两高”项目盲目发展的通知》《自治区党委办公厅　人民政府办公厅关于认真做好“两高”项目整改工作的紧急通知》精神；审议县政府党组《关于呈报〈平罗县“两高”项目整改工作方案（送审稿）〉的请示》；传达学习《中共宁夏回族自治区委员会关于印发〈加强对“一把手”和领导班子监督实施办法（试行）〉〈“一把手”和领导班子开展党内谈话实施办法（试行）〉〈“一把手”述责述廉实施办法（试行）〉的通知》精神；听取全县公安工作及禁毒工作情况汇报；审议县政府党组《关于呈报〈平罗县移民致富提升行动实施方案（送审稿）〉的请示》《关于呈报〈平罗县城乡居民收入提升行动实施方案（送审稿）〉的请示》《关于呈报〈平罗县基础教育质量提升行动实施方案（送审稿）〉的请示》《关于呈报〈平罗县全民健康水平提升行动实施方案（送审稿）〉的请示》；审议县人大常委会党组《关于设立平罗县县、乡（镇）选举委员会的请示》《关于重新确定县第十八届人民代表大会代表名额的请示》《关于重新确定乡（镇）人民代表大会代表名额的请示》《关于呈报〈关于做好全县县乡两级人民代表大会换届选举工作的实施意见（送审稿）〉的请示》《关于呈报〈关于做好全县县乡两级人民代表大会换届选举工作的实施方案（送审稿）〉的请示》，研究干部事宜。

第 21 次会议　7 月 24 日召开，县委副书记、县长郭耀峰主持，传达学习习近平总书记对防汛救灾工作作出的重要指示精神、习近平总书记在中央全面深化改革委员会第二十次会议上的重要讲话精神；听取全县上半年经济运行情况汇报、全县上半年安全生产工作情况汇报、全县上半年党风廉政建设和反腐败工作情况汇报；审议县政府党组《关于呈报〈宁夏石嘴山市平罗县黄渠桥镇黄渠桥村推动红色村组织振兴建设红色美丽村庄实施方案（送审稿）〉的请示》、县委统战部《关于召开平罗县工商业联合会第十三次暨总商会第四次会员代表大会的请示》、县委组织部《关于乡镇领导班子换届人事安排的请示》《关于各乡镇出席县第十五次党代会代表候选人预备人选的请示》；研究县纪委监委议题、干部事宜。

第 23 次会议　8 月 10 日召开，县委副书记、县长郭耀峰主持，传达学习习近平总书记在西藏考察、7 月 30 日中央政治局会议的重要讲话精神和对深入推进农村厕所革命作出的重要指示精神；传达学习自治区党委书记陈润儿在全区领导干部学习贯彻习近平总书记“七一”重要讲话精神、专题研讨班上的讲话精神、自治区党委常委会会议暨应对新冠肺炎疫情工作领导小组第 18 次会议精神；听取全县上半年基层党建工作情况汇报；审议县政府党组《关于呈报〈平罗县德兴农业投资有限公司组建方案（送审稿）〉的请示》、县委组织部《关于呈报〈关于各乡镇党员代表大会选举出席中国共产党平罗县第十五次代表大会代表的情况报告〉的请示》《关于呈报〈关于各乡镇党委、纪委换届选举结果的报告〉的请示》《关于对 2018—2020 年度考核中连续三年获得优秀等次及 2020 年度考核获得优秀等次公务员进行表彰奖励的请示》。

第 24 次会议　8 月 23 日召开，县委副书记、县长郭耀峰主持，审议县委统战部《关于呈报〈平罗县政协委员协商提名工作方案〉的请示》、县委组织部《关于平罗县领导班子换届人事安排的请示》；研究干部事宜。

第 25 次会议　9 月 1 日召开，市委副书记、县委书记宋世文主持，传达学习习近平总书记在河北省承德市考察时的重要讲话精神和关于碳达峰碳中和重要论述，全国坚决遏制“两高”项目盲目发展电视电话会议和自治区遏制“两高”项目盲目发展工作小组会议暨能耗“双控”工作约谈会精神，听取全县“双碳”工作、遏制“两高”项目盲目发展及能耗“双控”工作情况汇报；传达学习自治区推进黄河流域生态保护和高质量发展先行区建设（重大项目建设）第五次推进会精神，研究贯彻意见；审议县委督查检查考核工作领导小组办公室《关于呈报〈2021年度平罗县效能目标管理考核方案（送审稿）〉的请示》、县人大常委会党组《关于确定平罗县第十八届人民代表大会正式代表候选人的请示》、县委组织部《关于部门和企事业单位出席县第十五次党代会代表候选人预备人选的请示》。

第26次会议　9月13日召开，市委副书记、县委书记宋世文主持，传达学习习近平总书记在8月31日中央政治局会议、中央财经委员会第十次会议、中央党校（国家行政学院）中青年干部培训班开班式上的重要讲话精神、中央民族工作会议精神、《中共中央办公厅关于印发〈党委（党组）网络意识形态工作责任制实施细则〉的通知》《自治区党委办公厅关于学习贯彻〈党委（党组）网络意识形态工作责任制实施细则〉的通知》精神，听取全县网络意识形态工作责任制落实情况汇报；重申《宁夏回族自治区加强作风建设八条禁令》，传达学习自治区党委书记陈润儿在自治区党委常委会专题民主生活会上的讲话精神；审议县政府党组《关于呈报〈平罗县"十四五"中小学校布局调整规划〉的请示》《关于呈报〈平罗县中小学教师"县管校聘"改革实施意见〉的请示》；审议县委组织部《关于呈报〈关于各部门和企事业单位选举出席中国共产党平罗县第十五次代表大会代表的情况报告〉的请示》；审议《关于呈报〈关于确定平罗县出席中共石嘴山市第十一次代表大会代表候选人初步人选的情况报告〉的请示》。

第28次会议　9月19日召开，市委副书记、县委书记宋世文主持，传达学习习近平总书记在陕西榆林考察时的重要讲话精神、全区违规吃喝隐形变异问题专项整治动员会和粮食购销领域腐败问题专项整治工作动员部署电视电话会议精神；审议县纪委监委《关于呈报〈中共平罗县第十四届纪律检查委员会在县第十五次党代会上的工作报告（讨论稿）〉的请示》、县委办公室《关于呈报〈中国共产党平罗县第十四届委员会报告（讨论稿）〉的请示》、县委办公室《关于成立中国共产党平罗县第十五次代表大会秘书处工作机构的请示》、县委办公室《关于召开中共平罗县第十四届委员会第九次全体会议的请示》、县委组织部《关于中国共产党平罗县第十五次代表大会议程（草案）和日程安排（草案）的请示》《关于呈报〈中共平罗县第十五次代表大会主席团等建议名单〉的请示》《关于呈报〈中国共产党平罗县第十五次代表大会列席人员和邀请人员建议名单〉的请示》《关于中国共产党平罗县第十五次代表大会代表编团的请示》《关于呈报〈中共平罗县第十五次代表大会、十四届县委第九次全会有关选举办法（草案）〉的请示》、县委组织部《关于呈报〈关于全县党费收缴、使用和管理情况的报告（送审稿）〉的请示》。

【十五届县委常委会】

第1次会议　9月30日召开，市委副书记、县委书记宋世文主持，传达学习习近平总书记关于科技创新的重要论述和向2021年世界互联网大会乌镇峰会致贺信、二〇二一中关村论坛视频致贺精神、《国家统计局关于2021年上半年13起重大统计违法案件的通报》精神；听取县政府党组关于中央环保督察"回头看"及自治区环保督察反馈意见整改情况汇报，审议《关于呈报〈平罗县贯彻落实自治区生态保护专项督察反馈意见整改方案（送审稿）〉的请示》；听取全县"六争两招两引"工作进展情况汇报；审议县纪委监委《关于呈报〈平罗县开展"讲政治　转作风　强责任　抓落实"主题活动实施方案（送审稿）〉的请示》;审议县委办公室《关于成立打好"三大战役"工作专班的请示》;审议县政府党组《关于呈报〈贺兰山东麓平罗段生态环境修复项目房屋收储安置补偿方案(送审稿)〉的请示》《关于呈报〈平罗县关于盘活农村闲置房地改善农村人居环境的指导意见(送审稿)〉的请示》《关于呈报〈平罗县今秋明春国土绿化项目实施方案〉的请示》;审议县委组织部《关于呈报政协第十二届平罗县委员会委员建议人选的请示》;研究干部事宜。

第2次会议　10月15日召开，市委副书记、县委书记宋世文主持,传达学习习近平总书记在纪念辛亥革命110周年大会、中央人才工作会议、中共中央政治局第三十三次集体学习时的重要讲话精神、中国共产党宁夏回族自治区第十二届委员会第十三次全体会议精神、自治区党委书记陈润儿在石嘴山市调研督导生态环境保护工作和石嘴山市委书记王刚在市委常委会会议上关于生态环境保护工作的讲话精神,听取县政府党组关于生态环境保护工作情况汇报;传达学习自治区主席咸辉在《宁夏金海沃德科技有限公司生产车间发生火灾无人员伤亡》上的批示和石嘴山市委书记王刚在市委常委会会议上关于安全生产工作的讲话精神,听取全县前三季度安全生产工作情况汇报;研究干部事宜。

第3次会议　10月24日召开，市委副书记、县委书记宋世文主持,传达学习习近平总书记在中共中央政治局会议、中央人大工作会议、中共中央政治局第三十四次集体学习上的重要讲话精神、自治区党委书记陈润儿在石嘴山调研时的讲话精神;听取县政府党组关于全县前三季度经济运行情况汇报;审议县政府党组《关于呈报〈政府工作报告(送审稿)〉的请示》《关于呈报〈平罗县2021年国民经济和社会发展计划执行情况与2022年国民经济和社会发展计划(草案)报告(送审稿)〉的请示》《关于呈报〈平罗县2022年财政预算（草案)〉的请示》《关于呈报〈关于2021年财政预算执行情况和2022年财政预算(草案)的报告(送审稿)〉的请示》;审议县人大常委会党组《关于呈报平罗县第十八届人民代表大会常务委员会组成人员候选人建议名单的请示》《关于呈报平罗县出席石嘴山市第十五届人民代表大会代表候选人建议名单的请示》《关于召开平罗县第十八届人民代表大会第一次会议有关事宜的请示》《关于呈报〈平罗县人大常委会工作报告(送审稿)〉的请示》;研究县人民法院党组《关于呈报〈平罗县人民法院工作报告(送审稿)〉的请示》;研究县人民检察院党组《关于呈报〈平罗县人民检察院工作报告(送审稿)〉的请示》;审议县政协党组《关于召开政协第十二届平罗县委员会第一次会议有关事宜的请示》《关于呈报〈政协第十一届平罗县委员会常务委员会工作报告(送审稿)〉的请示》《关于呈报〈政协平罗县委员会2022年协商计划(送审稿)〉的请示》;审议县委组织部《关于呈报〈政协第十二届平罗县委员会常务委员建议人选名册〉的请示》。

第4次会议　11月4日召开,市委副书记、县委书记宋世文主持,传达学习习近平总书记在深入推动黄河流域生态保护和高质量发展座谈会上的重要讲话精神、自治区党委常委会会议和市委2021年第35次常委会会议精神、全区深入实施"四大提升行动"全面促进乡村振兴工作现场会精神；审议县政府党组《关于呈报〈关于2021年10件民生实事完成情况和2022年10件民生实事(草案)的报告(送审稿)〉的请示》《关于呈报〈平罗县深化要素市场化配置改革实施方案(送审稿)〉的请示》《关于呈报〈平罗县关于新时代加快完善社会主义市场经济体制的实施方案（送审稿）〉的请示》《关于呈报〈平罗县2022年固定资产投资项目计划表〉的请示》。

第6次会议　11月16日召开，市委副书记、县委书记宋世文主持，传达学习党的十九届六中全会精神、自治区党委2021年第40次常委会（扩大）会议和市委2021年第38次常委会（扩大）会议精神、《自治区党委办公厅关于印发〈落实全面从严治党主体责任运用“四种形态”实施办法（试行）〉通知》《自治区党委办公厅关于印发〈自治区政治生态分析研判评价办法（试行）〉的通知》精神；听取全县2021年食品药品安全工作情况汇报；审议政府党组《关于呈报〈疫情防控期间特困群体救助、关停餐饮商户帮扶任务分工方案〉的请示》《关于呈报〈新建平罗县城关第九小学建设方案〉的请示》；研究干部事宜。

第7次会议　12月1日召开，市委副书记、县委书记宋世文主持，传达学习习近平总书记在第三次“一带一路”建设座谈会上的重要讲话精神、自治区党委十二届十四次全体会议精神、自治区贯彻落实习近平总书记在深入推动黄河流域生态保护和高质量发展座谈会上的重要讲话精神暨先行区建设第六次推进会精神、市第十一次党代会、市委十一届一次全会和十一届市委2021年第1次常委会会议精神、《自治区党委办公厅　人民政府办公厅关于印发〈宁夏回族自治区重大决策社会稳定风险评估实施办法〉的通知》精神，听取平安平罗建设协调小组办公室关于全县2021年平安建设工作情况汇报。

第8次会议　12月3日召开，市委副书记、县委书记宋世文主持，传达学习习近平生态文明思想有关内容、《中央生态环境保护督察工作规定》《自治区党委办公厅　人民政府办公厅关于印发〈宁夏回族自治区生态环境保护督察工作实施办法〉的通知》《自治区党委办公厅　人民政府办公厅关于印发〈党委和政府及有关部门生态环境保护责任〉的通知》精神、中央生态环境保护督察组对宁夏回族自治区开展第二轮中央生态环境保护督察工作动员会精神；听取全县迎接第二轮中央生态环境保护督察准备情况汇报，审议县政府党组《关于呈报〈平罗县配合中央生态环境保护督察工作方案（送审稿）〉的请示》；传达学习全国城镇燃气安全排查整治动员部署电视电话会议、全区城镇燃气安全排查整治动员会议精神，审议县政府党组《关于呈报〈平罗县城乡燃气安全专项整治工作方案（送审稿）〉的请示》《关于王涛、杨波两名转业士官安置工作的请示》。

第10次会议　12月12日召开，市委副书记、县委书记宋世文主持，传达学习自治区党委书记陈润儿在中央第四生态环境保护督察组《宁夏回族自治区中央生态环境保护督察组典型案例（一）（征求意见稿）》上的批示和石嘴山市委书记王刚、石嘴山市长张利在自治区党委书记陈润儿批示清样上的批示精神；听取县配合中央生态环境保护督察工作领导小组综合协调组及第一、二、三、四现场办理组工作情况汇报；审议县配合中央生态环境保护督察工作领导小组办公室《关于呈报〈关于中央第四生态环境保护督察组通报“宁夏石嘴山平罗县用水管控不力、化工园企业违规取水、污水隐患突出”问题的整改实施方案〉的请示》。

【专题会议】

第1次会议　2月3日，县委书记蒋哲文主持召开，县人民政府县长郭耀峰参加会议。会议听取宁夏晟晏实业集团有限公司与浙商中拓集团股份有限公司合作情况汇报，研究部署化解企业金融风险、支持企业战略合作事宜。

第 2 次会议　4 月 9 日，市委常委、县委书记蒋哲文主持召开，传达学习自治区、市黄河宁夏段头道墩至都思兔河右岸综合治理滨河道路工程专题会议精神，研究部署相关工作。

第 3 次会议　6 月 2 日，县委副书记、政法委书记朱辉主持召开平罗县粮食产业经济示范工程项目对接洽谈会议。会议决定：由县财政局负责，对政府投入 20%—25%资金可行性进行论证，提出具体意见。由县农业农村局牵头，县自然资源局配合，对企业要求流转 10000 亩土地的范围和园区范围内土地进行调研，提出具体选址意见。由县农业农村局牵头，邀请农科院专家对藜麦种植可行性进行论证，为项目建设提供依据。由县农业农村局负责，县商务局配合，对项目落地的可行性形成专报，报县委、县政府研究。

第 4 次会议　6 月 25 日，县委副书记、县人民政府县长郭耀峰主持召开，听取十四届县委第十一轮巡察工作情况汇报。

第 5 次会议　10 月 13 日，县委副书记、党校校长丁志军紧扣自治区实施“四大提升行动”、促进乡村振兴推进会要求，在红崖子乡红翔新村沙漠瓜菜产业基地、小广场、进出口以及沿线，以现场踏查的形式主持召开专题会议，安排部署相关筹备工作。

第 5 次会议　12 月 1 日，市委副书记、县委书记、县人武部党委第一书记宋世文主持召开县委议军会议。传达学习习近平总书记在中央政治局第三十二次集体学习时的重要讲话精神和《中华人民共和国军人地位和权益保障法》《自治区党委　人民政府　宁夏军区关于加强新时代党管武装工作的实施意见（试行）》《自治区党委办公厅　人民政府办公厅　宁夏军区办公室印发〈加强开发区和普通高等学校武装工作的意见〉的通知》、石嘴山市委专题议军会议精神；听取县人武部、武警平罗中队 2021 年工作情况汇报；审议县人武部《关于呈报平罗县贯彻落实〈自治区党委　人民政府　宁夏军区关于加强新时代党管武装工作的实施意见（试行）〉的实施方案（送审稿）的请示》《关于“四个秩序”规范化建设的请示》《关于新建民兵训练基地的请示》《关于划拨轻武器射击场建设用地的请示》《关于解决现役转改文职人员随军家属工作安置的请示》《关于解决职工编制问题的请示》《关于以政府购买服务方式聘用民兵教练员的请示》；审议县消防救援大队《关于翰林街消防站正规化建设的请示》；审议武警平罗中队《关于营区用房维修加固的请示》。

重要活动

【党史学习教育】

从 3 月开始，在全县党员干部中开展党史学习教育，县委出台党史学习教育方案，成立以县委书记为组长的领导小组，办公室下设宣传部，以“传承党的百年光辉史基因、铸牢中华民族共同体意识”“学党史　听党话　跟党走”“大学习大调研大谋划大落实”等主题活动为抓手，深入开展“办好实事惠民生”“创新治理保平安”“推动发展增福祉”“乡村建设展新颜”等四项行动，项目化管理、清单化落实群众急难愁盼问题 1430 件，办结率达 60%以上。

【开展“讲政治、转作风、强责任、抓落实”主题活动】

主题活动从 9 月开始至 12 月底结束，要求各乡镇、各部门本着“边查边改、边改边促”的原则，不划分具体活动时间，将深入学习、检视问题、整改提高贯穿始终。通过活动推动各级党组织检视问题612个，制定整改措施579项，办结率达95%。

【开展十四届县委第十一轮巡察活动】

2021年3月上旬至5月底开展。主要对县委办（含档案局）、县人大办、县政府办（含信访局）、县政协办、县委宣传部、县委网信办（含网信中心）、县公安局、县退役军人事务局（含退役军人服务中心）、县审批服务管理局（含政务服务中心）、县机关事务服务中心进行巡察。巡察内容主要是聚焦基层贯彻落实党的路线方针政策和党中央决策部署情况，进一步促进基层党组织和党员干部担当作为。聚焦群众身边腐败问题和不正之风，进一步增强群众获得感幸福感安全感。聚焦基层党组织软弱涣散、组织力欠缺问题，督促基层党组织强化政治功能、提升组织力和战斗力。

组织工作

【概况】

2021年，全县组织工作紧扣县委工作大局，围绕干部队伍建设、党员队伍建设、基层党组织建设、人才队伍建设等方面，抓重点、攻难点、推亮点，各项工作取得新进展，落实县乡两级领导班子换届和村（社区）“两委”换届，为奋力开创新时代平罗转型发展新局面提供坚强组织保证。

【县乡领导班子换届】

以综合分析研判为抓手，聚焦领导班子和领导干部政治表现、担当作为、工作实绩等，对13个乡镇、48个部门领导班子和251名领导干部开展政治素质专项考察考核，考准考实领导班子结构功能和领导干部工作实绩、一贯表现。聚焦自治区、市、县换届政策要求和部署，积极配备熟悉本地情况，有城镇化建设、基层治理等专业背景的干部。13个乡镇统一配备干部123名，其中“五方面人员（乡镇事业编、优秀村党组织书记、到村任职的选调生、第一书记、驻村工作队员）”17名。

【市县党代表考察】

制定党代表初步人选考察方案，先后成立20个考察组对乡镇、部门拟定的市县党代表初步人选进行考察，严格履行资格审查、征求意见、考察谈话、民主测评、会议研究、公示等程序，完成484名市县两级党代表初步人选考察工作。

【重要会务筹备】

做好县党代会、人代会政协会的筹备工作。制定会务筹备任务清单，列清责任人和完成时限，时刻对标对表，挂图作战。反复讨论修改县第十五次党代会会务材料，配合县人大、政协做好“两会”会务筹备工作，牵头负责“两会”选举大会各项选举任务。

【干部选拔任用】

坚持新时期好干部标准，大力选拔在重点项目一线、乡村振兴主战场、化解矛盾风险最前沿实绩突出、群众公认的领导干部，先后提请县委常委会研究任免干部14批次291人，其中提拔108名，平调45名，晋升职级40名，免职68名。根据乡镇、部门领导班子考察考核情况，结合乡镇换届，大力选拔群众公认、实绩突出、担当作为的干部，6名乡镇长转任党委书记、1名人大主席转任乡长、3名党政副职提拔为乡镇长，35岁以下党政正职占23.1%，党政正职队伍更趋年轻化。

【干部培养选拔】

深化年轻干部“优苗选育”工程，办好宗旨、理论、实践“三大课堂”，制定培训计划6期，开展年轻干部公文写作专题培训1期培训98人；起草制定2021年选派年轻干部实践锻炼的通知，召开年轻干部挂职锻炼工作会议，安排实践锻炼年轻干部54名；强化年轻干部“七种能力”（一是要提高政治能力；二是要提高调查研究能力；三是要提高科学决策能力；四是要提高改革攻坚能力；五是要提高应急处突能力；六是要提高群众工作能力；七是要提高抓落实能力）提升，累计安排368名年轻干部参与脱贫攻坚、环境整治、鼠疫防控、疫情防控等急难险重工作；结合年轻干部成长锻炼情况，先后择优选拔使用45名。开展部门、乡镇领导干部民主测评和民主推荐工作，分别按照正职、副职两个方面对全县领导干部进行民主测评，测评结果作为本年度考核的重要参考；推荐使用、提拔对象建议人选21名，正科级重点培养对象建议人选35名，副科级重点培养对象建议人选52名。及时向市委组织部推荐全区“最美公务员”1名。提请县委常委会对2020年度考核优秀的211名公务员嘉奖，51名连续3年考核优秀的公务员记三等功。

【干部教育培训】

印发2021年全县项目计划，明确各单位培训任务。将习近平新时代中国特色社会主义思想教育、党的十九届六中全会精神、习近平总书记视察宁夏重要讲话精神培训列入全县干部教育培训计划，设置专门课程，列入必学内容。举办“全县科级干部学习党的十九届六中全会精神”“抓乡促村助推乡村振兴”“数字乡村建设”等专题培训班13期1400人。调训37名干部参加自治区、市处级科级领导干部培训班14期。与人民网合作打造人民学习·平罗县智慧教室，通过互联网传输和同步直播，将优质紧缺教育培训资源从北京接入平罗，通过“人民学习”智慧课堂开展“为什么是中国”“乡村振兴的机遇与挑战”“党的十九届六中全会精神解读”等7次线上培训。组织全县1358名公务员参加宁夏干部网络培训，结业率为100%。

【干部管理监督】

完善干部负面清单管理，纳入负面清单105人（其中立案13人，受处分、违法犯罪、通报的92人）。用好提醒函询诫勉措施，及时咬耳扯袖，及时监督整改，对11名科级干部进行书面函询，对6名干部进行诫勉谈话。严格执行《领导干部报告个人有关事项规定》，指导县处级领导填报个人有关事项报告。开展违规办理、持有因私出国（境）证件和身份证件专项整治工作，排查全县在编在岗人员6313名，对存在未经组织批准擅自因私出国（境）的问题的4人移交县纪委监委查办处理。运用好“12380”举报平台，做好信访举报查核工作。2021年，受理信访件26件，办结25件，正在办理1件。制定下发平罗县《严肃换届纪律加强换届风气监督工作方案》，保证换届全程有序规范、有条不紊，换届期间未收到涉及违反换届纪律的问题举报。加强干部经济责任审计工作，委托县审计局对7名领导干部进行经济责任审计，完成6名领导干部任期经济责任审计工作，其中自然资源资产离任（任中）审计1名。

【党员思想教育】

开设“百名党员话初心”“我是党员我在一线”等专栏，举办“奋斗百年路”情景微党课比赛，增强学习教育感染力。探索建立“板凳课堂”“掌上课堂”“流动课堂”三大课堂促学模式，着力加强流动党员、离退休党员教育管理，打通学习教育“最后一公里”。电视片《一年成一事、十年富一村》荣获第九届全区党员教育电视片观摩交流一等奖。

【党员队伍建设】

坚持抓源头促规范提质量，印发发展党员工作35项负面清单、党员政治审查备案管理制度等五项制度，发展党员172名。认真做好党内激励关怀帮扶，为1296名党员颁发“光荣在党50年”纪念章，为805名生活困难党员、因公殉职党员家属、老党员发放慰问金80.6万元。

【创先争优活动】

开展“两优一先”推荐、评选、表彰工作。推荐全区优秀共产党员2名、优秀党务工作者2名、先进基层党组织4个；全市优秀共产党员25名、优秀党务工作者6名、先进基层党组织8个；组织召开平罗县庆祝中国共产党成立100周年暨“两优一先”表彰大会，表彰优秀共产党员41名、优秀党务工作者26名、先进基层党组织35个。在“平罗党建”微信公众号推出《百名党员话初心感党恩》专题栏目，大力宣传“两优一先”先进事迹，凝聚奋进力量。

【村级班子建设】

深化“两个带头人”工程，培养致富带头人1156名，党员致富带头人929名。完成村(社区)“两委”换届，选举产生村“两委”委员994名，平均年龄40.8岁，较上届下降6.6岁，大专学历318名，占比32.02%，较上届提升25个百分点，班子结构大幅优化。开展“头雁领航、群雁齐飞”村党组织书记师徒结对行动，组建58个帮带对子，从发展思路、组织生活、队伍建设、建章立制、服务能力五个方面结对帮带。通伏乡新丰村“一园一育一齐飞”示范点接受自治区观摩。

【农村党建提升】

坚持抓乡促村、整乡推进、整县提升，打造马场村、六顷地村、庙庙湖村等示范村105个，占比73%，新丰村被评为全区先进基层党组织。统筹自治区、市、县、乡四级力量，选派162名第一书记和驻村工作队员，帮助乡村两级强组织、兴产业、抓治理、优服务，为巩固脱贫攻坚成果和乡村振兴有效衔接提供人力支撑。坚持支部带动、产业推动、项目促动、党员联动“四轮驱动”千方百计发展壮大村集体经济，开展村集体经济项目评估，推动新建项目投产达效，为村集体经营性净益5万元以上的村“两委”享受任职补贴村干部兑现补助112万元。《宁夏平罗：念好“三字诀”推动村集体经济高质量发展》入选全国“献礼建党百年‘基层党建与民生发展’”优秀案例。争取到位黄渠桥村红色美丽村庄试点项目资金1100万元。坚持抓两头带中间，落实“四个一”工作机制，一村一策整顿软弱涣散村党组织2个、后进村党组织8个。

【城市党建融合】

社区“联合党委”，以“一书三单”为抓手，解决小区停车难、下水不通等群众小难题231件。创新在职党员融入网格治理、融入文明创建、融入志愿服务、融入社区党建的“四融入”工作模式，3400名在职党员到社区认领岗位312个，解决群众身边烦心事485件。培育新世纪社区党支部、业主委、物业公司“三方联动”，提升社区治理能力等红色物业品牌5个，打造明珠社区“一站一会五服务”社区治理典型10个，金顺等4个社区被评为“全区百家品牌”。

【机关党建示范】

创建“让党中央放心、让人民群众满意”模范机关，首批命名审批服务局、政协办等19个单位为“让党中央放心、让人民群众满意”模范机关达标单位。开展机关效能提升行动，规范党组织设置，成立机关党委15个，培育人社局“党建‘231’

行动”、审批局“一线审批加速度、五星服务有温度”等书记项目35个,机关党建“三个表率”作用凸显。

【非公企业和社会组织党建】

实施覆盖清零、先锋锻造、规范提升、标杆引领、聚力保障“五大行动”,全年新组建党组织11个,非公企业和社会组织党组织覆盖率分别达到86.51%和88.64%,党组织应建尽建率、党的工作覆盖率均达到100%。深化“堡垒共建 先锋同行”行动,开展“村企共建 发展共赢”活动,发挥机关单位政治优势和村(社区)资源要素优势,推动两新组织、机关、社区、农村等领域的党建资源跨界融合、工作优势互补。宁夏新安科技有限公司党总支、宁夏吉元循环发展有限公司党支部成功创建自治区首批非公企业和社会组织党建工作示范点。非公企业和社会组织党建工作在全区基层党建重点任务推进会上交流发言。新安公司党总支在全区非公企业和社会组织党建工作座谈会暨“两优一先”表彰会议上交流发言。

【贯彻人才战略】

深入学习党的十九届六中全会精神和中央人才工作会议精神,准确把握新时代人才工作的新理念新战略新举措。县委常委会及时传达学习中央人才工作会议精神,研究贯彻意见。县人才工作领导小组召开会议,组织各成员单位和人才工作者进行系统学习。举办优秀人才代表学习党的十九届六中全会精神座谈会,组织全县各行业、各领域43名优秀人才代表进行交流座谈。

【完善人才保障】

县人才工作领导小组召开会议4次,听取人才工作推进情况汇报,研究人才工作有关事宜。全面开展2021年度人才盘点工作,盘点六类人才共34432人。完善人才住房保障,投资593万元,建设高层次人才公寓30套。全面做好石嘴山市高层次人才申报认定工作,已申报认定61名高层次人才。申报“活性炭行业拔尖人才培养”人才项目,获批自治区人才项目资金20万元。

【拓宽引才渠道】

做好“招才引智”工作,制定招才引智考核办法,细化量化招才引智目标任务。截至10月末,全县引进人才949名。组织农业农村局、水务局、宁夏蓝田科技公司等15家企事业单位到西北农林科技大学开展“点对点”自主招聘,招聘10名硕士研究生到平罗县工作。

【实施人才培养】

实施五大工程,全方位培养各类人才。组织宁夏太康药业有限公司董事长魏腾蛟等20余名企业经营管理人才赴宁波经济学院、浙江大学参加原材料、新材料产业高级经营管理人才能力素质提升培训班。在宁夏吉元冶金集团有限公司、宁夏新安科技有限公司等企业推行新型学徒制技能人才培养模式,培养企业新型学徒147人。加大名校长、名教师、名班主任培育力度,对认定的43个工作室进行挂牌。实施“同心助医工程”,启动全科医生特岗计划,10名同心全科医生在乡镇卫生院从事全科医疗工作。选派13名优秀技术骨干赴复旦大学附属华山医院、四川华西医院等知名医院深造进修。开展非遗传承人“名师带徒”项目,国家级项目民间器乐泥哇呜传承人杨达吾德等7名名师带徒21人。

【人才助力乡村振兴】

将县直部门派驻乡镇的农业服务中心、水利工作站等197名编制下放,整合并入乡镇相关机构,乡镇编制总数较改革前增长41.6%。选派中级职称以上专业技术人员成立5个瓜菜产业指导组,深入农民合作社和农业企业、农业科技推广服务工作。组织66名科技特派员带技术、带项目、带团队形成“科技特派团”深入生产一线，帮助解决产业实际难题。

【公务员管理】

招录公务员65名，全部到岗。加大对干部人事档案的审查力度，重点对干部身份、违法违纪、廉洁自律等情况审查，采取联审办法，及时准确开展公务员登记工作。2021年，登记公务员（参公）55名。开展公务员统计工作，对全县1380名公务员（含参公）个人信息逐一更新采集，落实2020年公务员统计工作。开展公务员考核奖励工作，完善公务员考核制度，坚持考准、考好、考实每1名公务员，推荐自治区平时考核联系单位1个，市级平时考核联系单位5个。严格按照《公务员奖励规定》，指导各部门各单位做好奖励相关材料申报审核工作，51名公务员荣立三等功，对211名公务员嘉奖。建立公务负面清单台账，对受到相应处分人员，依据文件规定和程序，及时调整工资和效能目标管理考核奖等。

宣传工作

【概况】

2021年，坚持以习近平新时代中国特色社会主义思想为指导，认真贯彻全国全区宣传思想工作会议精神，积极推进《中国共产党宣传条例》、“十大工程”落细落小落实，理论武装、舆论引导、精神文明创建、文化繁荣和队伍建设等各项工作取得阶段性成效。

【党史学习教育】

制定党史学习教育工作方案，成立以县委书记为组长的领导小组，抽调8名精兵强将开展工作，以“传承党的百年光辉史基因、铸牢中华民族共同体意识”“学党史　听党话　跟党走”“大学习大调研大谋划大落实”等主题活动为抓手，开展“办好实事惠民生”“创新治理保平安”“推动发展增福祉”“乡村建设展新颜”等四项行动，项目化管理、清单化落实群众急难愁盼问题1430件，办结率达60%以上。

【意识形态工作】

严格落实意识形态工作责任制，制定《全县意识形态领域防止出现政治性风险问题监测预警审核制度》，加强对各级各类意识形态阵地管理，审核审批各类报告会、讲座500余场次，出动执法人员374人次，开展“扫黄打非”宣传教育工作，发放护苗“绿书签”、海报等1万余册，增强广大群众防范意识和法治意识。

【理论学习宣传】

深化习近平新时代中国特色社会主义思想学习宣传，抓好理论中心组“龙头”作用，开展党史学习教育。2021年，开展县委理论中心组学习14次，县处级领导参加党史学习教育65次，带动各级党组织开展学习4500余次；围绕党史学习教育、铸牢中华民族共同体意识、习近平总书记“七一”重要讲话精神等主题，开展各类宣讲活动500余次，打通理论宣讲“最后一公里”。

【舆论引导宣传】

做好庆祝中国共产党成立100周年、全面建成小康社会、“十四五”开局宣传报道，开展“奋斗百年路”重大主题宣传，配合区、市完成建设黄河流域生态保护和高质量发展先行区建设系列宣传报道，做好全县学习宣传贯彻党的十九届六中全会精神、自治区十二届十三次全会精神、党史学习教育、九个重点产业等主题采访报道和宣传，全年在各类媒体上刊发稿件、图片1399篇，中央级媒体刊发稿件306篇,省级媒体刊发稿件650篇,《宁夏日报》制作专版6个。

【弘扬核心价值观】

紧抓新时代群众需求，围绕公民道德建设、新时代文明实践中心建设,开展文明风尚行动,实施文明创建工程。新增新时代文明实践所、站37个,培育“田间课堂”“老奶奶小课桌”等文明实践精品范例,刊播推广“倡导文明健康生活方式”为主题的公益广告宣传3000余条,开展移风易俗等形式多样的志愿活动7560场次。抓好自治区文明县城复检工作,自治区文明单位、文明村镇复验5个，推选自治区文明城市、单位、村镇、校园9个。

【发展文化事业】

健全提升县、乡、村三级公共文化服务体系,推进基层综合性文化服务中心建设,推动县域旅游生态环境优化,落实沙湖、康熙饮马湖、惠民公园、威镇湖、瀚泉海水质净化等生态工程建设。围绕建党100周年，编辑出版《平罗县民间绘画》《平罗县民间剪纸》《游在平罗》系列丛书,开展各类广场文化活动、送戏下乡下基层等公益性文艺演出300场次。

【净化网络空间】

完善“网信—网安”信息互通互融机制和覆盖全县各乡镇、县直各部门的涉平罗舆情转办、处置平台,上报涉黄微信号1个,举报、处置线上涉黄、招嫖等有害信息674条。

【处置网民诉求】

回应、处置人民网地方领导留言板留言28条,办结率100%;处置“石嘴山人民议政网平罗板块”各类群众诉求510件,办结率99%;上报平罗县政府门户网站领导信箱来信107件,办结率99%。

统战工作

【概况】

2021年，以习近平新时代中国特色社会主义思想为指导,全面贯彻党的十九大和十九届三中、四中、五中、六中全会精神,深入学习贯彻习近平总书记关于加强和改进统一战线的重要思想、视察宁夏重要讲话精神,认真落实中央民族工作会议精神、《中国共产党统一战线工作条例》和自治区、市、县党委全会精神,团结带领全县统一战线凝心聚力,真抓实干,使各项事业发展取得新进步、迈上新台阶。

【思想政治建设】

不定期召开统战系统各单位会议,组织学习习近平新时代中国特色社会主义思想,举办党的十九届六中全会、全县统战系统成员素质提升培训班,宗教人士培训班。围绕学习贯彻习近平总书记“七一”重要讲话精神、中央民族工作会议精神、党的十九届六中全会精神和自治区党委十二届十三次全会精神、“全县”两会精神等,召开专题读书班10余次、学习会议30余次;召开各界人士庆祝中国共产党成立100周年座谈会。组织统战各成员单位到吴忠、中卫、永宁等地红色教育基地参观学习。举办统战系统“同心跟党走·迈向新征程”朗诵大赛;组织征集12篇“百人百年话同心”征文参加全市评比,2人获奖。学习宣传贯彻《中国共产党统一战线工作条例》(以下简称《条例》),推动《条例》精神进机关、进农村、进校园、进企业、进社区、进军营、进寺院,提升《条例》的知晓率;推进民族团结进步示范创建、疫情防控、创新创业等工作开展。

【加强政党协商】

制定2021年政党协商计划。在县十五次党代会、县十八次人代会召开之前，分别召开党外人士座谈会，征求党外人士对党代会报告、人代会报告的意见建议。按照要求推进宣传动员、提名推荐、征求意见、组织考察等程序，政协委员提名169名。支持各民主党派、工商联、无党派人士围绕“黄河流域生态保护和高质量发展先行区”等重点调研课题开展调研，形成调研报告10篇，向“两会”提交议案、提案59件。

【民主党派换届】

按照自治区、市党委统战部关于民主党派的换届要求，充分发扬民主团结、求真务实、开拓进取的风格，按照换届程序、原则和要求，于9月底前换届民主党派6个、工商联1个，选优配强各民主党派、工商联班子人员，完善基层组织结构，实现政治交接。

【社会服务活动】

引导各民主党派、工商联结合重要节日节点、“民族团结进步月”活动等，组织人员深入幼儿园、乡镇、社区等地开展社会服务活动，通过慰问、宣传、宣讲、义诊、送医送药等形式，为妇女、学生、困难家庭等群体送去温暖、关怀和帮助，开展各类服务活动60余次，受慰问家庭53户；助力疫情防控工作，为各个卡点、社区以及一线防疫人员送去慰问品、防疫物资和防护用品，捐赠物资价值100余万元，在平罗统战微信公众号开设《同心战“役”，平罗统一战线在行动》系列专栏，宣传报道统战成员在抗击疫情中的先进事迹。

【民营经济人士教育】

通过线上线下培训，开展企业家素质提升工程，组织民营经济人士参加全县培训班2场，培训企业经营管理人员120余人次。组织民营企业开展庆祝建党100周年线上红歌比赛，选送作品5部参加市工商联线上红歌评选。建成宁夏吉元“民营经济人士理想信念教育基地”，力促理想信念教育走深走实。

【民营企业参与社会公益活动】

动员和组织民营企业积极履行社会责任，在重大节日开展各类慰问活动，走访慰问敬老院、残疾人托养服务中心，捐款捐物总价值36万余元。倡议全县民营企业、商协会组织投入疫情防控，捐赠抗疫资金、物资及生活用品用于支持抗疫一线工作，号召30多家民营企业捐款捐物总价值达100多万元。

【搭建服务民营经济平台】

协调金融机构搭建融资服务平台，成立平罗县商会调解委员会搭建法律服务平台，开展民营经济代表人士教育培训搭建学习服务平台，开展各类民营企业招聘活动搭建人才交流平台，加强与省外工商联界的友好合作交流搭建友好工商联平台，开展各类活动深入会员企业调查研究搭建调查研究平台，畅通参政议政渠道搭建参政议政平台。

【支持基层商协会建设】

指导平罗县企业家协会创建全区“四好”商会，为平罗县企业家协会和装饰行业商会赠订《宁夏日报》《石嘴山日报》等党报党刊，支持基层商协会有序运行，发挥基层商会在发展和管理会员、宣传政策、提供服务、反映诉求等方面的作用。

【引导社会阶层人士学习】

县知联会、新联会、台侨联紧紧围绕学习贯彻习近平新时代中国特色社会主义思想，通过专题读书班、集中学习会议等形式对习近平总书记

“七一”重要讲话精神、“四史”、党的政治制度、理论政策以及中共十九届三中、四中、五中、六中会议精神，自治区、市、县各级党委召开的重要会议精神开展学习；深入开展“同心跟党走　迈向新征程”主题活动，组织会员深入爱国主义教育基地、党史教育基地等开展观摩学习，筑牢共同思想政治基础；

【发挥社会阶层人士智慧】

知联会、侨联聚焦“解决群众的难事、解决基层的难题、解决发展的难点和提高群众获得感幸福感”等方面深入开展调研、讨论，组织会员中的人大代表和政协委员撰写调研文章和提案，建言献策。在全县“两会”期间，向大会提交提案9件，其中集体提案1件、个人提案8件；

【凝聚社会阶层人士力量】

在银北医院挂牌建立平罗县新的社会阶层人士联谊会实践创新基地，为新的社会阶层人士在实践中增强中国特色社会主义的政治共识，自觉践行社会主义核心价值观提供创新载体；侨联争取自治区侨联为侨服务资金5000元，举办太极拳培训班，丰富侨眷生活，增强侨联组织凝聚力；知联会、新联会、台侨联积极参与疫情防控工作，向一线卡点开展慰问活动，捐赠近7000元疫情防控物资。

【推动模范机关创建】

开展党史学习教育。围绕学“四史”、学习近平总书记“七一”重要讲话精神、中央民族工作会议、中共十九届六中全会、自治区党委十二届十三次和十四次会议精神、市党代会、县“两会”精神等，组织党员干部开展研讨交流20次；开展集中学习56次，组织党员干部讲党史党课10次，观看党史专题讲座10次，开展党史知识测试15次，撰写学习感悟400余篇；开展好“让党中央放心　让群众满意”模范机关创建活动，着力打造以“红色教育”“绿色融合”“金色服务”“黑色警醒”为主题的机关党建平台，被命名为模范机关。

政策研究

【概况】

2021年，以习近平新时代中国特色社会主义思想为指导，深入学习贯彻党的十九大和十九届中央历次全会精神，全面贯彻落实区市县党委工作部署要求，充分发挥以文辅政、深化改革、财经服务、效能目标管理考核等职能职责。成功创建四星级党组织和“让党中央放心、让人民满意”模范机关。

【文稿起草】

牵头起草县第十五次党代会报告、县委十五届二次全会暨县委经济工作会议讲话、平罗县宅基地制度改革工作汇报、“四权”改革重点任务推进情况汇报、自治区党委农村工作会议交流发言等综合性文稿30余份，修改审核把关县委主要领导讲话、汇报、发言、述职等综合文稿50余件。牵头起草迎接中央生态环境保护督察平罗县生态环境保护工作情况汇报、中央生态环境保护督察通报典型案例问题整改方案，审核把关中央生态环境保护督察转办平罗县群众投诉问题办理材料59件。牵头制定《关于全面推进乡村振兴加快农业农村现代化的实施意见》《关于创建自治区农村人居环境整治示范县的实施方案》《平罗县产业转型发展战役实施方案》《平罗县城乡环境治理战役实施方案》《平罗县生态环境保护战役实施方案》等重要文件20余份，发挥县委、县政府“智囊团”作用。

【调查研究】

撰写《突出五个强化引领推动新时代党的民族工作高质量发展》《强化责任担当务实精准施策全力推进“四权”改革落地见效》等理论文章10余篇，被《共产党人》《宁夏工作研究》《石嘴山决策》等刊登发表。

【深化改革】

研究制定《县委深改委2021年工作要点》《关于抓好改革任务整改落实工作的通知》等文件20余份，指导红十字会、自然资源局等单位制定改革方案10余篇，筹备召开县委深改委会议3次，审议改革文件10多篇，开展改革调研督查3次，43项改革任务全面落实，17项改革经验列入国家部委和自治区典型案例，50余条做法被国家、自治区级媒体报道。指导4个责任部门研究制定“四权”改革实施方案和各项配套政策文件，制定印发改革总台账、年度任务目标台账和重点县试点任务台账，接待自治区、市督查调研及兄弟县区考察6次，提炼上报土地权、用水权重点县改革2个典型案例和汇报交流发言材料，土地权改革经验被自治区党委改革办通报表扬。将自治区273项重点改革事项，分解到52个县直部门，建立落实台账，强化督查督办，围绕自治区督查调研反馈的31个共性问题和问题清单涉及的75项任务、党的十八届三中全会以来中央和自治区党委深改委（领导小组）出台460篇改革文件，分类建立“六本台账”，梳理具体问题228个，制定整改措施327条，全部整改到位。

【信息服务】

牵头抓好“大学习大调研大谋划大落实”活动，收集整理习近平总书记重要讲话8篇、关于全面深化改革重要论述21篇、政策文件15个和部门乡镇高质量调研报告56篇、心得体会84篇等，编印《习近平总书记重要讲话汇编》《经济社会发展相关政策文件汇编》《全面深化改革政策文件汇编》《调研报告汇编》《心得体会汇编》120套，供全县各级领导干部参阅学习，择优推荐7篇调研报告参加自治区党委政研室优秀调研报告评选。

【沟通协调】

做好县委季度经济形势分析会和县委经济工作会议相关工作，配合相关部门制定《平罗县“六争两招两引”工作实施方案》、四大提升行动《实施方案》《关于开展“大学习大调研大谋划大落实”活动的实施方案》等经济领域重要文件，督促各责任单位抓好九个重点产业、年度重点项目建设、四大提升行动等工作任务落实。配合做好自治区先行区建设第五次、第六次推进会、实施“四大提升行动”现场观摩平罗工作汇报、专题片脚本撰写等工作。

【脱贫攻坚】

巩固拓展脱贫攻坚成果同乡村振兴有效衔接第三方评估有关工作，审核访谈提纲，起草平罗县巩固拓展脱贫攻坚成果同乡村振兴有效衔接工作汇报。

【目标考核】

制定印发《全县2021年度效能目标管理考核方案》，组织各考核责任单位制定各单项考核细则，编印《2021年度效能目标管理考核资料汇编》，分解落实自治区、市年度效能目标管理考核目标任务，采取督查、调研等方式，指导各部门定期分析短板指标，强化推进措施。梳理汇总自治区效能目标管理考核创新、获奖加分项目106条116分，市效能目标管理考核创新、获奖加分项目162条110分，确保各项考核工作顺利开展。

2020 年度，自治区考核我县获得沿黄考核组优秀等次。

党校工作

【概况】

2021 年，坚持党校姓党，聚焦主课主业，紧扣县委、县政府中心和重点工作，充分发挥职能职责，主动担当作为，分步骤、强措施狠抓党建、党风廉政建设、教务等工作，配合县委组织部等部门，举办各类培训班 10 余次，深入部门、乡镇(村)、社区、企业、学校、军营开展理论宣讲 233 场次。

【办好培训班】

配合县委组织部、县农业农村局等部门，举办“优秀年轻干部补钙工程培训班”等重点班次 10 期，受众 1700 余人次。做好全县 1358 名处科级领导干部和普通公务员的网络培训工作，协调解决培训工作中出现的各种问题，参学率和结业率均达 100%。

【开展理论宣传】

组织教师深入部门、乡镇(村)、社区、企业、学校、军营广泛宣传十九届五中、六中全会精神、党史学习教育、习近平总书记在庆祝中国共产党成立 100 周年大会上的重要讲话精神等；引导教师创新宣讲方式，及时修改补充宣讲内容，开展理论宣讲 233 场次，受众 15000 多人次。

【理论课题研究】

组织教师认真撰写理论文章，积极参加区委党校、区延安精神研究会和市县等部门组织开展的庆祝中国共产党成立 100 周年理论研讨征文活动，有 8 篇理论文章入会或获奖。落实区委党校 1 项科研协作立项课题和 1 项决策咨询报告。

【落实党建工作】

党支部专题研究党建工作 12 次。着力深化党员队伍建设，严格执行党支部“三会一课”等制度，围绕重点学习内容，全年召开支部委员会 12 次、主题党日活动 12 次、支部书记讲党课 2 次，开展党员轮训 1 次，组织召开 2020 年度民主生活会和 2021 年专题组织生活会，研究制定“书记项目”2 个。

【党史学习教育】

成立县委党校党史学习教育领导小组，及时召开动员会传达学习会议精神，制定党史学习教育实施方案，明确目标任务，细化工作学习任务，分月度列出工作清单，按拟定的时间表路线图落实落细学习任务。开展集中学习 45 次、专题研讨 10 次，理论知识测试 20 次，为民办实事 11 件。

【强化为民服务】

拟定《平罗县委党校开展“我为群众办实事”实施方案》和“我为群众办实事”任务清单，结合群众需求和工作需要，为群众办实事。以“板凳课堂”的形式到明月社区给基层党员授课 2 次；积极了解帮扶家庭情况，为困难家庭送去 800 元慰问金和慰问品；加大帮扶力度，深入红瑞村 5 户脱贫户家中 7 次，给予帮扶资金 11685 元，发放帮扶解困资金 1204 元，“少生快富”帮扶资金 2500 元；下派干部到宏潮村任驻村第一书记，为宏潮村帮扶资金 2 万元；认领自治区文明城市复检复验社区“微项目”，提供资金支持 5000 元；开展“争做文明使者，共建美好家园暨城区无垃圾日”等志愿者活动，全年与明月社区联合党委开展活动 4 次，开展创城迎检志愿服务活动 50 余次；参与全县疫情防控工作，由领导班子带头，组织8名教职工义务到社区轮流值班值守、设卡登记排查，阳光社区赠送锦旗1面。

老干部工作

【概述】

老干部局成立于1984年3月19日，根据《平罗县党政机构改革方案实施意见》的规定，县委老干部局由组织部管理。2004年2月，县行政区划调整后，平罗县委老干部局对口接收原陶乐县委老干部局的人、财、物及相关事宜。2019年机构改革，县委老干部局并入县委组织部，县委组织部保留县委老干部局牌子。

【老干部服务】

落实老干部政治待遇，拓宽老干部参政议政渠道，在中国共产党平罗县第十五次代表大会、平罗县十八届人民代表大会第一次会议等重大会议召开之前，广泛征求离退休干部的意见。组织全县离退休干部、党支部书记等57人对全县2021年重点项目进行观摩并书面通报平罗县经济社会发展情况；全面落实惠及离退休干部及遗孀的相关政策，为14名行政事业单位离休干部发放生活补贴20.12万元，为44名无固定收入离休干部遗孀缴纳2022年医疗保险1.45万元，为15名无固定收入离休干部遗孀发放生活困难补助金8.64万元，春节前为159名离退休干部及其离休干部遗孀发放慰问金11.15万元，“七一”前夕，为20名离休干部发放慰问金4.4万元，做好3名离休干部家属的慰问工作。

【老干部党建】

依托“三会一课”、支部主题党日、“学习强国”平台、“塞上金秋”微信公众号等线上线下平台，采取集体学习专题讲座、个人自学、现场教学等方式开展学习教育。2021年，全县离退休党支部举办学习习近平总书记“七一”重要讲话活动28场次，教育培训离退休干部800人次。组织离退休干部集中开展党史学习教育58场次4400人次。加强“一完善六强化”工作成果，创新党组织设置，成立中共平罗县“地缘型”（银川）离退休干部党支部。通过实地走访、查阅资料、谈话交流等方式对全县27个离退休干部党支部2021年党建工作进行督查通报，找准不足，推动基层离退休干部党建规范提升。举办全县离退休干部党组织书记、党务干部履职能力培训班，组织52名离退休干部党组织书记、党务干部参加培训。县公安局离退休干部党支部、自然资源局离退休干部党支部、水务局离退休干部党支部等被石嘴山市离退休干部党工委评为服务型离退休干部“示范党支部”；县财政局等3个离退休干部党支部被评为五星级服务型党组织，税务局等3个离退休干部党支部被评为四星级服务型党组织。开展庆祝建党100周年系列活动，指导离退休干部党组织为全县1301名老党员颁发“光荣在党50年”纪念章；征集“奋斗百年路，启航新征程”寄语57条；召开“我看建党百年新成就”座谈会；开展“重温峥嵘岁月、不忘初心使命”主题征文比赛活动，收到征文作品31篇，并对优秀征文作者进行表彰；组织开展“没有共产党就没有新中国”庆祝中国共产党成立100周年书画大赛，共征集书画作品136幅。

【关心下一代工作】

协调组织区、县关工委宣讲团成员走进校园，进行党史教育暨传承红色基因宣讲，开展宣讲30余场次，教育覆盖2万余人；组织书法家、画家、诗人（退休干部）创作各类抗击疫情作品

100个，宣传防疫知识、鼓舞士气、致敬防疫一线医务工作者等；节假日慰问家庭困难的学生10名，每人500元；帮扶圆梦活动确定的贫困学生145名，每人600元，共计8.7万元；协调自治区关工委为陶乐二小争取特步品牌运动服252套、运动鞋96双；向自治区关工委申请为宝丰小学321名学生解决统一样式的运动服；向市关工委争取5万元，分别给陶乐中学、灵沙九年制学校、崇岗九年制学校50名学生每人1000元；向自治区关工委申请，为灵沙九年制学校和黄渠桥九年制学校1676名学生捐赠衣服和鞋子；制定九九公益募捐募集资金使用管理方案，为全县符合条件的663名困境学生发放山窝窝助学圆梦行动和困境儿童牵手行动项目资金2批，帮扶资金43.3万元。

【老年大学】

开展庆祝中国共产党建党100周年文艺演出，组织学员到六盘山红军长征纪念馆、盐池县红军长征纪念馆等红色教育基地重温红色历史，接受红色教育，到闽宁镇参观易地搬迁扶贫、脱贫攻坚取得的巨大成就。整合资源成立平罗县老年大学金顺社区分校，探索文化养老进社区有效方式，提升社区老年人文化养老获得感和幸福感。

【延安精神研究】

坚持把弘扬延安精神与党史学习教育结合起来，以探索和践行延安精神当代价值为主线，围绕中心，服务大局，年内出版《通讯》4期，刊登理论研究文章11篇。开展党史学习教育宣讲10场次，组织会员前往红色教育基地接受教育，开展庆祝建党100周年活动，宣传弘扬延安精神。

机构编制

【概况】

平罗县党政群机关72个。其中，党委工作部门10个，党委议事协调机构的办事机构8个，人大常委会机关工作机构5个，政府工作部门25个(其中政法机关2个)，宁夏平罗县工业园区党工委管委会(石嘴山市委、市政府派出机构，平罗县代管)1个，政协工作机构1个，群众团体机关9个，乡镇13个(乡6个，镇7个)。设置各类事业单位221个(含石嘴山市教育体育局所属平罗县代管的平罗中学)，其中全额预算事业单位195个、定额补助事业单位26个。截至2021年12月31日，自治区核定平罗县行政事业编制6909名，其中行政编制907名，政法专项编制354名，事业编制5589名，聘用编制59名。实际分配各类编制6890名，其中行政编制907名，政法专项编制354名，事业编制5570名，聘用编制59名。

【完善基层组织】

制定印发《平罗县乡镇机构改革方案》，13个乡镇均按照要求统筹优化设置“五办四中心”，统一制作机构牌匾并全部挂牌运行。将县直部门派驻乡镇的农业服务中心、水利工作站等197名编制下放，整合并入乡镇相关机构，乡镇编制总数达到693名，较改革前增长41.6%。将派驻(出)乡镇的自然资源管理和农业技术推广机构178名人员下放乡镇管理，规范条线辅助人员管理，将整合的310名条线辅助人员下沉乡镇统筹调配。结合全区统一招录(聘)人员工作，及时计划补充招录（聘）乡镇人员78名，提高编制资源使用效益。梳理制定全县乡镇“五个清单”，建立县乡“属地管理”事项主体责任和配合责任清单动态管理办法和县级职能部门向乡镇交办事项准入制度，厘清县乡职责边界，压实属地管理责任。

【完善便民服务】

全面推进政务服务事项和审批权限下放，推进123项政务服务事项下沉乡镇民生中心，除公安系统的75项事项外，其余48项便民服务事项实现“一窗式受理、全科式服务、开放式办公”模式，制定“马上办、网上办、就近办、一次办”政务服务事项清单。依托宁夏政务服务网、“我的宁夏”App快捷传输办理代替群众线下办理，线下积极开展帮办代办便民服务。全县13个乡镇民生中心共办件3.06万件，村级代办5263件，各乡镇政务服务事项群众满意度99.9%。

【完善综合执法】

强化乡镇综合执法办公室硬件建设，统一设计制作各乡镇综合执法办公室组织架构、职责制度、执法流程等标牌12个，配齐配强执法人员力量，规范执法流程。建立乡镇与市、县级部门联动机制，采取委派联络员的方式，县市场监管局、县农业农村局、县交通运输局和市生态环境局委派67名执法人员下沉乡镇，负责协调联络乡镇执法工作。推行行政执法“三项制度”，统一制定下发工作手册、三项制度文件汇编等500余册，为乡镇执法人员开展执法活动提供基本遵循。

【夯实基层治理】

统筹设置党建网格和工作网格，将上级部门在乡镇设置的党的建设、社会保障、综合治理、应急管理、社会救助等多个网格整合为一个综合网格，调整优化划分网格1229个，新增网格58个，制定网格员任务清单，实现“人在网中走，事在格中办”。依托宁夏社会治安综合治理信息系统，推进相关信息系统整合对接，建立综合指挥平台。各乡镇根据划定的网格绘制网格地图，以村（居）为单位建立网格电子档案，实行网格全员、全地域、全事务、全要素管理。全县基础信息录入16.4万户35.4万人，录入完整率为95%，提升全县网格服务能力。

【清理规范制度】

全面梳理乡镇现有工作制度、挂牌机构，组织清理规范上级职能部门要求乡镇设立机构加挂牌子128块。对党内规范性文件集中清理，其中废止92件、失效146件、修订28件，确保管控文件制发、清理工作。

【提高基层待遇】

全面落实乡镇工作人员各项待遇政策，乡镇年度考核优秀比例提高到20%，确保乡镇工作人员收入高于县机关事业单位同职级人员20%。核增乡镇事业单位副科级领导职数，拓宽事业干部晋升渠道，从根本上破解基层干部“稳不住”“留不下”问题。

【编制资源配置】

按照“严控总量、统筹使用、有增有减、动态平衡、保证重点、服务发展”的思路，从严从紧控制机构编制资源。动态调整部分学校教职工编制，优化全县学校教职工编制配置，调整增加部分事业单位人员编制。加强机构编制保障服务工作，协同组织人社部门做好空编部门单位人员补充审核工作，审核招录行政事业单位人员324名。

【实名制管理】

落实机构编制实名制管理制度，规范实名制信息录入，以每月财政管理一体化人员信息审核和年度财政预算人员审核为抓手，每月对编制实名制信息管理人员进行动态管理，及时动态做好信息更新工作。年内动态调整编制人员信息1152名，其中增加编制人员474名、减少编制人员243名、调整编制人员信息435名。建立健全全县领导职数管理台账，规范领导职数管理。

【事业单位管理】

完成176家事业单位2021年度法人报告公示审核及35家法人变更，为19家机关群团单位办理统一社会信用代码证书变更及新证书发放。为平罗县残疾人联合会等50余家事业单位办理网上证书延期事项。

【机构编制核查】

贯彻落实中央、自治区及石嘴山市关于第二次全国机构编制核查工作部署，围绕“机构清、编制清、领导职数清、实有人员清”目标要求，制定下发工作方案，明确工作任务和目标要求，指导各部门正确开展核查。全县279个单位落实前期单位自查、群众监督并形成本单位机构编制核查情况报告，整体工作有序推进。

中共平罗县委员会机构设置表

表2

纪律检查委员会监察委员会机关	办公室	组织部	宣传部	统一战线工作部	政法委员会	政策研究室	全面深化改革委员会办公室（设在政策研究室）	全面依法治县委员会办公室（设在县司法局）	国家安全委员会办公室（设在办公室）	网络安全和信息化委员会办公室	财经委员会办公室（设在政策研究室）	外事工作委员会办公室（设在县政府办公室）	机构编制委员会办公室	审计委员会办公室设在县审计局	教育工作领导小组办公室（设在县教育体育局）	农村工作领导小组办公室（设在县农业农村局）	巡察工作领导小组办公室

说明：

平罗县委设置纪检监察机关1个，计入机构限额的工作机关9个（设在相关部门的县委议事协调机构的办事机构不计入机构限额）。其中，纪律检查委员会与监察委员会合署办公，实行一套工作机构、两个机关名称；办公室挂督查室、保密委员会办公室（县国家保密局）、机要局、县档案局牌子；组织部挂直属机关工作委员会、老干部局、县公务员局牌子，非公有制经济组织和社会组织工作委员会、离退休干部工作委员会设在组织部；宣传部挂县精神文明建设指导委员会办公室、县新闻出版局牌子；统一战线工作部挂县民族宗教事务局、县政府侨务办公室、港澳台工作办公室（县政府港澳事务办公室）牌子；网络安全和信息化委员会办公室挂县互联网信息办公室牌子；机构编制委员会办公室挂县事业单位登记管理局牌子。

平罗县人民政府机构设置表

表 3

办公室	发展和改革局	教育体育局	科学技术局	工业和信息化局	公安局	民政局	司法局	财政局	人力资源和社会保障局	自然资源局	住房和城乡建设局	交通运输局	水务局	农业农村局	商务和经济技术合作局	文化旅游广电局	卫生健康局	退役军人事务局	应急管理局	审计局	市场监督管理局	统计局	医疗保障局	审批服务管理局

说明：

平罗县人民政府设置工作部门 25 个。其中，办公室挂信访局、政府督查室、政府外事办公室、政务公开办公室牌子；发展和改革局挂粮食和物资储备局牌子；教育体育局挂政府教育督导室牌子；财政局挂金融工作局牌子；自然资源局挂林业和草原局牌子；住房和城乡建设局挂地震局、城市管理综合执法局、人民防空办公室牌子；农业农村局挂扶贫开发办公室牌子；文化旅游广电局挂文物局牌子。

网络信息工作

【概况】

2021 年，认真贯彻全区、全市网信工作会议精神，严格落实网站、新媒体管理主体责任，落实信息发布“三审三校”制度，推进网络内容建设，筑牢网络安全屏障，加快网络强县建设。推进“数字政府”建设和数字乡村试点建设。做好党的理论宣传，转载、推送各类信息 4000 余篇，阅读量达 67 万余次。

【网络理论宣传】

将习近平总书记关于网络强国的重要思想纳入各级党委（党组）理论学习重要内容，举办网络意识形态主题讲座，强化网络意识形态管控能力。统筹全县各类平台资源，做好党的理论宣传。开展中国共产党成立 100 周年网络宣传，开设“开局十四五　建功先行区”等重大主题宣传，转载、推送各类信息 4000 余篇，阅读量达 67 万余次。

【网络生态管理】

坚持党政网站、新媒体备案管理制度，严格落实网站、新媒体管理主体责任，落实信息发布“三审三校”制度，着力规范网络传播秩序，避免出现政治错误、内容差错等问题。对全县 6 个政务网站、70 个政务微信公众号、40 个政务微博进行规范管理，清理整改错别字、不规范表述信息 573 条。开展网上涉黄涉暴涉恐、网络谣言、扫黄打非等专项行动。

【舆情应对处置】

落实 24 小时应急值班值守制度，加强舆情风险排查及应对处置工作。2021 年，共回应人民网、议政网等平台网民诉求1317件，监测处置涉平罗舆情370余件。完善“网信—网安”信息互通互融机制和覆盖全县各乡镇、县直各部门的涉平舆情转办、处置平台，梳理形成各类快报、专报69期，为科学决策、快速处置提供支持。

【网络安全检查】

加强与公安、工信、卫生、通信沟通协调，建立“审管执信”协同联动工作机制，实现各部门信息随时推送、结果共享互认，提高“互联网+监管”水平。推进政府网站集约化建设，开展网络安全专项检查，处置网络安全事件，及时掌握网络安全状况和面临的安全威胁，加强网络安全保障。

【外网安全保障】

适时应对国家安全通报中心安全通报，分析外网防火墙安全报表，及时判别勒索病毒、僵尸病毒等危险隐患，提高电子政务外网病毒防控水平。监测并处置20家单位50余终端“僵尸”病毒行为、弱口令、被植入后门等问题。

【电子政务管理】

严守“一张网”格局，提高电子政务外网监测与应急联动能力，构建一体化网络安全保障体系，有效保障电子政务“一张网”安全。开通电子政务专线210条，全面实现“一个出口”安全管控。

【网络安全宣传】

组织开展“4·15”国家安全宣传教育活动，推进国家安全宣传教育进机关、进企业、进社区、进乡村、进校园、进网络“六进”活动；落实网络安全宣传周活动安排，通过多种形式、多种渠道开展网络安全宣传活动，营造维护国家安全“人人参与、人人有责”的浓厚氛围。

【数字乡村试点】

推进国家数字乡村试点建设，注重数字乡村建设整体规划，完善基础、打造亮点、创新推进，加强信息化与农业农村现代化深度融合，构建农业农村数字资源体系建设。平罗县数字乡村“一图一端一中心”平台建设取得重大进展，数字乡村工作被评估确定为宁夏优秀等级，“平罗县宝丰镇数字化盐碱地治理”案例被中央网信办采纳。

【数字政府建设】

印发《平罗县“数字政府”建设行动计划（2021—2023年）》，细化重点建设任务和实施步骤，推进政务云资源集约化建设，拓展移动政务服务平台应用范围，深化共性支撑平台应用，提高“互联网+”政务服务水平，完善“审管执信”协同联动工作机制。

档　案

【概况】

2021年，认真履行为党管档、为国守史、为民服务的重要职责，全力做好《中华人民共和国档案法》的宣传，守正创新、真抓实干、尽职尽责，较好地完成全县各部门、乡镇上一年度文件的整理归档工作，利用档案信息资源服务社会、服务民生，接待查档利用者2400多人次，利用档案17500多卷件次。

【档案利用】

坚持档案信息资源服务社会、服务民生的理念，全面推行便民措施，简化查档工作流程，做好档案工作“一站式”服务，接待查档利用者2400多人次17500多卷件次，让广大群众实实在在享受到档案服务效果。制作《档案见证小康路——平罗县档案助力脱贫攻坚工作纪实》专题片，展示平罗县档案工作在脱贫攻坚中发挥的重要作用。

【业务指导】

加强档案规范化建设，指导自治区文明县城复检档案资料整理，落实县委办公室和档案馆2020年文书档案分类整理1410件54盒。规范党政机关电子公文管理，举办1期全县档案业务信创应用系统培训班，参加培训120余人，提高立档单位档案管理人员实际操作和管理能力，实现电子档案管理信创系统在全县普及应用。

【档案保护】

对涉及清代、民国时期的档案资料进行抢救性保护保管和档案编研，整理编辑《平罗县清代历史资料辑录》《平罗县民国时期档案史料汇编》。

【法治宣传】

将《中华人民共和国档案法》纳入全县“八五”普法内容，以“5·18”地方志工作宣传日、“6·9”国际档案日为载体，组织档案工作人员收看“6·9”国际档案日线上专题讲座和“十四五”全国档案事业发展规划公益大讲堂讲座。利用档案查询窗口向群众宣传《中华人民共和国档案法》《地方志工作条例》，在县政务大厅为办事群众发放《中华人民共和国档案法》手册500本。采取集中学习、专题讲座等方式，全方位、多角度学习宣传贯彻落实《中华人民共和国档案法》《地方志工作条例》。严格按照《中华人民共和国档案法》对宁夏平罗国家粮食储备库项目档案进行验收。

【专业档案整理】

按照自治区关于做好脱贫攻坚档案归集整理移交工作的要求，印发《关于做好全县脱贫攻坚档案移交工作的通知》，压实脱贫攻坚领导小组成员单位的主体责任，监督指导各乡镇、各部门按照时间节点做好脱贫攻坚档案的收集整理工作，完成县扶贫办扶贫档案整理，共整理881件、279盒，各乡镇含（生态移民村）、县直有关部门2019—2020年档案分类、编页码、输目录、装盒等工作，2016—2018年档案分类。统筹做好疫情防控期间档案的收集整理工作，召开工作会议和推进会议，全面督促指导各乡镇、各部门规范整理档案资料。

【档案信息化】

加大档案信息化基础设施建设，争取有关部门经费，购置电脑、高速扫描仪、平板扫描仪、服务器、交换机等基础设备，从硬件层面能够保证现阶段档案信息化建设需要。推进全文数据库建设，遵循“先贵、后用、再藏”原则，实现扫描纸质档案全文数据挂接，按照档案数字化扫描流程操作，保证数字化加工质量与效率。

【档案安全】

落实意识形态工作责任制，增强政治敏锐性和政治鉴别力，对收集、归档中存在的政治风险加强研判，严把政治关口。加强对档案安全工作的领导，压实责任，强化档案安全检查、人员值班、隐患排除、应急管理等制度落实，投入资金13万元购置温湿度记录仪、空调、灭火器等设施，提高应对突发事件处置能力。定期对档案目录数据库和全文数据库采取光盘备份和双机热备的方式备份档案数据，实行内、外网物理隔离，定期检查系统漏洞，确保档案信息安全。

【党史宣传】

坚持用好用活档案资源，高水平服务党史学习教育和建党100周年庆祝活动，丰富党史学习教育内容，营造庆祝建党百年浓厚氛围。举办平罗县城市建设成就摄影展一期；与市博物馆联合举办“从南昌起义走出来的共和国将帅”展1期；举办庆祝中国共产党成立100周年党史、摄影、书画展1期。挖掘馆藏资源，利用馆内编纂出版的《中共地下党早期在平罗县活动档案资料汇编》为主题，与县融媒体中心合作，制作《革命烽火中的平罗》25期，在平罗发布上播放，做到让“让历史说话、让史实发言”。

【帮扶解困】

落实过渡期“四个不摘”要求，健全防止返贫动态监测和帮扶机制，做好群众后续帮扶工作。定期入户走访崇岗镇6户建档立卡户，了解掌握务工、子女上学等情况，落实教育帮扶、产业帮扶措施，为6户购买意外险，发放教育帮扶、务工交通补助，帮扶资金5700元。结合社区“联合党委”共驻共建，开展政策宣传、志愿服务、走访慰问等活动，帮扶社区环境卫生整治经费5000余元。

2021 年 9 月 23—25 日，中国共产党平罗县第十五次代表大会

2021 年 9 月 23—25 日，中共平罗县第十五届委员会第一次会议

2021 年 4 月 2 日，城关七小到烈士陵园祭英烈

2021 年 4 月 27 日，县党史学习教育领导小组办公室举办党史学习教育广场文化活动

2021 年 6 月 16—17 日，平罗县委宣传部开展“让有信仰的人讲信仰”道德模范宣讲报告会

2021 年 2 月 20 日，平罗县妇联党支部在平罗县新时代文明实践中心开展 2 月支部“主题党日”活动

2021 年 4 月 18 日，黄渠桥革命传统教育基地“红色讲解员”为学习团队实地讲解

2021 年 6 月 15 日，组织部 宣传部 融媒体中心举办平罗县“奋斗百年路 启航新征程”情景微党课比赛

全县网络意识形态讲座

国家安全教育日宣传

网络安全宣传周

2021 年 4 月 12 日，县委政研室全体职工开展义务植树活动

2021 年 8 月 13 日，社区联合党委开展环境卫生整治活动

平罗县人民代表大会

概 述

【概况】

2021年,坚持党的领导、人民当家做主、依法治国有机统一,依法履职尽责、主动担当作为,召开常委会会议6次,听取和审议工作报告10次,组织开展调研视察7次,作出“八五”法治宣传教育、换届选举有关问题等事项决议决定。严格任免程序,依法任免国家机关工作人员。严格执行宪法宣誓制度,切实增强被任命人员的宪法意识、责任意识和公仆意识。发挥人大常委会政治机关、权力机关、工作机关、代表机关的作用,为推动全县经济社会高质量发展和民主法治建设做出积极贡献。

【行政监督】

听取和审议县人民政府关于县十七届人大五次会议议案和代表建议意见办理情况的报告;关于2021年民生实事办理情况的报告;关于2021年环境状况和环境保护目标完成情况的报告;关于国有资产管理情况的综合报告。

【财政监督】

听取和审议县人民政府关于2021年上半年国民经济和社会发展计划执行情况的报告;关于2020年财政决算和2021年上半年财政预算执行情况的报告,审查批准2020年财政决算;关于2020年财政预算执行和其他预算收支审计工作情况的报告;关于审计查出问题整改情况的报告。

【司法监督】

听取和审议县人民法院关于民商事审判工作情况的报告;县人民检察院关于公益性诉讼工作情况的报告。

【执法检查】

检查《中华人民共和国教师法》贯彻实施情况;检查《中华人民共和国大气污染防治法》贯彻实施情况;配合做好区市人大常委会安排的执法检查活动。

【履职评议】

强化对县人大常委会任命干部的任后监督，对县政府工作部门主要负责人进行履职评议。

【专题调研】

调研全县黄河流域生态保护和高质量发展先行区建设工作开展情况；调研全县“一村一庄”建设和闲置村庄退出情况；调研全县全域旅游示范县工作开展情况；调研全县农村公路建设情况；调研全县工业经济运行暨重大项目建设情况；做好区市人大常委会和县委安排的调研监督等工作。

【行使决定和任免权】

依法行使重大事项决定权，适时就开展“八五”法治宣传教育、换届选举有关问题等事项作出决议决定。坚持党管干部与人大依法任免有机统一，充分发扬民主，严格任免程序，依法任免国家机关工作人员。严格执行宪法宣誓制度，增强被任命人员的宪法意识、责任意识和公仆意识。

【代表工作】

按照“六有六规范”标准，规范全县代表工作室、活动室建设，搭建代表履职平台。开展“五个一”活动，完善落实“双联”制度，做好人大代表向选区选民述职活动和代表履职评价工作。开展新一届人大代表人选推荐、选举工作，落实平罗县第十八届人民代表大会的各项议程，选举产生人大常委会主任、副主任、委员，县人民政府县长、副县长，县监察委员会主任，县人民法院院长，县人民检察院检察长，平罗县出席石嘴山市第十五届人民代表大会代表。

【议案和建议督办】

加大县人代会议案、代表建议督办力度，紧扣“抓建议质量、抓交办落实、抓责任主体、抓进度质量、抓办理反馈”五个环节，推进代表建议办理规范化，提高议案、建议办结率和群众满意率。

【文史汇编】

精心组织，做好《平罗县十七届人大文件汇编》《调研报告汇编》《代表风采录》的编撰工作。

【加强党的建设】

开展党史学习教育，以强烈的责任感使命感投身学习教育，引导全体党员干部提高政治判断力、政治领悟力、政治执行力。持之以恒加强人大常委会机关政治、思想、组织、制度建设，健全完善守初心、担使命的长效机制。锲而不舍落实中央八项规定及其实施细则精神和自治区党委、市委、县委的有关规定，改进工作作风。

【精神文明建设】

认真学习宣传贯彻习近平新时代中国特色社会主义思想，培育和践行社会主义核心价值观，推动学雷锋志愿服务纵深发展，深化道德讲堂建设，巩固拓展“全国文明单位”创建成果。

重要会议

【第十八届人大一次会议】

2021 年 11 月 6—9 日，平罗县第十八次人民代表大会召开。会议审议平罗县人民政府工作报告；审查平罗县 2021 年国民经济和社会发展计划执行情况与 2022 年国民经济和社会发展计划草案的报告；审查平罗县 2021 年财政预算执行情况和 2022 年财政预算草案的报告；审查平罗县人民政府 2021 年民生实事办理情况和 2022 年民生实事草案的报告；审议平罗县人大常委会工作报告；审议平罗县人民法院工作报告；审议平罗县人民检察院工作报告；选举平罗县第十八届人大常委会主任马洪斌，副主任冯斌、文军、王新民、刘桂莲，委员28名，县人民政府县长郭耀峰、副县长寇学文、徐建军、王敏、杨瑞雍、张万青、杨占斌，县监察委员会主任杨自军，县人民法院院长王正东，县人民检察院检察长金立栋，平罗县出席石嘴山市第十五届人民代表大会代表101名。

【常委会会议】

第十七届人大常委会第28次会议　2021年1月14日召开。会议审议关于平罗县“七五”普法工作情况的报告；关于平罗县2020年环境状况和环境保护目标完成情况的报告；审议县人大常委会主任会议关于提请审议陈小龙辞去平罗县第十七届人民代表大会代表职务请求的议案；审议平罗县第十七届人民代表大会常务委员会代表资格审查委员会关于代表资格变动情况的报告（草案）；审议县人大常委会主任会议关于召开平罗县第十七届人民代表大会第五次会议决定（草案）的议案。讨论县人大常委会工作报告。审议有关人事任免的议案。

第29次会议　2021年4月22日召开。会议听取和审议县人大常委会执法检查组关于检查全县贯彻实施《中华人民共和国教师法》情况的报告。听取和审议县人民政府关于全县2020年度国有资产管理情况的综合报告。听取和审议县人民法院关于民商事审判工作情况的报告。审议有关人事任免的议案。

第30次会议　2021年7月12日召开。会议听取和审议县人大常委会执法检查组关于检查全县贯彻实施《中华人民共和国大气污染防治法》情况的报告。听取和审议县人民检察院关于开展公益诉讼检察工作情况的报告。审查县人民政府关于提请审议2021年一般公共财政预算调整方案（草案）的议案。审议县人大常委会主任会议关于提请确认县人大常委会主任会议许可对县第十七届人大代表陈志忠采取强制措施批复的议案、关于提请审议《平罗县人民代表大会常务委员会关于设立平罗县选举委员会的决定（草案）》的议案、关于提请审议《平罗县人民代表大会常务委员会关于设立各乡（镇）选举委员会的决定（草案）》的议案、关于提请审议《平罗县人民代表大会常务委员会关于重新确定县第十八届人民代表大会代表名额的决定（草案）》的议案、关于提请审议《平罗县人民代表大会常务委员会关于重新确定各乡（镇）人民代表大会代表名额的决定（草案）》的议案、关于提请审议《平罗县人民代表大会常务委员会关于全县县乡（镇）人民代表大会换届选举时间的决定（草案）》的议案。

第31次会议　8月16日召开。会议听取和审议县人民政府关于平罗县2021年上半年国民经济和社会发展计划执行情况的报告、关于2020年度县本级预算执行及其他财政收支情况的审计工作报告、关于2020年财政决算草案及2021年上半年财政预算执行情况的报告。审查和批准2020年财政决算。审议县人大常委会主任会议关于提请审议薛福利辞去石嘴山市第十四届人民代表大会代表职务请求的议案。审议《平罗县人民代表大会议案、代表建议及民生实事办理网络评议暂行办法》。

第32次会议　9月23日召开。会议审议县人大常委会法工委《关于县十七届人大以来开展备案审查工作情况的报告》。审议县人民政府《关于深入开展第八个五年法治宣传教育的决议（草案）》的议案。审议县人民政府部分工作部门主要负责人履职情况的报告并进行满意度测评。审议有关人事任免的议案。

第 33 次会议　10 月 27 日召开。会议听取和审议县人民政府关于县十七届人大五次会议议案和代表建议意见办理情况的报告、关于 2021 年 10 件民生实事办理情况的报告、关于 2021 年环境状况和环境保护目标完成情况的报告、关于 2020 年度县本级预算执行和其他财政收支审计查出问题整改情况的报告。审议县第十七届人民代表大会常务委员会代表资格审查委员会关于县第十八届人民代表大会代表资格的审查报告(草案)。审议县人大常委会主任会议关于召开平罗县第十八届人民代表大会第一次会议的决定(草案)的议案。

重要活动

【代表活动室】

按照"六有六规范"标准,规范全县代表工作室、活动室建设,完成 13 个乡镇代表工作室、21 个村(社区)代表活动室建设提标扩面,推动代表活动场所由乡镇向村(社区)延伸,每月县、乡代表集中接待人民群众的提问,答疑解惑,解决人民群众的生产生活困难,搭建代表履职平台。

【五个一活动】

开展"五个一"活动,即提出一条建议意见。每位代表每年在人代会上或闭会期间，结合发展实际,紧盯社会热点,贴近民生难题,提出上报一条质量高、有亮点、可行性强的建议、意见,并认真监督落实。督办一件民生实事。通过代表接待室接待选民,梳理选民反映的问题,帮助解决群众在上学、看病、饮水、交通等方面存在的困难和问题。化解一次社会矛盾,帮助基层化解在政策处理、环境整治、信访维稳等方面的矛盾和问题。解决一件村级难事。走访村社,结合代表活动室平台，了解人民群众反映的热点难点问题,帮助解决村社急需解决的一件事,为群众排忧解难。助力一次中心工作。各级人大代表主动作为,围绕县委重点工作,贡献自己的力量。

【双联活动】

完善落实人大常委会组成人员联系人大代表、人大代表联系人民群众的"双联"制度,继续做好人大代表向选区选民述职活动和代表履职评价工作,做好新一届人大代表人选推荐工作。

机关工作

【概况】

2021 年,县人大常委会机关围绕县人大常委会中心工作,主动适应新形势新任务新要求,以提升工作效能为抓手,充分发挥参谋助手、运转枢纽、服务保障等作用,加强统筹协调和谋划调度,狠抓工作落实,为完成人大常委会交办的各项工作任务提供了强有力的组织保证。

【公文制发】

强化岗位职责,优化公文运转程序,明确收文处理要求，有效减少流转环节，提高办理时效。认真落实为基层减负要求,切实改进文风,发文数较 2020 年下降 12.3%。围绕高质量发展要求,准确把握国家、自治区、市、县新形势新任务新要求,站在全县经济社会发展的高度,起草《县人大常委会工作报告》、大型会议讲话和各类文件等文稿。

【承办会议】

加强办会工作力量配备，创新会议工作机制。坚持依法有序、规范运作的原则，充分发扬实、细、快、美的工作作风，凝聚机关工作人员力量，认真做好各项会务工作。从细处着手，注重会前准备、会中服务、会后发文等各个环节做到严谨细致、一丝不苟，保证各类会议顺利进行。

【后勤服务】

围绕常委会工作大局，快速反应，充分做好各项视察、调研和执法检查活动的准备、协调、服务和车辆安排等工作。加强对接协调和沟通联络，统筹做好常委会领导参加县内外重要活动的协调服务工作。

【制度建设】

认真贯彻执行中央八项规定精神，不断加强办公物资采购管理，规范物品登记和领用，确保票物一致、账物相符。严格执行中央八项规定及其实施细则精神，规范财务管理和差旅费报销制度，严格控制“三公”经费，保证财政开支的合法性、合理性。坚持厉行节约、勤俭办一切事，压缩行政经费支出，进一步提高资金使用效益。

【公务接待】

严格执行中央八项规定精神和自治区、市、县公务接待有关要求，按照公务接待流程，严格执行公务接待标准，高质量完成各级检查、考察调研和学习交流接待任务，提高办公室公务接待规范化水平。

【信访督办】

认真落实信访工作责任制，对重点信访件和人民群众反映强烈的热点问题，经常委会领导批阅后，及时转交有关部门依法办理。加强与相关部门沟通协调，适时进行办理回访，跟踪落实，力促民生问题得到解决，切实维护群众的合法权益，着力解决了王颖抚养权纠纷、标准化菜市场执行纠纷等一批群众关注的热点难点问题。

平罗县第十八届人民代表大会第一次会议党员会议

平罗县第十八届人民代表大会预备会议

2021年11月6—9日，平罗县第十八届人民代表大会第一次会议

平罗县第十八届人民代表大会第一次会议主席团第一次会议

城关镇代表讨论会场

平罗县第十八届人民代表大会第一次会议新当选县处级领导进行宪法宣誓

平罗县人民政府

概　述

【概况】

2021年，坚持以习近平新时代中国特色社会主义思想为指导，在自治区、市党委、政府和县委的坚强领导下，在县人大、政协的监督支持下，咬定目标、务实苦干，统筹推进疫情防控和经济社会发展，较好地完成县十七届人大五次会议确定的目标任务。实现地区生产总值200亿元，增长8%左右；规模以上工业增加值增长15%左右；城乡居民人均可支配收入分别增长8.8%、12.4%左右。县本级财政收入103756万元，为年初预算数的108%，同比增长9%。县级财政总支出398850万元，为变动预算数的101.5%，同比下降13%。

【项目建设】

谋划实施项目187个。黄河右岸综合治理滨河道路、贺兰山生态修复工程加快推进，“互联网+城乡供水”、宁夏利垦牧业有限责任公司二期等52个重点项目全部开工，首朗吉元尾气制燃料乙醇等50个项目竣工投产。慕恩化工10万吨甲胺、滨泽6万吨燃料乙醇、盛如意菌草栽培加工等84个项目先后落地，实际到位资金64.6亿元。截至9月底，制造业投资、民间投资分别增长14.7%、45.4%。

【产业升级】

围绕九个重点产业抓提升促转型，实施新材料、电子信息、清洁能源等产业项目113个，永泰化学电石炉、国宁煤基炭材催化剂等17个技改项目投产达效，技改投资7.4亿元，工业总产值预计年底突破500亿元大关。绿色食品、肉牛肉羊、奶产业不断壮大，奶牛存栏5万头，肉牛肉羊饲养量分别达10.2万头、85万只。粮食生产实现“十八连丰”，成功举办宁夏第八届种业博览会，国家现代农业示范区通过评审。文化旅游、电子商务、现代物流、健康养老等新业态蓬勃发展，服务业增加值增长8%左右。

【污染防治】

自治区环保专项督察转办件办结率100%。

深入开展蓝天保卫战“1+9”专项行动，158个大气污染防治项目顺利实施，290家企业实现规范化治理，“散乱污”企业动态清零。严格落实三级河湖长制，河湖“四乱”问题全部销号，红崖子污水处理厂主体完工，入黄排水沟水质持续改善。扎实做好土壤污染防治，一般工业固废综合利用率、危废处置率分别达60%、100%，农药、化肥利用率分别达到41%、40.5%。完成营造林3.12万亩，治理荒漠化4.2万亩。

【深化改革】

以“四权改革”破题开局，调查界定林草地43万亩，清理规范无证用水企业86家，宁平碳素、丰华生物在全区率先探索排污权交易，入市交易集体经营性建设用地291亩，实现增值收益804万元。行政审批制度改革不断深化，“证照分离”、相对集中行政许可权改革全面完成，1273项政务服务事项实现“最多跑一次”，全程网办率达90%。农村集成改革纵深推进，顺利完成二轮土地承包到期后延包试点，获批全国第二批宅基地改革试点。国企、供销、财税金融、文化教育卫生等领域改革取得新成效。

【环境整治】

启动城市环境集中整治暨综合执法行动，改造老旧小区49个、背街小巷16条，配套建设小微游园、生态停车场20个，建成区绿地率达到41.7%。实施工业园区环境综合整治专项行动，成立德泓投融资公司，推行“管委会+公司”运作模式，督促67家企业拆墙造绿、透绿，新增绿地3800亩，新修道路18公里，园区形象明显提升。开展农村人居环境综合整治提升百日攻坚行动，户厕改造1050户，拆除土坯房7721间，退出空心村8个，建设生态宜居美丽村庄5个。黄渠桥特色镇、姚伏中心村建设加快，庙庙湖、红瑞、红翔村容村貌改善，农村生活垃圾实现市场化治理，乡村环境明显变好。

【社会发展】

推进“四大提升行动”，解决急难愁盼问题，群众的获得感体验更深、幸福感体会更多。城乡居民人均可支配收入分别增长8.8%、12.4%；红翔、红瑞、庙庙湖3个移民村集体经济收入分别达到38万元、64万元、200万元。13个教育惠民工程基本完工，“县管校聘”改革试点成效明显，普惠性幼儿园覆盖率达81.8%。县医院救治能力提升项目加快推进，建成3个基层区域医疗中心，异地就医实现即时结算。安全生产专项整治三年行动卓有成效，四项指标大幅下降，食品药品抽检合格率高于全区平均水平。推进平安平罗、法治平罗建设，排查化解矛盾纠纷，稳定政治安全和社会大局。

【疫情防控】

坚持外防输入、内防扩散，抓好常态化疫情防控，实行县处级领导包抓网格机制，细化工作专班11个，组建流调队伍14个，设置哨点诊室17个，建设标准化集中隔离点1个，抽调830名机关干部、志愿者下沉一线，跟踪管理中高风险地区返平人员1718人，核酸检测18.7万份，免费接种疫苗42.4万剂次。提升应急处置能力，处置“8·20”输入性鼠疫疫情和“10·6”入境货物受新冠病毒污染等突发性事件。

重要会议

【第十七届政府常务会议】

第80次会议　1月13日召开，县长郭耀峰主持，传达学习中央经济工作会议、中央农村工作会议、自治区党委经济工作会议、自治区建设黄河流域生态保护和高质量发展先行区第三次推进会、市委经济工作会议精神；审议县政府办公室关于《政府工作报告（送审稿）》《关于2020年10件民生实事执行情况和2021年10件民生实事（草案）的报告》；审议县发改局《关于2020年国民经济和社会发展计划执行情况与2021年国民经济和社会发展计划（草案）的报告》《关于平罗县国民经济和社会发展第十四个五年规划和二〇三五年远景目标纲要（草案）的报告》；审议县财政局《关于呈报〈平罗县2021年财政预算（草案）〉的请示》《关于2020年财政预算执行情况和2021年财政预算（草案）的报告》《关于2021年"两节"期间化解政府隐性债务的请示》《关于拟动用2020年预备费安排支出的请示》；审议县工信局《关于呈报〈平罗县电子信息产业发展推进方案（2020—2025年）〉的请示》《关于呈报〈平罗县新材料产业发展推进方案（2020—2025年）〉的请示》。

第81次会议　2月5日召开，县长郭耀峰主持，传达学习习近平、胡春华在中央农村工作会议上的讲话和《中共中央　国务院关于全面推进乡村振兴　加快农业农村现代化的意见》精神，习近平总书记在省部级主要领导干部学习贯彻党的十九届五中全会精神专题研讨班开班式上的重要讲话精神，自治区十二届人大四次会议、市十四届人大六次会议和自治区政协十一届四次会议、市政协十一届五次会议精神，自治区人民政府第五次全体（扩大）会议精神，自治区、市工程建设政府采购等重点领域突出问题专项治理工作动员部署会议精神，《宁夏回族自治区重大行政决策规定》精神；审议县农改中心《关于呈报〈平罗县农村房屋规划建设置换转让租赁管理暂行办法〉的请示》《关于呈报〈平罗县二轮承包地以外农村集体土地管理暂行办法〉的请示》；审议县自然资源局《关于呈报〈黄河平罗段西岸河滩区退耕还湿工作方案〉的请示》；审议县财政局《关于呈报〈关于进一步规范财政资金管理的制度〉的请示》；审议县审批服务管理局《关于呈报〈平罗县推进相对集中行政许可权改革开展审批服务事项划转工作实施方案〉的请示》；安排部署春节前后重点工作；研究县政府工作人员任免事宜。

第82次会议　2月23日召开，县长郭耀峰主持，传达学习习近平总书记在贵州考察调研时的重要讲话精神、中央全面深化改革委员会第十八次会议精神、自治区党委书记陈润儿在全区领导干部学习贯彻党的十九届五中全会精神专题研讨班开班式上的讲话精神、陈润儿书记在石嘴山市调研黄河流域生态保护治理情况时的讲话精神；审议县委网信办《关于呈报〈平罗县国家数字乡村建设试点工作实施方案〉的请示》；审议平罗工业园区管委会《关于呈报〈宁夏平罗精细化工专业园推进方案（送审稿）〉的请示》；审议县发改局《关于呈报〈平罗县清洁能源产业高质量发展推进方案（送审稿）〉的请示》；审议县文广局《关于呈报〈平罗县文化旅游产业高质量发展推进方案（送审稿）〉的请示》；审议县自然资源局《关于呈报〈平罗县现代枸杞产业高质量发展推进方案（送审稿）〉的请示》；审议县农业农村局《关于呈报〈平罗县奶产业高质量发展推进方案（送审稿）〉的请示》《关于呈报〈平罗县肉牛产业高质量发展推进方案（送审稿）〉和〈平罗县肉羊产业高质量发展推进方案（送审稿）〉的请示》《关于呈报〈平罗县绿色食品高质量发展推进方案（送审稿）〉的请示》《关于呈报〈平罗县葡萄酒产业高质量发展推进方案(送审稿)〉的请示》《关于呈报〈2021年平罗县种子小镇建设方案(送审稿)〉的请示》。

第83次会议 3月23日召开,县长郭耀峰主持,传达学习习近平总书记在全国“两会”上的重要讲话精神、赵乐际参加宁夏代表团审议时的讲话和全国“两会”精神、习近平总书记在全国脱贫攻坚总结表彰大会上的重要讲话精神、习近平总书记在党史学习教育动员大会上的重要讲话和陈润儿书记在全区党史学习教育动员大会上的讲话精神、《石嘴山市党政领导干部安全生产责任制实施办法》;听取县食安办关于全县食品药品安全工作情况的汇报、县司法局关于平罗县2020年度法治政府建设暨“七五”普法工作情况的汇报;审议县自然资源局《关于呈报〈平罗县2021年大规模国土绿化暨草原生态修复实施方案〉的请示》《关于实施宁夏平罗工业园区生态绿化项目的请示》;审议县工信局《关于召开推进工业企业创新和高质量发展工作会议的请示》《关于兑现2020年加快工业产业集群创新发展和推进创新驱动战略若干政策的请示》;审议县水务局《关于呈报〈平罗县都思兔河流域水环境及生态综合治理工程建设方案〉的请示》;审议德渊集团《关于呈报〈宁夏平罗工业园区红崖子园污水处理厂工程实施方案〉的请示》。

第84次会议 4月16日召开,县长郭耀峰主持,传达学习习近平总书记在福建考察时的重要讲话精神、自治区区主席咸辉到石嘴山市调研生态修复和环境保护工作时的讲话精神、《宁夏回族自治区生态环境保护督察工作实施办法》;听取县安委办关于全县第一季度安全生产暨三年专项行动进展情况的汇报、县卫健局关于全县新冠病毒疫苗接种工作情况的汇报;审议县农业农村局《关于呈报〈平罗县创建自治区农村人居环境整治示范县实施方案〉的请示》、县工信局《关于呈报〈平罗县推进工业企业创新和高质量发展若干政策(试行)〉的请示》、县发改局《关于调整热电联产热力出厂价格的请示》;研究县政府工作人员任免事宜。

第85次会议 4月21日召开,受县长郭耀峰委托,常务副县长寇学文主持,传达学习习近平总书记对深化东西部协作和定点帮扶工作的重要指示精神、习近平总书记对打击治理电信网络诈骗犯罪工作的重要指示精神、习近平总书记对职业教育工作的重要指示精神;听取第一季度全县经济运行情况汇报、县卫健局关于全县水痘疫情防控工作的汇报;研究县政府工作人员任免事宜。

第86次会议 5月19日召开,县长郭耀峰主持,传达学习习近平总书记在广西考察时的重要讲话精神,国务院第四次廉政工作会议、自治区政府廉政工作会议和石嘴山市领导干部廉政警示教育大会精神,陈润儿在全区建设黄河流域生态保护和高质量发展先行区第四次推进会上的讲话精神;审议县安委办《关于呈报〈平罗县党政领导干部安全生产责任制实施细则(送审稿)〉的请示》;审议县推进基层整合审批服务执法力量改革领导小组办公室《关于呈报〈平罗县乡镇权力清单和责任清单〉〈平罗县乡镇赋权清单〉等五个清单的请示》;审议县审批服务局《关于呈报〈平罗县行政审批和监管协同联动工作规则(试行)(送审稿)〉的请示》、县财政局《关于调整2021年一般公共财政收支预算的请示》、县交通局《关于呈报平罗至陶乐地区班线车收购方案的请示》和《关于呈报平罗县公共交通改革实施方案的请示》、县自然资源局《关于呈报嘉德杞航

（宁夏）生物科技有限公司流转平罗县庙庙湖C区地块建设润德庄园数字化现代枸杞产业园项目的请示》、红崖子乡《关于授权红崖子乡与嘉德杞航（宁夏）生物科技有限公司签订国有土地租赁合同的请示》、平罗工业园区管委会《关于呈报〈宁夏平罗工业园区化工集中区产业发展指引和“禁限控”目录〉的请示》《关于解决宁夏天煜实业有限公司跳汰洗煤项目场地平整所需资金补助的请示》；听取县自然资源局关于宁夏天煜实业有限公司跳汰洗煤项目地块前期地貌勘测情况的汇报，县审计局关于宁夏天煜实业有限公司跳汰洗煤项目用地平整工程决算审计情况的汇报；研究县政府工作人员任免事宜。

第89次会议　7月23日召开，县长郭耀峰主持，传达学习《中华人民共和国行政处罚法》、中央全面深化改革委员会第二十次会议精神、习近平总书记对防汛救灾工作的重要批示和咸辉主席批示精神；听取县水务局关于全县水旱灾害防御工作情况的汇报，听取县公安局关于全县上半年公安工作及禁毒工作情况的汇报、县工信局关于全县上半年规上工业企业能耗“双控”工作情况的汇报，听取全县上半年经济运行情况的汇报；审议黄渠桥镇《关于呈报〈宁夏石嘴山市平罗县黄渠桥镇黄渠桥村推动红色村组织振兴建设红色美丽村庄实施方案〉的请示》、农改中心《关于呈报〈平罗县德兴农业投资公司组建方案（送审稿）〉的请示》、县文广局《关于呈报平罗县城文体广场惠民文化舞台建设方案的请示》。

第90次会议　8月7日召开，县长郭耀峰主持，传达学习习近平总书记对深入推进农村厕所革命的重要指示和全国农村厕所革命现场会精神、李克强总理在国务院西部地区开发领导小组第二次会议上的讲话精神、中共中央办公厅国务院办公厅印发《关于建立健全审计查出问题整改长效机制的意见》的通知、石嘴山市纪委监委《关于平罗县黄河生态廊道滨河大道生态绿化工程违纪违法问题的通报》；听取县教体局关于全县教育体育工作的汇报、县信访局关于全县信访工作的汇报；县农改中心《关于呈报〈平罗县土地产权流转交易管理办法（送审稿）〉的请示》、县发改局《关于呈报〈平罗县2021年上半年国民经济和社会发展计划执行情况的报告〉的请示》、县财政局《关于呈报〈2020年财政决算（草案）及2021年上半年财政预算执行情况的报告〉的请示》、县审计局《关于2020年度县本级预算执行和其他财政收支情况的审计结果报告》；部署疫情防控有关工作；研究县政府工作人员任免事宜。

第91次会议　8月29日召开，县长郭耀峰主持，传达学习习近平总书记关于碳达峰、碳中和重要论述，全国坚决遏制“两高”项目盲目发展电视电话会议和自治区遏制“两高”项目盲目发展工作小组会议及能耗“双控”工作约谈会精神，听取全县“双碳”工作、遏制“两高”项目盲目发展暨能耗“双控”工作情况及下一步工作打算汇报，安排部署有关工作；传达学习《中华人民共和国行政诉讼法》和最高人民法院《关于行政机关负责人出庭应诉若干问题的规定》；传达学习李克强总理关于做好防汛抢险救灾工作的讲话精神，安排部署有关工作；传达学习自治区推进黄河流域生态保护和高质量发展先行区建设（重大项目建设）第五次推进会精神，部署有关工作；传达学习自治区政府督查室《关于做好国务院第八次大督查有关工作的预通知》《关于印发国务院第八次大督查迎检工作方案的函》，安排部署有关工作；听取市生态环境局平罗分局关于全县生态环境保护工作情况的汇报、县政府办公室关于2021年10件民生实事办理情况的汇报；审议县司法局《关于呈报〈关于深入开展第八个五年法制宣传教育的决议（草案）〉的请示》、县爱卫办《关于呈报深入开展爱国卫生运动实施方案的请示》、县委网信办《关于呈报〈平罗县“数字政府”建设行动计划（2021—2023年）〉的请示》；研究县政府工作人员任免事宜。

第92次会议　9月26日召开，县长郭耀峰主持，会议观看黄河流域生态环境警示片，听取县水务局关于全县黄河流域生态环境突出问题整改情况的汇报，审议市生态环境局平罗分局《关于呈报〈平罗县贯彻落实自治区生态环境保护专项督察反馈意见整改方案（送审稿）〉的请示》；传达学习中央财经委员会第十次会议和李克强总理关于上半年经济形势和做好下一步经济工作的讲话精神，安排部署有关工作；传达学习中共中央办公厅　国务院办公厅印发《关于进一步减轻义务教育阶段学生作业负担和校外培训负担的意见》的通知，安排部署有关工作；传达学习《关于印发〈宁夏回族自治区河湖长履职细则（试行）〉的通知》（宁夏回族自治区总河长令第2号），听取县河长办关于全县河湖长制工作开展情况的汇报，安排部署有关工作；安排部署国庆节前后重点工作；审议县农改中心《关于呈报〈平罗县关于盘活农村闲房地改善农村人居环境的指导意见〉的请示》、县自然资源局《关于呈报平罗县今秋明春国土绿化实施方案的请示》、县应急管理局《关于呈报〈平罗县深化应急管理综合行政执法改革实施方案（送审稿）〉的请示》、崇岗镇《关于呈报贺兰山东麓平罗段生态环境修复项目房屋收储安置补偿方案的请示》。

第93次会议　10月22日召开，县长郭耀峰主持，传达学习习近平总书记在中央人才工作会议上的重要讲话精神；传达全国、全区疫情防控工作电视电话会议精神；传达学习陈润儿书记在石嘴山市调研督导生态环境保护工作时的讲话、在石嘴山市调研贺兰山和星海湖生态环境综合治理时的讲话精神；听取县审批服务局关于全县“互联网＋监管”工作情况的汇报、县发改局关于全县前三季度经济运行情况及全年主要经济指标预测分析的汇报；审议《政府工作报告（送审稿）》《关于2021年10件民生实事执行情况的报告》《关于2021年国民经济和社会发展计划执行情况与2022年国民经济和社会发展计划（草案）的报告（送审稿）》《关于呈报〈平罗县2022年财政预算（草案）〉的请示》《关于2021年财政预算执行情况和2022年财政预算（草案）的报告》；县发改局《关于呈报〈平罗县2022年固定资产投资项目计划表〉的请示》《关于呈报平罗县深化要素市场化配置改革的实施方案的请示》《关于呈报平罗县关于新时代加快完善社会主义市场经济体制的实施方案的请示》《关于调整平罗县自流灌区末级渠系农业灌溉用水价格的请示》；审议县交通局《关于呈报〈平罗县“十四五”综合交通运输发展规划〉的请示》、县司法局《关于呈报〈废止、修改部分行政规范性文件和政策性文件（第一批）的决定〉的请示》《关于呈报〈平罗县人民政府2021年度重大行政决策事项目录〉的请示》。

【第十八届政府常务会议】

第1次会议　11月15日召开，县长郭耀峰主持，传达学习中国共产党第十九届中央委员会第六次全体会议精神、习近平总书记在深入推动黄河流域生态保护和高质量发展座谈会上的重要讲话精神，听取市生态环境局平罗分局关于中央环保督察迎检准备工作的汇报；传达学习宁夏回族自治区总林长令第1号《关于开展林长巡林工作的通知》、自治区党委专题会议精神；听取县审计局关于2020年度县本级预算执行和其他财政收支及其他审计事项查处问题整改情况的汇报；审议县交通局《关于呈报〈平罗县“十四五”综合交通运输发展规划〉的请示》、县教体局《关于呈报平罗县城关第九小学建设方案的请示》；研究通过了县政府领导班子工作分工；安排部署新一届政府自身建设工作；安排部署重点工作。

第2次会议　12月3日召开，县长郭耀峰主持，传达学习习近平总书记在第三次“一带一路”建设座谈会上的重要讲话精神；传达学习李克强总理在研究分析当前经济形势和部署下一步经济工作时的讲话精神，听取全县经济运行情况的汇报，部署有关工作；传达学习全国、全区城镇燃气安全排查整治动员部署电视电话会议精神，审议县安委办《关于呈报〈平罗县城乡燃气安全专项整治工作方案〉的请示》；传达学习中国共产党宁夏回族自治区第十二届委员会第十四次全体会议、中国共产党石嘴山市第十一次代表大会、中国共产党石嘴山市第十一届委员会第一次全体会议精神；传达学习自治区贯彻落实习近平总书记在深入推动黄河流域生态保护和高质量发展座谈会上重要讲话精神暨先行区建设第六次推进会精神，审议县中央环保督察及专项督察反馈意见整改领导小组办公室《关于呈报〈平罗县配合第二轮中央生态环境保护督察工作方案〉的请示》，安排部署有关工作；审议县财政局《关于拟动用2021年预备费安排支出的请示》。

第3次会议　12月24日召开，县长郭耀峰主持，传达学习中央经济工作会议、自治区党委经济工作会议精神、《中共中央办公厅　国务院办公厅关于做好2022年元旦春节期间有关工作的通知》、陈润儿书记在中央第四生态环境保护督察组督察宁夏回族自治区动员会上的讲话精神、全市打造黄河流域生态保护和高质量发展先行区建设排头兵第五次推进会暨工业转型升级大会精神，听取县工信局关于全县工业转型工作情况的汇报和县科技局关于全县创新驱动工作情况的汇报；听取县文广局关于全县文化旅游工作情况的汇报；审议县发改局《关于呈报〈平罗县打好产业转型发展战役实施方案（送审稿）〉的请示》、市生态环境局平罗分局《关于呈报〈平罗县打好城乡环境治理战役实施方案（送审稿）〉的请示》、县住建局《关于呈报〈平罗县打好生态环境保护战役实施方案（送审稿）〉的请示》、县法院《关于提请研究审议〈关于构建府院良性互动机制的实施方案（送审稿）〉的请示》、县委组织部县人社局《关于呈报〈平罗县实施事业单位管理岗位职员等级晋升制度工作方案〉的请示》；审议县自然资源局《关于呈报〈平罗县全面推行林长制实施方案（送审稿）〉的请示》《关于开展制定平罗县地上附着物和青苗补偿标准的请示》；审议县财政局《关于调整2021年一般公共财政收支预算的请示》、德渊集团《关于呈报宁夏平罗工业园区精细化工基地再生水资源化利用项目实施方案的请示》；研究县政府工作人员任免事宜。

【县长办公会】

第1次会议　2021年2月3日上午，县长郭耀峰主持召开县长办公会议，专题研究红崖子园污水处理厂建设相关事宜。

第2次会议　2月9日，县长郭耀峰主持召开会议，专题研究平罗工业园区管委会、自然资源局关于宁夏天煜实业有限公司跳汰洗煤项目土地平整补助事宜。

第 3 次会议 2 月 19 日，县长郭耀峰主持召开会议，专题研究关于推进黄河宁夏段头首墩至都思兔河右岸综合治理工程有关事宜。

第 4 次会议 2 月 20 日，县长郭耀峰主持召开全县重点项目推进会，听取各副县长分管领域重点项目推进情况及平罗工业园区管委会、县发改局、工信局、农业农村局重点项目推进情况汇报，部署有关工作。

第 5 次会议 2 月 20 日，县长郭耀峰主持召开经济运行调度会，听取县统计局、发改局、工信局、农业农村局、商务局、调查队、财政局一季度经济运行情况汇报，部署有关工作。

第 6 次会议 3 月 4 日，县长郭耀峰主持召开会议，专题研究宁夏大地循环发展股份有限公司安全隐患整改事宜。

第 7 次会议 3 月 9 日，县长郭耀峰主持召开会议，专题研究宁夏大地循环发展股份有限公司安全隐患整改事宜。

第 8 次会议 3 月 15 日下午，县长郭耀峰主持召开会议，听取平罗工业园区管委会关于医药产业园、精细化工产业园风险等级评估为 A 级原因及整改落实情况的汇报，并对下一步工作进行部署。

第 9 次会议 3 月 25 日，县长郭耀峰主持召开会议，专题研究姚伏镇灯塔美丽宜居生态新村建设相关事宜。听取姚伏镇关于灯塔美丽宜居生态新村建设相关情况汇报，并就项目规划设计、征地拆迁、工程建设等工作进行部署。

第 10 次会议 4 月 7 日，县长郭耀峰主持召开会议，专题研究黄河宁夏段头道墩至都思兔河右岸综合治理工程项目有关事宜。

第 11 次会议 4 月 15 日，县长郭耀峰主持召开校园传染病专题会，传达学习自治区政府专题会议精神，部署工作。

第 12 次会议 4 月 18 日，县长郭耀峰主持召开会议，专题研究国务院安委办危化品专家组反馈安全隐患整改事宜。

第 13 次会议 4 月 20 日下午，县长郭耀峰主持召开县长办公会议，安排部署近期河东地区水痘疫情防控工作。

第 14 次会议 4 月 29 日，县长郭耀峰主持召开会议，专题研究宁夏平罗工业园区红崖子园环保和园区环境整治工作。听取县政府副县长徐建军关于红崖子园有关环保问题和 1 号、2 号蓄水池整改整治工作的意见，平罗工业园区管委会、市生态环境局平罗分局、县发改局、水务局分别进行了补充汇报。

第 15 次会议 5 月 17 日，县长郭耀峰主持召开会议，听取平罗工业园区管委会、县市场监管局关于国务院安委办危化品专家组反馈安全隐患整改情况和宁夏大地循环发展股份有限公司安全隐患整改情况汇报，部署有关工作。

第 16 次会议 6 月 11 日，县长郭耀峰主持召开会议，专题研究江苏润阳新能源科技股份有限公司年产 10 万吨高纯多晶硅和 5GW 高效电池项目落地有关事宜。

第 17 次会议 6 月 14 日，县长郭耀峰主持召开安全生产专题会议，传达学习习近平总书记、李克强总理关于安全生产的指示批示精神和国家、自治区安全防范工作会议精神，通报近期区内外安全生产形势，听取平罗工业园区 A 类化工集中区风险等级评估后期整改情况和大地公司安全隐患整改情况汇报，并对全县近期安全生产工作进行了部署。

第 18 次会议 6 月 14 日，县长郭耀峰主持召开会议，专题研究宁夏平罗工业园区生态环境问题整改落实相关事宜。

第 19 次会议　9 月 7 日下午，县长郭耀峰主持召开会议，专题研究黄河宁夏段头道墩至都思兔河右岸综合治理滨河道路工程相关事宜。

第 20 次会议　10 月 14 日上午，县长郭耀峰主持召开办公会议，研究部署全县自备井关停、今秋明春绿化、冬季供暖相关事宜。

第 21 次会议　10 月 25 日下午，县长郭耀峰主持召开办公会议，专题研究秋季国土绿化及 2022 年重点项目谋划对接相关事宜，并就下一步工作作出具体安排部署。

第 22 次会议　11 月 2 日下午，县长郭耀峰现场调研全县工业重点项目推进情况，现场办公协调解决项目推进中存在的问题。

第 23 次会议　11 月 15 日下午，县长郭耀峰主持召开办公会议，专题研究做好解决当前生产经营就业困难群体和其他生活困难群众相关问题的事宜。

第 24 次会议　12 月 14—15 日，县长郭耀峰带领园区、市生态环境局平罗分局、发改局、自然资源局、住建局等单位负责人，现场督办中央生态环保督察转办件办理情况，专题听取承办单位关于转办件办理进展情况的汇报，对转办件办理提出工作要求。

第 25 次会议　12 月 14 日下午，县长郭耀峰主持召开会议，专题研究平罗县配合中央生态环境保护督察工作及近期转办件办理情况。

【专题会议】

第 1 次会议　2 月 26 日，副县长李晓坤、徐建军主持召开专题会议，研究鑫牧源现代农业科技发展有限公司等六家企业养殖项目入驻红崖子养殖园区有关事宜。

第 2 次会议　3 月 9 日，副县长李晓坤主持召开会议，专题研究平罗县崇岗煤炭集中区征收企业占用土地有关事宜。

第 3 次会议　3 月 9 日，副县长徐建军主持召开专题会议，研究前进农场西大滩片区“散乱污”企业生态环境综合整治有关事宜。

第 4 次会议　3 月 24 日，副县长李晓坤、徐建军主持召开专题会议，研究红崖子乡红瑞村、红翔新村土地确权问题有关事宜。

第 5 次会议　3 月 24 日，副县长李晓坤、徐建军主持召开专题会议，研究关于授权陶乐镇人民政府与宁夏鹏润农牧发展有限公司签订庙庙湖村 B 区土地流转合同有关事宜。

第 6 次会议　3 月 30 日，常务副县长寇学文主持召开会议，专题研究国道 109 惠农至黄渠桥段改扩建工程征地拆迁有关工作。

第 7 次会议　4 月 20 日上午，副县长李晓坤主持召开会议，专题研究水务工作相关事宜。

第 8 次会议　5 月 25 日，常务副县长寇学文主持召开会议，专题研究 2021 年能耗总量和强度“双控”及煤炭消费量控制工作，并对发改局、工信局进行集体约谈。

第 9 次会议　6 月 17 日，副县长徐建军主持召开会议，针对宁夏平罗工业园区管委会报来的《关于呈报〈宁夏天瑞热能制供有限公司供热站项目能耗消费总量指标来源情况的说明〉的请示》进行专题研究。

第 10 次会议　6 月 18 日上午，副县长徐建军主持召开专题会议，研究平罗县财政局呈报《平罗县政府性基金整合工作实施方案》《平罗县政府性融资担保基金运作方案》等事宜。

第 11 次会议　6 月 18 日，副县长徐建军主持召开专题会议，研究关于典农河平罗段（三排庄)水环境治理人工湿地、三二支沟平罗段水环境治理人工湿地及威镇湖人工湿地和农村污水处理设施管理运营等事宜。

第 12 次会议　6 月 26 日，常务副县长寇学文主持召开会议，专题研究平罗县金源再生资源回收市场及其他建材、农贸市场安全隐患排查工作、城区环境综合整治有关事宜。

第 13 次会议　7 月 1 日，常务副县长寇学文主持召开会议，传达学习自治区关于黄河河道及滩地被占问题整治工作有关文件精神，并就全力做好相关整治工作进行再安排、再部署。

第 14 次会议　7 月 2 日，常务副县长寇学文主持召开会议，专题研究平罗县城镇老旧小区红线外配套基础设施改造工程——生态停车场项目移交等事宜。

第 15 次会议　7 月 5 日下午，常务副县长寇学文主持召开专题会议，通报自治区河长办关于典农河平罗段(第三排水沟)的工作交办单，并对典农河平罗段(第三排水沟)水质污染排查整治工作进行研究部署。

第 16 次会议　7 月 13 日，常务副县长寇学文主持召开会议，专题研究近期企业能耗和税收有关事宜。

第 17 次会议　7 月 14 日下午，常务副县长寇学文现场调研工业园区站前路周边环境整治工作，并研究部署县城区和站前路沿线环境综合整治工作。

第 18 次会议　7 月 16 日(星期五)，常务副县长寇学文主持召开会议，专题研究黄河宁夏段头道墩至都思兔河右岸综合治理滨河道路工程推进工作有关事宜。

第 19 次会议　8 月 11 日下午，常务副县长寇学文主持召开会议，专题研究清查违规建设楼堂馆所工作有关事宜。

第 20 次会议　8 月 11 日下午，常务副县长寇学文召开会议，专题研究全县黄河流域生态环境突出问题自查整改工作有关事宜。

第 21 次会议　8 月 14 日，常务副县长寇学文主持召开会议，专题研究崇岗镇农村集体土地发包事宜。

第 22 次会议　8 月 20 日，常务副县长寇学文主持召开会议，专题研究全县十件民生实事推进情况并部署相关工作。

第 23 次会议　9 月 13 日，常务副县长寇学文主持召开会议，研究派驻工作组进厂精细化开展能耗“双控”工作有关事宜。

第 24 次会议　9 月 28 日上午，常务副县长寇学文主持召开会议，专题研究部署平罗县黄河流域生态环境问题自备井专项治理工作。

第 25 次会议　11 月 4 日，副县长徐建军主持召开专题会议，研究宁夏润阳硅材料科技有限公司光伏材料及电池产业科技园项目开工前期有关事宜。

第 26 次会议　11 月 26 日上午，副县长杨占斌主持召开自备井整治工作专题会议，通报全县自备井整治工作进展情况，并对相关工作进行部署。

第 27 次会议　12 月 9 日上午，副县长杨占斌主持召开全县自备井整治工作专题会议，针对自备井整治进展缓慢问题进行再安排、再部署。

第 28 次会议　12 月 10 日下午，副县长王敏主持召开专题会议，研究基础教育质量提升行动以奖代补相关事宜。

第 29 次会议　12 月 15 日下午，常务副县长寇学文主持召开会议，听取各牵头部门关于城乡燃气安全专项整治工作的汇报，并对下一步工作进行部署。

第 30 次会议　12 月 23 日，副县长寇学文主持召开会议，专题研究河西地区农村人饮供水工程移交德渊集团相关事宜。

第 31 次会议　12 月 29 日，副县长杨占斌主持召开会议，专题研究转业士官杨波就业安置工作。

重要活动

【中国农民丰收节活动】

9 月 23 日至 10 月 20 日，开展平罗县“2021 年中国农民丰收节”活动，主题是“庆丰收、感党恩——助力乡村振兴”。9 月 23 日 9:00—12:00，在通伏乡绿康林家庭农场举行平罗县“2021 年中国农民丰收节”主会场启动仪式。县委、人大、政府、政协分管领导，县委农村工作领导小组成员单位负责人，县农业农村局干部职工，部分乡镇、农业企业、农民合作社、家庭农场负责人和农民代表约 300 人参加会议。还举办农民丰收节文艺晚会、特色美食暨乡村文化旅游节、水稻开镰农耕文化节、“庆丰收”系列采摘品尝活动、农耕文化体验活动、物资交流会、线上带货直播特色农产品电商销售活动、农民运动会、劳动比赛表彰先进系列活动。

【“七五”普法表彰活动】

2020 年，完成了“七五”普法规划各项目标任务。涌现出一批成绩突出的先进集体和先进个人。为树立典型，鼓励先进，调动全民参与的积极性，推动工作的深入开展，2021 年，经过层层选拔、审核，县人民政府对全县“七五”普法 30 个先进集体、60 名先进个人进行表彰。

政协平罗县委员会

综　述

【概况】

坚持以习近平新时代中国特色社会主义思想统揽工作全局，充分发挥人民政协专门协商机构作用，始终坚持团结和民主两大主题，紧紧围绕建言资政和凝聚共识双向发力这条主线，扎实履行政治协商、民主监督、参政议政职能，为推动全县经济社会高质量发展贡献了政协智慧和力量。

【全面协商】

2021年，召开政协第十一届平罗县委员会第五次会议和政协第十二届平罗县委员会第一次会议。委员以分组讨论、撰写提案、大会发言等形式，围绕政府、法院、检察院的工作报告和全县的政治、经济、社会、文化、生态文明建设方面的热度、难点问题进行认真讨论，提出意见建议，进行全面协商。

【专题协商】

建立县委会同政府、政协制定年度协商计划提出机制，健全完善以全体会议为龙头，专题议政性常委会会议和专题协商会议为重点的协商议政格局。聚焦产业转型升级、生态保护、乡村振兴、改善民生、社会治理等深入协商议政，开展常委会议专题协商2次，形成“建设巩固拓展脱贫攻坚成果同乡村振兴有效衔接示范区”“打造‘平罗活性炭’区域品牌”议题协商报告2篇。深入基层围绕“高标准农田建设”“东苑社区基础设施建设”议题开展专题协商，提出对策建议10余条。围绕“加强教育领域人才队伍建设”协商议题，通过学习政策、座谈交流等方式进行专题协商，为打造平罗优质教育人才队伍献智献力。

【民主监督】

全面贯彻县委《关于加强和改进人民政协民主监督工作的实施意见》精神，发挥协商式监督的优势和特色，本着“帮忙”的态度，紧扣县委政府重大决策、重大项目、重要工作和人民群众关心关注的热点难点问题，综合运用会议监督、专项监督、视察监督等方式，围绕“助力陶乐镇推进实施乡村振兴战略”“加强教育领域人才队伍建设”“社区治理工作落实情况”等开展协商式监督5次，通过广泛征求群众意见，集中专家学者会诊开方，做到在参与中服务、在服务中监督、在监督中解决问题，助推县委政府决策部署落地见效。

【提案协商】

发挥提案在政协履行职能中的积极作用，切实抓好提案征集、审查立案、面商督办、跟踪反馈等关键环节，探索建立提案立案“三审制”，全面推行提案“清单制”，坚持落实重点提案党政领导“领办制”，提案工作机制不断创新，工作程序不断完善。定期组织提案人和承办单位，开展提案面商、现场督办。8月19日，县政协组织相关提案的提案人通过实地视察的方式对县政协十一届一次会议以来跨年度办理提案的落实情况进行现场督办。有力促进了提案建议落实，提高提案办理质量。

【创新协商机制】

坚持不建机构建机制，在乡镇和社区搭建16个“政协协商工作室”，构建乡镇(社区)点题、政协组织、实地协商、广泛参与的协商格局，解决政协在基层无平台干事、无人干事、无事可干的困境，打通政协履职“最后一公里”。围绕“东苑社区基础设施建设”等议题，开展基层政协协商活动2次，助推基层急难愁盼问题落实解决。

【提升议政质效】

探索建立协商成果“1+N+X”报送、“三转一编”“三项落实”机制，将建言议政与跟踪问效有力结合，助力协商成果“落地生根”。《建立成果报送转化落实机制，提高政协专题协商议政质效》工作经验在2020年全区政协经验交流座谈会进行交流，并纳入自治区政协《2021年需坚持完善、重点推开、探索创新和推荐借鉴的工作清单》中向全区推广。

【拓宽履职渠道】

以委员专业为基础，打破界别限制，在医药、教体等界别率先建立6个“界别委员联络工作室”，让委员在原界别不变的基础上，以“第二界别”更好发挥专长。5月6日，在新利社区政协协商工作室，政协委员和社区书记、居民代表、相关部门负责人面对面交流协商，围绕居民关心关注的重点问题提出意见建议。开展“委员讲堂”活动，县政协常委、统战部常务副部长郭兆芹，为平罗县各民主党派负责人、机关全体干部作专题宣讲“传承党的百年光辉史基因、铸牢中华民族共同体意识”。推动委员下沉乡镇、社区一线，委员围绕解读《民法典》开展宣讲活动。

【反映社情民意】

制定《平罗县政协反映社情民意信息工作暂行办法》，强化社情民意信息的舆情汇集和民意表达功能，引导政协委员聚焦党政所需、民生关切，及时反映社情民意，更好地发挥履职“直通车”作用。围绕乡村振兴、社区治理等方面，反映社情民意信息10余条。实现发现问题在一线、联动协商在一线、问题解决在一线、凝聚共识在一线。

【注重文化传承】

立足平罗县深厚的人文历史，专题召开“挖掘平罗县民间文化资源”座谈会，并搜集整理300余篇文章、600多幅照片，编辑出版《平罗特色美食》《平罗民间故事》等6本书籍，形成《游在平罗》系列丛书，为宣传平罗文化、留住平罗记忆发挥重要作用。汇聚50余幅历届政协委员、名家新秀的画作，结集出版《翰墨平罗·书画摄影作品集》，以不同的表现形式描绘毓秀平罗的美丽画卷。高标准建成文史馆，展示平罗政协奋进历程和委员风采，成为“委员之家”“学习之家”“交流之家”。编辑《协商调研视察成果汇编》和《提案汇编》，集中展现政协委员的智慧结晶。编印《平罗政协委员风采》《荣誉与责任》书籍，展示委员在各条战线上取得的优异成绩、做出的重要贡献、彰显的时代风采。

【主动服务大局】

班子成员主动参与乡村振兴、社会治理等中心工作，积极承担包抓重点项目、特色产业等任务，积极投身疫情防控工作，及时协调解决包抓片区物资短缺、人员紧张等问题，发动委员主动参与、捐资捐物。发挥联系广泛、智力密集、人才荟萃的优势，围绕群众关注的老旧小区改造等事项开展调研协商，推动实际问题得到解决。围绕“十四五”规划，组织召开界别座谈会、广泛开展网络议政，收集意见建议20余条。围绕“民生实事办理落实情况”开展实地视察、召开会议评议，广泛建言献策，助推各项实事有效落实。组织委员深入乡镇、社区、学校，开展健康义诊、送法律、送科技等活动。开展慈善捐赠、志愿服务等社会公益活动，做到紧贴民生履职尽责。

【加强队伍建设】

建立健全新任委员谈心谈话制度、政协委员履职量化考核细则、退出和暂停履职管理办法等制度机制，实行委员履职动态管理，严把“准入关”、畅通“出口关”，全面激发委员履职效能。拓宽委员发展视野，坚持每年外出主题培训制度，让委员充电学习成为常态，先后到江苏、浙江、山西、陕西、银南考察，学习当地政协工作好经验、好做法；举办学习贯彻中共十九届六中全会精神暨履职能力提升培训班，强化理论武装、指导履职实践，提高参政议政的履职能力。开展《民法典》委员培训，累计培训委员100余人次。完善《政协机关政治理论业务学习制度》《工作人员考勤制度》等，组织干部职工开展反腐倡廉警示教育，提高干部廉洁自律意识，着力建设忠诚、干净、担当的政协干部队伍。

重要会议

【政协第十一届平罗县委员会第五次会议】

2021年1月22—25日召开。会议听取并审议县政协主席毛精明代表政协第十一届平罗县委员会常务委员会所作的工作报告；听取并审议县政协副主席张建丽代表政协第十一届平罗县委员会常务委员会所作的关于十一届四次会议以来提案工作情况的报告。全体委员列席平罗县第十七届人民代表大会第五次会议，听取并讨论县人民政府县长郭耀峰所作的《政府工作报告》，讨论《平罗县2020年国民经济和社会发展计划执行情况与2021年国民经济和社会发展计划（草案）的报告》《平罗县2020年财政预算执行情况和2021年财政预算（草案）的报告》《平罗县人民法院工作报告》《平罗县人民检察院工作报告》。县委、人大、政府领导参加开幕会议、闭幕会议，县委、县政府主要领导分别参加联组讨论，听取委员建议，与委员共商全县发展大计。会议通过《县政协2021年民主协商和监督工作计划》《政协第十一届平罗县委员会第五次会议提案审查情况的报告》《政协第十一届平罗县委员会第五次会议决议》。

【政协第十二届平罗县委员会第一次会议】

2021年11月6—8日召开。会议审议批准政协第十一届平罗县委员会常务委员会工作报告和关于提案工作情况的报告，审议通过关于县政协十二届一次会议提案审查情况的报告和县政协2022年协商计划，选举产生政协第十二届平罗县委员会主席、副主席、秘书长和常务委员。平罗县第十八届人民代表大会第一次会议，听取并讨论郭耀峰所作的政府工作报告，听取并讨论县人民法院工作报告和县人民检察院工作报告。县委、人大、政府领导，法检两长参会。县委、县政府主要领导分别参加联组讨论、听取大会发言。会议审议通过《政协第十二届平罗县委员会关于第一次会议政治决议》《政协第十二届平罗县委员会第一次会议关于常务委员会工作报告的决议》《政协第十二届平罗县委员会第一次会议关于提案工作情况报告的决议》《政协第十二届平罗县委员会第一次会议提案审查情况的报告》《政协平罗县委员会2022年协商计划》。会议选举产生第十二届委员会主席任学成，副主席谭润、代正礼、樊燕，秘书长张斌，常委31人。

【常委会会议】

政协第十一届常委会第23次会议　1月18日召开，书面传达学习自治区党委十二届十二次全体会议和石嘴山市委十届九次全体会议精神，传达学习自治区政协主席崔波在全区市县（区）政协工作经验交流会上的讲话、县委十四届六次全体会议精神；听取县人民政府关于县政协十一届四次会议提案办理情况的通报；协商通过《政协第十一届平罗县委员会第五次会议方案》、县政协常委会工作报告和提案工作报告以及其他有关事项，会议还协商通过有关人事事项。

第24次会议　1月25日召开，听取各组讨论情况汇报；审议通过政协第十一届平罗县委员会第五次会议选举办法（草案）、政协平罗县第十一届委员会第五次会议选举大会总监票人、监票人名单（草案）、政协第十一届平罗县委员会第五次会议决议（草案）、政协平罗县委员会提案和委员联络委员会关于十一届五次会议提案审查情况的报告（草案）；审定政协第十一届平罗县委员会补选常务委员会组成人员名单，提交大会选举。

第25次会议　1月25日召开，听取总监票人关于政协第十一届平罗县委员会选举结果的汇报，并决定向大会宣布计票结果。

第26次会议　3月18日召开，集中观看党史学习教育片《党史故事100讲——酝酿建党各地响应》；传达学习习近平总书记在全国两会上的重要讲话精神、《政府工作报告》精神、全国政协十三届四次会议常务委员会工作报告、汪洋主席在全国政协十三届四次会议闭幕会上的讲话；审议《关于接受冯奇刚请辞政协第十一届平罗县委员会常务委员的建议》《关于接受冯奇刚等3人请辞政协第十一届平罗县委员会委员的建议》；审议平罗县政协《关于加强和促进人民政协凝聚共识工作的实施意见（审议稿）》和平罗县政协《关于强化政协委员责任担当的实施意见（审议稿）》。

第27次会议　6月7日召开，传达学习《中共平罗县委员会、县人民政府印发〈关于实现巩固拓展脱贫攻坚成果同乡村振兴有效衔接的实施方案〉的通知》；审议通过《中国人民政治协商会议平罗县委员会协商工作规则》。听取县人民政府《平罗县巩固拓展脱贫攻坚成果同乡村振兴有效衔接工作进展情况的通报》，审议《关于建设巩固拓展脱贫攻坚成果同乡村振兴有效衔接示范区的专题协商报告》，专题协商“建设巩固拓展脱贫攻坚成果同乡村振兴有效衔接示范区”。

第28次会议　8月31日召开，会议传达学习《县人民政府办公室关于印发〈关于实施“四大改造”推进工业转型发展实施方案〉的通知》；听取县人民政府《关于我县打造“平罗活性炭”区域品牌情况通报》；审议《关于“打造‘平罗活性炭’区域品牌”的专题协商报告》；专题协商“打造‘平罗活性炭’区域品牌”议题。

第 29 次会议　10 月 26 日召开，传达学习中央民族工作会议精神和自治区党委十二届十三次全体会议精神；听取县人民政府《关于政协第十一届平罗县委员会第五次会议提案办理情况的通报》；审议通过政协第十二届平罗县委员会委员名单和界别设置、县政协十二届一次会议的有关事项。

【主席会议】

政协第十一届第 44 次会议　1 月 14 日召开，审议通过《关于接受杨树仁请辞政协第十一届平罗县委员会委员的建议》《关于增补谭润为政协第十一届平罗县委员会委员的建议》；研究通过县政协办公室《关于呈报〈关于调整政协第十一届平罗县委员会第五次会议部分事宜〉的请示》《关于呈报〈关于调整县政协十一届常委会第二十三次会议部分事宜〉的请示》和《关于对各部门、乡镇、园区民主政治建设考核赋分的请示》。

第 45 次会议　1 月 25 日召开，听取县委组织部关于补选政协第十一届平罗县委员会常务委员会组成人员候选人建议名单的说明。审议通过政协第十一届平罗县委员会第五次会议选举办法（草案）、政协第十一届平罗县委员会补选常务委员会组成人员名单（草案）、政协第十一届平罗县委员会第五次会议选举大会总监票人名单、监票人名单（草案）、政协第十一届平罗县委员会第五次会议决议（草案）、提案和委员联络委员会关于十一届五次会议提案和审查情况的报告（草案）和召开县政协十一届常委会第二十四次、二十五次会议的有关事宜。

第 46 次会议　2 月 3 日召开，研究通过县政协办公室《关于呈报〈关于表彰县政协机关 2020 年度先进个人的决定〉的请示》《关于呈报〈关于县政协开展“迎新春”文体活动方案〉的请示》《关于呈报〈关于县政协 2021 年春节送温暖慰问活动方案〉的请示》。

第 47 次会议　2 月 25 日召开，传达学习陈润儿在自治区政协十一届四次会议闭幕大会上的讲话、自治区政协《关于加强和改进人民政协凝聚共识工作的实施意见》文件精神和《关于强化政协委员责任担当的实施意见》文件精神；研究通过县政协办公室《关于呈报〈关于调整县政协主席　副主席　秘书长工作分工建议方案〉的请示》《关于呈报〈平罗县政协常委会 2021 年工作要点及任务分工方案（讨论稿）〉的请示》；审议县政协十一届五次会议提案有关事宜；听取县政协办公室近期财务支出情况报告。

第 48 次会议　3 月 17 日召开，传达学习习近平总书记在全国两会上的重要讲话精神、《政府工作报告》提纲、中国人民政治协商会议全国委员会常务委员会工作报告、汪洋主席在全国政协十三届四次会议闭幕会上的讲话精神。审议有关人事议题和工作方案。

第 49 次会议　4 月 28 日召开，传达学习自治区党委书记陈润儿在自治区党委常委会会议暨统一战线工作领导小组会议上的讲话精神和陈润儿在全区建设黄河流域生态保护和高质量发展先行区第四次推进会上的讲话精神。研究协商计划有关工作方案和县政协办公室有关工作方案。

第 50 次会议　6 月 1 日召开，传达学习自治区政协《关于印发〈中国人民政治协商会议宁夏回族自治区委员会协商工作规则〉的通知》文件精神、自治区政协《关于开展政协委员按界别联系社会组织试点工作的指导意见》文件精神和市政协《政协石嘴山市委员会协商议政质量评价办法(试行)》文件精神。研究县政协办公室《关于呈报〈关于建设巩固拓展脱贫攻坚成果同乡村振兴有效衔接示范区的专题协商报告(讨论稿)〉的请示》，研究县政协办公室有关工作制度和工作方案。通报有关经费支出事宜。

第 51 次会议　6 月 29 日召开，传达学习习近平总书记在青海考察、在中国科学院第二十次院士大会、中国工程院第十五次院士大会、中国科学技术协会第十次全国代表大会和在参观“‘不忘初心、牢记使命’中国共产党历史展览”时的重要讲话精神;研究《关于县政协委员通讯、交通费用分配方案的请示》。

第 52 次会议　8 月 10 日召开,传达学习习近平总书记在党外人士座谈会上的重要讲话精神和中共中央政治局会议精神。研究县政协换届有关事宜和县政协办公室有关工作方案。听取县政协办公室关于《政协第十一届平罗县委员会文件和制度汇编》等书籍编辑进展情况汇报。通报有关经费支出事宜。

第 53 次会议　10 月 20 日召开，传达学习习近平总书记在纪念辛亥革命 110 周年大会上的重要讲话精神和自治区党委十二届十三次全会精神。听取政协第十二届平罗县委员会委员建议名单和界别设置说明。研究县政协十二届一次会议有关事宜和县政协办公室《关于呈报〈关于召开县政协十一届常委会第二十九次会议方案〉的请示》。

政协第十二届第 1 次会议　11 月 22 日召开,传达学习《中共中央关于党的百年奋斗重大成就和历史经验的决议》《为了更加伟大的胜利和荣光——党的十九届六中全会侧记》和人民日报评论员文章《深刻领会党百年奋斗的历史经验——论学习贯彻党的十九届六中全会精神》。研究县政协办公室关于呈报《关于调整县政协主席　副主席　秘书长工作分工的方案》的请示。听取县政协办公室近期财务支出情况报告。

重要活动

【参观学习活动】

3 月 26 日，组织机关全体干部职工和部分政协委员到平罗县反腐倡廉警示教育基地参观学习,接受廉政警示教育。4 月 18 日,组织部分政协委员和机关干部,围绕“党史学习教育暨巩固拓展脱贫攻坚成果同乡村振兴有效衔接”主题,赴贵州开展为期 7 天的学习培训。7 月 5 日,县政协机关专题学习贯彻习近平总书记在庆祝中国共产党成立 100 周年大会上的重要讲话精神,张斌、王玉林、李杰、李惠霞 4 名党员干部围绕主题交流发言。

【视察交流活动】

5 月 6 日,在新利社区政协协商工作室开展的交流协商活动,政协委员和社区书记、居民代表、相关部门负责人面对面交流协商,围绕居民关心关注的重点问题提出意见建议。6 月 18 日,县政协组织部分党外委员实地视察全县农村人居环境整治工作，让党外委员进一步了解县委、县政府重点工作和中心工作,实地感受和见证工作成效,进一步凝聚党外委员思想共识,汇聚发展合力。

【总结表彰活动】

2月9日，召开2020年度年终总结表彰会，对政协机关一年来的工作进行全面总结，表彰2020年度涌现出的先进个人。7月1日，召开庆祝建党100周年暨“七一”表彰大会，回顾党的光辉历程，传承党的优良传统，表彰一批先进典型，激励广大党员和干部群众进一步鼓足干劲、砥砺前行，以更加优异的成绩庆祝建党100周年。

【主题教育】

10月12日，县政协召开“讲政治　转作风　强责任　抓落实”主题活动动员会。传达学习陈润儿在自治区党委常委会“坚持以案促改、深化作风建设”专题民主生活会上的讲话精神，市县“讲政治、转作风、强责任、抓落实”主题活动动员会精神，并部署县政协“讲政治、转作风、强责任、抓落实”主题活动。

【慰问关爱活动】

6月16日，县政协主席毛精明看望慰问政协机关党龄超过50年的老党员，并向他们颁发了“光荣在党50年”纪念章。同日，市政协到平罗县对“如何培养符合新时代要求宗教教职人员队伍”开展专题调研，调研组以实地调研及座谈的方式，走访高庄乡清真寺和市道教协会。

政协平罗县第十五次委员会预备会议

政协平罗县第十五次委员会第一次会议主席团会议

2021 年 11 月 6—8 日，政协平罗县第十五次委员会第一次会议

中共平罗县纪律检查委员会 平罗县监察委员会

概 述

【概况】

2021年，坚持稳中求进的工作方针，聚焦主责主业，创新工作思路，强化监督检查，不断适应发展变化的形势任务，为全县"十四五"开局起步提供坚强纪律保证。被自治区党委全面依法治区委员会办公室评为全区"七五"普法先进集体，被县委授予"先进基层党组织"称号。

【政治建设】

把学习习近平总书记重要讲话精神作为县委常委会第一议题，开展党史学习教育，切实做到学党史、悟思想、办实事、开新局，把学习教育成果转化为推进纪检监察工作高质量发展的强大动力。把学习贯彻习近平总书记视察宁夏重要讲话精神作为首要政治任务，县委常委会及时召开常委会会议，传达学习十九届中央纪委五次全会、自治区十二届纪委五次全会精神，特别是习近平总书记在中央纪委五次全会上的重要讲话精神，并对全县党风廉政建设和反腐败工作进行研究部署。县纪委监委将自治区纪委工作报告中确定的八个方面重点工作分解为43项重点任务，谋划实施好全县2021年纪检监察各项重点工作。

【监督检查】

聚焦重点特色产业、先行区建设、农村人居环境综合整治等重点工作开展监督检查30余次。落实县乡换届监督专责，抽调14名纪检监察干部参加乡镇领导班子换届指导工作，受理村(社区)"两委"换届信访举报线索3件，对3368名候选人预备人选廉洁自律情况进行回复，防止"带病"参选，对发现的问题坚持从快从严查处，保证换届工作风清气正。对全县疫情防控工作进行全方位、多轮次监督检查，现场指出、协调解决各类问题140件。下发督查通报7期，督办通知单29期，向指挥部提出13条合理化建议，解决疫情防控中存在的短板。做实日常监督，制定印发《纪检监察机关日常监督工作指导手册》，解决不会监督的问题；建立《日常监督任务清单》，让监督内容更具体；建立《日常监督专单》，向监督责任室（组）派单，让监督更高效；建立《日常监督问题账单》，放大监督成果，推动问题解决。

【反腐倡廉】

2021年，处置各类问题线索358件，初步核实311件，立案审查调查77件88人，给予党纪政务处分78人，组织处理245人，强化“不敢腐”的震慑；推行述责述廉、党政主要领导“五不直接分管”、党风廉政建设抄告等制度，下发纪律检查建议书、监察建议书50份，帮助发案单位分析原因，堵塞漏洞；做好“全县领导干部廉政警示教育周”活动，组织县处级领导和政法中层以上干警参观廉政警示教育基地，对新任职领导干部开展廉政谈话，严肃查处靳某、杨某某职务犯罪案件，拍摄警示教育片《透支的人生》，指导卫生健康局、民政局、煤炭集中区服务中心等5个单位党组织开好专题民主生活会（组织生活会）和警示教育会，用身边事教育身边人，分级分类开展廉政警示教育，增强“不想腐”的自觉。

【正风肃纪】

对2021年节假日期间作风监督检查，节前印发通知，明确纪律要求，推动广大党员领导干部增强纪律意识。协助县委开展“讲政治　转作风　强责任　抓落实”主题活动，教育引导各级党组织和广大党员转变工作作风，主动担当作为，开设主题活动专题专栏，推出第一期电视“微问政”——城市飞线和“蜘蛛网”，展示主题活动成果6期，编辑信息简报23篇，各级党组织共检视问题612个，制定整改措施579项。认真落实自治区、市委“八条禁令”，作风建设工作在中央政治局委员、中央书记处书记、中央纪委副书记、国家监委主任杨晓渡到平罗县调研时交流发言。发挥监督检查的警示和震慑作用，通过实地暗访、查阅登记记录等方式对30个部门、13个乡镇及各窗口单位干部作风情况进行4轮次督查。开展违规吃喝隐形变异问题专项整治，结合自治区整治公务接待中“吃公函”有关要求，督促财政、市场监管、机关服务中心等部门认真履行职责，分别对全县公务接待明细、专项审计、大额餐饮发票等情况进行排查梳理，确保整治工作取得实效。结合换届纪律监督工作，在县十五次党代会期间，组成3个工作组不定期对全县各大餐饮场所和偏远乡镇农家乐开展明察暗访，形成持续震慑。

【案件查处】

集中整治群众反映的强烈问题，严肃查处贪污侵占、吃拿卡要等行为。查处群众身边腐败和作风问题11件22人，给予党纪政务处分8人，组织处理14人。开展工程建设、政府采购等重点领域突出问题专项治理，对自查自纠、行业重点检查、“回头看”、自治区专项抽查等重点阶段发现问题及时督促整改，共发现各类问题671个，办结率100%，纪委监委立案4件5人，给予党纪政务处分7人，组织处理15人。做好政法队伍教育整顿，收到问题线索79件，办结79件，立案8件8人，给予党纪政务处分8人，组织处理56人。推进粮食购销领域腐败问题专项整治，县委巡察办针对粮食购销领域开展专项巡察，县纪委监委会同县发改、财政、粮食和储备部门对全县粮食购销领域现状进行深入摸底了解，确保专项整治有力有效开展。开展惠民惠农财政补贴资金“一卡通”管理问题专项治理，制定《平罗县惠民惠农财政补贴资金“一卡通”专项治理工作的实施方案》。2018年以来，共查处涉及惠民惠农财政补贴资金案件16件，给予党纪政务处分13人，组织处理17人。开展供热领域突出问题整治，查找问题33个，整改问题15个，责令作出书面检查 3 人。

【巡视巡察】

围绕"三个聚焦",将巡察利剑直插基层。坚持"两报告三反馈一汇报常督查"工作机制("两报告"即将巡察情况报县纪委监委、县委组织部;"三反馈" 即将巡察发现问题及整改意见反馈被巡察党组织、党组织主要负责人、县委政府分管领导;"一汇报"即县委巡察工作领导小组适时听取被巡察党组织落实巡察反馈问题整改情况汇报;"常督查"即县纪委监委、县委组织部加强巡察整改日常监督),压实整改责任,确保反馈问题真改、实改、彻底改。2021 年,组织开展县委第十一轮巡察,对县委办等 11 个单位进行常规巡察,发现问题 116 个,移交问题线索 14 件,落实十四届县委任期内巡察全覆盖的任务目标。对县机关事务服务中心等 6 个单位开展巡视巡察上下联动,实现巡视巡察同频共振、同向发力。对县委前十轮巡察整改情况"回头看",推进巡察整改落地见效。

【自身建设】

将党史学习教育与纪检监察工作紧密结合起来,创新开展"四讲三微一晾晒"活动,开展"我为群众办实事"实践活动,建立 3 批次 11 项为民办实事清单,将党史学习教育中焕发出的激情转化为推动工作的动力。牢固树立纪法意识、纪法思维,县纪委监委被评为全区"七五"普法先进集体,健全完善派驻机构定期报告工作、与县纪委监委内设机构衔接协调、线索联合排查等制度。开展"案件质量提升年"活动,采取集中培训、以案代训、案件评查等方式,助推干部履职能力和案件质量双提升。建立健全《打听干预监督检查审查调查工作和请托违规办事的报备及处理办法》《审查调查安全工作责任制度》等 9 项制度,完善内控管理体系。开展县纪委监委"五点半课堂"暨年轻干部能力素质提升班,举办 6 期。建设"心理疏导室、心理咨询室、减压室",提高纪检监察干部身心健康。

巡察监督

【第十轮巡察问题整改】

2021 年,落实县委第十轮巡察问题反馈,反馈整改问题 97 个,反馈问题整改率为 91.62%,移交问题线索 23 件,线索办结率 100%,给予党纪政务处分 2 人,组织处理 18 人,收缴资金 16.27 万元,给予经济处罚 6.3 万元。

【第十一轮巡察】

对县委办、县人大办等 11 个单位进行常规巡察,巡察覆盖率为 100%,落实十四届县委任期内巡察全覆盖任务目标,发现问题 116 个,反馈问题整改率为 92.24%,移交问题线索 14 件,线索办结率 100%,给予组织处理 5 人;对县粮食和物资储备局和县粮安粮油有限公司开展县委涉粮问题专项巡察,发现问题 15 个,移交问题线索 3 件。巡察工作在全区巡察干部培训班上做经验交流,信息先后被中纪委网站、区纪委网站等各类媒体刊发 14 篇。

【加强组织领导】

召开 9 次领导小组会议,强化理论武装、精心安排部署、加强督促指导、听取进展汇报、研判分析问题线索,确保了巡察工作方向不偏、程序不减、标准不降。县委书记召开专题会议及时听取县委第十轮、第十一轮巡察情况综合汇报,结合巡察发现问题,对巡察中发现的普遍性问题和重大问题予以点评,共点出问题 28 个,并提出整改落实意见。

【加强政治监督】

准确把握政治巡察内涵要求，坚持党中央和自治区、市、县党委重大决策部署到哪里、政治监督就跟进到哪里，围绕“三个聚焦”，紧盯被巡察单位职能职责，对被巡察单位党组织开展政治监督。同时，把党史学习教育，政法队伍教育整顿，工程建设、政府采购等重点领域突出问题专项治理等重点工作纳入巡察监督范围。

【创新方式方法】

紧跟自治区党委第十一轮巡视和石嘴山市委第十一轮巡察任务，同步对县机关事务服务中心等6个单位开展巡视巡察上下联动，实现巡视巡察同频共振、同向发力。开展提级巡察，由市委巡察组对县处级领导担任一把手的平罗中学进行提级巡察。注重延伸巡察，坚持自上而下、下沉一级的巡察方式，对第十一轮巡察中被巡察单位的15个二级单位一并延伸巡察，找准上级党组织在责任担当、履职尽责等方面的政治偏差，发现问题73个，反映出上级党组织对下级党组织管理存在漏洞、主体责任压得不实，以巡察整改落实和成果运用促进管理优化和工作质量提升。

【强化指导督导】

在强化巡察人员落实“听、谈、测、查、访、判、议”巡察措施的基础上，巡察办坚持指导督导常态化，每周深入各巡察组，采取听汇报、交流座谈、查看巡察底稿等方式，了解工作进度情况、纪律遵守情况、被巡察单位支持配合情况，对存在的问题进行汇总归纳、把脉问诊、分析研判，明确巡察组工作思路、工作重点，为下一阶段巡察工作指明方向和思路。同时，把巡视巡察最新工作精神传达到各巡察组，以学促干，提升巡察干部履职能力，提高巡察发现问题的精准度。年内，开展现场指导督导38次，向巡察组提出意见建议45条。

【狠抓责任落实】

通过召开县委（政府）分管领导参加的巡察反馈会，将发现问题反馈给被巡察单位党组织、党组织主要负责人、被巡察单位县委（政府）分管领导，落实县委第十轮、十一轮问题反馈，反馈整改问题213个，反馈问题整改率为91.93%。县委巡察工作领导小组召开3次整改情况汇报会，专题听取县委第九轮、第十轮、第十一轮被巡察党组织落实巡察反馈问题整改情况汇报，对整改情况进行现场点评验收。加强巡察整改日常监督，对第八轮、第九轮11个单位的巡察反馈问题整改落实情况进行监督检查，对整改不力的6个单位公开通报。对十四届县委前十轮巡察的61个单位的整改情况开展督导检查，对整改不力的24个单位公开通报。对巡察工作中发现的具有普遍性的共性问题以及与群众切身利益息息相关的民生问题，向有关职能部门下发巡察建议书7份，推动巡察整改上下联动、同步开展，实现“双向发力”。

【参与疫情防控】

按照县委统一部署，部分巡察干部被编入全县疫情防控各小组，在2个社区从事疫情防控工作，另一部分被编入全县疫情防控督查小组，督查全县8个社区疫情防控工作，其间，巡察干部以对群众健康高度负责的决心，做深做细做实疫情防控工作。

【注重自身建设】

加大专业培训力度，通过参加中央第二批巡视指导督导专题培训、市委巡察办统一集中培训、县委巡察办分组培训，切实提高巡察干部思想政治、政策理论水平和业务工作能力。采取“以干代训”方式，注重培养巡察骨干、专业力量，选派3名巡察干部参加自治区党委巡视跟班学习。坚持把忠诚、干净、担当作为巡察干部的第一操守，坚持“谁使用、谁管理”的组长负责制，依托巡察组临时党支部强化巡察人员管理、监督、教育，严明巡察人员“五严格 七严禁 十不准”要求，强化纪律约束。加强巡察组干部的管理考核，每轮巡察结束后对抽调干部作出工作鉴定。每轮抽调优秀年轻干部到巡察组锻炼，发挥巡察熔炉作用。

重要会议

【县纪委十四届六次全体会议】

2月9日，召开中国共产党平罗县第十四届纪律检查委员会第六次全体会议，市委常委、县委书记蒋哲文参加会议并讲话，郑华代表纪委作工作报告，4名领导干部向全会述责述廉，并接受委员现场询问和评议。

【专项治理会议】

2月24日，召开全县工程建设政府采购等重点领域突出问题专项治理工作动员部署会；6月3日，召开专项治理工作联席会议；6月11日，召开专项治理问题整改指导培训会；9月18日，召开全县违规吃喝隐形变异问题专项整治部署会。

【县委第十一轮巡察动员部署会】

3月10日，召开平罗县十四届县委第十一轮巡察动员部署会，正式启动十四届县委第十一轮巡察工作。

【县纪委十四届七次全体会议】

7月31日，召开中国共产党平罗县第十四届纪律检查委员会第七次全体（扩大）会议，研究召开中共平罗县第十五届县纪委第一次全体会议有关事项。

【县纪委十五届一次全体会议】

9月25日下午，召开中共平罗县第十五届县纪委第一次全体会议，采用差额选举的办法，选举产生7名纪委常委；采用等额选举的办法选举产生书记杨自军，副书记王学军、胡新华。

【主题活动动员部署会】

10月9日，召开全县“讲政治 转作风 强责任 抓落实”主题活动动员部署会，传达学习自治区党委书记陈润儿在自治区党委常委会“坚持以案促改、深化作风建设”专题民主生活会上的讲话精神和有关会议精神，部署全县“讲政治、转作风、强责任、抓落实”主题活动。市委副书记、县委书记宋世文在会上发表讲话。12月3日，召开“讲政治 转作风 强责任 抓落实”主题活动推进会。

重要活动

【考察检查】

4月22日，石嘴山市委常委、纪委书记、监委主任雍建华一行调研平罗县巡察工作进展及部分企业项目运行情况；6月10日，自治区纪委副书记、监委副主任刘跃成一行调研平罗县作风建设、日常监督、专案查办、专项治理等重点工作进展情况；12月28日，市委副书记、县委书记宋世文专题调研平罗县纪委监委，实地察看县纪委监委标准化谈话室、档案室、心理健康室，并与县纪委监委、巡察办班子成员进行座谈。

【教育培训】

4月14日，组织全县领导干部参观自治区廉政警示教育基地；6月16日，纪委监委组织排练的情景剧《一支钢笔》，在全县“奋斗百年路 启航新征程”情景微党课比赛中荣获一等奖，平罗县纪委监委荣获“优秀组织策划奖”。6月11日，召开全县专项治理问题整改指导培训会。

纪委十五届一次会议

纪委十五届一次会议新当选纪委班子成员

群众团体

平罗县总工会

【概况】

2021年，平罗县总工会深化党史学习教育，深入学习贯彻习近平新时代中国特色社会主义思想和中共十九届六中全会精神，围绕助推平罗高质量发展，立足工会实际，开展"工会基层组织建设全面提升年"专项行动，开展"建功十四五·奋进新征程"主题劳动竞赛，推进劳动关系"和谐同行"能力提升，开展"礼赞劳动　逐梦前行"活动，丰富职工文体生活，很好地完成各项工作任务。

【党史学习教育】

全方位、多渠道、常态化抓好党史学习教育及党的十九届六中全会精神学习贯彻，开展学习(读书班)61次，专题研讨9次，中心组专题学习7次。开展"迎接建党100周年　讲党史微视频征集"、全县职工经典诵读大赛、党史学习教育进企业、党史知识网络有奖竞答等活动近10场次。组织党员干部祭扫烈士陵园，赴六盘山红军长征纪念馆、将台堡等通过实地教学增强学习成效。

【强化组织建设】

开展"工会基层组织建设全面提升年"专项行动，对全县25人以上企业进行摸底，推动组建工会。2021年，新建工会33家，发展会员3477人，换届、变更113家。积极推进职工之家建设，按照"六有"标准建设区级职工之家5家，会站家一体化建设2家，补助资金58万元。

【助力经济发展】

开展"建功十四五·奋进新征程"主题劳动竞赛，举办重点工程、职工安全技能、养老护理技能竞赛等，涉及10余个工种，涵盖职工1300余人。开展五小成果三级联创联评联展活动，申报成果120项，评选获奖成果50项，奖励资金12.3万元。弘扬劳模精神、劳动精神、工匠精神。投入资金10万元，培育打造6个劳模创新工作室。组织劳模专题宣讲6场次，利用电视、微信、电子显示屏等宣传劳模23人。宁夏大地神州轮胎分公司技术部被评为全国工人先锋号。

【维护职工权益】

推进劳动关系“和谐同行”能力提升三年行动计划，选树劳动关系协调员72人。组织开展《民法典》等法律法规宣讲12期，惠及职工1500余人。推进工资集体协商工作提质扩面，全县签订单独工资集体协议152份，区域性、行业性协议10份，覆盖企业258家、职工30728人，近两万名职工享受到协商带来的收入提升。维护职工安全健康权。开展线上安全生产有奖答题，“安康杯”现场知识竞赛，全县2.9万人次参与。先期打造10家健康企业示范点。

【爱心送暖活动】

通过两节送温暖和节日慰问，共帮扶困难企业8家，帮扶困难职工、劳模、党员以及教师、公安、环卫等群体1251人，发放慰问金107.9万元。筹措资金60余万元，开展“夏送清凉”慰问企事业单位56家，涵盖职工近3万人。救助“工会班”及困难高考新生93人，发放助学金26.9万元。开展“关爱行动”，组织115名在档困难职工和207快递员、网约送餐员免费体检。新打造爱心妈咪小屋1个、课后托管服务示范点2个。开展“稳岗留工”专项行动，给予四家企业各1万元补助金；筹集10.1万元慰问疫情防控人员。

【丰富职工文体】

开展“礼赞劳动 逐梦前行”活动，为企业职工送去3450份新春楹联；举办庆祝中国共产党成立100周年“五·一”劳动节职工文艺演出、全县职工“学党史、诵经典、强信念、跟党走”经典诵读。组织承办全市职工球类暨羽毛球比赛，全市13个单位120名职工参赛；通过有奖竞答、网上接力等方式，举办“猜灯谜送祝福”“争做文明职工 共建文明城市”等线上普惠活动8次，参与职工近4万人。

【审计工会资金】

2021年度，完成对下工会审计项目102家。对11家工会审计整改情况进行回头看，清退不合规支出7.28万元。

共青团平罗县委员会

【概况】

2021年，以国家中长期青年发展规划试点工作为具体抓手，围绕中心、服务大局，组织动员广大团员青年投身乡村振兴、先行区建设，开展暑期“返家乡”社会实践活动和大学生创业行动，展现青春风采。开展道德实践活动，树立青少年爱学习、爱家乡、爱祖国的思想。

【理想信念教育】

在全县共青团系统部署开展“学党史、强信念、跟党走”主题教育和“青年大学习”行动，深入学习宣传贯彻党的十九大精神和习近平总书记关于青少年工作重要论述。先后开展主题教育200余场次，覆盖400余个团组织、8000余名共青团员。

【道德实践活动】

在学雷锋纪念日、五四青年节、国庆节等时间节点，广泛开展“学习雷锋精神，争做新时代好少年”志愿服务、“知党史知国情，爱学习爱家乡”主题征文、“永远跟党走”演讲比赛、“学党史 感党恩 跟党走”五四文艺演出等主题活动100余场次，参与人数1万余人。

【宣传教育活动】

通过微信公众号大力开展“红领巾讲解员”

风采展播、“献礼建党百年，争做时代先锋”系列微团（队）课展播，引导全县广大团员、少先队员投身思想政治理论学习宣讲。在平罗潇湘影院挂牌成立“共青团影院”，组织1000余名团员青年、特需关爱青少年、志愿者等观看《长津湖》等红色电影8场次。开展“传承党的百年光辉史基因　铸牢中华民族共同体意识”主题手抄报比赛、歌唱比赛、演讲比赛等活动100余场次，引领青少年积极投身民族团结进步示范区建设。

【基层组织建设】

2021年，非公企业建立团组织45家，社会组织建立团组织5家，团建任务超额完成，团员“学社衔接”率达97.6%，“升学衔接”率达99.9%，基层团组织党史学习教育录入率达100%。在五四青年节期间，评选表彰2019—2020年度“平罗县五四红旗团组织”“平罗县优秀共青团干部”“平罗县优秀共青团员”。

【团员队伍建设】

平罗县镇、村两级团组织全部完成换届工作。镇、村两级换届产生的团支部书记平均年龄29岁，大专及以上学历分别占94.7%、62.6%，较上届相比，年龄和学历结构进一步优化，文化程度显著提升，同时实现村（社区）团组织书记100%进入村（社区）“两委”班子。2021年，学校领域新发展团员244名，社会领域新发展团员65名，全县初中、高中毕业班团学比始终控制在30%、60%以内。

【希望工程】

联合石嘴山银行和黄河农村商业银行开展“希望工程·圆梦行动”活动，团县委经过登记、筛选、入户排查等，最终评定共资助高中应届毕业生50人，累计资助资金28万元。

【社会实践】

组织88名返乡大学生，到25个县直部门及乡镇、80余个岗位开展为期一个月的暑期“返家乡”社会实践活动。开展以“构建社会化的青少年心理健康服务机制”为主题的“共青团与人大代表面对面”活动，推动青少年合法权益得到全面保护。举办庆祝建党100周年之中华传统文化雅集展演活动，搭建婚恋交友平台。

【大学生创业】

充分利用共青团新媒体矩阵开设创业就业信息专栏，通过送信息80余条、发布岗位1000余个，帮助700余名待业青年解决就业问题。推选宁夏滨泽新能源科技有限公司、宁夏农生农业发展有限公司积极参加“请党放心·强国有我”石嘴山市青年创新创业大赛。编制“青年创业汇编”，更好地服务青年创业。建立青年就业创业见习基地，提供见习岗位，帮助待业青年积累工作经验、提高就业创业能力。与平罗县职业教育中心联合举办平罗县2021年职业技能提升行动养老护理员培训班，解决了部分农村青年劳动力就业问题；动员523名人才深入乡村，参与乡村产业发展、生态环境改善等，建立本土人才库，涵盖73名本土农村青年人才，服务65名返乡人才。

【青年志愿者】

招募疫情防控储备志愿者800余人，组建青年突击队5支，安排上岗200余人。引导青年志愿者投身新时代文明实践，常态化开展“暖冬行动”、“三下乡”、“爱在社区”、“鲜花朵朵送雷锋”、植绿护绿、扶残助残等志愿服务活动，为困境青少年捐赠爱心物资10万余元，组织各类志愿服务80余场次，志愿服务人员达1000余人。招募“河小青”100余名，在黄河边开展“‘河’我一起，保护母亲河”主题“净滩护水”行动。

【西部计划志愿者】

新招募西部计划志愿者 18 名，安排奔赴乡村振兴、基层治理一线，为乡村振兴提供人才保障。在全县培育 15 名“乡村振兴好青年”，树立一批立足农村服务发展、扶贫攻坚、带领农民增收致富的优秀青年典型。

平罗县妇女联合会

【概况】

2021 年，县妇联围绕县委、县政府中心工作，在疫情防控和推动经济社会发展大局中积极履行引领、联系、服务妇女和维护妇女儿童合法权益的职责。在妇女中开展党史学习宣传教育，教育妇女“学党史　感党恩　跟党走”。开展弘扬社会主义核心价值观教育，培育“最美家庭”144 户，“好婆婆”“好媳妇”100 名。开展巾帼创业创新行动，提升妇女素质，推动乡村振兴。充分发挥妇联职能作用，维护妇女儿童的合法权益。

【党史宣传教育】

开展妇联系统庆祝中国共产党成立 100 周年“巾帼心向党　奋斗新征程”文艺会演。设置党史学堂、建立“党史阅读角”、在惠民公园和五湖四海公园等地悬挂党史学习教育宣传横幅、制作宣传展板、向广大妇女发布“学党史　感党恩　跟党走”倡议书，利用“平罗妇联”微信公众平台开设“平罗女儿学党史”专栏，转发“巾帼英雄故事”100 期，“平罗女儿学党史”系列 22 期。

【志愿服务活动】

打造“巾帼红马甲”志愿服务品牌，利用春节、端午节、重阳节等中国传统节日，以“线上 + 线下”相结合的方式，开展关爱帮扶、家风家教、妇女儿童维权、文明引导、绿色环保等特色宣传服务活动，在疫情防控期间，各级妇联姐妹穿上红马甲，到疫情防控最前线报到，在社区卡点，做好卡口值守、核查登记、秩序维护等工作。在疫情防控心理志愿服务热线的接线端，做好心理疏导、矛盾调解、家庭教育等工作。在线上“平罗妇联”微信公众号平台，发布疫情防控小知识、疫情工作动态、疫情防控进展等内容。

【乡村振兴行动】

实施“乡村振兴巾帼行动”。持续抓好农村妇女创业担保贷款工作。2021 年，发放贷款 1276 笔 13183.8 万元，为移民妇女发放贷款 41 笔 388 万元。2021 年年初至报告期回收到期贷款 1590 笔 12741.01 万元，中央和地方财政累计贴息 5585.11 万元，为农村妇女创业就业提供金融支持。

【妇女素质提升】

开展“农村妇女素质提升计划”。选送 2 名女农民参加为期 10 天的自治区高素质行业领军人才女农民培训班，为乡村振兴输送人才。围绕农村人居环境整治，打造整队推进“美丽庭院”示范点 15 个，创建“美丽庭院”示范户 343 户，其中市级“美丽庭院”130 户。

【创业创新行动】

深化“创业创新巾帼行动”。开展重点群体就业技能培训，委托平罗县职业学校、宁夏红马褂家政服务公司、宁夏稻艺编织公司等开展母婴护理、家政保洁、养老护理、手工编织、手工刺绣等妇女技能培训班 6 期，培训 1000 余人次，充分发挥妇女技能，实现自身价值提高收入。

【家庭家风建设】

围绕弘扬社会主义核心价值观。开展以寻找“最美家庭”及“好婆婆”“好媳妇”活动为载体，大力弘扬符合传统美德、体现时代精神的家庭道德模范，2021年度共培育县、乡、村“最美家庭”144户，“好婆婆”“好媳妇”100名，教育引导广大妇女和家庭学习身边的榜样。

【家庭教育服务】

依托家庭教育协会开展家庭教育服务工作。在全县各乡镇、各社区开展家庭教育培训，同时对家庭教育骨干教师开展培训，使家庭教育培训对学校、对家庭、对教师全覆盖。

【亲子实践教育】

以“4·23”世界读书日为契机，开展“书香飘万家·我与妈妈共读一本书”活动，打造家庭亲子阅读品牌。开展“春蕾计划——佑未来　护成长”开展女童关爱行动，以服务女童为初衷，围绕女童教育、女童安全、女童健康等主题内容，为庙庙湖小学的100名儿童赠送100个爱心书包和文具，为燕宝小学捐赠500套女童关爱礼包、49套爱心书包及学习用具，让受助女童充分感受社会的温暖和爱心。

【妇女儿童维权】

依托平罗县爱与家婚姻家庭服务中心开展婚姻家庭服务工作。承接“妇女儿童维权‘12338’热线”，受理当事人法律咨询、心理疏导、精神关爱。在20个城镇社区、13个乡镇及各行政村不定期开展“和谐婚姻家庭大讲堂”。推进“护航春蕾”安全知识进校园进社区宣讲活动，普及青少年自我防护知识。

【权益维护评估】

先后召开全县妇女儿童发展规划统计监测培训会和终期评估工作协调布置会议，迎接自治区妇女儿童发展规划终期评估组对平罗县两规划情况终期评估检查，通过走访调研、座谈交流，评估组专家对平罗县两规划工作给予高度肯定。新一轮两规划将进一步完善法规政策性别平等评估工作机制，从源头促进妇女平等参与经济社会建设。

【关爱特殊群体】

开展“两癌”救助、关爱困境儿童、帮扶移民妇女创业就业等“我为群众办实事”8件。通过构筑“筛查+救助+保险+帮扶”关爱服务体系，深化“两癌”救助工作。争取全国妇联贫困母亲“两癌”救助专项基金18万元，争取自治区民生实事项目资金58万元，按照每名患者1万元的标准发放，缓解她们治疗资金困难的问题。

【妇联队伍建设】

开展乡镇、村（社区）妇联换届，通过换届选举，13个乡镇妇联主席均由乡镇党政领导班子中的女性担任，专职副主席均由乡镇在编干部中的女性担任。选举产生兼职副主席41人，执委283人。村（社区）委员中女性占48.83%，村（社区）主任中女性占27.17%。举办基层妇联主席素质能力暨创业创新培训班，近200名妇联干部参加培训教育。不定期召开座谈会，对妇联干部及执委进行专业化培训。带领新任乡镇妇联主席、副主席30余人外出观摩学习，提高新任妇联主席综合素质和履职能力。

平罗县残疾人联合会

【概况】

2021年，残疾人联合会继续深化改革，不断满足残疾人日益增长的美好生活需要，着力提升残疾人民生基本公共服务水平，优化残疾人事业环境，加强基层残疾人组织治理能力建设，推动残疾人“十四五”发展规划实现良好开局，获得“全国残疾人工作先进单位”称号。

【残疾人扶持】

在宝丰镇扶贫羊场成立残疾人产业扶持基地，增强残疾人产业增收。实施“阳光助残小康计划”，投入资金 20 万元，扶持有养殖能力残疾人 50 户，每户补助项目资金 4000 元。培育致富带头人 2 名，带动残疾人 24 户，养殖羊 294 只、牛 78 头。在平罗县渠口乡金桥村建立“党支部 + 公司 + 合作社 + 困难残疾人”肉牛养殖产业，与生产发展能力较弱的 24 户困难残疾人实现共同盈利共同发展，残联投入扶持资金 9.6 万元，残疾人自筹资金 14.4 万元，以入股的形式与平罗县金桥肉牛养殖专业合作社达成养殖产业扶持协定，每户投入股金 1 万元，由合作社负责托管养殖肉牛 1 头，养殖周期 15 个月，托管期结束合作社把股金全额退回残疾人，困难残疾人每户分红 0.15 万元，在一个扶持周期内残疾人可得到“本金 + 利润分红”1.15 万元。

【残疾人就业】

购买就业创业培训服务，举办农村实用技术及手工编织、草编等技能培训。动员企业为有劳动能力的残疾人搭建就业平台，落实不少于 10%的公益性岗位政策，安排残疾人就业 25 名；扶持残疾人灵活就业 20 名，扶持新开盲人按摩店 3 家。

【残疾人康复】

以精准康复为抓手，向康复机构和医疗机构转送 0~6 岁残疾儿童 99 人，做到“应救尽救、一个不漏”。安排 37 名 7~14 周岁残疾儿童进入机构进行康复训练；开展上门问诊送药救助行动，为 453 名精神残疾人配发精神药品 32 万元；为 22 名精神残疾人住院补助 3.48 万元；全面落实《辅助器具适配补贴管理办法》，向社会组织购买残疾人辅助器具适配服务，服务残疾人 417 人 641 件，辅助器具适配率 96.64%；新建残疾人康复站 2 家。实施“重塑未来”肢体矫治手术 9 人，装配假肢 27 人 27 具，儿童矫形器 11 人 17 具。6 名残疾人得到国龙医院骨关节置换手术治疗；6 名残疾人获得站立式电动轮椅。

【残疾人保障】

为 37187 人次困难残疾人发放生活补贴 409.1 万元；为 32378 人次重度残疾人发放护理补贴 385.6 万元；购买残疾人居家托养家政服务，为 300 名智力、精神、重度残疾人开展服务 1787 人次；投入资金 23.95 万元，为 60 户残疾人家庭进行无障碍改造；为 20 户肢体残疾人发放机动车燃油补贴 0.52 万元；19 名残疾人得到了法律援助；对建档立卡、低保户、一户多残、以老养残等有特殊困难家庭残疾人开展寄宿制托养服务，托养服务残疾人 63 人；在县城主要街道、移民村开展“爱耳日”宣传教育活动，设立了咨询点、悬挂横幅、发放宣传单、面对面解答群众咨询，切实提高群众对残疾预防的认识。

【慰问残疾人】

在“两节”慰问活动中，慰问残疾人 625 户 35.4 万元。为 170 户贫困残疾人家庭发放取暖补贴 8.5 万元。组织宁夏义工联合会为 200 户贫困残疾人家庭发放节日慰问物品。结合“全国助残日”“七一”等节日共慰问残疾人 140 户，发放慰问资金 5.8 万元。推进残疾人文化进家庭“五个一”活动，组织 284 名残疾人参观红色教育基地

2次，观看红色电影2部。

【完善工作组织】

夯实乡镇残疾人组织基础，健全残疾人工作阵地，完善残疾人工作制度，加强残疾人专职委员力量，优化残疾人代表成分，增强了残疾人工作组织的服务能力。以全县村（社区）“两委”换届为契机，对173个村（社区）残协开展换届，加强了村（社区）组织力量，激发村（社区）残协组织活力。

【转变干部作风】

通过开展党史学习教育和中共十九届六中全会精神专题学习，结合“讲政治　转作风　强责任　抓落实”主题活动，把党员干部思想和行动统一到全会精神上，切实增强“四个意识”、坚定“四个自信”、做到“两个维护”。通过畅通暖心热线，入情入理“讲政策”，针对残疾人询问帮扶政策，专人专岗进行答复，知无不言言无不尽；聚焦特殊群体，深挖深究“问底数”；健全社区康复站、辅助器材借用站和阳光家园服务功能，投入资金11万元在红崖子乡红翔新村建设残疾人之家，使残疾人服务更加贴心高效；委托第三方对平罗县托养、康复中心开展审计，对爱壹家托养服务中心和阳光启智康复中心进行整顿，规范“两个中心”的运营；残联领导干部带领托养和康复中心职工开展20天环境卫生整治活动。

平罗县文学艺术联合会

【概况】

2021年，坚持以人民为中心的工作导向，充分发挥职能作用，围绕中心、服务大局，面向基层、服务群众，坚持“抓创作、推人才、优服务”的工作思路，在文艺创作、文艺活动、对外交流、展示形象、人才培养、协会建设等方面取得成效。文学、书法、美术、摄影、民间文艺、舞蹈、音乐、和群众文艺等呈现出百花齐放、生机勃勃的景象。

【参加上级展赛】

县文联组织105幅作品参加自治区党委宣传部、文联举办的庆祝中国共产党成立100周年书画美术摄影大展；组织作品62件，参加石嘴山市庆祝中国共产党成立100周年书画摄影展。

【举办作品展】

历时8个月，组织拍摄平罗社会事业发展成绩和红集黄河文化摄影作品和美术作品。举办平罗县庆祝中国共产党成立100周年党历史书法美术摄影作品展，展出作品386件；举办“不忘初心　跟党走”王忠厚书画作品展。举办“新时代新平罗”摄影展、“农民丰收节”、摄影图片展。

【文艺下基层活动】

开展“送春联、送祝福”“迎新春、贺新年”大型书画笔会等系列活动十多场次。送文艺走基层文艺惠民活动丰富多彩。按照“深入生活、扎根人民”主题实践活动的要求，结合“下基层”工作，两节期间组织书法文艺志愿者走进乡村、社区、集市、学校写春联、送祝福；开展基层文艺巡演、书法、摄影巡回展。

【打造文化精品】

出版《塞上文学》期刊2期20余万字；精装大开本《塞上品鉴——起舞河泽间》《塞上品鉴——塞上江南典藏》诗歌摄影集得以编辑制作完成；《平罗诗苑》出4期，发表千余首诗词作品；韩林森出版诗歌集《苇影诗情》；创作编辑制作《书香平罗》样书。

【积极推出作品】

精心策划选题，推出一批“10 万 +”的文艺作品；利用各种网络平台发布文艺作品 40 余件。文联组织作品在《人民日报》、新华社等先后发表摄影作品 16 次 82 幅，“百万 +” 阅读量的 5 次；摄影作品在《宁夏日报》平罗观察专版发表 30 余幅。网络平台发布平罗文学艺术作品 28 次，其中《贺兰山阙》《画屏贺兰山》展现量“20 万 +”；《贺兰山下下庙村》“10 万 +”；《飞越冰河》《古城之雾》《雪线之上》《平罗贺兰山秘境》《冰河魅影》《平罗贺兰山马鹿》展现量“10W+”。在《朔方》《贺兰山》《石嘴山日报》发表各类文学艺术作品 100 余篇幅。为《我在宁夏等你》《美丽石嘴山》《等你石嘴山》等大型画册提供平罗县全域旅游专版精选作品 46 幅，参与宁夏卫视《宁夏有礼了——平罗》的策划拍摄直播。

【文艺采风活动】

诗词学会举办诗词讲座及研讨会十多次，开展诗词采风活动十多次，足迹遍布平罗县域内外名胜古迹以及社区、校园、乡镇等；美术家书法家协会挥毫泼墨书写时代华章，创作 1 组黄河画卷；30 多名会员 2021 年在区、市书协举办的各类大展中一展风采，取得较好的成就；摄影家协会涌现出一批优秀的摄影人才，拍摄抗疫作品 200 余幅，拍摄“我为党旗添光彩”摄影作品 100 余幅，发表大量的优秀作品，并获得区、市、县各种奖励；音乐舞蹈成为平罗公众演出、大型演艺、晚会的顶梁柱，优美的舞蹈音乐作品斩获区市大奖。

【文艺人才培养】

在扩大队伍建设的同时，注重文艺人才队伍的素质提升，组织各级各类文艺人才、研修线下培训班 2 期、线上培训班 4 期，参训学员超过 100 人次，组织新文艺群体座谈交流多次、举办各类文艺讲座及公益培训 8 场次。

平罗县工商业联合会

【概况】

2021 年，围绕县委、县政府中心工作，紧扣促进“两个健康”工作主题，深化理想信念教育，创新服务理念，贴近会员需求，搭建服务平台，畅通参政议政渠道，充分发挥桥梁纽带、参谋助手作用，积极履行职能。完成工商联换届工作，选举产生新一届工商联主席、副主席、总商会会长、副会长、执委。

【理想信念教育】

把民营经济人士理想信念教育贯穿于工商联工作全过程，发挥企业家协会作用，通过线上线下培训，开展企业家素质提升工程，组织开展民营企业线上讲座和培训课程，网上培训达 2000 余人次。组织民营经济人士参加全县培训班 2 场次，培训企业经营管理人员 120 余人次。组织民营企业开展庆祝建党 100 周年线上红歌比赛，选送 5 部作品参加市工商联线上红歌评选。建成宁夏吉元“民营经济人士理想信念教育基地”。

【典型示范带动】

利用微信公众号、会员微信群等新媒体，推送民营经济发展政策、民营企业创新发展典型、民营经济人士先进事迹等，弘扬企业家精神，展示企业家风采。开展推优评先，推荐上报各类先进典型。宁夏大地循环发展股份有限公司被全国工商联评选为“抗击新冠肺炎疫情先进民营企业”，盈丰植保专业合作社获评“全区抗击新冠肺炎疫情先进集体”；新丝陆服饰有限公司董事长赵慧玲获评“全区脱贫攻坚先进个人”。

【社会公益活动】

开展“迎新春、送温暖”慰问活动，联合平罗县企业家协会，组织宁夏格瑞精细化工有限公司、宁夏吉元冶金集团等民营企业，捐款捐物6万余元，走访慰问平罗县第三敬老院和平罗县爱壹家残疾人托养服务中心。端午节期间，动员宁夏嘉龙嘉诚工贸公司开展“学党史 做慈善”颐享助老慈善活动，捐款捐物30万元，慰问平罗县第二敬老院、平罗县第三敬老院及部分乡镇养老服务中心等。走访慰问黄渠桥镇四渠村和头闸镇立新村贫困群众。积极倡议全县民营企业、商协会组织捐赠防寒服、口罩、消毒液等抗疫资金、物资及生活用品，宁夏大地循环发展股份有限公司等30多家民营企业捐款捐物达100多万元。

【搭建融资服务平台】

先后与石嘴山银行、农村商业银行等多家金融机构建立合作关系，组织召开银企座谈会、银企联谊会，加强银企合作，增进银企感情交流，努力为会员企业贷款融资创造条件，缓解民营企业融资难、融资贵等问题。

【搭建法律服务平台】

成立平罗县商会调解委员会，调解涉及商会及会员企业的各类民间纠纷，积极化解非公经济领域法律纠纷，协调劳动关系，有效维护企业和职工的合法权益。对接大潮人律师事务所，对新安科技、滨河等10余家民营企业提供法律服务，联合司法、人社、工会等部门广泛开展民营经济发展相关法律知识、《民法典》进企业专题培训、“法治进民企”主题活动。与县法院、检察院建立常态化沟通联系机制，开展“服务六稳六保、护航民企发展”活动，为民营经济发展护航助力。

【搭建学习服务平台】

开展民营经济代表人士教育培训。推荐5名民营经济人士参加自治区工商联举办的区外理想信念教育、创新能力和法律知识培训班，组织民营经济人士参加市工商联举办的赴固原等红色教育基地和乡村振兴示范点参观学习，进一步拓展企业家经营理念，提升应对转型期经济形势能力。

【搭建人才交流平台】

针对企业用工难实际问题开展民营企业招聘周、春季校园招聘会、民营企业专场招聘会等活动，畅通就业信息沟通对接渠道，促进人才相互交流，切实发挥民营企业在促进就业和再就业工作中的重要作用。

【搭建友好工商联平台】

加强与省外工商联界的友好合作交流，充分挖掘资源，搭建桥梁纽带，与哈尔滨兰西县工商联、福建省石狮市工商联缔结为友好工商联，加强与区内外工商联之间互惠互利，为地区间协同发展提供广阔空间。

【搭建调查研究平台】

组织开展“送政策进民企”“我为群众办实事”“同心跟党走、迈向新征程”等活动，深入会员企业调查研究，协助企业解决用地、用工、用能等方面难题。确定三林管业、德信恒通、森源重工等19家会员企业作为全国工商联民营企业调查点，每季度组织企业开展民营企业生产经营、营商环境全联网上调查问卷填报，帮助企业解决各类难题，推动民营经济高质量发展。配合做好“2020年度全国工商联上规模民营企业调研”，组织平罗县16家规上企业参与宁夏百强民营企业评选。

【搭建参政议政平台】

畅通参政议政渠道，积极推荐会员企业中的民营经济代表人士担任区市县人大代表、政协委员。推荐县人大代表21名、县政协委员34名。设立工商联界别政协委员工作室，建立同民营经济人士定期交流制度，及时掌握并解决民营企业发展和民营经济人士成长中存在的问题和困难。五年来，共提交议案提案建议60余条，多条意见建议被采纳立案，代表委员的资政建言水平进一步提升。

【党史学习教育】

以党史学习教育为抓手，开展走访调研活动，深入宁夏万博科技有限公司、宁夏昌茂祥冶炼公司等企业，了解企业生产经营情况，掌握企业发展中存在的问题，协调相关部门进行解决。组织商协会负责人和机关党员干部开展"学党史做快乐的劳动者"社会服务活动，走进平罗县塞上春种植基地、红翔沙漠甜瓜专业合作社，给蔬菜搭架、采摘、除草，缓解企业用工难问题，促使学习教育往深里走，往实里走。

【完成工商联换届】

按照自治区、市关于工商联换届工作的文件精神和相关要求，在县委的领导下，切实履行好责任，联系相关部门开展代表推荐，配合县委统战部做好协商提名人选、组织考察、民营经济人士综合评价、确定候选人等工作，召开换届大会，选举产生了新一届工商联主席、副主席、总商会会长、副会长、执委，顺利完成了工商联换届工作。

【基层商协会建设】

深入乡镇商会走访调研，指导基层商会健全和完善各项管理制度，规范内部管理、依照法律和章程开展活动，发挥基层商会在发展和管理会员、宣传政策、提供服务、反映诉求等方面的作用。为平罗县企业家协会和装饰行业商会赠订《宁夏日报》《石嘴山日报》等党报党刊，指导平罗县企业家协会创建全区"四好"商会，支持基层商协会有序运行。

平罗县党外知识分子联谊会

【概况】

2021年，围绕县委政府中心工作，开展思想和组织建设，开展调查研究，加强学习交流，参与社会服务，抓好团结凝聚，推动参政议政，为全县经济社会各项事业发展积极贡献智慧和力量。

【思想建设】

通过专题读书班、专题学习会议等形式，组织会员集中学习党史、新中国史、改革开放史、社会主义发展史及中国特色社会主义理论、共产党领导的多党合作和政治协商制度的基本理论和政策，习近平总书记在党史学习教育动员会上及在庆祝中国共产党成立100周年大会上的重要讲话精神；组织会员赴吴忠等邻近市县爱国主义教育基地，开展现场教学，接受爱国主义教育；通过统战部门、知联会专题学习会议，组织会员认真学习中共十九届六中全会精神、习近平总书记在党外人士座谈会上的重要讲话精神，传达学习中央民族工作会议精神，撰写心得体会。领会党关于加强和改进民族工作的重要思想。组织会员深入学习全县党代会及"两会"精神。全面了解县委、县政府工作思路，中心重点工作，为精准建言献策夯实基础。

【学习培训】

组织14名会员先后参加县政协及县委统战部分别在贵州和六盘山组织的政协委员和党外干部培训班学习，有近10名会员参加统战部门组织的短期培训。在各次培训及知联会组织的集中学习活动中，会员撰写心得体会共23篇。

【调查研究】

将“加强水资源管控，保持经济持续发展”选定为2021年调研课题，由会长、6名副会长及3名熟悉节水工作的骨干会员组成专题调研组，先后到用水矛盾相对集中的陶乐、红崖子等河东地区和通伏、姚伏等河西地区，到农业发展示范点、工业园区等地实地走访调查，全面了解全县用水情况，撰写高质量调研报告，从“加强组织保障、加强资金保障、加强制度保障、提高用水管理能力”几个方面为全县节水提出建议，为全县加强水资源管控，助力黄河流域生态保护和高质量发展提供参考。将“推进媒体深度融合发展，强化舆论引导，形成工作合力”作为调研课题，组织媒体行业会员开展调研，撰写调研报告，并撰写政协提案，从整合全县新媒体资源、提升节目质量等方面提出对策建议，为加快全县传统媒体和新媒体融合发展，占领新媒体宣传制高点，打造服务群众大矩阵，为新时代平罗经济社会及转型发展打造权威公信、快捷互动、亲民便民的宣传阵地提供借鉴。

【参政议政】

聚焦“解决群众的难事、解决基层的难题、解决发展的难点和提高群众获得感幸福感”等方面，组织会员中的人大代表和政协委员积极履行社会职责。在县政协十一届五次会议和县政协十二届一次会议上，提交集体和个人提案共20件，提交大会发言5篇。其中“关于打造黄渠桥红色旅游基地”的提案、“关于加大黄河支流都思兔河治理”的提案、“关于加大力度防范网络诈骗”的提案得到有力办理。撰写的“采取有效措施解决城市飞线和蜘蛛网”的提案凸显县委、县政府中心工作和群众关切，是在全县“讲政治 转作风 强责任 抓落实”我为群众办实事电视微问政中推出的首期问政。

【疫情防控】

副会长杨利平，会员仇凤玲、马玉霞作为县疾病预防控制中心工作人员，深入疫情防控一线工作。副会长王金立，会员殷军芳、刘新胜、徐风毅等，作为医疗战线的会员，组织并积极参与职工新型冠状病毒感染的肺炎病例的院感防控、个人防护知识及技能、消毒隔离知识的培训、医疗废弃物的管理、一次性医疗卫生用品审核和使用后的处理等工作。会员冯金胜等和警察、医护人员每天24小时轮流值守在各个卡口。从事新闻宣传工作的会员赵瑛、王燕，聚焦报道全县各个部门和社会各界在抗击疫情过程中的责任担当和感人事迹。会员、宁夏星源房地产开发有限公司董事长张军，为社区疫情防控点购买方便面、牛奶、面包及口罩、消毒液、酒精灯生活用品和防护物资。全会筹集资金近4000元，购买牛奶、饼干、暖手宝等食物和生活用品，慰问担负重要使命的国道244高仁疫情防控查验点、陶鄂公路疫情防控查验点和明月社区及知联会驻守一线的防控人员。

【社会服务】

组织6名医疗系统专家会员，深入黄渠桥集市，开展送医送药义诊服务活动；组织会员结合下乡调研和义诊开展防范电信网络诈骗宣传活动。联合市知联会、通源驾校开展扶贫帮困献爱心活动。与城关镇东苑社区、高庄乡威镇村联系，为社区、乡村孤寡老人、残疾人家庭、因病致贫等困难家庭共34户开展扶贫帮困送温暖活动，筹集资金7500元，为困难户送去米、面、油、棉衣等生活必需品。

【主题活动】

开展“同心跟党走　迈向新征程”主题教育。组织会员赴青铜峡余家桥烈士陵园等爱国主义教育基地深切缅怀革命先烈，学习英雄事迹，传承革命精神。组织会员赴吴忠市上桥镇牛家坊村、中卫市沙坡头区等乡村振兴观摩点，领略“塞上农民新居”和农业与旅游融合发展的新模式。组织会员参加统战系统庆祝中国共产党成立100周年“同心跟党走　迈向新征程”朗诵大赛，并获得一等奖。

【组织建设】

完善知联会学习制度、会议制度、议事制度，会员入会程序，探索会员退出机制。积极发展有一定专长、可塑性强、综合素质较高人员入会。2021年，发展会员1名，3人递交入会申请。

平罗县新社会阶层人士联谊会

【概况】

平罗县新联会自2019年4月成立后，紧紧围绕县委、县政府的中心工作，在参政议政、教育培训、联谊交友、社会服务等方面，积极引导会员发挥行业优势、开展各项工作。

【思想建设】

组织党史学习教育，开展“同心跟党走，迈向新征程”主题活动，传达学习中共十九届六中全会《公报》、平罗县“两会”精神、《中共中央关于党的百年奋斗重大成就和历史经验的决议》《习近平总书记在党外人士座谈会上的讲话》等文件精神。4月，在六盘山干部学院举办平罗县统战系统干部素质能力培训班，新阶联会副会长李红梅、秘书长王淑萍以及会员段晓丽参加培训，加强对统战政策和业务知识的学习，提升工作本领。

【建言献策】

围绕县委、县政府的中心工作以及县委统战部的工作部署，积极撰写调研报告和心得体会。在政协平罗县第十一届委员会第五次会议上，提交《关于在健身步道配备休息座椅的建议》《关于禁止教师在手机上布置作业的建议》《关于加大力度整顿非机动车占用机动车停车位的建议》等提案。先后撰写《建党100周年心得体会》《走好团结路，迈向新征程》《学习习近平总书记讲话精神心得体会》《学习东部先进经验赋能新的社会阶层人士统战工作——参加宁夏新的社会阶层人士理论研讨班心得体会》等10篇心得体会和《关于平罗县教育培训机构现状及发展情况的报告》调研报告。参加石嘴山市委统战部关于开展“百人百年话同心”征文活动，提交《不辜负更好更美的新时代》《相遇民进，相遇欢喜》两篇文章，取得了优秀奖和二等奖的成绩。

【公益活动】

在惠民公园开展“关爱留守儿童——手工拉近你我距离”主题活动，在为留守儿童提供展示才艺舞台的同时，也让孩子们真切地感受到了来自社会的关爱；开展“凝聚爱心，助力圆梦”及“情暖童心，与爱同行”庆祝“六一”国际儿童节主题活动，为一百多名小学生送去关爱和温暖；9月，到平罗县特殊教育学校开展“手牵手助残，心连心筑梦”活动，弘扬中华民族团结友爱，扶残助弱的传统美德。

【建立实践基地】

在银北医院建立平罗县新的社会阶层人士联谊会实践创新基地。为新的社会阶层人士进一步在实践中增强中国特色社会主义的政治共识，自觉践行社会主义核心价值观，提供创新载体。

平罗县台胞台属联谊会

【概况】

2021 年，平罗县台胞台属联谊会（以下简称“平罗县台联”）坚持以习近平新时代中国特色社会主义思想为指导，提高认识，切实加强自身素质，主动发挥优势，参政议政，在服务台胞台属、建言献策等方面发挥作用。

【统一思想】

2021 年，积极参加县政协办、县委统战部组织的会议和集体学习。学习中共十九届六中全会精神、习近平总书记视察宁夏重要讲话精神、《中国共产党统一战线工作条例》、《反分裂国家法》、中央和区市县党委统战工作会议精神等，积极开展党史学习教育。通过学习教育培训，加深对党的统一战线政策的理解，及时掌握最新统战政策，明确方向，把握重点、强化思想，与党同心同行，为平罗县经济社会高质量发展献策出力。

【联系交流】

加强与平罗县台胞台属的联系。多次开展入户调查摸底。平罗县在册台胞台属 21 户。回到平罗县的台胞台属主要是探亲、观光等，大部分台属利用中国传统节假日等，经常同台湾亲属电话联系，表达思念之情之余，积极宣传祖国的改革开放、日新月异的发展、安居乐业的幸福生活。县台联通过同台胞台属经常性的联系，面对面沟通与交流，想方设法帮助解决生活中存在的问题和困难，增进感情。

【服务活动】

2021 年春节前，市委、县委统战部，以及县台联分别慰问了台联成员和生活困难的台属 16 人，对一些生活困难、年龄偏大的台属都上门进行慰问，送去党和政府的关怀和温暖。

【参政议政】

县台联主席彭小华连续担任政协委员，出席政协第十二届平罗县委员会第一次会议。多次参加政策理论学习，参加“高标准农田建设”等专题协商调研活动。参与新冠肺炎疫情和鼠疫防控工作，积极落实防控物资 500 元，解决实际困难。

平罗县归国华侨联合会

【概况】

2021 年，贯彻学习习近平新时代中国特色社会主义思想、中共十九届五中、六中全会精神及中央统战部和区、市侨联会议精神，发挥侨联的桥梁纽带作用，在连接侨心、凝聚侨智、发挥侨力、为侨服务等方面做出贡献。

【思想教育】

组织侨联成员积极参加全区侨联十九届六中全会精神学习以及党史学习教育培训、铸牢中华民族共同体意识专题培训班，组织侨联成员集中开展学习习近平总书记在中国共产党成立一百周年纪念大会上的讲话精神、中央民族工作会议上的讲话精神等内容，学习习近平新时代中国特色社会主义思想。先后派遣侨联骨干成员参加自治区侨联在厦门、六盘山干部教育学院组织的短期培训，结合党史学习教育，组织侨联成员开展“同心跟党走，迈向新征程”主题活动，赴吴忠市余家桥烈士陵园、牛家坊全国美丽乡村示范点、红寺堡弘德村、中卫市沙坡头美丽乡村示范点等地方参观学习，激发侨界群众的政治认同和情感认同，达到了凝聚人心、汇聚力量、坚定立场、与党同心的目的。

【提升服务平台】

于2016年、2018年分别在星海社区、新世纪社区挂牌建立平罗县侨胞之家后，2021年又争取区侨联项目资金10000元，提升改造星海社区侨胞之家，搭建全县归侨侨眷学习习近平同志新时期侨务工作思想、侨务政策宣传的新阵地、侨联干部联系侨界群众的团结之家、温暖之家及归侨侨眷交流增谊的平台。

【积极建言献策】

开展基层社会治理调研工作，组织侨眷撰写《关于进一步优化居家和社区养老服务提升为老服务能力的思考与建议》调研文章，积极参政议政，侨联撰写的《关于加强小区内乱贴小广告等不文明行为管理的提案》《关于发挥家庭、社会、学校助推青少年体质健康的建议》被县政协十一届四次会议确定为大会提案，并得到积极推进落实，《关于对京藏高速平罗南出口沿线进行绿化的提案》《关于新建县城建筑垃圾固定投放点或填埋场的提案》被县十二届一次会议确定为大会提案，正在办理。

【真心为侨服务】

利用“两节”“七一”等时间节点，配合区、市侨联和县委统战部积极开展走访侨眷送温暖慰问活动，先后走访慰问困难侨眷30余名，加强了党和政府同归侨眷的联系。2021年9月28日，自治区侨联副主席郑大鹏一行来平罗县开展“侨胞服务日”活动，与侨胞座谈交流，征求基层意见和建议，并对10名因难侨眷进行慰问。积极争取自治区侨联为侨服务资金5000元，组织举办为期3天的太极拳培训班，丰富侨眷的业余生活，增强侨联组织的凝聚力。

【爱心助力抗疫】

平罗县侨联始终心系抗疫一线，组织部分侨联成员，积极筹措资金2000余元，向新利社区、星海社区两个侨胞之家防疫卡点送去方便面、奶茶、八宝粥、糕点等防疫物资和生活用品，向奋战在疫情防控一线的工作人员送上侨届的关心和慰问，与社区工作人员同心战“疫”，以实际行动支持这场没有硝烟的疫情防控阻击战。

【联络交谊活动】

组织侨联成员参加自治区侨联举办的2021年迎新春茶话会、全市侨届传承中华优秀传统文化主题活动、市侨联清明祭扫烈士陵园和韭菜沟捡拾遗留垃圾志愿服务活动，以及全县统战系统“同心跟党走，迈向新征程”诗朗诵活动，并获得优秀奖。通过参加活动，展示侨联风采，促进侨联成员与各民主党派、工商联、无党派、新联会之间的联系和交流，为服务大局、助力发展凝聚人心、鼓舞士气。

科学技术协会

【概况】

2021年，贯彻落实《中国科协中央文明办关于组织实施科技志愿服务“智惠行动”的通知》，深化中央文明委、中科协确定的重点工作项目基层联系点工作，平罗县田间课堂科技志愿服务项目荣获全国科技志愿服务先进典型称号、入选中央文明办编印的《新时代文明实践中心工作方法100例》，白静获评中国科协十大代表。

【志愿服务队伍】

在科技志愿服务信息平台注册科技志愿者2380人，发布活动149场，上传稿件21篇，居宁夏第一。

【志愿服务平台】

做好“农旅+科普”的科普示范基地及科技志愿服务基地，建设宁夏泰金种业、城关盈丰合作社等累计19个，组织开展农民创业大赛、农民科普知识网络大赛等科技、科普活动35场次，培育科技示范户1500户，服务群众2.6万户。

【志愿服务活动】

联合全县36所学校成立青少年科技教育联盟，开展青少年创新大赛、机器人大赛等各类比赛4场次，举办平罗县第四届青少年科学节，受众学生2.4万人次。组织200多名县、乡志愿者结合科技周、科技工作者日等深入全县种养园区及扶贫产业园开展技术咨询等开展活动20场次，累计服务群众8100多人次。

【特色科普活动】

县科技馆争取自治区科学家展板、更新“榫卯的魅力”展品，组织全县中小学生走进科技馆，汲取科学知识；平罗县科技馆被区科技厅认定为2021年自治区科普基地；助力“双减”政策落实，举办特色科普活动12期，传播受众1.4万人次，“庆佳节　增共识”科技科普活动荣获2021年度全国科普日优秀活动；县科协被中国科协评为2021年全国科普日活动优秀组织单位，平罗县被中国科协命名为第二批全国科普示范县。

自治区残联副理事长看望平罗县爱壹家残疾人托养中心残疾人

自治区残联规划发展工作部主任调研残疾人托养工作

邀请康乐精神病院下基层为精神残疾人办理残疾证

开展残疾人农村实用技术培训班

2021年2月3日，县总工会走访慰问帮扶户

2021年4月28日，平罗县总工会举办庆祝中国共产党成立100周年“五一”劳动节职工文艺演出

2021年7月，县总工会开展“夏日送清凉”慰问

2021年7月21日，自治区、石嘴山市、平罗县、工业园区四级工会在阳光焦化举办送文化、金秋助学、送清凉

2021年6月23日，平罗县总工会举办“安康杯”全县职工安全生产知识竞赛

2021年6月9日，组织承办全市职工球类暨羽毛球比赛

2021 年 4 月，在五湖四海公园观澜楼举行中国华服日活动

2021 年 5 月，在西区文化广场举办平罗县 2021 年“我用青春为党献礼”暨五四文艺演出

2021 年 7 月，组织开展“七彩假期”暑期大学生社会实践

民主党派

民革平罗支部

【概况】

2021年，团结带领全体民革党员，紧紧围绕县委、县政府中心工作和“十四五”发展战略规划总体目标，切实履行参政党职能，凝心聚力，开拓进取。顺利召开民革平罗支部第二十次党员代表大会，选举产生民革平罗支部第二十届委员会委员、主委、副主委。樊燕当选为民革平罗支部主委，王秀娟、石颖、马晓芳当选为支部副主委。

【思想建设】

通过党员大会、支委会、专题学习、微信公众号、QQ群等线上线下学习形式，系统学习习近平新时代中国特色社会主义思想、各级“两会”精神、民革各级全委会等重要会议、讲话精神。学习中共十九届六中全会精神，开展中共党史、新中国史、改革开放史、社会主义发展史学习教育，同学习统一战线历史、民革历史结合起来，深刻学习领会习近平总书记关于加强和改进统一战线工作的重要思想，深化“不忘合作初心，继续携手前进”主题教育成效，参加市委统战部庆祝中国共产党成立100周年“快闪”录制活动及县委统战部举办的“同行跟党走　迈向新征程”朗诵大赛、座谈会等主题活动，组织党员到黄渠桥红色教育基地开展红色教育和板凳课堂。在县委统战部举办的“同行跟党走　迈向新征程”朗诵大赛、座谈会等主题活动中荣获“同心跟党走　迈向新征程”朗诵大赛三等奖。

【组织建设】

修改完善《支部领导成员联系制度》《支部提案专委会制度》《党员参政议政激励机制》等11条工作制度，明确党员参政议政的具体任务和内容，实现支部各项工作规范化、制度化目标。积极发展新党员2人，有3名年轻骨干党员被提拔走上领导岗位，主委樊燕当选为政协第十二届平罗县委员会副主席。开展“达标支部”创建活动。严格按照上级考核细则要求，对标对表对2017—2020年度以来的工作资料进行整理归档，顺利通过上级验收考核。

【参政议政】

2021年,《关于以战略高度重视、培育、发展数字经济的提案》等23件提案被自治区政协十一届四次会议和市政协十一届五次会议采用并立案办理。党员王秀娟撰写的《着力打造河东现代奶业示范区的建议》在市政协十一届五次会议上发言,在政协第十二届平罗县委员会第一次会议上,民革平罗支部共上报提交各类调研报告和意见建议20余件,上报提交提案12篇,立案5篇。提交的3篇大会发言材料全部被采用。其中,石颖、马晓芳撰写的《激发消费活力·促进经济增长》《主攻村集体经济经营性建设用地入市促进土地权盘活增值》以口头形式进行大会发言,王秀娟撰写的《关于我县公办幼儿园师资配备情况的调查与思考》选为书面交流材料。其他党员也结合自己的领域,围绕县域内农业、民生等领域问题积极建言献策。

【党员慰问】

每逢重大节日看望慰问支部老党员已经是支部形成的良好传统习惯。支部主要负责人看望慰问老党员杨启荣、闫清廉、胡家奎等党员达15人次,切实将支部的关怀和祝福送到党员的心坎上。

【扶贫帮困】

利用春节、元旦等传统重大节日,开展扶贫帮困送温暖活动。元旦前夕,支部负责人走访慰问了红崖子乡15户建档立卡贫困户,送去价值8000余元的米、面、油;在中秋节前夕,支部主委樊燕走访慰问了黄渠桥镇余凤兰、丁秀琴等5户贫困户,并为每户送上慰问金和月饼。组织医疗界别党员在黄渠桥镇开展义诊活动,免费发放价值5000余元的常用药物,义诊近百人。累计慰问资金2万余元。

【疫情防控】

先后有10余名党员主动投身村镇、社区、高速公路卡口等疫情防控一线开展疫情防控志愿服务活动;支部负责人多方协调,联系宁夏佳禾医药有限公司、宁夏万民康连锁有限公司、宁夏壹康源有限公司等爱心企业积极筹措爱心物资。捐赠防护服15套、N95口罩8箱200只、一次性医用口罩9箱36000只、抑菌洗手液4箱80瓶、消毒液16箱480瓶、维生素C泡腾片35箱700瓶、牛奶40箱、饼干42箱、达利园面包40箱等价值8万余元。

民盟平罗总支

【概况】

2021年,以习近平新时代中国特色社会主义思想为指导,认真贯彻落实中共十九大、习近平总书记重要讲话精神及习近平总书记视察宁夏重要讲话精神,紧紧围绕平罗县委、县政府中心工作,认真履行参政党职能。

【思想建设】

坚持把学习习近平总书记重要讲话精神、中国共产党党史、统战理论、盟章盟史作为盟员学习的主要内容来抓,采取会议集中学、搭船培训学、线下个人学等方式,提高盟员政治站位。集体学习《中国共产党统一战线工作条例》,举办中国共产党党史学习教育读书班,参加县委统战部举办的"同心跟党走　迈向新征程"党史学习实地教育活动,观看庆祝中国共产党成立100周年大会现场直播,专题学习习近平总书记"七一"重要讲话,撰写观后感及学习心得10篇;通过学习,夯实盟员多党合作的思想政治基础,增强盟员参政党的政治责任感和使命感。

【组织建设】

顺利完成总支换届选举工作，选举产生民盟平罗县第九届总支委员会，认真贯彻落实《中国共产党统一战线工作条例》和《民盟中央关于进一步加强基层组织建设的意见》精神，吸收政治素质高、学有专长、富有朝气的中青年同志入盟，2021年，向上级盟组织推荐新盟员3名。

【学习交流】

组织盟员乘坐绿皮小火车到石炭井、大武口工业遗址公园等进行参观学习，开展“学好党史必修课、凝心聚力担使命”主题教育。通过参观学习，鼓励盟员努力拼搏、不负时代，为争当黄河流域生态保护和高质量发展先行区贡献力量。在惠民公园举办“庆三八　健康运动”趣味运动会，鼓励女盟员积极参加全民健康运动。

【参政议政】

向县政协十一届委员会五次会议提交大会发言2篇，均被选为大会书面交流发言材料，提交集体提案1件，提交个人提案14件；向县委统战部提交调研报告1篇；向县政协十二届委员会一次会议提交大会发言2篇（其中“以提高基层医疗机构服务能力为抓手　促进健康平罗建设”被选为大会口头交流发言材料），提交集体提案1件，提交个人提案10件；盟员何良荣、杨作枢、王燕霞、李静、戴会荣等10人被民盟市委会评为优秀盟员；王燕霞、王学刚、杨彦被县政协十一届委员会授予“优秀政协委员”荣誉称号；民盟平罗总支被政协平罗县第十一届委员会授予“优秀提案集体”称号。

【慰问盟员】

在第37个教师节来临之际，盟总支召开盟员教师座谈会，慰问优秀盟员教师，向辛勤工作在教育一线的盟员教师们致以节日的问候。建立逢年过节慰问退休老盟员制度，2021年共慰问生病住院盟员4人。在盟员直系亲属去世时，盟总支班子成员均及时登门吊唁和慰问，表达组织的关怀，让盟员切身感受到组织的关心和温暖。

【社会服务】

开展“同心跟党走　迈向新征程”喜迎建党100周年社会服务活动，为城关镇、高庄乡、头闸镇、通伏乡等乡镇的13户困难家庭送去米面油、衣服、蔬菜、学习用品等慰问品；教师盟员积极帮助高考学生填报志愿，盟员何良荣在平罗中学报告厅为1000多名考生和家长就“如何填报高考志愿表”进行长达两个小时的讲座；号召盟员积极投入抗击疫情工作，有1名盟员下沉社区，参与卡点值守，6名盟员参与社区志愿者服务，3名盟员通过撰写文章、或创作抗疫书画作品、或开展健康心理疏导等，采用多种形式积极发挥作用。总支投入资金4000余元，购买方便面、牛奶、奶茶等抗疫保障物资，慰问唐徕社区、明月社区、县中医院等疫情防控卡点抗疫一线工作人员。盟员王学刚被民盟宁夏区委会授予社会服务先进个人称号。

【取得成绩】

盟员李静在县教体局举办的全县干部群众合唱比赛中荣获一等奖、在平罗县第七届中小学生艺术展演活动中指导节目荣获二等奖；盟员吕小保、沈洁在自治区教育厅举办的“没有共产党就没有新中国”庆祝建党100周年书画作品展中分别荣获二等奖；盟员张微微在第一届全市中、高考专题网络课程征集评选活动中荣获高中英语二等奖；盟员陈振宇、吕小宝、王岩、沈洁积极拿出作品参加区、市统战系统举办庆祝建党100周年书画展展览，受到好评。

民建平罗总支

【概况】

2021年，围绕党派中心工作、服务大局、发挥优势、全面履职，顺利完成各项学习任务和工作。民建平罗总支荣获民建市委会“优秀基层组织”称号，4名会员分别获得优秀会务、社会服务、参政议政先进个人称号。

【思想建设】

学习贯彻中共十九大和十九届五中、六中全会精神，学习习近平新时代中国特色社会主义思想、习近平总书记“七一”重要讲话、《中国共产党统一战线工作条例》、习近平总书记在党外人士座谈会重要讲话、中央民族工作会议、自治区十二届十三次全会和县“两会”精神。提高会员政治站位，巩固共同思想，强化政治担当，树立“四个意识”，坚定“四个自信”，坚决做到“两个维护”。

【组织建设】

按程序完成换届工作，选举产生新一届总支和支部委员；建立总支成员联系支部制度；做好新会员的发展和吸收工作，逐步壮大民建队伍。做好和其他党派联系工作，共同组织开展各项活动。

【学习交流】

开展“同心跟党走　迈向新征程”系列活动，结合党史会史学习，开展线上线下学习交流，参观原八号泉水泥厂遗址，感受20世纪60~70年代工业革命的变迁历程；参观石嘴山市铸牢中华民族共同体意识主题教育馆，引导全体成员铸牢中华民族共同体意识；通过微信工作群给广大会员推送各类党史学习优秀篇目；参加县委统战部举办的“同心跟党走，迈向新征程”朗诵比赛，取得第三名。

【参政议政】

会员中的政协委员在政协参政议政平台上发挥较好的作用。共征集提案6件，大会发言2篇。姚茜撰写的《奋力担当黄河流域生态保护和高质量发展先行区建设排头兵》入选大会发言。

【社会服务】

组织部分会员专家深入乡村、移民村开展法律咨询和送资料等服务工作。组织部分政协委员购买价值4800元的食品慰问奋战在一线的疫情防控工作人员，为他们送去温暖和关爱。开展99公益日募捐活动，组织会员为平罗县确定的募捐项目捐赠880元。

民进平罗县支部

【概况】

2021年，以“有思有行、集智聚力、顺势而为、开拓创新”为主线，以提高新型政党制度效能、彰显多党合作制度优势为载体，突出重点、凝心聚力、争先进位，认真履行民主监督、参政议政职责。制定印发《民进平罗支部2021年工作方案》，使履职能力建设工作覆盖到全体会员。

【思想建设】

以开展“党史学习教育”为契机，举办读书班，组织全体会员重点学习《论中国共产党历史》相关章节，撰写并分享学习心得，安排党史知识答题测试；组织骨干会员和新会员参加民进区委会、市委会暑期培训班和县委统战部学习培训班，参训会员认真学习积极撰写学习心得，全年共组织支委会成员集中学习4次，组织全体会员集中学习 3 次，传达学习中共十九届六中全会、平罗县“两会”等重要文件会议精神。

【疫情防控】

按照疫情防控工作要求，支部副主委赵鹏、会员潘东、王淑萍第一时间到所在值守点开展疫情防控工作。轮班值守，通过检测、排查、宣传等，全力做好疫情排查、防控和应急处置及有关政策措施宣传解读工作。会员立足各自岗位职能，奋战在疫情防控第一线。支部班子成员先后到阳光社区和明珠社区等疫情防控驻地，向坚守岗位的民进会员送去方便面、牛奶等价值 1500 元的慰问品。

【参政议政】

多次参加县委、县政府、政协组织的党外代表人士座谈会、重点项目推进情况通报会，积极建言献策，围绕大局，组织会员围绕全县中心工作和群众关心的热点难点问题，开展调查研究，提出合理意见建议。撰写民进 N+ 履职活动表，不断积累参政议政能力。全年共收集上报提案 11 件、调研报告 3 篇。李娜撰写的《企业科技创新面临的问题及建议》被市政协作为书面交流发言材料，被评为十一届一次会议以来“提案工作先进个人”，《关于多措并举缓解我县停车难问题的提案》被列为县政协 5 号重点提案。

【社会服务】

春节前夕，组织开展“春联万家”活动，为府地金源社区群众写春联送祝福；走进明珠社区，为困难群众捐赠爱心棉被 20 件；潘东发挥专长，在“委员讲堂”中为群众讲解《民法典相关知识》；结合“民族团结月进步”，组织会员到黄渠桥镇开展“名家荐书”好书推荐展板展览、防范网络电信诈骗宣传活动。

【取得成绩】

主委李娜因本职工作突出被宁夏图书馆学会授予优秀会员称号，被市、县政协评为“提案工作先进个人”和“优秀委员”；会员潘东书法作品获自治区文化和旅游厅优秀奖，王淑萍文学作品《因为热爱》荣登全国民主党派市级组织热文榜首。张丽君获全区第十届中小学优秀自制教具展评活动三等奖；裴金川荣获平罗县“名教师”称号。

农工党平罗总支

【概况】

2021 年，坚持以习近平新时代中国特色社会主义思想为指导，贯彻落实中共十九届五中、六中全会精神和习近平总书记视察宁夏重要讲话精神，加强自身建设，围绕县委、县政府的中心工作，立足党派特点、发挥自身优势，深入基层走访调研，积极建言献策。开展以“献血，让世界继续跳动”为主题的宣传义诊活动。被农工党宁夏区委会表彰为全区“先进基层组织”。

【思想建设】

把政治理论学习作为重中之重，采取集体学习与个人学习相结合、理论学习与实践活动相结合的方式，重点学习习近平总书记在庆祝中国共产党成立 100 周年大会上的重要讲话精神、方针政策、统战理论、农工党党史党章和中共十九届五中、六中全会精神及习近平总书记视察宁夏重要讲话精神，传达学习区委会和市委会相关文件精神。选派业务骨干 15 人次参加区委会、市委会及县委统战部组织召开的理论学习会议和培训，6 人次参加区委会在固原和河南省社会主义学院组织的理论培训，3 人参加县委统战部组织的宁夏社会主义学院专题培训。撰写心得体会 14 篇。通过理论学习和专题培训，提高党员政治素质和思想水平。

【疫情防控】

15名农工党员投入疫情流调、排查、督查和应急值守等防控工作。快速处置“8·20”鼠疫疫情，成功处置“10·6”入境阳性货物事件。面对银川“10·17”和吴忠“10·18”新冠肺炎疫情特点，疾控中心的4名农工党员及县医院、中医院的农工党员们以舍我其谁的担当精神，夜以继日地连续奋战在疫情防控第一线。

【学习交流】

开展“不忘合作初心，继续携手前进”主题教育及“弘扬爱国奋斗精神，建功立业新时代”主题教育等活动，组织全体农工党员到石嘴山市五七干校及硒有田园参观学习；组织党员积极参加全县统战系统诗歌朗诵活动，总支《颂歌献给共产党》荣获优秀组织奖；推进农工党中央委员会组织的“同心助医工程”，积极与同心全科医生实施结对帮扶；开展“铸牢中华民族共同体意识”主题教育，通过参观盐池革命纪念馆，让党员们感受革命烈士不怕牺牲精神，激发党员们的爱国主义热情。组织召开学习贯彻中共十九届六中全会和县“两会”精神专题交流研讨会，进行交流发言。通过学习交流，激发党员奋斗励志和工作斗志。

【参政议政】

深入基层走访调研，认真撰写调研报告，积极建言献策。在县政协十一届五次大会上，提交撰写提案15件，上报集体提案4件，个人提案9件，上报社情民意1件。向市委会上报《关于进一步加强疾病预防控制体系建设》《关于加快我县奶牛产业发展》《关于加强青少年生殖健康教育》《关于进一步扩大健康扶贫覆盖面》提案4件，向县政协上报大会发言稿3篇，其中《关于加快我县奶产业发展的提案》被县政协确定为重点提案，赵丽华撰写的《加强疾病预防控制体系建设，提升疾病预防控制服务能力》作大会口头发言。在县政协十二届一次会议上，上报个人提案9件，集体提案1件，王学琴撰写的《提升农村居民健康水平，推进健康乡村建设》作大会书面交流发言，向市委会上报《实施乡村振兴战略的调研报告》和《补齐农村公共卫生服务短板，推进健康乡村建设》调研文章2篇，为促进石嘴山市和全县经济社会发展做出贡献。

【义诊咨询服务】

组织部分党员在饮马湖广场开展以“献血，让世界继续跳动”为主题的宣传义诊活动；组织5名骨干党员参加县委统战部在黄渠桥镇农贸市场举办的“民族团结进步月”活动，发放健康宣传资料11种1500余份，免费测量血压300人次，发放药品250余盒，发放手提袋、围裙等健康干预品250余份，为广大群众开展送医送药送健康义诊宣传服务。

【慰问活动】

重要节日对4名老党员进行慰问，在“10·17”和“10·18”新冠肺炎疫情处置中，总支到县疾控中心、县医院和光辉宾馆集中隔离点，看望慰问坚守在疫情防控一线的6名农工党员，表达农工党组织的关心关爱。在疫情防控中党员边继红为平罗县交警大队捐赠价值3500元的羊只2只。

【组织建设】

完成两个支部和总支的换届工作。建立健全党员履职量化考核体系，建立参政议政、社会服务性活动、培训学习等量化考核机制，让提案、理论调研、大会发言、视察座谈等工作作为评价党员履职能力的重要依据，率先在圣爱医院建成农工党党员活动之家，打造了文化墙、荣誉墙，为党员开展活动提供场所。考察入党积极分子1人。

【取得成绩】

总支被农工党宁夏区委会表彰为2020年度全区“先进基层组织”；赵丽华、王学琴2人荣获农工党宁夏区委会“参政议政先进个人”称号；孙学枝、张丽萍、李振娟3人荣获农工党宁夏区委会“优秀党员”称号；10名党员荣获农工党石嘴山市委会先进个人荣誉称号；党员赵丽华、张丽萍、杨玉金荣获县政协“优秀委员”称号。张丽萍撰写的《关于扩大妇女两癌检查普及面的提案》及赵丽华撰写的《关于进一步推进医养结合养老模式的提案》荣获十一届政协“优秀提案”奖。

九三学社平罗县委员会

【概况】

2021年，以习近平新时代中国特色社会主义思想、中国共产党十九大精神为指导，围绕党的中心工作，结合自身实际，不断加强自身建设，积极发挥参政党的作用，在思想建设、参政议政、组织建设等方面取得可喜成绩。被市委评为2021年度社会服务工作先进集体。6月30日，九三学社平罗县委员会召开第二届委员会会员大会。韩晓莉当选为九三学社平罗县第二届委员会主任委员，苏顺军、林继刚当选为副主任委员。吸收2名优秀人士进社。有6名社员当选县政协委员（1名政协常委）、2名社员当选石嘴山市人大代表。

【思想建设】

把思想建设作为一项长期的首要工作来抓，多层次、多角度、全方位组织全体社员开展时事政治的学习，采取自学和网络交流。开展中共党史学习教育，开展主题教育2次。以民主、科学为宗旨，不断提高自身的政治鉴别力和政治敏锐性。

【参政议政】

注重培训学习、调查研究工作，组织3名社员参加平罗县委统战部组织的骨干社员的培训和县政协组织的巩固脱贫攻坚与乡村振兴有效衔接培训班；到大武口硒有田园对文旅融合发展休闲采摘、生态观光和富硒鲜食产业进行调研。到通伏乡绿康林家庭农场，对休闲水稻合作社的观光农业发展进行专题调研。在调研中认真询问、讨论和分析，调研后认真撰写议案、提案，积极为“两会”提交提案做准备。2021年，提交区委会调研报告1篇，提交县委统战2篇，征文6篇，平罗两会提交提案10篇，大会书面发言1篇，政协会联组、小组讨论积极发言，所提议案、提案得到各方重视。

【疫情防控】

社员杨琳、袁莉参加石嘴山市卫健委选派的支援吴忠市全员核酸检验工作。社员曾黎生、白静，分别在古城新苑、陶乐蹲点守卡。他们放弃休息休假，守好人民群众的生命与安全。社员金顺医药负责人哈学广，先后捐助石嘴山市、平罗县各疫情防控卡点各种消毒液、口罩、防护服、体温计等疫情产品价值2万多元。社员韩晓莉用画笔描绘万众一心抗击疫情的感人画面，社员教师苏顺军、石艳红、王玉、王朝阳4名老师在家认真备课，研究如何网络直播课程，将学科知识第一时间传递给学生，让学子们在家也不耽误课程。

【服务社会】

开展学社讲座、义诊等系列活动，为广大市民普及科普知识。积极助力科技脱贫攻坚。社员曾黎生、张薇、白静、刘静深入田间地头开展科技指导培训，利用专家自身技术专长帮助打造当地品牌农产品。林继刚、袁莉、勾爱红、许鹏、杨琳在各自岗位上努力提高专业水平。9月，到黄渠桥镇开展民族团结进步义诊活动1次。

【学习交流】

积极参加宁夏九三论坛活动，参加中国共产党成立100周年相关庆祝活动；组织社员开展庆“三八”妇女节活动、参加县委统战部“同心跟党走　迈向新征程”朗诵大赛，荣获二等奖；组织开展庆祝九三学社成立76周年活动；组织老社员参加市委会“重阳节活动”。

【取得成绩】

九三学社平罗县委员会被市委评为2021年度社会服务工作先进集体、获县委统战部“同心跟党走　迈向新征程”朗诵大赛二等奖；韩晓莉获九三学社宁夏区委出彩九三人称号；石艳红、韩晓莉、苏顺军、林继刚、杨启城等社员获九三学社石嘴山市委2020年度参政议政、思想宣传、社会服务等工作先进个人称号；苏顺军、韩晓莉荣获优秀政协委员称号；苏顺军教育教学论文《在疫情“战役”中彰显思政教师的“英雄本色”》获得县级一等奖、在第十三届全市教师基本功暨“互联网+教育”和人工智能教学应用大赛中，荣获高中思政精品视频课市级优质课比赛二等奖、荣获校级“优秀班主任”荣誉称号。韩晓莉作品《最美逆行者》荣获全区第六届群众书画摄影大赛二等奖、作品《灿烂阳光下》《花开盛世》入选宁夏庆祝中国共产党成立100周年书画摄影展及全区统战系统庆祝建党100周年书画展。王朝阳获得平罗中学优秀教师称号。袁莉荣获中国科学家论坛2020—2021科技创新优秀发明成果奖、被评为石嘴山市“三名工程”专业技术骨干。石艳红获平罗中学2020—2021年度“最受欢迎教师”称号。刘静获得宁夏回族自治区科技厅颁发的西北旱直播稻区化肥农药减施增效关键技术集成与示范科学技术成果奖。

法　治

政　法

【概况】

2021年，政法工作以党史学习教育和政法队伍教育整顿为引领，全力实施忠诚本色、宗旨意识、系统观念、法治思维、科技应用、基层基础、素质作风“七大提升行动”，提高工作质效。县扫黑办荣获全区扫黑除恶专项斗争先进集体，县委政法委荣获（2018—2020年）全区扫黑除恶专项斗争先进集体。

【强化思想引领】

建立“政治早课”“政治夜校”“周末课堂”“5点钟课堂”等理论学习制度，创建每日云测、每周测试、集中测试“三测”模式，围绕主题，开展交流研讨40余场次，组织集中学习370余次、集中测试50余次，开展专题党课40余次、专题培训等70余场次，开展红色教育16批次，印发学习参考资料9300余本。

【筑牢思想防线】

举办英模报告会、现场观看警示片等，树立英模，学习英模，对照英模检视差距，对照党章、党纪党规、法律法规以及防止干预司法“三个规定”等检视自己，引导政法干警筑牢廉政思想防线，做廉洁自律的践行者和表率者。针对在教育整顿期间排查出来素质能力作风问题类顽瘴痼疾，在持续整改的同时，制定出台30余项规范性文件并严抓落实，教育引导政法干警发扬“三牛”精神，破解“庸懒散”，提振“精气神”，务实苦干、担当作为。

【为民办实事】

开展“我为群众办实事”“创新治理保平安”等实践活动。围绕人民群众反映强烈的热点、堵点、痛点问题，通过深入基层调研、召开服务对象座谈会、印发征求意见表等形式广泛征集各类意见建议300余条，解决群众“急难愁盼”问题10200余件。

【矛盾纠纷化解】

健全完善矛盾纠纷排查、化解、分析研判常

态化工作机制，确保各类矛盾纠纷抓早抓小、因调尽调。推行领导干部接访下访、落实包案化解责任。共计排查化解矛盾纠纷4888件，化解4825件，化解率98.7%。贯彻落实庆祝中国共产党成立100周年安保维稳工作会议精神，全力做好矛盾纠纷排查专项行动，排查矛盾纠纷347件，全部化解，自治区市交办的7件矛盾纠纷得到有效化解和稳控。中央信联办、自治区信联办交办平罗县的55件重复信访积案全部办结。

【加强警务建设】

坚持和发展新时代"枫桥经验"，培育城关派出所调解"五字诀"、太沙园区警务室"一防两调三提升"等一批"枫桥经验"平罗特色品牌，发挥社区警务"1+X+N"工作机制，建成警务室一类47个、二类107个，畅通群众服务机制。

【应急处突机制】

成立巡特警大队，建成步行街、政务中心反恐"四联三防"（联建、联防、联处、联勤，防冲撞、防砍杀、防爆炸）两处示范点，完善落实依法办理、社会面管控、舆论引导"三同步"工作机制，查处涉政涉稳有害信息400余条。

【治安防控体系】

开展"小翼看家"云防控建设。连续4年被自治区评为"平安县"，荣获"年平安中国建设示范县（2017—2020年）"称号。

【持续扫黑除恶】

及时调整成立县扫黑除恶斗争领导小组，保留原有举报电话、举报信箱和电子信箱，从政法各单位和乡镇抽调5名业务骨干充实工作力量，做到机构常设、人员不减。建立健全"七项机制"，打好组合拳，实现常态化工作运行保障。落实问题线索核查定领导、定人员、定措施、定期限的"四定"工作责任制及问题线索动态管理、对账销号制度，受理线索32条，已办结32条。印发《关于开展平罗县行业领域突出问题专项整治彻底铲除黑恶势力滋生土壤实施方案》，对13个重点行业领域乱点乱象开展专项治理，先后制发"三书一函"203份，整改完成203件。

【优化营商环境】

制定出台《关于落实持续深入优化营商环境实施意见十条措施》等保障性措施，成立首届管理人竞聘委员会，采取"实质合并破产"模式审理企业破产案件，确保重整价值最大化。检察院立案公益诉讼案件94件，发出诉前检察建议60件，立案后经诉前磋商解决34件，已整改回复90件，尚在恢复期25件。开展"利剑""碧水蓝天"等专项行动，侦破"10·5"典农河水域污染案等"食药环"类案件50起。全面落实365天×24小时"全天候"公安政务服务，设立13处便民服务点和1处24小时"无人警局"，解决群众急难愁盼事项5700余件。

【审判流程管理】

对审限等重要节点动态跟踪、实时预警；严格案件报结手续，在结案环节实行归口管理，对不符合结案条件的案件坚决不予结案，共审批结案4528件，对31件一年以上未结案件逐案建立台账，形成案件清单，并制定"三定方案"，限期结案，随时监督。制作《四类案件监督流程表》，健全类案推送、关联案件强制检索机制，促进裁判尺度统一。

【案件质量监督】

督查案件1375件，评查各类案件625件，发出流程监控通知书14份，督促整改不规范问题80项。健全外部监督机制，建成规范化标准化检察听证室，邀请人大、政协委员、委员、人民监督员等参加听证176人次。向社会发布重要案件信息14件、程序性信息592件，公开法律文书465份，促进案件公开透明、及时高效办理。

【公共法律服务】

实行派出所“一室两队”模式和刑事案件“两不办”机制。落实“护学岗”制度，实现全县68所学校全覆盖。开展“互联网+法律”“人工智能+法律”服务模式，全县配备183台智能可视化自助机、34台法律服务终端机、2台法律公共法律服务柜员机，全力推进实体、网络、热线“三台融合”。

【政法队伍教育】

制定印发《平罗县政法队伍教育整顿实施方案》，严格按照“学习教育、查纠整改、总结提升”3个环节周密部署、压实工作责任、广泛宣传发动、强力组织推进。县教育整顿领导小组不定期开展督导检查80余次，深化查纠整改工作，以“自查从宽”引导、“被查从严”倒逼，组织开展党纪、案例、政策“三个专题教育”60余场次、警示教育活动10余场次、干警家属亲友恳谈会20余场次，完成多轮次、全覆盖谈心谈话及《个人自查事项报告表》填报，教育整顿期间主动向组织说明问题104人，作出处理104人。严把“线索收集、集中管理、规范处置、督查督办、协作配合”五个环节，严格落实问题线索会商研判、动态管理、对账销号、督办通报等制度，共收到问题线索233件，办结233件。成立6个顽瘴痼疾专项整治工作专班、5个线索处置指导督办专班，制定“三查”工作方案，共制发督办函1份、检察建议书3份、通报4份，排查问题87条，核实认定46条，整改46条。

法治政府建设

【概况】

2021年，坚持把全面依法治县作为基层治理体系和治理能力现代化的关键环节来抓，不断把法治政府建设向纵深推进，2020年法治政府建设考核位列22个县区第二、沿黄六县第一，法治政府建设工作在自治区党委全面依法治区工作会议上作经验交流，连续四年获评自治区“平安县”。

【落实法治责任】

充分发挥党组织在法治政府建设中总揽全局、协调各方作用，坚持用法治思维推进全县各项重点工作，把法治政府建设贯穿于改革发展、民生建设、维护稳定和从严治党全过程，纳入部门效能目标管理考核和领导干部年终述职内容，以“法治引擎”推动干部履职尽责。强化县委全面依法治县委员会办公室牵头抓总作用，将5大工作目标、34项具体工作进行再细化再分解，形成党委领导、政府主导、部门联动、社会协同、公众参与的社会治理格局。推进法治政府建设示范创建活动，以创建促提升、以示范带发展，打造城关镇合作村、灵沙乡胜利村、头闸镇西永惠村3个全国民主法治示范村。

【规范行政行为】

主动接受人大及其常委会的依法监督，确保权力在法治轨道上运行，制定并公布《平罗县重大行政决策目录》，实行人大代表、政协委员、新闻媒体、司法局负责人列席政府常务会议制度，政府常务会议上听取全县法治政府建设工作情况，并形成报告报县委、县政府及市委、市政府。政府法律顾问实现全覆盖，有效推动公众参与、合法性审查和集体讨论决定等相结合的行政决策机制落实。

【清理规范性文件】

开展行政规范性文件和证明事项清理，将

1992—2020年期间县政府和县政府办公室印发的2830件文件进行全面审查核对，纳入清理范围的行政规范性文件117件，政策性文件183件。印发《平罗县全面推行证明事项告知承诺制实施方案》，初步梳理实行告知承诺制证明事项24项。

【完善执法体系】

全面推行行政执法“三项制度”，开展行政执法不作为乱作为专项整治，全县776名执法人员信息和4116条执法信息通过“双公示”和宁夏行政执法监督平台面向社会公示。挂牌成立生态环境保护、交通运输、农业、文化市场、市场监管五个领域综合执法机构。推进乡镇执法力量改革，印发实施方案，在乡镇设立综合执法办公室，起草《平罗县乡镇综合执法衔接配合和案件移送制度》，推动落实乡镇执法改革“六统一”，有效减少多头、多层、重复执法等问题，为市场主体添活力，为人民群众增便利。

【规范行政执法】

深入推进行政执法三项制度，推广应用宁夏行政执法监督平台，776名行政执法人员、2166条音像记录事项和1223个重大执法决定法制审核事项、4116条执法信息通过平台面向社会公开。

【法律服务平台】

建成县、乡、村三级公共法律服务实体平台，13个乡镇公共法律服务工作站、169个村(居)公共法律服务室采用一站式多功能的方式服务群众，推广运用“小律”可视化电话下乡，整合农民工、妇女、未成年人、老年人、残疾人等群体服务需求，开通法律援助“绿色通道”，一站式办理法律援助事项，解答法律咨询3000余人次，受理法律援助案件518件，实现“应援尽援”。

【化解矛盾纠纷】

坚持和发展新时代“枫桥经验”，积极打造矛盾纠纷多元化解“塞上枫桥”调解品牌，织密人民调解“四张网”。2021年，调解矛盾纠纷1207件，调解成功率达98.2%。加强行政复议和行政应诉工作，充分发挥县政府法制机构在行政复议、行政应诉工作中的组织、协调、指导作用，办理行政复议案件11件，行政应诉案件36件。

【启动“八五”普法】

为更好地谋划全县“八五”普法工作，按照区市决议要求，草拟《关于深入开展第八个五年法治宣传教育的决议(草案)》，征求全县107个部门、乡镇意见，进行舆论引导，营造工作氛围。截至2021年底各单位、各部门返回意见30份，提出修改建议2条。向县人民政府提交《关于深入开展第八个五年法治宣传教育决议（草案)》，待政府常务会审议通过后报县人大常务会审议。

【督察考核】

完成法治政府建设督察考核工作，筹备中央依法治国办实地督察法治政府建设工作，并先后迎接自治区政协严格执法、司法厅行政执法监督专项督察及调研、依法治区办法治政府建设督察等工作，对督察结果发出整改通知，全面推进平罗县法治政府建设。

联合县委党校举办习近平法治思想培训班，组织各部门及乡镇对标对表考核指标，落实法治建设责任考核印证材料。

公　安

【概况】

2021年，平罗公安在县委县政府和上级公安机关的坚强领导下，擎旗帜、守初心、担使命，闻令而动、听令而行、不畏艰难、奋勇当先，全力以赴防风险、保安全、护稳定、促发展、战疫情，用辛勤汗水乃至鲜血为全县政治安全、社会安定、人民安宁筑起铜墙铁壁，向党和人民交出了一份优异答卷。县公安局被评为全区禁毒工作先进集体，刑侦大队因扫黑除恶成绩突出荣立集体三等功，平罗县连续4年被评为自治区“平安县”并喜获“平安中国建设示范县”荣誉称号。

【捍卫政治安全】

强化情报预警和风险防控。成立巡特警大队，建成步行街、政务中心反恐“四联三防”2处示范点，开展规模反恐、疏散演练9场次。建立重大活动安保等级响应勤务机制，修订完善重大突发事件应急处置预案12个，完成建党100周年、中阿博览会等重大活动安保维稳任务。

【防范化解风险】

坚持和发展新时代“枫桥经验”，主动融入基层社会治理6大领域，构建“1+N”专群结合警务模式，常态化开展重点要素排查起底工作，化解矛盾纠纷2560起，有效避免87起“民转刑”、2起“刑转命”案件的发生，打造了城关“红马甲和谐管家调解室”等群防群治品牌。强化重点要素管控，全县10家寄递业全部落实“三个100%”机制，53家加油站全部安装散装汽油售卖系统，坚决落实“护学岗”制度，实现全县69所学校全覆盖常态化，守好校园安全底线。

【严打违法犯罪】

以常态化推进扫黑除恶专项斗争为牵引，开展“攻侵财”“净网”“净边”“净企”等专项行动，成功侦破“5·5”撒某某故意杀人案、公安部“2021-16号”互联网毒品目标案件等各类刑事案件778起，抓获刑事作案人员709人、逃犯60名，核查办结涉黑恶线索19条，办结率100%，现发命案连续八年全破，八类刑事案件立案数、全部案件破案数分别实现“八连降、九连升”，收到公安厅贺电3份。吸毒人员增幅为0.19%，连续五年呈现递减态势。

【确保公共安全】

开展缉枪治爆专项治理，收缴子弹143发、管制刀具30把，销毁雷管426发。深化“黄赌”整治，查处赌博案件86起，打击涉案人员347名，办理涉黄案件3起、处理8人。开展集中清查“清风”统一行动21场次，检查辖区行业场所1.5万家次，停业整改29家。开展“平安站车路、金盾护你行”道路交通安全专项行动，开展“七进”交通安全宣传104场次、发放宣传资料3.2万余份。开展严惩酒醉驾驶等严重违法行为统一行动186次，查处交通违法44746起、非现场交通违法行为为15.59万起，交通事故死亡人数、交通肇事案件数分别下降4.88%和7.69%并呈现“六连降”。

【服务社会发展】

主动服务全县“1233”方向路径和战略任务，制定出台服务经济社会发展20项举措，培育“太沙工业园警务室、矛调中心、公安政务服务一体化运行模式”等共治品牌。开展“利剑”“碧水蓝天”等专项行动，开展打击涉企犯罪“护航”、涉环境犯罪“昆仑2021”行动，成功侦破“10·5”典农河水域污染案等经济环境领域案件5起，清理空壳企业21家、“老旧车”1153辆，落实河湖警长工作制，构筑起全县天朗气清河晏的坚实屏障。

【新冠肺炎疫情防控】

以“疫”为令、挺身而出，主动扛起疫情查验站、大数据核查、境外重点人员防控、社区管控、流调等重任，11处(常态化5处)疫情查验站点每天24小时开展检查检疫，累计查验车辆23.4万辆次、人员34.3万人次，核查涉疫指令213件、21537人次，开展流调核查99人，落实“五包一”措施、协管风险人员2466名，查处涉疫案件8起8人，快速果断处置“8·20”输入性鼠疫疫情等突发性事件，实现疫情防控“零输入”“零感染”。

【基层警务建设】

推进改革和加强派出所工作，为基层派出所充实警力22名，建成19个一类、25个二类、107个三类警务室、10个园区企业警务室和4个治安警务室；所长、社区民警进乡镇、社区（村委）“两委”班子实现“全覆盖”。派出所“一室两队”模式和刑事案件“两不办理”经验在全区推广。城关派出所综合指挥室以“微研判”助力整体工作效能大提速，居民区盗窃案件下降57%，96%的居民小区实现入室盗窃案件零发案，收到锦旗、感谢信140余次。

【规范执法行为】

推进精品案卷评比、双向跟班学习、法制员星级化考评和民警执法办案积分制管理，深化刑事案件“两统一”机制，开展“亮旗帜　促规范树标杆”执法竞赛活动，执法办案管理中心实现“一码式”管理，开展执法培训24场次，审核案件1547起，移送起诉559案647人，提请批准逮捕144案191人，梳理整改执法突出问题80个。

【开展反诈行动】

开展“云剑——2021”“断卡”“断流”等专项行动，成立“反电诈中心”，开展“面对面”“花样式”“多媒体”等超常规宣传，举办各类反诈宣讲活动610场次，制作反诈宣传品8.2万份。在全区率先引进“金钟罩”反制预警宣传平台，关联保护群众23.5万人次，累计预警反制10612人次。推广安装注册“国家反诈中心”14.3万人，占全县人口的51%。成功破获区厅挂牌督办的“12·28”特大诈骗案等电诈案件87起，抓获犯罪嫌疑人83人，追赃302.52万元，冻结资金3036万元。

【创建文明县城】

各部门民警辅警齐上阵、老警新警齐发力，每日7时30分至19时不间断在12个实测路口站岗执勤，纠正劝导驾驶人、行人4万余人次，电动车登记上牌率98.7%，犬证办证率63%，查处机动车违法停车10225起，非机动车行人违法13143起，注销老旧车1358辆、僵尸车162辆，电动车私拉电线155家，消除安全隐患85处。

【优质服务活动】

开展“我为群众办实事”活动，解决群众反映的各类诉求问题225个。开展110接处警突出问题专项整治，群众对民警处警速度、态度、处置方式满意度分别提升了1.02、0.02和2.13个百分点。做实公安窗口365天×24小时服务模式，设立13处便民服务点和1处24小时“无人警局”，解决群众急难愁盼事项5600余件。深化户口登记管理清理整顿专项行动，解决私自领养子女的“黑户”17人。拓宽“首违免罚”范围，发送违法提示短信1600余条，粘贴“违停提示卡”4500余张。联合山西警方帮助村民王某某找回失踪16年的女儿王某，“团圆”行动在全市率先实现零的突破。

【强化执法能力】

修订完善财务管理内控制度8项，全局71辆公务用车全部实行自动化管理。投资80万元配备各类执法执勤装备260件，民警执法记录仪配备达到人均2部、对讲机配备达到人均1部，单警装备配备率达100%。投资189万元购置执法执勤车辆15辆，全部配发基层一线。

检　察

【概况】

2021年，全面贯彻习近平法治思想，以务实作风、有力举措统筹推动建党100周年安保维稳、党史学习教育、政法队伍教育整顿和检察机关各项重点工作。截至11月30日，共审查批准逮捕刑事犯罪79件100人，提起公诉347件517人。贯彻“少捕慎诉慎押”理念，对不构成犯罪、犯罪情节轻微或无社会危险性的，不批准逮捕30人，不起诉115人。严格落实检察长接访、信访首办责任制，群众信访件件有回复等制度，办理群众信访131件，办结答复率100%。

【刑事检察】

监督公安机关立案19件、撤案49件，纠正漏捕漏诉19人，纠正侦查活动违法3件。监督行政执法机关移送涉嫌刑事犯罪案件线索6件7人，已立案4件4人。监督纠正刑事审判活动违法8件。专项监督社区矫正、剥夺政治权利、财产刑等刑罚执行情况，提出纠正违法意见和检察建议33件。

【民事检察】

受理民事检察监督案件88件。向法院提出再审检察建议1件，改判1件；提出纠违检察建议45件，回复采纳36件。发出支持起诉意见书32件，回复采纳27件。对不支持监督的10件案件做好释法说理、息诉服判工作。

【行政检察】

受理行政检察监督案件36件，提出纠违检察建议16件，回复采纳10件。开展行政争议实质性化解，化解涉工伤认定、不服行政处罚等行政争议案件4件，促进案结事了政和。

【公益诉讼】

立案公益诉讼案件94件，发出诉前检察建议60件，立案后经诉前磋商解决34件，已整改回复90件，尚在回复期25件。

【法律监督检查】

截至11月30日，共受理县整顿办交办核查线索87件，核结77件，在办10件，核结率89%，查实7件，查否70件。开展法律监督专项检查，向法院发出监督检察建议9件，均已回复；向公安机关发出专项检查通报1份，收到整改报告1份；评查1990年后减刑、假释、暂予监外执行案件175件，监督纠正违法问题3件。

【服务乡村振兴】

围绕县委县政府部署要求，积极参与农村人居环境整治，针对农村固废倾倒、秸秆焚烧等破坏生态环境的突出问题，立案公益诉讼12件，监督行政机关清理工业固体废物4554平方米。用足用好司法救助、支持起诉等检察职能，向11名因案致贫、因案返贫群众发放救助金21万余元，支持农民工起诉追讨欠薪38万余元。

【助力生态保护】

开展“黄河干流宁夏段取水工程专项整治”行动，立案公益诉讼20件，督促落实取水许可和水资源有偿使用制度。积极参与“散乱污”企业综合治理，针对辖区内再生资源收购站存在破坏生态环境情形，立案公益诉讼4件，督促规范整顿。

【办好为民实事】

开展“公益诉讼守护美好生活”专项监督，紧盯农村食品安全、城市二次供水、保健食品销售等问题开展专项监督，立案公益诉讼 22 件；围绕道路交通安全、消防安全、无障碍环境建设、流浪犬治理等，立案公益诉讼 18 件。

【融入社会治理】

坚持立足司法办案，主动延伸办案职能，为县委政府当好法治参谋。结合办案对危险驾驶发案率高、非法改装农用车、未成年人权益保障等，提出治理类检察建议 50 件，督促行政机关依法全面履职。探索“检察 + 社会组织”的未成年人检察帮教新机制，对未成年被害人心理疏导 13 人次，对罪错未成年人干预矫治 26 人次，开展法律援助申请、技能培训、复学就业等未成年人司法救助 34 人次。开展禁毒、防范电信诈骗、未成年人保护等普法宣传 70 余场次。

【党史学习教育】

坚持把党史学习教育作为基础性、先导性、关键性工作来抓，聚焦“四史”与检察史学习，邀请党校老师授课 2 次，党组书记、党支部书记讲专题党课 6 场次，各党支部开展“学党史　感党恩”等主题党日活动 20 余场。开展党员先锋岗创建、先进典型带学等活动，选树“检察之星”“身边的榜样”等先进典型 13 名、党员先锋岗 8 个，教育引导检察人员学史明理、学史增信、学史崇德、学史力行。

【队伍教育整顿】

聚焦“6+4+N”顽瘴痼疾整治内容，开展自查自纠 2 轮、谈心谈话 3 轮 219 人次，对涉黑涉恶、涉法涉诉、不捕不诉等 1176 起重点案件开展专项评查，自查并整改顽瘴痼疾 14 类 42 项，依纪作出组织处理 16 人次，建立完善 28 项制度机制。严格落实防止干预司法“三个规定”，与县各党政机关签订公开承诺书 24 份。

【业务能力建设】

健全完善“质量、效率、效果”为核心的业绩考评机制，建立每周重要数据指标跟踪分析和会商机制，促进转变司法理念，提升业务能力和业绩水平。突出关键少数示范引领，5 名入额院领导带头办理案件 167 件，平均办案 34 件。加强办案质量管控，督查案件 1375 件，评查各类案件 625 件，发出流程监控通知书 14 份，督促整改不规范问题 80 项。健全完善教、学、练、战一体化机制，组织线上线下培训 500 余人次，1 名干警入选全国百名“平安英雄”榜单，2 名干警被评为“全区青年检察人才”。

【自觉接受监督】

主动接受人大监督，向县人大常委会专题报告公益诉讼工作，报备检察建议 134 份。建成规范化标准化检察听证室，邀请代表、委员、人民监督员等参加听证 176 人次。向社会发布重要案件信息 14 件、程序性信息 592 件，公开法律文书 465 份，促进案件公开透明、及时高效办理。

法　院

【概况】

2021 年，围绕“三地”法院建设战略目标，紧扣“守初心、担使命、创佳绩”工作主题，紧盯“整体工作迈进全区法院第一方阵”目标任务，狠抓党史学习教育和政法队伍教育整顿。涌现出“全国扫黑除恶专项斗争先进工作者”、“全区最美基层法官”、全区“塞上枫桥”人民法庭、全市“先进基层党组织”、“优秀共产党员”、“优秀党务工作者”等一批先进模范。

【案件审理】

全年受理各类案件 10002 件，审执结 9146 件，结案率 91.44%。法官人均结案 234.5 件。其中，刑事案件 401 件，审结 381 件，结案率 95.01%；民事案件 5897 件，审结 5559 件，结案率 94.27%；执行案件 3601 件，结案 3111 件，结案率 86.39%。

【司法为民】

开展“我为群众办实事”实践活动 240 余次，出台 13 项便民服务措施。宁夏金海永和泰公司破产重整成功，企业获得重生，400 余名原企业职工被安置，400 余名职工债权得到清偿。创新涉案财产处置方式，“黑财清底” 执行到位标的 6.15 亿元，通过阿里拍卖标的物 691 件，成交量 352 件，成交额 11217.67 万元。开展扶贫帮困工作，帮扶困难群众 45 户 38271 元。

【司法服务】

使用调解平台调解案件 3478 件、调解成功 2199 件，音视频调解 982 件。发挥诉前人民调解委员会诉前调解优势，接收委派案件 1664 件、调解成功 926 件。办理网上立案、跨域立案 671 件，实现跨域立案全覆盖。

【诉源治理】

积极参与乡村治理，采取“人民法庭 + 派出所 + 司法所 + 村民委员会”和“法官 + 人民调解员”“法官工作室 + 乡村干部” 等多元联动调解方式，开展实地调研和调解工作，认真排查乡村矛盾纠纷，对诉前纠纷进行风险评估与预判，提出解决纠纷的法律意见。2021 年，5 个基层法庭通过调解方式化解矛盾纠纷 585 件，占全年受案数(受理案件数 1310 件)的 44.66%。

【队伍整顿】

开展党史学习教育和政法队伍教育整顿，解决不忠、不公、不为、不能问题，增强责任感、使命感，强化自查自纠，成立工作 12 个专班整治顽瘴痼疾，对标对表政法队伍教育整顿工作部署和要求，促使带动有问题的干警打开心结、消除顾虑，珍惜“自查从宽”的时限，以警示教育促查纠整改，共收到线索 53 条(含重复访 1 条)，核结 53 条，核结率 100%。干警个人主动报告 18 人 26 条，作出组织处理 18 人 26 条。

司法行政

【概况】

2021 年，司法工作按照“一个统筹、四大职能”，为建设黄河流域生态保护和高质量发展提供法治保障，以优异的成绩献礼中国共产党成立 100 周年。先后荣获全区“七五”普法工作先进集体、自治区未成年人思想道德建设工作先进单位，在自治区党委全面依法治区工作会议、全区司法行政系统深入学习贯彻习近平法治思想专题培训班上进行交流发言，黄姣荣获全国“七五”普法工作先进个人、陈雨荣获全国司法所先进个人荣誉称号。

【队伍教育整顿】

围绕学习教育、查纠整改、总结提升 3 个环节，制定出台实施方案，召开动员会，运用晨读暮学、指尖课堂、实地参观革命传统教育基地、英模事迹报告会、家属恳谈会、征求意见座谈会等方式，筑牢干部思想根基，开展司法行政系统政法队伍教育整顿和公证、律师行业突出问题专项治理。坚持“自查从宽”引导、“被查从严”倒逼，落实“十项措施”，组织干部开展 3 轮个人自查事项报告填报，梳理自查问题 27 条。将学习教育的成果转化为为民办实事的具体举措，公布为民服务9项实事，完善并制定《社区矫正工作制度》等25项制度，开展谈心谈话2轮140余人次，排查出干部及其配偶、子女及其配偶经商办企业28人36家，注销17家。有9名干部主动向组织说明问题，得到依纪从宽处理。

【深化作风建设】

开展“讲政治　转作风　强责任　抓落实”主题活动，在重大节日和重要时间节点，采取警示教育会，提醒短信等形式开展廉政教育，开展党风廉政谈话累计48人次。开展工程建设和政府采购领域突出问题专项治理，对近3年内10个招标采购项目进行自查，发现问题4个，均已整改。开展巡察反馈问题整改“回头看”，确保问题清零，整改销号。开展“大走访大排查大调研”活动，制定举报信箱每日开箱，开诚布公、上门问计，找准找实群众对队伍作风建设的真切期盼，收集到意见建议25条，并做好意见梳理答复工作。

【推进依法治县】

突出党委“主心骨”作用，把党的领导贯穿于法治建设的全过程、全方位。召开县委全面依法治县委员会办公室第一次会议、县委全面依法治县工作会议暨县委全面依法治县委员会第三次会议，出台《法治平罗2021—2025年》《法治社会2021—2025年》《法治政府2021—2025年》等方案和要点，高标准筹备中央依法治国办督察各项工作，组织对各乡镇、部门点对点指导。

【法治政府建设】

举办习近平法治思想培训班，组织各部门及乡镇对标对表考核指标，落实法治建设责任考核印证材料。推进乡镇执法力量改革，在乡镇设立综合执法办公室，起草《平罗县乡镇综合执法衔接配合和案件移送制度》，推动落实乡镇执法改革“六统一”。开展行政规范性文件和证明事项清理，印发《平罗县全面推行证明事项告知承诺制实施方案》，加强行政复议和应诉工作，推进行政执法三项制度，推广应用宁夏行政执法监督平台。完成法治政府建设督察考核工作。

【法治宣传教育】

启动“八五”普法工作，按程序做好全国(区)“七五”普法先进集体、先进个人评选推荐工作。印发2021年全县普法依法治理工作要点，明确7个方面21项具体任务。推进“法治乡村”建设，实施“法律明白人”培养工程。争取175万元项目资金，建设第一批黄河流域法治文化带项目。发挥新媒体传播广泛的优势，在各单位微信公众号开辟《民法典》学习专栏，以视频、图片、专家访谈、以案说法等形式，深度解读《民法典》。印制《民法典》宣传资料35000余册，朋友圈推送《民法典》宣传广告30万余条、发送短信10万条，更新法治文化宣传街展板396块，利用“4·15”等重要节点，发放各种宣传资料12万余份。

【公共法律服务】

落实《平罗县关于加快推进公共法律服务体系建设实施方案》。开展“互联网+法律”“人工智能+法律”的服务模式，在全县配备183台智能可视化自助机、34台法律服务终端机、2台小律公共法律服务柜员机，优化公共法律服务资源配置，推进实体、网络、热线“三台融合”。发挥中心职能，开展“乡村振兴　法治同行”活动，为村(社区)提供法律服务，实施好“法援惠民生”“律师进村居、进学校”等公益性法律服务活动。2021年，受理法律援助案件830件，代写法律文书535份，公证案件1588件。组织律师为民营企业开展“法治体检”活动16场次。公共法律服务工作多次接受区内外观摩学习，并被列为全区现场会观摩点，工作经验在全区交流。

【基层社会治理】

落实“1+6”基层治理，坚持和发展新时代“枫桥经验”，健全完善社会矛盾纠纷多元化解机制，推进“一站式”矛盾纠纷多元调解中心建设。结合村（社区）换届调整 172 个乡镇（村居）人民调解委员会。以司法所标准化建设为契机，打造渠口、灵沙等司法所的“一站式”矛盾纠纷多元调解中心。举办专职人民调解员培训 3 期、民事庭审旁听和信息平台操作培训 2 期、乡镇调解骨干业务培训班及辖区人民调解员业务培训班 32 期。开展“大排查大调解”专项活动，确保“两节”“两会”等重大节假日、敏感政治活动及疫情防控期间的社会和谐稳定。各级各类人民调解组织开展矛盾纠纷排查 1402 次，调解矛盾纠纷 1877 件，调解成功 1862 件，调解成功率 99.2%。

【社区矫正】

加强社区矫正对象和刑满释放人员的监管教育，成立社区矫正委员会，开展全国“智慧矫正中心”创建工作和社区矫正“执法规范年”活动，利用“互联网 +”信息化监管手段，人脸识别、手机定位、开展警示教育、走访帮扶等，提升社区矫正质量，最大限度地预防和减少重新违法犯罪。全县累计接收社区矫正对象 1748 人、解除 1600 人，在册 150 人，无影响社会安全稳定事件和重大刑事犯罪发生。

法院开放日普法教育

一站式建设座谈会

重大刑事案件审理

2021 年 1 月 10 日，首个警察节合影

2021 年 7 月，县局举行“一盔一带安全守护”活动启动仪式

法制防诈骗宣传

12 月 4 日，宪法日法治宣传

送戏下乡文化活动法治宣传

社会管理

审批服务管理

【概况】

2021年，审批服务管理局全面贯彻落实中共中央　国务院及自治区、市、县深化“放管服”改革优化营商环境决策部署，以强化政务服务为根本，以深化审批改革为动力，创新突破，攻坚克难，推动优化营商环境，促进审批服务便民利企，助力县域经济社会高质量发展。获得全区“先进基层党组织”称号。

【证照分离改革】

对涉及17个部门、65个事项，采取直接取消审批、审批改为备案、简化审批实行告知承诺、完善措施优化准入服务四种方式进行改革，直接取消审批4项，审批改为备案4项，实行告知承诺12项，优化审批服务45项。简化审批环节、精简审批材料、压缩审批时限，审批环节由原来的257个压缩至现在的220个，压缩14.39%；审批时限由原来的1598个工作日压缩至现在的1117个工作日，压缩69.90%；审批材料由原来的430份压缩至现在的324份，压缩24.65%。

【行政许可权改革】

将县住建局等12个县级职能部门和单位承担的255项事项划转至县审批服务管理局集中审批，实现分专区“一窗受理”转向“一窗受理、全科服务”。工程项目建设领域已办理政府投资项目审批事项192件，组织专家评审24次；审核政府投资项目概算199个，核减预算7013.5万元。各进驻窗口累计办件144.7万件。

【创新工作机制】

推进“宁夏政务服务网”一体化平台建设，提升事项管理、电子证照、电子签章等政务服务数据向自治区平台推送的数量和质量，推进全程电子化和电子证照应用。推广应用智能自助终端，布设人社、公安、税务、供气等自助终端服务设施，实现就近办、自助办、24小时服务“不打烊”；推动线下实体大厅与网络平台深度融合，推进公安、税务、不动产业务和县审批局业务建立“前台综合受理、后台分类审批、统一窗口出件”的“一窗受理”模式，政务服务事项网上可办率达到90%以上。

【便民服务改革】

将123项政务服务事项下沉乡镇、村（社区），乡镇48项便民类服务事项实现“全科窗口”办理模式。督导13个乡镇民生服务中心、173个行政村（社区）为民办事代办点按照“三规范、七统一”“十个一”的要求进行标准化改造，推进村级便民服务点和网上服务站点全覆盖，线上推广宁夏政务服务网、“我的宁夏”App办理业务，线下公示各村居代办员信息，开展帮办代办便民服务。各乡镇办理政务服务事项34131件，村级代办事项7727件。

【涉企服务改革】

试行“涉企经营告知承诺制”“一件事一次办”“食品经营远程核查”等改革。对12项涉企经营许可事项实施告知承诺制。将“我要开餐厅”“我要开超市便利店”“我要开理发店”等42项行政许可事项串联办理，形成“一张材料清单、一个流程总表、一次申请表单”，推行减环节、减材料、减时限，有效减少重复提交材料30%以上，比承诺时限提速70%以上，实行“告知承诺制”办理食品许可证134户，开展“证前服务”18次，食品经营许可远程视频核查通过6家。

【审管联动机制】

按照“谁审批谁负责、谁主管谁监管”的原则，对划转到县审批服务管理局的事项，确定涉及市场准入审管职责边界清单事项124项，优化行政审批、职能监管、综合执法等部门之间审管信息互动、业务协同、协调联动工作机制，同步加强事中事后监管。

【跨域通办服务】

以深化“放管服”改革、优化营商环境为目标，推进政务服务“标准统一、代收帮办、远程办理、协同联动”的“跨省通办”“全省通办”新模式，在国家部署的“跨省通办”132项中梳理涉及全县的113项跨省通办清单；在自治区部署的488项区内通办清单中梳理全县83项区内通办清单；与山东省惠民县点对点梳理企业、群众重点关注的涉及4个部门的52项高频事项，设立“跨省通办”窗口，为群众和企业提供触手可及的“就近办”服务。

【便民服务热线】

县“12345”便民服务中心以对市级平台交办的诉求作为问题导向，强化与各部门的沟通、协调，督促各部门及时办好群众关心的热点难点问题，改善平罗县优化营商环境。2021年，受理群众诉求43504件。

应急管理

【概况】

2021年，围绕“从根本上消除事故隐患、从根本上解决问题”的总要求，压实责任，制定措施，推进安全生产专项整治三年行动，防范和化解各类安全风险。全县未发生较大及以上生产安全事故，事故起数和死亡人数均下降25%，安全生产形势持续稳定向好，防灾减灾救灾工作成效显著。

【安全生产责任】

党委、政府先后17次专题研究部署各领域安全防范工作，出台《平罗县党政领导干部安全生产工作责任制实施细则》。全面宣传贯彻新《安全生产法》和习近平总书记关于安全生产重要论述，组织全县13个乡镇、33个安委会成员单位和

300 余家企业观看《生命重于泰山》电视专题片，编印发放《习近平总书记重要论述摘编》《生产安全事故典型事故案例汇编》10000 余册。

【安全百日会战】

开展“安全百日会战、喜庆百年华诞”、燃气安全、各领域安全生产问题隐患排查整治集中攻坚行动等专项行动 6 项，督促行业主管部门和生产经营单位主动落实责任。引导 82 家规上企业开展安全生产标准化达标创建，依法建立安全风险分级管控和隐患排查双预防工作机制，全面压实主体责任，实现“三个转变”，夯实全县安全生产基础。

【专项整治三年行动】

落实安全生产专项整治三年行动“两个专题”和“13 个专项”重点工作，集中攻坚重点任务 305 项，把“两个清单”作为检验标准，针对排查出的 28 项突出问题、97 项重大安全隐患，制定详细整改方案，开展整改，完成整改 123 项，问题整改率 98.4%。

【安全发展示范城市创建】

结合自治区文明城市复检工作，推进国家安全发展示范城市创建，集中开展国务院、自治区第五、第六轮专家指导服务、危险化学品重大危险源专项检查、设计诊断和工程质量复核等各类专项检查 13 项。开展打通消防生命通道工程，加强老旧小区治理督办，整治大型商业综合体、城乡接合部、农村草场、养殖场等重点部位问题隐患，检查各类生产经营单位 2229 家次，排查整治问题隐患 5539 项，约谈警示企业 18 家，立案处罚 322 起，罚款 512 万元。

【重大安全隐患整改】

紧盯大地公司多年累积的安全领域突出问题，成立工作专班，驻场办公，督促企业投入 4000 余万元，集中“啃”下 41 项重大安全隐患和 400 多台带病运行特种设备等“硬骨头”。开展化工园区和危险化学品企业整治，出台《平罗县化工项目准入管理指导意见》《平罗县危险化学品禁限控目录》，印发《关于规范宁夏平罗工业园区建设项目审批备案有关事项的通知》，明确联审联批制度，严把项目准入安全关，严控光气等剧毒气体、硝化等高危工艺危险化学品项目入园。

【智慧园区建设】

协调园区管委会、电力等相关部门，投入 5905 万元，推进“智慧园区”建设，完善危货停车场、医疗救护站、气防站、消防水鹤、取水码头和门禁系统等基础设施，改善安全基础薄弱状况，解决园区系统性安全风险，平罗工业园区 2 个化工相对集中区的风险评估等级由 A 级降至 B 级。

【应急管理处置】

开展全国第一次自然灾害综合风险普查工作，完成 562 个承载体清查核查任务。投资 2300 万元，完成翰林南街和陶乐消防站、物资储备库主体建设。组织修编 21 个专项应急预案、处置方案，调整重组常备应急队伍 34 支 1293 人，开展燃气、山洪灾害、森林草原火灾等综合救援演练 12 场次，投入 240 万元采购储备防汛抢险等各类应急物资。针对重点时段和极端天气，加大灾害信息预警监测频次，分析研判各类事故灾害易发环节，发布各类安全预警信息 23 期、发放风险告知书 5000 余份、“家庭安全”知识宣传册 12 万份，组织 57 家企业参加“安全杯”职工职业安全技能大赛。

【安全生产宣传】

结合防灾减灾宣传周和第 20 个“安全生产月”，广泛开展安全生产“五进”宣传，制作安全生产专题片 8 期，组织各企业召开事故警示教育会

9场，印发安全生产、防灾减灾知识手册5万册、家庭安全小常识10万册、《关于餐饮等行业安装可燃气体报警装置的公告》6000余份，发放各类宣传品12万份，悬挂宣传标语400余条。组织33家企业400余名职工开展“安康杯”线下知识竞赛。动员5万余名干部、职工、群众参与线上安全生产知识有奖竞答。通过公益短信、朋友圈广播等形式，利用政府网站、政务新媒体集群、电视台、户外广告等各类渠道发布安全信息30余万条。

市场监督管理

【概况】

2021年，以食品药品安全、特种设备安全和产品质量安全为重点，以小作坊整治提升等四项行动，力促全域创建“食品药品安全区”，创建工作在全市经验交流。县市场监督管理局食品室被评为全国“市场监管卫士”，县局被评为全区精神文明建设先进集体、“平安石嘴山建设先进集体”，全区药品案件评查先进单位，全区干部平时考核示范联系点，成功创建“让党中央放心、让人民群众满意”模范机关。先后有6人被评为全区“先进会计工作者”、全区“安全生产先进个人”、全市“优秀共产党员”等区市荣誉。全县未发生因食品药品、特种设备安全因素导致的安全事故。

【食药安全监督】

召开“食品药品安全区”创建工作推进会2次，示范创建宣传工作被自治区市场监管厅通报表扬2次。开展生产流通领域食品安全部门联合检查及专项整治及餐饮服务单位专项检查80余次，出动执法人员8000余人次，检查整治各类餐饮服务单位6589家次。将全县145家零售药店全部纳入“阳光药店”信息系统管理，纳入系统管理率100%。在高速路口、主要街道、集贸市场制作擎天柱等各类宣传展板260余处，在微信朋友圈推送创建宣传视频42万条。

【特设安全监督】

开展特种设备安全整治“三年行动”，检查特种设备生产、使用、经营单位172家，发现各类隐患62处，立案19起，罚款140万元。开展重点整治，检查固定式压力容器使用单位56家，发现隐患5处，均已督促整改。强化重点环节。出动执法人员20余人次，对县内3家液化石油气瓶充装实行全覆盖检查。

【质量安全治理】

加强煤炭质量监管，抽检18批次煤样，其中10批次检验合格，8批次正在检验之中。重点围绕民生领域计量器具的日常监管，检查各类经营户740家次，检查计量器具856台。开展胡麻油、钢材、电动自行车、儿童用品等专项监督抽检94家164批次，全年立案44起。

【事中事后监管】

实现“双随机、一公开”监管全覆盖。重点针对医疗、食品、加油站等行业完成抽查114次，检查结果全部录入系统并进行公示。做好企业年报公示，企业应报5470户，实报4852户，年报率88.7%；个体工商户应报13864户，实报13676户，年报率98.6%。

【知识产权保护】

开展“中宁枸杞”注册商标专用权保护行动工作。出动执法人员50余人次，检查20余家枸杞销售商户。加强地理标志商标保护工作，协助县农业农村局开展“黄渠桥羊羔肉”地理标志保护产品保护及品牌宣传工作。

【维护消费权益】

受理各类消费维权诉求729件，为消费者挽回经济损失约152万元，办结率100%，实现诉求数量、调节时间双下降，办结率、满意率双提升，有效营造良好消费环境，维护消费者的合法权益。

【计量与检验】

加大计量器具检定力度。全年检定各类计量器具共17195台(件)。开展大米、面粉、食用植物油出厂检验，与35家企业签订委托检验合同，签订送检批次601个，及时为企业出具检验报告380份。

【疫情防控】

在药店、餐饮、市场等重点环节疫情防控工作中全面履职尽责，先后出动执法人员2078人次，排查各类经营主体24000余户次，排查从业人员26000余人次，责令停业整顿药店、餐饮等单位43家次，全力以赴坚守疫情防控防线不动摇。

【规范行政执法】

开展习近平法治思想专题普法宣传12场次，发放宣传资料及宣传物品22000余份，受益群众20000余人。推进行政执法规范化，截至12月底，审核各类行政执法案件347起，罚没款760万元。

人力资源和社会保障

【概况】

2021年，紧扣县委县政府重点工作安排，以推动高质量发展为主题，突出稳就业、保就业工作主线，按时足额发放社会养老金，全面落实人事工资政策，构建和谐劳动关系，深化系统行风建设，提升公共服务能力，各项工作取得良好进展。被国务院根治拖欠农民工工作领导小组表彰为“全国根治拖欠农民工工资工作先进集体”，被自治区党委政府表彰为“脱贫攻坚先进集体”。就业创业服务局被自治区就业工作领导小组表彰为“全区就业工作先进集体”，获得奖励资金100万元。劳动监察执法局被人社部办公厅、市场监督管理总局办公厅通报表彰为全国人力资源市场专项整顿先进单位，被石嘴山市表彰为全市精神文明建设工作先进集体。劳动人事争议仲裁院成为西部地区仲裁联盟成员，调解仲裁工作分别在全区调解仲裁工作会议和第二届西部联盟仲裁会议上做经验交流发言。

【劳动力转移】

建立农村劳动力转移就业实名制数据库，加大农村劳动力转移工作，实行动态管理。实施三支一扶、公益性岗位、青年就业见习、大学生到机关事业单位实习等就业计划，实现城镇新增就业1995人，完成目标任务1500人的133%；失业人员再就业752人，完成目标任务700人的107%；就业困难人员就业247人，完成目标任务235人的105%；农村劳动力转移就业22655人，实现工资收入2.64亿元，分别完成目标任务21000人、2.2亿元的108%、120%；城镇登记失业率3.78%。

【鼓励创业就业】

帮助有意愿的创业者解决融资难问题，为21人发放创业补贴19.6万元，发放创业担保贷款236笔5314万元，完成目标任务4000万元的133%。建立创业孵化示范基地，优化创业孵化功能，高仁乡盛华阳光返乡创业园、平罗县工业园区小微企业创业孵化示范基地被评为自治区级创业孵化示范基地，宁夏逢源电子商务有限公司健康水站进社区项目、宁夏鑫刚农业发展专业合作社优质粮食购销项目，被自治区就业工作领导小组评为自治区大学生优秀创业项目。培育创业实体 1129 个，完成目标任务 670 个的 168.5%；创造新岗位 3499 个，完成目标任务 1800 个的 194.4%；全民创业带动就业 4875 人，完成目标任务 4200 人的 116%。

【落实惠企政策】

做好青年就业见习基地申报工作，新增 6 家就业见习基地，全县有见习基地 13 家，在岗见习 92 人。推进援企稳岗政策和中小微企业吸纳高校毕业生社会保险补贴政策，为 238 家符合条件企业发放稳岗返还资金 261 万元，惠及职工 9804 人。

【招聘服务活动】

全方位开展线上线下密集招聘、专项招聘等服务活动，搭建企业用工与劳动力求职服务平台，满足企业用工需求。2021 年，发布线上招聘信息 69 期，为 290 家企业发布就业岗位 10822 个，举办线上线下招聘会 19 场，参会企业 125 家，提供岗位 10180 个，达成初步就业意向 1619 人。

【开展技能培训】

落实自治区职业技能提升行动，采取“订单式、定岗式、定向式”“直补个人”等方式，开展企业职工、就业重点群体、岗位技能提升培训。开展各类专业培训班 150 期 10887 人，培训任务全部超额完成。为 42 家企业组织以工代训 4342 人，德渊市政、首朗吉元、新安 3 家企业开展新型学徒制培训 147 人，组织“两后生”培训 36 人。为 155 名职工发放职业技能提升补贴 19.45 万元。联合县应急局、工会、民政局开展 3 次安全及职业技能大赛。

【落实调资政策】

落实 2021 年自治区调整退休人员基本养老金政策，为 4254 名机关事业单位退休人员调增基本养老金 464.4 万元，2.67 万名企业职工退休人员调增基本养老金 2294.97 万元。为全县城乡居民养老保险待遇领取人员在县级基础养老金的基础上每人每月再增加 5 元。为全县 2.33 万名领取城乡居民养老保险人员增加基础养老金 93.92 万元，其中平罗县财政承担 45.28 万元。

【落实减免政策】

继续执行阶段性降低失业保险、工伤保险缴费费率政策，确保符合条件单位全部享受降费率政策。全县降低失业保险、工伤保险费率为企业减负 1991 万元。

【基金风险防控】

从养老金发放异常、待遇核定、待遇核发等 10 个方面进行自查排查，建立核查台账。对人社部和自治区下发的疑点数据进行逐条核实排查，针对核查出的问题，建立完善数据核查工作台账，明确责任分工、整改时限，逐条进行整改销号。建立信息共享机制，针对死亡人员和服刑人员，安排专人对超领冒领养老金人员进行实地调查核实，追回超领冒领的养老金，及时停发或终止待遇。追回 14 人 5.62 万元，逐月抵扣待遇 4 人 4.23 万元。

【事业人员招录】

2021 年事业单位公开招聘 257 人。配合县人才办面向西北农林科技大学自主公开招聘硕士研究生 10 人。

【人才项目申报】

动员符合条件企业申报市级高技能人才培养基地和市级技能大师工作室，推荐宁夏大地循环发展股份有限公司申报自治区级高技能人才培养基地，宁夏神州轮胎有限公司申报区级人才小高地。申报区级知名专家服务助推乡村振兴项目 3 个、申报专业技术人才知识更新工程项目 3 个、申报青年拔尖人才项目 8 人、申报区级政府特殊津贴5人、申报全国乡村振兴先进个人1名。申报自治区博士硕士工作补助5人。认定石嘴山市高层次人才59人。拨付各类人才项目补助资金64.55万元。

【职称制度改革】

落实自治区《关于鼓励引导人才向基层一线流动的若干措施》，引导事业单位人才向基层流动161人，兑现在农村工作15年且仍在农村工作不受职数限制晋级21人。将县级事业单位专业技术高级、中级、初级岗位结构比例由0.8∶4.2∶5提高为1∶4.5∶4.5，实行县域事业单位专业技术岗位按行业统筹，由县级各行业主管部门统筹管理使用。推行“定向评价、定向使用”机制，根据各单位近年来职称评聘情况，对核定的“定向”专业技术岗位统筹使用、实行总量控制，比例单列，单独使用，动态调整。

【工资福利待遇】

及时做好岗位聘任晋级人员的工资待遇调整，审核审批全县事业单位人员各类考核奖、人员补贴、绩效工资等各项工资福利。

【劳动保障监察】

对全县40余家人力资源服务机构、劳务公司及部分用工单位开展人力资源市场秩序专项整治，采取“双随机一公开”的方式对用人单位高温期间职工劳动保护和最低工资执行情况以及维护女职工产假等权益进行专项检查，下发整改通知书40份，督促缴存保证金通知书6份，停工通知书3份，强化企业依法用工意识和职工的维权意识。清理整顿人力资源市场秩序专项整治行动工作被人社部办公厅、公安部办公厅、市场监管总局办公厅通报表扬。

【根治欠薪行动】

针对欠薪案件集中发、高发的行业，通过高密度的巡查，提醒、纠正一批不正确用工行为，责令整改一批违法用工案件、提前化解一批用工纠纷，使各类矛盾消除在一线、化解在基层。开展105次日常巡查，将26个重点投资项目纳入重点监控范围，向8家项目建设单位发出整改督办单和牵头处理督办函告，下发责令改正书38份，约谈项目施工单位负责人2次。排查各类企业372家，为664农民工解决拖欠工资367.17万元。

【欠薪舆情监控】

紧盯全国根治欠薪平台线索办理，落实线索办理三项机制，推进案件“三个清零”。针对平台案件较多、部分陈旧案情复杂等问题，建立专人接收转办“分诊治疗”机制、限时办结和红黄灯提示警告督查督办机制、案件办理结果反馈效果回访回复复查机制。接收线索252条，办结247条，办结率98.01%。

【劳动争议调解】

收到各类劳动争议案件407件，立案处理280件，不予受理案件127件，其中：追索劳动报酬12件、工伤保险待遇130件、解除、终止劳动关系102件、确认劳动关系32件，非因工死亡待遇3件，工亡案件1件，10人以上劳动争议案件1件。办结案件246件，仲裁结案率达92%以上，调解率达65%，线上办案率达100%，终局裁决率达30%，涉及劳动者293人，涉及金额达3786万元。

民　政

【概况】

2021年，民政工作树立和践行“民政为民、民政爱民”理念，深入开展党史学习教育，强化基本民生保障，做好城乡低保、高龄津贴、残疾人两项补贴等各类社会救助金的发放。加强社区共建共治和社区服务能力，推动社区居民依法合理表达利益诉求，积极做好社会面常态化疫情防控。完成第十一届村级“两委”换届选举工作。城关镇明珠、金顺、陶乐镇东街、西街4个社区入选全区社区治理“百佳品牌”。

【困难救助】

开展党建+社会救助试点工作，探索“1+4”党委引领社会救助工作模式，助力全县社会救助保障工作的落实。制定印发《平罗县2021年帮扶解困工作要点的通知》，全县各单位对2399户重点低保户开展送资金、送物资等结对帮扶。健全未成年人保护工作机制，成立未成年人保护工作委员会，通过运用新媒体、悬挂横幅等多形式向群众宣传社会救助政策及《中华人民共和国未成年人保护法》，为145名孤儿共发放孤儿养育津贴100.6万元。与乡村振兴部门每月进行信息对接，对全县151名脱贫不稳定人员和356名致贫为救助人员进行入户调查。151名脱贫不稳定人员享受低保6人，高龄0人、特困1人，临时救助1人；356名边缘易致贫未救助人员纳入低保58人，特困1人，临时救助13人。健全主动发现机制，及时救助返贫新增人口，实行低保渐退机制，2021年，新增城乡低保786人，取消城乡低保2061人；发放各类救助金8062万元，惠及23.9万余人次，确保群众急难问题得到及时解决。

【养老服务】

指导各养老机构按照养老服务质量105项标准推进规范化建设；推进中心敬老院养护楼项目建设，第二敬老项目建成运营；建设古城社区老年人日间照料中心，建设张家墩、邵家桥农村老饭桌和北长渠、曙光村居家和社区养老服务中心。为特困、高龄、孤寡、空巢老人开展助老、助餐、助医、助洁等“十助”服务活动2万余次，服务困难老人5.9万次；完成全县48084名60岁以上老人信息录入，全年共入户巡访12198人次，解决问题3265件，对754户特困老人提供日间照料精神慰藉等居家上门服务2035余次。

【社区治理】

推进“社区党委（党总支）—网格（小区）党支部—院落（楼栋）党小组—党员中心户”四级组织链条建设；完成全县29个社区、28个社区党组织换届。将城关镇饮马湖、明珠、新利社区重新划分，新增康湖、明苑、府地金源3个社区，按“先考后选”原则，新招录、当选52名委员。对符合享受卸任补贴人员59人，发放卸任补贴95.988万元。畅通各方协商渠道，开展灵活多样的协商活动，推动社区居民依法合理表达利益诉求。落实社区减负增效，原有的61项服务事项精简为43项，原有71项证明事项精简为12项；加强社区共建共治能力，提高了社区服务能力。城关镇明珠、金顺、陶乐镇东街、西街4个社区入选全区社区治理“百佳品牌”。

【村民自治】

完成第十一届村“两委”换届选举工作，规范“55124”工作模式，做实村民代表会议制度，完善村级自治章程、村规民约。探索建立村规民约奖惩机制；下发《村民代表会议基本议定事项指导目录》清单，明确村民会议授权村民代表会议议定的事项。

【社团治理】

建立党组织24个，党员95名，选派党性强、水平高的26人作为党建指导员进驻40家社会组织，党建覆盖率达到93%。完成行业协会商会与行政机关脱钩改革工作，实际脱钩率100%。

实施社团治理网格化监管，向全县71家社会组织派驻网格长25名、网格员46名。健全联合执法监管机制，制定抽查检查制度，坚持日常监管与重点监管相结合，开展乱收费、“僵尸型”社会组织、非法社会组织等专项整治。做好社工站实施政府购买社会工作服务项目工作，实施政府购买社会工作服务项目8个、涉及金额221万元。扶持培育平罗县电商协会、平罗县种业协会等10家社会组织，打造品牌社团典型。完成社会组织年检工作，2021年度，已参加年检的社会组织54家，其中1家年检不合格，注销社会组织10家。

【殡葬改革】

开展崇岗镇暖泉村老湾农村公益性墓区违规建墓问题专项整治工作，将347座坟地违规建筑全部拆除。制定印发《平罗县文明祭祀文明殡葬实施意见》《平罗县2021年清明节祭扫工作方案》，在春节、清明节、寒衣节等重要节点安排专人开展文明祭祀劝导工作。推进殡仪设施建设，陶乐马山头殡仪馆、贺兰山殡仪馆已正常运营。

【地名管理】

对全县城市道路地名标志牌进行摸排维修。开展“红色地名”征集活动，推荐上报“红色地名”一个（平罗县黄渠桥镇）；并打造黄渠桥低埂巷地名文化进社区宣传阵地。完成对2019年、2020年地名数据库的更新，确定新增地名1000条，完成入库919条，上报国家地名数据库待审。办理小区命名2个，门牌启用证2个，住宅小区商铺门牌证明4例，商户门牌号码变更证明1例。

【婚姻登记】

依法开展婚姻登记。2021年，全县共办理婚姻登记11347对，登记合格率达100%。

机关事务管理

【概况】

2021年，认真落实县委、县政府各项决策部署，统筹做好集中办公区物业管理和服务工作、公务接待及干部就餐、公共机构节能、公务用车保障运行等工作，机关事务服务工作实现新突破。

【物业管理】

把保障办公大楼高效运转作为重点任务来抓，加大对德渊物业专业管理的监督监管，对4栋公共建筑办公大楼实施地下管网、应急通道、房顶防水、隐患电路等改造工程，有效保障公共建筑办公楼基础设施安全运转。邀请安监、消防部门及专业电梯维修人员举办消防、电梯安全知识培训，开展消防器材使用和电梯应急事故处理实战演习。开展各类培训学习，规范办公楼出入通道及相关职能岗位的管理。

【后勤服务】

围绕建设节约型机关目标，落实中央八项规定，完善细化公务接待相关细则，按照有利公务、简化礼仪、务实节俭、杜绝浪费的原则，优化资源配置，规范运营模式，简化服务流程，提高公务接待及干部职工就餐保障能力和服务水平。推进会务标准化建设，做好各级各类会议服务工作，会前积极主动与相关部门进行对接沟通，做好会前准备工作，合理安排会场秩序，确保各类会议衔接有序。配合专业人士对各会场电路、音响、话筒等设备进行检测维修，保证各类会议正常有序召开。健全完善中心物品采购制度，按照全县食材统一配送文件精神，中心按照文件要求定点采购配送，严把物品采购流程关，规范物品采购模式，组织人员对物品质量、生产日期、进入库账目进行抽查检测，确保采购环节科学规范。

【国有资产管理】

落实《党政机关办公用房管理办法》，开展办公用房清理整改“回头看”，加强对全县党政机关办公用房清理整改情况、使用情况的监管，针对机构改革后，各单位人员调整的单位，中心严格按照标准核定办公用房面积并将超出面积进行腾退；督促、指导全县党政机关在“宁夏回族自治区公共房产管理系统”及时、准确填报办公用房各类信息，加强办公用房的管理。

【公务用车管理】

抽调专人负责车队的运行工作，对纳入中心的公务用车建档立卡，所有公务用车纳入全省一张网平台，车辆管理办公室做好统计、归档工作。通过政府采购方式确定加油、维修、保险厂家，实行定点加油、定点维修、定点保险等定点服务。加强司勤人员安全教育，定期组织交管部门进行培训，确保车辆行驶文明安全。

【公共机构节能】

制定印发《平罗县2021年公共机构能源资源节约和生态环境保护工作安排》；组织完成2020年度和2021年上半年能耗数据统计上报，配合区、市机关事务管理部门做好数据会审工作，各项能耗下降指标均超过目标值；积极参加各类节能培训，组织8个单位参加全国公共机构节能管理远程培训。利用“世界水日中国水周”“节能宣传周和低碳日”等节点，宣传节能知识，营造低碳生活、绿色办公的氛围；组织20个单位创建自治区节约型机关，17个单位成功创建自治区节约型机关，全县节约型机关覆盖率达到75%；指导各公共机构做好日常各用能设施设备检修维护工作，加强硬件设施建设，实施各类节能改造，加强节能技术推广。

【扶贫帮困】

定期入户了解插花移民的生活、生产、就业、子女学业等情况，因人而异，制定每户帮扶方案，加强在以上方面的帮扶，效果良好。针对移民在子女上学、就业务工、家庭养殖等方面存在的困难，积极筹措帮扶资金，解决移民生活困难等问题。

【自身建设】

加强干部职工理论和业务知识学习教育，增强干部职工的责任意识和执行力，对各项制度进一步修改完善，装订成册制度汇编。做好“创城”复验各项工作，组织干部职工上街和到乡村开展环境卫生整治，通过宣传画、标语、展板、电子屏幕等形式，宣传创城知识。

退役军人事务

【概况】

2021年，平罗县坚持以退役军人为中心，以倾心服务退役军人为主线，以健全服务保障体系为抓手，以推进政策落实为核心，一手抓建设，一手抓服务，推进思想政治、就业安置、优待帮扶、就业扶持、双拥褒扬、权益维护等各项工作开展，平罗县获得自治区“双拥模范县”称号。

【体系建设】

2021年，平罗县按照“五有”标准建设退役军人保障体系，打造全国示范型退役军人服务中心（站），全县示范型服务中心（站）创建达100%。平罗县退役军人服务中心等9个服务中心（站）被命名为全国示范型退役军人服务中心（站），剩下

5个服务中心站已经创建达标。

【制度保障】

2021年,平罗县退役军人事务局建立常态化联系服务退役军人机制,加强与退役军人的感情联系,畅通表达渠道,提升服务效能,打通服务退役军人“最后一公里”;建立完善服务保障运行制度,规范服务流程,围绕“全心全意为退役军人和其他优抚对象服务”的目标任务,打造制度化、标准化、规范化服务队伍。

【就业安置】

2021年,平罗县退役军人事务局实行“阳光安置”办法,对符合政府安排工作条件的转业士官进行妥善安置;坚持“以培促就”的工作模式,建立“线上线下”的推介服务机制,推行跨地域培训颁发结业证、资格证和报销培训费用的工作举措,实现退役士兵参加技能培训和适应性培训,多人签订就业协议并上岗就业。

【优待服务】

2021年,平罗县退役军人事务局为符合政策规定的退役军人办理养老保险接续;为退役军人补发“军人优待卡”,增强退役军人的荣誉感、获得感;在庆祝中国共产党成立100周年之际,为烈士遗属送上慰问金,组织优抚对象到河北省石家庄市进行为期10天的短期疗养。

【脱贫解困】

2021年,平罗县退役军人事务局开展退役军人建档立卡户、困难边缘户逐一实行“造血式”帮扶,巩固全县脱贫成果,确保困难退役军人同步迈入全面建成小康社会。探索建立困难退役军人帮扶援助机制,常态化联系走访困难退役军人,增强退役军人的获得感、幸福感。

【落实优待政策】

2021年,平罗县退役军人事务局为重点优抚对象发放补助金,为现役军人发放家属优待金,发放自主就业退役士兵一次性经济补助金,发放医疗补助,为退役军人社保接续缴纳养老保险。

【开展走访慰问】

2021年,平罗县退役军人事务局利用春节、“八一”等重大节日,走访慰问重点优抚对象,慰问驻市(平)部队,发放慰问金。协调石嘴山市慈善协会集中慰问困难退役军人,协调平罗县慈善机构在中秋节期间慰问困难退役军人家庭32户;“八一”建军节,为全县广大群众举办文艺晚会;为现役军人家庭送喜报、为执行特殊任务官兵送慰问信和慰问金。

【褒扬英烈精神】

2021年,平罗县退役军人事务局组织开展“清明祭英烈”系列活动,充分肯定退役军人的牺牲贡献,教育引导广大退役军人珍惜荣誉、爱护名誉,继承革命遗志,传承英烈精神,正确看待问题,依法合理表达诉求。在平罗县长城公墓建设军人红色墓区,为全县抗美援朝出国作战等77位烈士树碑立传,教育引导广大群众、退役军人铭记历史,积极投身退役军人的服务事业。

政务公开

【概况】

全面推进政务公开工作的决策部署。认真落实区、市政务公开有关文件精神,深入开展重大项目、重点领域政府信息公开,推进决策、政策执行和政策解读落实工作,做好社会关切、舆情回应等工作,营造公开透明、勤廉高效的政务环境,保障广大人民群众的知情权、参与权、表达权和监督权。

【主动公开】

严格执行《县人民政府办公室关于规范公文标识政府信息公开属性有关事项的通知》，按照“谁制发、谁提出”的原则，在行文过程中标识信息公开属性，规范公文属性。全年制发公文17件，其中主动公开3件，依申请公开14件。

【重点领域公开】

推进财务预决算公开，制定《平罗县机关事务管理中心财务管理办法》，依托政府信息网定期对公共预算收支、“三公”经费、运行经费等情况进行公开。全年公开财政决算1次、财政预算1次、三公经费3次。定期开展《公共机构节能条例》宣传活动，充分利用全国节能宣传周、世界环境日、世界水日中国水周等节点，通过网络、媒体、横幅、标语、宣传品等形式，集中宣传节能知识，倡导健康、节约、环保的消费模式和良好的社会风气。

【依申请公开】

建立依申请公开制度、流程图、登记册，方便公众公开申请。2021年度，未收到公民、法人或其他社会组织提出的任何形式的政府公开信息的申请，不存在政府信息公开收费的情况。无因政府信息公开提起行政复议或者行政诉讼的情况。

【政府信息管理】

建立健全“五公开”重大决策预公开、决策性会议公开、公开内容动态扩展和定期审查、信息公开保密审等制度，推进决策公开、执行公开、管理公开、服务公开和结果公开，规范政府信息公开内容、范围、程序、方式、期限，提高全县司法行政的透明化、规范化和信息化水平。

【公开平台建设】

做好政府网站三审三校信息发布等内容，学习平台更新建设的内容。发布有关信息内容严谨，坚决不容许出现表述等错误，更新及时，提高时效性。

2021年9月，办公用房督查

2021年3月，配电间检查

2021年2月，机关餐厅

2021年3月，检查公务用车车辆情况

7月21日，执法人员深入宁夏建工集团进行高温期间职工劳动保护和最低工资执行情况专项检查

召开根治拖欠农民工工资工作领导小组联席会议，各部门、各乡镇参会

以园区工作站为依托，联合公安局派出所干警开展联合调解

投诉受理举报大厅窗口工作人员对群众投诉情况进行登记，解答问题

2021 年 4 月 26 日，平罗县民政局核查汽车站特困供养人员

2021 年 11 月 16 日，对平罗县城内流浪乞讨人员劝返

2021 年 1 月 14 日，平罗县城开展流浪乞讨街面巡查

2021 年 11 月 16 日，高庄乡核查特困供养人员

县应急管理局开展“山洪灾害防御应急演练”

开展“山洪灾害预防应急演练”

开展森林草原防灭火应急演练

疫情防控调运消毒液

县应急管理局开展“5·12”防灾减灾宣传活动

应急管理局开展第一次全国自然灾害综合风险普查

经济管理

宏观经济

【概况】

2021年，坚持调结构、促转型、增投资、稳增长一系列政策措施，千方百计提升经济发展质量和效益，确保全县经济稳中向好、稳中有进、保持在合理区间。全年实现地区生产总值190亿元，增长7.5%；规模以上工业增加值增长12%；固定资产投资与2020年同期基本持平；社会消费品零售总额增长8%；单位工业增加值能耗下降5%；城乡居民人均可支配收入分别增长8.8%、12.4%。完成地方财政一般公共预算收入8.05亿元，增长13%；完成一般公共预算支出37.67亿元，下降13%。

【重点项目建设】

2021年，全县纳入政府类投资项目82个，年度计划投资19.89亿元。开工72个建设，开工率88%。承担区市重点项目52个，年度计划投资40.14亿元。开工率达100%，累计完成年度计划投资的87%。承担自治区重大项目99个，年度计划投资40.14亿元。开工率达100%，累计完成年度计划投资的87%。

【固定资产投资】

推进2021年187个固定资产投资项目建设，完成2021年度固定资产投资增长8%目标任务。1—10月，固定资产投资同比增长1.5%。谋划2022年固定资产投资项目153个，概算总投资427.12亿元，年度计划投资91.83亿元。

【工程专项治理】

开展工程领域突出问题专项治理，逐个调查县专治办移交的27个问题及线索，核查发现问题18个，督促整改27个，下发处罚通知书7个，批评通报19个，共抽查33个项目，下发督办整改通知书。

【九大产业发展】

制定出台《平罗县九大重点产业高质量发展推进方案》，实施“枸杞、葡萄酒、奶产业、肉牛肉羊、电子信息、新材料、绿色食品、清洁能源、文化旅游”九大重点特色产业项目 113 个，预计完成投资 32.43 亿元，年内实现产值 380 亿元左右。

【节能降耗】

狠抓能耗“双控”，对 26 家超全年能耗目标任务的企业实施限电，对 21 家能耗超目标进度的企业实施错峰生产，对 69 家企业实施每日用电数据监测，每月统计全县能耗 5 万吨 / 月或 50 万吨 / 年以上的重点用能企业及产品。1—9 月，全县能源消费总量为 657.9 万吨标煤，同比增长 14%，单位 GDP 能耗强度同比增长 3.7%，单位工业增加值能耗同比下降 2.4%。1—10 月，全县规上工业综合能源消费量为 687.4 万吨标煤，同比增长 12.4%，环比降低 2.8 个百分点，单位工业增加值能耗同比下降 4.1%，环比降幅扩大 1.7 个百分点。

【“两高”项目清查】

全县列入手续不齐全的存量“两高”项目共 5 个，已关停金海峰晟超阳供热站项目，其他项目已经工信厅现场核查，正在等待处置意见。列入手续不齐全的在建“两高”项目共 3 个，太康药业电石双氰胺项目已通过审核，正在办理相关手续，其余两个项目已落实产能、能耗置换政策，通过区发改委初评，正在等待处置意见，完善相关手续。

【清洁能源产业】

召开全县清洁能源产业推进会，起草《平罗县清洁能源产业高质量发展 2021 年重点任务分工》，清洁能源产业完成产值 21.3 亿元。招商洽谈清洁能源产业项目 18 个，总投资 320 亿元。成功申报平罗县 2021 年无集中供热区域煤改电（清洁取暖）试点示范项目。实施集中供热项目 2 个，分别为平罗县第六中学集中供热工程、平罗县中医院集中供热工程。开展 2021—2022 年度洁净煤配送工作，计划对全县 13 个乡镇进行配送，预计配送洁净煤 1000 吨左右。

【优化营商环境】

制定《平罗县深化“放管服”改革 + 优化营商环境重点任务分工方案》，推行“一窗”受理集成服务，政务服务事项 88.7%以上网上能办，市场准入类审批业务有效减少重复提交材料 30%以上，比承诺时限提速 70%以上，评价率达 89.12%，群众满意度达 99.95%。组织全县 32 个部门参加自治区对县区开办企业等 14 项优化营商环境指标的监测评价工作。

【深化改革】

编制完成《平罗县第十四个五年规划和 2035 年远景目标（纲要）》，并印发实施；牵头制定《平罗县深化要素市场化配置改革实施方案》《平罗县关于新时代加快完善社会主义市场经济体制的实施方案》等经济市场领域改革举措，拟定《平罗县产业转型发展战役实施方案》，推动县域产业转型升级，打造产业强县；高质量推动落实《关于建设黄河流域生态保护和高质量发展先行区的实施方案》，启动实施黄河宁夏段头道墩至都思兔河右岸综合治理滨河道路工程，贺兰山东麓汝箕沟生态修复等 7 个生态治理项目取得积极进展。

【信用体系建设】

指导市场主体利用国家企业信用信息公示系统（宁夏）进行市场主体年报公示，全县企业年报 4852 户，年报率为 88.7%；个体工商户实报 13676 户，年报率 98.6%；对 75 家企业、21 家农民专业合作社移除异常名录，进行信用修复。

【招商引资】

实施招商引资项目 84 个，年度计划投资 88.35 亿元，完成投资 64.6 亿元（含融资类项目到位资金 34.53 亿元），较 2020 年同期增长 29.53%，完成自治区下达全县 80 亿元年度招商目标任务的 80.7%；全县共引进人才 379 名，共认定积分 963.5 分，完成率达 321.17%；争取各类项目资金 31.54 亿元，完成年初任务的 71.06%；争取平罗县国家农业产业园项目；争取项目 161 个，落实项目资金 7.22 亿元；争取各类示范 11 个；争取各类试点 5 个；争取会议 8 次。

【现代服务业】

实施传统服务业改造提升行动，提振市场人气，促进消费市场有效回补释放。1—9 月，全县累计实现社会消费品零售总额 24.1 亿元，同比增长 7.2%。推进现代物流提档工程，滨河智能物流平台项目二期打造互联网运输平台，建成智慧物流园，为实现“5G 技术 + 物流网”打下基础。培育主辅分离企业 3 家。滨河智能物流平台项目、云乐生态农业观光旅游项目获得自治区服务业发展引导资金支持各 100 万元。围绕全域旅游、新型消费等领域，申报崇岗镇崇岗村现代农贸物流等 3 个市级服务业集聚区。该集聚区内有市场主体 111 个，1—10 月营业收入 0.54 亿元，税收 6.1 万元，带动就业 1300 人。通过国家重大项目库谋划储备的服务业产业项目有 65 个，概算投资 26 亿元。结合平罗县服务业“十四五”发展规划，谋划 2022 年服务业项目 23 个，计划总投资 8.5 亿元。

物　价

【加强价费管理】

及时清理政府定价管理的经营性收费，印发《平罗县政府定价的经营性收费目录》。2021 年，全县共有行政事业收费单位 28 个，收费总金额 2233 万元。调整热电联产热力出厂价格，集中供热热力出厂价格由 19 元 / 吉焦调整为 21 元 / 吉焦。全县热电联产集中供热热力出厂价格，均执行上述价格。

【灌溉用水价格调整】

将末级渠系供水价格由 0.0055 元 / 立方米调整到 0.0205 元 / 立方米，即终端水价由 0.0305 元 / 立方米调整到 0.0455 元 / 立方米（其中干渠水价 0.025 元 / 立方米、末级渠系水价 0.0205 元 / 立方米），单位调价 0.015 元 / 立方米，调整的水价自 2022 年 1 月 1 日起执行。

【实行超定额累进加价制】

根据《宁夏水资源管理条例》《宁夏水权试点方案》《自治区人民政府办公厅关于印发宁夏农业水价综合改革实施方案的通知》及《平罗县农业水资源确权分配方案》（平政办发〔2016〕138 号文件）等相关规定，在用水计量设施配套完善的情况下，合理确定不同用水灌溉定额标准，并将其作为第一量级，下一个量级的用水量按 1 : 1.4 : 3 的原则，实行超定额累进加价制度。对全县自流灌区农业灌溉用水在水权分配指标内的农业灌溉水价执行核定的价格，对超出指标用水 20%（含 20%）以内部分按核定水价的 1.4 倍征收，超出指标用水 20%以上的部分按核定水价的 3 倍征收。

【加强水价管理】

做到精准计量，完善票据管理制度，水费收缴做到一户一票，票据填写规范，内容完整，杜绝搭车收费，乡（镇）、村农民用水者协会应采取公示栏、公示牌等方式，公开用水量、水价、水费收入和支出等主要信息，接受群众监督。做好宣传解释工作，自觉接受财政、审计、市场监管、农业农村等部门的监督检查。

【价格预警监测】

对市场米、面、油、肉、蛋、蔬菜等主要民生商品价格密切监测、农业生产资料价格监测、农村居民服务监测、劳动力监测等，及时发布市场重要商品价格信息，引导群众消费预期。上报、发布主要民生商品价格信息6000余条。

粮　食

【粮食基地建设】

2021年，持续推进原粮储备生产基地建设，自治区下达平罗县9.7万亩原粮基地建设任务，完成小麦订单6.25万亩、水稻订单4.5万亩。

【粮油物资保障】

与四家应急成品粮油储备企业签订承储合同，落实地方粮油储备任务550吨，确保紧急情况下“调得出、用得上”。完成2020年秋冬季采购15种县级救灾物资验收入库工作，入库救灾物资129710件。向全县13个乡镇和部门紧急调拨帐篷、口罩等各类防疫物资共65431件。

【优质粮食工程】

实施“优质粮食工程”，累计完成投资11201万元，做好“宁夏好粮油”品牌产品遴选工作。遴选9家符合申报条件的企业上报资料，宁夏昊帅粮油有限责任公司“昊帅”等6个产品品牌获得第三批“宁夏好粮油”产品。

【粮食市场管理】

加强粮食经营主体资格核查工作，把好粮食市场的准入关。对60家具备粮食收购资格粮食经营主体进行年度审核备案，其中39家通过审核备案，21家因仓储设施达不到规定要求，不予备案并公示，新备案经营户3家。

审　计

【概况】

2021年，围绕县委、县政府中心工作，以“巩固审计质量提升年”为抓手，坚持“全面审计、突出重点”的原则，加强对重大政策措施落实、重大风险隐患、重点民生资金和项目、资源环境等审计，依法全面履行审计监督职责，做好常态化“经济体检”工作，完成审计项目24项。

【提高审计能力】

落实《党政主要负责人履行推进法治建设第一责任人职责规定》，健全完善“谁执法谁普法”的普法责任制，加强法治培训工作。采取集中学习与个人自学相结合的方式，组织全体干部职工对习近平法治思想、《中华人民共和国宪法》、《中华人民共和国民法典》、《中华人民共和国保密法》、《中华人民共和国审计法》等法治篇目和法律法规进行学习，组织干部参加上级审计机关组织的各类业务培训，做到应培尽培。提高审计人员尊崇法律、依法审计的素质能力。

【建立审计制度】

制定《平罗县委审计委员会工作规则》《平罗县委审计委员会办公室工作规则》《平罗县审计整改工作规定》等制度；提出年度审计项目计划、平罗县审计工作要点，向县委审计委员会专题报告年度县本级预算执行和其他财政支出的审计情况等重要事项。

【履行审计职责】

加大对重大政策措施落实、重大风险隐患、重点民生资金和项目、资源环境等审计力度，强化对重点领域、重点资金和重点环节的审计监督。2021 年度，完成审计项目 24 项，其中：专项资金审计调查 2 项，经济责任审计 6 项，预算执行审计 4 项，跟踪审计 3 项，领导干部自然资源资产离任（任中）审计 1 项，政府投资审计 8 项。

【落实审计整改】

完成县本级预算执行和其他财政收支情况的审计工作报告、县本级预算执行和其他财政收支情况审计发现问题整改报告。关注重点产业、特色产业等发展情况，聚焦重要性程度高、涉及面广的项目和政策推进落实情况，强化审计监督，促进财政管理水平，提高财政资金使用效益，落实整改主体责任，督促被审计单位抓紧整改到位，提高整改实效。

【精神文明建设】

开展“七一”前慰问及认领“微心愿”活动，于“七一”前入户慰问 5 户老党员并资助一名社区困难儿童，给予教育帮扶资金 1000 元；每周二、周五组织志愿者对人民东路（东苑街—怀通街）全天候开展环境整治、宣传劝导工作。作为东苑社区的包抓单位，拨付东苑社区经费 5000 元，用于修补部分老旧小区楼体的破损墙面；为 9 个自管小区配置微型消防站 6 个，维修更换失灵、损坏的电灯开关 20 余处，协调清运建筑垃圾及生活垃圾 8 立方米，清理小广告 40 余处等。开展下乡走访活动，帮助脱贫户解决房屋漏雨等住房问题，给予房屋维修补助资金 3000 元。重大节日组织干部职工进行走访慰问，并给予脱贫户、帮扶户每户 300 元米、面、油帮扶物资，全年累计落实教育帮扶、种植、养殖、维修房屋帮扶等各类帮扶资金共 5.77 万元。

统　计

【概况】

2021 年，持续优化统计服务体系，提高统计数据质量，完成工业、能源、投资、农业、商贸、服务业、劳动工资、房地产、建筑业等常规专业统计任务，成功创建平罗县“让党中央放心、让人民群众满意”的模范机关，荣获“第七次全国人口普查”自治区级先进集体称号，局机关党支部成功晋级四星级党支部，为全县经济社会发展提供坚实的统计保障。

【常规统计】

认真完成工业、能源、投资、农业、商贸、服务业、劳动工资、房地产、建筑业等专业统计，年内新进入“四上”企业 15 家、新入库固定资产投资项目 114 个。

【统计普法】

结合统计业务培训、统计开放日、政府开放日等，大力宣传统计法律法规，动员百余名部门、乡镇、企业统计员参加全市线上统计法治知识竞赛，提升统计法治教育实效。

【业务培训】

工业、能源、投资、农业等专业累计开展业务培训 10 余场次，培训近千人次。将业务培训和现场指导相结合，以问题为导向进行针对性、“一对一”、“点对点”培训，不断夯实统计员业务工作水平，强化源头统计数据质量。

【执法检查】

配合国家、自治区到平罗县开展数据核查、统计执法检查工作，先后对全县 10 家劳动工资、

5家工业、3家商贸、2家投资报表单位开展数据核查、统计执法检查。组织对近200家企业开展数据质量核查,会同市场监管局、商务局对10家企业进行“双随机”执法检查,对统计数据差错率较高的企业下发整改通知书。

【基层统计】

支持各乡镇开展统计工作,督促各乡镇配齐配强统计分管领导、统计专干,对全县13个乡镇划拨人口普查专项经费15万元。选定渠口乡作为统计基层基础建设试点,划拨基层基础设施建设经费1万元,全力保障统计基层基础建设。

【依法统计】

落实防惩统计造假责任。落实《领导干部违规干预统计工作记录台账》工作机制,印发《平罗县统计数据质量控制管理办法(试行)》,规范统计行政执法行为,为“依法统计”提供制度保障。

【诚信建设】

按照激励与约束并举的原则,开展统计单位星级评定,新评定五星级统计单位1家、四星级4家,建立统计人员信用档案管理体制,统计诚信体系建设不断完善。

【统计信息】

鼓励干部积极撰写高质量的统计信息、报告160余篇,其中呈报领导专报2篇,被自治区统计局内网采编80余篇,被县“两办”采用2篇,为县委、县政府科学决策提供重要参考。围绕平罗县固定资产投资项目入库工作、平罗县经济短板弱项和高质量发展现状、平罗县规模以上工业能源消费现状开展专题调研,为全县经济发展提供前瞻性建议。

【统计产品】

优化整合统计数据资源、丰富统计产品内容,创新统计服务形式,及时发布统计数据,每月统计数据反馈后第一时间编辑手机短信将统计数据发送至县委、县政府,印发《统计监测快报手册》10期,编印《平罗县经济社会服务手册》2000册,提供统计快报、年鉴、人口普查公报等各类产品500余册,最大程度挖掘统计数据社会价值。

国家统计局平罗调查队

【概况】

2021年,平罗调查队大力弘扬“为民调查,崇法唯实”的新时代国家调查队精神,不断完善管理体制机制,持续提升统计服务水平,为各级党委政府提供坚实统计调查保障和高质量调查数据。

【夯实调查基础】

坚持每月队主要领导、分管领导及业务负责人的全覆盖陪访督导,全年累计陪访督导140余户、各专业工作230余人次。通过“程序审核+人工三级审核”模式,确保居民收支调查数据真实准确;以“精细化、痕迹化、规范化”的标准做好劳动力调查专业基础资料管理,音频、GPS定位核查,有效率均保持在95%以上;深入大型养殖户进行入圈清点,核查台账报表一致性,坚持利用电话回访、生产形势调研等方式核实源头数据,要求台账必须有养殖场(户)的签字或盖章;加强对采价人员的培训,集中学习《流通消费价格调查规范化操作规程》《CPI采价手册》《CPI采价工作100问》,对消费价格调查网点和规格品进行动态管理;开展《宁夏粮食产量调查规范化操作流程》学习,实割实测过程中,业务人员全程陪同,高标准、严要求,对于遇到的问题及时进行指导,确保问题解决在田间地头。根据《国家统计局宁夏调查总队关于组织开展2021年农业农村调查基础工作检查的通知》要求，严格参照总队下发的专业相关制度、方案、操作规程等，制定自查内容，开展3次基础工作自查。

【提升调查质量】

加强与农业农村局、人社局、民政局、财政局等部门的沟通联系，将各部门掌握最新相关政策和实地入户调查有机结合，加强数据交流共享，公开透明科学评估数据；借助平罗县人力资源和社会保障局滚动窗口及微信公众号，让更多的人了解调查工作、配合调查工作；积极做好新样本维护，提升记账户记账责任心的“三勤三多”（勤入户多指导、勤联系多关心、勤宣传多讲解），在季报工作中全面使用e调查，提升调查效率，入户时采用“集中培训＋分点讲解＋日常入户”的方式进行记账知识培训以提升记账水平；通过坚持“三个导向”引领工作、利用“三个清单”压实责任、提高“三个能力”推进工作的“三乘三”模式，稳步推进劳动力调查新样本轮入，确保数据质量真实可信；做好非主要畜禽生产情况调查工作，严明职责做好数据归口对接工作，在分项和总项数据相投、存出栏、肉产量等逻辑关系容易出错的方面严格把关，反复审查核验，确保准确无误；与县农业农村局沟通协调，收集大型养殖场（户）名录库，严格按照饲养量标准逐户进行摸底调查，确保调查对象不重不漏；强化调查设备保障，农产量调查前做好测规、样本袋、标准称、测水仪等工具的调试准备工作，确保调查工作符合规范。

【依法调查统计】

加强干部职工对《统计法》《统计法实施条例》《统计执法监督检查办法》等法律法规的学习，提升运用法律思维和法治方式处理工作的能力。通过业务培训开展普法宣讲6次，编发推送宣传短信2万余条，提高统计对象的依法统计意识。组织3名获得统计执法资格证的人员进行换证工作，选派1名干部参加总队组织的统计执法检查工作。

【统计信息服务】

加大信息调研力度，紧抓热点、难点问题，注重新视角、新维度、新启发，撰写实用性强、有价值的统计服务产品，积极为地方党委政府提供优质统计调查服务。2021年，平罗队共撰写分析信息155篇（专题调研34篇、自主专题调研13篇），政务信息137篇；总队内网采用211篇次；国家统计局内网采用7篇次，微信总队采用2篇，《统计与经济》采用2篇，《中国信息报》采用2篇，《石嘴山论坛》采用1篇，县级领导（正职）批示14篇。

城乡居民收支情况

【收入恢复性增长】

2021年，平罗县全体居民人均可支配收入24008元，同比增长10.5%；以2019年为基期，两年平均增速达到8.1%。其中，城镇居民人均可支配收入32299元，同比增长8.2%，首次突破3万元大关；以2019年为基期，两年平均增长6.1%。农村居民人均可支配收入18984元，同比增长11.2%；以2019年为基期，两年平均增长10.1%。从收入增速上来看，全体居民收入增速位于全区第一，比全区水平高2.1个百分点，城镇居民收入增速位于全区第二、川区第一，比全区水平高1.6个百分点，农村居民收入增速位于全区第二、川区第一，比全区水平高2个百分点。居民收入水平持续向好恢复，增速稳定。

【城乡收入差距】

从城乡居民人均可支配收入增速看，继续保

持农村快于城镇的态势。全年农村居民人均可支配收入增速高于城镇居民3.6个百分点，两年平均增速农村高于城镇4个百分点。城乡居民人均可支配收入之比为1.7:1(以农村为1)，比2020年下降0.06，比2019年下降0.13，与“十三五”开局之年2016年相比下降0.16，城乡居民收入倍差持续缩小。

【城乡收入特点】

从收入构成来看，2021年，平罗县全体居民四项收入呈现“三升一降”态势，城镇、农村居民收入构成增减趋势相同。其中，工资性收入、经营净收入、转移净收入均呈现增长趋势，财产净收入呈下降趋势。城镇居民收入主力军为工资性收入，占比达到59%，其次为转移净收入，农村居民收入主力军为经营净收入，占比达到56.2%，其次为工资性收入。全体居民收入中经营净收入和工资性收入增速最快、贡献最高、占比最大，与城乡收入结构、居民收入特点相吻合。

2021年平罗县城乡居民人均可支配收入情况表

表4　　单位:元、%

指标名称	全体居民			城镇居民			农村居民		
	2021年	2020年	增速	2021年	2020年	增速	2021年	2020年	增速
可支配收入	24008	21727	10.5%	32299	29683	8.8%	18984	16890	12.4%
工资性收入	10349	9156	12.5%	19042	17123	11.2%	4314	768	17.8%
经营净收入	8847	7848	12.7%	5847	5374	8.8%	10665	9352	14.0%
财产净收入	318	626	-49.2%	581	1023	-43.2%	158	384	-58.8%
转移净收入	4494	4098	9.7%	6830	6165	10.8%	3079	2841	8.4%

【居民消费增速】

2020年特殊情形下，平罗县居民人均消费支出呈现负增长趋势，全体居民人均消费支出13204元，下降1.4%，在低基数影响下，2021年平罗县全体居民人均消费支出15040元，同比增长13.9%，低于全区增速0.5个百分点，人均消费支出由负转正，两年平均增长6%，高于全区增速1.4个百分点。其中，2021年城镇居民人均消费支出17622元，同比增长11.5%；农村居民人均消费支出13475元，同比增长15.9%，居民消费需求稳步恢复、消费潜力逐步释放。

【居民消费结构】

2021年，平罗县全体居民八大类消费呈现“七升一降”增长态势，除交通通信消费下降3.5%以外，其他消费均实现增长。平罗县居民吃穿住等生存型消费稳定增长，居民人均食品烟酒、衣着、居住消费支出分别增长19%、6.2%和8.4%；居民在物质生活得到满足的同时，更加注重精神文化生活，发展享受型消费继续升温，居民人均教育文化娱乐、生活用品及服务、其他用品和服务消费支出分别增长20.9%、11.2%和14.3%，居民医疗保健意识不断强化，在上年低基数影响下，医疗保健消费支出同比增长31.7%。

2021年平罗县居民人均消费支出情况表

表5

指标名称	全体居民		城镇居民		农村居民	
	金额(元)	增长(%)	金额(元)	增长(%)	金额(元)	增长(%)
人均生活消费支出	15040	13.9	17621	11.5	13475	15.9
食品烟酒	4755	19	5663	21.1	4205	17.3
衣着	1131	6.2	1583	12.6	857	0
居住	2708	8.4	3221	6.5	2397	10.1
生活用品及服务	849	11.2	810	10.9	872	11.4
交通通信	1811	-3.5	2275	-15.6	1530	10.9
教育文化娱乐	1462	20.9	1862	18.2	1220	23.6
医疗保健	2070	31.7	1912	32.2	2167	31.4
其他用品和服务	252	14.3	296	19.4	226	10.7

4 月 8 日，在平罗县纬三路南侧开展植树活动

10 月 18 日，审计现场

财政　税务

财　政

【概况】

2021年，是全面深化财税体制改革的重要一年，坚持稳中求进工作总基调，立足新发展阶段，县财政局贯彻新发展理念，围绕县委制定的经济工作目标，克服经济下行带来的不利因素，认真落实减税降费政策，狠抓收入征管，合理统筹调度，优化支出结构，持续做好“六稳”“六保”工作。为奋力担当先行区建设排头兵、高质量建设富裕美丽新平罗提供坚实的财力保障。县财政局在2020年度决算和预算执行分析工作、2021年财政支农相关工作、2021年1—11月全区农村综合改革转移支付预算执行、地方国有企业2020年度财务会计决算工作和2021年度经济效益月度快报工作、2020年度行政事业性国有资产报告编报情况、2021年政府采购监管工作先后荣获自治区财政厅通报表扬；获得全市民族团结进步示范单位称号；财政局机关党支部、离退休干部党支部获评全县先进基层党组织；财政局离退休干部党支部获评基层五星级服务型党组织。

【财政收支情况】

县本级财政收入完成110281万元，为年度预算数的115.66%，同比增长41.23%；财政总支出完成378323万元，为变动预算数的88.6%，同比下降17.21%。其中，县本级一般公共预算收入完成81922万元，为年度预算数的108.94%，同比增长15.24%；一般公共预算支出完成368049万元，为变动预算数的90.29%，同比下降15.31%。县本级政府性基金预算收入完成28359万元，为年度预算数的140.74%，同比增长305.42%；政府性基金预算支出完成10274万元，为变动预算数的52.95%，同比下降54.07%。国有资本全年实际完成收入200万元，与上年持平，统筹调入一般公共预算安排使用。全年社会保险基金总收入132258万元，为年度预算数的102.31%，社会保险基金总支出149031万元，为年度预算数的102.28%；当期收支结余-16773

万元，上年末滚存结余 52860 万元，2021 年年末滚存结余 36087 万元。

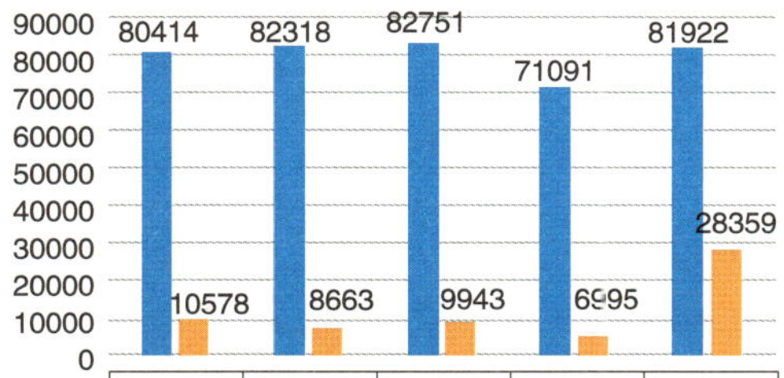

	2017 年	2018 年	2019 年	2020 年	2021 年
一般公共预算收入	80414	82318	82751	71091	81922
政府性基金收入	10578	8663	9943	6995	28359

单位：万元

一般公共预算收入　政府性基金收入

图 1　平罗县 2017—2021 年财政收入情况图

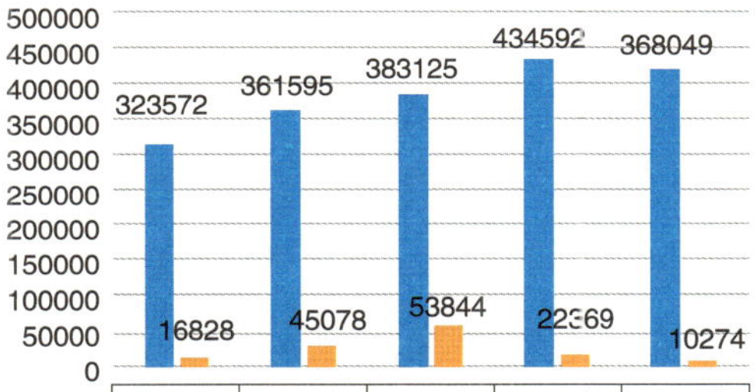

	2017 年	2018 年	2019 年	2020 年	2021 年
一般公共预算支出	323572	361595	383125	434592	368049
政府性基金支出	16828	45078	53844	22369	10274

单位：万元

一般公共预算支出　政府性基金支出

图 2　平罗县 2017—2021 年财政支出情况图

【培育优质税源】

发挥财政资金捆绑效应，支持传统产业改造升级，助力科技创新和"两化融合"，支持现代物流、全域旅游、网络经济等新经济、新业态、新产业培育发展。争取中央、自治区专项转移支付资金 38441 万元，合理安排新增债券资金 24000 万元，确保重点项目建设、企业转型升级资金需求，不断培植新型财源，做大财政"蛋糕"。

【财政收入征管】

县财税部门及各执收部门千方百计挖潜增收，多渠道盘活国有资源（资产），加大税收清欠力度，确保收入应收尽收。全年清理历年欠税 1.5 亿元。不折不扣贯彻落实各项减税降费政策，持续释放减税降费红利，降低企业生产成本，激发企业活力。全年累计为企业减免税费 1.2 亿元。

【保障基本支出】

通过年初预算安排和年内积极争取自治区财力性转移支付补助，保障干部工资晋级调整、住房公积金、住房补贴、应休未休年休假、政府效能考核奖、民族团结奖等人员基本支出以及单位正常运转。

【优化支出结构】

落实各项民生政策，精心编制财政预算，加大财力配置向民生领域倾斜，确保"三保"支出落实到位。民生支出达 299553 万元，占财政支出的 81.39%；保障人员基本支出和单位运转经费，社会保障和就业各项政策落实到位，及时足额拨付各类社保资金，投入资金 1182.05 万元，助力常态化疫情防控；安排资金 66266 万元用于支持教育事业；安排资金 3932 万元用于公共文化基础设施建设；支持乡村振兴战略，投入各类财政支农资金 77904 万元，争取巩固脱贫攻坚成果同乡村振兴有效衔接资金 11596 万元。

【落实社会保障】

及时足额拨付各类社保资金，全年社会保障领域实际支出达到 52305 万元；安排就业类专项资金 6431 万元，确保公益岗位、"三支一扶"人员安心工作；争取各类创业担保贷款财政贴息资金 1522 万元，确保创业担保贷款顺利发放。

【支持教育发展】

支持学前教育健康发展，逐步加大普惠性民办幼儿园扶持力度，实施一幼、二幼迁建和高庄幼儿园建设项目；完善城乡义务教育保障机制，统筹做好义务教育学校薄弱环节改善和能力提升，实施城关六小、四中、六中综合楼建设；加大普通高中和职业教育学校数字化校园建设，推动“互联网+教育”稳步实施。落实学前教育“一免一补”政策，义务教育“两免一补”、农村义务教育阶段营养早餐和校车补助政策；落实普通高中和中职国家助学金等保障，教育惠民政策惠及全县青少年。

【助力乡村振兴】

争取农村公益事业财政奖补项目建设及整村推进建设项目78个、落实财政奖补资金6002万元；争取中央、自治区财政衔接推进乡村振兴补助资金11596万元，巩固拓展脱贫攻坚成果同乡村振兴有效衔接；争取资金1800万元助力城关镇星火村、通伏乡五香村等11个乡镇18个村级集体经济发展。围绕平罗县瓜菜产业、农副产品加工流通等方面争取专项资金1000万元，发挥财政资金引导作用，积极撬动金融资本和社会资本参与农村第一、二、三产业融合发展项目建设。

【支持公共文化】

支持县、乡、村三级公共文化服务体系建设，推进基层综合性文化服务中心全面提标。做好新时代文明实践活动资金保障，支持文化体制改革，实施融媒体中心建设，推进旅游标识、标牌和旅游厕所等项目建设。

【健康平罗建设】

安排医疗卫生健康事务资金24745万元，紧盯全民健康水平提升“十大行动任务”，加强重大疫情救治体系和能力建设，常态化做好新冠肺炎疫情防控工作。加快医疗机构提档升级，实施县人民医院救治能力提升项目，全县“互联网+医疗健康”示范区建设取得实质进展。推进医疗卫生改革，增强全县医疗卫生机构服务能力。

【政府债务管理】

自治区核定平罗县政府债务限额为495757万元。截至12月底，政府限额内债务余额458952万元，全县政府限额内债务余额控制在限额范围内。通过年初预算安排和争取发行自治区再融资债券方式，足额偿还2021年平罗县到期政府债券本金。积极筹措资金化解存量隐性债务，确保化债计划平稳执行。争取2021年自治区新增一般政府债券24000万元，主要用于平罗县瀚泉海水环境及生态修复综合治理工程、平罗县高庄幼儿园、老旧小区改造等9个单位38个政府投资项目，缓解政府投资项目资金短缺，推进项目顺利实施。

【促进财政改革】

推进预算绩效管理，将绩效目标管理作为工作重点，采取“一对一指导+重点审核”的方式，高标准高要求严把绩效目标编审关口。发挥“预算绩效目标”龙头作用，将核心指标作为下一年度绩效评价的标尺和预算优化调整的重要依据。规范绩效自评管理，拓展项目重点绩效评价范围，提高绩效评价质量。试点开展部门整体支出绩效评价，优化资源配置，提高履职效能。制定印发《平罗县政府采购领域突出问题专项治理工作实施方案》，强化组织领导，成立工作专班，指导各单位开展“专项治理”工作。制定印发《平罗县国企改革三年行动实施方案》，召开推进会，细化任务分工，明确各部门、企业职责，破解改革过程中存在的问题。引导平罗县鑫晟融资担保公司紧扣服务小微企业和“三农”定位，推进“鑫农贷”“鑫农易担”“乡村振兴贷”等业务产品推广实施，拉动银行信贷资金向小微企业及“三农”经营主体倾斜。制定印发《平罗县2021年防范非法集资宣传教育活动实施方案》和《平罗县2021年开展涉嫌非法集资风险常态化排查处置工作方案》，从源头控制金融风险。

【压实财政监管】

推进预算绩效管理，建立绩效目标运行监控常态化和定期通报机制，对79个重点项目预算执行和绩效目标运行情况开展动态监控，监控资金93794.72万元；推进政府采购领域专项治理工作；开展公务用车及差旅费使用情况、财务管理制度执行情况等专项检查，规范财政资金使用；严格控制“三公”经费支出，确保“三公”经费管控科学化、精细化；在“平罗县人民政府”网站对县本级财政预决算及部门预决算、涉农资金、减税降费等信息进行公开，主动接受社会监督。

税　务

【概况】

2021年，按照国家税务总局深入推进精确执法、精细服务、精准监管、精诚共治部署要求，围绕平罗县委、县政府加快建设黄河流域生态保护和高质量发展先行区决策部署，发挥税收职能作用，县税务局成功获评平罗县“让党中央放心，让人民群众满意的模范机关”。获得自治区就业创业工作先进集体、自治区健康促进场所等系统内外集体荣誉30余项。组织绩效综合排名位于全区28个县区级单位第一名，获得全市税务系统县（区）局绩效考核第一名，年度“绩效管理先进单位”称号。

【强化税收征管】

认真落实税收政策，依法依规增收促收，实现税费收入质优量增。2021年，组织各项收入279342万元，同比增长29.3%，入库税收收入163250万元，同比增长17.25%。税收收入中，中央级68780万元，地方级94470万元。社保费入库110767万元，非税收入入库11639万元，其他收入入库6256万元。组织县级收入67979万元，超收8979万元，完成4076户企业所得税年度汇算清缴，清理欠税1.1亿元。完成个人所得税综合所得年度汇算，平稳划转土地出让金等各项非税收入征管职责。完成税收分析报告30余篇，税收科研综合质效排名全市第一。

【落实退税政策】

减免税费48512万元，新增减税降费18416万元。办理留抵退税24835万元。落实煤电供热企业和制造业中小微企业“减、退、缓”税24514万元。办理出口退（免）税12570万元。企业提前享受研发费用加计扣除金额1.72亿元，减税3321万元。

【推行精细服务】

推出一系列办税缴费便利化改革措施，精简50%以上报送资料、25%以上纸质表证单书，95%以上税费优惠事项实现“免备案”。顺利实现财行税“十税”合并申报，增值税、消费税及附加税费申报表整合，节约办税缴费时间40%以上。自助办税设备入驻平罗县“24小时自助服务区”，推出便民办税服务点代开发票、办税服务厅特殊人群“绿色通道”、车购税申报缴纳“一体化服务”窗口、纳税人学堂“小班额”、我为纳税人缴费人实现微心愿等一批便民服务举措。纳税人满意度调查在全区税务系统测评单位中排名第三，税收营商环境不断优化。

【优化税务执法】

落实行政执法“三项制度”，执法公示平台公示事项1836项。“执法全过程记录平台”记录影像资料31条，重大执法决定法制审核案件20

件。内控平台考核确认执法过错行为7条。税收执法方式在精确执法中不断优化。落实23项“首违不罚”事项清单，10户纳税人符合“首违不罚”条件免予处罚。深入推进税务证明事项告知承诺制，进一步减少证明材料报送。

【加强税务监管】

落实“一户式”管理机制，推行增值税电子专用发票，核定电子专票249户，开具电子专票88户。中风险应对44户次，风险识别命中率100%，查补税费1281.05万元，入库税费977.90万元、滞纳金157.43万元。联合县公安局经侦大队，对8户涉及接收异常扣税凭证企业开展税务核查，查实不符合抵扣情形增值税专用发票570份，补缴税费436.52万元、滞纳金89.31万元。开展城镇土地使用税、企业所得税专项风险管理，查补未采集税源信息1242户次，查补入库税款2100.02万元。扫描企业所得税涉税疑点43户次，查补企业所得税4.3万元。

【开展税收共治】

贯彻落实《宁夏回族自治区税费保障办法》，加强重点工程等领域税收管理，重点工程项目入库税收5893万元。发挥纳税信用等级评价结果激励作用，158户纳税人通过“银税贷”产品成功贷款6297万元。与县委宣传部、司法局等单位联合开展普法依法治理宣传活动。

【便民办税服务】

开展“我为纳税人缴费人办实事暨便民办税春风行动”，认真落实落细100条便民办税缴费措施，解决一批纳税人缴费人急难愁盼问题。

【结对帮扶行动】

形成结对帮扶村、社区的长效机制，投入资金8万余元。干部职工为乡镇新冠肺炎疫情值守突发疾病干部捐款9060元。开展“税心助残　幸福温暖”党建品牌提升行动，投入助残资金5万余元，干部职工捐款3800多元。

【落实问题整改】

认真落实宁夏税务纪检“一三五十”工作思路和《“五五”行动计划暨“五年规划”2021年阶段性目标任务》，按照一体化综合监督体系“1+6”制度办法和“1+1+5+N”总体框架设计要求，健全税务人员八小时之外管理办法和全面从严治党专题会商机制实施办法，围绕税收征管改革、发票电子化改革、巡察反馈问题整改、现金税费安全检查等重点工作，建立六套监督整改台账开展专项检查，坚持严字当头，严格处置违纪违法问题线索，保持正风肃纪高压态势。

2021 年 3 月 15 日，平罗县财政局干部例会

2021 年 9 月 13 日，平罗县财政局党史学习教育第三十八次集中学习会

2021 年 3 月 26 日，平罗县税务局举办“回望百年征程　践行初心使命”党史学习教育专题党课

2021 年 4 月 1 日，平罗县税务局开展第 30 个税收宣传月活动，向纳税人宣传减税降费政策措施

科学技术

科技管理

【概况】

2021年，实施创新驱动战略，不断加大科技创新投入，全县高新技术企业及科技型中小企业享受所得税减免、研发费用加计扣除共2.02亿元；55家企业享受研发费用后补助资金2681.65万元。规上工业企业新增研发费用奖励资金136.71万元；国家高新技术企业奖励资金580万元。在全县推进工业企业创新和高质量发展工作会议上兑现科技创新奖励资金880.5万元。全县科技创新氛围更加浓厚，科技支撑产业发展取得明显成效。

【科技项目】

组织申报并获批自治区重大、重点科技计划专项、对外科技合作专项等项目103个，到位资金6209.5万元。神州轮胎实施的“石墨烯/橡胶复合材料的设计及其在航空子午线轮胎领域中应用研究”的重大项目及格瑞化工实施的“甲磺草胺工业化生产技术研究”等11项重点项目获得科技厅立项扶持。规上企业R&D经费投入2.81亿元，增长42.1%，占GDP比重达到1.58%，增长33.9%；有研发投入规上企业达到59家，占全部规上企业的36.6%。组织申报2022年自治区科技计划项目77项，其中工业重大、重点项目23项，一般研发项目43项，农业重点项目7项，一般研发项目4项。

【创新主体】

持续实施科技创新“双倍增”行动计划，形成科技型中小企业—科技小巨人企业—高新技术企业梯次培育机制，新增国家高新技术企业7家，自治区科技型中小企业28家，科技小巨人企业6家，自治区农业高新技术企业3家，全县科技型企业队伍不断发展壮大。

【创新平台】

新增自治区技术创新中心2家，自治区工程技术研究中心1家，建设平罗工业园区创新中心。建成各类创新平台20家；建设研发机构38

个，院士工作站3家，博士工作站4家；成立合成材料研究院、氰胺产业研究院、北京石墨烯研究院宁夏分院。19家企业获批贷款6400万元。泰金种业公司与中国工程院院士邹学校及其团队合作建立“宁夏蔬菜分子育种及繁育院士工作站”，有力带动全县制种产业发展。

【创新培训】

围绕企业家创新创造精神培育计划，组织企业参加区内外企业家创新精神培训班5期，分赴上海大学、苏州工业园区等地培训29人次；举办特色冶金、碳基材料创新精神培训班，培训企业家230人次。组织企业高管、项目管理及财务人员参加区市科技部门举办的线上培训6场次，培训人员70余人次。

【深化合作】

推进与国内外高校、科研机构的科技合作，组织金海沃德、吉元冶金等78名企业技术人员与东北大学、北京理工大学、西安交通大学等56所高校、科研院所开展对接交流，柔性引进人才创新团队17个，柔性引进高层次人才196名；建立研发团队44个，团队总人数达299人。

【科技服务】

深入企业开展调研，广泛征集十四五科技项目，围绕冶金化工、新材料、装备制造、现代农业共征集科技研发项目60余项，科技需求项目30项，编制完成全县科技创新十四五规划。实施科技特派员服务项目36项、贷款贴息项目8项、科技成果转化项目23项，争取自治区科技厅扶持资金453.85万元。选派50名大学生科技特派员到企业就业创业，申报2022年各类科技特派员创业项目90项。

【“宁科贷”试点】

设立科技型中小企业风险补偿专项资金300万元，自治区科技厅配套300万元，放大贷款额度5~10倍，重点解决不同成长阶段的科技型企业融资难的问题，支持科技型企业成果转化及高端科技产业化项目培育，已有19家企业获批贷款6298万元。

人才工作

【概况】

全县63个单位申报柔性引进高层次人才165人，其中A类人才1人，C类人才1人，D类11人，E类人才50人，F类人才98人；柔性引进创新团队15个，共涉及部门36个，涉及乡镇10个。已完成63个部门柔性引才资料的申报审核认定汇总工作，协调市科技局做好全县柔性引才目标积分工作。

【落实人才政策】

贯彻落实区、市、县党委政府出台的推进创新驱动战略各项政策措施，放大多重政策叠加效应。兑现55家企业享受研发费用后补助资金2544.94万元；在全县推进工业企业创新和高质量发展工作会议上兑现科技创新奖励资金713.9万元，国家高新技术企业奖励资金580万元，激发全社会科技创新活力，为人才培养引进奠定基础。

【项目培育人才】

2021年，获批自治区各类科技计划项目99项，到位资金5671.65万元；自治区科技特派员服务类项目获批34个175万元。围绕乡村振兴积极开展成果转化，组织申报“自治区科技成果引进示范推广项目”23项，其中6个项目获批资金210万元。在项目申报和成果转化项目实施中及时引才，将企业开展对外合作单位 72 名高层次人才全部吸纳为平罗县柔性引才计划或列为自治区科技特派员，确保项目的顺利实施，拓宽引才途径。

【对外交流合作】

通过“政府搭台、企业唱戏、部门协同”工作模式，推进与国内外高校、科研机构的科技合作，先后与中国科学院、浙江工业大学、华为公司等 56 家高校、科研院所及知名企业建立科技合作关系，实施科技合作项目 40 项，柔性引进自治区级科技创新团队 4 个，柔性引进人才 43 名；建立研发团队 44 个，团队总人数达 299 人；神州轮胎与北京石墨烯研究院合作挂牌成立石墨烯研究院宁夏分院，提升企业创新实力。泰金种业公司与中国工程院院士邹学校及其团队合作建立“宁夏蔬菜分子育种及繁育院士工作站”，带动全县制种产业发展。

【强化人才培训】

开展企业家创新精神培训计划。围绕科技型企业、中小企业、规上企业，对企业高管及项目申报人员进行专门培训。组织企业参加区内外企业家创新精神培训班 5 期，分赴上海大学、苏州工业园区等地培训 29 人次；针对“企业研发费用归集、科技型企业申报监测、项目申报、特色产业发展”等，开展冶金、炭基材料创新精神培训 3 期，培训企业高管 230 人次。

【科技转化交流】

开展科技成果转化、技术创新等合作交流，邀请中科院应用化学研究所、湖南大学、陕师大、中南大学、西北农科院等多名专家深入园区开展项目对接 4 次、线上对接活动 5 次，宁夏新合源、沙湖食品有限公司、宁夏蕾牧高科、宁羊牧业等四家企业分别与西交大、陕西师范大学、陕西科技大学达成合作并签约。

【创新平台建设】

建立科技型企业培育库，培育国家高新技术企业 10 家，已获批 6 家；科技小巨人企业 9 家，已获批 7 家；科技型中小企业 56 家，获批 29 家。培育自治区技术创新中心 14 家，培育自治区工程技术研究中心 6 家，培育自治区创新示范企业 4 家，均完成申报工作，平罗工业园区创新中心正在建设中。

气　象

【气候特点】

2021 年的气候特点是：气温明显偏高，温差偏大；年内有 8 个月平均气温比历年同期平均值偏高。降水明显偏少，有 9 个月降水比历年同期偏少，降水分布上春季降水明显偏多，夏季降水明显偏少。年日照时数比历年平均值略偏少。年内大风出现日数比 2020 年增多，霾、扬沙，沙尘暴、大雾出现日数较上年减少。灾害性天气出现频次比上年降低，强度减弱。热量资源好，气温年较差、日较差大，光照充足，空气相对湿度低，春季沙尘天气造成空气质量较 2020 年同期偏差，秋冬季冷空气多，空气质量优良天数较 2020 年偏多。总体上绝大部分时段气象条件较好，有利于农业生产和农事活动的开展。

【气温】

年平均气温为 10.3℃，比 2020 年偏高 1.2℃，比历年平均值偏高 0.9℃，为 1961 年以来最暖的一年，年极端最高气温 39.6℃，出现在 7 月 14 日，年极端最低气温 –25.0℃，出现在 1 月

7 日。冬季气温在总体偏高的情况下出现了阶段性严寒天气。年平均最高气温 18.2℃，较 2020 年偏高 1.0℃；年平均最低气温 3.5℃，比 2020 年偏高 0.8℃。

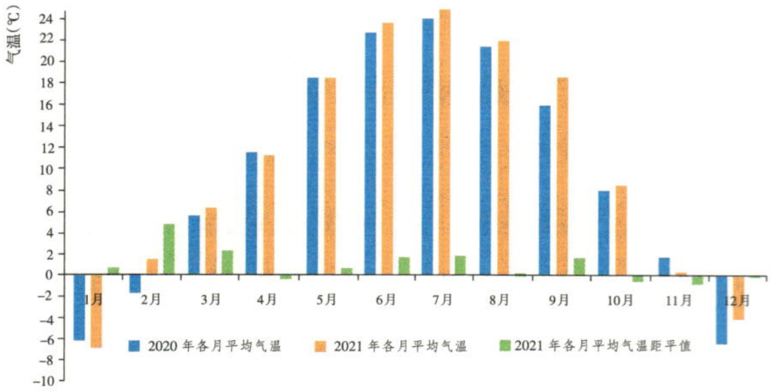

图 3　2021 年、2020 年、历年各月平均气温变化图

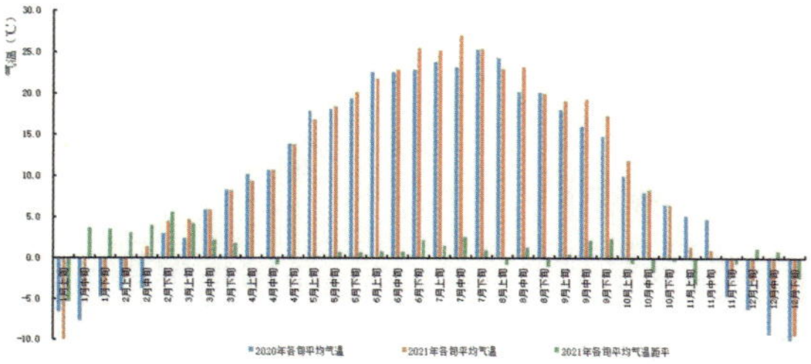

图 4　2021 年、2020 年各旬平均气温及 2021 年各旬平均气温距平图

【降水】

2021 年，全年降水量为 120.3 毫米，比 2020 年偏少 67.6 毫米，比历年平均降水量偏少 57.5 毫米，降水主要集中在春季、秋季，夏季、冬季降水明显偏少，年内除 3 月、4 月、9 月降水比历年同期平均值偏多外，其他各月均比历年同期偏少。

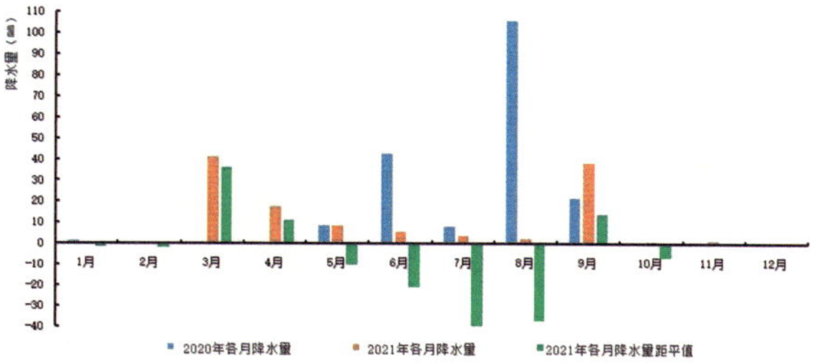

图 5　2021 年、2020 年、历年各月平均降水量图

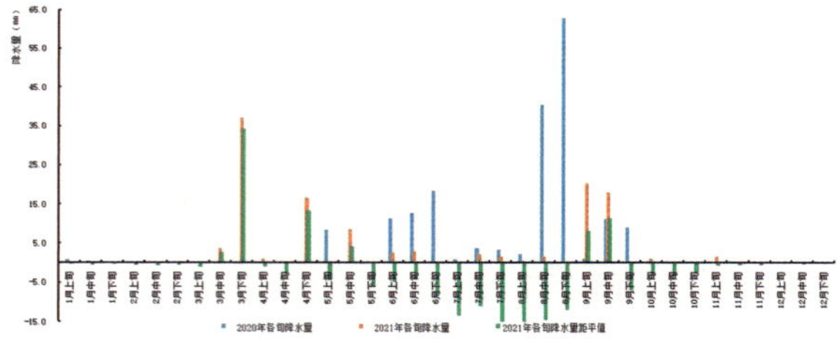

图 6　2021 年、2020 年各旬降水及 2021 年各旬降水距平图

【日照】

2021 年，全年日照时数 2881.4 小时，比 2020 年偏少 10.1 小时，比历年平均偏少 161.6 小时，其中 1 月、2 月、7 月、11 月、12 月日照时数比历年同期平均值偏多外，其他各月均比历年同期平均值偏少。

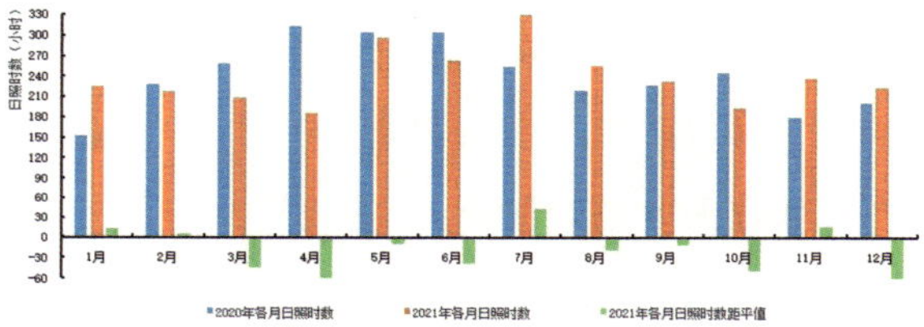

图 7　2020 年、2021 年各月日照时数及 2021 年各月日照时数距平图

【极端天气】

全年出现 23 次大风天气，比 2020 年多 4 次；扬沙天气 3 次，比 2020 年少 13 次；霾天气 5 次，比 2020 年少 14 次；大雾天气 7 次，比 2020 年多 1 次。

【农业气象要素】

霜：2021 年霜的终日出现在 3 月 11 日，初日出现在 10 月 11 日，无霜期为 213 天。霜冻：春季霜冻（日最低气温≤0℃）结束日期出现在 4 月 17 日，比 2020 年偏早，秋季霜冻开始日期出现在 10 月 10 日，比 2020 年稍偏迟。轻霜冻：春季轻霜冻(日最低气温≤2℃)结束日期出现在5月5日,秋季轻霜冻开始日期出现在10月21日,均比2020年偏迟。日平均气温稳定通过0℃的初日出现在2月20日,比2020年提前2天,终日出现在11月5日,比2020年早14天,其间积温为4056.2℃/日,较2020年偏少8.0℃/日。日平均气温稳定通过10℃的初日出现在4月15日,比2020年提前10天;终日出现在10月8日,比2020年推迟5天,其间积温为3600.4℃/日,与2020年相比偏少498.4℃/日。

【灾害性天气】

冰雹:9月19日14时50分左右至15时10分左右,平罗县出现强对流天气,部分乡镇出现冰雹,直径在黄豆粒或蚕豆粒大小不等。冰雹主要出现在黄渠桥镇、崇岗镇、通伏乡、灵沙乡。其中灵沙乡冰雹造成玉米轻微倒伏2公顷,水稻倒伏71.3公顷,制种辣椒受损0.9公顷,经县应急管理局、灵沙乡政府实地核查,农作物受损面积总计110亩,造成经济损失约10万元。

【极端天气事件】

极寒天气:2021年1月7—9日,极端最低气温-25.0℃~-20.8℃;12月26—27日,极端最低气温-20.9℃~-20.4℃。强沙尘暴天气:3月14—15日全县出现大风、沙尘暴天气。其中,国家站平罗、陶乐、沙湖达到强沙尘暴,最小能见度分别为:平罗232米、陶乐191米、沙湖166米。为2002年后强度最强、范围最大的强沙尘暴过程。春季首场透雨出现时间早,强度强:3月30—31日,平罗县出现首场透雨,其中平罗24.3毫米,陶乐镇23.7毫米、沙湖24.1毫米,降水量等级均达到中到大雨。夏季高温天气过程持续时间长,强度强:7月8—14日,平罗县连续6天出现35度以上高温天气,陶乐连续出现4天,7月14日,全县大部分乡镇出现37℃及以上高温天气,其中平罗39.6℃、沙湖38.6℃、陶乐38.4℃,平罗创1961年后同期新高,陶乐位列历史同期第2位。春季降水异常偏多,夏季降水异常偏少:春季(3—5月)降水量为63.4毫米,夏季(6—8月)降水量为11.8毫米,均为1961年后同期之极值,也是唯一一个春季降水明显多于夏季降水的年份,受降水持续偏少和高温天气影响,全县出现重度气象干旱。

【气象服务】

开展现场服务和各种专题服务,编发各种气象服务材料253期,其中《天气预警》128期、《山洪灾害气象风险预警》1期、《地质灾害气象风险预警》1期、《重污染天气预警》1期、《气象信息专报》41期、《农用天气预报》22期、《水稻专题气象服务》20期、《森林火险等级预报》39期。年初与县农技中心签订合作协议,在原有专家联盟基础上建立信息资源共享机制和业务会商制度。形成由气象局提供天气预报信息,农技中心提供当前农业生产动态和生产建议,联合发布农用天气预报。与县森林防火指挥办公室联合开展林火预警信息发布工作。与县旅游局主动对接,在平罗县沙湖景区布设1个旅游气象站。与平罗移动公司签订旅游气象服务大数据短信平台使用协议,向平罗县玉皇阁、沙湖、庙庙湖、拉巴湖、塞上江南博物馆等景区推送天气预报预警、气象指数温馨提示等短信。在平罗县旅游局"多彩平罗神奇宁夏"公众号上添加"平罗天气"模块,可自动连接"平罗气象"公众号。

【气象防灾减灾】

推进全方位合作。气象局与民政、农业农村局、自然资源局、交通、水务等部门签订合作协议，不断开拓气象服务面，为开展气象灾害防御体系和公共气象服务体系建设增加新的内容。与县网信办沟通协调，达成协议，平罗县气象局可不定期利用县域新媒体发布平台——平罗发布发布气象信息，与应急管理局联合部署全国综合减灾示范社区创建工作。建成13个乡镇气象信息服务站，其中6个已经实现与乡镇农技中心融合。建成23个行政村气象信息服务站，3个社区气象信息服务站。建立多渠道信息发布平台，安装电子显示屏17块、气象预警大喇叭144套，运行率均在95%以上。在地质灾害易发区、农业、产业示范区建设区域自动气象站75个，小气候观测站2个，土壤水分站2个，小气候观测站和实景观测系统5套。通达率均在98%以上。

【气象宣传】

开展科普宣传工作，积极参与“3·23”世界气象日、“5·12”科技活动周、在学校、社区、企业、广场等广泛开展科普宣传。在CMA中国气象局网站刊登4篇。接受平罗县电视台记者采访2次，在平罗电视台新闻频道或经济频道播出。

【人工影响天气】

严格执行区、市人工影响天气作业机构的作业指令，开展人工影响天气作业工作，无违规作业、延误作业时机和安全责任事故发生，使人工影响天气工作在防灾减灾和生态建设中发挥应有的作用。全年实施地面火箭增雨作业9点次，发射增雨火箭弹30枚。

2021 年 9 月 18 日，中国流动科技馆在平罗科技馆举办“区域常态化巡展换展”启动仪式

2021 年 7 月 8 日，平罗县科协组织平罗第三小学、平罗第六小学约 200 名师生走进种子小镇泰金种业产业园开展“走进田间，体验农耕文化”活动

2021 年 6 月 9 日，平罗县科技馆邀请平罗县第七中学开展“童心礼赞　建党百年”端午节主题活动

2月，春播前期农田测墒

9月，强对流天气过程值班

平罗县气象台对野外设备更新更换现场

平罗县气象台天气预报会商

4月，联合农技中心开展水稻苗情调查

6月，小麦产量因素测定

金融　保险

中国人民银行平罗县支行

【概况】

2021年，围绕中支党委提出的“求实求新、提质提效、做精做优”目标要求，坚持从严治党、聚焦主业主责、优化内部管理，履行基层央行的职责使命，助力县域巩固脱贫攻坚成果有效衔接乡村振兴、促进地方经济金融高质量发展。截至10月末，全县银行业金融机构各项存款余额193.48亿元，较年初增加16.26亿元，增长9.17%；各项贷款余额158.31亿元，较年初减少0.72亿元，降低0.45%。60余篇调研、信息、通信稿件被政府、上级行、媒体转载或采用，荣获宁夏辖区中央银行会计核算系统业务竞赛网点级先进集体，获平罗县年度效能目标管理考核“优秀等次”。

【再贷款货币政策】

继续实施普惠小微企业贷款延期还本支持工具和信用贷款支持计划两项直达工具。指导法人金融机构按市场化原则“应延尽延应贷尽贷”，鼓励法人金融机构开发小微企业信用贷款产品。与两家地方法人金融机构签订利率互换协议2次，金融机构累计享受政策激励金61.391万元。围绕新型农业经营主体信贷支持情况以及平台建设完善情况开展座谈交流，逐步引导金融机构增加信用贷款比重，辖内金融机构为新型农业经营主体发放信用贷款2257万元，较2020年同期增加1580万元。开展新型农业经营主体综合等级评定工作，已对拟评定对象完成整合筛选。积极为有资金需求的法人金融机构申请再贷款额度。向平罗农商行发放支农再贷款7笔19765万元，其中采用债券质押6笔17047万元，信贷资产质押的1笔2718万元。对地方法人金融机构普惠小微企业贷款延期政策执行情况开展现场核查2次，对平罗农商行信贷投放计划及延期政策落实情况约谈1次，支农再贷款使用情况核查1次，确保金融支持政策在辖内落实落地。

【优化信贷结构】

督促辖内金融机构持续优化信贷结构，按周监测地方法人金融机构实际信贷投放与计划投放情况，提升数据测算及报送的精准度和匹配度，更好地调整信贷结构，保持信贷投放稳步增长。严格落实房地产贷款信贷管理政策，对接县域两家地方法人金融机构，按月监测房地产信贷投放及政策执行情况，并摸底测算机构信贷投放空间，做到预警与监测同步推进；在科技、绿色、制造业、供应链等重点领域金融服务方面，要求各金融机构要提供有针对的金融服务。加强对清洁能源、工业环保领域的支持力度，增强绿色信贷与碳减排的关联度。

【加强存款管理】

要求各法人金融机构严格按照存款市场利率定价指导区间进行利率定价，将利率定价保持在合理区间，并积极转变管理方式应对利差收窄，将利率管理工作融入经营管理当中，对辖区地方金融组织明示贷款年化利率落实督导核查1次，有效降低存款成本，共同维护辖区存款利率市场秩序稳定。对辖内两家法人金融机构异地存款、周期付息型存款、非自营网络平台存款情况进行摸底，并要求两家法人金融机构不得出现新的变相存款创新产品，遏制非理性定价行为，营造良好的市场秩序。

【支持农村改革】

制定《金融服务平罗县集成农村改革试点工作方案》，推动金融机构积极对接县域重点产业项目建设，以乳业龙头企业为核心企业，推动金融机构创新开办“原奶供应贷”业务，向从事奶牛养殖、为乳业龙头企业供应原奶的小微企业提供融资支持。截至年底，有存量贷款2笔，余额1,252万元。创新推出“保险＋期货＋融资”试点项目。为15户新型农业经营主体完成8680亩玉米投保，合计保费434万元，并于9月14日通过华龙期货公司入场交易，目标价格2457元/吨，完成“保险＋期货＋融资”试点中的“保险＋期货”工作。重新梳理2016年后平罗县“两权”抵押贷款业务办理情况，抵押评估、业务流程、不良处置、风险防范及制约因素等情况，了解平罗县历次农村改革试点工作进程、新型农业经营主体情况，整理形成一手材料及时报送上级行。向中支上报《平罗县“订单农业＋保险＋期货＋融资”改革试点的优势和相关建议》《平罗县新型农业经营主体发展存在的问题及建议》等4篇高质量调研报告，《人行石嘴山市中支多举措提升春耕备耕金融服务质效》《平罗县供应链融资模式取得新突破》等6篇工作动态被《金融时报》《农金网》采用。

【支付结算管理】

按照规定做好ACS系统升级换版及系统运维工作，截至10月末共办理业务464笔，实现业务无差错目标。开展优化银行账户服务现场监督工作，对辖内10家金融机构、61个银行网点的“三公开情况”、进行现场或非现场督察。推广村级金融综合服务“固原模式”。协调两家代理机构加大推广力度，在303个助农取款服务点中共建村级金融综合服务站52个，占所有行政村的36.11%，其中，平罗建行布设42个，平罗农商行布设10个。推广老年人金融服务便利化，在设立服务便利化示范点2个的同时，依托农村地区择优选取的63个服务点，为年龄偏大、行动不便等特定老年群体提供上门服务，克服老年人支付“数字鸿沟”。相关工作成果《人民银行平罗县支行　让“支付为民”深入人心》《人民银行平罗县支行　采取有力措施优化账户服务》等4篇工作动态被《经济日报》《农金网》采用。

【征信查询服务】

支行科学部署、积极行动、创新方式、加大宣传，确保疫情防控期间征信查询服务顺利开展，做到疫情防控和征信查询两不误。截至10月末，完成个人信用报告查询共12576笔、企业信用报告查询共573笔。受理征信异议1人次并提出合理建议，严格按照要求，层层上报上级行处理异议事件。

【加强风险监测】

增强责任意识，加强对日常风险监测报表变动感知灵敏度，按月密切关注辖区地方法人金融机构风险监测指标变动情况，按时上报地方法人金融机构流动性监测表和分析报告。针对辖内个别高风险机构风险突出问题实施更高更严监管标准，要求以半月报的形式报送相关工作情况，在充分评估潜在影响的基础上稳妥推动其制定并实施恢复与处置计划。采取金融稳定联席会议等方式，就风险较高的金融机构提前发出风险提示。严格落实金融机构重大事项报告制度，确保金融机构发生重大事项及时向人民银行报告。综合运用央行评级和存保核查，对金融机构风险状况做出分析判断，对辖内风险区域、风险行业和风险点做到底数清、情况明。未发生系统性金融风险。

【开展金融宣传】

在“3·15”消费者权益日、“4·15”征信关爱日和“普及金融知识、守住钱袋子”集中宣传月、打击电信诈骗集中宣传月、存款保险和防范非法集资集中宣传日等节点，组织银行业金融机构开展多种方式的金融知识宣传活动，其中线上包括利用朋友圈、微信群、短视频平台等进行宣传，线下包括银行网点宣传，有效提升辖区内群众的金融素养。

【升级国库服务】

做好个人所得税汇算清缴退税等工作。截至10月末，办理个人所得税汇算清缴退库业务17074笔577.29万元，电子退更免业务21797笔36569.38万元。提升缴税便利性，开展市场主体通过线上缴税。

【反假反洗钱】

坚持风险为本和问题导向，对辖区26家义务机构开展反洗钱分类评级和监管走访，扩大反洗钱监管的覆盖面，提升洗钱风险防范的有效性。联合市场监督管理局、民政局对辖区城乡祭祀用品商店（摊点）、农贸市场、医院周边殡葬用品商店等地开展违规使用人民币图样行为的专项联合检查3次。制定印发金融领域“扫黑除恶”专项整治方案，落实地方“六清”行动计划。联合政府相关部门开展“套路贷”和违法违规金融营销宣传行为专项整治工作。建立银警信息共享及账户风险提示机制，创新开展防范电信网络诈骗超常规宣传活动。

【落实内控管理】

通过党组会议及时研究和解决内部控制中存在的问题。对行级领导和部门负责人开展一对一廉政谈话，组织全体干部职工学习《习近平关于党风廉政建设和反腐败斗争论述摘编》《金融案鉴》警示教育读本等。通过参观廉政警示教育基地、开展“倡廉政文化　扬清廉之风”为主题的道德讲堂活动、党纪法规应知应会知识测试等专题活动。修订完善“三重一大”事项议事规则和民主决策程序，严格执行民主集中制和党组统一领导下的分工负责制。对履职审计中暴露出来的内部治理和财务管理方面的问题进行全面整改，形成监督检查与防范风险的合理机制。修订印发

《中国人民银行平罗县支行车辆使用管理办法（试行）》《中国人民银行平罗县支行业绩考核实施办法》《中国人民银行平罗县支行行员考核实施细则》《平罗县支行行员跨部门兼岗管理办法》《中国人民银行平罗县支行财务管理实施细则》，强化内控制度体系，规范内部管理流程。

【排查金融隐患】

落实上级行“以审促改全面提升精细化管理水平”工作安排，对近年来上级行党委巡察、内部审计检查等发现问题整改情况开展“回头看”工作，坚决纠正屡查屡犯、边查边犯等问题，切实堵塞风险漏洞。更新2021版《岗位（廉政）风险防范指南》，摸清风险底数，固定防控责任。开展保密、消防等安全风险隐患排查。加大条线管理，做好政务值班、应急维稳工作，严格执行24小时专人值班制度，确保政令畅通和重要信息的及时传递。

【应急管理】

健全应急管理制度体系，规范和简化流程，增强预案的可操作性。截至10月底，支行开展中央银行会计核算数据集中系统、网络设施断电、消防、反恐4项应急演练活动。尤其在县域出现鼠疫疫情之后，积极落实地方党委政府的紧急部署，织密织牢疫情防控网，及时成立疫情防控工作领导小组，制定印发应急预案，研究细化防控措施。严格落实“一岗双责”制度，坚持执行“零报告”“日报告”制度，做实做细人员管控、思想教育、心理疏导、物资保障、卫生消毒等各方面工作，全力保障干部职工身体健康、各项业务正常运转。

【精神文明建设】

开展战“疫”央行人榜样宣传、道德讲堂、庆“三八”“重阳节”敬老爱老等形式多样的文体活动，营造积极向上的和谐氛围，引导干部职工厚植爱国情怀、弘扬社会公德、引领文明风尚。开展青年学习提升工程，推进团支部标准化建设，打造“红马甲”志愿者服务队、参加“新时代　新金融　与时代同步　与人民同行——庆祝中国共产党成立一百周年”主题征文、组织党史学习教育暨《长津湖》主题观影活动心得征集、举办“百年风华红心向党　军魂永驻历久弥坚”等喜闻乐见的活动，激发青年职工干事活力。

工商银行平罗支行

【概况】

2021年，平罗支行进一步转变思想观念，切实调整经营策略，统筹推进经营发展和风险防控，在全力打好疫情防控工作的同时做好金融服务工作。结合县域经济发展和资源禀赋，提升经营效益，提升支行全员效能，完成落实各项经营指标。

【存款业务】

各项存款时点余额75600万元，较年初增加9997万元。其中，储蓄存款56655万元，较年初增长11600万元；公司存款4298万元，较年初减少2259万元；机构存款14647万元，较年初增加656万元。各项存款日均余额76503万元，较年初增加10559万元。其中，储蓄存款51555万元，较年初增长10745万元；公司存款6008万元，较年初增加1608万元；机构存款18940万元，较年初减少1794万元。

【贷款业务】

各项贷款余额8445万元，较年初减少25408万元；人民银行降准口径普惠贷款余额

1856 万元，较年初增加 572 万元，完成任务的 100%；个人贷款余额 5584 万元，较年初减少 1606 万元；票据贴现全年累计 6611 万元，完成任务的 55.09%。

【业务收入】

实现拨备前利润 676 万元，完成计划任务的 86.89%，实现净利润 -6587 万元，完成计划任务的 102%。实现中间业务收入 603 万元，较同期减少 3 万元，完成全年计划任务的 74.72%。其中零售条线实现 466 万元，对公条线入实现 137 万元。

【资产质量】

2021 年，不良贷款余额 70 万元，较年初下降 21219 万元；不良贷款率 0.83%，较年初下降 62.03 个百分点。其中公司贷款不良余额 0 万元，较年初下降 21110 万元，较年初下降 96 个百分点；个人贷款不良余额 70 万元，较年初下降 109 万元，不良率 1.25%，较年初下降 1.26 个百分点。

【存款营销】

强化分层维护，细分岗位任务，密切关注每日存款变动情况，按日通报，每周召开例会，分析查找差距，从差距中争份额，追赶同业。以各项专属存款、大额存单、结构性存款等重点产品为抓手，开展储蓄存款内部结构的不断调整，较好控制存款付息率的同时，确保全年储蓄存款日均稳步增长，时点的波动性逐步减小。

【客户服务】

坚持以源头客户拓展为重点工作，通过认真分析存量客户结构情况和潜力客户营销需求及痛点，引导客户经理使用智能零售方案和精准营销活动等方式，开展一系列针对客户提质增效、资产归行的工作。通过组织外拓营销，上门办理不断扩大全量客户增长点；通过专属存款、新规理财的营销配置，确保客户资产结构合理、风险可控；通过对潜在客户的需求分析和主动带队多次走访营销，采取制定个性方案、私行体检、节日走访、日常慰问、资产配置建议等多项举措，力促行内高净值客户资产逐步提升。

农业银行平罗县支行

【概况】

2021 年，聚焦零售业务、存款营销、线上线下一体化服务、“贷款 +”、不良资产清收处置、规范化服务、基础管理和党建管理等重点工作。细化扩户攻坚、固优补短、提质增效、党建引领等举措，坚持稳字当头，突出问题导向、目标导向、结果导向，着力在优服务、强实力、调结构、抓质效上下功夫，各项业务平稳发展。

【存款营销】

建立行领导与前台部门、网点组成三位一体营销团队。细化考核指标，及时通报点评，做好考核激励导向，实现拉存稳客。深化贵宾客户日常营销维护，提升贵宾客户资金贡献，实现客户升维发展。通过掌银、“营销宝”PAD 等数字化工具，提升客户体验，以大额存单、银利多等为主打产品吸引客户，带动个人存款大力发展。强化公司联动营销，细化分析指导，实施一网点一策略，协助网点尽快实现存款较快增长。9 家网点个人存款全部实现正增长，支行存款营销全面完成分行计划目标，个人存款在当地县域四行中份额占比最大、增量最大，增量市场份额占据平罗县 10 家金融机构一半以上。在“万马奔腾”零售业务综合营销竞赛中全区排名第一。

【贷款投放】

以发展“振兴乡村”三农为定位，拓展普惠业务为突破口，力争农户贷款“扩户上量”“提质增效”，个贷经营、消费e贷等增产增效。跟踪政策导向，制定支持方案，以奶产业、肉牛、羊等特色产业和水稻、玉米等地方优势产业为重点，加快涉农贷款投放。2021年年末，全行农户贷款余额38603万元，较年初增加9468.92万元；惠农e贷增加9019.83万元，排名全区第五名，农户信息建档较年初增加1761户，发放农村妇女创业贷款554笔，贷款金额5365.8万元，余额10335.5万元。

【资产质量】

大力发展普惠金融、票据池在线贴现、农村妇女创业贷款等业务，支持实体经济，全面完成银监部门“两增两控”目标。2021年年末，普惠金融贷款余额23501万元，较年初增加5518万元；普惠客户数955户，较年初增加116户；普惠贷款不良余额108万元，不良率0.46%，普惠贷款加权利率4.92%，较上年末下降0.12%，普惠专项评价排名位居分行前三位。

【中间业务】

出台多项专项竞赛考核方案，以激励为主，形成营销合力，针对短板指标下发“督导函”并到网点做好指导辅导督导工作，力促业务序时及时推进，实现中间业务收入全区排名第三，荣获宁夏分行零售中间业务收入卓越贡献奖。

【展码营销】

完成分行阶段性工作及全年展码计划。成功营销落地智慧食堂项目5个，智慧党费3个，场景建设工作取得新突破，县政府智慧食堂掌银激活率居单个项目成功率前列。

【清收处置】

持续跟进，抢抓机遇，分支行联动形成合力，经过多轮谈判博弈，最终与银龙公司达成诉讼和解协议，成功收回银龙公司已核销呆账本金14000万元，刷新宁夏分行单笔法人已核销呆账现金清收记录，实现等额利润回补。行领导包片分组逐户上门、户户见面，加大对自然人不良贷款清收力度。加强与法院的沟通配合，多策并举，自主清收与诉讼清收有机结合。2021年年末，信用卡、三农、个人信贷不良余额持续下降，个人资产质量持续向好。

【合规运营】

开展合规文化“四必讲”、落实合规文化学习“六个一”活动，实施案例警示教育2次，开展业务培训20余次。不断强化内控机制建设，夯实风险防控的基础。提高检查频次和奖惩力度，及时跟进辅导和整改，提升网点规范化服务质量。落实运营案防重点工作任务，提升财会运营核算质量，全区综合考评排名第二。

【内控管理】

严格落实总分行案防工作部署，发挥案防“四支利箭”作用，有序开展各类专项治理检查、季度尽职监督检查、案件风险排查、重大风险事件排查、员工异常行为排查等工作，有效排除化解风险隐患。安排专人负责及时、客观处置总分行和银监部门移交的服务投诉事件，积极与投诉客户沟通，有效化解矛盾，全年未发生声誉风险事件。

【服务社会】

积极与高庄乡高庄村、同进村联系，了解掌握每个扶贫户的实际情况，做好精准扶贫工作。春节前落实送温暖工作，对精准扶贫户、扶贫帮扶解困户共发放大米27袋、面粉27袋、食用油27桶。开展脱贫人口小额信贷工作。2021年，为脱贫人口发放小额贷款30笔，金额131万元。为陶乐镇庙庙湖村移民发放经营性小额贷款 103 笔 850 万元。

中国银行平罗支行

【概况】

2021 年度，平罗支行紧紧围绕平罗县域经济的发展特点，认真落实平罗县政府、人民银行及市分行党委的工作部署，紧盯重点业务发展，夯实客户基础，稳存款、保中收，各项工作平稳运行。截至年末，人民币存款时点余额 59712 万元，各项贷款余额 9889.97 万元。

【存款业务】

2021 年年末，人民币存款时点余额 59712 万元，较上年新增 18396 万元，计划完成率 681.33%；其中公司存款时点余额 34628 万元，较上年新增 12801 万元，个人存款时点余额 25085 万元，较上年新增 5595 万元；日均存款较上年新增 5505 万元，计划完成率 203.88%；其中公司日均存款较上年新增 1872 万元，个人日均存款较上年新增 3633 万元。

【贷款业务】

各项贷款余额 9889.97 万元，其中公司贷款余额 7859 万元，较上年新增投放贷款 8 户，较上年新增 4301 万元，完成率 215.06%，个人贷款余额 2030.97 万元，较上年减少 185.58 万元。

【中间业务】

业务收入 268 万元，手机银行月活 2788 户，增速 8.86%，新开对公账户 109 户，新增代发薪 15 户。

【存款营销】

积极跟进营销目标企业，大力发展普惠金融贷款业务，百日攻坚以来，共上报项目 4 户，上报金额 3100 万元，实现线上房产抵押贷放款 1 笔，金额 100 万元。拓展行政事业单位存款，积极与当地平罗县财政局对接，成功营销山水林田湖草专项资金落账 7900 万元，做好购买国债客户的台账，在销售期提前布局，与客户落实购买金额并紧盯客户资金提前到位，共销售国债 2300 万元，带动行外资金进款 5500 余万元，营销定期存款 3000 余万元，私行客户新增 2 户；支行个人全量金融资产时点余额 39853 万元，较上年新增 9424 万元，增幅 30.97%。

【贷款营销】

重视乡村业务的发展，主动出击，拜访乡政府，逐村对接，批量获客；源头营销烟草公司，自上而下推广烟商贷，实现批量获客，办理两权抵押贷款 96 笔，投放金额 785 万元，办理烟商贷 21 户，投放金额 190 万元，中银 E 贷投放 113 万元，住房类贷款投放 332.2 万元。通过涉农贷款的推进，带动对公账户开户 10 余户，个人存款沉淀 200 余万元。

农业发展银行平罗县支行

【概况】

2021 年，以高质量发展为主线，以服务国家粮食安全、黄河流域生态保护先行区建设和乡村振兴为抓手，坚持稳中求进工作总基调，持续在转思路、抓发展、厚储备、强风控、促管理上下功夫，基层党建和业务发展取得积极成效。全年累计发放各项贷款 15592 万元，是上年同期投放的 2.91 倍，累计收回贷款 7406 万元。截至年末，支行各项贷款余额 88927 万元，比年初净增 8186 万元。全年各项存款日均余额 7251 万元，比年初减少 3809 万元。全年实现 FTP 口径拨备后利润 64.02 万元。

【支持粮油收储】

认真贯彻落实总、分行夏秋粮工作会议精神，积极支持宁夏储备粮平罗储备库（有限公司）做好夏秋夏粮收购工作。2021 年，支行累计接收区分行营业部下划粮油收购信贷资金 4152.42 万元，支持企业收购粮食 5446.17 万公斤。

【支持粮食收购】

开展“大摸底、大走访、大营销”活动，加大对市场化粮食收购支持力度，积极宣介区分行“动产浮动抵押 +”融资模式，向宁夏金大农业发展有限公司、宁夏马氏兄弟粮油产业发展有限公司审批发放流动资金贷款 6500 万元，支持企业收购玉米原粮 2118.94 万公斤。

【服务项目建设】

围绕平罗县委制定的《关于支持黄河流域生态保护和高质量发展先行区建设实施方案》等，以 2021 年政府类投资项目清单为突破口，主动为国有企业提供差异化的项目融资服务。制定《宁夏德渊市政产业投资建设（集团）有限公司金融服务方案》，为支持县域重大项目开工建设提供更加优质高效的个性化定制服务。发挥“首席营销官”和“首席客户经理”作用，积极与县发改、财政、水务等部门对接，准确掌握项目实施信息，在项目谋划阶段就把农发行信贷政策嵌入项目中，提前为企业设计融资方案，帮助政府主管单位、项目承贷主体梳理办贷资料、协办相关审批手续，掌握项目营销主动权。2021 年，支行申报获批政府类投资项目中长期贷款 3 笔，金额 43000 万元，根据项目建设进度及项目资本金到位情况累计发放贷款 7792 万元，支持平罗工业园区红崖子园污水处理厂、平罗县河西地区城乡供水水源替换工程等政府重点项目建设，完成区分行下达黄河流域生态保护贷款累放任务的 134%，巩固了“绿色银行”“水利银行”品牌建设。

【支持制种企业】

贯彻落实习近平总书记关于打好种业翻身仗的精神，在全县范围内开展调查、走访、营销“三步走”，多次向县农业农村局、种业协会宣介农发行信贷政策优势。向宁夏泰金种业股份有限公司审批发放现代种业农业小企业贷款 700 万元，支持企业开展相关农作物种子研发，促进平罗种业创新发展。

【支农资金存款】

向县委、县政府专题汇报支行支持当地经济发展情况，积极争取在预算单位账户开立、地方债资金拨付、社保基金公开招选等方面给予支持帮助。主动为存款贡献度高、资金沉淀时间长的客户办理协定存款，提高存款客户忠诚度。积极与地方财政沟通，争取到年中年末到期贷款本息偿债资金提前存入。积极营销贷款客户项目配套资金和项目主要施工单位及其上下游主要客户的资金通过县农行支行进行结算，延长资金支付链条，挖掘信贷资金的增存效果。截至 2021 年年末，支行各项存款余额 8345 万元，较年初增加 1878 万元，增幅 29.04%。

【合规经营管理】

紧盯关键环节，上下同心全力化解基金潜在逾期风险。2021 年支行涉及两笔基金项目共 1520 万元首笔回购资金存在潜在逾期风险，发挥主观能动性，多措并举化解管理中存在的难点、堵点，有效防范基金逾期风险。提前对接目标公司、实施主体和回购主体落实回购资金。紧盯财政部门、目标公司和实施主体，发扬“盯、靠、耗”精神，反复上门协商、讲解政策，促成由县财政局牵头，按季召开目标公司、实施主体及支行联席会议机制。多次向党政主要负责人专题当面汇报，政府向实施主体下发督办函，明确回购责任。对县重点项目第一时间受理，全程给予融智、融情服务，支持县重点项目2个，授信3.3亿元。

【夯实经营基础】

按月组织召开贷(投)后管理例会，分析在办贷、管贷过程中遇到的难点、痛点问题；积极与县财政对接，将当年纳入政府预算管理的贷款本息及基金本息提前纳入财政预算管理，并提前发送《提示归还到期贷款本息通知书》，确保贷款本息及基金本息应收尽收。为落实总、分行整改要求，避免出现声誉风险，6月，向涉及基金目标公司发送《关于商请归还中国农发重点建设基金结余资金的函》，将长期滞留在基金专户的3笔基金本金94.86万元上划至基金公司指定账户提前归还。截至12月末，存量13笔农发重点建设基金全部按约定用途支付完毕，基金滞留资金全部安全退回。

【严格制度执行】

通过细化岗位职责、加强培训等措施，切实将各项规章制度的学习抓在经常、抓在日常。组织财会部门所有人员按时参加总分行及支行的财会制度培训，细化会计业务岗位职责，明确工作内容，加强责任意识教育，有效促使会计基础管理工作“精、细、严、实”。围绕上级行《关于开展营业网点“拉网式”风险排查的紧急通知》要求，支行从营业场所安全保卫、岗位设置与轮换、重控管理等方面逐项进行排查梳理，发现问题狠抓整改问责。严格控制费用支出，优化财务资源配置，完善财务费用结构，规范财务开支范围、标准、审批权限、程序等，对于大额费用开支，一律提前上会研究、审批后列支，并经财管系统进行支付，切实加强了对业务费用开支的控制，提高财务资源的使用效率。

【加强账户管理】

随着互联网金融行业的兴起，第三方支付平台的普及，金融网络诈骗事件也不断增多，充分认识到反洗钱和账户管理的重要性，真正从思想上重视起来，要求临柜人员全面加强对新的法律法规、规章制度以及反洗钱等相关知识的学习，以案为鉴，在工作中提高识别能力，强化执行力度。真正防范洗钱风险，保障账户的安全。

【提高客户服务】

全面开办网上银行及手机银行业务，确保柜面业务替代率稳步提高，通过多方式多渠道开展结算业务合作，扩大收购资金非现金结算覆盖面，提高资金结算效率，努力践行“以客户为中心”的服务理念，打造7×24小时便捷移动金融新体验，助力全行高质量发展。截至12月末，共开通67户网银企业，其中有5户企业开通手机银行业务。全年网银替代率达到98.95%。

【落实安全责任】

全面落实安全生产责任，加强安全隐患排查，及时向区分行和监管部门报送安全生产情况，按季向石嘴山银保监分局上报社会安全领域工作的报告，并实行24小时不间断值班制度。注重做好日常疫情防控知识宣传工作，严格落实疫情防控“零报告”制度，保持内外信息沟通，及时掌握疫情最新情况。开展谈心谈话、提醒帮助谈话、批评诫勉谈话等方式，加强员工思想政治工作，对员工异常行为排查，为全员讲授案防知识，教育引导员工知敬畏、存戒惧、守底线。全年支行未发生案件，员工未出现异常行为的情况。

【强化监督检查】

认真落实区分行党委巡察反馈问题整改。将

巡察组反馈的三个方面 9 个问题，细化分解为 31 个具体问题，并针对性提出 55 项整改措施。以“内控合规管理建设年”、业务高质量发展合规“回头看”、综合检查自查、上对下综合检查、资金支付审计等检查为契机，全面深入查找内控合规薄弱环节，建立问题清单、整改台账，进行销号管理。接受内外部检查、自查、总行非现场评价等共计 6 次，对检查出的问题及时建立问题台账，逐个整改消化，各类检查发现的问题有 8 个，全部整改到位，问题整改率 100%。8 人次进行问责，其中批评教育 5 人次，责令检查 1 人次，违规积分 2 人次。

邮储银行平罗县支行

【概况】

始终秉承服务社区、服务中小企业、服务“三农”的战略，坚持立足地方经济发展实际，打造普惠金融特色优势、推动乡村振兴和绿色金融发展。累计投放贷款超过 20 亿元（自 2008 年起），服务客户 2 万户。其中，为全县 8000 余农户提供 10 亿元的小额贷款。全行资产总额 7 亿元，各项存款 3.3 亿元，各项贷款 3 亿元，其中涉农贷款余额 2 亿元，占全部贷款的 65%。累计发放“三农”贷款 5038 笔，金额 5.09 亿元。

【服务地方发展】

扩展政策性贷款的合作范围，与金融办、扶贫办、就业局、县妇联、农业农村局等部门建立良好合作关系，累计发放家庭农场专业大户贷款 1.06 亿元，发放创业担保小额贷款 2.2 亿元，为 6000 余农户、新型农业经营主体、创业人员提供资金支持及服务。2021 年发放三农贷款 162 笔 1.72 亿元，较去年同期增幅达 200%。与平罗县农业农村局合作发放农民合作社风险担保基金贷款 34 笔 2756 万元。发放妇女创业贴息贷款 475 笔 5324 万元。发放农村土地承包经营权贷款、农户信用贷款及其他邮储银行平罗支行配套产品 476 笔 5316 万元。零售不良贷款结余 286.88 万元，不良率 1.07%。

【支持小微企业】

与石嘴山市非公服务中心、石嘴山市科技局、石嘴山市高新园区管委会先后签订“财保贷”“融资担保贷”“成长创新贷”“科技创新贷”4 个特色小微企业助保贷项目，发放各类平台贷款 900 万元。全行平罗区域小企业贷款结余 29 户 9810.15 笔万元，其中落地到平罗县支行的为 16 笔 2910.88 万元。规模大的企业包括宁夏森源重工有限公司 1500 万元、宁夏贝利特生物科技有限公司 1000 万元、宁夏廷远活性炭有限公司 1000 万元、宁夏兴凯硅业有限公司 500 万元、平罗县滨河碳化硅制品有限公司 1000 万元。先后推出“医院贷”“税贷通”“快捷贷”“加油贷”等多项小微企业融资创新产品。法人贷款结余 16 笔 2910.88 万元。

【便民金融服务】

秉承以客户为中心的服务理念，发挥网点遍布城乡、网络通达全国的优势。邮储银行平罗县所辖自营和代理网点共 9 家，遍布县城及主要乡镇。加快支付结算体系建设，推进银行卡发卡工作，推广个人网银、手机银行、电话银行、微信银行等新型金融服务手段，持续改善县域地区支付结算条件。个人结算客户仅自营网点已达到 4.49 万户，零售信贷客户超过 5000 户，信用卡发卡 7886 张，手机银行客户仅自营网点达到 10000 余户。大力布放二维码支付牌，聚合微信、云闪付等支付渠道，开通信用卡付款模式，并减免相应手续费，方便广大居民百姓购物和商家结算。2021 年，布放码牌超过 1049 户，累计布放超过 2541 户。

石嘴山银行平罗支行

【概况】

平罗支行认真贯彻执行各项经营方针、政策，植根本土，服务民生，积极转变工作作风，大力拓展城乡业务，强化内部管理，攻坚克难，各项业务安全运营，稳健发展。2021 年年末，支行各项贷款余额 11.44 亿元，各项存款余额 23.74 亿元，较年初增加 3.31 亿元，增长 16.2%。不良贷款 1190.65 万元，较年初下降 672.44 万元，不良率 1.04%，较年初下降 0.5%。全年不良清收任务 522.3 万元，收回 187.61 万元，完成任务的 35.91%；全年新增个人和单位结算账户合规率 100%。

【拓展资产业务】

积极调整补充信贷客户经理队伍，搭建信贷业务营销小组，开展贷款投放竞赛。全面推进普惠小微信贷业务的覆盖率，年初对县城 1513 户商户开展上门营销，发展有效信贷商户 157 户，发放个人创业贷款 66 户金额 853 万元。对接 13 个乡镇，利用移动设备投放农户小额信用贷款，全年发放 116 户金额 730.5 万元。借助大北农饲料区域经销商对其下游用户开展营销，投放肉牛尊信贷 34 户金额 547 万元。利用县农改中心对新型农业主体评级工作的契机，向农业公司、合作社、家庭农场授信 20 户金额 2710 万元。发放分行第一笔税信贷和玉米期货保险质押贷款，四季度投放支小再贷款 11 户 3120 万元。全年发放各类创业贷款 148 户金额 2307 万元；与鑫晟担保公司签订总对总担保协议，由该公司担保投放各类贷款 24 户金额 3020 万元。

【加大营销力度】

借助总行开展的“春耕行动”“夏忙计划”“金秋计划”等活动，将各类考核指标认真梳理，部署落实到人，通过开展“社区联动”“异业联盟”“厅堂微沙龙”“幼儿园培训机构现场营销”“节庆日联欢” 等多场次专项营销以及日常宣传活动，带动支行客户量的增长。成立营销、经营、管理、服务等课题小组，让每位员工参与到支行的日常管理运营中，提建议、出点子，并将好的做法贯穿到日常的外出营销、厅堂营销中。

【提升基础管理】

管理部联合各网点、部门负责人按季开展交叉检查，对支行、部门的业务、安全、卫生、劳动纪律等逐项筛查，对发现的问题立查立改，保证支行的良性发展。根据业务发展需要，从客户的营销拓展、信贷业务的风险评估、运营条线的合规操作、不良贷款的清收等几方面积极对部门、网点开展学习培训，强化营销经理、客户经理的业务能力。开展员工交流沟通活动，营造和谐快乐工作环境。发挥党员干部先进模范带头作用，以党建促经营。响应区、市政府困难帮扶工作的要求，为平罗县环卫工人捐赠 50 辆电动清洁车，疫情防控期间向民政、帮扶卡点捐赠价值近 5 万元的防疫物资，向金堂桥村、庙庙湖村、红翔新村困难群众送去防寒服及取暖用煤，营造石嘴山银行良好的社会形象。

中国人寿保险平罗支公司

【概况】

2021 年，实现总保费收入 13711 万元，同比

增长 -4.96%,其中:长险首年期交保费 1654 万元,同比增长 -20.28%;10 年期及以上首年期交保费 435 万元,同比增长 -50%;实现标准保费收入 474 万元,同比增长 -48.98%;短险保费实现 1125 万元,同比增长 -12.383%。

【大个险渠道】

坚持以"强化队伍分层级、产品分层次销售、客户分层级经营"的分类、分级经营思路,围绕全面推进销售转型升级,聚焦保障型业务和十年期业务,多途径运作,强势推动,实现首年期交保费 1287 万元,同比增长 -25.6%,预算达成率 68.56%。

【银保渠道】

坚持"保险姓保、银保姓银、双轮驱动"的发展方向,实现首年期交保费 337 万元,同比增长 108.55%,预算达成率 102.72%。

【团险渠道】

在广领域、多板块上求突破,牢固树立"效益优先"的发展理念,把握规模与效益并重,实现短险保费收入 626 万元。

【服务客户】

树立以客户为中心,全员、全流程、全周期的"大服务"理念。征集销售人员对柜面人员服务评价,营造"比、学、赶、超"的服务氛围,持续应对满期、退保给付等风险,缩短理赔时限,切实提升柜面服务品质。

【风控管理】

坚持以强化风险管控,促进业务发展为导向,通过狠抓关键点,构建起了公司内部风险控制长效机制。开展防范和处置非法集资治理工作、反洗钱风险排查、关键岗位日常检查、建立销售风险评价指标体系,加强内控及案件防范工作。对销售违规行为,严格按照公司有关规定及时进行处理。加强员工和销售人员教育培训,将合规经营理念和风险管控要求传达到位。规范日常管理,加强监督检查,提升公司的经营管理水平。

【安全生产】

强化责任落实,从网络和信息安全方面、安全生产方面、舆情风险等方面开展排查,要求员工使用办公设备不允许私自外接互联网、不允许通过网络发送公司客户等方面信息,各办公区、楼道等区域增配灭火器材,有效防范火灾风险;加强员工及销售人员培训,确保舆情风险的发生。

【企业文化】

丰富职工业余文化生活,组织员工开展"3·8"采摘活动、"放松心情　拥抱生活"团康活动;凝聚人心增强员工队伍活力,组织全体人员开展红歌演唱比赛。

中国人寿财险平罗支公司

【概况】

2021 年,坚持以"坚守初心、真抓实干、勇担使命、加快发展"为发展思想,不断强化管控、防范风险,全力打造和提升公司核心竞争力,以"突出车险业务求发展、加大非车险业务增效益"为目标的工作思路,坚持内强素质、外塑形象,细化考核,强化管理,求实创新,兴司富员为具体措施,实现保费收入 1495.75 万元,同比增加 135.04 万元,同比上升 9.92%,基本达成分公司下达的任务目标。分险种看,车险业务收入 1207.67 万元,同比增加 80.78 万元,同比上升 7.1%;非车险业务收入 288.08 万元,同比增加

54.26 万元，同比上升 23%。

【业务建设】

根据平罗县保险市场变化及 2020 年全年保费收入情况进行综合分析，再根据公司业务发展情况，制定下达 2021 年度平罗支公司重点工作计划和任务目标，并将分公司下达平罗支公司的各项指标进行层层分解，把年计划分解成月计划，月总结、月分析；一手狠抓新业务的发展，一手紧盯各项续保业务，及时对任务指标落实情况进行监控和调整。保障各项业务顺利开展。

【内部管理】

严格差勤管理，坚持每天日通报、月通报和团队长会汇报制度，坚持“三重一大”事项民主集中原则，集体研究会商，注重早会经营和周五全员培训学习，日常关注员工思想动态变化，沟通谈心成为常态，员工生日送上蛋糕，入司离职有迎有送，尽公司所能注重正面激励；开展各项文体娱乐和集中培训活动，发挥个人特长，增强集体荣誉感。销售中采用“末位淘汰”制。通过公开竞聘选拔制度，将合适的人放在适合的岗位；通过“末位淘汰”制，提升了销售队伍的整体水平。

【业务培训】

多次组织相关合规知识学习，吸取相关经验，结合平罗支公司成立时间短、业务规模暂时较少的实际情况，组织专人专场对银保监局各项文件进行学习，及时发现问题并进行相关承保和代理人资料的自查整改措施，有效避免合规风险的发生。

【合规管理】

成立专项自查领导小组，对内部承保业务、单证管理、反洗钱基础资料进行自查整改，不断加强各项基础工作的管理，牢固树立合规经营理念，坚持依法合规经营，守牢合规底线，保持公司稳定健康发展。

农业农村

概　述

【概况】

2021年，始终把“三农”工作作为重中之重，紧扣“质量兴农、绿色兴农、品牌强农”，培育发展特色优势产业，做优做强现代农业、产业结构调整、农村人居环境整治、农村综合改革，推进农业农村高质量发展。特色瓜菜产业关键技术创新示范、主要粮食作物病虫草害农药减量控害技术示范推广项目、防治稻瘟病芽孢杆菌剂的研发与生防机制研究受到自治区人民政府的奖励，县农业综合执法大队获评全国农业综合执法示范窗口。

【种植产业】

贯彻落实《平罗县农业产业结构调整三年行动实施方案（2020—2022年）》，按照“压玉米、扩饲草、强特色”的工作思路，主攻现代畜牧、优质瓜菜、特色制种三大产业。全县粮食、瓜菜、制种、饲草面积分别达到82.07万亩、18万亩、8万亩、11.95万亩，打造300亩以上小麦、水稻、玉米园区4个，200亩以上瓜菜产业园区30多个，争创瓜菜“四好”园区4个、制种园区18个。

【养殖产业】

全县肉牛、肉羊饲养量分别达10.2万头、84.1万只，牛肉产量10050吨，羊肉产量7436.0吨。建成肉牛规模养殖场38家、肉羊规模养殖场46家，肉牛冷配改良站（点）28个。依托宝丰牛羊肉经营有限公司实施5000头肉牛屠宰加工生产，新建、续建肉牛肉羊规模养殖场10家。全县建成奶牛场16家，奶牛存栏4.476万头，日产生鲜乳580吨。新建、扩建奶牛项目9个。争取到农业农村部奶产业集群项目核心区建设，与中国农科院形成战略合作，在平罗县高仁乡现代奶业示范区规划建设5G智慧牧场，建设病死畜禽无害化处理中心1座。

【葡萄产业】

2021年，完成酿酒葡萄种植400亩，配套建设葡萄种植基地供水工程和水肥一体化高效节水灌溉项目，运行良好，葡萄成活率达95%以上。

【制种产业】

全县建设规模制种园区14个，总面积达到1858亩，展示品种近5000个。以菜豆类、茄果类、瓜类等为主的区域特色制种品种优势逐步显现。建成种子企业28家，泰金种业、兴隆种业、绿春种业等带动、影响、示范作用较大的种子企业15家；建设种子小镇，种子小镇位于平罗县城北环路北侧，总规划面积4800亩，引进以泰金种业为龙头的13家企业入驻种子小镇，挂牌成立宁夏种业研究院和分子育种实验室。完成泰金种业制种展示区和昊丰种业农产品展示区建设。举办八届种业博览会，组织会员观摩县内各制种基地、贺兰蔬菜制种园区，种博会期间举办种业高峰论坛，培训人次200多人次，协调成员单位与中国农科院国家蔬菜研究中心、湖南大学、宁夏大学、广州农科院、烟台农科院等科研院所建立技术合作关系，依托种子小镇及重点制种基地建成农民实训基地9个，培养各类专业技术人才100多人。“平罗种子”以其良好的品牌优势，与国内除西藏、海南外的所有省市的600多家客商建立了长久的业务合作关系，生产的蔬菜种子95%以上实现外销，其中20%销往俄罗斯、加拿大及东南亚等国家。

【农业产业园】

河东地区沙漠瓜菜总面积约4.6万亩，设施面积达1376亩，新建高标准日光节能温室340亩；优质露地外销番茄0.4万亩，辐射带动周边100户生态移民农户参与设施瓜菜种植，设施瓜菜亩效益在2万元左右，参与农户人均从产业中获得收入约5000元，经济效益、生态效益、社会效益显著。

【绿色食品产业】

建成高标准瓜菜生产基地12万亩，蔬菜标准园10个，永久性蔬菜基地达到25个，富硒农产品生产基地10万亩。至年底，全县共有农副产品加工流通企业253家，注册农产品商标155个。进一步巩固提升“黄渠桥羊羔肉”“沙漠西瓜”地理标志。申报“黄渠桥羊羔肉”地理标志农产品保护工程的项目。组织日月新、中粮、昊帅三家企业授权“宁夏大米”区域公用品牌，15家农业企业授权“珍硒石嘴山”区域公用品牌。

【夯实农业基础】

结合农业优势特色产业发展需求，加强产学研用融合、农田农机农艺融合，因地制宜开展高标准农田“新技术、新装备、新工艺、新模式”科技攻关和试验示范，解决高标准农田建设“卡脖子”难题，实施好各类技术试验示范；开展农田水利基本建设，补短板、强弱项，改善农村生产生活条件。组织实施重点农田建设项目7个，批复建设面积3.34万亩。完成工程建设任务的40%；农作物秸秆综合利用及农机深松整地作业项目完成秸秆粉碎灭茬还田19.24万亩，机深松整地12.82万亩，水稻深翻0.96万亩，有机肥替代化肥项目完成4.16万亩；实施农田建设示范方28个，实施面积12万亩，累计投入机械8000台班，人工12万个工日，完成土石方200万立方米。

【农业生态化建设】

全面抓好农业面源污染治理，实施化肥农药负增长、畜禽粪污资源化利用、秸秆综合利用和残膜回收项目，加快农业生态化建设。建设废旧残膜回收网点4个，残膜加工企业1个，开展农用残膜回收技术培训班7期，回收残膜95.8吨；开展农作物病虫害统防统治91.19万亩次，绿色防控39.64万亩次，实施蔬菜病虫害全程农药减量增效技术推广项目150亩；全县正常运营畜禽规模养殖场64家，完成整改任务63家，堆粪场

3.8 万平方米，污水处理设施 12 套，建成有机肥生产线 4 家，畜禽粪污综合利用率达 96%，粪污处理设施装备配套率 96.3%。

【农产品质量监管】

将全县 173 个种养基地、219 个农资经营店全部纳入网格化监管体系，建立农业投入品监管追溯平台和农产品质量溯源系统，利用二维码实现农业投入品、农产品交易、来源、流向、质量全程信息化监管。开展农产品质量安全整治和农资打假专项行动，检查涉及农资和农产品的生产经营企业及门店 300 余场次，查处农资及农畜产品质量安全违法案件 18 起，罚没款共 20.18 万元，受理投诉事项共 73 起，为农民挽回经济损失 48.80 万元。开展农产品及农业投入品抽样工作，对各乡镇农残速检设备进行更新，配合区市县检测部门完成监督抽检样品 137 个，完成农业农村部、区市县风险例行检测样品 84 个，完成农业投入品抽检样品 33 个。追根溯源，堵塞漏洞，从源头上确保农产品质量安全。

【乡村振兴战略】

制定《关于实现巩固拓展脱贫攻坚成果同乡村振兴有效衔接实施方案》《关于全面推进乡村振兴　加快农业农村现代化的实施方案》和《平罗县百万移民致富提升行动的实施方案》，围绕现代畜牧、优质瓜菜、劳务产业等重点产业，制定产业扶持政策和实施计划，各重点帮扶村（居）共谋划项目 56 个，规范提升现有企业、合作社和帮扶车间、创业就业服务，宁夏新丝路服饰有限公司等 3 个帮扶车间安置就业 157 人。建立“龙头企业 + 合作社 + 移民”的模式，全面推行务工就业、入股分红、订单农业、社会化服务等。建立就业信息台账和“创业培训 + 创业担保贷款 + 创业服务”三位一体帮扶机制，做到人员底数清、掌握技能清、就业意愿清、培训意向清“四清”。组建县级人社、乡村振兴等部门搬迁群众就业服务专班，发布招聘信息 11 期，提供岗位 5784 个，帮助脱贫人口就业 234 人。建立防止返贫动态监测和巩固拓展脱贫攻坚成果有效衔接乡村振兴“四查四补”常态化工作机制。新识别“三类人群”13 户 51 人（脱贫不稳定户 3 户 11 人、边缘易致贫户 2 户 3 人、突发严重困难户 8 户 37 人），累计识别“三类人群”236 户，通过部门和乡镇的精准帮扶，已消除风险 218 户，风险消除比例达到 92.37%。开展“四查四补”大排查工作，排查梳理各类问题 27 条，其中整改完成的 13 条，正在整改的 14 条。

【改善人居环境】

建设黄渠桥高标准美丽宜居小城镇，建设姚伏镇灯塔村、灵沙乡胜利村、宝丰镇兴胜村、崇岗镇常青村 4 个高质量美丽宜居村庄和渠口乡渠口村等 11 个农村人居环境整治中心村。全县完成户厕改造 1134 户，推进农村卫生厕所改造建设“回头看”，共摸排 39669 户，摸排出问题厕所 3619 户，已整改 2623 户。推进 37 个农村生活垃圾分类和资源化利用试点村发挥示范效果，引领带动再新建 10 个示范村。移交德渊集团进行专业化运行管护污水处理站 3 个，建设宝丰镇农村生活污水处理站（日处理能力 600 立方米）及污水管网提升改造工程，完成通伏乡五香村污水治理项目。开展现有存量土坯房清零整治攻坚行动。全县共摸排土坯房 6750 户，完成拆除整治 4186 户，预计年底实现全县农村土坯房清零。

农业技术推广

【概况】

2021 年，围绕保障粮食安全“一个中心”，提高质量效益、推动绿色发展“两个导向”，以打造稳粮保供综合示范园区和实施重大技术推广项目引领技术集成创新，以实施“五大农技行动”提升科技服务能力，为保障全区粮食产业优化升级和绿色高质量发展提供重要技术支撑。

【粮食生产】

全县粮食作物种植面积82.07万亩。小麦种植面积8.87万亩，比2020年减少3.9万亩，减少31%；水稻种植面积24.89万亩（含前进农场6.52万亩），比2020年减少0.31万亩，减少1.2%，其中，播后上水24.69万亩（精量穴播6.3万亩），保墒旱直播0.2万亩；玉米种植面积45.2万亩（含前进农场2.5万亩），比2020年增加3.71万亩，增加8.93%；秋杂4.85万亩（大豆3.75万亩、高粱1.1万亩）。

【瓜菜产业】

2021年，全县蔬菜产业种植面积18万亩，比上年新增1万亩，其中设施农业1.6万亩，新增500亩；越夏番茄1.3万亩，供港菜0.58万亩，瓜类2.3万亩以上，沙漠土豆1.6万亩；其他露地蔬菜10.67万亩。

【制种产业】

全县农作物制种种植面积8万亩（其中蔬菜制种6.5万亩、粮食制种1.5万亩）。完成200亩以上蔬菜繁制种园区11个，面积4007.2亩、瓜菜杂交制种面积942.5亩、500亩以上玉米杂交制种园区3个，面积2185亩。种子小镇蔬菜制种面积1573亩。形成以头闸镇、黄渠桥镇、高庄乡、陶乐镇、灵沙乡等为主要区域的瓜菜繁（制）种；以陶乐镇、头闸镇、黄渠桥为主要区域的杂交玉米制种；以姚伏镇、通伏乡、崇岗镇为主要区域的水稻繁种等三大特色制种产业区域，总产达2300多万公斤，年产值达4.5亿元，带动全县2.2万名农户从事种子生产。

【化肥减量增效】

依托化肥减量增效项目和有机肥替代化肥项目，分别建设化肥减量增效示范园区1个，面积500亩；有机肥替代化肥示范区56个，总面积41656亩。其中建设7个核心示范园区，49个非核心示范区。全县实现测土配方施肥技术覆盖率达95.8%，测土配方施肥面积89.24万亩，有效解决畜禽粪污69.96万吨循环再利用，各类作物化肥使用总量（折纯）为4.88万吨，实物量10.37万吨，分别比上年下降0.16万吨和0.35万吨，下降幅度分别为3.2%和3.3%。全县各类作物化肥平均施用量（折纯）为40.54千克/亩，实物量101.6千克/亩。亩均化肥施用量（折纯）和实物量分别比去年减少1.28千克和3.21千克。

【水肥一体化】

依托化肥减量增效项目、有机肥替代化肥项目，通过建设示范园区，开展个性化技术指导服务，引导种植大户精准施肥，重视有机肥料，改良土壤，培肥地力，提升农产品内在品质和口感。应用水肥一体化面积达13.8442万亩，较2019年、2020年分别增加7.3442万亩、6.7275万亩；新型肥料应用面积21.2447万亩，较2019年、2020年分别增加14.2447万亩、10.628万亩。增产增效情况与传统技术相比，蔬菜节水30%～35%，节肥40%～45%；蔬菜产量增加15%～22%。

【三品一标建设】

推进品种培优、品质提升、品牌打造和标准化生产，实施标志性示范基地创建行动，树立“高产、优质、高效、生态、安全”的绿色发展理念，建设平罗县水稻稳粮保供绿色转型科技创新示范区，采用水稻精量穴直播种植模式，主推品种以宁粳50、57、43号为主，打造集稻渔种养、养鸭、休闲为一体的综合种养空间；开展水稻优质品种比较试验、水稻田抗药性杂草药剂筛选试验、水稻肥效校正试验、水稻肥料利用率试验等；推广应用农业特色优势产业主导品种，主推技术和绿色技术模式，推广主导品种102个，其中，水稻品种7个（播后上水和精量穴播品种3个、保墒旱直播和插秧品种4个）小麦4个，玉米12个。

【产业融合发展】

按照“三品一标”高标准打造“藏粮于地、藏粮于技”的粮食安全生产基地和第一、二、三产业融合发展示范基地。在通伏乡通城村绿康林家庭农场建立一个稳粮保供绿色转型科技创新示范基地，示范面积2000亩，重点开展水稻绿色高质高效创建示范、化肥、农药减量增效示范、有机肥替代化肥示范、农村改革等各类试验示范13项，通过政策拉动，推广原粮订单生产，签订原粮生产订单3600亩，示范带动周边水稻综合种养12000亩；开展富硒稻谷生产示范500亩，开展富硒大米产销模式，全力打造水稻生产、稻米加工、农旅观光、销售为一体的第一、二、三产业融合发展模式，成为全区优质粮食生产基地，科技创新示范辐射排头兵。

【新品种推广】

小麦主推宁春4号、宁春50号、宁春55号、宁3015优新品种，采用精播精种、耕播一体化匀播技术；玉米主推先玉1225、宁单24号、先玉1321、宁单40号等优新品种，水稻主推富源4号、宁粳50号、宁粳57号、宁粳48号、宁粳28号、宁粳50号、宁粳43号等优新品种，在陶乐镇庙庙湖沙漠瓜菜示范基地建设蔬菜新品种展示示范园30亩，集中展示蔬菜优新品种209个；在盈丰合作社建设蔬菜新技术示范园区1个，展示新技术4项，新品种120个以上。开展露地蔬菜新品种筛选试验1项，筛选出适宜全县种植的优良品种20个以上。

【新技术推广】

采用绿色轻简高产高效栽培、密植高产低水分籽粒直收、水肥一体化绿色高效栽培技术；水稻采用精量旱（穴）直播、保墒旱直播技术。主要农作物推广测土配方施肥技术面积89.24万亩以上，覆盖13个乡镇、144个行政村，其中粮食作物测土配方施肥面积达75.64万亩，配方施肥覆盖率达到95.8%；建设瓜菜新品种、新技术展示示范基地3个，展示瓜菜新品种4000多个，推广秸秆生物反应堆技术600亩、蚯蚓生物技术300亩、完成小型水肥一体机采购安装70台以上；建设冷凉蔬菜良种繁育基地1个1000亩；宁夏泰金种业有限公司建设冷凉蔬菜良种繁育基地1个，面积1000亩，开展新品种筛选、制种基地建设。示范应用底肥生物反应堆、水肥一体化滴灌、无公害病虫害防治3项新技术；开展外销露地瓜菜技术推广1.3万亩左右；建设外销沙地西瓜、甜瓜、外销沙漠蔬菜种植基地，总面积3.2万亩；种植沙地西瓜面积1.6万亩，建设连片300亩园区6个，达到瓜菜产业示范推广的目的。

【种子产业建设】

完成现代农业种业提升工程项目：完成农作物新品种区域试验、生产试验19组、221个品种，其中小麦试验共4组41个品种；玉米生产试验1组6个品种、联合体生产试验一组45个品种。大豆试验4组22个品种，水稻试验3组31个品种。建设蔬菜种子产业园：宁夏泰金种业农作物制种新品种展示150亩，展示制种作物种类9大类、展示品种4100个。建成头闸田佳盈合作社农产品展示区50亩，展示品种500多个，观光长廊600米。建设种子小镇，栽植各类高档景观苗木3.2万棵；拆除老旧温室5座、苗圃1.5亩；建设晒场面积7200平方米，仓储1100平方米。初步规划种子小镇的66亩建设用地。招标购置安装水肥一体化设备3套，改良农田2000亩。实施种业大数据平台项目建设，其中小型气象站2座、土壤水分检测仪2套。召开第八届宁夏种业博览会。吸引区内外客商500多家企业参展参会，评选展位优胜企业和基地优胜品种。

【农技能力提升】

全面推进“制度建设”和素质提升，全面推行职称聘用制度，不断优化农技推广人员队伍素质，建立健全绩效考评制度，激发农技推广活力，建立健全农技人员培训制度，提升推广服务能力，每年安排技术人员到外地参加业务培训，举办农技推广人员能力素质提升培训班，邀请区农技推广总站、宁夏大学专家、学者莅临培训班亲自授课，现场解答关于种植业方面的知识。

【农业科技服务】

以专业化合作社、家庭农场、种植大户等新型农业经营主体为重点，以微信、电视、报纸、广播等媒体为载体，以科学安全用药大讲堂、新型职业农民培训、农药减量增效培训、农资经营许可培训为手段，以植保服务进百家活动为抓手，开展“送信息、送技术、送服务”的宣传培训活动。在通伏乡绿康林家庭农场、小店子金福源农业专业合作社、善农家庭农场开展“三百三千”科技服务活动，指导开展病虫害监测防控技术。

【粮食系统观测】

设立产量监测点各10个，共30个，其中专项观测点9个、普通观测点21个，经实际测产小麦平均亩产464.47公斤(全县8.87万亩，平均亩产354.3公斤)。玉米平均亩产798.2公斤(全县45.2万亩，平均亩产527.9公斤)。水稻平均亩产565.4公斤(全县24.89万亩，平均亩产475.6公斤)。做好土壤墒情监测：在城关镇、通伏乡选定玉米、水稻监测地2块，3月10日进行监测，共监测上报28次。

【蔬菜产品监测】

抽检蔬菜样品455个，经速测，全部合格。全县各乡镇共抽检蔬菜样本715个，经速测，全部合格。开展检测室安全检查7次，未发现安全隐患；开展农产品质量安全宣传培训3场次，参训人员74人。共发放《农产品质量安全宣传手册》《农产品质量安全普法知识宣传》等宣传资料190余份。撰写农产品质量安全工作信息10篇。

【病虫害监测】

全县共设立2个长期性诱监测点，安装各类性诱捕器及设备90套，上报各类病虫害报表83期，上报病虫监测数据279次。撰写各类《植物病虫情报》20期，填写各类病虫观测档案表册和调查表12册，制作电视节目2期，召开现场会2次，发放宣传单3000余份，上报各类数码照片160多张，开展试验9项。全县长期预报准确率90.1%，中短期预报准确率96.8%，全县病虫草害发生面积为334.18万亩次，防治各种病虫草害333.74万亩次，挽回粮食损失59358.072吨，挽回蔬菜损失37051.91吨。

【病虫害防控】

落实专业化统防统治与绿色防控融合示范区32个，参与企业4家，登记备案16家，从业人数192人，高效植保机械保有量302台，植保机械日作业面积达到3.2万亩以上。全县无人机作业面积77.8万亩，主要农作物病虫害专业化统防统治面积91.19万亩次，比上年增加11.26万亩次；主要农作物病虫害专业化统防统治覆盖率达到46.1%，比上年提高8.2%。全县主要农作物生物防治、物理防治、生态调控等措施防治面积39.64万亩次，比上年增加10.27万亩次。全县主要农作物病虫害绿色防控覆盖率达到40.6%，比上年提高32.2%。全县农药使用量277.34吨，全县农田各类作物农药使用量为277.34吨，比上年增加32.35吨，较上年增加13.2%.全县各类作物农药平均亩使用量230.43克，较去年增加

17.4克，增加8.1%；平均每防治1亩次施药83.1克，较上年每亩次减少0.1克，减少0.12%。

【植物检疫】

设立有代表性的固定监测点22个，办理产地检疫合格证书618份，涉及37种作物、34个申报单位和个人，842个品种、28730.2亩；开展调运检疫133批次，涉及64个调运单位和个人，93个品种、16种作物，调运数量1507778公斤。

【基础性工作】

做好土壤墒情监测。在全县3个固定监测样方12个重复采样点开展小麦、玉米、高粱田间土壤水分监测与长势评价工作，累计上报墒情信息简报14期；做好耕地质量调查与监测工作。开展春季国家级和区级土壤肥力长期定位的12个监测点春秋季取样、检测工作；开展农业社会化综合服务站认证。完成全县19家农业社会化综合服务站线上认证工作；做好施肥户调查工作。在全县选择100户新型经营主体，固定调查户，实地调查其施肥习惯和施肥水平。实地调查县域内5家大型农资经营店化肥进出库情况，结合100户农户施肥调查情况为全县化肥施用量科学估算提供辅助依据。

农业综合开发

【概况】

2021年，以大兴农田建设作为“乡村振兴战略”的具体行动，实施土地治理、产业化发展和科技示范推广项目，加强项目和资金管理，全面完成2020年平罗县高标准农田建设项目3个、中央预算内高标准农田建设项目1个，完成中央预算内高标准农田建设高效节水灌溉项目1个，完成五四支沟沟道治理项目1个。启动完成2021年自治区下达平罗县高标准农田建设项目的勘查规划、平田整地、沟道整治等任务。

【高标准农田建设项目】

全面完成2020年平罗县高标准农田建设项目3个，即2020年头闸镇东通平村1.6万亩高标准农田建设项目、2020年头闸镇永惠村、灵沙乡何家村1.05万亩高标准农田建设项目，通伏罗家庄1.22万亩高标准农田建设项目，建设内容涵盖土地平整、土壤改良、灌溉与排水工程、田间道路工程及农田防护工程。全面完成中央预算内高标准农田建设项目1个，主要分布在渠口乡、高庄乡、崇岗镇的4个行政村，分别为渠口乡红旗村、高庄乡威镇村、农牧场、崇岗镇崇胜村，治理面积1.33万亩。建设内容有平田整地、机深翻、激光平地、增施有机肥，渠道砌护，沟道清淤，配套建筑物。

【高效节水灌溉项目】

全面完成中央预算内高标准农田建设高效节水灌溉项目1个，分布在城关镇、姚伏镇、红崖子乡的3个行政村，分别为林场、高荣村、红祥新村，总体治理面积0.36万亩。

【沟道治理项目】

全面完成五四支沟(上段)治理工程1个，沟道治理2.213千米，排水面积5.328平方千米。主要建设内容：机械清淤沟道2.213千米、采用格栅基础+干砌石护坡防塌衬砌工程，配套建筑物共16座，完成竣工验收。

【启动2021年项目】

2021年，自治区下达平罗县高标准农田建设任务2.64万亩。自2021年10月开始组织人员勘查规划，已完成2个高标准农田建设项目规划，总面积2.64万亩：平罗县2021年通伏乡新潮村高标准农田建设项目(2.17万亩)。主要建设内容：平田整地6844亩，整治沟道122条44.76

千米，砌护渠道339条170.8千米，配套各类建筑物789座。已开工建设，截至10月底已完成平田整地6235亩、沟道整治126条54.7千米，砌护渠道24条29.81千米，平田整治区域调整条田档向后整修渠道39条23.9千米，拉运渠道砌护砼板28万块，完成整体工程量的60%。竣工时间为2022年5月31日。平罗县2021年高庄乡银光村高标准农田建设项目(4700亩)。主要建设内容为：平田整地832亩，整治沟道64条37.7千米，砌护渠道29条10.25千米，配套各类建筑物120座。已开工建设，截至10月底已完成沟道清淤：斗沟清淤7.89千米、农沟清淤24.43千米、农沟开挖3.27千米、上新沟清淤3.4千米；平田整地完成622亩：推土机推土42701.38立方米、激光平地622亩、深松翻1212亩；暗管排水：80吸水管购置及铺设57053.41米，110集水管购置及铺设8017米，200集水管购置及铺设1425米，检查井53座。

农业综合执法

【概况】

2021年，围绕实施乡村振兴、推进农业农村现代化，深化农业综合执法改革，全面整合执法职能，加强执法队伍建设，加大农业执法力度，对各类生产经营主体开展“双随机、一公开”检查10次，出动执法检查车辆280余次，出动执法人员1300余人次，查处农业违法案件75起(含去年年底立案的2起)，罚没款共24.7万元；调处矛盾纠纷投诉76起，为农民挽回经济损失42万元；开展广场宣传8次，悬挂横幅48条，开展入场入户宣传980户次，发放宣传资料22900余份，解答咨询960余人次。

【农资执法】

开展农资打假专项治理行动，出动执法人员453人次，检查农资经营门店166家，查处违法案件7起；核发种子生产经营许可证5家，种子生产经营备案审核1346份。有效打击了扰乱农资市场经营秩序的不合法行为，确保农资质量可靠。

【畜牧投入品监管】

开展兽药、饲料、饲料添加剂专项执法检查、兽用抗菌药及兽药残留、屠宰监管、生鲜乳专项整治行动，出动执法车辆84台次，出动执法人员352人次，累计检查兽药饲料生产、经营店32家，肉品经营场所26家，养殖场户238户，下发责令整改通知书18份，立案查处13起，其中：运输、经营未经检疫的动物及动物产品9起，兽药案件4起，无害化处理生猪8头，未经检疫动物肉品1384公斤，没收假劣兽药93袋(盒)。开展“双随机、一公开”4次，奶站2家、兽药饲料生产、经营共5家、种畜禽养殖场4家、屠宰场2家。参与重大动物疫情处置4起。

【黄河捕鱼监管】

开展“中国渔政亮剑2021”系列专项行动，以黄河主河道、入河沟、黄河两岸渠口等附属水域为重点，严厉查处黄河及其附属水域进行电捕鱼、炸鱼、毒鱼及利用抬网、地笼网等密眼网非法捕鱼行为，开展陆地巡查450公里，劝退违禁钓鱼550余人次，清理整治违规网具45个，查处案件13起，其中简易程序9起、一般程序4起，有力保护黄河野生水生动物种质资源和黄河生态高质量发展。

【农机安全监管】

开展“三夏”农机安全生产专项整治行动、农机安全隐患排查治理行动、农机维修网点的安全检查治理等工作，加大拖拉机、联合收割机无牌行驶、无证驾驶、逾期未检验、审验、超宽超载、违章载人、疲劳驾驶等违法违章行为，对无牌无证驾驶的农业机械责令停止作业，并对违章行为进行行政处罚，责令限期整改。集中整治期间共检查全县维修网点22家，对农机企业开“双随机、一公开”执法检查10家，各类农业机械427台，其中小型拖拉机125台、联合收割机302台，查处各类违章23起，纠正违章23起，查处违章违法4起。

【秸秆焚烧监管】

动员各乡镇、村组深入田间地头、用农村大喇叭及流动宣传车，大力宣传秸秆焚烧的危害和相关环保法律法规，同时加大执法力度，发现一起，查处一起，查处秸秆焚烧违法案件37起，罚没款1.78万元。

【宅基地执法】

共接到自然资源部门转来的宅基地案件6起，其中崇岗煤炭集中区1起、乡镇5起（国土资源厅开展土地清查过程中图斑反映），经咨询特聘律师，认定该类案件农业农村局不具备立案条件，案件仍交由资源部门处理。

【农产品抽检】

完成蔬菜类抽样121个样品，完成畜（水）产品抽样95个样品；开展农业投入品抽检送检，共抽检农药、兽药、化肥等样品33个，对1个不合格兽药样品进行立案查处。

【规范执法行为】

把建章立制作为执法队伍建设的抓手，建立完善12项管理制度，制定农业行政执法首问责任制、农业行政执法人员守则、行政执法人员十不准规定等30项执法制度。按照规范化建设要求，制作监督台、行政执法制度、行政执法流程图、管理制度等。强化执法人员培训教育，开展不同岗位专业交叉现场执法实战练习22次，并组队参加全区执法大比武；开展单位内部案卷评查2次，梳理案卷细节问题15个，开展案件交流讨论5次。

【农药包装废弃物回收】

按照“谁生产、谁经营、谁回收”的原则，指导农药经营主体对售卖农药的包装废弃物进行回收，并建立农药进销货台账和包装废弃物回收台账，严格落实农药经营主体的回收主体责任。落实回收处置资金95万元，设立集中回收网点13个（每个乡镇1个），共回收农药包装废弃物55.74吨。

【农业普法宣传】

通过“3·15”农资打假、“两个创建”宣传周、悬挂横幅、举办培训班、微博微信公众号等多种形式，广泛宣传《农业法》《农产品质量安全法》，禁限用农药种类、农药安全间隔期执行等内容，引导群众科学消费；开展广场宣传8次，悬挂横幅48条，开展入场入户宣传980户次，发放各类宣传资料22900余份，为960余人次解答咨询。

动物卫生监督

【概况】

2021年，贯彻落实《中华人民共和国动物防疫法》及其配套规章，提高动物卫生监督机构效能和管理水平，创新监管机制，开展动物卫生监督工作，确保动物卫生和畜产品质量安全。全年屠宰检疫动物13.82万头（只），无害化处理病死动物5694头（只、条）。

【动物产地检疫】

设置动物检疫申报点19个，全部实行电子出证。为推进无纸化出具动物检疫合格证明（动物B）工作，举办培训会议2场次，培训人员75人次，制作、发放“宁夏智慧动监”宣传材料800多份，并在动物检疫申检点显著位置进行悬挂，有效推进无纸化出具动物检疫合格证明（动物B）工作。全县发放使用动物检疫合格证明850本。其中，动物A8本，产品A40本，产品B802本，动物B全部实行无纸化。全县产地检疫动物52.13万头(只)，其中猪4.24万头、牛1.54万头、羊9.89万只、禽36.46万羽。跨省检疫动物(动物A证)19.05万头(只)。

【动物屠宰检疫】

截至2021年底，有畜禽定点屠宰场4家，其中生猪定点屠宰场1家，牛羊定点屠宰场3家(现1家正常运营)。对所有屠宰企业配置官方兽医，严把动物入场、待宰、同步检疫、宰后处理、检疫证明回收等关口。督促屠宰场履行主体责任，严把肉品品质检验关和安全生产关，严格落实非洲猪瘟和“瘦肉精”自检制度。2021年，屠宰检疫动物13.82万头(只)，其中检疫生猪1.31万头、牛0.72万头、羊11.79万只，佩戴检疫标志29.08万套，检出病害动物17头(只)，病害产品肉810公斤，全部进行无害化处理，抽检“瘦肉精”1969份、非洲猪瘟检测1078份，检测结果全部为阴性。

【畜禽车辆备案】

开展生猪收购贩运人员和车辆基础信息登记，对26辆符合条件的车辆发放生猪运输车辆登记备案证书；对生猪运输车辆定期开展清洗消毒工作。累计洗消生猪运输车辆158车次；开展牛、羊、家禽贩运车辆摸排和备案宣传工作，为车辆备案奠定基础。

【动物无害化处理】

制定《平罗县病死畜禽集中无害化处理工作实施方案(试行)》，建设平罗县病死畜禽无害化处理厂，在病死动物无害化处理场续挖掩埋槽9条、640米。新建宝丰病死动物无害化处理收集点1个；全县无害化处理病死动物5694头(只、条)，其中无害化处理猪465头、牛1743头、羊2356只、犬10条、禽1120只。其中无害化处理厂处理1357头（只）、县级掩埋场处理2514头(只)、乡镇掩埋槽处理1823头(只、条)。

【动物强制免疫】

2021年，共免疫猪A型、O型口蹄疫15.35万头，免疫牛A型、O型口蹄疫27.68万头、免疫羊口蹄疫125.30万只；免疫羊小反刍兽疫125.30万只，猪瘟免疫15.35万头，高致病性禽流感免疫286.54万羽，应防数免疫密度均达100%。羊的布鲁氏菌病免疫20万只，牛结节性皮肤病免疫6.1万头。落实家养犬只狂犬病免疫0.95万条，对家犬进行连续6个月以上的包虫病驱虫投药累计驱虫5.9万条，驱虫投药完成率为100%。应病设防开展羊梭菌病免疫21.18万只、羊痘免疫16.8万只。

【动物疫病监测】

2021年，监测猪、牛、羊口蹄疫610份，高致病性禽流感460份，其中出境禽流感送样检测270份。检测猪瘟130份，小反刍兽疫870份，新城疫190份。开展牛布鲁氏菌病检测432份，羊布鲁氏菌病免疫抗体检测1037份。向区市送检血样、拭子样品等共1135份，开展包虫病牛羊脏器检测200份，犬包虫病检测200份。

【动物防疫监督】

对平罗县新建规模养殖场选址进行前期风险评估，评估26份；对符合动物防疫条件20家规模养殖场发放了动物防疫条件合格证；对3家从国外引进2354头奶牛进行查证验物、车辆消毒和隔离观察，严格落实调入和隔离制度。严格落实生猪跨省调运“点对点”备案审批制度、对不符合生猪调运要求的一律不予办理备案审批手续；制定《平罗县农业农村局开展严厉打击牛羊养殖违禁使用“瘦肉精”专项整治行动通知》，对全县3366户肉牛、肉羊养殖场、养殖户开展拉网式排查和宣传,发放宣传材料3570余份,对跨省出栏牛羊抽检“瘦肉精”,凭“瘦肉精”检测结果,出具动物检疫合格证明。

【动物诊疗监管】

加强动物诊疗机构管理,开展“评星定级”活动,严格落实兽医处方制度和执业兽医备案制度;对符合条件的1家动物诊疗机构发放动物诊疗许可证1个;执业兽医备案2个、乡村兽医登记备案13个;及时录入、更新官方兽医、乡村兽医、执业兽医和动物诊疗机构相关信息;动员符合条件的人员参加2021年执业兽医资格考试。

水产管理

【概况】

2021年,落实渔业产业结构调整部署和宁夏水产绿色健康养殖“五大行动”,推广先进适用的水产绿色健康养殖技术和模式,优化调整渔业产业结构,加快推进水产养殖业高质量发展。全县水产养殖总面积7.88万亩(包括国营前进农场),其中池塘3.12万亩,湖泊4.76万亩,水产品产量达到31355吨。

【稻渔综合种养】

加快稻渔综合种养新技术提升和推广,提高水、土资源利用率,实现“一水两用、一田双收、一举多得、粮渔共赢”。组织水稻经营主体参加稻渔综合种养技术培训班、现场观摩等形式,学习稻渔综合种养示范技术知识,宣传稻渔综合种养技术示范项目扶持政策。组织水稻种植户实施稻渔综合种养技术试验示范,技术干部深入各场点指导按稻渔生态综合种养技术标准进行生产操作,指导水稻种植区域和水产养殖区域面积占比为9:1,养殖区充分利用干沟和农沟的面积,在稻田的周边开挖宽沟深槽环田沟,沟宽达到5米以上、沟深达到1.2米以上。水稻品种以当地主推品种为主,水产养殖品种以鲤鱼、草鱼、鲫鱼等品种为主。2021年,新建稻渔综合种养技术示范6083亩,实施稻蟹新品种示范2050亩,投放河蟹5250公斤,82万只,收获河蟹近1.5万公斤。水稻平均亩产597公斤,稻田鱼平均亩产54公斤。稻渔综合种养较常规水稻种植每亩净增利润539元。

【水产品质量安全】

开展相关法律法规及水产知识的宣传,加大对水产生产过程中的查处,坚决打击无资质进行苗种生产、违法违规使用药物、非法倒卖、贩运苗种等不良行为。完成自治区水产站检疫各类苗种、水产品质量安全抽样任务,共抽取水产品样本40个,经检测未检出兽药残留超标,全部合格。

【渔业生态安全】

推广大水面生态养殖4000亩,利用各种媒体(电视、手机、网络)大力开展水生野生动物保护宣传,发放保护水产野生动物资源宣传单,提高全社会保护渔业资源的意识。积极落实黄河禁渔制度,开展执法检查,保护渔业生态资源。

【渔业生产安全】

签订渔业安全生产责任书40份,在养殖场点发放安全生产宣传资料400余份,建立安全生产台账,发放安全生产宣传资料,在办公场所、渔业生产场所醒目位置悬挂安全生产标语,入户检查安全生产50余场次,对渔业养殖生产用船的使用进行监督,对辖区内的42艘养殖生产用船进行登记喷号,建立船舶停靠点,做到渔业安全生产常抓不懈。

【水生动物疫病防控】

建立水生动物疫病预测预报点位3个,每月定期向上报全县3个测报点的鱼病发生情况。为渔户做好水质化验、鱼病监测等服务工作。开展水产苗种生产检查，坚决打击无资质进行苗种生产、违法违规使用药物、非法倒卖、贩运苗种等不良行为。全县产地水产苗种检疫鉴评率达到80%以上，共检疫各类苗种3批次，检疫数量300万尾。

【水产养殖尾水治理】

加大渔业生态环境保护宣传教育。积极参加区市水产养殖尾水治理技术培训班，学习水产养殖尾水治理技术，培训人次60人次，建设池塘养殖尾水治理示范项目，以点带面开展水产养殖尾水治理。养殖基地配套建设“三池两坝”养殖尾水生态化综合治理设施，全县已有6户进行池塘尾水处理循环利用示范项目，实施面积2280亩。挖建尾水沉淀池、生物过滤池、循环生物净化沟，种植睡莲、千屈菜、黄菖蒲、浮床植物等水生植物；路基采用砂石生物过滤，实现池塘尾水处理循环利用。姚伏镇高荣村卧龙家庭农场建设微流水循环养殖、稻渔综合种养项目及设施温棚建设项目，不定期对沿排水沟附近的水产养殖户排水情况进行督查。

农村经济管理

【概况】

2021年，以增加农民收入为目标，加快推进农民专业合作社质量提升整县推进试点，加强和规范农村集体经济的资金、资产、资源“三资”管理，扶持发展壮大村集体经济，全力做好农村经济运行态势监测。

【壮大集体经济】

按照“提升富裕村、壮大一般村、扶持薄弱村、消除空壳村”的发展思路，通过盘活存量资产，挖掘资源性收入、提高经营性收入、增加服务性收入，采取多种形式发展村集体经济。对2021年发展壮大村集体经济项目进行申报，通过实地调查、组织论证、专家评审等程序确定18个。对2014—2016年市级财政扶持发展村级集体经济项目和2016—2020年国家财政扶持发展壮大村级集体经济项目进行审计和绩效评估，加强对项目的监管。全县144个行政村经营性收益全部达到5万元以上，其中年经营性收益10万元以上的村达到80%以上。

【提升专业合作社】

制定《平罗县农民专业合作社质量提升整县推进试点工作方案》《关于开展农民专业合作社规范化建设的通知》《平罗县农民专业合作社示范社申报及农业财政项目实施管理办法》《平罗县县级农民专业合作社示范社创建标准》等配套办法。申报市级、区级农民专业合作社示范社各5家，三星级、四星级家庭农场各5家，围绕蔬菜和水稻产业，培育农民合作社联合社、家庭农场联盟各1个。开展农民合作社风险担保试点，建立风险担保基金483万元，与农村商业银行平罗分行、邮储银行平罗分行签订合作协议，按照放大12倍的比例针对农民合作社放贷，发放贷款6200万元。制定《农民合作社风险担保贷款贴息实施方案》，对风险担保贷款进行贴息。

【农业生产托管试点】

制定《平罗县2021年农业生产托管试点项目方案》，遴选24家农机社会化服务组织，对小农户开展水稻、玉米、小麦、蔬菜等作物生产托管10.38万亩，提供机械耕种收及统防统治等服务。通过采取强化宣传培训、委托第三方开展监管服务等措施，完成春耕、播种、病虫害防治、收割、深松深翻等环节的托管服务10.7万亩。

【经营权确权登记】

根据自治区确权办《关于开展农村承包地确

权登记颁证“回头看”的工作方案》要求，指导各乡镇化解矛盾纠纷、解决遗留历史问题26件，完成13个乡镇纠偏纠错、变更登记申请、外业调查、乡村两级审核工作，涉及农户3245户，耕地面积4.6万亩。做好河西4个二轮承包地到期延包试点村及河东3个移民村承包国有土地的确权登记颁证工作。

【集体“三资”监管】

落实村级集体产权制度改革后村集体经济组织“三资”管理相关制度，与平罗县农村商业银行和北京中农信达信息服务公司合作，在高庄乡、通伏乡试点开展银农直联——农经综合服务平台建设试点，完善县、乡、村联网的村集体“三资”网络管理平台，推动会计电算化规范化管理，推进村委会和村集体经济组织财务分离工作，完成村集体经济组织成员信息录入工作，加强村级财务委托代理人员培训，制定《2021年农村集体经济组织财务审计及检查工作计划》，委托第三方对21个村开展财务审计和检查。对农村集体土地管理利用情况的清理整治，指导乡镇对农村集体大片荒地发包情况进行调查摸底，对存在的问题提出处置意见。全县共摸排二轮承包地以外集体土地308宗7.1万亩（连片50亩以上集体土地），存在问题的198宗5.65万亩。完成185宗问题土地的规范工作。

【经济运行态势监测】

承担国家农村固定观察点住户调查、农经统计年综报表2项国家级统计监测任务；农户家庭经营状况、农民专业合作组织运行状况、农贸市场、农产品成本效益、农村土地承包及土地流转情况、农村土地纠纷及调处仲裁情况、家庭农场运行状况、村级债务情况、村集体经济运行状况、主要农产品价格调查等10项区级监测和调查统计任务。督促记账户坚持及时、真实、准确地做好记账工作。2021年，按照月报、季报要求，按时完成数据的采集、汇总、分析，为各级领导科学决策提供有力的依据。

农村综合改革

【概况】

2021年，围绕实施乡村振兴战略和先行区建设，集成推进各项农村改革试验任务，激活农村资源变资本，助力“三农”发展。新获批探索建立农村“以权养老”机制、拓宽新型农村集体经济发展路径、促进家庭农场高质量发展制度创新三项试点任务。改革带动村集体累计增收1.27亿元，村均88.2万元。累计清理腾退农村集体建设用地近5000亩，其中复垦耕地2725亩，新增耕地24.5万亩。

【土地权改革】

以深化农村集体经营性建设用地入市改革为主攻方向，优化市场要素配置，盘活土地资源。将全县144个行政村、1092个自然村优化调整为52个集聚提升类中心村，用规划管用地，保自然、促修复。创新性地为4家村集体股份经济合作社颁发农业设施使用证，完成335宗集体建设用地初步核查工作，对核查出的871宗15.6万亩已发包、租赁集体建设用地、流转土地等进行全面清理规范，完成4.4万亩集体、国有土地清理规范。在5个乡镇、11个村推行“一块田”改革，将1300户3万亩零散地块，通过调整互换形成“一块田”，实现土地经营规模集约化转变。2021年，入市25宗303亩1931万元，全县53个村集体经济组织累计入市集体经营性建设用地139宗1153亩，土地出让总金额7384万元，村集体分享增值收益2229万元。通过国有建设用地招拍挂方式供地13宗751亩，其中以弹性期限出让8宗600亩。耕地占补平衡项目入库新增耕地9.31万亩，落实自然资源部跨省交易9533亩，完成区内指标交易1609亩。

【二轮延包试点】

坚持“大稳定、小调整”，坚持农村土地农民集体所有，坚持家庭承包经营基础性地位不变，严格落实农户承包地不打乱重分、不推倒重来、不随意收回基本准则，选择7个试点村小范围探索开展“增人增地、减人减地”，为国家改革试点探索实践路径。制定探索二轮土地承包到期后延包的具体办法改革试点实施方案，在试点村召开基层党员群众代表座谈会17场次，宣传二轮延包试点相关政策。核查各试点村现有人员身份、地块基础数据信息，完成试点村76户435亩二轮承包地纠偏纠错工作。对河西4个试点村探索“确权不确地、动账不动地、分钱不分田”的权属保障机制；对河东3个移民村按照搬迁批复人口，采取“生不增，死不减”的办法，实行确权和延包同步进行。

【订单农业改革】

制定“订单农业＋保险＋期货＋融资”实施方案，探索“玉米订单种植”机制，由农业生产、加工流通企业与农户、合作社、家庭农场签订玉米收购订单，使“订单农业＋保险＋期货＋融资”试点的收益传导至参与试点的农户、合作社、家庭农场。探索建立价格保障机制，引导农户、农业企业、新型农业经营主体购买玉米价格保险产品稳定收入，完成价格保险8680吨。探索建立风险分散机制，保险公司与期货公司签订场外期权买卖协议，期货公司根据大连商品交易所玉米挂牌价格，提供相关产品策略，通过期货市场防控价格风险，保障农户种植收益。

【宅基地制度改革】

坚持“控制总量、盘活存量”，巩固完善“超占有偿使用、转让政府补贴、审批县域统筹、新增多元保障”的宅基地管理机制。收缴有偿使用费1121万元，在规划保留村庄范围内调剂审批宅基地136户。鼓励引导符合新增宅基地审批条件的农户，通过转让规划保留村庄其他农民闲置房的落实宅基地。落实所有权，颁发集体土地所有权证144本，明确村集体经济组织行使宅基地管理权、分配权和收益权。保障资格权，严格执行“一户一宅、面积法定”，保障农户无偿取得宅基地的资格权；登记符合宅基地资格权发证条件210户。放活使用权，赋予宅基地和农房抵押、转让、退出、置换、租赁、入股、赠与等财产权益，办理农房抵押贷款735笔3795万元。起草农业投资公司组建方案，探索运用市场化手段开展城乡闲置房的收储整治、以及国有农用地经营管理、集体未利用地开发利用等。实施8个“空心村”退出整治，清理腾退建设用地近800亩，全县“空心村”整队退出20个，累计清理整治闲置房地986宗，清理腾退建设用地近3000亩，复垦耕地1325亩。规划建设“中心村”和“一村一庄”示范点7个，已统建住房409套，实现了村容提升、环境改善、用地集约。

【土地产权流转交易】

出台土地产权流转交易管理办法，完善“互联网+APP”服务模式，拓展土地经营权流转、集体经营性建设用地入市、集体资源资产发包租赁、抵押融资等线上交易功能，实现申请、审批、交易等一站式服务。赋予9项农村产权抵押融资权能，探索各类产权捆绑抵押，农村各类产权抵押贷款2.58万笔15.65亿元，农村产权流转交易额累计达53.2亿元。

【规范农村土地流转】

全县土地规模经营面积47.4万亩，占耕地面积的49.8%。培育各类新型农业经营主体和社会化服务主体 1079 个，评定星级经营主体 62 个，268 家新型农业经营主体办理抵押贷款 2.95 亿元。

【创新集体收益分配机制】

探索创新新型集体经济发展方式和集体收益分配机制，农村产权确权颁证种类达 13 项，量化资产总额 5.58 亿元，配置总股数 30.18 万股，颁发股权证 6.29 万本。探索村集体经济发展“一社一型”，全县 144 个村集体经济组织 2021 年实现经营性收入 3371 万元，累计实现经营性收入 6024 万元，收益分红 594 万元。

巩固脱贫成果推进乡村振兴

【概况】

“十一五”规划以来，平罗县采取生态移民、插花移民和劳务移民三种模式，共搬迁安置移民 5694 户 29324 人。截至 2021 年 11 月底，全县脱贫户 2671 户 14468 人，其中脱贫后继续享受政策户 2624 户 14224 人、脱贫后不再继续享受政策 47 户 244 人。全县已纳入监测对象 239 户 941 人（脱贫不稳定户 57 户 289 人、边缘易致贫户 171 户 601 人、突发严重困难户 11 户 51 人），其中 2021 年纳入 17 户 74 人（脱贫不稳定户 4 户 20 人、边缘易致贫户 2 户 3 人、突发严重困难户 11 户 51 人）。通过有效帮扶，已消除风险 215 户 826 人，风险消除占比 90%，其中脱贫不稳定户消除风险 51 户 252 人，风险消除占比 89.96%；边缘易致贫户消除风险 164 户 574 人，风险消除占比 95.91%。

【压紧压实责任】

先后召开县委全会、县“两会”、县委常委会会议、政府常务会、县委农村工作领导小组会议研究、部署巩固拓展脱贫攻坚成果同衔接推进乡村振兴有效衔接工作，实施百万移民致富提升行动、防返贫动态监测和长效帮扶措施等具体工作。制定印发《关于全面推进乡村振兴　加快农业农村现代化的实施方案》《关于实现巩固拓展脱贫攻坚成果同乡村振兴有效衔接的实施方案》《平罗县移民致富提升行动实施方案》《平罗县移民致富提升行动包抓方案》等工作方案，下发《关于选派乡镇党委挂职副书记及驻村第一书记和工作队助力乡村振兴的通知》《关于继续开展部门结对帮扶工作的通知》等帮扶措施。持续压紧压实各行业部门和帮扶部门、驻村工作队责任，确保持续巩固脱贫成果。

【保持政策稳定】

严格落实“四个不摘”要求，保持脱贫攻坚期主要帮扶政策总体稳定，在原帮扶政策的基础上延续优化调整部分脱贫攻坚期主要扶持帮扶政策，出台《平罗县巩固脱贫成果衔接推进乡村振兴过渡期产业就业扶持办法》《平罗县巩固脱贫成果衔接推进乡村振兴过渡期教育帮扶办法》《关于开展 2021 年“防贫保”工作的通知》《关于扎实做好过渡期脱贫人口小额信贷工作的通知》等扶持政策，确保扶持政策的延续性。

【健全包抓机制】

建立区市县领导和部门包抓机制。对移民集中安置点实行“领导干部 + 责任单位 + 责任人”包抓工作机制，在自治区领导和市领导包抓 4 个移民村（居）的同时，明确县处级领导和县直有关部门包抓工作和任务，确定 4 个重点帮扶村（居）产业发展、基础设施建设、人居环境整治、村容村貌提升援建单位，共确定 12 个部门（企业）进行援建，确保移民致富提升工作顺利开展。

【建立帮扶机制】

落实摘帽不摘帮扶“四个不摘”工作要求，

187个市、县部门继续结对帮扶2625户脱贫户，明确乡镇包抓边缘易致贫户、突发严重困难户责任，向13个乡镇、145个村(居)选派乡镇党委副书记及乡村振兴驻村第一书记和工作队员162人，其中向4个重点帮扶村(居)选派4名第一书记、队员11人。通过培训，明确工作队的职责和任务，形成各部门齐抓共管、层层抓落实的工作格局。

【完善防返贫机制】

建立完善巩固拓展脱贫攻坚成果同乡村振兴有效衔接"四查四补"常态化工作机制，制定排查方案，开展大排查，认真排查梳理"两不愁、三保障"、饮水安全、产业发展、就业用工、公益岗位调整等方面的问题，并认真进行整改。共排查出问题75个，已经整改完成73个，正在整改2个；建立防止返贫动态监测和帮扶长效机制。对全县农村人口进行全面排查，以户均年收入不足6000元为标准，将"脱贫不稳定户、边缘易致贫户和突发严重困难户"列为重点监测对象，根据监测对象的风险类别、发展需求等开展精准帮扶，坚决守住不发生规模性返贫的底线。

【防止返贫监测】

采取农户自主申报、基层干部排查、部门筛查预警等互为补充、相互协同的方式，建立监测对象快速发现和响应机制，及时消除风险。2021年全县纳入监测对象17户74人，其中脱贫不稳定户4户20人、边缘易致贫户2户3人、突发严重困难户11户51人。通过有效帮扶，全县已消除风险216户833人，风险消除占比90%，其中，脱贫不稳定户消除风险51户256人，风险消除占比89.47%；边缘易致贫户消除风险165户577人，风险消除占比95.93%。

【特色产业明显】

围绕现代畜牧、优质瓜菜、劳务等重点产业，组织庙庙湖、红瑞、红翔等重点帮扶村谋划项目56个，2021年实施22个。一是培育壮大番茄、西瓜甜瓜、宁夏菜心、马铃薯等特色产业，3个移民村瓜菜面积种植达到1.46万亩，年产值1.2亿元，移民群众从瓜菜产业中得到收入2600万元。带动300多户移民自建或租赁大棚种植，户均年增收4万元，村企合作发展设施农业带动集体经济组织增收200万元。二是壮大现代畜牧产业，2021年，新建奶牛养殖场5个，续建6个，奶牛存栏4.5万头。新建肉牛、肉羊养殖场各10个，全县规模肉牛肉羊养殖场达到73个；带动移民群众入园养殖528户，户均年增收4万元；依托肉牛养殖园区托养30户，户均增收7500元。3个安置区群众养殖肉牛存栏9840头，肉羊存栏16300只，养殖业销售收入达5000万元，净收入980万元以上。三是制定全县移民安置区产业发展五年规划，3个移民安置区也分别制定本村产业发展方案，分步逐年实施，提升群众生产生活水平，增收致富。四是围绕三大产业着力培育农业经营主体。陶乐镇和红崖子乡累计培育农民专业合作社98家、家庭农场43家、农业企业17家，瑞丰源、利垦、华泰农、塞上春等农业新型经营主体，按照"龙头企业+合作社+移民"的模式，吸纳移民就近就地常年务工1100人，人均年增收4万元，季节性务工2600人，人均年增收2.5万元。

【务工就业显著】

县乡两级分别建立移民就业信息台账，组建县级移民就业服务专班和乡镇劳务工作站，培育琦乐劳务公司等中介组织11个、劳务经纪人170人。有针对性地培训3000余人。实现稳定就业1.13万人；自主创业420户，脱贫户和边缘易致贫户稳定就业5052人，人均年增收3.5万元以上。新丝陆、华泰农等帮扶车间吸纳以留守妇女为主的务工人员600人，人均年增收3.5万元以上。开发安置乡村公益性岗位 80 个。扶贫车间就地就近务工就业 210 人，在种植养殖园区就业 590 人。及时发布招聘信息。累计发布招聘信息 11 期，提供岗位 5784 个，帮助脱贫人口就业 234 人。开展为贫困劳动力送政策、送岗位、送服务，在庙庙湖、红瑞村、红翔村举办移民专场招聘会 5 场，提供 5363 个岗位，达成就业意向 1064 人，其中脱贫人口和边缘易致贫人口 99 人。

【基础设施完善】

制定全县安置区基础设施 3 年攻坚计划，每个村也分别制定相应的基础设施及人居环境整治 3 年规划。谋划水、电、路、气、防洪等重点项目 36 个，积极统筹整合各类资金，分年度组织实施。3 个重点村主干道路和巷道全部硬化；自来水全部入户，水质达到国家农村人饮标准；卫生厕所普及率达 90%以上；安置区高效节水面积达到 5.4 万亩(其中瓜菜 1.6 万亩、马铃薯 1.6 万亩、粮食 2.2 万亩)，完成红崖子奶牛产业园供水管网 7.2 公里、10 千伏双回供电线路 4 公里、5 条对外连接道路(10 公里)的路基和涵洞建设项目。倾全县之力开展庙庙湖村、红瑞村、红翔新村村容村貌改造提升工程，由住建局、德泓公司、教育局、凌云集团、农业农村局、交通局、自然资源局 9 个单位援建红瑞村，对全村主干道路、村庄入口、巷道、墙面、绿化管网、小游园等进行改造提升，已完成总工程量的 70%；由水务局、应急管理局、德渊集团 3 个单位援建红翔新村，对全村巷道、围墙、绿化带、供水管网等进行改造提升；庙庙湖村实施了美丽村庄、经果林、枣福园改造提升、污水处理、农文旅等项目，累计完成造林 2600 余亩，栽植各类苗木 46 万株，庙庙湖村绿化覆盖率达到 37%以上。

【公共服务水平提升】

安置区现有的学校、幼儿园、卫生室、公共文化室、村级活动场所、“一站式”社会保障服务中心等公共服务设施配套齐全，运行正常，能够满足移民群众就地就近办理相关民生实事。全面落实国家义务教育阶段学生学费减免政策，在安置区实行校车免费接送，实行“营养早餐”计划。2021 年春季学期为符合政策的 525 人核实发放雨露计划资金 78.75 万元。2020 年，全县有“两后生”43 人，其中脱贫人口 13 人，所有“两后生”的 6000 元学费补助和 3000 元生活费补助政策均已全部落实。建立城镇优秀教师与安置区学校定期轮岗交流制度，落实乡村教师生活补助政策。推进安置区卫生室标准化建设，在红瑞村设立红崖子乡卫生院，完善医疗设备和基础设施，满足搬迁群众基本医疗卫生服务需求。安置区餐饮、零售、快递等生活服务设施齐全，基本满足搬迁群众综合服务需求。全面落实医疗保险、社会保险、残疾人保障等政策，实现医疗保险全覆盖，集中安置点 18331 人参加养老保险，2250 人享受农村低保政策，477 人享受残疾人政策，173 人享受高龄补贴。参加“防贫保”中的家庭意外伤害保险 15074 人，覆盖面达到 100%，收缴保费 60.29 万元；参加种养殖业特色产业保险 676 户次，收缴保费 60.32 万元。截至 10 月底，新增小额信贷 1126 户 5226.42 万元。

水　务

【概况】

2021 年，围绕黄河流域生态保护和高质量发展先行区建设，全年完成投资 1.52 亿元，实施各类水利工程 13 个，开工建设黄河宁夏段头道墩至都思兔河段右岸综合治理滨河道路工程，建成投运奶牛产业园、大水沟葡萄种植基地、庙庙湖C区枸杞基地等供水工程，瀚泉海等人工湿地相继建成并达标运行。全面落实河长制，深入推进滩区治理，完成黄河“四乱”清理整治工作，农村自来水水质100%达标，黄河水质Ⅱ类进Ⅱ类出，重点河湖水环境进一步改善。用水权改革迈出坚实步伐，顺利完成政策配套、基础信息调查和用水权应确尽确等年度目标任务，水资源刚性约束明显增强。全面完成巩固脱贫攻坚同乡村振兴有效衔接基础工作，有力推进黄河流域生态保护和高质量发展先行区建设。

【黄河堤防建设】

认真贯彻落实自治区党委、政府关于建设河段堤防安全标准区的部署要求，全力以赴做好黄河宁夏段头道墩至都思兔河段右岸综合治理滨河道路工程建设。完成防洪安全影响评价报告、环境影响评价报告书、占用永久基本农田补划方案、土地复垦报告、占用林地评估报告、水土保持方案报告等各项前期要件办理工作。项目经自治区发改委批复实施，已完成路基及灌排渠沟系改造部分设计施工总承包招标工作并开工建设，目前拉运土方10.8万立方米，平整路基4.3公里，填筑砂砾石3.43万立方米，完成投资约3500万元。

【生态修复工程】

建设平罗县瀚泉海水环境及生态修复综合治理工程、都思兔河综合治理工程，项目投资1.1亿元。积极谋划典农河（朱家桥段）生态治理工程、水系连通及水美乡村项目、重点河湖监控及改造工程，着力提升黄河流域平罗段重点湖泊和入黄排水沟水环境质量。截至10月底，瀚泉海水环境及生态修复综合治理工程完成主体建设，都思兔河综合治理工程完成建设任务的85%。

【工业用水管理】

制定《平罗县2021年度地下水用水计划》，严格按照“税务征管、水利核量、自主申报、信息共享”的征管模式做好水资源税征收管理，核定水量213家，征收水资源税2383.76万元，企业节水意识显著增强。核减82家年取水许可1万立方米以上企业用水量1562万立方米。加强企业自备井监管，关闭自备井8眼，22家工业企业建立水务经理＋水管员管理模式，优化自备井企业日常用水监管。

【农业用水管理】

严格执行总量控制和计划用水管理，印发《2021年度平罗县水量分配计划和调度方案》，制定《平罗县用水总量管控实施方案》，压减水稻种植面积1.2万亩，完成年度预期117万亩农田灌溉任务，年内用水总量控制在自治区下达的用水总量范围之内。

【水旱灾害防御】

召开2021年水旱灾害防御工作会议，修订完善《黄河平罗段防洪预案》《平罗县山洪灾害防御预案》《平罗县水务局水旱灾害防御预案》等专项预案。通过开展水旱灾害防御培训和应急演练，检验县、乡、村各级应急预案的可操作性和协同作战应急反应能力。投资60万元，对贺兰山、红崖子山预警监测设备进行维修养护，增加视频监控点，封堵监测盲区；投资86万元，对5个拦洪库进行维修加固；投资140万元，对四排口险工险段进行除险加固。加强应急队伍建设，储备了备防石、铅丝笼、吨袋等防汛物资，划定了抢险应急取土场，保障防大汛、抢大险需求。

【河湖长制工作】

2021年，县、乡、村三级河长共应巡河7526次，有效巡河10534次，巡河率为140%，清理整治“四乱”和“回头看”问题203件。加大督察督办力度，印发河长制重点工作通报8期、提醒函4

份，督办单17份，入黄排水沟水质阶段达标。

【黄河“四乱”治理】

坚决做好黄河滩区治理，着力保障黄河行洪安全。治理“四乱”问题8处，清理管理线范围内高秆作物0.358万亩，清理临时取水口、机泵135处(台、套)，拆除泵站9处，办理取水许可6座，黄河平罗段水质达到Ⅱ类。

【用水权改革】

紧紧围绕节水增效目标，聚焦“以水定城、以水定地、以水定人、以水定产”要求，以重点县改革创新为突破，加快推进用水权改革六项重点任务。编制完成《平罗县用水“四定”管控方案(送审稿)》《平罗县用水权改革确权实施方案》《平罗县农业用水精准补贴和节水奖励办法（送审稿)》《沙湖生态水量保障目标及管控方案（送审稿)》《平罗县种植业结构调整规划(送审稿)》等8项配套方案。完成工业用水企业核查，建立326家有用水权工业企业管理台账，建立92家工业用水“黑户企业”整改台账并制定整改方案；清理闲置用水权，核减82家年取水许可1万立方米以上企业用水量1562万立方米，依法注销29家长期停产企业取水许可证，累计清理闲置用水指标230万立方米；完成全县129.8万亩农业确权面积核准核实，核定河滩地基本农田确权有效灌溉面积1.56万亩，并将用水指标分配到最小计量单元。

【灌区信息化建设】

投资4537万元实施姚伏镇、城关镇、高庄乡现代化生态灌区计量设施改造工程，砌护改造支渠17.6公里，配套改造建筑物155座，安装自动化测控闸门341套，建成县级信息化总控中心和乡级分控中心。

【沙湖水量管控】

完成《宁夏沙湖生态水量保障目标及管控方案》编制，确定基本生态水量、生态水位，建立蓝色、黄色、红色3个预警等级，保障沙湖生态水位达标。

头闸镇蔬菜种植园区

番茄种植园区

高粱种植

陶乐镇蔬菜种植园区

2021 年 7 月 16 日，全县组织防洪演练

河长制清理

清理整治第五排水沟“四乱”

2021 年 7 月 16 日，全县组织防洪演练

工　业

综　述

【概况】

2021年，围绕转型发展高质量发展目标要求，坚持稳中求进工作总基调，开拓创新，锐意进取，真抓实干，靠前服务，全力以赴抓运行、稳存量，抓项目、促增量，工业经济持续保持良好发展态势。全县169家规上工业企业实现增加值同比增长16.8%，比全区高出8.8个百分点，比全市高出6.5个百分点，位居川区六县第一；单位工业增加值能耗同比下降12.5%，全年节约能耗1.6万吨标准煤，超量完成能耗强度目标任务7个百分点；“四大改造”积极推进，40个重点工业技改项目全部开工建设，完成工业技改投资增长22.3%；培育产值过50亿元企业3家、过20亿元企业3家、过10亿元企业5家；成功培育国家级专精特新“小巨人”2家，自治区级绿色工厂2家、数字化车间1家、工业互联网建设和应用试点示范项目1个、资源综合利用示范企业1家、“专精特新”企业24家，实现经济增长和节能降耗双突破。

【培育增长点】

开展“小升规”培育工作，紧盯阳光焦炉升级改造二期等38个技改项目增长点投产进度，截至年底，国能平罗发电、福瑞硅烷等8家企业已入规，新增产值31亿元；25个工业技改项目已陆续投产，累计新增产值48亿元。

【发展重点产业】

制定《新材料、电子信息产业高质量发展推进方案》《平罗县推进工业企业创新和高质量发展若干政策（试行）》，鼓励企业发展新材料、电子信息等新兴产业。积极推进大地PVA、凯迪电子级硫酸、蓝白黑碳酸胍及盐酸胍等15个项目认定为自治区新材料企业。新材料产业实现产值331.21亿元、电子信息产业实现产值4.41亿元。

【梯度培育企业】

建立“龙头企业、优质企业、成长企业”培育库，分层次梯度培育入库企业，培育产值过70亿元企业1家(宁夏大地循环发展股份有限公司)、过50亿元企业2家(平要县滨河碳化硅制品有限公司、宁夏晟晏实业集团能源循环经济有限公司)、过20亿元企业2家(平罗万顺冶金化工有限公司、宁夏吉元冶金集团有限公司)、过10亿元企业5家(宁更贝利特生物科技有限公司、宁夏大垠实业有限公司、宁夏参进宁宇达冶金有限公司、平罗县阳光焦化有限公司、宁夏国能发电有限公司)、过亿元企业60家;成功培育国家级专精特新"小巨人"2家(宁夏格瑞精细化工有限公司、宁夏兴凯硅业有限公司),自治区级"专精特新"企业24家,廷远活性炭荣获全区工业企业行业对标奖。

【推进项目建设】

建立健全领导联系企业制度和重大项目调度机制,全过程协调服务,实时跟进项目序时进度。开工建设34个自治区"三个100"项目,完成投资17亿元;开工建设101个全市"5+3"重点工业项目,完成投资30.4亿元,开工建设40个重点工业技改项目,完成投资13.3亿元,工业技改投资增长23%。

【推动四大改造】

实施"四大改造"重点项目105个,其中:35个结构化改造重点项目,已开工建设丰华芳纶聚合单体、新安草铵膦原药等33个项目;开工建设16个绿色改造重点项目;36个技术改造重点项目,已开工建设晟晏锰系球团等32个项目;18个智能改造重点项目,均在建设研发中。晟晏实业、新龙蓝天2家获评行业领先示范产品;宁夏创科小微企业创业培训服务有限公司被认定为国家中小企业公共服务示范平台、第五批市级小微企业创业创新示范基地;丰华生物、万顺冶金获评自治区级绿色工厂,滨河海利获评自治区级资源综合利用示范企业;格瑞化工获评自治区级数字化车间,中信东方获评自治区级工业互联网建设和应用试点示范项目。

【强化节能降耗】

建立能耗预警通报机制,以电控能制定错峰生产计划,强化监督管控,严格控制能耗增长。全年约谈企业8批次200余家次,实施停产企业40家;组织13家驻厂工作组和工作专班对18家重点用能企业24小时不间断严格管控,确保完成能耗"双控"目标任务。2021年,全县规上工业能耗总量(等价值)为816万吨标煤,单位工业增加值能耗同比下降12.5%。

【聚焦企业治理】

建立政府抓总、工信部门牵头、行业部门指导、企业统筹整治的治理体系和"1+6+N"企业治理模式。召开企业治理工作推进会3次、现场观摩会1次、化工领域高级人才治理能力提升培训班1期,企业党组织覆盖率达到80.69%,工会建会率89%,"法律进企业"活动占比80%,重大隐患整改率达到96.9%,冶金企业应急预案备案率达到100%,贝利特作为企业治理典范接受全市基层治理现场观摩。

【落实惠企政策】

紧盯自治区、市政策取向、资金投向,加强沟通对接,争取政策支持。组织指导100家多家企业申报贷款贴息(第一批)、技改投资、行业领先示范等奖补资金,争取到各类专项资金7944.7万元;兑现《平罗县加快工业产业集群创新发展若干政策(试行)》资金2233.4万元。

【解决资金困难】

促成9家银行与19家企业意向性签约7.3亿元;联合平罗工业园区管委会、石嘴山市金融局、平罗中小企业公共服务中心召开政银企座谈会2次，促成正丰环保等16家企业与银行和融资担保公司意向性签约4.32亿元；指导吉元冶金、贝利特生物科技、凯迪化工3家企业申请自治区企业转贷资金7350万元；协助晟晏能源2亿元政策性纾困基金贷款申请延期继续享用。

【开展清欠工作】

严格落实《保障中小企业款项支付条例》，多措并举督促拖欠单位制定清偿计划，有序化解拖欠账款。至年底，灵沙乡9.09万元欠款已清偿，住建局316万元欠款和德渊市政101.96万元欠款已签订还款协议。

【开展人才盘点】

盘点工业企业人才23899人，摸排化工、仪表自动化、电气等方面紧缺人才1227人，建立人才需求目录和紧缺工种目录；推进职业院校和企业精准对接培训技能人才1450人。

平罗县 2021 年规上企业生产经营情况表

表 6

序号	企业名称	企业地址	职工人数	企业产品产能	生产状态	产品单价
1	平罗县东升冶金化工有限公司	平罗太沙工业园区平西路 168 号	150	硅锰合金	已注销	硅锰合金 8451 元 / 吨(不含税)
2	平罗县万顺冶金化工有限公司	石嘴山生态经济开发区亲水大道一公里	727	硅锰合金	正常生产	硅锰合金(6517)6500 元 / 吨
3	宁夏参进宁宇达冶金有限公司	平罗工业园区	580	年产 20 万吨硅锰合金及尾气发电综合利用	正常生产	硅锰合金 6800 元 / 吨
4	宁夏晟晏实业集团能源循环经济有限公司	平罗工业园区	2995	硅锰合金	正常生产	硅锰合金 7904.07 元 / 吨
5	宁夏冀通实业有限公司	平罗工业园区	0	硅锰合金	正常生产	硅锰合金 7904.07 元 / 吨
6	宁夏昌茂祥冶炼有限公司	平罗工业园区精细化工片区	125	高硅硅铁 6.6 万吨	减产	高硅硅铁 17000 元 / 吨
7	宁夏丰华实业有限公司	平罗太沙工业园区宝马路 15 号	83	稀土合金 2.2 万吨	正常生产	稀土合金 11000 元 / 吨 稀土硅镁合金 10000 元 / 吨
8	宁夏吉元冶金集团有限公司	平罗太沙工业园区	889	年产硅锰合金 36 万吨	正常生产	硅锰合金 7300 元 / 吨
9	平罗县宁源冶金有限公司	宁夏平罗工业园区滨河南路 8 号	173	高硅硅锰合金	正常生产	硅锰合金 9100 元 / 吨
10	宁夏吉鑫合金有限公司	崇岗煤炭集中区	0		空挂企业	
11	宁夏鑫昊缘特种合金有限公司	崇岗煤炭集中区	0		空挂企业	
12	宁夏正鋆新材料科技有限公司	平罗工业园区太西园	138	硅锰合金 10 万吨 / 年	正常生产	硅锰合金 6990 元 / 吨
13	宁夏中顺达冶金科技有限公司	平罗工业园区太西园	120	硅锰合金 5 万吨 / 年	正常生产	硅锰合金(6517#)7800 元 / 吨
14	宁夏金海昊越冶金集团有限公司	平罗工业园区精细化工片区	0		空挂企业	
15	宁夏中迈新能源有限公司	平罗工业园区精细园	100	硅铁 5 万吨	正常生产	75# 硅铁 9000 元 / 吨
16	宁夏昆仑高科硅制品有限公司	平罗工业园区太西园	502	硅锰年产 20 万吨	正常生产	硅锰 9150 元 / 吨
17	宁夏贝利特氰胺产业发展有限公司	宁夏贝利特氰胺产业发展有限公司	417	石灰氮 10 万吨 / 年; 双氰胺 3.5 万吨 / 年	减产	石灰氮 4080 元 / 吨; 双氰胺 25000 元 / 吨
18	宁夏凌云化工有限公司	太沙工业园区	543	电石、双氰胺	减产	电石 4200 元 / 吨 双氰胺 25000 元 / 吨

续表 6

序号	企业名称	企业地址	职工人数	企业产品产能	生产状态	产品单价
19	宁夏金海永和泰冶化有限公司	平罗工业园区精细化工片区	0		空挂企业	
20	宁夏金海峰晟超阳化工有限公司	平罗工业园区精细化工片区	439	电石 20 万吨，兰炭 40 万吨，白灰 60 万吨	减产	电石：12 月不含税均价 4004.51 元 / 吨
21	宁夏宝马化工集团有限公司	平罗工业园区太西园	160	电石 6 万吨 / 年， 双氰胺 1.5 万吨 / 年， 石灰氮 10 万吨 / 年	正常生产	电石 4250 元 / 吨
22	平罗县祥美化工有限公司	平罗县太沙工业园区昊越路 5 号	105	石灰氮 4 万吨 / 年， 单氰胺 2 万吨 / 年	正常生产	石灰氮 4300 元 / 吨； 单氰胺 5750 元 / 吨； 颗粒电石 7000 元 / 吨
23	宁夏大地循环发展股份有限公司	平罗工业园区太西园	2005	电石 75 万吨 / 年， 硅锰合金 33 万吨 / 年， 聚乙烯醇 10 万吨 / 年	正常生产	电石 4715 元 / 吨 硅锰合金 7916 元 / 吨 聚乙烯醇 18615 元 / 吨
24	宁夏蓝白黑新材料科技有限公司	平罗太沙工业园区太沙路 1 号	85	碳酸胍、粗品盐酸胍	正常生产	碳酸胍 20600 元 / 吨
25	宁夏太康药业有限公司	平罗工业园区太西园	708	石灰氮 20 万吨 / 年， 双氰胺 6 万吨 / 年	正常生产	双氰胺 28976 元 / 吨
26	宁夏蓝白黑循环科技有限公司	平罗太沙工业园区太沙路 1 号	240	3600 吨盐酸胍系列产品	正常生产	精制碳酸胍 33800 元 / 吨 双氰胺 19800 元 / 吨
27	宁夏宝马药业有限公司	平罗工业园区太西园	50	年产 10000 吨肌酸， 5000 吨肌酸衍生品	停产	
28	宁夏贝利特生物科技有限公司	平罗工业园区太西园	387	硝酸胍 2 万吨 / 年， 硝基胍 1 万吨 / 年， 咪唑烷 0.5 万吨 / 年， 双氰胺 6 万吨 / 年	正常生产	咪唑烷 56472.6 元 / 吨 噁二嗪 47204.24 元 / 吨 氰基胍 26088.75 元 / 吨
29	宁夏滨河永泰化学有限公司	平罗工业园区精细化工片区	575	年产电石 48 万吨	正常生产	电石 5120 元 / 吨
30	平罗县国宁活性炭有限公司	平罗县太沙路 22 号	651	活性炭 1 万吨，活性焦 15 万吨	正常	活性炭 60 炭 14500 元 / 吨 活性焦 5000 元 / 吨
31	宁夏茂华活性炭有限公司	平罗工业园区	46	年产 2500 吨活性炭	正常生产	活性炭 15000 元 / 吨
32	宁夏大明活性炭有限公司	平罗县工业园兴平南路 13 号	41	活性炭 3000 吨 / 年	减产	4060 炭 /15000 元 / 吨

续表 6

序号	企业名称	企业地址	职工人数	企业产品产能	生产状态	产品单价
33	宁夏恒辉活性炭有限公司	平罗县太沙工业园区兴平南路 11 号	60	活性炭现产能占正常时期 25%	停产	活性炭 21753 元 / 吨
34	平罗县滨河碳化硅制品有限公司	平罗县滨河南路 14 号	546	碳化硅 18 万吨、日供气 23040 吨	正常生产	碳化硅 9810 元 / 吨
35	平罗县曦晨碳素制品有限公司	平罗县太沙工业园区太沙路 131 号	30	增碳剂年产 18000 吨	正常生产	增碳剂(92#)2960 元 / 吨
36	宁夏文顺新型炭材制品有限公司	平罗县石嘴山工业园区 2–4# 地	134	炭砖、冷捣糊及石墨电极 50000 吨	正常生产	炭砖 4727.15 元 / 吨； 半石墨质炭砖及碳化硅砖 7581.50 元 / 吨； 糊类产品 4001.86 元 / 吨； 电极糊 3385.33 元 / 吨、电极 9794 元 / 吨
37	宁夏廷远活性炭有限公司	宁夏石嘴山市平罗县平西路	112	活性炭、活性焦	减产	活性炭 15200 元 / 吨
38	宁夏天福活性炭有限公司	平罗工业园区太沙路 7 红啊	120	活性炭年产 8000 吨	正常生产	活性炭 13000 元 / 吨
39	中钢宁夏耐研滨河新材料有限公司	平罗县滨河南路 14 号	141	氮化硅结合氮化硅砖，年产 2 万吨	正常生产	碳化硅结合氮化硅复合砖 12068 元 / 吨
40	宁夏广华奇思活性炭有限公司	平罗工业园区太沙路 8 号	86	炭化料 8000 吨 / 年 活性炭 2500 吨 / 年	正常	活性炭 4060 元 / 吨 活性炭 14680 元 / 吨
41	宁夏兴凯硅业有限公司	平罗县太沙工业园区	39	碳化硅微粉	正常生产	碳化硅 4060 元 / 吨
42	宁夏伯特利活性炭有限公司	平罗县太沙工业园区福泉北路 1 号	95	年产炭化料 1 万吨，活性炭 5000 吨	正常生产	活性炭 8409 元 / 吨
43	宁夏平罗县凯信活性炭有限公司	宁夏平罗县太沙工业园区太沙路 24 号	71	活性炭 5000 吨 / 年	正常生产	活性炭(40—40)9000 元 / 吨； 活性炭(40—50)8500 元 / 吨； 活性炭(40—60)12000 元 / 吨
44	宁夏众城煤炭有限公司	西大滩	65	精洗煤 30 万吨 / 年	减产	精洗煤代洗 30 元 / 吨

续表 6

序号	企业名称	企业地址	职工人数	企业产品产能	生产状态	产品单价
45	平罗县荣昌碳化硅有限公司	平罗工业园区	129	碳化硅 3 万吨 / 年	正常生产	碳化硅 7500 元 / 吨
46	平罗县海程冶金炉料有限公司	崇岗煤炭集中区	18	增碳剂	停产	增碳剂 3556 元 / 吨
47	宁夏绿源恒活性炭有限责任公司	平罗工业园区	113	煤基活性炭 5 万吨 / 年	减产	低档活性炭 3612.35 元 / 吨； 中档活性炭 6771.38 元 / 吨； 高档活性炭 10268.63 元 / 吨
48	宁夏银建卡奔活性炭有限公司	平罗工业园区亲水大道 7 号	45	活性炭 /4000 吨	正常生产	活性炭 13500 元 / 吨
49	石嘴山市慧宁煤炭制品有限公司	平罗县太沙工业园平西路 9 号	45	活性炭 2000 吨， 过滤剂 7200 吨	减产	活性炭 10723 元 / 吨； 炭化料 4296.12 元 / 吨
50	平罗县中兴碳素有限公司	平罗工业园区	42	增碳剂	停产	增碳剂 3500 元 / 吨
51	平罗县烽原碳素有限公司	平罗太沙工业区平西路 7 号	25	电极糊 10000 吨、 普煅煤 4000 吨	正常生产	电极糊 4800 元 / 吨
52	宁夏乐天碳素有限公司	平罗县崇岗镇工业园区	18	碳素及制品、 销售年产 2 万吨	停产	增碳剂 3800 元 / 吨
53	宁夏广盛活性炭有限公司	平罗县太沙工业园区平西公司 19 号	33	活性炭年产 3000 吨	正常生产	活性炭 11500 元 / 吨
54	宁夏宁平碳素有限责任公司	平罗工业园区坤维路 2 号	211	主要产品： 电极糊、炭块	正常生产	电极糊 5000 元 / 吨； 炭块 6400 元 / 吨
55	宁夏简泉农场工会增碳剂厂	平罗工业园区平石路 90 号	34	增碳剂	正常生产	增碳剂 120 元 / 吨
56	平罗县德润活性炭有限公司	平罗工业园区	21	活性炭	正常生产	活性炭 5799.46 元 / 吨
57	宁夏隆盛碳素有限公司	平罗工业园区	32	电极糊	减产	电极糊 4000 元 / 吨
58	宁夏永威炭业有限责任公司	石嘴山市平罗县煤炭集中区	120	炭电极年产 3 万吨	减产	炉用炭电极 12500 元 / 吨
59	石嘴山市宁津和润碳素制品有限公司	煤炭集中区	25	电石　增碳剂	停产	
60	平罗县昊源碳素制品有限公司	崇岗煤炭集中区	12	增碳剂年产 30000 吨	正常生产	增碳剂(92#)2800 元 / 吨

续表 6

序号	企业名称	企业地址	职工人数	企业产品产能	生产状态	产品单价
61	平罗县豫平碳素有限公司	崇岗煤炭集中区	31	增碳剂	停产	增碳剂 3500 元 / 吨
62	平罗县万盛工贸有限公司	平罗工业园区	13	活性炭	正常生产	活性炭 3540 元 / 吨
63	石嘴山市金果碳素有限公司	平罗县太沙工业园区平西路 28 号	11	年产 1.5 万吨普煅煤增碳剂	正常生产	增碳剂 4000 元 / 吨
64	平罗县平达碳素制品厂	平罗工业园区	15	电极糊 344 吨	正常生产	电极糊 4299 元 / 吨
65	平罗县建达碳素有限公司	石嘴山市平罗县煤炭集中区	19	产品：精洗煤、增碳剂 年产 5 万吨精洗煤， 1.8 万吨增碳剂产能； 1 台 6 平方洗煤机，两台 9 罐十一层普煅炉，一台 8 罐 9 层普煅炉	停产	洗精煤 1500 元 / 吨， 增碳剂 2466 元 / 吨
66	宁夏永祥碳素有限公司	崇岗煤炭集中区富岗路 30 号	40	电锻普煅料、增碳剂	停产	
67	平罗县平西碳素制品有限公司	平罗县太沙工业园区 6 号	43	电炉炭块 8000 吨	正常生产	电炉炭块 6600 元 / 吨， 电极糊 6300 元 / 吨， 冷捣糊 0 元 / 吨
68	平罗县顺驰碳素有限公司	增碳剂 1650	20	增碳剂	减产	增碳剂 2700 元 / 吨
69	宁夏浦士达环保科技有限公司	平罗县太沙工业园区太沙路 24 号	27	活性炭催化剂	停产	催化剂 29000 元 / 吨
70	宁夏翔泰新材料科技有限公司	平罗工业园区亲水大道 11 号	93	5000 吨 / 年压块活性炭及 10000 吨 / 年脱硫脱硝活性炭	减产	活性炭 9500 元 / 吨， 活性焦 4000 元 / 吨
71	宁夏捷成新材料科技有限公司	平罗工业园区	120	年产活性焦 1.8 万吨	减产	活性焦 5000 元 / 吨
72	平罗县昱丰碳素有限公司	崇岗煤炭集中区	19	增碳剂	正常生产	增碳剂（3091#）800 元 / 吨
73	宁夏北方正天工贸有限公司	富岗路	5	煤质增碳剂 2 万吨	停产	增碳剂 1650 元 / 吨
74	宁夏神州轮胎有限公司	太沙工业园区平西路 71 号	1234	全钢子午线轮胎	正常生产	轮胎 753 元 / 吨

续表 6

序号	企业名称	企业地址	职工人数	企业产品产能	生产状态	产品单价
75	宁夏荣利鑫装备制造有限公司	宁夏精细化工基地	380	铸件生产	减产	铸造生铁(18#)3500 元吨; 铸造件(16#)5500 元吨; 富锰渣(65#)1200 元吨
76	宁夏鼎革智能化科技有限公司	增碳剂 1650	0	空挂企业	停产	
77	宁夏德信恒通集团股份有限公司	石嘴山经济园区恒通路 99 号	63	钛材管件产能 5000 吨 / 年	正常生产	金属管件 6500 元 / 吨
78	宁夏森源重工设备有限公司	石嘴山生态经济区 16–2# 地块青年大道北侧	117	环保设备、大型矿热炉成套设备、压力容器等	正常生产	硅锰炉成套设备(炉盖)2830000 元 / 套
79	宁夏铸源机械制造有限公司	太沙工业园	37	硅锰合金浇铸机	正常生产	铸钢件 6315 元 / 吨
80	宁夏立志耐磨机械制造有限公司	平罗县平罗工业园区平西路 2 号	63	耐磨铸钢件、采煤机挡铲板	正常生产	挡板、铲板、联轴器 7406 元 / 吨
81	宁夏南方环保科技有限公司	太沙工业园	120	矿热炉成套设备	正常生产	电石(295#)2800 元 / 吨 钢结构 8500 元 / 吨
82	宁夏新开河储罐有限公司	太沙工业园	35	钢塑复合储罐、存储用钢罐体产能 3500 万吨	正常生产	储罐
83	宁夏三林管业有限公司	太沙工业园	34	PVC 管材、PE 管材	停产	PE 11000 元 / 吨; PVC 9200 元 / 吨
84	宁夏汇亿嘉机械制造有限公司	宁夏精细化工基地	0	铸造机械	停产学习	铸件 6000 元 / 吨
85	宁夏宁杰橡胶再生资源循环利用科技有限公司	太沙工业园	80	橡胶制品	正常生产	再生橡胶 2650 元 / 吨
86	宁夏大垠实业有限公司	宁夏精细化工基地	240	精洗煤	减产	精洗煤 1200 元 / 吨
87	宁夏精能实业有限公司	宁夏精细化工基地	34	年产 120 万吨精洗煤	正常生产	动力煤 495 元 / 吨
88	平罗县继军煤业有限公司	平罗县崇岗煤炭集中区	15	无烟精洗煤	减产	洗精煤 2300 元 / 吨
89	宁夏远大碳素有限公司	石嘴山市平罗县煤炭集中区	26	产品:精洗煤、增碳剂 产能:年产 20 万吨精洗煤、3 万吨增碳剂	减产	增碳剂 2600 元 / 吨

续表 6

序号	企业名称	企业地址	职工人数	企业产品产能	生产状态	产品单价
90	平罗县志鹏煤业有限公司	中耀路西侧 28 号	7	精洗煤年产 30 万吨	正常生产	精洗煤 730 元 / 吨
91	宁夏永圣元碳素有限公司	平罗县崇岗工业园区	35	年产增碳剂 55000 吨	停产	增碳剂（3091010）3097 元 / 吨
92	宁夏富泰煤业有限公司	崇岗煤炭集中区	22	精洗煤 20 万吨	正常生产	精洗煤 2162 元 / 吨；中煤 1180 元 / 吨;煤泥 200 元 / 吨
93	宁夏平罗光辉煤炭有限公司	崇岗煤炭集中区	32	无烟煤 2019 产能 17 万吨	停产	2~8 粒 2500 元 / 吨
94	宁夏博宏煤业有限公司	崇岗煤炭集中区	20	洗煤 120 万吨	正常	精洗煤
95	宁夏兴云环保能源有限公司	崇岗煤炭集中区	18	洗精煤	正常生产	精洗煤 1800 元 / 吨
96	宁夏平罗县星昌煤炭有限公司	平罗县崇岗工业园区	15	产品：精洗煤、普煅煤、增炭剂产能：年产精洗煤 30 万吨、碳素制品 6 万吨、活性炭 2 万吨	减产	精洗煤 1800 元 / 吨
97	宁夏大京典碳素制品有限公司	崇岗煤炭集中区老 110127 号	35	精洗煤增碳剂洗煤 40 万吨增碳剂 5 万吨	减产	增碳剂 3397 元 / 吨；增碳剂 3000 元 / 吨
98	宁夏鑫城工贸有限公司	平罗县崇岗工业园区	22	增碳剂年产 3 万吨	停产	增碳剂 2121 元 / 吨；精洗煤 706.4 元 / 吨
99	宁夏华锐碳素有限公司	崇岗煤炭集中区	20	精洗煤、碳素制品	正常生产	精洗煤 1600 元 / 吨
100	平罗县智赢煤业有限公司	崇岗煤炭集中区	17	增碳剂	正常生产	精洗煤 2154 元 / 吨
101	宁夏瑞轩工贸有限公司	崇岗煤炭集中区	12	年产 120 万吨洗精煤、3 万吨碳素	停产	精洗煤 1700 元 / 吨
102	宁夏平罗县龙英工贸有限公司	平罗县崇岗镇银汝路东侧	6	精洗煤 50 万吨 / 年	正常生产	精洗煤 2400 元 / 吨
103	平罗县昊跃工贸有限公司	崇岗煤炭集中区	13	精洗煤	正常生产	精洗煤 1950.22 元 / 吨
104	平罗县福盛煤炭有限公司	崇岗煤炭集中区	14	精洗煤 40 万吨 / 年	正常生产	精洗煤 2300 元 / 吨
105	宁夏豫晟凯工贸有限公司	平罗县崇岗镇中耀路西侧	15	精洗煤	正常生产	精洗煤 2400 元 / 吨

续表 6

序号	企业名称	企业地址	职工人数	企业产品产能	生产状态	产品单价
106	宁夏杰成清洁能源有限公司	平罗县崇岗工业园区	43	2021 年产量： 精洗煤 85112.14； 型煤 20073.35； 喷吹煤 23109.3	正常生产	精洗煤 1348.65 元 / 吨； 型煤 1596.62 元 / 吨； 喷吹煤 1532.93 元 / 吨
107	宁夏国顺锦煤业有限公司	煤炭集中区	17	精洗煤	停产	
108	宁夏山虎煤业有限公司	煤炭集中区	12	精洗煤 6 万吨 / 年	正常生产	精洗煤 1300.88 元 / 吨
109	平罗县江源煤业有限公司	平罗县崇岗镇银汝路西侧	22	精洗煤 50 万吨 / 年	正常生产	精洗煤 1500 元 / 吨
110	宁夏广盛和煤业有限公司	煤炭集中区	26	2021 年产量： 精洗煤 219700 吨	正常生产	精洗煤 1788 元 / 吨
111	宁夏天源煤业有限公司	煤炭集中区	24	2021 年产量： 精洗煤 51090 吨	停产	
112	宁夏隆湖万乾实业有限公司	平罗县崇岗煤炭集中区中耀路 123 号	23	精洗煤 80 万吨 / 年	正常生产	精洗煤 1945 元 / 吨
113	宁夏坤辉气化有限公司	太沙工业园	345	液氨：5 万吨 / 年 甲醇：5 万吨 / 年 碳酸氢铵：8 万吨 / 年	正常生产	碳酸氢铵 906 元 / 吨； 液氨 4122 元 / 吨
114	宁夏科瑞达石化有限公司	太沙工业园	48	国六车用柴油	正常生产	柴油 6300 元 / 吨
115	宁夏金海新宁化工有限公司	精细化工基地	64	多聚甲醛 1.94 万吨、甲醛、乌洛托品	正常生产	甲醛 1849 元 / 吨； 多聚甲醛 2817 元 / 吨； 乌洛托品 8499 元 / 吨
116	丽珠集团（宁夏）制药有限公司	太沙工业园	895	*L*— 苯丙氨酸、美伐他汀、洛伐他汀、盐酸林可霉素、霉酚酸	正常生产	*L*— 苯丙氨酸 42000 元 / 吨
117	平罗县凯迪化工有限公司	太沙工业园	72	工业硫酸 80600 吨	正常生产	工业硫酸 474 元 / 吨
118	宁夏新龙蓝天科技股份有限公司	精细化工基地	53	年产 1.5 万吨环保型低汞触媒	正常生产	低汞触媒 45000 元 / 吨

续表 6

序号	企业名称	企业地址	职工人数	企业产品产能	生产状态	产品单价
119	宁夏新安科技有限公司	太沙工业园	265	除草剂——敌草隆	正常生产	敌草隆原药 55000 元 / 吨； 氯甲酸甲酯 9500 元 / 吨； 氰氨基甲酸甲酯 6000 元 / 吨
120	宁夏金海新科化工有限公司	精细化工基地	90	30 万吨固体氢氧化钠、磺酸 1 万吨、磺酸钠 5000 吨、对甲酚 5000 吨	正常生产	片碱 2700 元 / 吨； 对甲酚 23000 元 / 吨
121	宁夏格瑞精细化工有限公司	太沙工业园	445	2,4–2000 吨 烯草酮 2000 吨 高效盖草能 500 吨 克菌丹 3000 吨	正常生产	2,4—，30103.25 元 / 吨 敌稗 34564.98 元 / 吨 克菌丹 41515.88 元 / 吨
122	宁夏金海鑫武精细化工有限责任公司	精细化工基地	51	片碱 10 万吨	正常生产	氢氧化钠 99%2663 元 / 吨
123	宁夏丰华生物科技有限公司	太沙工业园	75	氯化亚砜 12321 吨	正常生产	氯化亚砜 3700 元 / 吨
124	宁夏思科达生物科技有限公司	精细化工基地	214	3— 异色满酮	减产	3— 异色满酮 90000 元 / 吨
125	宁夏银海鸿兴煤化工有限公司	精细化工基地	64	煤焦油深加工年产 20 万吨	正常生产	石油沥青（2504340）5197.53 元 / 吨； 蒽油（2521010）3630.09 元 / 吨； 三混油（2521103）3302.66 元 / 吨； 液体沥青（2521104）4882.69 元 / 吨
126	宁夏五聚硅粉有限公司	精细化工基地	10	年产 2 万吨金属硅粉	正常生产	硅粉 23000 元 / 吨； 细粉 17000 元 / 吨
127	宁夏福泰硅业有限公司	精细化工基地	70	年产 4 万吨三氯氢硅、四氯化硅 6000 吨项目	正常生产	三氯氢硅 14000 元 / 吨； 四氯化硅 7000 元 / 吨； 二氧化硅 22000 元 / 吨
128	宁夏康德权生物科技有限公司	精细化工基地	102	年产 300 吨二甲氧基嘧啶及精细化工中间体项目	减产	解毒喹 152280 元 / 吨； 对氟苯酚 223900 元 / 吨
129	宁夏蓝田农业开发有限公司	精细化工基地	240	2021 年产量： 噁草酮原药 590 吨； 丙炔噁草酮 109 吨； 噁唑酰草胺 150 吨	正常生产	噁草酮原药 270000 元 / 吨； 噁唑酰草胺 370000 元 / 吨； 灭草松水剂 30000 元 / 吨

续表 6

序号	企业名称	企业地址	职工人数	企业产品产能	生产状态	产品单价
130	宁夏颐星新材料科技有限公司	太沙工业园	36	2021 年产量: 聚乙烯醇 1788 吨	正常生产	聚乙烯醇 1788 元 / 吨; 21800 元 / 吨
131	宁夏宏源新材料科技有限公司	精细化工基地	107	年初有机颜料 13500 吨,耐晒紫 23 系列高档有机颜料 1000 吨	停产	硝基物 110000 元 / 吨; 永固紫粗品 221000 元 / 吨; 永固紫精品 265000 元 / 吨
132	宁夏振洲精细化工有限公司	精细化工基地	53	氯乙酰氯、联苯肼酯和副产盐酸	正常生产	氯乙酰氯 11771.91 元 / 吨
133	宁夏金海宏昇化工有限公司	精细化工基地	70	2021 年产量:杀线威肟 619 吨	减产	杀线威肟 78000 元 / 吨
134	宁夏三丰化工有限公司	精细化工基地	93	2021 年产量: 乐果 2115 吨; 立枯磷 85 吨	正常生产	乐果 51000 元 / 吨; 立枯磷 175000 元 / 吨
135	宁夏汉润生物科技有限公司	精细化工基地	86	2021 年产量: 精三酮(93%)511 吨	正常生产	精三酮(93%)200000 元 / 吨
136	宁夏金海雄华煤化工有限责任公司	精细化工基地	38	兰炭 30 万吨	正常生产	兰炭(中料)1500 元 / 吨 焦油 2637 元 / 吨 煤气 1.3 元 / 立方米
137	平罗县阳光焦化有限公司	太沙工业园	496	硅锰合金	正常生产	焦炭 2049 元 / 吨(不含税); 硅锰合金 7243 元 / 吨(不含税)
138	宁夏金海永和泰煤化有限责任公司	精细化工基地	0		空挂企业	
139	宁夏金海东泰洁能有限公司	精细化工基地	46	年产 100 万吨兰炭	正常生产	兰炭 1468 元 / 吨
140	宁夏志远实业有限公司	煤炭集中区	54	煤沥青	减产	蒽油 4070.8 元 / 吨
141	宁夏福瑞硅烷材料有限公司	精细化工基地	98	2021 年产量:氯丙基三氯硅烷 3159 吨; 乙烯基三氯硅烷 1004 吨; 乙烯基三甲氧基硅烷 1538 吨	减产	氯丙基三氯硅烷 22000 元 / 吨; 乙烯基三氯硅烷 19000 元 / 吨; 乙烯基三甲氧基硅烷 40000 元 / 吨

续表 6

序号	企业名称	企业地址	职工人数	企业产品产能	生产状态	产品单价
142	宁夏金海沃德科技有限公司	精细化工基地	45	10000 吨 / 年丙酰氯及 4000 吨 / 年高纯体晶体亚磷酸	停产	
143	平罗县华昌再生能源有限公司	太沙工业园	40	2021 年产量： 煤焦油 7689.88 吨； 杂洗油 38671.89 吨； 沥青 11773.31 吨	正常生产	煤焦油(改制)2805.65 元 / 吨； 杂洗油(酚油、洗油)2776.04 元 / 吨； 沥青 1198.7 元 / 吨
144	宁夏天瑞热能制供有限公司	#N/A	639	供气 345.5 万吨 供电 400000 万千瓦时	正常生产	电 0.7 元 / 千瓦时； 蒸汽 120 元 / 吨
145	平罗中电科能源有限公司	平罗县高仁乡	16	年发电量 1.5 亿千瓦时	正常生产	太阳能发电 2584 万千瓦时 / 元
146	平罗县德渊热力有限公司	平罗县城	137	供热入网面积 533 万平方米	正常生产	蒸汽
147	宁夏杉阳新能源有限公司	平罗县高仁乡	14	光伏发电	正常生产	电能(兆瓦时)259.5 元
148	国家电投集团平罗华仪风力发电有限公司	精细化工基地	14	年发电量 7846.51 万千瓦时	正常生产	电力 580 元 / 千瓦时
149	平罗县阿特斯佳阳新能源有限公司	平罗县高仁乡	17	年发电量 6.89 亿千瓦时	正常生产	259.50 元 / 兆瓦时
150	国能平罗发电有限公司	精细化工基地	410	年发电量 66.5 亿千瓦时	正常生产	发电量单价 3441.76 元 / 万千瓦时； 供热量单价 48.07 元 / 吉焦
151	中粮米业(宁夏)有限公司	太沙工业园	81	年加工稻谷 11 万吨	正常生产	大米 4744 元 / 吨;杂粮 12076 元 / 吨
152	宁夏昊帅粮油有限责任公司	平罗县通伏乡	40	大米 15 万吨 / 年	正常生产	大米 3870 元 / 吨、碎米 2156 元 / 吨、米糠 2156 元 / 吨
153	宁夏汇源食品饮料有限公司	太沙工业园	68	2.5 升果汁 7976 瓶 / 年	正常生产	2.5 升果汁
154	宁夏马季食用油有限公司	太沙工业园	50	胡麻油 3450 吨 / 年 菜籽油 1340 吨 / 年 调和油 964 吨 / 年	正常生产	胡麻油 16000 元 / 吨； 菜籽油 14000 元 / 吨； 调和油 15000 元 / 吨

续表 6

序号	企业名称	企业地址	职工人数	企业产品产能	生产状态	产品单价
155	宁夏隆昌饲料有限公司	太沙工业园	35	饲料 21050 吨 / 年	正常生产	饲料 3020 元 / 吨
156	宁夏西粮粮油集团有限公司	太沙工业园	30	大米 386 吨 / 年	正常生产	大米 16000 元 / 吨
157	宁夏链杞智汇科技有限公司	太沙工业园	44	枸杞 102680 盒 / 年	正常生产	枸杞 20 万元 / 吨
158	宁夏立达尔生物科技有限公司	太沙工业园	32	万寿菊浸膏(200 千克 / 桶)978 吨 / 年	正常生产	万寿菊浸膏(200 千克 / 桶) 202415.93 元 / 吨
159	平罗县大德玻璃纤维有限公司	太沙工业园	90	玻璃纤维网格布 3515 万平方米 / 年	正常生产	玻璃纤维网格布 1.39 元 / 平方米
160	宁夏吉元君泰新材料科技有限公司	太沙工业园	230	矿岩棉 56880 吨 / 年	正常生产	矿岩棉 2000 元 / 吨
161	宁夏坤水水泥有限公司	太沙工业园	183	熟料年产 75 万吨、 水泥年产 100 万吨	正常生产	熟料 285 元 / 吨; 水泥 362 元 / 吨
162	宁夏平罗凌云建材实业有限公司	太沙工业园	93	混凝土制品产能 6000 万吨	正常生产	电杆ø190 × 12m–M × G (2555.38 元 / 根) 电杆ø190 × 10m–I × G (1545.39 元 / 根)
163	宁夏滨河海利建材有限公司	太沙工业园	146	水泥 100 万吨、 熟料 60 万吨	正常生产	水泥 370 元 / 吨 熟料 300 元 / 吨
164	平罗县永固砼业有限公司	太沙工业园	60	混凝土 107239 吨 / 年	减产	混凝土 274 元 / 吨
165	石嘴山市鑫永固砼业有限公司	精细化工基地	26	混凝土 105464 吨 / 年	正常生产	混凝土 308 元 / 吨
166	宁夏晟晏煤制品有限公司	煤炭集中区	106	吨袋,年产 100 万条	停产	
167	宁夏丰通新材料科技有限公司	平罗县高庄乡	40	木胶板 1800 元 / 立方米	减产	木胶板 1800 元 / 立方米
168	宁夏玉礼面粉有限公司	平罗县高庄乡	25	面粉 7979 吨 / 年	正常生产	面粉 3700 元 / 吨
169	宁夏马氏兄弟粮油产业发展有限公司	平罗县通伏乡	36	胡麻油 516.23 吨; 玉米压片 14145.72 吨	正常生产	胡麻油 17050 元 / 吨; 玉米压片 2740 元 / 吨

注:169 家规上工业企业现有职工人数 25887 人,正常生产企业 113 家,减产企业 27 家,停产企业 23 家,空挂企业 5 家,注销 1 家

平罗工业园区

【概况】

2021年，宁夏平罗工业园区围绕建设黄河流域生态保护和高质量发展先行区及园区管委会年初制定的“11345”工作目标，着力发展新材料、绿色氰胺、先进装备制造，推进园区各项工作再上台阶。

【工业经济发展】

2021年1—12月，169家规上企业累计实现产值579亿元（含电力反馈89.4亿元），同比增长38.9%，降幅较上月收窄3.4个百分点；工业增加值同比增长16.8%，较上月下降0.2个百分点。12月当月实现工业产值55.8亿元，同比增长40.4%，环比下降5.9%。

【重点项目建设】

2021年，园区计划实施重点项目119个，概算总投资154.7亿元，年度计划投资51.8亿元。年底已开工项目115个（其中已完工项目49个），开工率96.6%，累计完成投资36.2亿元。其中，工业项目94个（新建31个，续建24个，技改39个），基础设施项目25个（新建22个，续建3个）。截至2021年底，94个工业项目中，东越铸造年产15万吨铸件铸造加工项目、森源重工智能化生产车间项目、贝利特生物氰胺下游产品深加工二期等35个项目已建设完成；首朗吉元年产4.5万吨燃料乙醇项目、华耀生物年产21250吨精细化工产品项目、阳光焦化焦炉升级改造等30个项目已投产达效。

【公司运营良好】

完成宁夏德泓建设发展（集团）有限责任公司组建工作，完成公司资产划拨，完善公司内部管理制度，加快市场化动作。2021年，公司领导班子已全部配齐，营业执照办理和资产划拨已完成，承担园区基础设施建设、环境综合整治等业务，各项业务工作正在有序开展。

【招商引资活动】

先后赴北京、山东、江苏等地开展招商活动11次，洽谈对接招商线索31条，计划投资153.28亿元，已完成投资53亿元，完成任务数的100%，完成引资任务7473万元，完成任务数的67%。在争项目上，共争取项目24个；在争试点上，共争取试点5个；在争示范上，共争取示范8个；在争会议上，共争取会议4个；在招才引智上，已被认定208份，完成任务数的104%。

【营商环境优化】

2021年以来，共受理项目备案126件，其中新建项目58件，扩建项目7件，技术改造项目52件，改建项目9件；受理入园登记33件；受理审批环境影响评价文件43件，受理审批水土保持44件；办理非国有投资工程项目直接发包备案38件，办理建筑工程施工许可证52件，办理建筑起重机械设备安装、使用、拆卸登记20件。制定《宁夏平罗工业园区环境综合整治工作方案》，开展企业规范化整治，实施绿化提升、道路改造、路灯亮化三大提升工程，集中清理整治裸露空地，园区环境得到大幅提升。

【基础设施完善】

完成《宁夏平罗工业园区总体规划》修编，组织专家进行二次评审，已修改完善，待上报市人民政府批准。开展基础设施专项规划编制和区域评估工作，完成太西园道路、给水、排水等7个专项规划，蒸汽、管综2个专项规划正在进行专家评审，红崖子园9个专项规划已全部完成；压覆矿产、地质灾害、地震安全、水土保持、气候可行性论证、安全预评价6个区域评估已编制完成，环境影响、洪水灾害已编制完成并上报相关厅局待审批。加快基础设施建设步伐，重点实施道路、生态治理、危化停车场、生活垃圾转运站、取水码头等25个基础设施建设项目。

【落实环境治理】

2021年，中央环保督察“回头看”及水环境问题专项督察反馈意见中，涉及平罗工业园区整改事项13项，已全部完成整改并验收销号；自治区生态环境督察反馈意见中，涉及平罗工业园区整改17项，细化目标任务42个，长期坚持17项，完成16项，1项正在推进；2020年需完成的15项已全部通过县整改办验收，2021年需完成10项，完成9项，1项正在推进。

【安全生产检查】

国务院安全生产专家组共检查企业15家，查出问题隐患1007项，完成一般隐患整改910项，整改率95.8%，重大隐患整改54项，整改率94.7%。自治区检查指导服务企业33家，查出问题隐患3162项，完成一般隐患整改3081项，整改率98.1%，重大隐患整改44项，整改率84.6%。严格落实园区安全风险隐患整改举措，自治区安全生产专家对园区化工集中区风险等级进行复核评估，并反馈分值，医药产业园化工集中区72.12分，精细化工产业园化工集中区74.55分。

【疫情防控保生产】

实施网格化管理和处级领导包抓机制，要求企业严格按照自治区第12号公告要求，落实测温、验码、消杀、人员和车辆管控等防控措施。组织排查境外入平人员和高中风险地区入平人员，严格按照防疫规范进行管控。制作自治区12号公告、园区工作措施和倡议书等10000余份，全部张贴到各企业门口。协调格瑞化工免费为园区各企业提供消毒液，园区管委会储备的60万只医用口罩、30万只N95口罩和1000把测温枪全部分发给各企业。

【扎实开展党群工作】

研究部署园区党史学习教育，免费为非公企业党组织购买《论中国共产党历史》等必学书籍100套，党徽1200枚。积极邀请区市县党校老师开展党史学习教育专题讲座8次，参加党员528人次。举办建党100周年表彰大会暨“学党史 唱红歌 跟党走”合唱大赛，推进党史学习教育落细落小。不断扩大党组织覆盖面，新成立5个党组织，撤销3个党支部。召开党风廉政建设和反腐败工作会议，与非公企业党组织签订《党风廉政建设责任书》64份。认真落实工会组建任务，新建工会组织5家，发展会员831人。

2021 年 6 月 21 日，强化项目管理，保障农民工的利益

2021 年 6 月 18 日，平罗县前进农场及沙湖周边区域集中供热项目

2021 年 5 月 21 日，凝心聚力办实事

2121 年 6 月 2 日，宁夏平罗工业园区红崖子园污水处理厂建设项目开工仪式

2021 年 7 月 29 日，“惠民生”供水服务大提升

2021 年 7 月 29 日，热力员工战高温，实际行动践行初心

交通　通信

交通运输

【概况】

2021年，围绕县域经济和社会民生事业，立足部门职能和建设“综合、智慧、绿色、平安”交通要求，以项目建设为抓手，解放思想，攻坚克难，锐意进取，统筹项目建设、公路养护管理与运输服务协调发展，推动交通运输行业的科学发展。

【项目建设】

严格履行项目建设基本流程，实行局领导包质量、包进度、包安全、包协调、包服务的“五包”责任制，狠抓责任落实，强化质量、资金监管。高标准实施国省干线公路项目1个，省道302线蒙宁省界至陶乐段公路工程，项目全长8.15公里。新建、改建农村公路建设项目5个，农村公路路面大修工程1个，共57.1公里，拆除新建危桥2座，概预算总投资9668万元。新建、改建园区道路基础设施项目6个，其中续建工程1个，共17.17公里，预算投资2.04亿元。

【公路管理】

印发《平罗县深化农村公路管理养护体制改革实施方案》，召开全县农村公路“路长制”推进会，印发《平罗县关于全面推行农村公路“路长制”工作的通知》，制定《平罗县农村公路路长制管理办法（试行）》《平罗县农村公路路长制考核办法及细则》。

【公路养护】

开展路况调查和养护需求分析，常态化抓好小修保养工程。共计投入养护资金596万元，实施了路面小修保养、病害修复、交安设施完善、路面灌缝等养护工程419公里，有效提升农村公路通畅能力。严格道路整容标准，加大与公路沿线乡镇的协调配合，持续抓好路域环境综合整治，累计清扫路面和桥面181.8万平方米，整修路肩和边坡1972公里。

【道路安全整治】

加强农村公路安全隐患治理工作，投入资金265万余元，完成省道303线（姚滨公路）、陶左公路、沿河公路等 11 条 45.44 公里道路安全隐患整治工程及沿河公路、裕民中心路 3 道涵洞改建工程，改善和提升农村公路安全保障能力。

【行业安全监管】

以“安全生产三年专项整治”活动为抓手，组织开展安全生产专项大检查 8 次，检查企业 312 家次，整改安全生产隐患 88 条；加强安全生产教育培训工作，督促道路运输企业通过空中课堂形式对行业从业人员开展安全生产和职业道德培训，累计培训人员达 8000 余人次。

【运输市场管理】

完成 2021 年“春运”任务，累计输送旅客 5.01 万人次，未发生一起安全运输责任事故和旅客滞留现象；制定《平罗县城市公共交通改革实施方案》，争取 160 万元资金实施平罗县陶乐镇城乡运输综合服务站建设项目，对陶乐汽车站进行改造；争取 180 万元资金对平罗县汽车站候车大厅进行提升改造；查扣非法营运客运车辆 26 辆，查处货运车辆违法行为 250 余起，有效维护道路运输市场稳定发展。认真处理各类投诉，累计受理“12328”、“12345”、石嘴山议政网等各类投诉 400 余起，办结率 100%。

【货运源头管理】

对源头企业定期进行巡查，检查企业 254 家次，查处货运行业各类违法行为 25 起；加强车辆动态监控平台的管理，对车辆轨迹完整率达不到要求的违法行为进行纠正和处罚。开展货运车辆道路扬尘污染治理，严防各类运输煤炭、渣土废料、工业垃圾等车辆不遮盖篷布上路运输。

【加强路政管理】

办理路政许可 16 件，依法查处毁路、侵路案件 32 起，路产路权得到有效保护；依托红陶路治超站，采取固定和流动治超相结合的形式，检测货运车辆 8488 辆，查处超限超载车辆 29 辆，卸载货物 1192.41 吨，有效遏制车辆超限超载行为。

邮　政

【经营情况】

2021 年，完成收入 1518.3 万元。其中，代理金融收入累计完成 994.35 万元，完成年计划的 85.28%，同比增长 33.14%，占收入比重的 65.49%；包裹快递收入累计完成 271.8 万元，完成年计划的 66.13%，同比增长 23.57%，占收入比重的 17.9%；邮务类收入累计完成 237.25 万元，完成年计划的 80.42%，占收入比重的 15.63%。其中，函件收入累计完成 12.98 万元，完成年计划的 99.85%，同比增长 -50.12%，占邮务类收入比重的 5.47%；报刊收入累计完成 79.77 万元，完成全年计划的 94.97%，同比增长 29.31%，占邮务类收入比重的 33.62%；集邮收入累计完成 79.01 万元，完成年计划的 71.83%，同比增长 -27.81%，占收入比重的 33.3%；电子商务收入累计完成 11.13 万元，完成年计划的 46.37%，同期增长 -67.95%，占收入比重的 4.69%；分销配送收入累计完成 54.36 万元，完成年计划的 84.94%，同比增长 -28.47%，占收入比重的 22.91%；机要收入累计完成 0.66 万元；商品销售收入累计完成 1.51 万元；其他收入累计完成 12.73 万元。

【金融业务】

坚持“以客户为中心，以网点为据点，以数据分析为手段精准营销，以余额为核心的金融总资产”的发展理念，以项目和活动为抓手、大力发挥资产配置的功能，利用电子银行、走访外拓、CRM 系统为工具，提升客户规模促进余额增长，加快代理金融业务健康、持续发展。完成年底余额 994.35 万元，完成年计划的 85.28%，同比增长 33.14%。

【寄递业务】

按照区、市公司的要求，落实高质量发展的战略举措，狠抓标快业务发展，推进县、乡、村三级物流体系建设，在长湖揽投部的基础上，相继成立西花园、汇融、太沙和陶乐揽投部，设立寄递业务市场部，配备市场部专职主任和揽投部经理。城区新增专揽专投段道 6 条，陶乐、太沙新增 2 人，乡邮增员 2 人。持续抓好“极速鲜”牛羊肉寄递项目；发展电商快包业务，新增重点电商企业西粮、汇源、香白、新百、中粮电商、卫芳等十余家。狠抓特快专递业务，挖掘优质客户，大地商务中心、晟晏、万顺和滨河等由顺丰转邮政寄递，每月特快业务增收 2 万余元，特快业务增幅达 70%。截至 10 月末，完成寄递业务收入 292.13 万元，完成全年进度的 77%，同比增幅 33.8%。其中特快专递完成 152.47 万元，增幅 100.4%；快递包裹完成 139.42 万元，增幅 0.6%；国际业务完成 0.02 万元，增幅 -92.5%。

【函件业务】

通过及时对老客户进行回访跟进，利用职工福利为契机，成功签订蛋糕卡协议，共 91 张，实现销售额 2.73 万元；通过对各政府单位进行走访，签订邮资封制作协议 2 家 2000 枚，实现收入 0.83 万元，利用党史图书的销售宣传党建类学习笔记本，累计销售笔记本 84 本 0.55 万元，通过网点活动的开展及常态化发展销售文创类及其他产品 11.81 万元。

【集邮业务】

通过线上秒杀活动及网点沙龙活动的开展联动发展，累计销售各类邮品 30.13 万元，通过点爆活动一对一转发销售各类珍藏册 26.41 万元。

【报刊图书销售】

有效借助政务类图书销售热点，对各政务类单位进行地毯式走访，加强报刊销售的宣传力度，成功销售各类政务类图书共 40.36 万元。

【分销业务】

平罗分公司在三大节点专项营销活动中，提前安排部署，抢抓市场，对老客户进行回访跟进，同时发挥能人效应，均完成市分公司下达的目标计划。

【惠农项目】

围绕发展壮大单体农民合作社、促进联合与合作、提升县域指导服务能力，以“惠农专班 + 支局”的模式与当地农业农村局及邮储银行进行对接沟通，签订战略合作协议，形成“政府 + 邮政 + 合作社 + 个体农户”的联合推进机制。截至 10 月底，走访合作社 817 户，走访覆盖率 100%，累计注册会员 1848 户，一级白名单累计推荐 67 户，“融资 E”贷款 8 笔 148 万元。成功打造万单产品合作社一家，累计线上下单 10085 单，产生寄递收入 5.54 万元，实现电商销售额 17.04 万元，零散累计寄递 115 件 0.72 万元，实现小微代发展卡数量 33 张，月均代发额 8.6 万元。

【平台建设】

按照集团公司三级物流体系建设部署，加快邮快合作，交邮合作。已与 6 家民营快递合作，促成快递进村项目。共建设村邮乐购站点 81 个，村级便民服务站 40 个，叠加村邮乐购站点 27 个。实现了 “购物不出村”“销售不出村”“生活不出村”“创业不出村”“金融不出村”“寄递不出村”6 大功能。

电 信

【概况】

截至2021年10月，电信平罗分公司全年收入完成5101万元，完成新预算目标的101.7%，同比增长23.2%，其中码号级收入完成3936万元，完成103%，同比增长19.2%，经营基本面得到有效改善；存量收入保有率111.57%、客户保有率93.47%，县公司排名第一。移动新增1.6万户、完成90.7%，净增0.47万户，完成20.1%；宽带新增0.64万户、完成55.1%，净增0.38万户，完成48%；ITV新增0.46万户、完成48.3%，净增0.3万户，完成48.4%。

【数字乡村建设】

中标数字智能广播平台（合同金额271万元），带动144个村430套天翼大喇叭业务；签约平罗县平安乡村视频监控业务，带动公共区域1414路摄像头建设；签约30个村享平台建设，持续打造“村享平台＋大喇叭＋摄像头”底座；逐村办理云电脑业务，已办理116个村；打造庙庙湖数字乡村标杆建设，开展10场重点行政村攻坚活动，带动移动业务243户、宽带业务146户、看家业务215户、存费合约468户；开展24场“百万农民数字应用培训会”，带动移动业务发展545户、宽带业务发展247户、看家业务发展485户、存费合约业务1232户。

【城市营销攻坚】

针对16个重点低渗小区精准画像，制定营销计划、匹配策略战术，以Wi-Fi检测服务切入开展精准入户营销。共组织34场攻坚，小区宽带渗透率较年初提升3个百分点。组织云电脑实战营销，截至10月底，累计发展云电脑865户，获得分公司实战营销第一名。强化销售模式转型，快速落实“数字生活从天翼云开始”工作，持续提升场景化销售能力和强化销售转型，截至10月底，累计办理云业务2356户，有效降低存量用户离网率，户均ARPU值提升15元。借助数字生活礼包上线，带动33家开放渠道和泛渠道合作。

【做实存量经营】

全年合约到期用户1.56万户，续约率达95%，有效压降流失。优化当月欠费催缴方式，引入万号智呼系统，当月欠费回收率提升至94%；历史欠费清单化责任到人，两个月欠费回收率提升至96%，3个月欠费回收率提升至97%。开展质差修复，优化客户感知；更换e8-c光猫1600部，收入提升0.2万元，离网率下降0.8个百分点；质差用户加载1574户Wi-Fi，收入提升0.5万元。全渠道开展存量存费认购，统一组织、统一政策，全量存费7178户，高危用户存费1605户。强化流失预警和拆机挽留，欠费用户清单派发，强化上门维系，专人拆卸，压实责任。通过以上工作，存量收入保有率111.57%、客户保有率93.47%，县公司排名第一，基本面收入得到巩固。

【客户服务】

开展实体渠道厅店服务规范和服务能力培训提升，按周开展厅店宣传营销、服务规范点检，对不合规的现场进行整改并培训指导优化，特别是针对新进店员加强服务培训。开展不满意用户清单级修复工作，清单化派发各划小督促楼村主任按天开展用户预约入户，处理用户不满意的问题，提升用户感知。持续压降越级投诉指标，通过厅店点检和晨会夕会加强触点业务培训、规范营销动作，强化首问责任制落实，减少用户投诉。提升网络服务能力压降宽带障碍修复平均时长至

5.6小时，宽带重复障碍率至1.08%。提升装维服务，按天管控装维指标，持续提升光衰达标率，11月底已达标。

【网络维护】

开展网运效能提升。电费累计压降13.5万元，老旧设备退网其中SDH退网35台、软交换FTTB退网3026户、3G退网21台，网络资产报废72万元。开展主动维护消除各类网络隐患，机房标准化整治20个，线路隐患整治160处，整治城市小区65个620处线路，农村6个乡镇230处线路，有效提升网络安全质量。开展无线网络质量持续提升和安全保障，截至11月新开通5G基站75个，基本覆盖城区及重要公共区域。有线网络新建综合接入区2个，新建千兆小区4个，覆盖用户0.3万户。顺利完成“防汛抗灾”、“疫情防控”、“建党100周年庆典”“十九届六中全会”等重大网络保障任务。

【安全生产】

严格落实安全生产责任制，签订年度安全责任书；每月坚持对划小、外包店面、车辆、机房等重点场所开展安全检查，整治隐患，每月测试办公区域安防系统；开展“保密宣传月”和“安全生产月”系列活动；组织开展年度消防安全培训、驾驶安全培训；开展装维和施工单位人员施工安全培训。强化信息网络安全和企业保密工作，严防失泄密行为发生。

危桥改造建设工地

农村公路建设

农村公路建设施工现场

开展交通运输综合执法工作

农村公路小修保养

开展交通运输综合执法工作

检查建设工地安全生产

黄宝路小修保养

商业　贸易

商务投资

【概况】

2021年，围绕全县中心工作，加快推动转型发展高质量发展，深入实施消费扩容升级，持续壮大现代物流业，打造电商综合示范升级版，促进县域经济发展质量和效益双提升。

【招商引资】

将年度招商目标任务分解落实到全县13个乡镇和28个县直部门，压实招商责任，形成招商合力。修编《平罗县招商投资指南》，全方位宣传推介平罗。推进以商引商，推进企业兼并重组，强强联合。组织小分队外出，赴广东、河北、上海、浙江等地开展招商活动19次，与50余家企业进行对接，跟踪引进。将15个重点推进和19个正在对接的招商项目进行责任分工，建立“一名县四套班子领导、一名园区处级领导和一个责任单位”包抓工作机制，协调解决项目推进中的困难和问题，推进项目尽快落地开工。2021年，全县引进开工建设招商项目85个，完成投资83.7亿元，完成自治区下达平罗县80亿元年度招商目标任务，较2020年增长15.5%以上。

【市场监测调控】

组织协调富乐民蔬菜综合批发市场、塞上春农产品物流公司、汇融、阳光等企业组织货源，拓展进货渠道，充实库存储备；强化政府调控作用，储备冻猪肉45吨、蔬菜600吨，在元旦、春节等节假日期间进行投放，有效保障节假日和突发鼠疫、新冠疫情防控期间生活必需品市场供应充足，价格总体稳定。

【安全生产】

组织商贸流通企业开展安全生产培训、反恐、消防应急演练、“安全生产宣传月”等活动，开展安全生产隐患大排查大整治，检查80余次，发现安全风险和问题隐患217处，其中现场整改175处，责令限期整改42处，整改率100%，商贸流通领域安全生产形势持续稳定。

【商贸服务】

改造提升乡镇农贸市场1个、成功评选自治区级绿色商场（超市）1家、绿色饭店1家，阳光商业街被评选为自治区特色商业街区，县域商业档次和服务能力进一步提高。举办2021年“平罗八点半”夜经济暨阳光音乐美食节、汇融九街夜市启动仪式，全面开启夜间消费模式，提升夜间消费热度，带动夜游、夜娱、夜购等业态迸发新活力，促进消费持续增长。组织引导大中型商贸企业、餐饮企业、电商企业结合各自企业特点，紧抓店庆、元旦、春节、“五一”、“十一”等重要时间节点和重大节假日，开展网上年货购物节、“宁好，平罗大吉”以及发放消费券、满额减赠、电商直播带货、直播间抽奖等形式多样的促销活动，全县社会消费品零售总额增长2.3%。

【快递服务】

整合县域快递资源，建设50个社区快递站点，提升快递末端便民化、规范化服务水平；推进“邮快合作”，建成3个乡镇快递分拨中心，提升改造40个村级服务站点，实现快递从县到村24小时内完成。

【网络销售】

宁羊农牧、超娃米业、西粮集团等传统农贸企业通过主流电商平台和直播平台开展销售，传统企业“实体＋线上”融合能力显著增强，网络带动销售能力稳步提升，昊帅粮油“双十一”当天网络交易额突破100万元。撒哈伯生态农业等企业开设外埠销售窗口，平罗优质农特产品品牌影响力不断扩大。全县电商交易额突破10亿元。

【同城配送】

一礼生鲜、鲜到伊城、阳光乐购等本土企业积极发展团购和社区零售业务，完善同城配送体系，实现差异化竞争。链杞无碱枸杞、昊帅亚麻籽油、宁羊滩羊肉等产品不断转向高端化、品质化，农产品经济效益显著提升。

【现代物流】

平罗县铁路综合货场货物吞吐量近400万吨，为全县工业货物运输、出口导向型产业快速发展提供有力支撑。中证环球滨河库高效运营，“仓储＋物流”期货模式服务延伸，有效缓解企业库存融通、仓储、贸易等困难。滨河物流、大地通达等5家物流企业取得网络货运资格，星月安顺、晟元物流、坤捷物流等3家企业建设完成网络货运信息平台，提高货物周转效率。

供　销

【概况】

2021年，以服务农业、农村、农民“三农”为宗旨，全面深化综合改革，着力构建为农服务体系、发展农产品流通、壮大社有企业、夯实基层基础，努力推动全县供销系统高质量发展，为更好地服务乡村振兴发挥更大作用。

【商品销售】

1—6月，全系统完成商品销售总额27593万元，供应各类化肥2.3万吨，协调专业合作社和行业协会销售农产品12922万元，废旧物资销售2548万元，实现利润337万元。

【综合改革】

制定《2021年深化供销合作社综合改革重点工作任务书》，明确各乡镇、各科室、基层供销社重点任务。在城关镇建设为农服务综合体1个，在头闸、红崖子乡、宝丰镇新建改造基层薄弱社3个；在城关镇、头闸镇创建村社共建示范点2个；在头闸镇创建基层社标杆社1个，在姚伏镇、灵沙乡培育农村综合服务社星级社 2 个；在城关镇、头闸镇、灵沙乡落实示范社章程基层社 3 个，完成土地全托管面积 8000 亩，农业社会化服务面积 60000 亩，新增基层社社员人数 1200 人。

【资产管理】

成立资产管理室，对现存的社有资产进行清产核资，摸清有效资产和闲置资产，实行分类管理。对正常运行固定资产采取公开公正公平的原则对外出租，正确履行合同，及时收缴租赁收入；对闲置资产制定相应措施，采取招商引资、投资入股、改造新建、出售等方式，盘活社有资产，发挥效益。

【融资担保】

制定《平罗县供销合作社联合社融资担保基金运作方案》，整合供销社各项资金，采取供销社牵头、鑫晟融资担保公司担保，合作银行提供资金及 3∶4∶3 风险责任承担的操作流程，面向基层供销社、社属企业、参股企业、领办的专业合作社、综合服务社、庄稼医院等经营主体提供融资担保服务，通过财政拨付供销发展基金 100 万元，自筹资金 100 万元，共 200 万元，按照 1∶10 扩大比例撬动资金 2000 万元，解决经营主体融资难问题。

【招商引资】

引进宁夏绿汇苗裸生态科技有限公司，在平罗县渠口乡建设秸秆综合利用及生态修复造林新技术项目，项目计划总投资 6140 万元，已投资 550 万元，新建生产线 2 条。积极对外对接洽谈招商线索 5 条。

【安全维稳】

加强日常安全督查，抓好出租房及所属企业安全隐患的排查和整改。加强安全生产工作责任落实，组织检查 28 次，检查再生资源市场、宾馆等各类经营门店 10 余家，确保各责任主体安全责任的落实。全力化解各类信访件，确保全系统和谐稳定。

烟 草

【概况】

2021 年，坚持“总量控制、稍紧平衡，增速合理、贵在持续”方针，加强日监控、周通报、月考核制度，以周促月、以月保年，确保年度目标任务实现。全年销售卷烟 10081.5 箱，完成销售计划 9580 箱的 105.23%，同比增加 600.6 箱；实现区市毛利 7321.5 万元，完成毛利计划 6608 万元的 110.8%，同比增加 1139.9 万元；单箱销售收入 28100 元，同比增加 2625 元。

【品牌培育】

着力培育细支烟、中支烟等特色创新型品牌，关注重点品牌上柜率、动销率、复购率等指标，确保品牌培育工作有所突破。全年重点品牌销量占比 98.37%，同比增长 1.07 个百分点。深挖终端销售潜力，着重关注新品首轮上柜率、复购率等指标，确保新品培育工作效果明显。全年上市投放的新品卷烟类型共 21 个，其中按目标客户投放新品首轮上柜率均达到 99%以上，复购率达到 85%以上；按档位投放和全面投放新品上柜率均达到 95%以上，复购率达到 80%以上。开展主题陈列、专题营销、体验营销等工作模式，开展“一街一品牌”特色陈列工作，在城网核心商圈星海北苑、上河城以及农网陶乐镇西园街等示范街道，开展骄子宽窄品牌系列陈列工作，面向消费者宣传品牌文化传播，传递品牌价值，不断提升品牌营销能力。

【终端建设】

坚持以“城乡一体、分类建设、分级服务、动态管理”为建设方向，落实终端动态管理机制。全年建成现代终端283户，占比23.39%，比上年同期略有增长。加大零包主导推广面的工作力度，突出农网客户店门经营形象改造。全年完成零包主导陈列975户，占正使用客户数1289户的75.64%，同比增加195户，零包主导推广面稳步提升。促进终端经营信息化，持续巩固云POS系统应用规模和质量，切实发挥云POS客户示范引领作用。全年共完成建成云POS系统客户342户，占正使用客户数1289户的26.53%，同比增加5户。

【客户服务】

采取“线下拜访＋线上互动”的服务模式，帮助指导零售客户订货、新品上柜、信息采集、客户需求、系统应用指导等服务，通过各种渠道向零售客户宣传讲解行业政策、货源投放策略、挡位测算等工作，拉动三类以上卷烟销量。开展“我与客户共成长”系列培训教材录制，积极探索语音微课、微视频等线上客户服务新模式。全年共录制语音微课49篇，微视频22篇，开展线上直播活动10场次，线下客户互动培训活动7场次，共计216名客户参与。

【规范经营】

加大事前监管、事中处置防范力度，做到内管预警多分析、异常信息多提醒、市场走访多跟进、部门协同多沟通。密切关注真烟异常流动情况，对于超实际经营能力订购卷烟情况加大管控措施，降低卷烟外流风险。全年处理内管系统各类预警172起，对7起重大真烟案件启动“一案双查”程序，未发现内部不规范经营行为。建立、完善大户档案，定期对大户订货情况进行分析，做好信息动态采集，严格落实样品烟管理办法及各项监管措施。对7起重大真烟案件启动“一案双查”程序，未发现内部不规范经营行为。

【卷烟打假】

把物流寄递环节作为打假破网的着力点，强化联合执法和对物流寄递从业人员的政策宣贯。以“雷霆—Ⅲ号”“利剑1号”专项行动及学党史悟初心 净市场“清非”专项行动、“护航2021”积分活动为抓手，联合相关执法部门开展薄弱环节的检查。定期召开案情分析会议，梳理已有案件，提取线索证据，拓宽工作思路，严打违法行为。全年共完成各类案件124起案件(包括1起向未成年人售电子烟案件)，涉案卷烟72.686万支，涉案金额57.2243万元。其中，真烟案件81起，1起向未成年人售电子烟案件，涉案卷烟69.404万支，涉案金额52.7095万元；假烟案件42起，涉案卷烟3.322万支，涉案金额4.5878万元；5万元以上真烟案件5起。

【专卖管理】

认真宣贯《烟草专卖许可证管理办法实施细则》，落实“不见面，网上办”的工作要求，县辖区共有卷烟持证户1298户，城网878户，农网420户，办理各类行政许可申请428份，其中新办201份。通过网上办理行政许可事项149件，网上办理率35.90%。严格落实“五日办结制”，稳步推进“三日办结制”，“5日办结率”达到100%，“三日办结率”达到95.56%，利用系统评价422次，非常满意评价421次，基本满意1人次，非常满意评价占系统评价总数的99.76%。

【合理布局】

积极落实区、市两级部署要求，认真开展合理布局规划制定工作，通过制定计划、明确时限，划分阶段、明确任务，在较短的时间内完成了合理布局调研、草案拟定、征求意见、发布听证公告等任务，基本形成以距离 + 总量控制 + 限制性条件为一体的《平罗县烟草制品零售点合理布局规定》。

【队伍建设】

强化教育培训计划落实，开展计划内培训 4 次，共计 10 课时，培训 40 人次。开展"一口清"测试 5 次，客户经理覆盖面 100%。开展营销人员能力提升培训共 2 期，参培人员 100%，合格率 100%。参加三级营销师鉴定考试 1 人，通过 1 人，通过率 100%。开展"实操促练兵"活动，开展普法知识培训，增强干部职工知法、学法、用法意识和能力。通过"道德讲堂"，引导全体员工爱党爱国、爱岗敬业、诚实守信。

盐　业

【概况】

2021 年，盐业平罗分公司坚持稳中求进、创新求变，持续深化改革，提质增效，较好完成全年经营管理目标任务。购进各类盐 3057 吨，占总购进的 53%，同比 2775 吨增加 282 吨，增幅 10%。其中食盐 1855 吨；畜牧盐 498 吨，工业盐 704 吨。销售 3079 吨，占 51%，同比 2731 吨增加 348 吨，增幅 13%。其中，食用盐 1305 吨，畜牧盐 548 吨，工业盐 726 吨。非盐商品销售收入 73.46 万元。

【小包装食用盐销售】

以买赠促销、拆箱分销、组合搭配等销售方式，合理调配人员、配送车辆，提升服务质量，使食盐零售市场主渠道地位得以稳固。开展商超专柜和盐品礼盒宣传促销活动、BC 店和乡镇主要食盐零售店推广中高端盐品"百店行动"，设立中高端盐品营销党员责任区，并及时跟进中高端盐品销售进度，扩大"中盐"品牌影响力。紧盯宁盐微商城销售目标任务，动员全体职工积极宣传"吸粉"，扩大宁盐微商城平台影响力。

【大包装盐品销售】

抓住食品加工盐销售旺季，积极维护客情关系，与用盐大户保持长期供销合作。开展市场调研，根据市场变化，采取一厂一策措施，及时调整营销策略，灵活销售价格，保持了工业盐销售量的稳定。面对畜牧盐市场外品盐低价冲销严重的情况，坚持低价微利保市场的营销措施。与宁夏农垦贺兰山牛羊产业（集团）有限公司签订畜牧盐采购合同 60 吨、小苏打采购合同 100 吨，拓展市场份额。

【非盐销售】

抓住政府大力发展畜牧养殖业的契机，做好小苏打营销业务，增加企业效益。本着压缩经营成本，防范经营风险的目的，根据企业经营现状并深入开展市场调研后，取消了月饼代理和三利酱醋营销业务。

【强化内部管理】

研究制定《平罗分公司 2021 年经营管理目标责任绩效考核办法》，做到全年任务层层分解、目标到人、责任到岗，并签订全年目标任务书，保证经营管理工作正常有序开展。加强盐品仓储管理，保证食盐库存安全。落实政府食盐储备和社会储备管理，运用 T+ 预警制度，严格执行"先检后销、先进先出"的原则，做好盐品出入库和储存工作，规范填写《营销日志》《商超经营月报》《微商城销售月报》《碘含量检测结果反馈单》《留存样品处置申请表》等报表，夯实各项经营基础工作。

【提升辅助服务】

加强食盐监管业务学习，提高辅助服务工作水平。落实“2+2+1”辅助服务工作模式，实行网格化管理，制定《2021 年食盐专项整治安排表》，加强食盐市场巡查，并做好巡查记录，保证食盐监管工作顺利有序开展。每季度配合市市场监管局、工信局、卫健委、生态环境局、应急管理局开展食盐市场和食品安全生产企业联合检查行动。辅助服务工作基本覆盖辖区食盐零售市场，履行辅助服务工作目标责任，有效发挥规范全市食盐市场秩序稳定，保障居民食盐安全的辅助服务作用。

【安全有序经营】

严格落实安全生产专项整治三年行动 16 项推进措施，明确工作职责，建立应急预案，成立领导小组，完善安全检查清单，签订安全管理责任书。开展教育培训，提高安全意识；开展“安全生产月”活动，举办消防知识培训，进行消防演练活动，提高职工应急保障能力。严格落实疫情防控解除标准及流程，强化重点场所消杀工作，做好疫情防控全覆盖、无死角。对营销人员开展核酸检测、办理通行证明，保证防疫送销两不误。

广东·宁夏经贸合作暨企业家座谈会签约仪式

6月11日，宁夏理工学院与宁夏沙湖食品有限公司签订校企共建协议,为平罗县电商发展提供人才支撑

两节期间粮食蔬菜供应充足

汇融新天地组织职工开展消防应急演练

2021年6月25日,烟草专卖公司获得市直机关工委先进基层党组织称号

2021年10月12日，烟草专卖局工作人员进行烟草专卖执法市场检查

2021年10月10日，烟草专卖局工作人员到陶乐中学开展保护未成年人法律法规进校园活动

2021年1月26日，烟草专卖局党支部开展主题党日活动

城乡建设

概　述

【概况】

2021年是“十四五”开局之年，坚持以新发展理念引领高质量发展，坚持系统思维统筹实施城市更新和乡村建设两大行动，打通县城人民西路等4条断头路1600米，完成健康小区、平中集资楼、胜利巷小区等老旧小区改造49个、79栋楼2307户18.67万平方米；完善城市基础设施，开展城市生态治理；实施黄渠桥重点小城镇建设和美丽村庄建设。做好常态化疫情防控，开展党史学习教育，巩固拓展脱贫攻坚成果同乡村振兴有效衔接，求真务实，担当作为，全面推进各项工作。

【旧城区改造】

全面完成健康小区、平中集资楼、胜利巷小区等老旧小区改造49个、79栋楼2307户18.67万平方米；同时，协调实施健康巷、安全巷、东苑街等14条道路改造升级工程；完成棚改房屋征收任务116户3.39万平方米。

【市政道路建设】

打通人民西路延伸段、广场路、规划南一路以及田州路等4条断头路1600米，全部建成并投入使用；维修破损道牙路面7900平方米。

【城市生态治理】

利用县城边角地及拆迁遗留地块，建成唐徕渠与姚福路交叉口、西环路东侧等16个生态停车场20.58万平方米；投资3500万元对西线高速出口两侧3200米路段23.8万平方米进行生态绿化，完成大型乔木栽植。

【基础设施配置】

新建及改造县城公厕40座；完成5903火路灯节能改造；改造完成鼓楼南北街1.3公里道路排水系统及给水管网。

【环境综合治理】

开展“城管+”联合执法60余次，卫生综合整治400余次，解决城市管理重难点问题85件；对早市实行常态化管理，定期维护步行街、校园周边秩序；开展流浪犬专项治理行动、文明祭祀和爱国卫生活动22次；整治城乡接合部、主干道路、背街小巷等“乱象”问题44000余处。整治停车秩序，规范非机动车11000余辆次、机动车辆3900余辆次。出动10万余人次清运各类垃圾杂物7.6万余吨。

【巩固园林城市】

在公园广场、主干道路补植移植紫玉兰、小侧柏等各类苗木51.39万株，种植草坪花卉6.5万平方米，完成绿化面积321万平方米；通过栽植花草绿化治理丽都嘉园北围墙、民族南街、山水大道等裸露地6635平方米；常态化开展绿化管理养护，清理公共场所绿化带绿篱带枯树、杂草及林带内垃圾2542吨，防治病虫害喷洒药物2014吨；对城区506万平方米进行常态化清扫，机械化清扫率达75%。

【城市精细化管理】

施划非机动车停车泊位1871个、机动车停车泊位2247个、网格线消防通道21个，在民族大街、萧公大街桥头非机动车道入口处安装硬隔离；在23个小区门口合理施划便民销售临时摊位，免费办理摊位证75个；多方筹措资金免费为街头修自行车、配钥匙、修鞋等修理点提供便民服务车15个；对全县72家经营液化气单位开展燃气安全专项检查9次；利用智慧城管系统立案并办结3311件；对多次违反法规条例的商户和个人进行警告罚款，处罚共700余次。

【小城镇建设】

实施黄渠桥重点小城镇建设项目，高标准统筹规划实施红色文化展示区建设、特色美食街区改造提升、道路设计施工、康养宜居区建设、侯家梁村标准化养殖场、第五排水沟大桥工程、高标准农田水利建设示范方等项目26个，完成投资8520.3万元。

【美丽村庄建设】

新建设姚伏镇灯塔村、崇岗镇常青村、灵沙乡胜利村、宝丰镇兴胜村4个美丽宜居村庄，实施建设项目29个，完成27个，完成投资19742.53万元；实施保护黄渠桥村传统村落建设项目，完成投资382万元，拆除东街巷道、新区路面、危旧房屋及附属物4040平方米。

【农村危房改造】

改造新建农村危房51户，新建和加固改造抗震宜居农房分别321户和50户；排查农村经营性自建房、公共建筑、生产经营用房等住房安全隐患风险61438户，摸清存在C、D级安全隐患1326户，整治509户。

【生活垃圾治理】

投资2200万元实现全县农村生活垃圾市场化治理，改造垃圾中转站4座，配置各类收运垃圾车辆166辆、垃圾桶3000个。在10个村开展垃圾分类和资源化利用试点工作，全县农村生活垃圾治理村庄率达到100%。

【建筑市场管理】

2021年，全县在建项目75个，建筑面积37.6万平方米。组织开展各类巡查检查200余次，发现问题550余条，下发施工安全隐患、停工等整改通知195份，处理农民工工资问题4条。

【工程质量管理】

开展有关建设工程质量检查7次，发现隐患问题176条，下发工程质量隐患、停工整改通知书和督办单69份，对19个参与项目工程有关单位进行行政处罚31.9万元。共评审出18个县级建筑施工安全标准化示范工地和15个质量标准化示范工地。

【房地产监管】

房地产总施工面积35.35万平方米，与上年同期相比上升3.6%,新开工项目4个,施工面积14.9万平方米,同比下降10.02%。坚持“房住不炒”的原则,按期促使预售资金监管系统开通运行,将新开工4个项目纳入监管范围,对全县24家在建、在售房地产开发企业及21家房产中介机构开展集中检查,填报检查表80余份,下发整改通知书4份。

【物业管理】

新增红色物业建设项目5处,引进15个服务项目区进“智慧物业”系统;安装智能充电桩459组3972个充电口,配置微型消防站112组、手提式灭火器970个、分类式垃圾桶563组,划定非机动车临时停放区域1972处;对50余个小区进行路面修补、墙面修葺、设施维护检修。

【健全人防抗震体系】

开工建设地下人防工程2项,建成1项,另1项已完成主体工程;建设安装1台多媒体警报器;新建地球物理地下水观测用井1眼,新增土壤气监测点1处,网络升级地震预警烈度仪;实施安装地震预警服务终端40台;设置乡镇、部门防震减灾助理员32名、观测员39名、宣传员53名、灾情速报员1421名;开展人防和地震应急演练活动23场次。

【完善住房保障机制】

盘活县城34#地闲置安置房用于公共租赁住房113套;动态调整住房租赁补贴51户,发放补贴10.4万元;严格落实动态核查机制,及时收回违规租房21套,向轮候家庭公开配租;解决干部职工用房72套,高标准建设人才公寓住房30套。

【畅通群众诉求】

及时处置群众咨询投诉,有效引导社会舆情,2021年,共受理网络民情、信访投诉1889件,办结率95%;排查化解群体性上访事件16件,办理行政诉讼案件46件;承办并办结人大代表建议8件、政协委员提案13件,代表委员满意率100%。

城市执法管理

【创城宣传】

在主次干道、步行街等设置创城宣传公益广告81块;条幅4条、禁止停车警示牌14个;升级改造文明街、示范街、严管街、特色街指示牌14个、街路长制公示牌各8个;为便民服务站车身制作公益广告和张贴市民公约15个,营造浓厚的创城氛围。

【门前五包】

与沿街商户签订“门前五包”责任书3783份,确保做到责任范围明确,不留空白地带。结合城区市容环境整治和创城迎复检工作,积极推进商户履行门前五包责任制。针对商户门前五包履行不够,多次警告依然违反的商户给予罚款的行政处罚,共对沿街商户给予行政处罚案件330件。

【乱象治理】

对各片区主干道路两侧、县城出入口、城乡接合部、背街小巷共44000处的城市“乱象”进行清理整治。重点对严管街、文明街、示范街、特色街的整治力度,城区其他主次干道逐条进行整治,改善城区市容环境。针对翰林大街全段市容环境脏乱差现象,制定《平罗县城管队翰林大街综合整治方案》,以分段治理和商户自治的模式为抓手,集中攻坚翰林街陈年市容乱象问题。针对鼓楼附近中心区街道(备注:步行街、鼓楼北街、鼓楼西街、健康巷、安全巷）严格按照精细化管理标准对以上街道的车辆乱停放、物品乱堆放、店外经营等问题进行全面整治，确保中心城区城市形象得到有效提升；针对城乡接合部（109国道老户段）环境卫生脏乱差情况，联合相关部门开展为期7天的店外经营和乱堆放治理以及积极协助城关镇做好老户生活垃圾转运站的启用及进驻平和物业服务有限公司相关事宜。此外，开展流动摊贩占道经营集中整治。制定《平罗县环境综合整治占道经营专项治理行动方案》，共开展集中整治活动18次，暂扣占道经营交通工具196辆、物品53件。

【联合执法】

针对车辆停放秩序问题，“城管＋交警”整治规范非机动车11000余辆、机动车辆3900余辆，先行登记保存1258辆，交警处罚1220辆；针对汽车修理行业乱堆乱放、占道经营行为及县城区僵尸车问题、餐厨垃圾以及早晚市食品安全问题、护航高考和中考期间噪声问题、违法建筑物、构筑物的查处等联合相关部门开展“城管＋”联合执法。先后开展“城管＋”工作共60余次，解决各类城市管理重难点问题85件。

【校园周边治理】

实行错时管理，通过坚决取缔校园周边严重影响市容环境和存在食品安全隐患的无证摊点、规范学生随意乱停乱放非机动车辆、做好高、中考期间噪声污染工作、安排执法人员定人定时维护考场周边秩序等措施治理校园周边市容环境。

【街市监管】

实行常态化管理，要求早市管理方严格做好三个“统一”；步行街做到定人定岗管理，严禁机动车和非机动车出入。针对送货车辆的特殊情况，免费为商户提供货物转运车，要求送货车辆在规定时间内卸货，清理进入的非机动车辆共计1000余辆次。

【流浪犬治理】

通过印制文明养犬宣传资料、微信公众号发布文明养犬小贴士、网格员对辖区内养犬商户进行讲解宣传、车载喇叭循环播放文明养犬音频等措施进一步提高市民依法文明养犬意识。开展流浪犬专项治理行动，抓捕流浪犬113只。

【文明祭祀】

通过“平罗发布”微信公众号发布相关文明祭祀的信息、倡导文明祭祀的小贴士、举办相关活动等树立文明祭祀的意识；加强特定时间节点的管理力度。引导市民到指定祭祀点实行文明祭祀、加强占道销售祭祀品的清理取缔工作。

【社区治理】

按照创城办包抓社区工作要求，配合社区做好相关工作。从8月25日开始，共出动执法车20辆次、执法人员60人次，联合和平社区开展6次社区环境卫生整治工作。整治小区内乱堆放、乱停放、私搭乱建、飘线等共580余处。

【燃气安全检查】

坚持“安全第一、预防为主、综合治理”的方针，以安全生产重点领域专项整治和隐患排查治理为抓手，督促落实企业主体责任，加大安全宣传教育。对全县3家液化气储配站、2家天然气储配站、21家加气站（其中3家停业）、46家液化气供应站点共开展各类燃气安全专项检查9次；联合公安、运管、小区物业市场监管共开展“打非治违”活动2次；通过悬挂安全条幅、发放《城镇燃气管理条例》、燃气安全温馨提示、《液化气安全使用宣传彩页》和现场讲解等形式开展燃气安全知识宣传工作2次。

【智慧城市管理】

2021年，智慧城管系统共立案3311件，其中各专业部门立案 1132 件，城管队员自行处置案件 980 件，处理媒体曝光案件 2 件，手机软件“麦克 mikecrm”随手拍处理案件 64 件，全部结案。视频上报案件 849 件，全部结案；巡查上报案件 348 件，全部结案；共接“12319”市民投诉热线 150 起，结案率 100%。

【办理民生实事】

施划非机动车停车泊位 1871 个、机动车停车泊位 2247 个、施划网格线消防通道 21 个、在民族大街、萧公大街桥头非机动车道入口处安装硬隔离；在县城区 23 个小区门口合理施划西瓜销售临时摊位，免费办理摊位证 75 个；筹措资金 4 万元免费为修理点提供便民服务车 15 个，投放在不影响交通的路段，切实落实民生实事。

【规范执法程序】

2021 年，办理行政处罚案件 512 件，其中一般程序案件 63 件，简易程序案件 449 件，罚款 35600 元。所有案件的行政处罚审核严谨细致，强化对事实证据、定性处理、办案程序等方面审核监督，法律法规保障及时，确保案件违法事实清楚、证据确凿充分、法律适用准确、程序合法、文书制作规范，做到实体和程序的“双把关”。

【开展普法宣传】

通过开展普法宣传活动、开办商贩学习班以及微信公众号、抖音等平台发布最新工作动态、普法宣传等作品，展示全新城管形象。截至年底，集中宣传活动 7 次，制作悬挂条幅 15 条，发放各类宣传品 900 余份；开办商贩学习班 1 期，培训结业商贩 33 人，切实有效地增强普法工作的实效性；平罗县城市执法管理大队微信公众号共发布作品 67 期 163 篇，原创作品 71 篇；抖音发布作品 7 期。

【执法队伍建设】

通过岗前培训、集中培训学习、法律知识每周一测、开展“执法大讲堂”“强转树”行政执法模拟竞赛等多种形式提高执法队伍的专业理论素养和业务实操能力。开展岗前培训 8 次、开展“执法大讲堂”7 期、开展每周一测 7 期共 380 人次参与、开展行政执法三项制度测试 1 次、开展城市管理行政执法文书培训 2 次、组织 30 名执法人员赴石嘴山市参加石嘴山市综合执法局监督局举办的 2021 年城市精细化管理及综合执法培训班。

公共事业管理

【城市绿化】

制定《平罗县 2021 年县城公园广场、主干道路绿化补植实施方案》，共涉及绿化总面积 321 万平方米，其中广场公园 80 万平方米、主干道路 241 万平方米，补植紫玉兰、小侧柏及各类花灌木等共 51.39 万株，种植草坪花卉共 6.5 万平方米。对县城区主次干道绿化带、各广场绿篱带等进行平整、清除干草、清理死株、维修管道及浇灌等工作。共计清理枯树、杂草及绿林带内垃圾 2542 吨。实施丽都嘉园北围墙、民族南街、山水大道等裸露地绿化治理工作，共换填土方 9000 余方立米，栽植花草 6635 平方米。并对萧公大街、唐徕渠两侧、山水大道及其他主干街道行道树、分车带、绿篱带进行浇灌，对县城拆迁地进行洒水降尘，累计浇灌 3431.5 车，3.5 万平方米。做好病虫害防治工作，开展病虫害防治 8 轮次，喷洒药物 2014 吨。对县城新增 11 处道路绿化工程及 6 处生态停车场、小微游园工程进行监管，严把苗木质量，定期查看苗木基地规模、苗木长势及是否存在病虫等，小微游园共计种植移植花灌木 1268 棵。对影响交通安全的行道树树枝及枯枝、病枝进行修剪。

【环境治理】

对翰林大街、唐徕大街、步行街、一幼周边等路段及学校周边开展环境卫生综合治理，开展环境卫生综合整治400余次，出动一线环卫工、绿化工10万余人次，清理清运生活垃圾、各类垃圾、杂物7.6万余吨，擦洗县城区内果皮箱362次。为有效控制公厕及转运站、沿街果皮箱、垃圾箱、填埋场等“四害”滋生，每日进行药物（甲氰菊酯）喷药3次，共喷洒药物1.9万余次，喷洒药物剂近58万升。在公厕转运站安放捕鼠器，严格做好消杀、消毒记录。

【垃圾清扫】

全县城区清扫面积达490万平方米，机械清扫面积379万平方米，机械化清扫率达75%，投入洗扫、抑尘、干扫车、吸污车11辆。开展县城内59个自卸式垃圾箱，50处垃圾散点堆放点的垃圾清运工作，共计收集清运生活垃圾5.5万吨，外来生活垃圾1.5吨，生活垃圾无害化处理率达100%。签订餐厨垃圾处置协议书376份，收集处理餐厨垃圾5600吨。制定并实施垃圾填埋场控制扬尘技术规范，严格执行计量、分层推平、压实、覆土、再压实等工作流程，共计覆土20次，覆土5.2万平方米。

【设施管理】

更换破损下水井盖269套，雨水井箅86个。维修县城区零星破损黑色路面1248平方米，维修人行道2879平方米，更换道牙砖1642延长米，铺设面包砖29处、盲道53处，整治坡道42处，增设、更换树池砖288个，修补树池110个，维修面积2450.37平方米，维修各大广场砖面破损严重区域3750平方米。新建13座公厕、提升改造26座公厕。安装新的分类垃圾箱240个，在垃圾箱张贴“可回收、不可回收”标示150副，对县城区783个垃圾箱内筒放置垃圾袋，共发放3132个垃圾袋，垃圾箱内垃圾随产随清，确保无积存垃圾。

【城市照明】

及时按昼夜长短变化调整时控器22次，维护更换各类灯泡214盏（只），维修路灯灯杆线路故障140余盏，更换电线1927米，更换护套线560余米，路灯杆倾斜校正40余盏，拆卸道旗218组。落实路灯节能改造，改造县城区2451杆4081火高压钠灯及1109杆1822火寿命到期LED路灯，共5903火；搭建智能指挥控制平台1个，更换集中控制器60套；实现智能化控制系统升级，节能率预计为62.3%。及时排查县城区66个箱变、控制柜及52眼机井的电气设备及46座公厕、14个垃圾转运站及1座垃圾处理场，维修电源故障29处，维修垃圾转运站吊装设备电源16处，公厕线路维修30处，维修垃圾处理场电源15次。

【氛围营造】

春节前后完成宝丰路、玉皇阁大道、团结西路、鼓楼西街、西一街等多处车流密集路段悬挂中国结98个，悬挂双串、三串灯笼共92组。为春节增加浓厚的节日氛围。为迎接中国共产党成立一百周年及全区县域经济观摩，按照“主次分明、比例协调、顾盼呼应”的原则，积极组织绿化工150余名加班加点开展摆花布景工作，共摆放草花46.1万余盆，铺设草坪2000平方米。并安排专人做好除草、掐花头、浇水、病虫害防治等日常精细化养护管理。

【文明宣传】

发挥公益广告宣传传播社会主流价值、引领文明风尚的重要作用，在各公园、广场、公共卫生间等张贴宣传公益广告190张，对15座转运站张贴垃圾分类标识牌60个，更新喷绘宣传牌9块，在街心花园、西花苑路口制作公益广告墙2处，在唐徕渠带状公园安装广告牌20块，在唐徕渠带状公园金水湖畔东门口安装广告牌2处，在饮马湖公园环湖安装温馨提示语标示牌59块，在清扫车上悬挂宣传条幅20余条。

【安全生产】

加强安全隐患排查治理，开展安全生产大检查9次，安全教育培训50次，累计培训人数6309人，排查出安全隐患160起，已整改落实160起，整改率达100%。加强24小时值班制度，值班人员认真做好重大节日期间及日常值班工作，严格落实24小时值班制，认真履行应急值守及信息报送制度，认真坚守岗位并做好值班记录，如遇紧急情况，及时向值班领导、主管局值班室报告情况。

【信访办理】

办理市政协提案4件、市人大建议2件、县人大建议1件，县公安局交警大队建议函2件；办理议政网、12345便民服务中心、县长信箱、书记信箱投诉件共126件，接待群众来电来访33余次，办结率达100%。

房地产管理

【房地产投资】

2021年，房地产保持平稳发展态势，新开工及年度结转工程施工进度较快，投资销售等项指标较往年有所回落。1—9月，房地产固定投资完成1.48亿元，增速下降30.84%。全年房地产总施工面积达35.35万平方米，与上年同期相比上升3.6%，新开工项目4个，施工面积14.9万平方米，同比下降10.02%。商品房销售面积19.24万平方米，销售套数1668套，销售金额5.73亿元，与上年同期相比分别上升7.13%、8.1%、17.66%；商品房库存下降至19.33万平方米，消化周期12个月。

【房地产监管】

严格执行《平罗县新建商品房预售资金监管细则》，新开工项目全部纳入资金监管，按照施工进度要求，与新开工房产项目签订三方监管协议，进入资金监管平台，监管账户归集资金2549.17万元。推进棚户区改造遗留项目，完成房屋征收任务116户33867.82平方米。

【中介机构监管】

对全县24家在建、在售房地产开发企业、21家房产中介机构围绕商品房买卖、恶意炒作、哄抬房价、虚假广告、捂盘惜售、一房一价政策执行不严格等违法违规行为进行集中检查，填报房地产及中介机构专项检查表80余份，发放宣传资料200余份，下发整改通知4份，切实保障消费者的合法权益，有效维护房屋交易秩序。

【房地产测绘】

完成测量面积15.28万平方米，出具测量报告98份；完成测绘资质和半年业绩成果的巡视检查，没有出现违反测绘行业法律法规的情况。

【档案管理】

紧扣档案工作年度目标任务，高标准、严要求，求真务实，不断健全档案管理制度，以快捷高效、热情周到的服务态度办理好各项业务。整理装订入盒上架抵押档案资料2759份；提取登记档案830份；协助相关单位、个人查询档案信息4465份；协助其他单位、企业及个人提取、复印档案信息1914份；接待群众咨询461次；开展档案室安全检查4次。

【房屋补贴审核】

认真做好全县房补审核资料的整理、统计、归档工作。共审核住房补贴180个单位，享受住房补贴人数6751人，审核住房补贴309万元（其中新增住房补贴人数294人，月核发住房补贴9万元；新增退休人数259人，月核发住房补贴4.7万元；自收自支单位6个，共60人，共计月发放住房补贴2.3万元）；审核驻平区属单位5个，总计400余人。

建设工程管理

【冬季安全检查】

1月，开展冬季停工建筑工地值班值守人员临时用电及采暖安全专项检查。主要针对各施工现场留守人员人数、生活、临时用电、取暖、疫情防控措施落实情况、现场消防安全、起重机械安全等方面进行检查。共检查停工项目12项，涉及施工企业8家，留守人员14人。针对检查中发现的冬季取暖设备较多，电线私拉乱接等问题，能够立即解决的，现场监督整改落实，要求强化安全防控措施，加强停工期间值班值守工作。

【春季复工检查】

召开2021年平罗县房屋建筑和市政工程春季开（复）工作会议。严格执行开复工检查制度，自收到提交的复工申请报告后，及时到施工现场进行复核审查。严格执行未履行基本建设程序的一律不得开复工、质量安全标准化工地不达标的一律不得开复工、农民工实名制未落实的一律不得开复工、企业培训教育未到位的一律不得开复工、工地扬尘治理“六个标准化”不达标的一律不得开复工。对17个项目进行复工检查，达到复工标准的项目12项，下发质量安全隐患责令整改书8份，所有隐患全部整改到位。

【质量安全检查】

3月30日、4月7日，先后对平罗县崇岗煤炭集中区在建的钢结构环保设施棚进行两次质量安全专项检查，检查平罗县崇岗煤炭集中区企业13家，下发停工整改通知书11份，发现各类安全隐患50条，所有隐患全部整改到位。

【节前安全检查】

“五一”节前，开展质量安全、建筑工人实名制管理系统应用、建筑起重机械、扬尘治理、农民工工资支付、消防危化品等内容的综合检查，检查在建工程项目30项，总建筑面积25.88万平方米，涉及建设单位9家，施工单位25家，监理单位9家，下发安全隐患整改通知书16份，停工整改通知书5份，共发现安全隐患、扬尘治理不到位及农民工工资问题114条。“古尔邦节”前，7月11—13日对县域内房屋建筑及市政工程开展质量安全综合执法检查，检查在建项目36项，涉及建设单位9家，施工单位30家，监理单位9家，下发质量安全隐患责令整改通知书33份，停工整改通知书2份，共发现安全隐患及扬尘治理不到位问题175条。开展中秋、国庆节前专项执法检查，检查在建工程项目22项，总建筑面积8.79万平方米，涉及建设单位7家，施工单位18家，监理单位6家，下发安全隐患责令整改通知书7份，停工整改通知书3份，共发现各类安全隐患及扬尘治理不到位问题80余条。

【安全生产月】

6月9日，平罗县建管站在平罗县翰林南街消防站、职教中心、山水雅居项目现场组织召开2021年全市建筑施工安全质量标准化示范工地和突发事件应急演练现场观摩会。6月15日，在全县开展“安全生产月”质量安全专项执法检查。对危大工程管控情况、预防高处坠落事故措施落实情况、扬尘治理“6个标准化”落实情况、建筑市场管理情况、消防安全及危化管控情况是否存在消防违法违规行为等进行检查。共检查项目23家,涉及建设单位4家,施工单位16家,监理单位5家,下发安全隐患整改通知书21份,共发现各类安全隐患问题71条。

【文明施工检查】

根据县创城办《关于成立平罗县迎接自治区文明县城复检专项工作小组的通知》,开展文明城市创建暨工地文明施工专项监督检查,检查60余次,下发整改通知书20余份,发现扬尘及围挡搭设不符合要求问题40余条,完成创城办下发的整改督办单10余件,整改率达到100%。

【三年专项整治】

按照《平罗县安全生产专项整治三年行动计划》要求,开展各类检查巡查200余次,下发隐患整改通知书195份,排查治理各类安全隐患及扬尘治理不到位550余条。向建设、施工、监理企业下发《宁夏绿色施工专项提升行动实施方案的通知》和《宁夏建筑施工项目质量安全标准化考评实施方案的通知》,确保全县质量安全标准化创建工作顺利开展。

【行政处罚】

2021年,对11个工程建设项目进行行政处罚,涉及未批先建、关键岗位人员未到岗履职、未及时消除安全隐患、未履行安全生产管理职责、违法分包共5个方面的内容,罚款金额共25万元。

建筑质量监督

【工程报备监督】

2021年,全县新报建工程68项,建筑面积24万平方米,办理竣工备案工程38项,建筑面积13万平方米。

【春季质量检查】

对全县续建工程开展春季复工检查。严格执行开复工检查制度,自收到提交的复工申请报告后,及时到施工现场进行复核审查。对17个项目进行复工检查,经复核审查后达到复工标准的项目12项,下发质量安全隐患责令整改书8份。

【节前质量检查】

“五一”节前,对县域内房屋建筑及市政工程开展了以质量安全、建筑工人实名制管理系统应用、建筑起重机械、扬尘治理、农民工工资支付、消防危化品等内容的综合检查,检查在建工程项目30项,总建筑面积25.88万平方米,涉及建设单位9家,施工单位25家,监理单位9家,下发质量隐患整改通知书7份,安全隐患整改通知书16份,停工整改通知书5份,共发现各类质量隐患问题67条,安全隐患、扬尘治理不到位及农民工工资问题114条。开展“古尔邦节”节前质量安全综合执法检查36项,下发质量安全隐患责令整改通知书33份、停工整改通知书2份,共发现各类质量隐患12条。中秋、国庆节前专项执法检查。检查在建工程项目22项,总建筑面积8.79万平方米,涉及建设单位7家、施工单位18家、监理单位6家,下发质量隐患整改通知书5份、停工整改通知书1份,共发现各类质量隐患问题27条。

【质量检测治理】

落实自治区《关于开展全区检测机构和预拌商品混凝土企业质量提升工作的通知》要求,开展全县建筑工程质量检测机构和预拌混凝土企业专项检查,检查商品混凝土企6家,检测机构3家,下发口头整改1份,质量整改通知书6份,质量隐患责令停业整改通知书2份。从源头上预防工程质量安全事故的发生,确保工程主体结构质量安全。

【安全生产月】

6月，对在建项目的模板工程、钢筋工程、混凝土工程、砌体工程等进行检查。共检查项目23家，涉及建设单位4家，施工单位16家，监理单位5家。多数项目参建单位对所承担的建设工程质量高度重视，质量行为比较规范，被抽检的工程总体处于受控状态。

【民生工程监督】

对2017年后实施的59项民生领域工程开展实地检查，针对完工的23个项目，主要查阅监理、施工、竣工验收资料及检查投入使用后是否存在质量安全隐患，针对在建的36个项目，主要检查现场项目主要人员履职到位情况、安全防护是否到位、是否存在重大危险源等。共发现24个项目存在70条工程质量问题、37条安全隐患，其中，已完工的12个项目存在62条工程质量问题，因未过质保期，已向施工单位下发隐患整改通知书，施工单位已基本整改完毕；在建的12个项目存在8条工程质量问题、37条安全隐患，通知施工单位进行整改。

【消防安全检查】

开展全县易地扶贫搬迁安置区消防安全检查。邀请专家同行对全县易地扶贫搬迁安置区住宅建筑、学校、医院、扶贫车间等配套建筑进行消防安全排查工作。共检查14个项目，下发消防安全责令整改通知书12份，共发现各类消防安全隐患问题69条。通过宁夏工程建设项目审批管理系统线上及线下共申报消防设计审查29项，办结28项；申报消防验收50项，办结35项。

【质量标准化评审】

7月下旬，组织评审专家对申报全县2021年建筑施工质量标准化工地的工程项目进行评审，共有15个质量标准化示范工地符合县级建筑施工质量标准化示范工地要求，提高施工现场质量安全监督管理水平。

【房屋质量投诉】

严格按照《宁夏回族自治区建设工程质量投诉管理规定》建立投诉受理登记，坚持谁监督谁负责的原则，畅通投诉渠道，公开投诉方式，对存在质量问题的房屋认真进行调查处理。积极稳妥受理多起信访案件。受理群众来访投诉49起，网络投诉97起，办结126起，办结率86.3%。

【违法违规处理】

严格规范建筑市场行为，对不履行基本建设程序的项目进行严肃处理，对1家未依法进行消防设计审查，擅自施工的建设单位进行行政处罚，罚款金额3万元；对5家未依法进行验收备案的建设单位进行行政处罚，罚款金额1.9万元；对2家未按照国家有关工程建设强制性标准进行检测的企业进行行政处罚，共计罚款2万元；总计罚款6.9万元。落实失信市场主体联合惩戒制度，对主体责任落实不到位、履职不到位的2家企业进行信用扣分处理；3个项目经理、2个项目总监、4个质检员进行扣分处理。

德渊市政

【经营管理】

2021年，集团公司坚持稳中求进工作总基调，贯彻新发展理念，创新发展思路，聚焦中心工作，定期分析研判，强化推进措施，努力实现经营目标逐年增长以及国有资产保值增值。完成各项收入3.27亿元，较2020年的3.66亿元减少0.39亿元，减少10.65%；资产总额31.49亿元，较2020年的30.26亿元增加1.23亿元，增长

4.06%；利润较 2020 年减少 2769 万元，国有资产保值增值率为 94.43%，较 2020 年 102.96%减少 8.53%，固定资产较 2020 年增加 1.80 亿元，全年共缴纳各项税金 822 余万元。

【项目建设】

紧盯国家产业政策和投资导向，主动同区、市、县相关部门对接，积极申报争取项目补助资金，共争取落实到位各类项目资金 8174 万元；发挥国资公司职能，积极对接农发行、中国银行、石嘴山银行、国开行等多家银行，共完成融资贷款 4.3 亿元。实施新、续建重点项目 14 个（其中，新建项目 10 个，续建项目 4 个），概算总投资 8.22 亿元。通过红崖子园污水处理厂、小微游园及生态停车场、第三水厂、宝丰镇污水处理厂、全民健身中心、红崖子园天然气门站等项目的实施，实现市政产业链的扩张和延伸，持续壮大企业内生动力。

【推进改革】

制定《德渊集团国企改革三年行动实施方案》，明确工作任务、责任领导、完成时限等，重在对薪酬、人事、劳动三方面进行改革，以落实推动产业转型升级，不断激发创新发展内生动力。紧盯目标，突出改革重点，完成改革任务约 50%。

【内部管理】

制定完善《宁夏德渊集团企业年金方案实施细则》，提高职工综合福利，稳定职工队伍，努力实现集团职工年金缴纳全覆盖；定期督查考核各子公司、部室贯彻执行集团党委、董事会决议，以及各子公司年度经营目标、月度重点工作、重大项目推进等情况，加强执行力建设；充分发挥集团审计部审计监督作用，不定期对各子公司的生产经营活动进行审计，发现问题及时整改，不断强化监督主体责任。

【安全生产】

开展安全检查 27 次，查处安全隐患共 145 条，安全隐患整改率达到 95%以上；强化安全生产培训教育，组织有限空间作业、消防安全、危险化学品等各类安全生产教育培训 6 次，累计培训 320 余人次；定期对下属子公司疫情防控工作情况开展专项督查 5 次，下发督办单 3 份，积极组织开展疫苗接种工作，集团疫情防控工作水平不断提升。

城市热力

【项目建设】

续建前进农场热电联产集中供热项目，投资概算 9070 万元；第六中学集中供热工程，投资概算 446.41 万元；建设平罗县城区热电联产集中供热项目三期工程五标段，投资概算 1024 万元；平罗县中医院集中供热工程，投资概算 370 万元；平罗工业园区精细化工 C 区新增桁架工程完成投资 340 万元。建设完成平罗工业园区精细化工区 LNG 气化站项目，项目总投资 948.34 万元；平罗工业园区红崖子园天然气门站工程已完成招投标和开工手续，投资概算 1007.44 万元。平罗工业园区太沙路北线蒸汽管网工程，投资概算 3400 元，正在办理前期手续。

【完善制度】

对原有的各类制度进行更新和补充，完善并健全公司章程、平罗县供热管理规定、目标管理责任综合考核管理规定等 20 余项，形成长效管理机制。规范材料采购管理，规范进出库审核，加强职工劳动纪律、各项保险缴费项目管理，严格落实党务、厂务公开及“三重一大”信息公开制度，推进企业民主化、科学化、规范化管理。

【设备维护】

投资180余万元完成对县城区、陶乐供热、供热首站、各换热站设施设备、一、二级管网及机电设备进行检修保养，确保设施设备运行状态完好。

【管网改造】

投资360余万元完成对县城区、陶乐镇区、前农地区270余处一、二级老旧管网及主控阀门设施更新改造；投资28万元检修陶乐供热公司40吨锅炉及辅机设备，确保采暖期正常稳定供热。

【入网管理】

强化供热入网工程的监督验收管理，完成中医院、六中、金都家园、汇融新天地、一幼、二幼、轻工业园区及陶乐水务局家属院等供热入网工作，新增供热面积25万平方米。

【供热质量】

投资300余万元建设智慧供热综合调度管理平台，在全部供热区域安装500处无线传输室内温度监测信号模块，实现对热源、热网、换热站、用户用热等全过程集中监控、调节及设备运行控制，有效平衡系统流量及供热温度，确保供热质量。

【应急保障】

强化采暖期领导带班制度，严格执行24小时值班制度，建设“967000”客服服务系统，公开投诉服务热线，制定完善供热应急保障机制，及时处理供热突发性故障，做好供用热维修及应急处置工作。

【强化服务】

完善营业大厅软硬件设施，公示公开收费标准，加强微信公众号缴费、石嘴山银行、农商行各营业网点及政务大厅窗口等代收费管理，强化营业大厅供热业务“一站式”办结服务，提高工作效率和民生服务水平。截至10月底，综合采暖费率达98.36%，较2020年同期下降0.69%。

【安全生产】

严格落实安全生产责任制，加强对设施设备的安全运行管理及职工安全教育培训，强化重点岗位、重点部位安全检查力度，确保冬季供热安全稳定运行。开展安全教育讲座及培训6次700多人次，特种作业人员持证上岗率100%。开展安全检查11次查处隐患85余处，全部完成整改，累计投入安全专项费用16.16万元。全年无重大安全事故发生。

【热源保障】

积极与大地天瑞电厂、滨河电厂、国能平罗发电公司对接，协调解决各供热首站热源保障工作，大地天瑞电厂、滨河电厂、国能平罗发电公司完成运行前的设备机组全面检修维护工作。对库存备品备件进行详细核对梳理，对采购难度大、加工周期长的备品备件及早进行库存储备。陶乐供热燃煤现已招标完毕，已调运5000余吨，确保采暖期燃煤储备充足。

城乡供水

【经营管理】

2021年11月底，实现营业收入2387.4万元。其中，主营业务收入1967.4万元，较上年同期增加240.4万元；其他业务收入420万元，较上年同期减少25万元。营业成本共2546.83万元，其中主营业务成本1280.67万元，较上年同期减少349.67万元；其他业务成本240.2万元，较上年同期减少74.8万元。营业税金及附加141.96万元，销售、管理、财务费用共884万元，较上年增加235万元。公司资产总额4.31亿元，负债总额3.17亿元。资产负债率73.53%，比上年同期资产负债率74.51%减少0.98%。

【项目建设】

建设平罗县河西地区供水水源替换工程。投资17526万元，分为“管道部分”和“平罗县第三水厂”部分，管道部分投资10602万元，于2020年10月13日正式通水试运行，成功替换了平罗县头闸、渠口、姚伏、通伏、黄渠桥等5个乡镇供水水源，实现城乡居民用水“同源、同网、同质、同价、同服务”。平罗县第三水厂投资6924万元，于2021年7月21日开工建设，完成进度达90%，提高和解决河西地区用水供需矛盾、输水能力不足、水质不达标等诸多问题，消除供水安全隐患。

【互联网+】

根据《宁夏回族自治区“互联网+城乡供水”示范省（区）建设实施方案》（2021—2025年），建设平罗县互联网+城乡供水工程信息管理系统，实现对平罗县城乡饮水工程从水源到末端的全过程监测、监视、控制和查询管理，该项目计划投资31572万元，已获取行政主管单位《可行性研究报告批复》，计划于2022年开始建设，提升改造水源机井泵站自动化监控系统15处，新建加压泵站自动化系统7处，输配水管网分水口自动化监测点163处；安装末端智能水表121022套（城市73310块、农村47712块）、企事业单位智能水表612套。

【水源保障】

积极联系水利厅行政主管部门，延续大水沟水源地1188万立方米取水许可证，完成取水合法手续，并在大水沟水源地划定范围内选取深合适位置开凿新水源井，于原崇岗煤炭市场内设置应急取水点，巩固大水沟水源地输水能力。

【设备改造】

加强县城老旧小区改造、推广城乡接合部更换合格水表、全力完成县城居民各类维修诉求，太沙工业园区新装DN100水表10块、DN150水表13块，更换城乡接合部DN20黑表、坏表共150块，借助住建局老旧小区改造项目，推广老旧小区安装DN20智能水表2407块，更换县城DN20老旧机械水表610块，有效提升公司主营业务终端计量数据准确性。敷设完DN300–DN400球墨铸铁输水主管道1410米，DN110–DN160PE管道1147米，及时高效完成新改建小区通水工作。

【信访办理】

稳妥做好信访工作，办理信访248件。有序完成县城居民维修诉求及拆迁区域堵漏工作。配合县城各物业管理机构及社区管委会，完成县城维修933次，无偿维修169次，堵漏74处，形成良好的供水环境和服务氛围。

污水处理

【经营管理】

2021年1—10月实现营业总收入3546.48万元，较上年同期1975.07万元增加1571.41万元，同比增加79.56%。1—11月营业总成本5356.08万元，较上年同期3051.86万元增加2304.22万元，同比增加75.50%。经营性亏损1809.60万元，较上年同期亏1076.79万元增亏732.81万元，同比增加68.06%。

【达标排放】

围绕污水达标排放、服务大局，较好地履行社会职责。2021年1—10月，4个污水处理厂进水 1744.48 万吨，出水 1651.47 万吨，污水处理率 94.67%，主要污染物削减量为 COD4332.84 吨、NH_3-N502.21 吨、总氮 539.04 吨、总磷 82.14 吨。安全处置污泥 1691.56 吨，安全处置率为 100%。各厂的出水水质各项必检指标平均值符合《城镇污水处理厂污染物排放标准》一级 A 标准的规定，完成环保部门下达的节能减排任务。

【处理费收取】

加大收费力度和催缴频次，确保应收尽收。截至 11 月 30 日，共收回污水处理费 2025.21 万元，其中工业园区内 24 家企业共收回污水处理费 1405.4 万元；园区外（红崖子）企业签订污水委托处理协议 19 家，共收取污水处理费 619.81 万元。

【项目建设】

建设宝丰污水处理厂及污水管网提升改造工程，10 月底进水调试阶段。建设宁夏平罗工业园区红崖子园污水处理厂，完成土建总工程量的 85%；大部分设备已进入施工现场正在进行各单体的设备安装。完成生活污水处理厂再生水管网三标段工程验收工作。红崖子中水厂正在编制可行性研究报告；编制完成平罗县农村生活污水治理专项规划。

【督察整改】

全面落实自治区生态环境保护专项督察反馈意见，多管齐下，抓好全县 16 个农村污水处理厂、两个工业污水处理厂、3 个人工湿地和 3 个城市排水泵站的达标运行工作。整改有 4 个事项，完成整改销号 3 项，2022 年 5 月完成整改销号 1 项。十四届县委第十轮巡察第二巡察组反馈 9 项 36 个问题，德渊污水公司党支部组织召开专题组织生活会 1 次、召开支部委员会会议 4 次、召开巡察整改工作安排（推进）会议 2 次，采取公示栏公布方式公开公布整改情况，制定完善 11 项制度，作出书面检查 13 人，清退违规资金 35090 元。除 1 项问题长期整改外，其他 35 个问题全部整改到位，整改率为 97.2%。

城市建设

冬季树木涂白

雨后清理路面积水

路灯维护

城市道路修复

清理路面落叶

自然资源与环境保护

自然资源

【概况】

2021年，贯彻落实县委、县政府各项决策部署，积极践行生态文明发展理念，全力保障县域经济发展。完善城乡规划体系，制定《平罗县国土空间总体规划编制工作方案》；做好用地审批服务，完成建设项目用地预审20宗，设施农用地审查50宗；加大国土绿化力度，完成营造林面积3.31万亩，尽职尽责保护好全县自然资源安全。

【项目用地保障】

上报建设用地6个批次15个项目共34.7991公顷，上报4个单独选址项目共57.964公顷；完成建设项目用地预审20宗，设施农用地审查50宗，办理高庄幼儿园等32宗项目用地划拨手续，办理国有建设用地使用权变更23宗；出具规划设计条件47项，用地红线图66项，办理建设项目选址与用地预审35项，建设用地规划许可23项，建设工程规划许可57项，乡村建设规划用地8项，确保全县重点项目用地需求，保障县域经济发展。

【土地变更交易】

挂牌成交住宅集团等24宗项目用地，面积78.4926公顷，成交价款2.069亿元，待摘牌7宗，成交价款7852万元，缓解县级财政压力；办理国有建设用地使用权变更23宗，补缴土地出让金407.18万元；可收缴交易款4139.645万元；补充耕地指标跨省交易9533亩，可获得交易款5亿元。

【项目土地征收】

完成包银高铁项目、河东现代奶业科技创新示范区、回民高级中学扩建项目等16个重点项目土地征收工作，共征收国土、集体土地面积2.02万亩，兑付征地补偿款778.26万元，审核办理失地农民养老保险120户。

【国土绿化修复】

以贺兰山生态修复、黄河流域平罗段生态保护修复、园区绿化、主干道路绿化为重点，完成营造林面积3.31万亩，其中人工造林1.86万亩，未成林抚育提升及退化林改造1.45万亩。草原生态修复面积2.5万亩，湿地保护修复3.07万亩，恢复湿地8.04万亩。对县城区各公园广场、主干道路绿化进行补植补造、提档升级，完成绿化面积321万平方米。投资1.75亿元，实施河东地区毛乌素沙地（红崖子段）防沙治沙项目、贺兰山东麓平罗段历史遗留废弃砂石矿山地质环境治理项目、站前路等12个重点生态项目，以重点项目建设推动生态建设发展。

【完善城乡规划】

制定《平罗县国土空间总体规划编制工作方案》，编制完成国土空间总体规划大纲与《黄河流域高质量发展专题研究》《生态保护和生态修复专题研究》等7个专题研究。对城镇开发边界、生态保护红线和各乡镇、各部门近年来重点项目、批而未供、供而未用及闲置土地进行梳理和多轮优化调整。制定《平罗县“多规合一”实用性村庄规划编制工作方案》，确定2021年编制14个点的“多规合一”实用性村庄规划，结合自然村交通状况、居住规模、空心化率、公共服务设施配置、人居环境风貌等进行综合评价，将全县1079个自然村划分为136个集聚提升类村庄（49个中心村）、121个城郊融合类村庄、353个搬迁撤并类村庄和469个整治改善类村庄，为乡村振兴，村庄合并等工作打好基础。

【林权制度改革】

制定印发山林权、土地权改革方案，成立工作领导小组和专责小组，制定工作台账和重点任务清单，推动改革任务落实。组织对全县森林草原资源进行调查，已完成21.1万亩国有草原的和13.23万亩林地资源调查界定，为下一步确权登记工作打好基础。营造崇岗园政企共建林2700亩，规划在贺兰山浅山区、河东地区等地建设碳汇林1.4万亩，企业通过购买或者出资建设碳汇林，抵消碳排放。

【农村用地改革】

完成25宗303.98亩集体经营性建设用地入市，土地出让总价款1931.47万元，建设仓储物流、农产品加工农村产业项目24个，为农村新产业、新业态提供用地保障，促进乡村产业振兴。简化办事流程，优化服务质量，抵押贷款办理时限由原来的2个工作日缩短至30分钟内办结，办理抵押贷款2.58万笔15.64亿元，农村产权流转交易额达53.2亿元。调整使用建设用地指标785亩，满足63个农村产业项目建设需求，实现闲置建设用地指标异地调整使用，促进生产要素合理流动和优化配置。

【提高服务水平】

针对县城部分小区无法办理不动产权证书的情况，主动作为，分类施策，逐步为明月新村、唐徕湾等小区住户办理不动产权证书。对全县13个乡镇开展农村不动产“房地一体”不动产登记查漏补缺，完成农村“房地一体”查漏补缺调查登记2136宗。压缩不动产登记时限，简化登记材料，办理不动产登记业务17527件，查询登记信息25231件，法院查解封房产业务731件，抵押权注销业务4150件，抵押登记792笔，提供预约上门服务33次。

【资源保护监管】

进行土地动态巡查75次，立案查处违法占地案件15起，收缴罚款32.12万元。查处各类涉林行政案件8起，移送县公安局刑事立案1起，罚款1.2万元。对贺兰山东麓各盗采点及山洪沟进行昼夜交替巡查，发现并制止拉运非法盗采砂石行为4起5辆次。对红崖子乡国有和集体承包土地核查，共调查国有土地9宗38685.34亩，约谈企业负责人7人，解除承包合同3家，收缴承包费889.1万元。对未经规划许可擅自动工实施的9个建设项目下发行政处罚决定书，罚款30.28万元，拆除82处违规建筑，拆除建筑面积5065平方米。

【普法宣传活动】

结合“地球日”、普法宣传月等活动开展普法宣传活动27场次，发放宣传资料4000余份，悬挂横幅6条，不断提高全民法治意识。

【防火检查演练】

召开全县森林草原防火工作会议，组织开展防火实战演练，开展森林防火集中宣传活动5场次，专业知识培训和防火实战演练各1次。不定期对各重点防火单位进行检查，下发整改通知书8份，确保全县林草资源安全。

环境保护

【概况】

石嘴山市生态环境局平罗分局为石嘴山市生态环境局的派出机构，实行局队站合一，设综合办公室、大气环境管理室、水环境管理室、环境影响评价室、生态室，生态环境保护综合执法大队、环境监察所（太沙监察所、崇岗监察所、精细化监察所）、生态环境监测站。平罗分局实有编制34名，在编在岗人员26名，其中平罗分局行政编制人员5人、后勤编制人员1人、执法大队15人、监测站5人，空编8名。2020年7月，人员编制划转上收，2021年1月1日起罚没款上缴市财政。2021年1月，编外人员经费由市财政及市生态环境局保障。

【问题整改】

2018年，中央环保督察反馈21个整改事项全部完成，组织开展“回头看”，推动各类整改事项巩固提升。2019年，自治区生态环境保护督察反馈21个整改事项，20个整改事项已完成整改验收销号，剩余1项已整改完成待销号。2021年，自治区党委生态环境保护专项督察反馈25项问题，已完成整改22项，剩余3项正在加快推进。

【大气污染防治】

推进打赢蓝天保卫战“1+9”专项行动、“斩污净夏”臭氧专项行动，实施大气治理项目158个，294家企业开展规范化治理，50多家化工企业完成VOC有机气体深化治理，273家企业上报重污染天气行业绩效分级申报材料。开展加油站油气回收检查59家，淘汰注销老旧车1227辆，完成279辆非道路移动机械登记标牌发放；强化扬尘治理、秸秆禁烧、烟花爆竹禁限放管控。

【水生态保护】

加大重点入黄排水沟及沿线排污口常态化巡查力度，完成入河排污口申报22家，封堵渔业养殖排污口14处。组织开展农村污水处理设施专项调查、精细化园区企业用排水专项调查，加快推进红崖子园区污水处理厂建设进度，加强循环园、医药园、县城生活污水处理厂运行监管，威镇湖人工湿地、19个农村污水处理设施整体移交德渊集团专业化管理。实施“千吨万人”农村水源地规范化建设项目、农村污水提标改造及管网建设项目，全面排查整治农村黑臭水体，提升农村水污染治理水平。

【土壤污染防治】

20家重点监管企业完成土壤污染自行监测和隐患排查；3家企业完成疑似污染地块调查评估；2家企业完成优先管控地块土壤污染隐患排

查。对全县39家畜禽养殖企业开展大排查，下达整改通知书41份，立案处罚3家。组织117家固废产生企业和70家危废产生企业完成固危废季度网上系统申报登记，严格危险废物跨区域转移监管，审核危险废物转入(转出)4653件。开展医疗废物专项检查，检查医疗机构217家，有效杜绝医疗废物流失现象。

【排污权改革】

制定《平罗县排污权有偿使用和交易改革实施方案》，加快推进排污许可核发，重点管理类已核发71家，简化管理类已核发37家，登记管理类351家已全部审核完成。启动初始排污权核定工作，完成审核参与排污权确权核算工作企业375家，通过审核后确定公示272家。宁平碳素、丰华生物科首批列入石嘴山市排污权交易与抵押贷款交易平台进行线上交易，宁平碳素成功竞拍19.7吨二氧化硫排放权。

【环境应急监管】

采取“科技＋人工核查”的工作模式和突击查、夜间查、错时查等监管方式，加大环境违法行为查处力度，下达责令改正违法行为决定书94份，停产整治2家，查封扣押12家，移交司法机关3件，立案处罚82家。全力以赴做好第三排水沟水污染事故应急处置工作，完成三二支沟截留水域污染水体、龙江液化气西侧三排截留水域1.5万立方米污水和3.2万立方米底泥安全处置，配合县公安局做好案件调查工作。全面开展化工企业“大起底”专项排查整治，检查企业75家。

全县机关事业单位开展义务植树活动

全县机关事业单位干部参加义务植树

绿化后的崇岗煤炭集中区生机勃勃

开展森林防火应急演练

森林防火实战演练

森林防火实战演练

教育　体育

教　育

【概况】

2021年，坚持以发展更加公平、更高质量教育为主线，推动基础教育质量提升行动落实落细。全县共有学校(园)70所，其中幼儿园33所(公办园20所、民办园13所)，中小学33所(小学24所、初中9所)，普通高中2所，中等职业学校1所，特殊教育学校1所。在校生46895人，教职工2781人(专任教师2734人)，学前教育三年毛入园率为96%，义务教育巩固率达到99.47%，高中阶段毛入学率达到94.1%。

【加强思想教育】

贯彻落实《中小学德育工作指南》和《新时代爱国主义教育实施纲要》，印发《平罗县教体系统2021年德育工作要点》，以党建思政书记项目为引领，以7个思政名师工作室为依托，以《平罗县"三进"工作实施方案》为指导，配齐配强专兼职思政教师。组织各中小学以"请党放心，强国有我"为主题，结合党史学习教育开展"开学第一课"主题活动40余场。开展线上"清明节祭英烈活动"、"世界读书日" 阅读活动等系列主题德育活动。开展"喜迎国庆　童心向党"系列活动30余场，参与人数13000人，开展好"三爱三节"，积极宣传节水、节电、节粮，人人参与光盘行动。开展"新时代好少年"学习宣传活动，遴选推荐出助人为乐、勤学善思、弘扬中华优秀文化等方面充满时代气息的青少年先进典型35人，向市级推荐报送3人。创建市级"三进"工作示范校3所、培育市级金牌思政名师1名，组织观摩交流17场次，录制"课程思政"微视频72节。

【科技领航教育】

组织全县中小学开展 "学校走进科技馆"和"科技活动进校园"活动，先后有平罗七中、城关四小等10所学校组织1372名师生到银川黄河军事文化博览园、宁夏科技馆、雷锋纪念馆、平罗县灵沙养老服务中心等地参加研学旅行活动。组织27支参赛队伍参加第六届石嘴山市青少年科学节创新大赛，133 名师生共 21 个代表队在三项比赛中共获得一等奖 2 个，二等奖 6 个，三等奖 7 个，平罗中学等 3 所学校获得“优秀学校”荣誉称号，蔡科、毛翠梅 2 名教师获得“优秀辅导教师”荣誉称号。第七届石嘴山市青少年机器人竞赛中，平罗县摘得一等奖 12 个，二等奖 10 个，三等奖 16 个，共 38 个奖项，平罗县教育体育局荣获优秀组织单位称号。首届石嘴山市青少年创意编程与智能设计大赛中，平罗县获得一等奖 9 个，二等奖 27 个，三等奖 19 个，共 55 个奖项。

【推进体教融合】

开齐开足体育课，建立“阳光体育”大课间“六定两平台”机制，持续推进体教融合，培育国家级体育特色学校 30 所、区级体育传统特色学校 4 所，平罗县被国家体育总局确定为首批县域足球典型，教体局荣获全国群众体育先进单位称号。

【提升艺术教育】

推进中小学开展高雅艺术进校园活动，建立中小学艺术展演常态化机制，打造 5 个高水平艺术团队，在全区建党 100 周年文艺汇演中荣获 3 个一等奖。

【开展劳动教育】

认真学习《中共中央　国务院关于全面加强新时代大中小学劳动教育的意见》，开辟 37 个校内劳动教育实践场所，培育 2 所自治区级劳动教育示范校，广泛开展农耕劳动、家务劳动和社区志愿服务，融合毛麻绣、农家材料等社团活动，构建五育并举体系。引导学校开展与劳动有关的兴趣小组、社团进行手工制作、室内装饰等实践活动；带领学生参与校园保洁、花园除草等实践活动；有的学校开辟班级“责任田”，让学生参与实践劳动及管理。利用植树节、学雷锋纪念日、五一劳动节、农民丰收节等节庆日多次开展各种劳动实践活动。

【教育资源投入】

实施覆盖学前至高中阶段教育惠民工程 13 个，新增学位 3780 个。认真落实《学校卫生工作条例》，开展学生近视眼防控行动，投资 403 万元为学校安装护眼灯 6217 盏、可调节式课桌凳 4365 套，投入 480 万元对农村寄宿制学校学生宿舍进行全面改造，在 35 所学校大门口安装电子升降防撞柱 280 余根。中小学聘用专兼职保健人员 88 人，为幼儿园招聘事业编制教师 43 人，政府购买服务方式保障公办园保教人员 422 人，政府购买学校安保服务的保安人均月增资 300 元。投入 926 万元，完成全县 35 所中小学 101 间在线互动教室网络升级及线路改造，为第四中学等 9 所初中安装英语人机对话软件，建设英语人机对话教室 15 间，为 6 所学校采购计算机 1398 台、多媒体设备 100 套，争取自治区支持资金 700 万元，创建 5 所自治区“互联网 +”教育标杆校。

【强化师资培训】

县财政安排 180 万元专项资金，开展培训 19 期 1290 人次。认定首届“三名”（名校长、名班主任、名教师）人员 44 人，遴选第二届“三名”培养对象 64 人，各类比赛获得区级一等奖 73 节次，二等奖 139 节次。

【教育教学改革】

承担全区“安吉游戏”国家级试点县区首轮巡回教研指导活动，第二幼儿园等 3 所园阶段性成果得到自治区专家高度评价。落实中小学生“五项管理”和“双减”重点任务，全县 1.6 万名中小学生享受课后服务，学科类培训机构由 35 家减少到 14 家，压减率达 60%。实施中小学教师“县管校聘”改革，完成 34 所学校 1985 人次聘任工作，调动教师敬业奉献精神。整体推进校园治理体系和治理能力向一体化、规范化、现代化发展，校园治理达标县、达标校创建通过自治区评估认定。

【直面课后服务】

印发《平罗县中小学课后服务实施方案》《平罗县学校课后服务收费管理办法》，面向家长、社会大力宣传“双减”政策和科学家庭教育方法，“一校一案”制定课后服务实施方案，优化作业设计，突出以社团、兴趣小组为单位，切实提高课后服务质量。义务教育学校“5+2”课后服务做到全覆盖，参与课后服务的教师 1650 人、学生 21586 人。

【落实双减政策】

开展校外培训机构治理专项督查 3 次，学科类培训机构从 35 家压减至 3 家，压减率达 91.4%。组织开展专项督查 5 次，全县中小学均建立了作业公示制度和监管办法，学生在规定时间内完成作业的比例达 100%，学生和家长对校内减负满意度分别达到 95.58%和 95.78%。

【加强教学研究】

成立城乡教研合作体 7 个，制定《进一步加强平罗县中小学教研合作体工作的实施方案》，依托“三个课堂”的常态化应用为突破口，以强化课堂教学“五备五式”为落脚点，以优化教师组合为着力点，发挥优质学校名师效应，以强带弱、科研提升、示范引领，共享经验、协同发展，助推课堂教学精讲多练提质增效。

【办优职业教育】

平罗县职教中心医药卫生专业品牌效应得以发挥，创办大武口分校。完成母婴护理、老年照护、幼儿照护考评站点建设，其中“老年照护员”项目荣获教育部 1+X 项目突出贡献奖，“幼儿照护员”项目荣获示范考核站点称号。与 67 家企事业单位建立合作关系，与 4 家教学医院建立医校工作站，学生实习率达到 100%，就业率达到 97%以上。在全区职业院校技能大赛教学能力比赛中荣获一、二、三等奖 6 个，在 2021 年自治区“乡村振兴”职业技能大赛中分获育婴员、养老护理员技能大赛一等奖，1 名学生获得全国竞赛优胜奖。平罗县职教中心被自治区教育厅评为“自治区优质中职学校”，护理专业与药剂专业被评为“区级优质专业”。

体　育

【概况】

2021 年，着眼体育新形势新要求，在认真做好疫情防控工作的同时，积极备战自治区第十六届运动会，构建惠及全民健身公共体育服务体系，培育国家级体育特色学校 30 所、区级体育传统特色学校 4 所，平罗县被国家体育总局确定为首批县域足球典型，开展丰富多彩的赛事活动，组织中小学参加全国、全区、石嘴山市的各项体育比赛；群众体育丰富多彩，组织和参加各种广场舞、健身操比赛，教体局荣获全国群众体育先进单位。推动平罗县体育事业全面协调、健康持续发展。

【校园健康】

教体局与卫健局联合印发《关于进一步加强全县中小学生健康体检的通知》《平罗县学生常见病和健康影响因素监测与干预工作方案》等文件。做好学生常规健康体检、视力普查，对中小学生视力筛查、建立健康电子档案；对体检健康出现问题的学生及时进行治疗；对全县 36 所中小学共 28492 名学生进行健康体检，在平罗四中、回高、陶乐中学、城关五小、城关八小、一幼分园、二幼分园 7 所学校，共抽取 2405 名学生进行常见病监测，主要监测近视、肥胖等，其中较低体重 2147 人，占比 5.72%；标准体重 28530 人，占比

76.07%；超重 3956 人，占比 10.55%；肥胖人数 2873 人，占比 7.66%。对全县中小学进行检测，检出近视率为 38.38%。投资 403 万元为 22 所学校教室安装护眼照明灯具，共安装护眼照明灯具 640 间、6127 盏，配备可调节式课桌椅 4365 单人套。

【疫情防控】

严格落实“外防输入、内防反弹”各项措施，加强疫情数据统计工作。通过微信群、小程序等方法精准掌握学校师生外省区外出、返回及健康监测筛查等情况。持续提升应急处置能力，组织开展新冠肺炎疫情防控应急演练和疫情防控知识培训，利用集会、例会、班队会等不同形式开展疫情防控知识培训 198 场次，培训师生 34000 余人次。加强应急物资储备保障，全县 57 所中小学、幼儿园都有红外线测温通道，共储备口罩 271302 只、消毒液 14128.1 升、额温枪 1195 把，储备有效可使用 30 天以上的应急防疫物资。加快新冠疫苗接种工作，学生 12~17 岁接种新冠疫苗第一针 20503 剂、第二针 20109 剂，共 40612 剂，做到应接尽接。疫情停课阶段，教体系统集中隔离师生 121 人，居家隔离 99 人，居家健康监测共 6196 人。

【水痘疫情防控】

4 月 5 日陶乐二小发生水痘疫情，先后报告水痘病例 16 例。及时处置，应急接种水痘疫苗，全县 6~12 岁在校学生免费水痘疫苗已接种 19685 人，有效预防水痘的传播。教体局为 14 所寄宿制学校采购大功率洗衣机 45 台，为 36 所学校配发消毒车 528 台，配发消毒灯 280 个(其中寄宿制学校配发消毒灯 133 个，配发消毒车 423 台)，保障学校定期对学生衣物、宿舍床上用品、教室进行全面消毒。

【创建无烟学校】

在机关单位、学校公共场所营造不吸烟、不敬烟、不送烟的良好风尚，会议室、各功能室、办公室、走廊、楼梯、卫生间等公共场所随处可见“禁止吸烟”提醒，要求学校开展“无烟单位”“无烟餐厅”“无烟食堂”等创建活动。坚持常态化开展“爱国卫生日”活动，改善环境卫生“脏、乱、差”的不良现象。

【国民体质监测】

平罗县被自治区体育局定为国家抽测国民体质监测农村样本监测点，每四年开展 3~79 岁农村人群国民体质监测数据测试，不同年龄样本量 1600 人；每年有计划开展城乡居民、职工、儿童青少年不同人群国民体质监测 500 人，达到《国民体质测定标准》合格以上的人数比例达到 90.52%。

【群众体育】

贯彻落实《全民健身条例》，组织实施《平罗县全民健身实施计划(2016—2020 年)》，职工体育以开展丰富多彩的体育活动及赛事为主；社区体育以开展多种形式的“晨练”活动为主。承办、协办各类运动会、单项赛事 18 次，先后组织开展迎新春全县干部职工运动会、“百乡千村农民体育活动月总决赛”、庆“三·八”机关单位妇女趣味运动会、全县中小学生田径运动会、农民篮球争霸赛等。积极组队参加各级各类赛事活动：5 月参加 2021 年宁夏广播操、广场舞、柔力球网络视频大赛，荣获第九套广播体操三等奖；柔力球三等奖；荣获“宁夏中房杯”百乡千村广场舞大赛暨“我要上全运”全国第十四届运动会优秀组织奖；荣获石嘴山市“宁夏中房杯”百乡千村广场舞大赛暨“我要上全运”全国第十四届运动会一等奖；2021 年第八届宁夏社会体育指导员交流展示大赛荣获广场舞三等奖、演讲比赛三等奖、团体总分三等奖；平罗县参加全区第五届农民篮球争霸赛荣获优秀组织奖。

【健身工程】

投资52.4万元完成体育馆的维修改造，为群众创建温馨的健身环境；投资100万元完成渠口乡、银北医院新建多功能运动场项目建设和三中摔跤馆墙体保温维修改造；投资126万元在民族大街完成3公里健身步道，完善全县的体育健身场地。

【体育训练】

各学校、俱乐部开展田径、乒乓球、摔跤、足球、跆拳道、速滑、篮球、排球等项目训练工作，充分利用双休日、节假日、暑假弥补因新冠疫情发生带来的损失。4月以恢复体能为主，5—7月按照自治区体育局2021年各项竞赛安排制定周期训练计划，加强竞技水平提升，备战2021年全区青少年锦标赛、教育厅各项比赛。

【特色学校】

组织全县幼儿园、学校创建教育部校园足球特色学校、幼儿园。2021年，已经申报足球特色学校1所、幼儿园3所。2021年，被自治区体育局确定为“体教融合试点单位”，为全县36所中小学进一步推进体教深度融合、培养一生两技、深化学校体育工作创造条件。

【校园足球】

组织参加全国夏令营宁夏分营选拔赛，平罗县33名队员入选宁夏分营。承办教育厅的足球教练员C、D培训班各1次，承办自治区体育局青少年男、女子U18足球锦标赛各1次。在自治区女子U系列比赛中，平罗县代表队获得U18亚军、U14进入冠亚军决赛（因疫情暂停比赛）、U16获得第五名，在男子足球锦标赛U18、14的比赛中，平罗县代表队分别战胜对手挺进四强。平罗县荣获全国首批县域足球典型称号。

【赛事活动】

2021年，教体系统组织校园足球联赛、篮球联赛、乒乓球比赛、跆拳道比赛、排球比赛、冬季越野赛，组队参加石嘴山市青少年锦标赛、自治区青少年锦标赛、全国校园足球最佳阵容选拔赛、全区校园足球四级联赛。在参加的自治区青少年锦标赛10个项目比赛中，获得第一名5个，第二名10个，第三名18个，第四名10个，第五名13个，第六名7个，第七名8个，第八名4个。

平罗中学

【概况】

2021年，以贯彻落实立德树人为根本任务，以办好人民满意的教育为根本目标，坚持“规范、和谐、发展”的办学思想，牢固树立发展意识、实干意识、质量意识和创新意识，紧紧围绕教育教学中心工作，奋力提升学校教育教学整体水平，确保学校高质量可持续发展。

【教学质量】

学校紧抓教育教学中心工作，以教学质量为生命线，坚守课堂教学主阵地，持续发力，2021年高考，在自治区突然实行和原一卷省区合卷考试导致试卷难度加大的情况下，学校一本上线比例维持稳定，本科上线比例实现继续增长，其中本科上线1223人（报考总数1379人），一本上线528人，向全县人民交上满意的答卷。体育艺术类考生在高考中的贡献明显，体育竞赛成绩也凸显出体育传校的实力，教师、学生的艺术作品多次获奖。

【道德教育】

学校始终以落实社会主义核心价值观教育

为德育工作方向，利用主题班会、团会、道德讲堂、国旗下讲话等各级平台广泛开展价值观教育，通过开展遵纪守法、文明自律、感恩教育、诚信教育等专项教育活动，严查不文明现象和违纪行为，引领班集体和个人向好向善向美发展，校风建设成效显著。

【安全教育】

定期召开全校安全教育大会，积极开展法治进校园活动，多层次深入开展禁毒、防地震、疾病防控、防火、防盗、防溺水、防食物中毒、防交通意外事故、防意外伤害等安全知识教育或应急演练，增强师生安全意识。

【教学常规】

学校实行《平罗中学值班领导巡课制度》，每周对巡课中发现的问题进行通报并予以纠正；细化《平罗中学考试管理办法》，使考试工作更严谨；完善教案、作业批改检查机制，认真落实《集体备课制度》。

【教学管理】

注重高三教学管理，精心组织教师研究《考试说明》，把握住复习备考的方向；开展教学调研活动，分层次召开学生、教师座谈会，及时反馈教学信息，促进教师调整教学思路，改进教学方法，提高教学有效性；认真组织月考和模拟考试，高度重视质量评估，坚持以问题导向教学；继续实行周测制度，考练结合，效果明显；积极组织教师参加高考研讨会，认真收集、研究高考信息，增强复习教学的针对性。

【教学研究】

教师踊跃参与各类教学竞赛活动，展现自身实力，在“信息技术与学科教学深度融合”优质课评比及全区“一师一优课，一课一名师”活动中，有多名老师获奖，在各类教学教研大赛及学科竞赛中也捷报频传，为学校争得了荣誉。

【学校管理】

明确“服务育人”工作目标，完善管理制度。教辅工勤人员以“及时、高效、满意”为工作指导思想，全力做好教学一线的支撑保障；办公场所内务规范有序，气氛温馨；食堂、超市实行严格的食品卫生管理制度，实施明厨亮灶工程，打造4D厨房管理模式，饭菜花色品种更加丰富，提升亲情早餐质量；从流入渠道开始全方位保障食品卫生安全；强化校产管理和校园环境建设，增强师生爱护公物、爱护校园环境的意识。

【校园建设】

完成新建教学综合楼一栋、教学楼外独立厕所楼一栋，于8月底投入使用，学校运动场改造项目及师生自行车棚项目于8月开工，均完成建设并投入使用。

职业教育中心

【概况】

2021年，平罗县职业教育中心在县委、县政府的领导下，在教体局的指导下，党建、党风廉政、意识形态、教育教学、招生就业、信息化建设、校园综合治理等各项工作取得显著成效。先后荣获教育部老年照护职业技能等级证书突出贡献奖、幼儿照护职业技能等级证书示范考评站点、2021年全区职业院校技能大赛教学能力比赛进步奖、全市教育体育系统先进基层党组织、第二批市级人才小高地和高技能人才培养基地、第七届石嘴山市青少年机器人竞赛优秀学校、全市中小学“大课间”体育活动高中组二等奖等荣誉称号。

【思政教育】

制定2021年思想政治工作重点任务分工方

案，建立学校党总支书记、校长带头抓思政课机制，书记、校长每学期听思政课不少于4次，讲思政课不少于4课时。建立由党办、教务、团委、总务、培训等科室共同配合的思政课教学管理体系。将《习近平新时代中国特色社会主义思想三十讲》作为“三进”教学指导用书。设立“习近平新时代中国特色社会主义思想”学习阵地，引导学生阅读《习近平的七年知青岁月》《习近平在正定》等书籍，观看《平“语”近人——习近平总书记用典》等系列电视节目。成立“思政凝心”教学改革创新团队，开展思政课程和课程思政教学改革，开展教师技能系列比赛及系列研讨活动、党史专题讲座、红色经典诵读“青春无悔”演讲比赛等，提升教师的政治素养。组织学生参加庆祝中国共产党成立100周年系列活动“红色故事、红色家书、红色书信”诵读比赛，加深学校师生知史爱党、知史爱国的情怀。

【提质培优行动】

先后制定《平罗县职业教育中心“提质培优行动计划”实施方案》《平罗县职业教育中心提质培优行动计划“三个清单”》等，依据方案积极推进工作任务。完成《教育厅关于开展职业院校互关互评活动》，“双优校”建设工作材料的整理、撰写，积极迎接自治区“双优校”建设巡查，完成自治区提质培优增值赋能典型案例国家级申报工作及2021年度执行绩效数据汇的网络填报。2021年度学校完成“中医护理”专业申报，制定“中医护理”专业人才培养方案。

【加强专业建设】

开设“中医护理”专业，开发1+X证书《老年护理》校本教材和校企双元合作《药店零售与服务技术》校本教材。推进1+x证书制度与护理专业“岗课赛证”融合，组建老年照护、母婴护理2个团队，通过集体备课、学生走班制上课、考前集训等方式，提高学生的1+X培训质量。2021年完成护理、助产、幼儿保育专业1+X培训及考评658人。

【加强校企合作】

充分发挥学校与企业两个办学主体的作用，将校内常规教学实训和企业跟岗实践作为主要课堂，突出抓好学生职业能力的培养。与全区18家医院、8家幼儿园、多家汽车制造厂、电子有限公司签订学生顶岗实习协议，学校1046名实习生全部到校企合作企业顶岗实习，顶岗实习安置率100%。学生的职业素养得到全面提高。

【改革教学模式】

修订《平罗县职业教育中心青蓝结对认定和管理办法》《平罗县职业教育中心专业带头人、骨干教师选拔和管理实施方案》等，为教学模式改革奠定基础。开展自治区级“护理专业教师教学创新团队”“宁夏卫生学校双师型教师培训基地”申报工作，实施职业教育“三教”改革攻坚行动。开展“研”“观”“赛”相结合线上线下混合式教学模式，通过“优秀教案赏析”“经验分享”“问题解决”等8个主题教研活动，引导教师分享应用“四环六步线上线下混合式教学模式”的实施情况、存在问题，为教师搭建交流分享的平台。2021年，围绕“互联网＋教育”、人工智能、1+X、“四环六步”教学模式改革共组织教师申报14个课题，全部通过审核立项。

【体教融合发展】

制定《平罗县职业教育中心体教融合实施方案》《平罗县职业教育中心体质健康提升计划》，成立女子篮球、男子篮球、女子足球、男子足球等体训队，引导学生参加体育锻炼，坚持训练，培养学生强健的体魄和勇于拼搏的竞技精神。开展大课间活动，“以活动促德”“以活动健体”“以活动辅智”“以活动审美”。大课间活动荣获石嘴山市二等奖、县级一等奖；体教融合活动获县级一等奖，学校荣获“平罗县体教融合发展示范校”称号，在全县中小学生田径运动会上，学校荣获体育道德风尚奖。

【师德师风建设】

开展师德专题教育。组织广大党员及教职工深入学习习近平总书记关于师德师风重要论述，制定《平罗县职业教育中心师德师风考核工作实施意见》，签订师德师风承诺书、拒绝谢师宴入伍宴升学宴承诺书，定期评议师德师风，并将考核评议结果作为教师聘用、职称评定、晋级、表彰的重要依据。开展优秀教师评比、征文比赛等活动，打造“立德树人”先进典型。举办“书香伴、心致远”读书交流会，“翰墨飘香”写春联、画年画主题活动，增加教师之间的互动与交流。开展教学科研经验分享会，营造风清气正的师德师风氛围。召开师德师风警示教育大会。明确违规吃喝隐形变异问题专项整治工作的主要任务。要求全体教师要自觉遵守职业道德规范，不得参与有偿补课、不得违规收受礼品，要树立教师良好社会形象。

【精神文明建设】

以各种节日、宣传日、纪念日为契机，组织学生开展“学习新思想，做好接班人”经典诵读比赛、“礼赞百年路　逐梦新时代”红色主题校园文艺活动、“发现身边的美” 摄影比赛、“党史我来讲”主题团日活动、“我与祖国共奋进”主题教育等，引导学生正确认识自身肩负的时代使命和历史责任。引领学生“走进红色教育”“走进非遗文化基地”，把社会主义核心价值观融入活动中，增强学生的爱国情感、公民意识和社会责任感。开展新生入学教育，加强对学生的理想信念教育、思想品德教育、爱国主义教育、感恩教育、安全教育、法制教育、防电信诈骗教育、青春期心理健康教育和早恋危害教育等。开展区级文明城市复验志愿服务活动，志愿者活动时长达 3 万小时。

【打造创新团队】

以建设“一体两翼”的教师队伍为抓手，构建以“双师型”教师为主体、骨干教师和企业兼职教师为两翼的 6 个教学创新团队，助推专业建设。教学创新团队将学生管理、专业教学、实习实训、技能比赛等融于一体，提高了专业内涵和质量。开展“技能大赛”“教学能力比赛”等活动，提升师生技能大赛水平。在全区职业院校技能大赛教学能力比赛中，6 个教学团队参赛，获一等奖 1 个，二等奖 1 个，三等奖 4 个。在宁夏乡村振兴职业技能大赛中，学校 2 名学生以绝对优势取得第一名，并代表宁夏参加全国技能竞赛，1 人获得全国竞赛优胜奖。实施青蓝工程，2021 年学校共有 70 对师徒结对，累计听汇报课 3000 多人次。青年教师进步显著。申报 4 名市级骨干教师和 4 名县级骨干教师。杨君名师工作室挂牌成立，打造县级名校长工作室 1 个、名师工作室 2 个。申报区级“名班主任工作室”2 个，打造县级名班主任工作室 1 个。打造李婷婷老师药剂专业名师工作室和谢峰老师护理专业名师工作室。加强班主任人才培养，重新修订《平罗县职业教育中心班主任绩效考核及奖励办法》、制定组织实施了《平罗县职业教育中心星级班主任细则》，通过开展校内新老交流会和校外培训等多种形式的培训，不断提高班主任班级管理能力。2021 年选派杨洁、台维维班主任在全区班主任能力大赛中分获一等奖和二等奖。

【开展专项培训】

对新入职教师进行岗前培训，围绕教育政策

法规、新课程改革理论和教育教学技能进行了理论讲授和实践相结合的方式集中培训，并安排到陕西师范大学进行包括团队建设聚力前行、理论学习文化提升、班主任能力提升等4个模块的专项培训；对57名骨干教师、双师型教师及青年教师开展“三教”改革背景下教师教学创新团队建设与提升课堂教学有效性专项培训，推进教师、教材、教法改革，促进教师综合素质、专业化水平和创新能力全面提升；组织57名各专业的“双师型”教师到重庆医药高等专科学校开展专业技能提升培训，促进双师型教师综合素质、专业化水平和创新能力全面提升；组织全校130名教师通过网络研修学习的方式完成专业理念与师德、学科专业知识与能力等四个内容共50学时信息技术与教学融合培训，通过培训提高教师信息技术应用能力。

【智慧校园建设】

推进“互联网＋教育”，搭建教师民主测评系统，收集3776条有效数据，并快速形成结果，客观呈现学生对教师的客观评价，确保学校教学质量稳步提升。作为全国护士执业资格考试石嘴山市考区考点，对177台电脑进行模拟软件安装及测试工作，确保网络及设备的正常运行，确保294名考生完成现场考试。协助宁夏广播电视大学平罗分校中央开课基于网络考试计算机240台和网络调试工作。

【高效使用实训室】

建设新医护实训大楼，升级校内药剂实训基地，打造人体生命科学馆和药用植物标本馆。接待各级各类观摩调研20余次。在支教活动周期间，接待全县8所初中学生和家长约1300人，分批对学校汽修、药剂、幼儿保育、护理等专业实训室进行观摩。该学期共完成护理、助产、康复、药剂、汽修机电专业实训课7351课时。各专业实训课开出率95%以上。开展实训室大型设备仪器使用、危化品存放管理、药品质量管理安全专项检查6次，确保实训室安全运行。

【信息化培训】

制定《平罗县职业教育中心教师信息技术应用能力提升工程2.0(“互联网＋教育”应用能力提升)实施方案》试行稿，并积极对接利用假期开展相关培训，开展班级信息官专项培训和教师的信息化培养，开展3场147人次培训。加强与教科研室共同进行信息化网络国培研修，131名教师获得培训奖证。开展移动录播专项培训4场，学校5个教研组61名教师参加培训。确保“互联网＋教育”工作持续推进。

【学校安全管理】

完善《学校安全工作制度》《安全事故追究制度》等制度。开展用电安全培训，预防电信诈骗、食品安全、消防安全等培训，组织消防演练、地震演练等，增强教职工自救能力和安全意识。在学校北门口安装防冲撞装置和车辆电子识别系统，增设斑马线，有效保障校园周边及校门口安全。与辖区派出所和交通管理部门对接争取安排警力，遏制周末校门口交通混乱现象。加强校园门卫管理，严格落实安全管理责任和门卫登记制度。定期对消防、水、电、暖进行安全隐患排查。对学校的宿舍楼、教学楼、围墙、楼梯、护栏、电路照明等防雷、消防设施进行定期检查，消除安全隐患。

【优化校园环境】

打造中国精神长廊，详细介绍红船精神、长征精神、延安精神、抗战精神、雷锋精神、抗疫精神等28种精神的内涵和历史意义，通过图文并茂的方式，让师生在潜移默化中将党史知识装进心里。与药剂专业相结合，塑造李时珍雕像，铺贴药材瓷砖。打造“百花园”“百草园”“枫林园”“海棠园”等多个特色鲜明的育人景观区，使学校春有花、夏有荫、秋有果、冬有青，四季有风景，为师生在校学习、工作和生活创设良好环境；打造仁心、护航、匠心、筑梦4栋育人楼，旨在培养学生的仁爱精神和工匠精神。

【成人学历提升教育】

2021年，国家开放大学招生指标完成较好，在籍生数保持稳定。共完成招生662人，春季共完成招生374人，“一村一”30人；秋季共完成招生288人。“一村一”专科10人，现有在籍学生1823名。协助区电大举办“学党史　开新局教学质量管理业务培训会”。组织成教科教师和电大学员参加区电大举办的庆祝建党100周年系列教育活动，荣获宁夏职业技术学院、宁夏开放大学开放教育师生庆祝建党100周年主题教育最佳组织奖和最佳表演奖。荣获国家开放大学“教育部一村一名大学生计划”优秀教学单位荣誉称号。

【开展社会化培训】

以“市场需求”为导向，在培训内容上，紧贴农业生产实际，突出基本技能和先进实用技术，注重培训效果；在培训方式上，以集中授课与分散培训相结合，围绕“方便、有效”的原则，提高农民参加培训的便利性，降低农民参训成本；培训下村，服务上门，确保培训的到课率。多措并举开展以畜牧养殖、农业机械、养老护理为主的高素质农民和就业技能培训，共培训370人，结业率和满意度均在98%以上。

【疫情常态防控】

完善和修订《疫情防控工作方案》《疫情防控应急预案》，严格落实网格化管理九项措施，推行校级领导＋中层干部＋包班教师管理制度和首遇责任制。成立5个工作组，每位校级领导、中层干部、包班教师包2～3个班级及宿舍，重点对各班每日三检、学生健康状况、教育教学情况、宿舍行为习惯等进行检查。开展谈心谈话活动，重点了解教师及学生的思想、工作、生活状态，筑牢防疫期间师生思想防线。开展疫情防控演练，做好校园消毒、通风工作，重点场所部位坚持一日两消毒两通风工作，校园卫生区域、绿化带以及各类排水管网坚持每周一次消杀工作。落实“两码一测”要求，并通过微信群、QQ群等方式宣传各级防控要求，宣传疫情防控知识。

【建设宁夏卫生学校大武口校区】

宁夏卫生学校在大武口建设校区，并如期完成筹建任务，确保办学条件，招聘教师32名、调配教师6名、行业聘用兼职教师3名，确保如期开学，并圆满完成招生600人的目标。严格按照统一办学模式、统一培养方案、统一管理、统一教学资源的要求，在不断完善基础设施和组织管理体系的基础上，精心组织教育教学管理工作，做到让学生吃得安心、住得舒心、校园环境称心、安全管理放心、学习用心开心，努力打造团结、和谐、进取、务实、创新的教学管理团队，更好地服务于教育教学工作。

【筹建宁夏卫生健康学院】

组织撰写创建可研报告、建设方案、纳入宁夏高职建设“十四五”规划请示。协助市教育体育局做好创建资料上报、项目规划论证、项目推进工作。宁夏健康职业学院已列入自治区高职建设十四五规划，已完成建设项目可研论证，并已批复。项目建设用地已批复，一期建设规划已批复，进入建筑设计阶段，计划2022年3月开工建设。

全县各中小学开展阳光大课间活动

平罗县中小学全面开展劳动教育实践课程

学生在电子教室上晚自习

2021年，全区青少年女子U18足球锦标赛在平罗县成功举办

2021年，全市职工羽毛球比赛在平罗县体育健身中心举办

4月1日，全区中国足协C级教练员培训班在平罗县落下帷幕

平罗县渠口乡交济村多功能运动场正式落地

平罗县教育体育局协同保安公司对全县202名校园保安员分批次开展安防器械实操防暴防恐演练

平罗县第二中学翻修后的运动场地

“互联网 + 教育”标杆校观摩

全市观摩(人工智能)

机器人教室

“互联网 + 教育”标杆校

职业教育中心开展“三进”学习活动

平罗县职业教育中心教学质量诊改工作会议

职业教育中心开设思政课授课

平罗县职业教育中心 2021 年秋季开学典礼暨第 37 个教师节表彰大会

职业教育中心幼儿保育学生毕业合影

平罗县职业教育中心举行升国旗仪式

平罗县职教中心 2021 年度教师教学能力大赛

平罗县职业教育中心开展保安防暴演练

平罗县职业教育中心医护学生开展志愿者服务活动

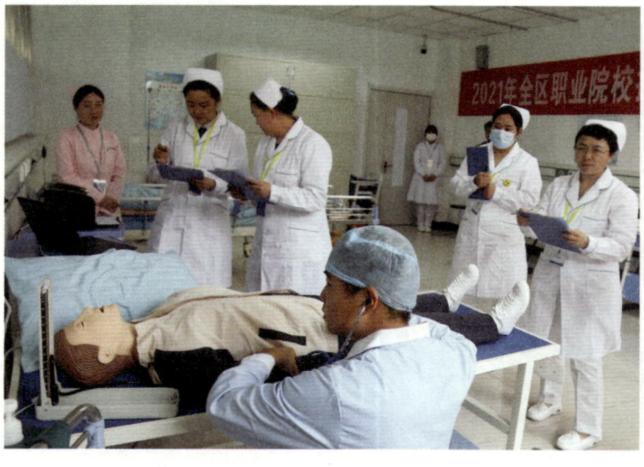

全区护理技能大赛在平罗县职业教育中心举办

平罗县职业教育中心组织职工开展消防演练

卫生健康　医疗保障

卫生健康

【概况】

2021年,围绕健康平罗建设目标,抓党建、强基层、促医改、重预防、引人才、优服务,扎实推进各项工作，全力推动卫生健康事业高质量发展。县卫生健康委荣获全区健康宁夏建设考核一等奖。爱卫会荣获“全区爱国卫生工作成绩突出重点单位”称号。

【医疗机构】

全县共有各级各类医疗机构233家。其中，县级二级医疗机构3家,乡镇卫生院14家,社区卫生服务站5家,民营医院11家,个体诊所76家,村卫生室122家,健康体检中心1家,医学实验室1家;注册执业医师786名,每千人拥有执业(助理)医师数达2.87人;注册护士801名,每千人拥有注册护士数达2.9人;实际开放床位数1330张,每千人拥有床位数4.85张。

【项目建设】

实施平罗县人民医院救治能力提升项目,县人民医院通过三级乙等综合医院评估工作。在红崖子工业园区建设平罗县人民医院急救分站。完成陶乐镇中心卫生院发热门诊，通伏乡等18个基层医疗卫生机构发热哨点诊室建设。推进“互联网＋医疗健康”一体化应用平台建设,实现县域内信息互通。

【综合医改】

成立平罗县医疗健康总院,按照“五统一”管理要求，逐步推进县域紧密型医共体实体化运行。组建3个基层区域医疗服务中心，采取1+2+N（1个医疗中心带动2个一般卫生院和辖区若干个村卫生室)的模式带动区域整体服务能力提升。开展医保支付方式改革,按照“总额管理、结余留用,合理超支分担”的原则,将1.28亿元医保基金打包给总院,总院参照各单位前三年平均水平测算，将医保基金二次分配给各单位，医保打包付费有效遏制医保基金增长势头。2021年,县域内就诊率达到94.1%。

【健康管理】

利用智慧健康云小屋优化体检流程，开展老年人、高血压、糖尿病患者年检工作，全县共建立电子档案 269772 份，建档率 92.63%；老年人健康管理 22729 人，健康管理率 85.64%；高血压已管理 25245 例，规范管理率 80.84%；糖尿病管理 5889 例，规范管理率 83.27%。

【公共卫生服务】

开展同心全科医生特岗人才计划试点，通过招聘签约 10 名同心全科医生到基层 8 个卫生院工作，解决基层全科医生短缺的问题。开展千名医师下基层工作，从县级以上医院下派各类专业技术人员 28 人，支援 14 家乡镇卫生院和 5 家社区卫生服务站。在基层遴选骨干全科医生及乡村医生等专业岗位人员 17 人，通过短期集中、长期轮岗、线上线下相结合的培训模式，解决基层卫生人才队伍不足、技术力量薄弱、群众基本健康需求保障不足等问题，促进基层医疗服务能力的稳步提升。推进家庭医生签约服务工作，全县完成签约 173696 人，签约率达 65%，重点人群签约 87518 人，签约率达到 81%。开展“优质服务基层行”活动。在陶乐镇中心卫生院开设康复医学科、急诊科、五官科、手术室等科室，推动基层学科发展，提升诊疗服务能力，5 家乡镇卫生院达到“优质服务基层行”基本标准，1 家卫生院（陶乐镇中心卫生院）达到“优质服务基层行”推荐标准。

【医疗专项治理】

集中开展医疗机构药品和耗材突出问题专项整治 2 次，民营医院、个体诊所医疗乱象整治 4 次。聚焦群众卫生健康“急难愁盼”问题，创新模式落实“我为群众办实事”99 件。

【中医药建设】

2 家县级医院及 17 家基层医疗机构中医馆建设全覆盖，具有执业资质的中医医师达到 50 名，乡镇卫生院提供中医药非药物疗法达到 100%，村卫生室达到 85%以上。中医院积极推进中医药优势专科集群区、急诊急救分中心、中医特色治疗专区、儿科特色诊疗专区、医养结合专区“五个特色专区”工程的任务落实，开展中医药服务“三个一”行动，满足人民群众对中医服务的需求，开展“一站式服务”、强化“1 小时”预约诊疗制度、开展中医师“义”服务活动。

【全民健康行动】

从“防、控、治、保”入手，全面实施全民健康水平提升行动，2021 年，居民健康素养水平达到 21.26%，较 2020 年提升 2.23 个百分点。孕产妇死亡率、婴儿死亡率、五岁以下儿童死亡率分别下降到 0/10 万、3.66‰、5.22‰。爱国卫生运动深入开展，健康扶贫成果与乡村振兴有效衔接，工作机制进一步完善。荣获 2021 年全区健康宁夏建设考核一等奖的好成绩，奖励资金 60 万元。荣获“2021 年度全区爱国卫生工作成绩突出重点单位”称号。

【健康保障服务】

完善全生命周期健康保障能力，实施三孩生育政策，取消征收社会抚养费，兑付各类奖扶资金 597.93 万元。实施国家普惠托育服务项目，3 岁以下婴幼儿托位备案登记 165 个。妇幼健康服务能力持续提升，开展民生实事“十项”免费服务，保障母婴安全措施得到有效落实。免费为全县 65 岁以上老人接种流感疫苗。积极落实应对人口老龄化中长期规划，探索医养融合新路径。制定印发《平罗县切实解决老年人运用智能技术困难工作方案》，有效解决老年人在智能技术方面遇到的困难，让广大老年人更好地适应并融入智慧社会。举办 36 期老年人健康教育和 7 场次孝道文化大讲堂，累计参加人数2600余人，树立现代老年健康理念，营造有利于老年人健康生活的社会环境。

【疫情防控】

坚持“外防输入、内防反弹、人物同防”总方针，科学统筹常态化防控和突发疫情应急处置，不断完善工作机制，提升应对疫情能力，科学精准处置“8·20”输入性鼠疫疫情、“10·6”入境货物阳性检测突发事件和“10·17”新冠疫情，确保“三个不发生”。服从全国防疫大局，对额济纳旗旅游专列722名旅客实行就地管控。持续推进新冠病毒疫苗接种，累计接种53.72万剂次，3岁以上人群第一针接种率达101.13%。有效盘活闲置建筑资源，改造完成自治区第一所标准化集中隔离医学观察点，狠抓院感防控重要环节，坚决防范院感事件发生。

医疗保障

【概况】

2021年，坚持以全民参保为目标，开展基本医保参保扩面工作，全县城乡居民基本医保参保人数为252265人，城镇职工基本医保基金征缴15131万元，城乡居民基本医保基金征缴21029万元。推动构建“互联网+”医保服务体系，实施便民服务措施，提高医疗保障能力。

【医疗保险缴纳】

全县城镇职工基本医保参保人数为46476人，完成全年参保任务的129.8%；全县城乡居民基本医保参保人数为252265人，完成全年参保任务的99.83%。各类特困人员、低保对象、脱贫不稳定户等重点人员参保率均达到100%，巩固脱贫攻坚成果与乡村振兴衔接工作。推进2022年度城乡居民医保参保缴费工作，完成参保任务的79.3%。

【医保基金收支】

2021年，城镇职工基本医保基金征缴15131万元，基金总支出10982.56万元，当期结余4399.59万元，基金累计结余可保障4个月；城乡居民基本医保基金征缴21029万元，其中，居民个人缴纳6762万元，各级财政补助14267万元，基金总支出19762.63万元，当期结余1275万元，基金结余可保障1个月；医疗救助资金收入1200万元，累计支出716万元；各项基金收支平衡运行平稳，确保参保人正常享受住院、门诊医保待遇。

【医保基金统筹】

2021年1月起，实现基本医保基金市地级统筹统支，配合做好参保范围、保障政策、基金管理、经办服务、协议管理、信息系统“六统一”的管理，向市医保局上缴历年累计结余基金20698.36万元，其中城镇职工医保基金10787.12万元，城乡居民医保基金9911.24万元，已申请拨付各项基金17030万元。

【新冠疫情防控】

全力做好新冠肺炎疫情疫苗接种费用保障工作，2021年，全县新冠疫苗接种213187人次，医保基金支付新冠肺炎疫苗费用3482.38万元，支付接种服务费用165万元。同时下派干部9人，配合社区做好疫情防控工作。

【医保基金监管】

强化组织领导，明确职责分工，制定专项检查工作方案，开展联合检查。检查定点医疗机构33家、零售药店116家，追回违规医保基金48.51万元，行政处罚罚款2500元。开展“医保基金监管暨《条例》集中宣传月”活动，通过搭设站点，制作展板、发放折页资料、播放动漫片等形式进行全方位宣传，共计印制发放宣传材料10万余份，“两微一端”转发相关内容6条。建立多形式常态化监督检查机制，实现系统监控、现场检查、部门联动、社会监督等多种方式全面检查，依法监管。

【智慧医保建设】

推动构建“互联网+”医保服务体系，实现医保数据互联互通，累计为296人办理跨省异地就医手续。医保电子凭证激活157395人，激活率53.5%，实现预约就诊、缴费“一证通”。

【便民服务措施】

打造标准化医保经办窗口，实现一站式服务、一窗口办理、一单式结算，将23项窗口业务精简为21项，制作7种便民服务卡片，推行“网上办”“掌上办”等非接触式办理方式，累计办理医保业务39万余件，办率达到95.9%；采取常规事项“不见面办”、紧急事项“及时办”、特殊事项“便民办”、非急事项“优质办”等“四办”便民举措，累计办理“即收即办”事项39344件，“限时办结”事项1854件。

【医疗救助制度】

健全医疗救助对象及时精准识别及动态调整机制，完成重点优抚、低保对象、高龄津贴等人群医疗救助59080人次，救助金额621万元；落实帮扶措施，先后共慰问贫困户9户，发放慰问金7200元，为姚伏镇、灵沙乡劳务移民20名学生、儿童发放教育帮扶资金16000元。

【医疗综合改革】

配合市局推进国家区域DIP点数法总额预算和按病种分值付费试点，加强经办机构和定点医疗机构人员培训，完成2020年1月至2021年9月全县二级及以上医疗住院结算数据采集上报，全县各医疗机构已上传结算数据，初步预决算测试成功。推进县城公立医院综合改革，对2020年度卫生健康集团“打包”费用进行全面清算，对2021年医保支付制度改革方案相关内容进行调整；推进门诊费用跨省直接结算试点，开通县级5家医疗机构普通门诊跨省异地就医结算；推进医保信息业务编码贯标工作，加强人员培训，推进各医疗机构HIS改造以及三项目录信息编码，为宁夏医保信息化平台平稳上线打下良好的基础。推进医保信息化建设，宁夏新医保平台于11月21日至12月5日完成信息平台切换。

红十字会

【概况】

2021年，推进红十字改革作为全部工作的出发点，聚焦“三救三献”主责主业，开展红十字基层组织建设，把“我为群众办实事”实践活动作为党史学习教育的落脚点，开展“讲政治　转作风　强责任　抓落实”主题活动，以实际行动增强“四个意识”，坚定“四个自信”，做到“两个维护”。

【理顺管理体制】

县红十字会理顺管理体制，列入群团机关序列，完成组建。率先在全区召开县级红十字会会员代表大会，依法依章选举产生县红十字会第一届理事会和监事会。形成理事会决策、执委会执行、监事会监督的运行机制。

【强化工作职能】

将红十字会应急救护培训工作纳入《平罗县国民经济和社会发展第十四个五年规划和二〇三五年远景目标》；将县红十字会列入党委群团

组织序列进行考核，效能目标考核中群团组织建设考核内容增加县红十字会对乡镇基层组织的考核（占 0.5 分）；在乡镇机构改革方案中明确乡镇履行红十字工作职责；将应急救护培训、基层组织建设工作经费纳入财政预算予以保障。通过争取各部门的支持，推进红十字会各项改革任务。

【基层组织建设】

根据自治区《关于进一步加强红十字会基层组织建设的意见》精神，印发《平罗县红十字会基层组织建设实施方案》，明确工作任务及措施，按“五有”标准，指导乡镇建立乡镇红十字会组织架构、相关制度并开展特色服务。2021 年，建立 20 个基层组织、2 个红十字救护站、1 个博爱校医室、4 个博爱卫生服务站，推进平罗中学、陶乐中学红十字救护站建设，配置急救用品和救护器材；发展 18 家团体会员、423 名个人会员、343 名志愿者，通过建立红十字会基层组织，充分发挥红十字会作为党和政府在人道领域的助手和联系群众的桥梁纽带作用。

【志愿服务】

19 个基层红十字会联合属地医疗机构开展“生命至上　终结艾滋　健康平等”第 34 个世界艾滋病日宣传活动，发放健康宣传手册 3400 份。黄渠桥镇红十字会动员爱心企业，募集教育帮扶资金 15000 元。各基层红十字会疫情防控期间开展疫情防控卡点值守和宣传志愿服务 494 人次 21184 小时。

【应急救援】

7 月中旬和金秋时节，河南多地遭遇特大水灾、宁夏新一轮疫情来袭，利用红十字会微信公众号发布汛情、疫情最新动态，平罗县凯迪化工有限公司等 12 家爱心企业、8 名爱心人士、4 个社会团体捐助资金 87.31 万元，驰援河南灾情；宁夏晟宴实业集团能源循环经济有限公司等 20 家企业和 4 名爱心人士捐资捐款 161.2 万元共抗疫情。

【应急救护】

开展应急救护培训“五进”活动，推进重点行业培训全覆盖，在县审批局、县退役军人事务局、德源热力公司、德渊物业公司、全县各学校、各医疗卫生机构开展应急救护培训 23 期，培训取证救护员 1514 人。组织教师开展应急救护培训，提高师生在遇到突发事件时的应急避险意识。做好突发事件的处置，沙湖旅游景区红十字救护站处置一般性疾病患者 78 例，应急处置突发疾病患者 5 例，有效提升了景区游客自救互救技能。

【人道救助】

开展贫困生及先心病患儿救助，帮助 6 名贫困生申报红十字贫困救助资金，为 1 名先天性心脏病儿童申请享受红十字基金救助；助力“99 公益日”公益募捐，为“关爱再障患者”“减灾救灾装备先行”“护眼计划”3 个公益项目募集资金 3 万余元；开展博爱助老、助困活动，联合市烟草公司为渠口乡红阳村 11 户困难群众送去价值 1.5 万元救助物资，动员沙湖月清真食品有限公司慰问环卫工人、交警、敬老院老人累计 1220 人，捐赠价值 6.33 万元的月饼。

【无偿献血】

在全县各机关单位开展“无偿献血宣传爱心齐心协力战疫情”，发动基层红十字会结合新时代文明实践开展志愿活动，各基层红十字会分别开展“我为群众办实事”“无偿献血宣传爱心齐心协力战疫情”“转作风、强担当、献热血、战疫情”无偿献血志愿活动，145 名基层志愿者共计献血 50300 毫升。2021 年，累计献血量 46 万毫升。

【干细胞捐献】

通过“5·8”世界红十字日、“6·14”世界献血者日、“世界急救日”开展造血干细胞捐献知识宣传，配合市红十字会围绕“感谢你，捐献者”主题，开展第七个“世界骨髓捐献者日”宣传活动，2021年，造血干细胞采样58人。

【器官捐献】

2021年10月29日，平罗县姚伏镇小店村5岁小女孩小玉（化名）家属成功捐献肝、肾、眼角膜5个脏器，成为平罗县第一例人体器官，宁夏第三例人体器官捐献者，使5名患者得到新生。

【红十字宣传】

开展“互联网+红十字”宣传，建立县红十字会微信公众号，充分运用“两微一端”等新媒体，提升宣传效果。利用“红十字主题宣传日”，大力传播红十字运动相关知识，开展普法宣讲、应急救护培训、防灾减灾等内容丰富的主题宣传活动，及时将红十字声音传达到基层、传递给群众。加强捐赠信息公开，进规范捐赠程序，做到及时接收捐赠，立即划拨使用，账目清晰明了，捐赠物资清零的目标。通过平罗发布、微信公众号等公布捐赠款物和使用情况，接受社会监督，切实保障捐赠人和社会公众的知情权、参与权和监督权，同时做好捐赠人的服务工作，切实强化公信力建设。

2021 年 4 月 29 日，平罗县召开红十字会第一次全县会员代表大会

2021 年 9 月 22 日，红十字会组织沙湖月公司慰问全县环卫工人

2021 年 12 月 1 日，红十字会在七一广场开展艾滋病宣传

2021 年 9 月 21 日，红十字会组织沙湖月公司慰问第三敬老院老人

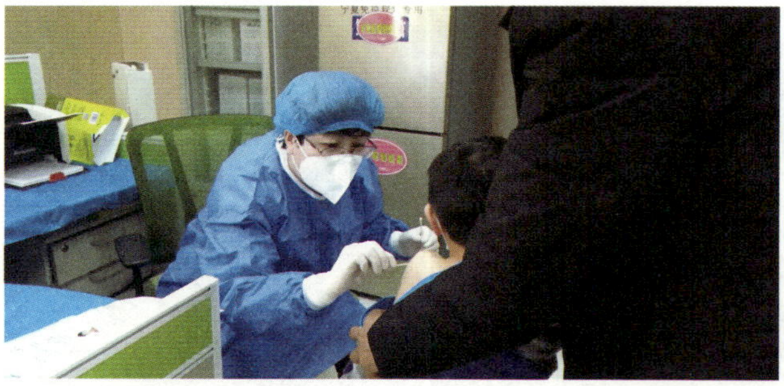

2021 年 12 月 9 日，全县对 3~11 岁儿童新冠疫苗接种

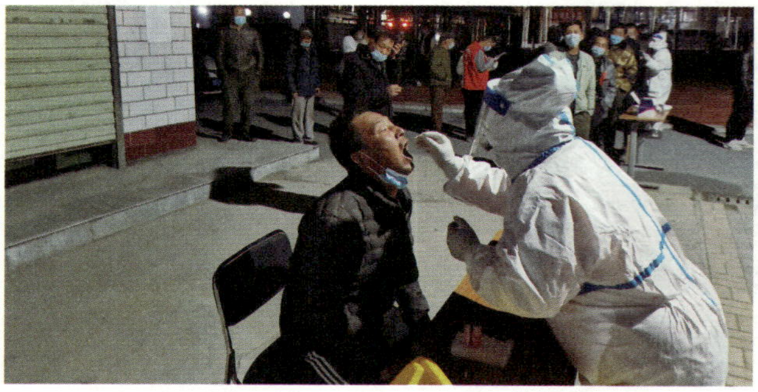

2021 年 10 月 28 日，全县开展全民核酸检测

2021 年 4 月 9 日，开展爱国卫生月和世界卫生日宣传活动

宁夏唐棠环保进行病媒生物消杀工作

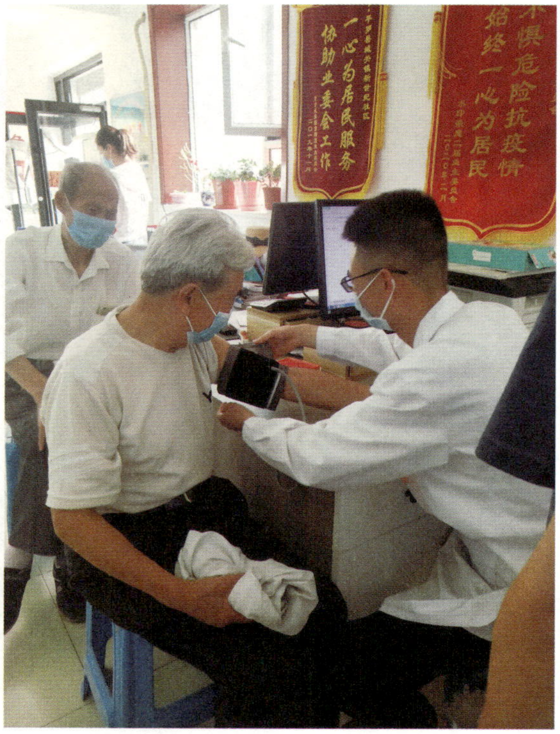

2021 年 11 月 11 日，全县对老年人新冠疫苗接种

2021 年 3 月 16 日，开展爱国卫生及健康知识宣传

文化旅游

概　述

【概况】

2021年，在加快补齐文化小康短板，统筹抓好疫情防控，全力巩固全域旅游示范县创建成果上，攻坚克难，狠抓落实。编制《平罗县文化旅游事业"十四五"发展规划》，制定出台《平罗县文化旅游产业高质量发展推进方案》等政策文件，助推文化旅游产业高质量发展。高仁乡六顷地村、崇岗镇常青村、头闸乡西永惠村、黄渠桥镇黄渠桥村先后获评全国乡村旅游重点村；沙湖旅游股份有限公司获评全国文化和旅游系统先进集体、自治区级文明旅游示范单位；县文化馆获评全区学雷锋活动示范点。

【群众文化】

开展文化科技卫生"三下乡"暨"我为群众办实事"演出13场次、庆祝建党100周年"永远跟党走"广场文化艺术节活动16场次；举办平罗县庆祝建党100周年"永远跟党走·幸福生活舞起来"广场舞大赛、"党旗飘扬·书香芬芳"红色经典诵读活动、"辉煌历程　见证新发展"书画摄影展；整合全县优秀节目，开展"送戏下乡""听党话　感党恩　跟党走"文艺巡演46场次，举办沙湖水上旅游文化节、观鸟节、沙雕节、乡村文化旅游节和红树莓采摘节等文化旅游节庆活动，丰富全县群众文化生活。

【文艺创作】

实施文艺创作"六个一"工程，《塞上》文学期刊出版2期；《平罗诗苑》出刊4期；创作完成书香平罗系列丛书，完成《黄河画卷》构图，打造原创小品《验收之前》。《宁北春晓》在2021年"美丽中国　好戏连台"第四届银川市民文化艺术节小戏小品精品剧目展演（小戏组），荣获"金作奖"。

【非遗保护】

对非遗保护项目《传统酿醋技艺》《中医针灸按摩》《城关镇秧歌》等传统文化进行调查，共收集整理文字资料3万余字、录像资料60余分钟、图片资料100张。录制非遗过大年视频资料6

条，在微信公众号等媒体宣传。积极开展传承人、非遗项目申报工作，黄渠桥老豆腐传统制作技艺、老铁锅制作技艺正式列入第六批自治区级非物质文化遗产代表性名录项目。泥哇呜项目荣获2021宁夏黄河流域非遗作品创意大赛暨“两晒一促”优品大赛二等奖、草编项目获优秀奖。非遗传承人高尚忠被评为全区“2021年度非遗年度人物”，平罗县非遗（戏曲）进校园活动获评2021年度优秀非遗保护实践案例。

【项目建设】

2021年，实施文化旅游产业项目完成投资1.12亿元。分别实施智慧旅游（二期）项目、农村应急广播体系建设项目、玉皇阁、钟鼓楼保护提升建设项目、沙湖协同区基础设施建设等政府投资类项目，沙湖旅游景区基础设施建设项目、庙庙湖、拉巴湖景区基础设施提升建设项目及乐海山产业园、蕾牧高科产业园、云乐、沁园、卧龙等重点乡村旅游示范点建设项目。其中，文物保护项目工作顺利实施，田州塔维修工程全面完工通过验收，玉皇阁三清殿维修工程基本完工。实施数字图书馆、数字文化馆等建设项目和村（社区）综合文化服务中心示范点项目。

【旅游产业发展】

充分运用“平罗旅游”微信宣传平台，开展传统平罗菜系的传承以及推广。整合“平罗旅游”智慧旅游平台和电商平台资源，做好线上线下联动。推出沙湖辣酱、常青村红树莓、宝丰金花葵、陶乐沙漠瓜菜系列“平罗名品”。挖掘平罗民俗文化，培育泥哇呜演奏、社火展演等固定的民俗表演队伍进行非遗展演。培育星级酒店、民宿住宿业3家。庙庙湖生态旅游区成功创建成国家级AAAA级旅游景区，六顷地村被评为国家级乡村旅游重点村，西永惠村、常青村被评为自治区级乡村旅游示范村。重点培育2个五星级、4个四星级乡村旅游示范点。

【文化旅游宣传】

以银西高铁开通为契机，利用高铁车身广告等宣传平台，冠名“醉美沙湖　毓秀平罗”品牌列车组，大力开展全县文化旅游资源宣传营销工作。在银西高铁沿线开展为期5天的宣传促销活动。完成第二季“晒文旅　晒优品　促消费”大型文旅推介活动。拍摄抖音短视频与网红大咖互动。

【规范文化市场】

开展歌舞娱乐场所、游戏游艺娱乐场所执法检查，规范文化市场经营秩序；开展“扫黄打非”工作，查处传播淫秽、色情、暴力等各类视听产品，保护知识产权，整顿规范音像、图书市场。开展旅游市场专项检查，保证旅游市场规范运行；开展常态化疫情防控工作，先后下发告知书、流程图、温馨提示等宣传材料1000余份。共检查出版物、互联网上网服务、影院、旅行社、导游、游戏厅及歌舞娱乐场所等文化旅游经营单位和提供KTV服务的酒吧、餐馆共712家次，开展各项专项整治行动6次，处理各项文化旅游市场投诉29起，累计出动检查人员1998人次，规范文化市场经营行为及安全。

【保障安全生产】

将安全生产工作列入党组会重要议事内容，不定期对全系统安全工作进行研究部署。联合县市场监管局、消防救援、交通等部门在重大节日前开展旅游景区安全生产检查。定期对各场馆消防设施、安全通道、设备设施运转等情况进行安全检查。对照安全生产专项整治三年行动目标要求，先后投入资金24万元，用于人民会堂、塞上江南博物馆消防改造工程并通过消防验收。

融媒体

【融媒体中心】

按照《平罗县融媒体中心建设实施方案》《平罗县融媒体中心职能配置、内设机构和人员编制规定》精神，以原县广播电视台为主体调整优化媒体机构布局，全面深化机构、人事等方面改革，逐步配齐中心领导班子，明确部门职责分工，推动实现人员、机构、技术、平台的相续融合，全力构建县域“全媒体·大宣传”格局。

【提升采编技能】

加强人员培训，通过开展岗位练兵，新媒体专题业务培训等形式，提升编辑记者综合素质，编辑记者逐步由传统记者向全能型记者转变。通过拓宽媒体服务渠道，强化为民服务功能，广播电视传统媒体与新媒体业务融合更加紧密，宣传合力初步形成，宣传报道优势明显加强，新媒体平台宣传影响力逐步扩大。

【强化媒体管理】

坚持融合、发展、管理并进，按照绩效考核的管理办法，初步建立科学有效的媒体管理体制；严格实行广播、电视、微信、微博等节目播发“三审”制，抱紧拳头，形成合力，守好阵地，提高新闻舆论的传播力、引导力、影响力、公信力。

【拓宽服务渠道】

强化为民服务功能，提升服务群众水平方面实现全面突破：在拓宽新媒体宣传平台、传播渠道上实现突破；在新媒体发布质和量上实现突破；在传播速度上实现突破；在专题片，短视频制作质量上取得突破；在大型活动直播宣传量、质实现突破；首次实现与区级宣传平台连线直播；在“推陈出新”上取得突破；在采编管理上取得突破。

【主题新闻宣传】

把宣传工作重点放在服务县委县政府中心工作推进上，传统媒体与新媒体统一发声、联合发力，在项目建设、疫情防控、庆祝中国共产党成立100周年、党史教育、新时代文明实践、城乡环境综合整治等重点工作和阶段性工作展开深入报道。《平罗新闻》先后推出“党史学习教育”“我是党员我在一线”“重点项目民生工程进行时”“庆祝建党100周年宣传活动”等系列报道；利用《每周关注》《主力军》《城市管理你我他》《农村天地》《平安平罗》等专栏节目强化主题宣传，展开深度报道。积极对外投稿，扩大对外宣传影响力。2021年，编辑制作《平罗新闻》240多期；编辑制作《农村天地》《平安平罗》《城市管理你我他》等各类电视专栏100多期；编辑制作完成《特别报道》12期；拍摄制作《培根　铸魂　启智　润心》《向美而行　宜居宜业》《鲲鹏展翼向天歌》《汇聚“芯”能量　璀璨新起航》《县域经济高质量发展的平罗答卷》《实施四大提升行动　全面促进乡村振兴》等各类专题片20多部；拍摄制作《绿水青山就是金山银山》等各类环保、IPTV、食药安全宣传片10多部。

【公益性宣传】

采取自主创作与下载转播相结合的方式，将动画音乐图片等新鲜元素融入公益广告制作。相继创作播出《做好疫情防控　平安幸福过年》《节约用水　绿色生活》《学习雷锋好榜样》《文明祭祀新风尚》等公益广告，共播放200多期。制作播出天气预警及其他公益广告滚动字幕230余条，累计播出11000余次；广播电台累计播出公益节目27000余次，累计时长5500余小时。

【拓展专题栏目】

完成县第十五次党代会、全县“两会”、全国种博会开幕式等大型采访报道。在党代会、“两会”会议期间，精心策划制作第十五次党代会报告和政府工作报告、人大工作报告、政协工作报告长图解读等新媒体产品；制作《聚焦平罗两会》《两会声音》等短视频作品，宣传推介平罗的成功经验和亮点工作。策划拍摄制作《主播说防控》《致敬疫情防控中的志愿者》《谢谢你的坚守》《抗疫一线“爱心餐”暖胃更暖心》等优质短视频，凝聚起全县人民共克时艰，战胜疫情的信心和力量。拍摄制作《就地过年　让爱回家》等系列短视频8条，各平台的浏览量近20万次。视频号、抖音、快手等新媒体平台推出《平罗影像》《小城美食》《西洋打卡记》等系列短视频，内容贴近生活，受到群众广泛关注。在河南遭受洪灾期间，记者跟踪报道平罗盈丰植保专业合作社等爱心企业援助河南灾区新鲜蔬菜的善举，共拍摄制作短视频10条，各平台的浏览播放量近200万次。《宁夏平罗五堆子村：走进渔村　留住乡愁》《10年51次献血19800毫升——宁夏平罗谢宗宁“献”出人间大爱》等多条文稿被区级媒体采用；《4000多个蔬菜品种亮相——来宁夏平罗赴一场“种子盛会”》荣获中央宣传部新闻局和宣传舆情研究中心、“学习强国”学习平台联合举办的2021年第4期全国县级融媒体中心优秀作品双月赛三等奖；《白静志愿“支农”一直在路上》微视频被新华社《咱们村里的年轻人》栏目推送，播放量100多万次，并荣获新华社2021年“咱们村里的年轻人”短视频征集活动优秀作品奖。

【新媒体推送】

突出全县决战决胜脱贫攻坚、重点工程建设、巩固自治区级文明城市创建成果等工作特色，积极向上级新闻单位投稿。在平罗县广播电视台微信公众号、平罗发布、微博、抖音、视频号、黄河云视、“学习强国”、今日头条、快手、央视频等10个新媒体平台共发布各类信息9000多条。其中，“平罗县广播电视台”微信公众号发布新闻、视频近2000条；“平罗发布”微信公众号发布各类信息2100多条；“今日头条”发布图文、视频1000多(篇)条；新浪微博账号“平罗新闻快递”发布1500多篇；“黄河云视”APP发布1500多篇；视频号发布视频近400条；快手账号发布300多条；抖音账号发布700多条，粉丝数1.9万人，点赞数18.6万次。

【解决实际问题】

解决“看得上”的问题：经多方协调，每年拿出10万元网络服务费，将平罗电视台电视节目信号上传至宁夏IPTV平台，解决三大运营商5万余户IPTV使用者看不到平罗电视台的“老大难”难题，平罗本地电视节目在全县范围内实现了全覆盖。解决“看得清”的问题：制定电视节目高标清同播项目实施方案，投资20万元对电视节目采编播系统进行全面升级改造和包装。购置引进高清节目(影视剧、纪录片等)。高清节目播出系统成功上线，实现本台电视节目高标清同播。解决“及时看”的问题：在“平罗县广播电视台”“平罗发布”微信公众号的基础上，积极开辟微信视频号、微博、抖音、黄河云视、学习强国、今日头条、快手、央视频等新媒体阵地。通过创作不同类型的新闻产品，满足不同层次、不同年龄段对媒体服务的需求。

【重大活动宣传】

结合党史教育活动，开设《奋斗百年路　启航新征程》栏目，展示全县丰富的红色历史文化，宣传报道全县上下立足奋斗路，启航新征程的前进足迹；开设《党史故事100讲》《党史百年天天读》《革命烽火中的平罗》《“党史、新中国史”知多少》等12个专栏，通过视频、音频、H5、长图、短视频等多种宣传形式，创作广大受众容易接受的新媒体产品共500多条；围绕建党100周年宣传主题，围绕“党旗在基层一线高高飘扬”宣传主题，深入宣传贯彻落实习近平总书记“七一”重要讲话精神，解读党章、准则、条例重点内容，宣传党内法规；结合“我为群众办实事”“以实干展现新作为、靠实干交出新答案”实践活动，开设电视专栏，讲好平罗故事，推进党史学习教育宣传报道深入开展。完成“微党课”“平罗县庆祝建党100周年文艺演出”等5场大型直播活动。

【保障安全播出】

加强安全播出工作日常管理，落实各项规章制度，严格按要求开展周检、月检、季检工作，加强岗位技能培训，定期组织技能演练。加强元旦、春节、区市县“两会”、全国“两会”等重要保障期安全播出工作。

【网络安全传输】

加强网络安全管理，提高网络安全保障。做好自治区“黄河云视”平台和自有网络等级保护备案工作。通过了信息系统安全等级保护（二级）备案，获得了由公安机关出具的信息系统安全等级保护备案证明。申请获得信息网络传播视听节目许可证、互联网新闻信息服务许可证。配合区融媒体中心做好县融媒体中心区平台平罗分平台软硬件安装调试落地工作，开展本中心网络直播和黄河云视平台网络直播共80余场次，其中直播本县活动12场，转播自治区活动71场，转播中央活动5场，累计直播时长270余小时，观众达55000余人次，点赞次数10万次。

【落实安全生产】

明确领导和各部室安全责任分工及职责，对中心安全生产工作进行总体规划部署，定期督查安全生产工作。将广播电视机房、演播大厅、制作室、录音间等部位作为安全防范重点区域，由专人负责定期检查，安装一键式报警系统和红外入侵报警系统，落实节假日安全预防机制，强化安全预防保障。开展消防安全知识培训教育，提升消防安全责任意识。落实中心部室消防工作自查制度，定期对中心部室消防器材进行检查，健全完善消防应急救援机制。及时落实消防隐患整改排查，确保消防安全万无一失。

图书阅读

【基础设施建设】

争取150万元用于图书馆实施提档升级项目，完成报告厅电子屏安装项目，其他项目正在实施中。数字图书馆听书馆为助力乡村振兴战略推进数字乡村建设；地方文献数据库为建设黄河文化先行区展示新平台。投入资金6万元，完善残障人阅览室，增加盲文图书100册、音像资料100盘，建成室内外无障碍盲道等，提升图书馆服务功能。

【党史教育基地】

在图书馆建成1个智慧党建听书平台、1个“书香平罗”宣传栏和1个党建党史图书专架，购置党史类书籍1000余册，为全县各支部进馆开展主题活动搭建平台。先后联合县政协、平罗七小、消防救援大队、移动公司、女企业家支部等单位开展主题活动，吸引1000余名党员干部、教师、学生进馆体验书香、参与阅读活动，打响“党旗飘扬　书香芬芳”阅读品牌，推动党史学习教育的深入开展。

【推动全民阅读】

以建设学习型服务型社会为重点，以各项阅

读活动为载体，制定上报《平罗县2021年全民阅读工作方案》《关于做好全县“阅读志愿者推广人”推荐上报工作的通知》《2021年平罗县“塞上书香节”“4·23”世界读书日启动仪式的通知》等活动方案，确保活动的顺利开展。

【图书下基层】

以“让党中央放心、让人民群众满意”模范机关创建为抓手，结合“联合党委”共驻共建活动。联合平罗县消防救援大队及红崖子、定远、沙湖三个站队，开展学党史、进军营“党旗飘扬　书香芬芳”军民共建支部主题党日活动，为红崖子消防救援站送图书100多册。在泥哇鸣基地、玉皇阁社区、阳光红色教育基地、全域旅游服务中心、平罗县志愿者协会设置流动图书点5个，配送图书共1000余册。

【红色经典诵读】

在文化系统开展“党旗飘扬　书香芬芳”“学党史　感恩党　庆祝建党100周年”红色经典诵读比赛。联合中国移动宁夏公司平罗分公司党支部在三楼多功能报告厅举办“党旗飘扬　书香芬芳”、“学党史　悟思想　办实事　开新局”支部主题党日活动，开展诵读红色经典活动；联合女企业家协会党支部开展红色经典诵读活动。

【世界读书日宣传】

举办2021“塞上书香节”及“4·23”世界读书日启动仪式。围绕“赓续红色百年　馥郁书香平罗”主题，开展“学党史、感党恩、庆祝建党100周年”红色经典诵读活动、庆祝建党100周年图片展览、数字阅读宣传推介、“扫码送礼”和优秀图书展销及《宁夏回族自治区全民阅读促进条例》宣传等活动，制作播出《书香平罗》专题片，悬挂条幅20多条，摆放展板10多块，发放宣传单1000多份，共有500余人参与，营造全民阅读氛围。

【推广线上阅读】

利用“书香平罗”微信平台，开展庆祝建党100周年党史知识竞赛，参与80人次；开展“党旗飘扬　书香芬芳”线上朗诵活动，参与25人；开展“金牛送福　欢度元宵”有奖灯谜竞猜线上活动，参与69人；参与中图学会“赏春意　品书香　暖万家”春节主题活动，向读者提供阅读、听书、培训、展览、讲座等活动，参与人数达386人；开展“携手抗击疫情　书香伴我行”疫情防控有奖知识竞答，参与人数达771人。借助“书香平罗”微信号，开展2期线上党史图书推荐活动，推送“好书推荐”40多期。截至11月底“书香平罗”关注人数达到3618人。

【书香平罗阅读】

制作《书香平罗》宣传片，播放100多小时。悬挂全民阅读宣传条幅20多条，营造全民阅读氛围。阅读推广人近300人，对县城12处场所进行勘察，与县新华书店达成建设城市书房协议。开展“双送双服”活动，举办《中国好家训好家风巡展》“庆祝建党100周年图片展”《好读书读好书——读书日名家荐读展好》等展览6场次，参与600多人次。开展数字阅读推广6场次，《书香平罗》扫码100多人次。开展“书香平罗　亲子阅读”活动。联系一幼、二幼等幼儿园开展亲子阅读活动2场次，100多名幼儿和家长参与亲子阅读、VR体验和读书分享活动。2021年，县图书馆进馆读者人数达到14.24万人次，发挥了图书馆全民阅读主阵地作用。

文学艺术

【文学创作】

编辑出版《塞上文学》期刊2期20余万字；

精装大开本《塞上品鉴——起舞河泽间》《塞上品鉴——塞上江南典藏》诗歌摄影集得以编辑制作完成;《平罗诗苑》出版4期,发表千余首诗词作品;韩林森出版诗歌集《苇影诗情》;编辑制作《书香平罗》样书。网络平台发布平罗文学艺术作品28次,其中《贺兰山阙》《画屏贺兰山》展现量20万+;《贺兰山下下庙村》10万+;《飞越冰河》《古城之雾》《雪线之上》《平罗贺兰山秘境》《冰河魅影》《平罗贺兰山马鹿》10万+;在《朔方》《贺兰山》《石嘴山日报》发表各类文学艺术作品100余篇幅。县文化馆打造原创作品,聘请区著名编剧创作小品《验收之前》,剧本经过多次修改、打磨,表演爱好者精心排练,参加开展学习宣传习近平总书记在庆祝中国共产党成立100周年大会上的重要讲话精神宁夏文化馆"文艺轻骑兵"基层巡演活动,共演出7场次。参加2021年全区"欢乐宁夏"群众文艺会演决赛。

【艺术创作】

利用各种网络平台发布文艺作品40余件。文联组织作品在《人民日报》、新华社等先后发表摄影作品16次82幅,百万+阅读量的5次;摄影作品在《宁夏日报》平罗观察专版发表30余幅。为《我在宁夏等你》《美丽石嘴山》《等你石嘴山》等大型画册提供平罗县全域旅游专版精选作品46幅,参与宁夏卫视《宁夏有礼了——平罗》的策划拍摄直播。

【作品展赛】

县文联组织105幅作品参加自治区党委宣传部、文联举办的庆祝中国共产党成立100周年书画美术摄影大展;组织作品62件,参加石嘴山市庆祝中国共产党成立100周年书画摄影展;举办平罗县庆祝中国共产党成立100周年党历史书法美术摄影作品展,展出作品386件;历时8个月组织拍摄的平罗社会事业发展成绩和黄河文化摄影作品和美术作品。举办"不忘初心　跟党走"王忠厚书画作品展。举办"新时代　新平罗"摄影展、"农民丰收节"、摄影图片展。

【艺术笔会】

开展"送春联、送祝福""迎新春、贺新年"大型书画笔会等系列活动十多场次。两节期间组织书法文艺志愿者走进乡村、社区、集市、学校写春联、送祝福;开展基层文艺巡演、书法、摄影巡回展。通过这些主题活动,引导广大文艺工作者用艺术的形式,浓墨重彩地展现党的百年光辉历史和丰功伟绩。

【协会风采】

诗词学会举办诗词讲座及研讨会10多次,开展诗词采风活动10多次,足迹遍布平罗县域内外名胜古迹以及社区、校园、乡镇等;美术家书法家协会挥毫泼墨书写时代华章,创作一组黄河画卷;30多名会员在区、市书协举办的各类大展中一展风采。摄影家协会涌现出一批优秀的摄影人才,拍摄抗疫作品200余幅,拍摄"我为党旗添光彩"摄影作品100余幅。

【获奖情况】

王淑萍获全国第20届"东丽杯　孙犁散文奖";张月平获全国"蓝田杯""红树莓杯"两项大奖;高尚忠获宁夏2021年度十大非遗人物奖;岳昌鸿、王洪喜石嘴山市文艺名家工作室通过验收;岳昌鸿的诗影集《霓裳塞上》和祁燕、王爱华的《良心》获自治区党委宣传部2021年度重点文艺作品扶持奖励。

【交流培训】

注重文艺人才队伍的素质提升,组织各级各类文艺人才、研修线下培训班2期、线上培训班

4期，参训学员超过100人次，组织新文艺群体座谈交流多次、举办各类文艺讲座及公益培训8场次。

文化活动

【文化下乡】

4月，印发《平罗县2021年文化科技卫生“三下乡”暨“我为群众办实事”集中示范活动方案》的通知，深入全县13个乡镇及3个移民新村进行送戏下乡演出活动，共演出13场次。为全县各乡镇百姓送上丰富的文化大餐。

【广场文化】

开展庆祝中国共产党成立100周年“永远跟党走”广场文化艺术节系列活动。受疫情影响，共演出16场次，观众人数达近万人；民间社团完成各类文艺演出34场次；举办展览4次。

【文艺培训】

针对中老年及青少年开设艺术类培训课程。开设国画、书法、电子琴等10余个门类艺术课程，招收学员300余人，共完成300课时的培训，培训2000人次左右，举办结业仪式并进行教学成果展示。

【广场舞大赛】

开展庆祝中国共产党成立100周“永远跟党走——幸福生活舞起来”广场舞大赛，全县广大广场舞爱好者积极参与，共有14支参赛队报名参加，有公职人员，也有基层百姓，参赛队员最大年龄达65岁。广场舞大赛的前三名代表平罗县于6月11日赴石嘴山市参加庆祝中国共产党成立100周年“永远跟党走——幸福生活舞起来”全区广场舞大赛石嘴山市赛区暨全市第八届“幸福舞步”广场舞大赛，渠口代表队《游山恋》获得二等奖，汇融舞动快乐健身队《美丽的中国梦》和快乐青春健身队《中国中国》获得三等奖；6月30日，渠口代表队参加庆祝中国共产党成立100周年“永远跟党走——幸福生活舞起来”全区广场舞大赛，获得三等奖。

非遗保护

【调查研究】

对非遗保护项目“传统酿醋技艺”“中医针灸按摩”“剁绣技艺”“沙画技艺”“城关镇秧歌”等传统文化进行调查，共收集整理文字资料3万余字，录像资料60余分钟，图片资料100张。

【非遗宣传】

开展以“人民的非遗　人民共享”为主题举办“非遗进校园、进景区”宣传展示活动。国家级传承人杨达吾德为平罗六中的师生讲解泥哇呜的历史沿革、制作方法，演奏员现场演奏了泥哇呜曲目《口弦弦》，让学生们亲自体验制作泥哇呜的过程。学生们还参观了剪纸、民间绘画、葫芦烙画、手工刺绣等其他非遗项目。开展梨园新苗唱大戏——平罗县非遗(戏曲)进校园活动，被评为2021年度自治区优秀非遗保护实践案例。录制非遗过大年视频资料6条：平罗民间剪纸、平罗民间绘画、平罗民间刺绣、葫芦烙画、黄渠桥羊羔肉制作技艺、民间小吃，年初一到初六在微信公众号等媒体循环播放。组织草编、泥哇呜、剪纸等项目参加深圳文博会，展示平罗县非遗项项目。

【参加比赛】

组织陈敏、张睿、霍兴琳参加在石嘴山市文化馆举办的宁夏黄河流域非遗讲解大赛初赛，其中陈敏获二等奖，张睿获三等奖。5月28日，全区讲解大赛决赛中，陈敏获二等奖，张睿获优秀奖。组织非遗传承人参加“非遗进万家 文旅展风采”——2021宁夏黄河流域非遗作品创意大赛暨“两晒一促”优品大赛（银川市建发大阅城），泥哇呜项目、草编项目参与非遗作品创意大赛，泥哇呜项目获二等奖、草编项目获优秀奖。昊帅大米、沙湖辣酱参与“两晒一促”优品大赛，获三等奖。参加在吴忠市利通区光耀美食街举办的“宁夏黄河流域非遗美食”大赛。平罗县黄渠桥爆炒羊羔肉、黄渠桥老豆腐、扁豆凉粉、糖麻丫4个非遗美食项目参与比赛。其中，黄渠桥爆炒羊羔肉、黄渠桥老豆腐获最具特色美食奖。

【非遗申报】

开展第五批自治区级传承人、第六批非遗项目、第八批市级项目、传承人申报工作。申报第六批自治区级非遗项目2项：黄渠桥老豆腐传统制作技艺、老铁锅制作技艺完成申报书、申报视频、图片等相关材料。已通过区级专家组委会评审。申报第六批自治区级传承人：郑丽霞、申报市级非遗项目2项：草编、城关镇秧歌；申报市级传承人8人：徐玉瑾（北武当庙寺庙音乐）、李明顺（铁锅）、李瑞红（粉面制作）、安静娟（民间绘画）、韩杜鹃（民间剪纸）、周丽娟（民间刺绣）、杜文婷（葫芦烙画）韩红玉（黄渠桥老豆腐），已通过市级专家组委会评审。高尚忠被自治区文化和旅游厅评为全区“2021年度非遗年度人物”。

文化市场管理

【执法队伍建设】

2021年是平罗县文化市场综合执法大队成立的第一年，职责是落实文化、文物、出版、广播电视、电影、旅游市场等综合执法工作。加强执法队员的业务素质训练，有计划地对文化执法相关的法律法规进行系统性学习培训。参加自治区以案施训培训班、交叉执法检查、全国行政复议和行政应诉线上培训等。执法人员参训率和执法证持证率均达到100%。

【出版物市场监管】

实施“护苗2021”专项行动，对全县出版物市场特别是校园周边文化经营场所进行集中检查，清理夹杂“黄暴毒”、宣扬邪教迷信等有害内容的少儿出版物，共检查图书音像经营场所40家次，行政处罚2家，收缴书籍402册，取缔无证经营出版物的游商地摊2处。

【互联网营业场所监管】

开展2021“净网”专项整治，严厉打击传播淫秽色情、暴力血腥等有害内容的网络游戏，严查互联网上网服务营业场所是否落实实名登记、场内巡查等制度，是否擅自停止实施经营管理技术措施和招用、接纳未成年人进入营业场所等行为。累计检查互联网上网服务营业场所132家次，并对2起接纳未成年人使用他人身份证上网的投诉第一时间进行检查核实。

【文化娱乐场所监管】

对歌舞娱乐场所、游戏游艺娱乐场所是否有宣扬赌博、色情、暴力等内容进行检查，督导完善自审制度，有效提升自审能力，自觉净化文化娱乐场所文化环境。重点集中查处歌舞娱乐场所点歌曲库违禁歌曲，累计检查歌舞娱乐场所603家次，对检查中发现的曲库内有违禁歌曲和封杀艺人作品的经营场所，现场要求删除或联系曲库供应商进行删除。

【扫黄打非整治行动】

开展“扫黄打非·清源2021”“剑网”“护苗”等专项行动，专项整治印刷、复制、销售政治性非法出版物违法行为，扫除宣扬淫秽色情、凶杀暴力、封建迷信等音像制品和电子出版物、游戏软件、图书、报刊等，严禁网站、广播电视台、宾馆饭店内部闭路电视等登载或传播政治性非法出版物的内容和相关信息、淫秽色情信息及其他有害信息，保护未成年人思想健康。

【旅游市场检查】

检查内容包括旅行社的营业资质证照、广告宣传、合同签订、用车安全、行程报价等，导游是否存在违反《导游管理办法》的行为，主要景区及周边是否存在“黑车、黑导、黑社”等。出动执法人员 80 人次，检查旅行社 20 家次，导游 8 人次，发现导游证已年检但未按时更换 2 人次。

【普法宣传】

印制普法宣传单，发放文明城市创建宣传、禁烟、公民健康素养、食品药品安全、地面卫星设施、法律法规摘编等宣传材料 500 余份，提高经营业主知法守法意识，营造良好文化市场法治氛围。建立红黑榜，加大对违法违规行为的立案查处力度，加强正面宣传报道和反面典型曝光力度，营造守法经营环境。

文物管理

【专项调查】

3 月 11—12 日，区、县两级文物保护人员对县境内 15 处全国重点文物保护单位和 8 处自治区文物保护单位文物保护范围和建设控制地带实地调查，结果将纳入自治区国土空间规划“一张图”。3 月 13 日，按照自治区文物局统一安排，平罗县文管所文物保护人员会同自治区考古研究所文物调查人员对平罗县境内石窟寺展开了专项调查工作，做好县境内全区石窟寺文物名录编制调查基础工作。4 月 1 日，完成新建区境内黄河右岸滨河道路用地范围内文物覆盖的初步调查工作。10 月 19—20 日，由宁夏岩画研究中心专业技术人员组成的岩画田野调查队，对平罗县大西峰沟岩画、高伏沟岩画等多处进行实地调查，为编制宁夏岩画保护利用实施方案提供基础资料。

【文物保护】

7 月 14 日，自治区文化和旅游行党组成员督导组到平罗县调研文物保护项目推进工作。8 月 14 日，平罗玉皇阁三清殿保护修缮工程顺利开工。将按照文物修缮工程的“保存文物原状风貌”“最小干预”“可逆性”3 个原则，消除潜在安全隐患，保证文物古建筑的安全。9 月 1 日，石嘴山市文化旅游广电局景区复核组对平罗玉皇阁景区开展 A 级旅游景区服务质量复核检查。

2021 年 7 月，中宣部到平罗县融媒体中心调研

2021 年，平罗县委宣传部组织开展党史宣传报道工作

2021 年 2 月，自治区党委宣传部调研组到平罗县融媒体中心调研工作开展情况

2021 年，平罗县人民政府针对市政工作突出问题开展电视问政

2021 年，中共平罗县委宣传部、平罗县委党史学习教育领导小组开展红色讲解员比赛

2021 年 11 月，融媒体中心记者对平罗县“两会”进行现场采访

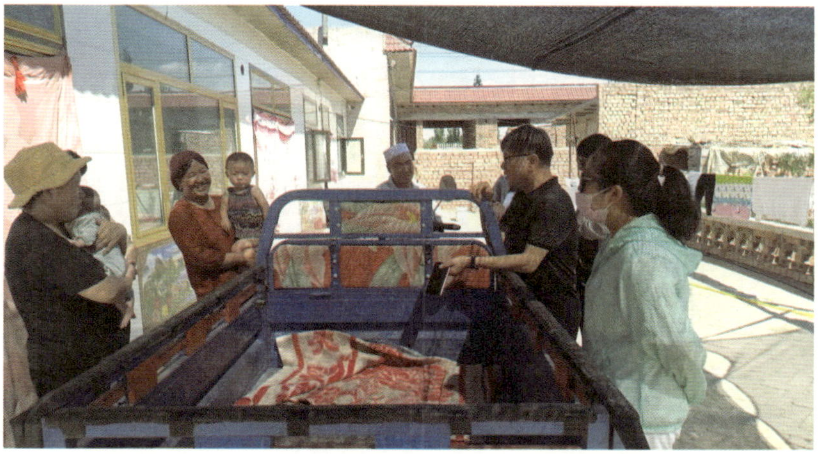

2021 年 11 月 24 日，平罗县文化馆扶贫工作组前往红瑞村结对帮扶户家中与农户亲切交谈

平罗县文化馆扶贫工作组下乡了解帮扶户生产生活、收入支出变化以及“两不愁三保障”和饮用水安全情况

7 月 12 日，平罗县文化馆 2021 年暑期少儿艺术免费培训班正式开课

2021 年 9 月 18 日，平罗县文化馆联合平罗美术家协会在平罗消防中队开展“风华百年 蓝焰闪耀”主题文化作品创作采风活动

5 月 31 日，平罗县文化馆的文化志愿者们与多家单位的志愿者共同组成爱心公益联合会，赴平罗县特殊教育学校开展“欢庆六一·快乐成长”志愿活动

2021 年 4 月 2—16 日，平罗县 2021 年文化科技卫生“三下乡”暨“我为群众办实事”集中示范活动专场演出在头闸镇、渠口乡、灵沙乡、陶乐镇、黄渠桥、高庄乡、宝丰镇、姚伏镇、通伏乡、崇岗镇、红崖子、三棵柳村等乡镇、移民村进行巡回演出

全区第五届社会主义核心价值观主题
微电影（微视频）大赛
荣誉证书
CERTIFICATE OF HONOR
中共平罗县委宣传部
你单位报送作品《西瓜地里的笑声》荣获全区第五届社会主义核心价值观主题微电影（微视频）征集展示活动
二等奖
特发此证 以资鼓励
主创人员：周冬炀 祁燕 郭建国
自治区党委宣传部

中共平罗县委宣传部报送的《西瓜地里的笑声》荣获全区第五届社会主义核心价值观主题微电影(微视频)征集展示活动二等奖

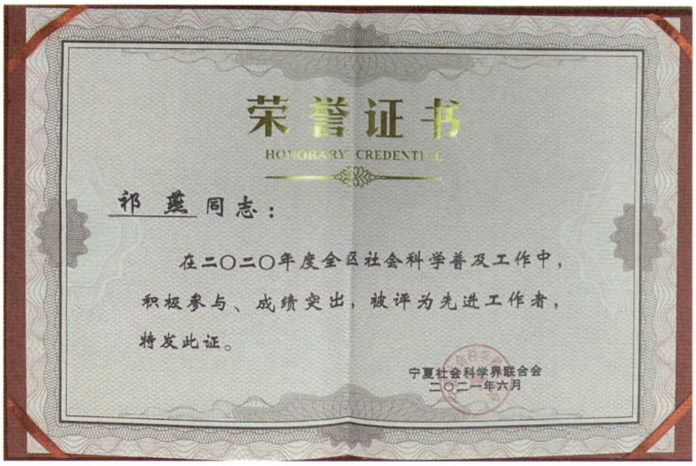
荣誉证书
HONORARY CREDENTI…
祁燕同志：
在二〇二〇年度全区社会科学普及工作中，积极参与、成绩突出，被评为先进工作者，特发此证。
宁夏社会科学界联合会
二〇二一年六月

祁燕荣获全区社会科学先进工作者

The masses art
2021年第七届
“迎新春”全区群众书法绘画摄影大赛
获奖证书
尊敬的 韩晓莉 (先生/女士)：
您创作的作品《最美逆行者》在2021年第七届“迎新春”全区群众书法绘画摄影大赛中获得绘画类二等奖。
宁夏回族自治区文化和旅游厅

韩晓莉荣获2021年第七届“迎新春”全区群众书法绘画摄影大赛二等奖

1921 2021
庆祝中国共产党成立100周年
The 100th Anniversary of the Founding of The Communist Party of China
美丽新宁夏 翰墨颂党恩
庆祝中国共产党成立100周年
书法|美术|摄影|民间工艺|作品展
入展证书
韩晓丽 先生/女士：
您的美术作品《灿烂阳光下》经展览评委会评审，在“美丽新宁夏·翰墨颂党恩—庆祝中国共产党成立100周年书法美术摄影民间工艺作品展”中入展。
特颁此证！
宁夏回族自治区文学艺术界联合会

韩晓丽《灿烂阳光下》入展“美丽新宁夏·翰墨颂党恩——庆祝中国共产党成立100周年书法美术摄影民间工艺作品展

2021 年 1 月 26 日，大武口执法大队到平罗县非遗馆开展主题党日活动

2021 年 2 月 25 日，“非遗（戏曲）进校园”实践基地城关一小的同学们正在学习戏曲广播操

2021 年 6 月 9 日，“文化和自然遗产日”暨“非遗进校园进景区”活动启动仪式

2021 年 9 月 18 日，在平罗县党校开展"社会主义是干出来的"主题演讲比赛(复赛)

2021 年 7 月 9 日，图书馆举办全县中小学组红色经典诗词诵读比赛活动

2021 年 9 月 15 日，平罗县党史学习教育领导小组办公室在图书馆举行"社会主义是干出来的"主题演讲比赛活动

2021 年 6 月 25 日，县委宣传部、县文广局、县教体局在图书馆举办全县"学党史 感恩党 庆祝建党 100 周年"红色经典诵读比赛活动

2021年5月28日，县文联、县图书馆邀请银川市文联副主席、文学院院长唐荣尧对“弘扬中华优秀传统文化”进行专题讲座

2021年3月19日，平罗县图书馆全体党员及干部职工走进军营，开展“党旗飘扬　书香芬芳”支部主题党日活动

2021年4月23日，县图书馆举办“4·23”世界读书日启动仪式

9月9日，平罗县图书馆在第21个“民族团结进步宣传月”活动中，到黄渠桥镇开展“名家荐书”“身边的模范”系列展览

民族　宗教

民　族

【民族团结教育】

开展“传承党的百年光辉史基因　铸牢中华民族共同体意识”主题教育，以“四个专题”和七项重点任务为抓手，举办全县宗教界人士“传承党的百年光辉史基因　铸牢中华民族共同体意识”主题教育辅导班，选派3名领导干部先后到公安局、司法局、发改局、工信局、统计局、政协办、姚伏镇、金顺社区开展专题宣讲活动8次；加强《自治区促进民族团结进步工作条例》的学习宣传，开展马克思主义“五观”“百场万人”大宣讲活动，为全县各乡镇、各部门（单位）印制发放《石榴籽丛书》《习近平牵挂少数民族群众的故事》，制作宣传海报，编印《新时代民族理论政策问答》内部刊物，制作鼠标垫、手提包、围裙等宣传品，加大民族政策及法律法规的宣传教育。

【民族团结活动】

开展“民族团结进步月”活动，以“十个一”活动为抓手，组织各乡镇、部门收看2021年全区第38个“民族团结进步月”活动线上启动仪式；通过“平罗发布”“平罗统战”微信公众号等网络平台，组织全县干部群众开展民族理论政策知识网络竞答活动，提高知晓度和普及率；采集荣获全国、自治区民族团结进步模范单位和个人的典型事迹，录制高庄乡、高仁乡、灵沙乡等6个民族团结进步示范单位，李红梅、李占龙、郭萍等12名民族团结进步模范个人先进事迹，制作并在“平罗统战”微信公众号推送“五湖四海一家亲”民族团结进步先进个人微视频，切实“讲好民族团结故事·唱响中国共产党好”，不断扩大示范效应。

【民族团结示范创建】

创新创建方式，结合不同领域特点，将创建工作融入各单位具体工作，形成有特色、有结合、有亮点的创建形式，制作民族团结进步创建工作宣传牌、文化墙绘、灯箱广告等在县区各主要路口、镇区、广场进行宣传，2021年，申报创建全国民族团结进步示范单位1个、全区民族团结进步示范单位4个，自治区已全部验收。

【民族事业发展】

积极争取中央、自治区和石嘴山市少数民族发展资金发展民族经济，2021年，争取到100万元，建设灵沙乡高标准蔬菜设施温棚4座，增加农民收入和村集体收入，拓展农民致富新路子。

【民族事务管理】

定期排查涉民族因素矛盾纠纷，加强少数民族流动人口服务工作，及时办理民族成分更改审核；贯彻新修订的《宁夏回族自治区清真食品管理条例》，加大法律法规宣传，发放宣传品2000余册；及时受理申办清真食品准营证226家，为符合条件的209家核发清真食品准营证；加大对清真食品检查频次，累计开展专项检查43次，检查外卖快送平台3家，检查清真食品生产经营网点186家，责令整改19家。

宗　教

【完善宗教管理体系】

推进基层“1+6”治理体系建设，充分发挥统揽全局、协调各方作用，健全落实基层宗教治理领导机制，坚持党管宗教原则，各级党组织主要负责人履行第一责任人职责，发挥县、乡（镇）统战工作领导小组、宗教工作领导小组作用，推进宗教管理工作，2021年，先后召开民族宗教工作联席会议8次，疫情防控工作会议3次，部署民族宗教工作。整合乡村、社区、校园、企业和社团宗教治理目标，推进责任清单和负面清单全面公开，形成责任架构。落实“一图三册八表”要求，实行乡（镇）领导、村“两委”班子成员包场所管理机制，开展宗教基础信息摸底工作，加强宗教活动场所检查安全生产、疫情防控常态化管理等工作。

【宗教事务管理】

推进“三统一”工作。打造高庄清真寺、玉皇阁等4个标准化场所，以示范带动全县宗教场所规范化建设，完成213处场所统一建档、统一名称、统一挂牌工作。推行第三方代理记账，全县宗教活动场所开设公户，实行集中代理记账，实现财务收支公开透明。实施教职人员学历提升工程。组织教职人员参加各类学历教育提升班，45名伊斯兰教教职人员就读大专班，5名就读研究生班并取得研究生学历。

乡　镇

城关镇

【概况】

2021年，城关镇坚持以习近平新时代中国特色社会主义思想为指导，深入学习宣传贯彻落实习近平总书记视察宁夏重要讲话精神，团结带领全镇各级党组织和广大党员干部群众，围绕高质量建设富裕美丽新平罗，实施“产业升级、乡村建设、环境提升、民生改善、基层治理”五大工程，推进全面从严治党、人民生活和各项事业发展。被评为“全区脱贫攻坚先进集体”。

【项目建设】

争取200万元扶持星火村、前卫村壮大村集体经济，指导新利村与宁夏德泓集团开展“村企合作”，推动村集体经济发展模式多元化。

【夯实农业基础】

全面落实强农惠农富农政策，落实小麦播种面积0.6万亩、玉米2.2万亩、蔬菜作物0.53万亩，成功协助举办第八届宁夏种业博览会。开展秋季农水建设，自筹资金73.5万余元，清淤支斗农沟292条173.4公里、支斗渠98条119.4公里，整修农路584条346.8公里。争取农村公益事业奖补资金397.53万元，对惠阳渠、东农场渠、团结渠等渠系进行维修砌护，完成小兴墩村和新建村农路及晒场硬化等工程。

【改善生态环境】

开展垃圾清理、整治拆迁遗留地、私搭乱建等工作，整顿私搭乱建、侵占公共绿地等213处，硬化市场道路12000余平方米，设立微型消防站93处，分类垃圾箱172个，完成创城复检工作。改善村容村貌，以前锋村、小兴墩村、新建村为示范带动，完成改厕40户，完成整改99座，评选“美丽庭院”25户，拆除土坯房137户481间。推进国土绿化工作，完成造林989.2亩，栽植各类苗木5.65万余株。

【保障民生服务】

加强社会保险保障，实施全民参保计划，完成城乡居民医保任务数47948人，参保率

94.17%。推进民生兜底保障，用好“加减法”，确保保障对象应保尽保。保障“一老一小”政策落实到位，及时足额发放低收入高龄老人生活补贴、长寿保健金、孤儿津贴分别为59.2万元、11.1万元和8.9万元。

【推进社会治理】

推广“智慧社区”建设，新创建五星级和谐社区2个。加强信访维稳，办结各类信访件116件，社会大局和谐稳定。压紧压实安全生产责任制，安全生产形势总体稳定。开展民族团结进步创建活动，荣获“第十批全区民族团结进步示范区示范单位”。

【疫情防控】

发挥党组织战斗堡垒和党员先锋模范作用，让党旗在疫情防控、乡村振兴一线高高飘扬，统筹指导34个临时党支部，打造76个党员先锋岗，全面落实常态化疫情防控责任，坚决筑牢“红色”防线，先后打赢输入性鼠疫防控、新一轮新冠肺炎疫情防控等多场硬仗，守住镇域“零感染”防线。

【组织建设】

完成镇领导班子、村(社区)“两委”班子换届选举工作。全镇新增五星级党组织1个、四星级党组织4个、三星级党组织5个，三星级及以上党组织占80%以上。

【作风建设】

落实中央八项规定及其实施细则精神和自治区、市“八条禁令”，驰而不息纠治“四风”，坚持作风建设永远在路上，推进作风建设常态化长效化，落实领导干部调查研究、联系基层、接访下访等制度，班子成员一般工作时间到村、社区、市场调研解决具体问题，盯着基层党建、教育医疗、生态环保、农村人居环境整治等重点领域突出问题推动工作落实。

【党风廉政建设】

认真履行“两个责任”，推进党风廉政建设和反腐败斗争，紧盯“关键少数”，强化监督执纪问责，全年处置问题线索13件，立案5件5人，给予党纪政务处分5人，组织处理1人。开展工程建设政府采购领域突出问题自查自纠工作，发现问题8个，全部整改到位。实事求是运用“四种形态”，落实“三个区分开来”，对有倾向性、苗头性问题的党员干部及时开展提醒谈话，让咬耳扯袖成为常态。

【精神文明建设】

新建成新时代文明实践站(所)2个，以明珠社区红马甲、东苑社区小红帽、新建村“文明实践365”志愿者服务队等为引领，叫响“城关志愿名片”。文化事业亮点纷呈，成功举办城关镇反诈专场文艺演出等各类大型文化活动，在饮马湖广场举办庆祝建党100周年文艺会演。

陶乐镇

【概况】

坚持以龙头企业为依托，以产业园区为支撑，打造沙漠瓜菜、畜牧、劳务、旅游四大特色产业。全年完成招商3000万元，引资1270万元，完成固定资产投资1184万元。实施各类项目18个，投资3655.29万元。陶乐镇被评为“全国脱贫攻坚先进集体”，庙庙湖村被评为“全区脱贫攻坚先进集体”、被认定为第二批全国乡村治理示范村，成功创建自治区民族团结示范村，“田间课堂”被列为中央建设新时代文明实践中心工作方法100列，西街社区被列为第一批自治区健康细胞示范点，东街社区入选社区治理“百家品牌”汇编。

【瓜菜产业】

投资3000余万元续建高标准四季日光温室34座、10812立方米蓄水池1座，新建保鲜库配套设施（仓库）376平方米，栽植经果林160亩，新建混凝土道路3.8公里，整修道路2公里，对原有27座四季日光温室提升改造，实现沙漠瓜菜产业园区扩规提质，增强陶乐镇现代设施农业核心区的影响力、带动力、引领力。

【畜牧产业】

调整产业结构，规划种植优质牧草2万余亩，实现镇域范围内肉牛养殖5600头、肉羊养殖11万只、生猪3200头、畜禽19.3万羽，扩大河东养殖业影响力。

【劳务产业】

依托劳务服务中心，注册劳务服务公司4家，培育劳务经纪人37名。全镇开办各种技能培训班6期，累计劳务输出1744人次，实现劳务收入3279万元。

【旅游产业】

聚焦“康养+绿色+休闲”，成功培育庙庙湖AAAA级景区，增加旅游设施，开发形成多样的文旅活动，逐步健全“吃住行游娱购”体系，接待游客50万人次，旅游收入达到8000万元。

【生态绿化】

以绿色生态为引领开展国土绿化行动，总绿化面积1080亩，栽植苗木61304株，林木完成率达到100%以上，村庄绿化新植林木成活率93%。

【环境整治】

实施农村人居环境整治“百日攻坚”专项行动，建立主要领导全面抓重点抓、班子成员包抓、镇村（居）干部包村队、村居书记具体抓的工作机制，推动专项行动落地见效。签订门前三包责任书3000余份，悬挂横幅100余条，发放各类宣传彩页20000余份；完成清脏980处、治乱1196处、违法查处98处、植绿580亩3.5万株，发动人员23000余人次，机械3500余台次，清理垃圾3494吨，清理残垣断壁70处，清理沟渠130公里，形成“政府引导、群众参与、共建共享”的浓厚氛围，实现村容村貌和村风民风的双提升。

【项目建设】

围绕产业发展、基础设施、社会事业、民生工程建设，多渠道、多层次、全方位争取项目资金。完成陶乐镇万亩沙漠瓜菜新时代文明实践科普基地建设项目等续建项目4个。争取自治区农村公益事业财政奖补项目对东园村1.5公里和施家台子村四队925米渠道进行改造。改造王家庄村污水处理站管网528米。完成农村户厕改造21户，抗震宜居农房改造1户，D级危房整改13户。

【疫情防控】

强化镇、村、组三级干部联动，建立联防联控网络，动员和汇聚各方智慧和力量宣传疫情防控知识以及开展信息摸排工作。建立包村包片责任体系，形成“横向到边、纵向到底”管理机制，加强“三返”人员管控力度，严格落实重点人群隔离措施。推进疫苗接种工作，接种疫苗20767针剂。

【脱贫攻坚】

落实脱贫攻坚5年过渡期“四个不摘”要求，实施脱贫攻坚后续扶持巩固行动。建立健全防返贫致贫动态监测帮扶机制，坚决守住不发生规模性返贫的底线。狠抓合作组织和龙头企业的带动力、组织力，创新村联营、村企合作、企农利益联结机制，动员庙庙湖村32户村民种植四季日光温室32座，企业及合作社种植56座，落实以镇农业服务中心为主的种植、农户技术帮扶措施。抓好庙庙湖村二轮土地延包确权工作。

【文旅融合】

对陶乐镇路口标识形象打造，对万亩沙漠瓜菜产业园区奇趣农场品牌进行形象打造，对陶乐镇区和庙庙湖村主要街道及自陶乐镇至庙庙湖村旅游环线基础设施、标识标牌、党建、文化宣传等进行提升改造，塑造陶乐品牌，改善镇区沿线面貌，提升品牌文化形象，促进陶乐特色小镇发展。

【社会治理】

充分发挥人民调解员的一线作用，深入各村居开展矛盾纠纷排查活动，排查各类矛盾纠纷78件，调解77件，调解成功率98%以上；完成中县信联办督办的信访事项5件，网上信访12件，自登件6件，交办件1件。

【安全生产】

分类排查各类风险隐患，落实日常监管责任。坚持每月定期检查和重大节假日重点检查相结合，做到不留盲区、不留死角。对辖区内村(居)及行业领域进行13次摸排检查，检查200余处场所。

【社会保障】

开展创业带动就业人数108人，开展各类技术培训班6期，参加230余人次，加大社会救助力度，扩大对低保户、特困户、残疾人、重点优抚对象等群体的救助，发放各类救助款826万元。

【文明实践】

对4个市级文明村进行复验；巩固深化新时代文明实践，持续培育"白静"田间课堂、"6310"为老志愿服务、"四点半课堂"为小特色志愿服务项目。

宝丰镇

【概况】

2021年，全镇干部群众团结一心，抓产业、增效益，努力提升发展质量；抓环境、强基础，全面开展美丽乡村建设；抓治理、保稳定，深入推进平安宝丰建设；抓文化、强素质，不断提升乡风文明；抓民生、促共享，持续改善人民生活。抢抓机遇、趁势而上、攻坚克难，各项工作取得积极成效，被评为"全区脱贫攻坚先进集体"。

【提升养殖业】

争取国家农业产业强镇项目，完成投资1198万元。建设扶贫羊场、兴盛养殖场，110余户群众入园养殖羊3万余只，带动全镇羊饲养量突破36万只；完成牛、羊定点屠宰场二期工程建设；推进草畜一体化发展，引进鸿盛菌草产业科技发展有限公司，打造菌草种植基地2000亩，首批菌草喜获丰收，亩产达160吨。引进宁夏众诚聚力公司建设总占地面积330余亩的标准化肉牛养殖圈舍7座。中方村南大滩实施出户入园项目列入平罗县2021年自治区财政衔接推进乡村振兴项目设施计划。完成场地平整、防疫沟开挖、门房主体建设工程，40余户农户、合作社初步达成入园意向，其中，1户农户开工建设11500余平方米高标准牛圈1座、草料棚1座、管理用房3间。

【建设美丽乡村】

完成兴胜村高质量宜居美丽村庄项目一期建设，全面提升产业、设施、环境和功能。实施环境绿化添彩工程，围绕养殖园区、村庄巷道等见缝插绿，换填土方1.1万余立方米，栽种各类苗木4万余株。推进人居环境整治“百日攻坚”专项行动，围绕“清脏、治乱、拆违、植绿、建制”总要求，整治农村闲置危旧土房、房前屋后乱堆乱放、生活垃圾收集处理等环境卫生。争取自治区环保厅项目资金2000余万元，实施小城镇污水处理厂及管道改造提升工程，解决镇区1000余户群众“下水难”问题。推进“厕所革命”，完成户改厕142户。

【平安宝丰建设】

开展学习宪法、民法典等各类法治宣传活动12场次，营造全镇学法守法用法良好氛围。创新发展新时代“枫桥经验”，开展矛盾纠纷排查50余次，化解矛盾纠纷48起。坚持安全生产“党政同责、一岗双责、齐抓共管、失职追责”，开展重点领域、重要时段安全隐患排查16次，开展道路交通、消防、建筑施工、水域等重点领域专项治理，遏制安全事故发生。

【提升乡风文明】

发挥宝丰镇新时代文明实践所和7个村级新时代文明实践站引领作用，通过开展志愿服务等系列活动，引导全镇群众崇德向善、见贤思齐。开展“三下乡”文艺演出、庆“五一”系列活动，群众精神文化生活丰富多彩。深化移风易俗行动，修订完善村规民约，开展形式多样、内容丰富的宣传活动，引导农村居民树新规、易旧俗、育新风。

【改善人民生活】

推进兴盛6队零星庄点整治，完成22户房屋前期评估和土坯房拆除。开展300余户农村宅基地不动产产权证书纠错发放。争取财政奖补项目2个，提升基础设施建设，硬化马家桥、陆渠村级道路2.8公里，翻修兴吴路3.7公里。高标准完成农田水利基本建设，农业生产能力稳步提升。高质量完成动物防疫，各类畜禽免疫密度均达100%。严格落实好救灾救济、五保、低保等社会保障制度，发放各级各类救助3671人次96.5万元，实现农村劳动力转移就业846人，人民群众幸福指数大幅提升。

【壮大集体经济】

依托羊产业小镇建设，通过争取项目资金、盘活集体资产等模式，量体裁衣、“一村一策”发展壮大集体经济，实现村有产业、增收有保障，2021年底，9个村经营性总收入达200万元左右。

【提升党组织生活】

组织庆祝建党100周年系列活动13场次，为42名“光荣在党50年”党员颁发纪念章，赓续红色精神。开展党史学习教育，深化为民办实事实践活动，累计集中学习150余次、交流研讨10次，解决群众急难愁盼问题40余条，有效激发支部活力。

【完善基层建设】

完善四级组织体系建设，结合无职党员设岗定责，将“荣辱榜”“积分制管理”“争先创优”引入乡村治理中，通过张榜公示、积分兑换、评选表彰等活动，调动党员群众共建共治共享美丽家园。

崇岗镇

【概况】

崇岗镇位于平罗县西部，总面积444.73平方公里，辖9个行政村、1个社区，户籍人口13277人，种植面积6.97万亩，其中种植水稻4.5万亩、玉米1.8万亩、小麦及其他作物0.67万亩。

【种植产业】

依托“珍硒石嘴山”区域公用品牌，通过流转土地、院地合作等方式，规模化、科学化种植富硒稻米6.9万亩。建设下庙村1060亩优质富硒水稻示范园区1个，建设暖泉村、常青村5996亩玉米绿色高质高效创建项目2个，种植红树莓300亩，投资274万元建成崇富村高标准蔬菜大棚1期，通过举办第三届“红树莓采摘节”、电子商务营销等方式宣传推广，基本形成常青村红树莓特色农产品品牌。

【养殖产业】

养殖业发展持续向好，2021年，全镇养殖存栏羊4万只、牛2114头、生猪4043头、家禽1.3万羽。高标准完成全国第三次畜禽遗传资源普查工作。

【美丽村庄建设】

实施美丽村庄、中心村建设和重点村改造等项目20余个，完成造林2094亩，栽植各类苗木11.86万株，整修绿化带1552亩，集中攻坚农村环境顽疾，调动群众6703人次，调用机械1152台次，清理生活垃圾和积存垃圾3659吨，拆除残垣断壁129处，清理沟渠180.92公里，拆除土坯房286户1061间，清理老湾公益性墓区违章建筑347处；完成改厕50户，常住户卫生厕所普及率93.7%。争取各级各类资金530万元，对崇岗村、崇富村主干巷道、农户庭院进行改造；制定《贺兰山东麓平罗段生态环境修复项目房屋收储安置补偿方案》，推进村民置换腾退入住新农村。

【劳动力转移】

完成劳动力转移就业1149人，培育创业实体61个，完成率174%，创造新岗位284个，完成率247%，全民创业带动就业284人，完成率118%。

【社会保障】

铁杆庄稼保参保缴费1190人，完成率100%；全面落实困难残疾人生活补贴和重度残疾人护理补贴制度，发放残疾人生活补贴和护理补贴30.02万元；彻底解决587户群众饮水难问题，9户29名群众如期脱贫。

【社会治理】

坚持系统治理，多元共治，增强人民群众安全感。推进扫黑除恶专项斗争，提升群众安全感。完成“全科窗口”创建工作，办理各种政务事项4445件，基本实现村级代办事项“少跑一公里”，发挥村规民约、红白理事会等作用，坚决遏制乡村陈规陋习。

【疫情防控】

设立疫情防控卡点4个，设立党员先锋岗14个、发动106名党员志愿者参与疫情防控工作。全镇实现新冠肺炎疫情零感染、零传播、零发生。常态化抓实乙型脑炎、非洲猪瘟等重大疫病防控，全年累计免疫注射禽流感、新城疫苗3.2万羽，免疫猪牛口蹄疫12585头，羊口蹄疫7.7万只，平均免疫密度99%，完成规模羊场动物防疫“先打后补”4400只。

【基层组织建设】

创建四星级党组织3个，三星级及以上农村基层党组织覆盖率78%；壮大村集体经济，全镇有6个村集体经济收入均稳定在10万元以上；圆满完成镇党委班子和县乡党代表等换届工作；加强基层战斗堡垒作用，培育农村党员致富带头人58人，农村党组织带头人9人，农村致富带头人113人；各支部开展“两学一做”“党史学习教育”“讲政治、转作风、强责任、抓落实”主题活动50余次，开展“我为群众办实事”实践活动，累计参与党员1200人次，解决群众“急难愁盼”问题

342 件，解决两批民生实事 10 件。

黄渠桥镇

【概况】

2021 年，坚持稳中求进工作总基调，牢固树立和践行新发展理念，苦干实干、勇于担当，围绕高标准重点小城镇建设中心任务，统筹推进稳增长、促改革、调结构、惠民生、防风险工作。全镇完成国内生产总值 7.87 亿元，同比 2020 年增速 8.5%；农村人均可支配收入 19144 元 / 年，同比上年增速 9.5%。拍摄的国防教育基地红色故事解说视频作品荣获自治区国防教育一等奖。

【美食产业】

提升黄渠桥爆炒羊羔肉特色美食，成立黄渠桥羊羔肉协会，打造 11 家地标产品餐饮融合示范点；不断扩大糖麻鸭、老豆腐和扁豆粉等特色美食品牌影响力，黄渠桥老豆腐制作技艺获得自治区第六批非物质文化遗产代表性项目；规范集贸市场及特色美食街区经营秩序，镇区各类经营主体数量达 121 户、市场摊位 269 个，吸纳劳动力 1500 人，年营业收入增加到 3.7 亿元，特色美食产业增加值不断增高。

【现代农业】

新建五星村、西润村规模示范园区，辐射带动全镇制种及蔬菜种植 2 万亩；加快草畜产业发展，申请奖补资金 60 万元支持联丰肉羊养殖园区、西润肉牛养殖园区等建设，全镇牛、羊、猪、家禽饲养量分别达到 1.2 万头、9 万只、5000 头、25 万羽，优质饲草种植面积达到 3000 亩，草畜产业不断提质增效；优化农业种植结构，抓实粮食安全保障，小麦、玉米、水稻播种面积分别达 1.37 万亩、5.99 万亩、3787 亩，粮食生产实现大丰收。

【城镇建设】

成功申报黄渠桥镇高标准重点小城镇建设项目，项目建设周期为 3 年（2021—2023 年），计划实施建设项目 88 个，项目估算总投资为 16.32 亿元。2021 年，黄渠桥镇聚焦镇域乡村一体设计、联动建设，统筹实施规划布局、基础设施、公共服务、产业发展、生态环保、社会治理“六个一体”化建设，先后实施传统村落改造、黄渠桥村农村生活污水处理、新老 109 线连接路网（一纵一横）等 26 个项目，完成投资 8520.3 万元。

【村庄整治】

紧扣“清脏、治乱、拆违、植绿、建制”十字要求，完成 1375 户土坯房、土圈舍等摸排工作，整治完成 657 户，拆除整治土坯房 474 间 11518 平方米，土围墙 6019.5 米，土圈舍 804 间 17794 平方米，附属土房 828 间 19045 平方米。

【基础设施建设】

实施黄渠桥村 1、2、5、6、7、8 队 2021 年农村生活污水处理项目，完成 286 户排水支管、巷道硬化等工作。扎实推进 7 个农村公益事业及“村村通”项目建设，硬化道路 18 公里，安装路灯 160 盏，新划停车位 350 个；高标准完成春秋农田水利建设，整治黄宝路、简滨路等两侧农田水利示范方面积 3000 亩，完成沟道、渠道清淤 350 余条 300 公里，整修农路 500 余条 300 余公里。

【环境治理】

坚决打赢蓝天保卫战，推进秸秆禁烧；全力打好碧水保卫战，严格落实河长制，常态化开展巡河工作，高标准打造五排联丰段美丽河湖示范点。狠抓国土绿化，整修树池及绿化带 185 亩，完成造林 315.8 亩，栽植各类苗木 15651 株；实施厕所革命，新建农村户用卫生厕所 72 户，解决厨卫未建隔断等突出问题122户。有力有效整治环境，清理生活垃圾6185吨，整治沟渠521公里，清理乱堆乱放4314处，清理残垣断壁1782处，清理私搭乱建1057处，打造垃圾分类“积分超市”示范点6个。

【脱贫攻坚】

落实28户符合条件的脱贫户和边缘户“雨露计划”政策，发放资金4.2万元，发放金融贴息173笔5.14万元、教育帮扶资金6户1.45万元；对接企业为25户困难学生争取捐资助学3.5万元；持续加强兜底力度，为255个困难群众发放临时救助43.3万元，为3户低保户申请因病防贫救助，为30户低保、脱贫户申请因学防贫救助。

【社会保障】

加强城乡低保动态管理，清退低保对象20人，新增185人，提档12人，农村低保补助292.4万元，城市低保补助8.1万元，五保补助47.5万元，残疾人两项补贴67.7万元，困难群体实现应保尽保。城乡居民医疗保险参保率达到84.8%。

【创业就业】

结合移民就业及发展产业需求，举办中式烹饪技能培训班1期，SYB就业创业班1期，网络创业培训班1期，提升劳动技能；通过公益岗位解决2户脱贫户、3户边缘户就业问题；依托西润肉牛养殖园区、联丰肉羊养殖园区等扶贫项目带动，鼓励脱贫户、边缘户61户发展养殖业，发放过渡期养殖业补助43户，有效解决移民群众发展养殖业没地方的难题；发放妇女创业贷款112人978万元。

【道德建设】

开展以“弘扬道德文化　传承家风家训”“光荣在党50年奋斗精神薪火传承”“七夕情缘　传承家风”为主题的道德讲堂活动；深化道德模范推荐评选，先后评选出好婆婆、好媳妇、最美家庭20个，移风易俗模范户10个，推荐上报“中国好人榜”1名、“百孝之星”1名，营造见贤思齐、崇德向善的浓厚氛围。

【文明创建】

打造“一所七站”新时代文明实践阵地，成立“1+7+N”志愿服务队850人，常态化推进特色志愿服务活动；开展文明村镇创建活动，成功申报自治区文明村镇2个；推进移风易俗工作，黄渠桥镇入选自治区移风易俗工作先进村镇，15个村居全部成立“红白理事会”，万家营村裴生福被评为自治区移风易俗典型人物；打造特色“板凳课堂”，定期邀请党校教师、优秀老党员、道德模范等开办讲座20余场次，受众8000余人次，黄渠桥红色故事解说视频荣获全区一等奖。

【文化建设】

开展读书日活动、庆祝建党100周年文艺会演及广场舞大赛等一系列文化活动20余场次，群众的文化生活更加丰富，黄渠桥镇综合文化站被评为2021年度全区优秀乡镇综合文化站，通润村王尚忠文化大院被评为全区优秀农民文化大院。

【平安建设】

完善矛盾纠纷调处机制，分门别类梳理研判信访件，实行领导接访和包案化解制度，信访件受理率、办结率、网上信访参评率均达到100%。

【安全生产】

严格落实安全生产责任制，推进安全生产专项整治三年行动，修订完善各领域应急预案和规章制度，排查整改问题隐患40余项，安全生产形势稳中向好；统筹做好重点领域国家安全，安全屏障更加牢固。

【疫情防控】

认真落实外防输入、内防扩散要求，加强对风险地区返平人员地毯式排查，按照“四包一”组成专班管控，累计居家监测（含平中学生）779人，居家隔离21人，集中隔离17人，全镇无确诊、疑似病例。

【壮大集体经济】

新建渠中光伏发电、通惠辣椒加工、惠北农机专业合作社3个壮大村集体经济项目，村集体经济达10万元以上村10个。

【组织阵地建设】

谋划实施黄渠桥红色文化展示区项目，积极探索以“红色文化”领跑“全域旅游 +”融合发展模式；抓好黄渠桥村红色美丽村庄建设，完成项目的规划设计；加强组织建设，创成三星级党组织5个、二星级党组织2个，开展“强基创优”工程，创建三星级以上村党支部11个。

【党风廉政建设】

落实党风廉政建设责任制，坚持严管厚爱与激励约束相结合，综合运用监督执纪“四种形态”，推动全面从严治党向纵深发展。2021年，县纪委监委移交问题线索7件，自查上报案件1件。办结6件，给予党纪处分2人，组织处理6人。

头闸镇

【概况】

2021年，以习近平新时代中国特色社会主义思想为指导，全面贯彻落实区、市、县各项决策部署，立足新发展阶段，贯彻新发展理念，创建自治区特色制种示范镇，打造平罗县优质特色制种基地，落实县委政府下达的各项重点任务。西永惠村入选宁夏特色旅游村镇名单。

【粮食产业】

积极推广小麦和玉米新品种，完成粮食作物播种面积7.54万亩，其中小麦1.02万亩、玉米6.52万亩；各类瓜菜0.32万亩、制种1.2万亩、油料0.4万亩、牧草1万亩。

【制种产业】

以制种产业为主导，创建自治区特色制种示范镇，打造平罗县优质特色制种基地，建设以蔬菜制种基地为核心的高标准瓜菜制种园区3个，杂交玉米制种园区2个，小麦复种油葵两熟模式示范区1个，玉米绿色高质高效高产示范区1个，建成标准化设施种苗繁育温室9座。

【草畜产业】

推进宁羊集团“企业 + 养羊户”标准化规模化集约化经营模式。与新希望、富源牧业合作，收购喂养乳牛犊，实现年出栏4500头。与利垦、瑞丰园合作，集中流转土地0.8万亩种植饲草，打造河东奶牛养殖场饲草供应基地。与宁夏千叶青合作，流转土地种植苜蓿近0.6万亩，推进草畜一体化产业发展。

【产业融合】

做强西永惠村“产业 +”文章，承办第八届宁夏种业博览会、举办首届乡村文化旅游节，培育自治区级特色旅游村1个，打造“五彩种博园”特色品牌，促进第一、二、三产业融合发展，不断提升农产品附加值。

【环境整治】

坚持“以点带面、点面结合，由表及里、边整边治”的工作模式，加大重点区域整治，彻底清脏、治乱、拆违、植绿，参与干部群众达9200余人次，清理生活垃圾3000余吨，签订门前三包责任书2300余份，发放宣传单4300余份，悬挂宣传标语 100 余条，村容村貌得到改善。

【生态保护】

全力做好主干路两侧及西永惠村等 5 个小游园绿化，高标准打造东永路 4000 米绿色长廊。完成东永路、平头路等地段的造林任务，造林面积达 392.2 亩，栽植各类苗木 5.1 万余株。对河湖沟道各类垃圾进行全面清理，对黄河流域头闸段治导线内外的黄河滩地进行全面巡查。先后与平罗嘉诚林木有限公司及种植户签订承诺书 13 份，拆除违章建筑 2 处 130 平方米。

【产权改革】

以西永惠村二轮土地承包试点为抓手，推进农村土地“一块田”改革，提高土地、水资源利用率，推进集体土地入市工作，申请入市的 6 宗 33 亩，经审核符合规划的 5 宗 30 亩。3 宗已出红线图，正在办理入市用地手续。落实东永惠村、头闸村 4 宗 21.6 亩集体土地入市，建设加工流通服务区，拓宽农副产品销售渠道，促进农民增收。

【村集体经济】

提高邵家桥村农机专业合作社社会化服务功能，向村民提供代耕代收、秸秆打包回收、饲草销售等服务，实现村集体经济收入持续增长；通过实施红岗村壮大村集体经济项目，建设仓储大棚 1 座，收储本村及周边村的粮食产品，促进农民增收。

【脱贫攻坚】

提升邵家桥村插花移民肉牛养殖园区养殖规模和经济效益，带动移民入园养殖，促进移民增收。严格落实对脱贫不稳定户和边缘易致贫户的监测预警和动态帮扶机制，紧盯因病、因学、重大灾害等易返贫致贫关键因素，建立村组日常监测、乡镇研判预警的长效工作机制，确保脱贫群众持续稳定脱贫不返贫，易贫群众提升生活质量不致贫。

【镇村建设】

实施头闸镇特色小城镇提升改造、红岗村巷道硬化，头闸村、正闸村、双渠村渠道砌护等工程，有效解决群众行路难、灌水难的问题；投资 25 万元，建设邵家桥 124.1 平方米老饭桌，解决群众养老问题；加大招商引资力度，完成灵沙至头闸段天然气利用工程项目。

【厕所革命】

在完成 41 户改厕任务的同时，对农村卫生厕所建设使用情况进行全面排查，对厨卫部分情况做隔断处理，对节水防冻型户外厕所进行线路处理；聘用第三方对全镇改厕农户卫生厕所进行维护和抽查，保证农户卫生厕所正常使用。

【民生服务】

推进机构改革及基层审批服务便民化改革工作，推行全科窗口，办理事项 9635 件，其中镇民生中心受理 8189 件，13 个村（社区）级代办点受理 1446 件，“最多跑一次”成效初显；受理群众 12345 平台诉求 60 件，办结率达 100%。

【社会治理】

坚持日常矛盾纠纷“周排查报告”制度和领导班子成员接访制度，排查调处矛盾纠纷 107 起，受理各类信访事项 39 件。开展安全生产专项整治三年行动，持续抓好消防安全、道路交通等安全隐患排查。推进禁毒示范村创建工作，开展禁种铲毒、易制毒物品排查，全面做好禁毒宣传、培训工作。

【党的建设】

开展党史学习教育，集中学习 410 余次，开展专题研讨 110 次，专题宣讲培训活动 10 场次，“为民办实事”任务清单 14 项内容已完成 13 项。推进农村服务型党组织体系建设，调优配强村、居“两委”班子，“两委”班子平均年龄分别为 41 岁和 34 岁，大专及以上学历占比分别为 24%和

67%。开展“讲政治　转作风　强责任　抓落实”活动。全面落实党风廉政建设“两个责任”，班子成员切实履行“一岗双责”，建立完善镇党委党风廉政建设“三个清单”。

【精神文明建设】

培育和践行社会主义核心价值观，打造头闸镇新时代文明实践所文化教育基地，以道德讲堂、乡村电商、文明讲堂、手工制作坊、民俗文化、多媒体平台为主，建设群众思想理论阵地、文明实践舞台。开展各类文化体育活动30余场次，通过评选好媳妇、好婆婆、最美庭院等，营造乡村美好和谐乡风。成立新时代文明实践1所6站，以新时代文明实践志愿服务为主要形式，开展移风易俗、文明健康、禁毒宣传等120余场次、助老助小等志愿服务40余场次，培育志愿服务项目1个。

姚伏镇

【概况】

2021年，姚伏镇深入贯彻落实中共十九大和十九届二中、三中、四中、五中、六中全会精神及自治区、市、县各项决策部署，团结带领全镇广大党员干部群众，积极作为，攻坚克难，实施优质粮食种植基地提升工程，扩容提质优质蔬菜产业，特色产业发展、人居环境、社会治理等重点工作初见成效，全镇经济社会各项事业发展良好，获得全区铁路护路联防工作先进集体。

【特色产业】

实施优质粮食种植基地提升工程，小店子村“家门口的试验田”科技优势发挥明显，推广院地合作项目1330亩、水稻制种1100亩、稻鱼760亩，辐射全镇发展优质水稻2.37万亩。扩容提质优质蔬菜产业，建设109沿线设施蔬菜园区，种植设施蔬菜3073亩、越夏番茄4100亩，带动全镇蔬菜种植2.2万亩，构筑稻米、蔬菜、饲草三元种植养殖结构协调发展格局。

【环境治理】

围绕“清脏、治乱、拆违、植绿、建制”目标任务，开展道路清洁、集镇清洁、村庄清洁、沟渠清洁“四洁”行动，全镇18个村126个队全部验收销号，累计发动农民群众29031人次，清理乱堆乱放垃圾1346处2854吨，整治沟渠989条895.8公里。实施乡村绿化添彩工程，栽植国槐、垂柳等各类苗木9.5万余株，造林1000余亩，成活率达85%，绿色成为姚伏最美底色。

【镇村建设】

科学调整镇域空间规划，将镇域规划面积由0.42平方公里调整至0.94平方公里。实施灯塔“美丽宜居乡村”项目，采取“村民自筹自建房屋主体＋政府投资基础设施建设”模式，规划建设乡村独院平房、乡村二层住宅、农村租赁房323套，完善村庄水电路气讯等基础设施，配套建设小微游园、健身广场、观光塔、景观小品等公共设施。开工建设房屋178套，主体封顶144套。

【社会保障】

坚决打赢脱贫攻坚战，全力攻克“两不愁三保障”最后堡垒，全镇143户786名建档立卡困难群众全部如期脱贫。坚持就业优先理念，培育创业实体54个，带动就业264人，实现农村转移就业2109人。

【农村改革】

农村改革持续深化，办理产权抵押贷款94笔533.2万元，培育新型经营主体2个，全镇新型经营主体增至53个。建立集体“三资”台账管理制度，保障集体资产保值增值。成功探索村企共建壮大集体经济发展模式，捆绑实施灯塔等3个村壮大村集体经济项目建设日光温室，18个村集体经济收入达812万元。

灵沙乡

【概况】

2021年，从推动高质量发展为主题，以做强产业、建靓家园、树美乡风、联创和谐、改善民生为主线，以改革创新为根本动力，以满足人民日益增长的美好生活需要为根本目的，推动瓜菜制种、中药材、草畜产业发展，巩固疫情防控成果，拓展经济社会发展能力。

【种植产业】

按照“两菜一药一种”的种植发展思路，种植芹菜、莲花菜等脱水蔬菜135亩，种植茄子、辣椒、番茄等制种蔬菜470亩，实现收入76.18万元；种植紫菀、丹参、菊花等中药材1108亩，收入251万元；西灵村共种植蔬菜、特色甜瓜40座大棚，累计销售650吨，实现收入96.9万元。

【养殖产业】

推进“发展羊、壮大牛、做优牧草”发展规划，新建富贵村肉牛养殖园区和胜利村肉牛养殖繁育基地。2021年，全乡牛存栏12430头，出栏7200头，实现收入2100万元；羊存栏54500只，出栏34000只，实现收入8500万元；种植优质饲草玉米11000亩。

【农田水利建设】

打造农田建设示范方2个，改造中低产田8500亩，累计清淤沟渠280条140.7公里，整修农路136条74公里，新建各类建筑物17座。

【民生项目建设】

开工建设民生项目14个，累计投资2526.11万元。完成统一村2队、先锋村3队和4队、东润村道路、胜利村“一村一庄”村庄巷道硬化等8个项目，硬化道路面积30954平方米，整治绿化带3500米，栽植树木1450株，安装太阳能路灯112盏，改建卫生厕所54户。完成西灵村日光温室二期，建设日光温棚4座。实施民用天然气改造项目，全乡600余户群众点燃了全县乡村民用天然气“第一把火”。灵沙乡畜禽交易市场、胜利村高质量美丽宜居乡村建设等6个重点项目正在建设中，全年完成招商引资3000万元。

【生态环境整治】

实施人居环境整治提升“百日攻坚”专项行动，投入资金200余万元，清理乱堆乱放770处、垃圾5580余吨、沟渠180余条共550公里，硬化道路18公里；按照“突出重点、先易后难、一户一档、全部清零”原则，拆除土坯房1367间，土围墙6246米，土圈舍924间，完成摸排任务数的78%，其中闲置土坯房全部清零。以灵头路、灵黄路、滨河大道连接线、五三支沟两侧为重点，开展绿化造林；先后投入资金150余万元，整修林带6条1.3公里，完成植树造林面积355.5亩，栽植补栽垂柳、国槐、丝棉木、海棠等各类苗木28500株，成活率达到90%以上。

【社会保障】

全面落实社会保障政策和各项惠民帮扶政策，发放困难群众临时救助138人27.8万元，落实低保户政策待遇466户547人，残疾人“两项补贴”377人4.3万元。实现农村劳动力就业1772人，实现工资性收入765万元，培育企业41个，培育小老板18人，带动就业283人。办理妇女创业贷款187户2034万元。

通伏乡

【概况】

2021年，认真贯彻落实区、市、县党委、政府一系列决策部署和政策措施，在压力下砥砺奋进，在困难中开拓前行，各项工作呈现出稳中向好、稳中有进的良好态势。举办全区无人拖拉机撒播及无人机飞防现场会，承担全县二轮土地承包到期延包试点工作，承办全市、全县第四届“中国农民丰收节”主会场开幕式。

【产业发展】

探索实施“党支部 + 企业 + 合作社 + 农户”的融合发展模式，围绕“一个创新、三个一批”的工作思路，申报五香村壮大村集体经济项目1个，争取资金100万元。鼓励科学化生产经营模式，完成新增家庭农场6个、合作社7个，发证种植大户4个，流转土地面积13354亩。在罗家庄示范园区和沿黄灌溉区引进“大三元和稻刚强”控施肥技术，为化肥减量，农药减量奠定科学基础。探索创意文旅模式，实施新丰村、通城村万亩绿色富硒稻渔综合种养项目，推进稻田养鱼养蟹、边沟养鸭等综合种养模式，打造特色稻田观光、休闲垂钓、自助烧烤等体验观光景点。提升农业生态价值、休闲价值和文化价值，促进第一、二、三产业融合发展。

【农田水利建设】

完成全县高标准农田水利示范方建设21700亩。开展以新潮村高标准农田建设项目为中心，以“沿黄路—新潮渠—五通路”为轴线，以点带面，统筹推进沟渠田林路一体化建设，清理支沟13条、斗沟21条、农沟336条，整修农路672条，清理渠道350余条，维修配套建筑物12座，彻底解决部分农田灌溉的问题。

【生态环境】

争取2021年农村公益事业财政奖补项目及整村推进财政奖补项目资金585万元，为五香村、永华村、团结村、新丰村硬化中心巷道4公里，彻底解决群众出行难问题。完成改厕82户，清理私搭乱建202处，规范治理乡驻地沿路商家35处，清理乱堆乱放1362处，清理残垣断壁3056处，清理生活垃圾3081吨，植树13880棵，生态环境逐步改善。推行“两次六分”垃圾治理模式，在兴林村、新丰村、金堂桥村试行环境卫生“红黑榜”、垃圾分类和“积分超市”等模式，制定完善“红黄绿牌”督查办法，营造人居环境整治的浓厚氛围。

【社会治理】

国家反诈中心APP下载达1500余人，进一步压缩诈骗犯罪的活动空间。落实安全生产责任制，开展安全生产专项检查13次，下达责令整改通知书6份，多措并举，牢牢守住安全生产红线。

【改善民生】

全年输出劳动力1923人，实现劳务收入5293万元，创造新岗位75个，解决17户移民零就业家庭的就业问题。开展“暖冬行动”系列、全民阅读日、“雷锋精神代代传”志愿服务等各类大小活动630场，为8个村申请公共文化基础设施完善项目。开展“送戏下乡”、农民篮球赛等活动，丰富人民群众精神文化生活。面对突如其来的新冠肺炎疫情，全乡党员干部群众万众一心、众志成城，积极投入宣传动员、信息摸排、定点设卡、人员盯防等工作中，严格落实“四包一”责任，构筑起群防群治的牢固防线。

【党的建设】

抓好党史学习教育,以统一集中学、自觉主动学、领导带头学、专题研讨学等方式,开展集中学习154次,参与党员9700人次,开展党史读书班2次,参与党员320人次。严格落实“三会一课”、民主评议党员、支部主题党日等基本制度,全面推进党支部标准化规范化建设。完成乡第十五次党代会和第十六届人代会换届选举工作;顺利完成村“两委”换届选举工作。构建“乡党委—村党支部—村民党小组—党员中心户”四级组织体系,完善治理网格党小组70个,设立党员中心户210户。探索实施“党建+”综合治理,深化“一诺双评三挂钩”工作机制,发动无职党员主动认领岗位、包片联户,党员先锋模范作用凸显。坚持组织共建、产业共建、治理共建“三共建”原则,在全县率先开展“头雁领航、群雁齐飞”村党组织书记结对帮带行动,26名乡干部、村党组织书记结成帮带对子。

渠口乡

【概况】

2021年,贯彻落实习近平总书记视察宁夏重要讲话精神,振奋精神,团结一心,以发展现代绿色生态农业为方向,以改善人居环境为突破口,加强国家原粮储备基地建设,大力实施乡村振兴战略,全乡经济社会各项事业取得较大进步。

【粮食生产】

稳定粮食基础产业,落实玉米高质量栽培示范点5个3126亩,水稻精量穴播示范点2个4120亩,完成2021年国家原粮储备基地建设小麦8005亩、水稻7100亩种植合同申报。

【特色产业】

以发展现代绿色生态农业为方向,以推进农业产业现代化为目标,发展枸杞产业110亩,栽植枸杞24420株;种植供港蔬菜2056亩;金桥村、永光村等小群多户肉牛养殖逐步发展壮大,2021年有养殖农户600多户,存栏2300多头,全乡肉牛饲养量达6200头、肉羊饲养量21000头、奶牛3100头,养殖业发展平稳有序。

【土地流转】

全乡流转土地20239.78亩,注册合作社、家庭农场、公司和种植大户29家,主要发展农产品流通、饲草种植和反季节蔬菜种植,雇佣劳动力589人,人均年收入增加1万元。

【生态宜居】

完善以政府驻地为主的渠口村、永光村空间发展规划,打造全县乡村建设示范项目,“中心村”规划建设新居36套,租赁住房18套。结合黄河流域高质量发展、“清四乱”、河长制、厕所革命、人居环境三年行动和大干150天等行动,推进农村人居环境整治,完成改厕77户,造林60.9亩,完成绿色通道造林219.2亩,对各村环境整治点实行一周一观摩、两周一评比的考核机制。积极争取一事一议等项目7个,对村庄主干道路进行规划改造,切实改善村居环境,有效提升农村农民生活品质。清理整治村庄点110个,清理农沟351条。对全乡范围内黄河河道滩地进行全覆盖式清理整治,集中拆除彩钢房3座70平方米,混凝土地坪400平方米,整治河道滩地长度14公里,清理农用机械、水泵等164台,清理船只6艘,清理垃圾400余立方米。

【农村改革】

坚持把深化农村改革作为乡村振兴的强大

动力，进一步释放农业农村发展活力，推动集体经济转型发展和农民持续稳定增收。加大“空心村”整治和中心村建设力度，签订“空心村”拆迁补偿协议 14 户，拆除危旧房屋 1050 间，新建危房改造及抗震房 22 户，有效改善群众住房条件，完成集体经营性建设用地入市 3 宗。

【集体经济】

积极发展壮大村集体经济，完成 9 个村集体经济项目，村集体收入全部达到 10 万元以上。全面落实农业保险和农业综合补贴等惠农政策，多渠道促进农民增收致富。2021 年，全乡农民人均可支配收入达 18000 元。

【脱贫攻坚】

围绕全面建成小康社会，不断夯实基础，落实扶贫政策，积极发挥六羊扶贫产业园和金桥肉牛养殖基地带动作用，以订单形式，组织 16 户脱贫户种植大棚 31 座，其中种植番茄大棚 16 座、甜瓜大棚 14 座、黄瓜大棚 1 座，1 座大棚收入在 2 万元左右；金桥村采取“村支部 + 合作社 + 专业公司”管理模式，脱贫户以肉牛入园代养的方式进行参与，已入园安格斯肉牛 262 头，惠及建档立卡户、边缘易致贫户、残疾人等特殊群体共 34 户，实现群众增产增收。

【平安建设】

采取“五定五包责任制”创新联村联治联调社会治理模式，召开信访联席会议 3 次，排查化解各类矛盾纠纷 48 起；开展扫黑除恶专项斗争，健全完善防范打击长效机制，巩固扫黑除恶成果；开展打击整治电信网络新型违法犯罪和非法集资工作，确保群众财产安全。

【文明实践】

推进文明乡村创建活动，高标准建立新时代文明实践所 1 个、新时代文明实践站 7 个，开展志愿服务 100 余次。推选乡“美丽庭院”35 户，获评石嘴山市“健康家庭”1 户，石嘴山市“美丽庭院”2 户。

【民生服务】

依托放管服，进一步完善乡村服务和功能，改造村级便民服务台 3 个，结合机构改革，完成民生服务中心、综治中心和社会事务管理办公室的改造，让乡、村服务更贴近群众。

【疫情防控】

严格落实“外防输入、内防扩散”总要求，切实在内防外控、联防联控、群防群治上下功夫，利用各类会议传达安排疫情防控工作 8 次、排查外来人口 200 余次；及时与渠口卫生院对接，安排辖区内群众有序进行新冠疫苗接种。累计接种新冠疫苗 11200 人次。管控隔离外省返平罗人员 77 人，隔离平中学生及家长、教职工 512 人，全乡疫情防控工作总体趋势处于平稳有序状态，没有出现隔离人员因乡村干部工作落实不到位而引起的矛盾或投诉上访现象。

【党的建设】

强化党委主体意识，狠抓干部作风和目标管理，开展廉政教育 12 次，办理纪委交办的线索 9 件。把抓乡促村作为政治建设的“硬指标”，做到年初安排部署，季度把脉会诊，定期专题研究，认真谋划部署，强化督导检查，推进基层党建工作，切实把抓乡促村的责任压紧压实。落实班子成员党建联系点制度和“一岗双责”，加强乡党委对村级党建工作的督促和指导，提升基层党组织战斗力，落实《石嘴山市选派乡镇党委挂职副书记及驻村第一书记和工作队员管理办法（试行）》，发挥第一书记带头作用，在带领村“两委”成员推动村级各项事务向好发展中增强力量。选优配强“两委”班子，夯实基层组织基础，通过村“两委”换届，实现村干部学历年龄“一升一降”，全年发展党员15名，为党组织注入新鲜血液。

高庄乡

【概况】

2021年，以党建为引领，以“产业融合发展，特色富民强乡”为目标，规划建设绿色农产品加工流通产业园，打造农业一、二、三产业融合发展示范区。巩固全国民族团结进步示范乡镇，同步推进组织建设、产业发展、环境整治、社会治理、民生改善等各项事业协调发展。民族宗教工作接受自治区党委领导实地调研；获得第七次全国人口普查自治区先进集体称号。

【种植产业】

坚持稳粮促饲调结构，确保种植业稳产增产。全乡种植小麦7534亩、玉米48993亩、杂粮3453亩、瓜菜2041亩、制种2620亩、优质饲草9441亩，粮食播种面积总体稳定，饲草种植稳中有增。依托种子小镇，建设蔬菜制种园区1500余亩，提高同进村、广华村设施蔬菜种植园区种植效益。

【养殖产业】

坚持规模养殖场、养殖大户、小群多户协同发展的思路，不断扩大养殖规模，提高养殖效益。新村肉牛养殖场建成，存栏200头以上。培育规模养殖场9家，肉牛羊养殖大户155户，全乡牛羊饲养量分别达到2.34万头、10.07万只，肉牛肉羊养殖逐步成为全乡农民经营性收入增长的主动力。

【产业融合】

规划建设绿色农产品加工流通产业园，打造农业一、二、三产业融合发展示范区。修改完善产业园总体规划，通过县规划委员会预审。加大招商引资力度，对接落实10家企业入驻园区，完成土地利用规划调整，正在办理土地入市手续，其中有3宗土地在自治区公共资源交易平台挂牌公示。

【农村改革】

完成农村集体经营性建设用地入市6宗130.65亩，实现村集体增收110万元。完成东风、银光、高庄3个村集体经济发展项目建设，累计实施扶持集体经济发展项目10个，村集体经济收入稳步增长。

【环境整治】

开展农村人居环境整治“百日攻坚”专项行动。按照“清脏、治乱、拆违、植绿、建制”的工作要求，强化宣传动员，狠抓工作落实。清理生活垃圾1800余吨，清理村内沟渠600余公里，清理乱堆乱放3000余处，拆除土坯房252户929间，清理残垣断壁169处，清理私搭乱建850处，农户参与人数达到2.9万余人次。实施主干道路、沟渠等重点区域侧绿化，完成生态绿化面积353亩，栽植各类树木29038株。开展农村卫生厕所问题整改，完成改厕77户，整改2019年、2020年问题户厕539户。

【基础设施建设】

争取农村公益事业财政奖补项目7个，总投资484.58万元，硬化村庄道路5.6公里，安装太阳能路灯368盏，砌护渠道2.1公里。实施109国道北出口金三角区域绿化提升改造项目和银光村6、7、8队环境综合整治项目，完成高庄村2、3、4、5队中心村实用性规划编制，争取资金318万元完成巷道硬化、路灯安装、围墙修缮等基础建设。开展农田水利基本建设，清淤各类沟道1026条726公里，整修农路958条609公里，配套各类建筑物101座，实施银光等3个村高标准农田建设1.2万亩，农业农村基础设施条件逐步改善。

【社会治理】

坚持和发展新时代"枫桥经验"，排查化解各类矛盾纠纷199起，调解成功率达98%。开展食品安全、道路交通、消防安全等专项整治，开展安全检查50余次171处，下发整改通知书7份。

【脱贫攻坚】

健全防止返贫动态监测和帮扶机制，严格监测程序，侧重产业就业增收落实帮扶措施，剩余3户边缘易致贫户致贫风险全部消除。运营管理好同进村设施温室扶贫项目，指导26户移民种植西红柿等经济作物。

【就业创业】

对全乡劳动力转移就业、创业情况进行全面摸排，建立创业就业信息系统，开展技能培训3期，培训劳动力130人，全乡劳动力转移就业1876人，脱贫户和边缘易致贫户实现就业241人。

【社会保障】

严格审核困难群众临时救助、低保审批和发放，及时发放残疾人、特困供养人员、高龄补贴，新增低保53人，核减不符合低保条件249人，慰问困难群众600户。投资41.23万元实施北长渠村养老服务站改造项目。

【文明实践】

以新时代文明实践试点为抓手，强化思想文化宣传和精神文明建设。深化"五进"宗教场所活动，落实"四议两公开"，开展新时代文明实践工作，打造北长渠村党建示范点。13支志愿服务队常态化开展理论政策宣讲、帮扶解困等志愿服务活动，成功举办庆祝农民丰收节活动，表彰"最美人物"28人，有效弘扬正能量，促进乡风文明。

【基层组织建设】

以"抓乡促村、整乡推进、整县提升"示范县乡创建行动为抓手，实施基层党建"六大工程"。坚持政治标准，严肃换届纪律，高质量完成乡村两级换届工作。开展"头雁领航、群雁齐飞"村党组织书记结对帮带行动，创新开展"青春助力乡村振兴"活动。严把入口关，落实政治审查制度，做好发展党员工作。抓实"基层党建全面提升年"任务，推行基层网格管理"多网合一"，建立四级组织体系架构，完成高庄村后进村整顿提升。推进农村"两个带头人"工程，坚持党组织带头人和致富带头人两支队伍融合抓，全力助推乡村振兴。精心打造13个党建工作书记项目，发展壮大村级集体经济。高庄村接受全市抓党建促乡村振兴现场观摩。开展党史学习教育。落实"传承党的百年光辉史基因、铸牢中华民族共同体意识"主题教育、"大学习大调研大谋划大落实"活动、"我为群众办实事"实践活动，抓好抓实"讲政治　转作风　强责任　抓落实"主题活动，党史学习教育成效显著。

高仁乡

【概况】

2021年，始终秉承以人民为中心的发展思想，以经济发展为重点，抢抓乡村振兴重要战略机遇，围绕循环农业发展、乡村旅游提升等重点中心工作，凝聚力量、压实责任、强化担当，统筹产业发展、民生事业、基层党建等工作，成效显著，亮点纷呈。六顷地村获评全国乡村旅游重点村。

【草畜产业】

乐牧高仁草畜林一体化园区持续发展循环农业，肉牛存栏近万头，培育"乐牧肥牛"肉牛品牌，种植果树1200亩、青贮玉米3000亩；盛华阳光产业园内部分养殖场完善续建项目；金海农牧公司新建科研大楼，开启5G牧场新模式；玖倍尔农业以发展高端生态健康奶业为主线，续建智能化牧场二期项目，配备机器人挤奶机及其他智能化配套设备，购进奶牛500头，同时建设育成牛舍1栋3300平方米、精饲料库房850平方米、路面硬化2000平方米、粪污处理站及配套系统；垣成畜牧有限公司建成10000头肉牛养殖场，年出栏优质肉牛3000头以上。养殖园区带动全乡养殖户牛存栏2万余头，羊存栏2.5万只，禽存栏14万羽。

【全域旅游】

实施乡村旅游提升项目，围绕六顷地村怀旧文化基地打造6户农家院，提供住宿、特色农家菜，让游客体验住农家屋、吃农家菜的别样乐趣，建设党史馆、校史馆。接待各类参观、学习600人次。在蕾牧高科生态园建成原生态沙漠风光体验区；在欣凯休闲山庄、蕾牧高科、百年老树农庄、乐海山西瓜基地继续开辟特色项目；联系知名旅行社，打造高仁乡农旅融合乡村旅游线路，与银川旅游线路相连接；六顷地村成功入选“全国乡村旅游重点村”。

【项目建设】

争取涵盖基础设施建设、人居环境整治、美丽村庄建设、文化场所建设等内容的12个项目，累计投资740余万元。投资145万元，实施高仁村一、二、三组美丽村庄环境整治工程，极大改善了该村沿244国道两侧街道环境面貌；自筹资金近100万元，开展硬化村庄巷道、改造维修农业生产设施、亮化美化村庄等建设。完成盛华阳光产业园区3.37公里中心路建设。

【黄河生态建设】

全面协调银川都市圈中线供水工程项目事宜，按期完成乡域境内管道铺设任务。建成13.9公里的压力管线出水转换池和27公里的配水管线，待全线通水后，河东地区21万亩土地将“畅饮”黄河水。结合黄河右岸堤路合一项目，开展清理河滩地高秆农作物，兑付农户青苗补偿款147万余元；加强河道管控范围内“四乱”清理，加大日常巡河力度，对发现的问题及时督促整改，有效保护母亲河。

【人居环境整治】

开展人居环境整治“百日攻坚”专项行动，紧盯“清脏”“治乱”“拆违”“植绿”“建制”五项重点目标任务，做到全乡规划“一张图”。打造美丽乡村示范线；实现“一村一策”、建立“一户一档”，对“乱堆、乱放、乱建”农户登记成册，分类统计，建立问题整改清单，并督促农户自行整改。制定《高仁乡农村人居环境整治实施方案》，利用电子屏、横幅标语、微信群、公众号等宣传方式，动员广大群众积极参与整治行动，发放宣传资料共800余份。与第三方康洁保洁公司配合，聘用保洁员定时收集、统一运输、集中清运垃圾，村里的环卫工变身为“取件员”；投资50万元打造高仁乡垃圾分类主题广场；建立长效管护机制，加强监督，定期、不定期对各村环卫保洁情况进行督查，对卫生较差的区域，向其所在村下发整改通知书，限时整改。

【社会保障】

做好民政救助、五保供养、优抚等工作，发放救助资金16.5万元，发放自然灾害救助资金10万余元，妇女创业贷款117万元。开展SYB就业创业培训、就业技能培训等，年转移劳动力691人次。设立乡、村两级退役军人服务站5个，打造高仁乡退役军人之家，切实做好退役军人服务保障工作。

【精神文明建设】

在八顷村打造“家风家训”文化巷子，4个乡村文化广场建成投用。组织干部群众参加全县广场舞大赛、“百乡千村”农民运动会、社火表演、全民健身日等活动,支持村级文化队伍建设,开展模范人物评选,以文明村镇、最美人物、最美家庭、文明市民等评选活动为抓手,促进精神文明创建工作常态化。

红崖子乡

【概况】

2021年,以实施乡村振兴战略为主线,全力打造高端奶之乡, 着力提升小城镇颜值品味,提高奶牛产业质量效益,巩固完善基础设施、推进人居环境整治,推进组织建设、产业发展、文化建设、社会治理、民生改善等各项事业协调发展。获得全区脱贫攻坚先进集体、全区第七次全国人口普查先进集体荣誉称号。

【产业发展】

以草畜、瓜菜、劳务三大特色产业为重点,以项目为支撑,探索产业融合发展的村级集体经济项目,深度挖掘村级集体经济项目的附加值。瑞丰源、利垦、澳兰、广德源、瑞翔源等奶牛养殖项目投产,存栏奶牛33000头,带动就业1200人。塞上春、晟田顺成、红林、彩善荣4个现代农业项目落地,种植土豆8400亩,带动季节性务工800余人。优质瓜菜、青贮玉米及牧草等高效作物面积稳中有升,种植面积在2.3万亩以上,建设肉牛、鹌鹑、菌菇等特色种植养殖基地。

【环境治理】

开展人居环境整治工作,动员干部群众参与环境整治12246人次,协调各类机械1083台次,清理垃圾12500余吨; 新建污水处理设施4处,卫生改厕120户,合格率100%;危房改造1户,新建抗震房8户,拆除土圈舍25间、土围墙75米。争取县委、县政府支持,动员住建局、教体局、农业农村局等10个县直部门、2个国有企业共12家帮扶单位对红瑞村、红翔新村14个片区的9条村庄主干道、60条巷道以及村庄入口进行改造提升,粉刷2000多户院落墙面,建设小游园2个。采取乡村干部包户到人工作法,逐户进行环境卫生大整治,改善村容村貌。

【农村改革】

解除5家企业承包合同,收回土地6643亩,重新发包给澳兰、瑞丰源种植饲草,追缴承包费923.324万元,遗留多年的拖欠红翔新村、红瑞村土地承包费问题基本解决。草畜一体化园区企业基本规范完毕。

【基础设施建设】

争取财政奖补项目1个,砌护水泉子村农渠955米,争取整村推进项目2个,建设红瑞村休闲健身游园等基础设施配套工程,翻建红崖子乡农贸市场,基础设施进一步提升优化。高标准完成春季水利清淤工作,农业生产能力稳步提升。

【社会保障】

落实低保、高龄及特困供养人员政策,做到应保尽保,严把新增低保对象审核审批关,取消不宜享受低保待遇的低保对象210户467人,为1596户2423名低保对象发放低保金914万元,为165人发放高龄津贴90万元, 为38户39名特困供养人员发放特困供养津贴25.7万元。实施临时救助,救助困难群众292人,发放救助金58.71万元。高质量完成春季动物防疫,各类畜禽免疫密度均达100%。

【社会治理】

开展矛盾纠纷排查,采取日常排查与重点排查、专项排查与常规排查相结合的方法,确保第一时间发现矛盾纠纷。调解矛盾纠纷98件，调解成功97件。加强平安建设。坚持安全生产“党政同责、一岗双责、齐抓共管、失职追责”，开展重点领域、重要时段安全隐患排查13次。

【党的建设】

开展党史学习教育，引导全乡党员干部增强“四个意识”、坚定“四个自信”、坚决做到“两个维护”。开展大走访大调研活动，坚持把“党旗在基层一线高高飘扬——我为群众办实事”实践活动贯穿于党史学习教育全过程；开展“四个专项行动”。领导班子开展10次集中研讨学习会议，带领乡村两级干部开展36次集中学习，乡机关宣讲团先后在水泉子村、三棵柳村、红崖子村、红翔新村开展党史宣讲，领导班子到田间地头讲党史，结合支部主题党日活动，8个党组织结合实际以“知史爱党　担当使命”为主题先后开展党史学习教育主题党日活动。以“学党史　明初心”为主题在乡机关举办一期道德讲堂；组织乡机关党员干部、各村青年党员代表先后赴雷锋纪念馆、闽宁镇史馆等地，开展“铭记革命历史、缅怀英烈事迹”主题红色教育。完成了红崖子乡第五届党委、政府班子以及村党组织、第十一届村委会班子换届选举工作。

城关镇组织志愿者开展村庄清洁行动

城关镇开展人居环境综合整治行动

城关镇组织干部职工进行春节植树活动

城关城对辖区内农沟进行清理整治

城关城组织群众对辖区内支斗农渠进行清淤

2021 年 9 月，城关镇组织志愿者对城市内的乱贴广告进行清理整顿

2021 年 9 月，城关镇组织志愿者对小区内的杂草杂物进行清理整理

2021 年 10 月，平罗县城关镇开展全员核酸检测实战演练

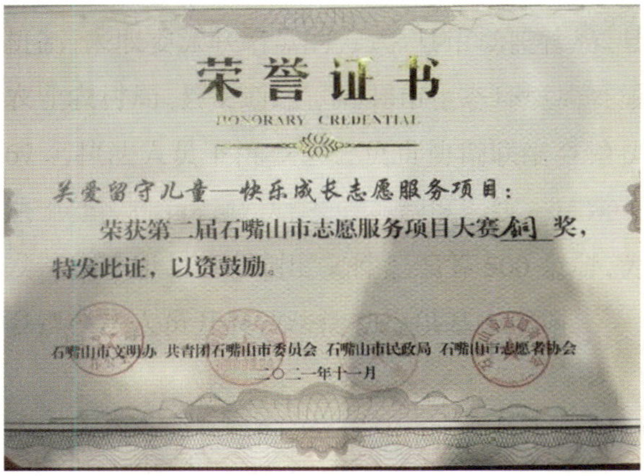

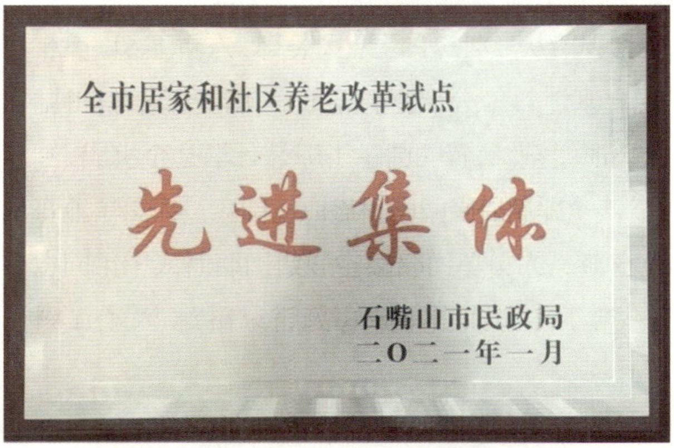

城关镇荣获以上牌匾、证书

陶乐镇组织干部职工进行义务植树

陶乐镇对农村人居环境进行整治

崇岗镇组织群众对树木进行涂白

崇岗镇组织群众对树木进行涂白

崇岗镇对村庄道路进行综合整治

崇岗镇组织农民开展红树莓采摘活动

村居环境美化

崇岗镇开展农民丰收节及红树莓采摘节活动

2021 年 12 月 23 日，平罗县主要领导到黄渠桥镇讲党课

2021 年 9 月 17 日，黄渠桥镇召开第十六届人民代表大会第一次全体会议

2021 年 7 月 8 日，平罗县人大常委会领导调研黄渠桥镇蔬菜制种园区

2021 年 10 月 5 日，黄渠桥镇组织全体镇村干部对黄宝路支沟进行清理整治

7 月 29 日，平罗县头闸镇“走进五彩种博园”首届乡村文化旅游节在西永惠村开幕

7 月 30 日，头闸镇西永惠村组织群众在五彩种博园开展采摘活动

10 月，头闸镇组织群众进行农田水利基本建设

头闸镇五彩种博园

姚伏镇曙光村大社区建设

姚伏镇移动大棚蔬菜种植

姚伏镇农田水利基本建设现场

姚伏镇曙光村“一块田”改革试点

2021 年 10 月，高仁乡组织全体乡村干部在东沙村 2 组开展秋季绿化

2021 年 12 月，高仁乡六顷地村开展“两节”文化活动排练

2021 年 6 月，高仁乡特色产业——沙漠瓜菜

盛华阳光产业园养殖场

盛华阳光产业园“乐牧肥牛”品牌养殖

荣　誉

先进个人

全区脱贫攻坚先进个人

中共宁夏回族自治区委员会

宁夏回族自治区人民政府

2021 年 4 月

朱　辉　平罗县委副书记、政法委书记

宋志斌　县住房和城乡建设局党组书记、局长

董绍兵　农业农村局党组副书记、副局长

万志平　县扶贫开发服务中心干部

李　波　黄渠桥镇党委副书记

刘万俊　姚伏镇党委委员、副镇长

尚　亮　高庄乡人民政府乡长助理、扶贫专干

王仲良　通伏乡畜牧干事、扶贫专干

吴新宁　红崖子乡驻村工作队队长兼第一书记

全区“七五”普法工作先进个人

中共宁夏回族自治区委员会　区人民政府

2021 年11 月

马亚西　县政府办公室副主任

谢生良　司法局局长

李　蓉　税务局法制股股长

张　楠　城关镇调委会调解员

全区优秀共产党员

中共宁夏回族自治区委员会

2021 年 6 月

蒋洪波　平罗县盈丰农贸有限公司党支部书记、董事长

马新民　平罗中学党委副书记、校长

王永虎　平罗县姚伏镇沙渠村党支部委员、村委会副主任

全区优秀党务工作者

中共宁夏回族自治区委员会

2021 年 6 月

李红梅　城关镇明珠社区党支部书记、居委会主任

魏剑云　姚伏镇曙光村党支部书记、村委会主任

2020年度查处王某某重大侵权盗版案件有功个人

国家版权局

2021年6月

邵　岚　平罗县委宣传部外宣办

陈东升　平罗县公安局

张　莉　平罗县人民检察院第二检察部

王　强　平罗县人民法院

自治区移风易俗模范户

自治区精神文明建设指导委员会

2021年5月

张丽荣家庭　城关镇政府的金源社区

张　荣家庭　崇岗镇崇富村

王万财家庭　红崖子乡五堆子村

裴生福家庭　黄渠桥镇万家营村

马占军家庭　通伏乡永华村

全区铁路护路联防工作先进个人

宁夏铁路护路联防工作领导小组

2021.12

张志波　平罗县专职护路人员

杨金莲　平罗县姚伏镇党委副书记

顾海涛　平罗县公安局姚伏派出所所长

陆新芳　平罗县城关五小教师

全区第七次全国人口普查先进个人

宁夏回族自治区第七次全国人口普查领导小组办公室

2021年12月

石　颖(女)　石嘴山市平罗县统计局副局长

王其玲（女）　石嘴山市平罗县统计局四级主任科员

李　姗(女)　石嘴山市平罗县统计局聘用人员

李　媛（女）　石嘴山市平罗县城关镇人民政府铁东社区居委会主任

李　玲（女）　石嘴山市平罗县农牧场生产科工作人员

马秀霞（女）　石嘴山市平罗县黄渠桥镇人民政府统计专干

梁佳宝（女）　原石嘴山市平罗县崇岗镇人民政府统计专干

赵冬梅（女）　石嘴山市平罗县头闸镇人民政府农技人员

赵富兰（女）　石嘴山市平罗县宝丰镇人民政府中方村妇联主席

白敬红（女）　石嘴山市平罗县姚伏镇人民政府沙湖社区工作者

赵未花（女）　石嘴山市平罗县灵沙乡人民政府统计专干

杜立业　石嘴山市平罗县陶乐镇人民政府统计专干

罗　君　石嘴山市平罗县渠口乡人民政府统计专干

刘　涛（女）　石嘴山市平罗县高仁乡人民政府综合办公室主任

许　娜　石嘴山市平罗县公安局治安管理大队副大队长

2020年度自治区“最美庭院”

自治区妇联　自治区农业农村厅

2021年1月

张伟浩　城关镇星火村

田　奔　头闸镇西永惠村

马生江　通伏乡兴林村

张国顶　通伏乡兴林村

马宗贵　通伏乡兴林村
马成俊　高庄乡东风村
梁　涛　黄渠桥镇黄渠桥村
张万龙　宝丰镇吴家湾村
丁会萍　宝丰镇新渠村
王金虎　灵沙乡胜利村
刘兰花　灵沙乡何家村
马玉梅　灵沙乡何家村
马耀林　红崖子乡红瑞村
马成龙　红崖子乡红瑞村
马孝忠　红崖子乡红瑞村
禹红兴　红崖子乡红翔新村
杨　平　陶乐镇庙庙湖村
王安余　陶乐镇庙庙湖村
马义军　陶乐镇庙庙湖村
马杰平　陶乐镇庙庙湖村

全市优秀共产党员

中共石嘴山市委员会

2021 年 6 月

宋志斌　住房和城乡建设局党组书记、局长
刘　毅　宝丰镇宝丰村党支部书记、村委会主任
张瑞宁　城关镇北苑社区党总支书记、居委会主任
邵秀琴　城关第五小学教师
周生林　绿康林家庭农场负责人
谢建军　县人民医院外科党支部书记、泌尿外科主任
陈文杰　审批服务管理局副局长
丁光山　陶乐镇党委委员、武装部长、庙庙湖村驻村工作队队长
何洪兵　平罗中学教师
张　瑞　城关镇党委委员、副镇长
方希安　崇岗镇崇岗村党支部书记、村委会主任
马锦波　德渊水务有限公司党支部书记、经理
裴卓强　种业协会党支部委员、宁夏泰金种业股份有限公司董事长
杨　静　平罗工业园区应急管理与生态环境局局长
牛学刚　平罗县金牛牧业有限公司总经理
马学文　高庄乡新村党支部书记、村委会主任
许利峰　市场监督管理局综合管理室主任、计量站副站长
郝学山　宁夏晟晏集团能源循环经济有限公司党支部书记、工会主席
雍立常　交通运输综合执法大队办公室主任
刘新芳　县融媒体中心记者
王生军　黄渠桥镇中心卫生院副院长
肖铁毛　陶乐镇东街社区退休人员
卢淑娟　公安局城关派出所民警
李国民　灵沙乡田家村党支部书记、村委会主任
马金国　农技中心党支部书记、主任

全市优秀党务工作者

中共石嘴山市委员会

2021 年 6 月

王　霞　组织部副部长、机关工委常务副书记
万　娟　县法院党组成员、政治部主任
党桂香　陶乐镇西街社区党支部书记、居委会主任
毛金凤　姚伏镇灯塔村党支部书记、村委会主任
杨瑞明　黄渠桥镇联丰村党支部书记、村委会主任
马瑞芬　县房屋产权产籍管理所党支部副书记

石嘴山市精神文明建设工作先进个人

石嘴山市文明委

2021 年 5 月

张彦瑞　平罗县职业教育中心团委副书记
叶建宁　平罗县灵沙九年制学校党支部书记、校长
姚淑萍　城关三小教师
罗风艳　第二幼儿园园长
郭建平　渠口中心学校校长
吴　超　平罗中学教师、团委书记
李　军　崇岗九年制学校团总支书记
马　荣　宣传部为民创建办主任
安　婷　红崖子乡组织委员
梁　雯　公安局政工室民警
李　哲　司法局办公室主任
马泽星　法院科员
李静荣　城关镇玉黄阁社区党支部书记
曹　静　城关镇和平社区党支部书记
丰　潇　发展和改革局经济运行办主任
张伏寿　宝丰镇陆渠村党支部书记
王　倩　红崖子乡党建办副主任
陈建军　姚伏镇沙渠村党支部书记
金自云　科协副主任
邓振芳　城关镇新建村党支部书记
沙如月　灵沙乡组织委员
柴秀珍　红十字会干部
王　丹　图书馆工作人员
李　萧　头闸镇工作人员
吴晓瑞　渠口乡党委副书记
尤小燕　陶乐镇东街社区居民
贺新明　高仁乡高仁村党支部书记
刘　婷　组织部干部
高婷婷　高庄乡纪委书记
赵　佳　乐县委办科员
金　鑫　人大办科员
高　波　政府办科员
余佳帆　县委办科员
徐嘉伟　创城办干部
郭雪航　融媒体中心干部
张　晨　市场监督管理局科员
雍海龙　公共事业管理所副所长
刘鹏飞　城关派出所民警
夏慧娟　交通局干部
黄丽蓉　崇岗镇组织委员

2021 年石嘴山市健康家庭

石嘴山市妇联、市卫健委、市爱卫会办公室

2021 年 11 月

马巧梅家庭　城关镇明苑社区
周金才家庭　城关镇铁东社区
赵秀莲家庭　崇岗镇下庙村
党平娣家庭　姚伏镇北营子村
周生林家庭　通伏乡通城村
杨忠义家庭　渠口乡银星村
王翠玲家庭　灵沙乡东润村
王金虎家庭　灵沙乡胜利村
张万龙家庭　宝丰镇吴家湾村
丁会萍家庭　宝丰镇新渠村
马文林家庭　宝丰镇陆渠村
张宏春家庭　城关镇饮马湖社区
马建新家庭　高庄乡北长渠村
刘静萍家庭　城关镇饮马湖社区
伏翠红家庭　高仁乡东沙村

2021年平罗县先进个人名录

表8

姓　名	单位	获奖名称	获奖时间	授奖单位
王　强	平罗县人民法院	全国扫黑除恶专项斗争先进工作者	2021年1月	全国扫黑除恶专项斗争领导小组
王继萍	平罗县统计局局长	第七次全国人口普查先进个人	2021年9月	国务院第七次全国人口普查领导小组
王　强	县融媒体中心	全国新闻出版广播影视系统先进工作者	2021年1月	全国新闻出版广播影视系统评选表彰工作领导小组
杨丽荣	县颐养中心	全国养老护理职业技能大赛优胜奖	2021年12月	民政部、人力资源和社会保障部
吴保林	宝丰镇关村	抗击新冠肺炎疫情突出贡献农民	2021年1月	农业农村部
黄　姣	司法局	2016—2020全国普法工作先进个人	2021年12月	宣传部、司法部、全国普及法律常识办公室
陈雨荣	黄渠桥镇司法所副所长	“全国司法所模范个人”称号	2021年10月	司法部
黄利锋	亨利冶金集团	全国群众体育先进个人	2021年9月	国家体育总局
杨淑梅	高仁乡八顷村村民	荣登“中国好人榜”	2021年10月	中国文明网
蒋洪波	平罗县盈丰农贸有限公司董事长	2021年度全国“十佳农民”	2021年9月	农业农村部
王　娟	县就业创业服务局	2021年度全国就业宣传工作先进个人	2021年11月	中国就业促进会
周　茜	县职业教育中心	职业院校数字校园建设实验校项目工作成绩突出个人	2021年4月	中央电化教育馆
周　茜	县职业教育中心	2020年度教育部1+X老年照护职业技能等级证书试点项目考核评价工作优秀组织管理者	2021年6月	教育部1+X老年照护职业技能等级证书试点项目西安考评站
梁　静	城关镇人大主席	自治区精神文明建设工作先进工作者	2021年5月	自治区精神文明建设指导委员会
祁　燕	平罗县文化馆	自治区精神文明建设工作先进工作者	2021年5月	自治区精神文明建设指导委员会
王　浩	灵沙乡党委副书记乡长	自治区未成年思想道德建设工作先进工作者	2021年5月	自治区精神文明建设指导委员会
罗　静	司法局	自治区政法百名先进典型	2021年6月	全区政法队伍教育整顿领导小组
王　强	平罗县人民法院	自治区政法百名先进典型	2021年6月	全区政法队伍教育整顿领导小组
宋志斌	县住房和城乡建设局	全区打赢蓝天保卫战先进个人	2021年6月	区生态环境保护领导小组办公室
王学军	县纪委	全区扫黑除恶专项斗争先进个人	2021年8月	自治区扫黑除恶专项斗争领导小组
白　静	陶乐镇农业服务中心主任	全区岗位学雷锋标兵	2021年2月	自治区党委宣传部
王　霞	县委组织部副部长	全区“最美公务员”	2021年11月	自治区党委组织部
王　俊	市场监督管理局	先进会计工作者	2021年12月	自治区财政厅
丁燕辉	市场监督管理局	安全生产先进个人	2021年12月	自治区安全生产委员会办公室
马瑞玲	平罗县人民法院	全区法院先进个人	2021年2月	自治区高级人民法院

续表 8

姓　名	单位	获奖名称	获奖时间	授奖单位
姚允尘	平罗县人民法院	全区庆祝中国共产党成立 100 周年理论征文活动优秀奖	2021 年 7 月	自治区宣传部
朱红刚	平罗县人民检察院	全区检察业务专家	2021 年 3 月	自治区检察院
石　浩	平罗县人民检察院	2021 年度全区政法新闻宣传工作先进个人	2021年10月	宁夏法治报社
赵　鑫	平罗县人民检察院	2021 年度全区政法新闻宣传工作先进个人	2021年10月	宁夏法治报社
解　敏	县就业创业服务局	2021 年度全区创业报表统计工作先进个人	2021年12月	自治区就业与创业服务局
王海东	县就业创业服务局	2021 年度全区创业担保贷款工作先进个人	2021年12月	自治区就业与创业服务局
刘杰瑞 李成阳 朱登利 陈　磊	县公安局渠口派出所	自治区公安厅个人嘉奖	2021 年 8 月	自治区公安厅
马浩渊	县公安局刑侦大队	自治区公安厅个人嘉奖	2021 年 1 月	自治区公安厅
王正溪	县公安局刑侦大队	自治区公安厅个人三等功	2021 年 8 月	自治区公安厅
闫　河	县公安局刑侦大队	自治区公安厅个人三等功	2021 年 8 月	自治区公安厅
景星宇	县公安局缉毒大队	全区禁毒先进个人	2021 年 6 月	自治区禁毒委员会
马学林	县公安局国保大队	维护政治安全工作个人嘉奖	2021 年 7 月	自治区公安厅
王　鹏	渠口乡	2021　年疫情防控工作优秀青年	2021年12月	共青团宁夏区委 宁夏志愿者协会
周　茜	县职业教育中心	2021 年全区职业院校技能大赛中获得优秀工作者	2021 年 6 月	宁夏职业院校技能大赛组委会
王惠英	县职业教育中心	庆祝建党 100 周年文艺汇演活动中小合唱《我和我的祖国》获最佳表演奖	2021 年 6 月	宁夏职业技术学院宁夏开放大学
王惠英	县职业教育中心	宁夏开放大学 2021 年度优秀班主任	2021 年 6 月	宁夏职业技术学院宁夏开放大学
丁荣荣	县职业教育中心	宁夏乡村振兴职业技能大赛“养老护理员”比赛中，所指导选手荣获一等奖，被评为优秀指导教师	2021 年 7 月	宁夏职业院校技能大赛组委会、自治区人力资源和社会保障厅等
丁荣荣	县职业教育中心	全国乡村振兴职业技能大赛 “育婴员学生组项目”比赛中，所指导选手荣获优胜奖，被评为“优秀指导教练”	2021年11月	自治区人力资源和社会保障厅、自治区乡村振兴局
杨　洁	县职业教育中心	全区职业院校技能大赛中等职业学校班主任能力比赛一等奖	2021 年 8 月	自治区教育厅
台维吾尔族	县职业教育中心	全区职业院校技能大赛中等职业学校班主任能力比赛二等奖	2021 年 8 月	自治区教育厅
蔡　科	县职业教育中心	第 35 届宁夏青少年机器人竞赛中荣获“优秀教练员”称号	2021 年 1 月	宁夏青少年科技创新大赛组委会
戴璐璐	县职业教育中心	宁夏开放大学课程思政教学设计大赛中荣获基层电大组三等奖	2021 年 5 月	宁夏广播电视大学
张爱霞	县职业教育中心	宁夏开放大学课程思政教学设计大赛中荣获基层电大组三等奖	2021 年 5 月	宁夏广播电视大学

续表8

姓　名	单位	获奖名称	获奖时间	授奖单位
仇淑娟	县职业教育中心	宁夏乡村振兴职业技能大赛“养老护理员”比赛中，所指导选手荣获一等奖，被评为优秀指导教练	2021年7月	自治区人力资源和社会保障厅等单位
张彦瑞	县职业教育中心	宁夏乡村振兴职业技能大赛“育婴员项目”比赛中，所指导选手荣获一等奖，被评为优秀指导教练	2021年7月	自治区人力资源和社会保障厅等单位
王尚忠文化大院	黄渠桥镇通润村	优秀农民文化大院	2021年12月	自治区文化和旅游厅
祁　燕 王爱华 王　飞	县文化馆	2021年“欢乐宁夏”全区群众文艺会演中小品《验收之前》荣获创作奖戏剧小品类一等奖，荣获优秀辅导奖	2021年12月	自治区文化和旅游厅
白　静	陶乐镇	2021年度五一巾帼标兵	2021年3月	石嘴山市总工会

先进集体

全区脱贫攻坚先进集体

中共宁夏回族自治区党委、区政府

2021年4月

平罗县宝丰镇人民政府

平罗县城关镇太西社区居民委员会

中共平罗县陶乐镇庙庙湖村总支委员会

中共平罗县红崖子乡委员会

平罗县红崖子乡红翔新村驻村工作队

平罗县人力资源和社会保障局

平罗县扶贫开发服务中心

全区先进基层党组织

中共宁夏回族自治区委员会

2021年6月

平罗县通伏乡党委

平罗县通伏乡新丰村党支部

平罗县审批服务局党支部

宁夏神州轮胎有限公司党支部

2020年度查处重大侵权盗版案件有功单位

国家版权局

2021年6月

平罗县“扫黄打非”办公室

平罗县公安局

平罗县人民检察院第二检察部

平罗县人民法院刑事审判庭

全区农村人居环境整治示范村

自治区改善人居环境工作领导小组

2021年1月

平罗县宝丰镇吴家湾村平罗县灵沙乡富贵村

平罗县高庄乡东风村

平罗县头闸镇西永惠村

全区第七次全国人口普查先进集体

自治区第七次全国人口普查领导小组办公室

2021 年 12 月

平罗县统计局

平罗县城关镇人民政府

平罗县姚伏镇人民政府

平罗县高庄乡人民政府

平罗县通伏乡人民政府

平罗县红崖子乡人民政府

2021 年第一批自治区健康细胞示范点(户)

自治区爱国卫生运动委员会

2021 年 8 月

平罗县陶乐镇西街社区

平罗县宝丰镇吴家湾村

平罗县灵沙乡胜利村

国家税务总局平罗县税务局

平罗第三幼儿园

平罗县委党校

平罗第七中学

平罗县城关第八小学

宁夏吉元冶金集团有限公司

平罗县宝丰镇新渠村李学梅家庭

2021 年第二批自治区健康细胞示范点(户)

自治区爱国卫生运动委员会

2022 年 1 月

平罗县崇岗镇常青村

平罗县城关镇铁东社区

平罗县贝利特化学股份有限公司

平罗县城关镇饮马湖社区张宏春家庭

平罗县城关镇饮马湖社区刘静萍家庭

平罗县城关镇铁东社区周金才家庭

平罗县宝丰镇新渠村丁会萍家庭

平罗县高仁乡东沙村伏翠红家庭

宁夏特色旅游村镇

自治区文化和旅游厅

2021 年 7 月

平罗县高仁乡六顷地村

平罗县崇岗镇常青村

平罗县头闸镇西永惠村

全市先进基层党组织

中共石嘴山市委员会

2021 年 6 月

平罗县姚伏镇小店子村党支部

平罗县政协机关党支部

平罗县公安局交警大队党支部

平罗县高仁乡六顷地村党支部

平罗县城关第一小学党支部

平罗县城关镇东苑社区党支部

平罗县陶乐镇中心卫生院党支部

平罗县人民法院刑事和行政审判庭党支部

石嘴山市精神文明建设工作先进集体

石嘴山市精神文明建设指导委员会

2021 年 5 月

平罗县城关七小

平罗县劳动保障监察执法局

平罗县妇女联合会

平罗县新时代文明实践中心办公室

平罗县人民检察院

平罗县陶乐镇文明实践所

平罗县黄渠桥文明实践所

平罗县教育体育局
平罗县城关镇东苑社区文明实践站
平罗县财政局
宁夏吉源循环发展有限公司
平罗县纪委监委
平罗县通伏乡通城村红白理事会
平罗县委组织部
平罗县城关镇明珠红马甲志愿服务队
平罗调查队
平罗县城关镇人民政府
平罗县公安局
平罗县住房和城乡建社局

2021年平罗县先进集体名录

表9

单位	获奖名称	获奖时间	授奖单位
平罗县	平安中国建设示范县	2021年12月	平安中国建设协调小组
平罗县	全国农业现代化示范区	2021年11月	农业农村部、财政部和国家发改委
平罗县	2021—2025年度第二批全国科普示范县	2021年11月	中国科协
平罗县	自治区移风易俗先进县	2021年5月	自治区精神文明建设指导委员会
陶乐镇	全国脱贫攻坚先进集体	2021年2月	中共中央、国务院
平罗中学	全国文明校园先进学校	2021年7月	中央宣传部
县残联	全国残疾人工作先进单位	2021年7月	国务院残疾人工作委员会
人力资源和社会保障局	全国根治拖欠农民工工资工作先进集体	2021年12月	国务院根治拖欠农民工工资工作领导小组
城关镇和平村农家书屋	全国先进农家书屋	2021年4月	中央宣传部、文化和旅游部、国家广播电视总局
河南新安职工书屋	全国职工书屋示范点	2021年11月	中华全国总工会
农业综合执法大队	全国农业综合执法示范窗口	2021年6月	农业农村部
平罗县丰农种子专业合作社	2020年国家农民合作社示范社	2021年6月	农业农村部、国家发改委、财政部、水利部、水务总局、市场监管局、国家林草局、供销合作总社
平罗县星鑫农副产品流通专业合作社	2020年国家农民合作社示范社	2021年6月	农业农村部、国家发改委、财政部、水利部、水务总局、市场监管局、国家林草局、供销合作总社
平罗县高仁乐海山西瓜专业合作社	2020年国家农民合作社示范社	2021年6月	农业农村部、国家发改委、财政部、水利部、水务总局、市场监管局、国家林草局、供销合作总社
陶乐镇庙湖村	第二批全国乡村治理示范村	2021年9月	农业农村部农村合作经济指导司
平罗县维宝家庭农场	全国开展科学高效种粮.新装备新技术促进家庭经营提质增效典型案例	2021年11月	农业农村部办公室

续表 9

单位	获奖名称	获奖时间	授奖单位
县劳动保障监察执法局	2021 年全国清理整顿人力资源市场秩序专项行动突出单位	2021 年 8 月	人力资源和社会保障部办公室、公安部办公室、市场监督管理总局办公室
城关镇和平村	第九届全国服务农民、服务基层文化建设先进集体	2021 年 8 月	中宣部办公厅、文化和旅游部办公厅、国家广电总局办公厅
县融媒体	选送的《4C00 多个蔬菜新品种亮相——来宁夏平罗赴一场“种子盛会”》作品荣获 2021 年第 4 期全国县级融媒体中心优秀作品双月赛三等奖	2021 年 10 月	中央宣传部新闻局和宣传舆情研究中心、“学习强国”学习平台
县融媒体中心	选送的《白静志愿“支农”一直在路上》作品荣获 2021 年“咱们村里的年轻人”短视频征集活动优秀作品奖	2021 年 7 月	新华社
高仁乡六顷地村	第三批全国乡村旅游重点村	2021 年	文化和旅游部国家发展改革委员会
宁夏沙湖旅游股份有限公司	全国文化和旅游系统先进集体	2021 年 11 月	人力资源和社会保障部 文化和旅游部
就业创业服务局	2021 年度全国就业宣传工作先进单位	2021 年 11 月	中国就业促进会
县科协	全国科技活动周及重大示范活动中优秀组织单位	2021 年 6 月	中国科协
县科协	全国科普日活动优秀组织单位	2021 年 11 月	中国科协
县科协	“田间课堂科技志愿服务项目” 荣获全国科技志愿服务先进典型	2021 年 11 月	中国科协
县教体局	全国群众体育先进单位	2021 年 9 月	国家体育总局
城关三小	全国校园冰雪运动特色学校	2021 年 9 月	教育部
城关五小	第三批全国中小学中华优秀传统文化传承学校	2021 年 11 月	教育部
职业教育中心	“老年照护”项目荣获教育部 1+X 项目的突出贡献奖	2021 年 3 月	教育部
职教中心	2021 年全国职业院校技能大赛教学能力比赛专业技能课程二组中职组三等奖	2021 年 12 月	教育部
县市场监督管理局食品室	全国“市场监管卫士”集体	2021 年 12 月	国家市场监督管理总局
平罗中学	全国青少年人工智能活动特色单位	2021 年 9 月	中国科协中国青少年科协
县教体局	国家义务教育质量监测实施优秀组织单位	2021 年 12 月	教育部基础教育质量监测中心
平罗三幼平罗一幼	全国“家校共育”数字化项目“家园共育”示范幼儿园	2021 年 5 月	国家教育行政学院家庭教育研究中心、全国家校社区共育先进经验推广指导办公室

续表 9

单位	获奖名称	获奖时间	授奖单位
城关镇玉皇阁社区	第五批全国“扫黄打非”进基层示范点	2021 年 12 月	全国“扫黄打非”工作小组办公室
宁夏广播电视大学平罗分校	“一村一名大学生计划”优秀教学单位	2021 年 1 月	国家开放大学
县农业农村局	全区脱贫攻坚先进集体。	2021 年 4 月	自治区党委　区人民政府
县司法局	自治区未成年人思想道德建设工作先进单位	2021 年 5 月	自治区精神文明建设指导委员会
黄渠桥镇	黄渠桥镇	2021 年 5 月	自治区精神文明建设指导委员会
城关镇新建村	自治区移风易俗先进村	2021 年 5 月	自治区精神文明建设指导委员会
城关镇金顺社区	全区学雷锋志愿服务社区	2021 年 5 月	自治区宣传部等 17 个单位
陶乐镇东街社区	自治区精神文明建设工作先进集体	2021 年 5 月	自治区精神文明建设指导委员会
黄渠桥镇文化站	全区红色故事解说视频作品一等奖	2021 年 4 月	自治区党委宣传部 国防教育办公室
黄渠桥镇文化站	第六批自治区级非物质文化遗产代表性项目—黄渠桥老豆腐制作技艺	2021 年 6 月	自治区人民政府
县农业技术推广中心	宁夏特色瓜菜产业关键技术创新示范科学技术进步一等奖	2021 年 6 月	自治区人民政府
县农业技术推广中心	宁夏主要粮食作物病虫草害农药减量控害技术示范推广项目科学技术进步二等奖	2021 年 6 月	自治区人民政府
县农业技术推广中心	宁夏防治稻瘟病芽孢杆菌剂研发与生防机制研究科学技术进步三等奖	2021 年 6 月	自治区人民政府
宁夏迎春食品有限公司	自治区重点龙头企业	2021 年 4 月	自治区农业农村厅、财政厅、发改委
头闸中心学校	自治区文明校园	2021 年 4 月	自治区精神文明建设指导委员会
姚伏镇灯塔村红白理事会	第二届自治区移风易俗工作先进红白理事会	2021 年 5 月	自治区精神文明建设指导委员会
宝丰镇吴家湾村红白理事会	第二届自治区移风易俗工作先进红白理事会	2021 年 5 月	自治区精神文明建设指导委员会
高仁乡六顷地村红白理事会	第二届自治区移风易俗工作先进红白理事会	2021 年 5 月	自治区精神文明建设指导委员会
平罗二幼	自治区文明单位	2021 年 4 月	自治区精神文明建设指导委员会
县市场监督管理局	2021—2023 自治区文明单位	2021 年 4 月	自治区精神文明建设指导委员会
县市场监督管理局	自治区精神文明建设先进集体	2021 年 5 月	自治区精神文明建设指导委员会
城关四小	自治区教育系统先进基层党组织	2021 年 6 月	自治区教育工委 自治区教育厅党组

续表 9

单位	获奖名称	获奖时间	授奖单位
平罗二幼	2020 年度自治区级“健康促进学校”	2021 年 3 月	自治区卫生健康委办公室
姚伏镇	全区铁路护路联防工作先进集体	2021 年 12 月	宁夏铁路护路联防工作领导小组
城关镇太西社区	全区铁路护路联防工作先进集体	2021 年 12 月	宁夏铁路护路联防工作领导小组
县农业农村局	2020 年全区实施乡村振兴战略先进集体二等奖	2021 年 1 月	自治区党委农村工作领导小组
县农业农村局	2021 年度全区农田水利基本建设“黄河杯”竞赛一等奖	2022 年 1 月	自治区农田水利基本建设指挥部
县农业农村局	2021 年度全区乡村振兴“一村一年一事”一等奖	2021 年 1 月	自治区党委农办
县委宣传部	自治区“国防教育基地红色故事解说视频作品”荣获一等奖	2021 年 4 月	自治区党委宣传部、自治区国防教育办公室
县纪委监委	全区“七五”普法工作先进集体	2021 年 11 月	中共宁夏党委
县司法局	全区“七五”普法工作先进集体	2021 年 11 月	中共宁夏党委
县文化馆	全区学雷锋活动示范点	2021 年 2 月	自治区党委宣传部
平罗县第六中学	自治区文明校园先进学校	2021 年 7 月	自治区党委宣传部
平罗县渠口中心学校	自治区文明校园先进学校	2021 年 7 月	自治区党委宣传部
县委宣传部	全区第五届社会主义核心价值观主题微电影(微视频)大赛二等奖(选送作品《西瓜地里的笑声》)	2021 年 3 月	自治区党委宣传部
县文化馆	全区学雷锋活动示范点	2021 年 2 月	自治区党委宣传部
县委宣传部	2020 年度自治区“晒文旅·晒优品·促消费大型文旅推介活动”最佳传播奖	2021 年 3 月	自治区“两晒一促”活动办公室
德渊市政	庆祝中国共产党成立 100 周年“颂歌献给党——全区劳动之歌”合唱大赛优秀奖	2021 年 10 月	自治区总工会、自治区文化旅游厅
县文化旅游广播电视局	2021 年“欢乐宁夏”全区群众文艺会演优秀组织奖单位	2021 年 12 月	自治区文化和旅游厅
县文化馆	2021 年“欢乐宁夏”全区群众文艺会演中小品《验收之前》荣获创作奖戏剧小品类一等奖	2021 年 12 月	自治区文化和旅游厅
县文化旅游广播电视局	获得第七届“迎新春”全区群众书法绘画摄影大赛优秀组织奖	2021 年 1 月	自治区文化和旅游厅
宁夏沙湖旅游景区	自治区级文明旅游示范单位	2021 年 6 月	自治区文化和旅游厅

续表 9

单位	获奖名称	获奖时间	授奖单位
县文化馆	实施的“梨园新苗唱大戏——平罗县非遗(戏曲)进校园”活动入选宁夏优秀保护实践案例	2021 年 12 月	自治区文化和旅游厅
黄渠桥镇文化站	自治区优秀综合文化站	2021 年 12 月	自治区文化和旅游厅
县公安局	全区禁毒工作先进集体	2021 年 6 月	自治区禁毒委员会
县公安局刑侦大队	集体三等功	2021 年 8 月	自治区公安厅
县公安局法治大队	扫黑除恶专项斗争表彰奖励集体嘉奖	2021 年 8 月	自治区公安厅
县公安局信访室	全区公安机关信访工作成绩突出集体	2021 年 6 月	自治区公安厅
高仁乡	2021 年全区标准化司法所	2022 年 1 月	自治区司法厅
县教体局	全区优秀自制教具评选组织奖	2021 年 8 月	自治区教育厅
县教体局	宁夏少年校园足球联赛　初中男子组第二名、女子组第三名，高中女子组第三名、男子组第四名	2021 年 12 月	自治区教育厅　体育厅
县教体局	第六届全国学生“学宪法、讲宪法”活动宁夏赛区杰出组织单位奖	2021 年 11 月	自治区教育厅办公室
县教体局	2021 年全区青少年轮滑锦标赛“体育道德奖”	2021 年 10 月	自治区体育局
县教体局	“宁夏中房杯”百乡千村广场舞大赛“我要上全运”全国第十四届运动会广场舞项目宁夏选拔赛全区总决赛优秀组织奖	2021 年 7 月	自治区体育局
县教体局	2021 年宁夏第八届社会体育指导员交流展示大赛健身秧歌三等奖	2021 年 10 月	自治区体育局
城关一小	2021 年中国青少年机器人“宁夏赛区”竞赛优秀学校	2021 年 5 月	宁夏青少年科技创新大赛组委会
城关六小	2021 年中国青少年机器人（宁夏赛区)竞赛一等奖 1 个、二等奖 1 个	2021 年 7 月	宁夏青少年科技创新大赛组织委员会
职教中心	2021 年全区职业院校技能大赛教学能力比赛进步奖	2021 年 8 月	自治区教育厅
县农业农村局	全区农业行政处罚案卷获优秀案卷	2021 年 11 月	自治区农业农村厅
县法院	2021 年度全区法院先进集体	2022 年 1 月	自治区高级人民法院
法院立案庭	全区法院先进集体	2022 年 2 月	自治区高级人民法院
法院头闸人民法庭	“塞上枫桥法庭”	2022 年 1 月	自治区高级人民法院

续表 9

单位	获奖名称	获奖时间	授奖单位
法院姚伏人民法庭	“塞上枫桥法庭”	2022 年 1 月	自治区高级人民法院
宁夏广播电视大学平罗分校	宁夏开放大学师生庆祝建党 100 周年主题教育“最佳组织奖、最佳表演奖”	2021 年 10 月	职业技术学院宁夏开放大学
县文化旅游广播电视局	庆祝中国共产党成立 100 周年“永远跟党走·幸福生活舞起来”全区广场舞大赛（石嘴山赛区）暨全市第八届“幸福舞步”广场舞大赛获得优秀组织奖和三等奖	2021 年 6 月	中共石嘴山市委宣传部等部门
县文化旅游广播电视局	在石嘴山市“社会主义是干出来的”主题演讲比赛获得优秀组织奖	2021 年 10 月	中共石嘴山市党史学习教育领导小组
宝丰镇	石嘴山市食品安全先进乡镇	2021 年 6 月	石嘴山市食品安全委员会
城关镇饮马湖社区	石嘴山市五星级和谐社区	2021 年 10 月	石嘴山市基层政权建设和社区治理工作领导小组
城关镇明珠社区	职工爱心托管班志愿服务项目荣获第二届石嘴山市志愿服务项目大赛铜奖	2021 年 11 月	市团委、市文明办、市民政局、市志愿者协会
城关镇明珠社区	关爱留守儿童—快乐成长志愿服务项目荣获第二届石嘴山市志愿服务项目大赛铜奖	2021 年 11 月	市团委、市文明办、市民政局、市志愿者协会

附　录

平罗县第七次全国人口普查数据情况

根据第七次全国人口普查结果，2020 年 11 月 1 日零时平罗县人口的基本情况如下：

一、总人口

全县常住人口为 274206 人。与 2010 年第六次全国人口普查的 253010 人相比，增加 21196 人，增长 8.38%，年平均增长率为 0.81%。全县共有家庭户 105905 户，集体户 2405 户，家庭户人口为 261790 人，集体户人口为 12416 人。平均每个家庭户的人口为 2.47 人，比 2010 年第六次全国人口普查减少 0.45 人。

二、民族人口

全县人口中，汉族人口为 171827 人，占 62.66%；各少数民族人口为 102379 人，占 37.34%，其中回族人口为 101335 人，占 36.96%。与 2010 年第六次全国人口普查相比，汉族人口减少 682 人，下降 0.40%；各少数民族人口增加 21878 人，增长 27.18%，其中回族人口增加 21372 人，增长 26.73%。

三、城乡人口

全县常住人口中，居住在城镇的人口为 163459 人，占 59.61%；居住在乡村的人口为 110747 人，占 40.39%。与 2010 年第六次全国人口普查相比，城镇人口增加 69364 人，乡村人口减少 48168 人，城镇人口比重上升 22.42 个百分点。

人户分离人口为 134907 人。流动人口中，外省流入人口为 14014 人，区内流动人口为 120893 人。与 2010 年第六次全国人口普查相比，人户分离人口增加 89612 人，增长 197.84%。

四、全县人口性别构成

全县常住人口中，男性人口为 139468 人，占 50.86%；女性人口为 134738 人，占 49.14%。总人口性别比（以女性为 100，男性对女性的比例）为 103.51，与 2010 年第六次全国人口普查总人口性别比 103.89 相比，下降 0.38 个百分点。

五、全县人口年龄构成

全县常住人口中，0~14 岁人口为 47166 人，占 17.20%；15~59 岁人口为 179160 人，占 65.34%；60 岁及以上人口为 47880 人，占 17.46%，其中 65 岁及以上人口为 33807 人，占 12.33%。与 2010 年第六次全国人口普查相比，0~14 岁人口的比重下降 1.07 个百分点，15~59 岁人口的比重下降 4.94 个百分点，60 岁及以上人口的比重上升 6.01 个百分点，65 岁及以上人口的比重上升 4.83 个百分点。

六、受教育程度人口

全县常住人口中，拥有大学（指大专及以上）文化程度的人口为 26214 人；拥有高中（含中专）文化程度的人口为 31816 人；拥有初中文化程度的人口为 110791 人；拥有小学文化程度的人口为 72226 人（以上各种受教育程度的人包括各类学校的毕业生、肄业生和在校生）。与 2010 年第六次全国人口普查相比，每 10 万人中拥有大学文化程度的由 4814 增至 9560 人；拥有高中文化程度的由 45587 人增至 11603 人；拥有初中文化程度的由 45587 人减少 40404 人；拥有小学文化程度的由 28658 人减少为 26340 人。全县常住人口中，15 岁及以上人口中的平均受教育年限由 2010 年 8.50 年提高至 8.96 年。

平罗县 2020 年国民经济和社会发展统计公报

2021 年，面对严峻复杂的国内外环境以及新冠肺炎疫情叠加冲击，全县上下全面贯彻党的十九大和十九届历次全会精神，弘扬伟大建党精神，认真贯彻落实中央、自治区、市委、县委、县政府决策部署，坚持稳中求进工作总基调，坚定践行新发展理念，科学统筹推进疫情防控和经济社会发展工作，扎实做好“六稳”工作、全面落实“六保”任务，完整、准确、全面贯彻新发展理念，经济运行稳定向好，民生保障有力有效，转型发展高质量发展取得新成效，实现了“十四五”良好开局。

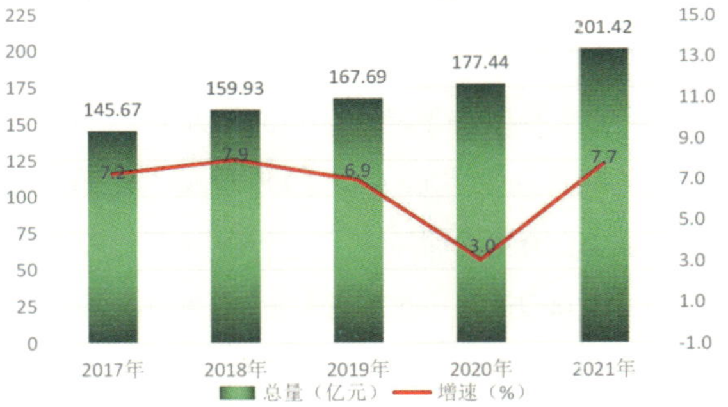

图 1　2017—2021 年全县地区生产总值及增速图

一、综合

经初步核算，2021 年全县完成地区生产总值 201.42 亿元，按不变价格计算，比上年增长 7.7%，其中，第一产业完成增加值 27.82 亿元，同比增长 2.3%；第二产业完成增加值 102.72 亿元，同比增长 8.8%；第三产业完成增加值 70.88 亿元，同比增长 8.6%。三次产业构成为 13.8∶51.0∶35.2，对经济增长的贏率分别为：4.73%、52.84%、42.43%。

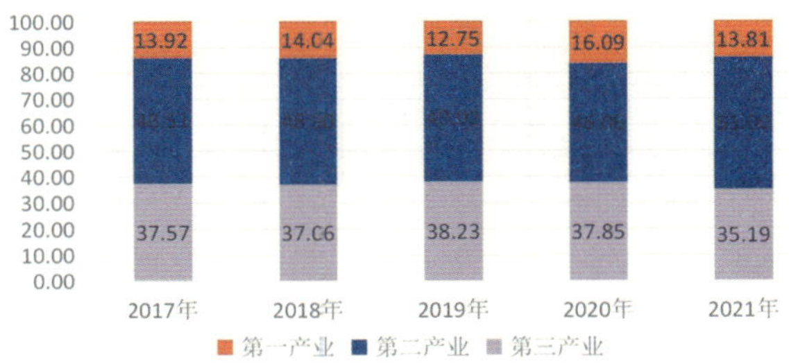

图 2　2017—2021 年全县三次产业增加值占地区生产总值比重图

指　　标	绝对值(万元)	比上年增长(%)
地区生产总值	2014241	7.7
农林牧渔业	287281	2.3
工业	904265	14.7
建筑业	122976	-16.5
批发和零售业	67941	12.6
交通运输、仓储和邮政业	81636	11.6
住宿和餐饮业	17806	8.9
金融业	68985	0.3
房地产业	46866	3.4
其他服务业	416484	9.5
第一产业	278162	2.3
第二产业	1027241	8.8
第三产业	708839	8.6

表 1　2021 年全县生产总值及增长速度表

年末全县常住总人口 27.5 万人，其中城镇人口 16.7 万人，乡村人口 10.8 万人，城镇化率 60.73%，比 2020 年提高 1.12 个百分点。全年出生人口 0.34 万人，人口出生率 12.36‰；死亡人口 0.22 万人，人口死亡率 8.0‰，人口自然增长率 4.36‰。

指标	年末数(万人)	比重(%)
常住人口	27.5	100
其中：城镇	16.7	60.73
农村	10.8	39.27
其中：汉族	17.23	62.66
回族	10.16	36.96
其他民族	0.11	0.38
其中：男性	14	50.91
女性	13.5	49.09

表 2　2021 年年末平罗县人口数及构成表

全年城镇新增就业人员 1999 人，比上年增加 286 人。城镇失业人员实现再就业人数 752 人，比上年减少 235 人。年末全县城镇登记失业率为 3.78%，比上年上升 0.07%。创业培训人数 918 人，技能培训人数 10136 人。创造新岗位 3499 个，创业担保贷款 0.57 亿元，全年农村劳动力转移就业人数 22655 人，实现工资收入 2.64 亿元。

全年居民消费价格总水平比上年上涨 0.6%。服务项目价格比上年上涨 1.2%；商品零售价格上涨 1.2%。

二、农业

全年完成农林牧渔业总产值 53.52 亿元，比上年增长 1.9%，其中，农业总产值 32.22 亿元，下降 5.2%；林业总产值 0.16 亿元，下降 10.5%；牧业总产值 15.17 亿元，增长 22.8%；渔业总产值 4.53 亿元，增长 6.7%；农林牧渔服务业总产值 1.44 亿元，增长 4.2%。

全年粮食作物播种面积 82.07 万亩，比上年下降 0.01%，其中，小麦种植面积为 8.76 万亩，下降 31.4%；水稻种植面积为 24.97 万亩，下降 0.9%；玉米种植面积为 45.14 万亩，增长 8.8%。蔬菜播种面积 12.08 万亩，下降 6.3%。

全年粮食总产量 39.4 万吨，比上年增长 1.1%。其中，小麦产量 3.01 万吨，下降 30.6%；水稻产量 12.13 万吨，增长 2.0%；玉米产量 23.65 万吨，增长 5.0%。蔬菜产量 40.5 万吨，下降 9.5%。

年末牛存栏 10.39 万头，增长 21.7%；出栏 3.34 万头，下降 15.4%。生猪存栏 3.0 万头，下降 17.6%；出栏 5.3 万头，增长 9.4%。羊存栏 48.22 万只，增长 15.1%；出栏 45.0 万只，增长 16.3%。家禽存栏 67.3 万只，增长 3.2%；出栏 101.9 万只，下降 34.3%。肉类总产量 2.0 万吨，增长

1.0%。禽蛋产量0.5万吨，增长32.8%。牛奶产量13.3万吨，增长167.7%。

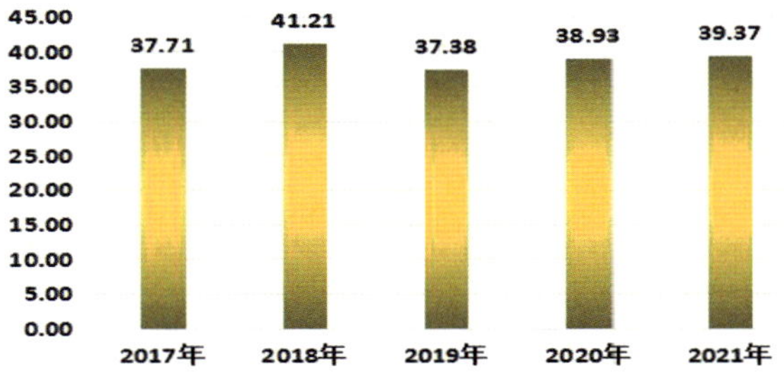

图3 全县2017—2021年粮食产量图（万吨）

三、工业和建筑业

全县工业增加值同比增长14.7%，其中，规模以上工业企业增加值增长16.8%。实现营业收入642.51亿元，增长52.8%。实现利润总额91.64亿元，增长79.9%。亏损企业47户，亏损额11.14亿元，下降3.6%。

主要工业产品产量增减情况：饮料2.94万吨，下降0.9%；大米4.20万吨，下降36.4%；活性炭24.14万吨，增长3.7%；铁合金205.38万吨，增长11.8%；石墨及碳素制品33.40万吨，下降34.0%；饲料3.55吨，增长122.5%；碳化钙（电石，折300升/千克）170.56万吨，增长32.1%；化学试剂0.38万吨，下降4.2%；硫酸（折100%）8.31万吨，下降0.7%；合成纤维聚合物7.88万吨，下降30.0%；化学农药原药（折有效成分100%）2.90万吨，增长42.3%；橡胶轮胎外胎122.62万条，增长20.5%；商品混凝土21.81万立方米，下降11.7%；精甲醇4.04万吨，增长9.0%；钢结构0.87万吨，增长51.5%；环境污染防治专用设备2台（套），下降60.0%；水泥77.04万吨，下降8.9%；合成氨（无水氨）5.97万吨，下降16.7%；化学药品原药1.19万吨，增长8.1%；甲醛1.28万吨，增长25.2%；精制食用植物油0.28万吨，增长12.1%；石灰53.90万吨，增长83.4%；隔热、隔音人造矿物材料及制品5.69万吨，增长15.4%。

产品名称	单位	产量	同比增长（%）
小麦粉	万吨	0.64	18.1
大米	万吨	4.20	–36.4
饲料	万吨	3.55	122.5
精制食用植物油	万吨	0.28	12.1
饲料添加剂	万吨	0.07	–32.0
饮料	万吨	2.94	–0.9
人造板	万立方米	2.06	–23.7
硫酸（折100%）	万吨	8.31	–0.7
碳化钙（电石，折300升/千克）	万吨	170.56	32.1
甲醛	万吨	1.28	25.2
精甲醇	万吨	4.04	9.0
合成氨（无水氨）	万吨	5.97	–16.7
化学农药原药（折有效成分100%）	万吨	2.90	42.3
合成纤维聚合物	万吨	7.88	–30.0
化学试剂	万吨	0.38	–4.2
活性炭	万吨	24.14	3.7
化学药品原药	万吨	1.19	8.1
橡胶轮胎外胎	万条	122.62	20.5
硅酸盐水泥熟料	万吨	119.38	–11.0
水泥	万吨	77.04	–8.9
石灰	万吨	53.90	83.4
商品混凝土	万立方米	21.81	–11.7
隔热、隔音人造矿物材料及其制品	万吨	5.69	15.4
玻璃纤维布	万米	3515.90	17.5
石墨及碳素制品	万吨	33.40	–34.0

续表

产品名称	单位	产量	同比增长(%)
生铁	万吨	7.15	-36.8
铁合金	万吨	205.38	11.8
钢结构	万吨	0.87	51.5
铸铁件	万吨	1.04	785.0
环境污染防治专用设备	台(套)	2	-60.0

表3　2021年全县主要工业产品产量及增速表

全县共有资质等级的建筑企业10家，全年完成建筑业总产值3.97亿元，同比下降29.3%；亏损300万元，增长7.3倍；建筑业企业房屋建筑施工面积26.55万平方米，增长40.3%。

四、固定资产投资

全社会完成固定资产投资同比下降4%，其中，县属投资完成增长1.2%，第一产业完成投资增长46.9%；第二产业完成投资下降20.4%；第三产业完成投资增长57.8%；房地产开发投资下降7%；国有投资下降31.4%，民间投资增长21.7%。全年商品房销售面积10.47万平方米，下降23.4%；商品房销售额3.31亿元，下降14.2%。

指　　标	单位	绝对数	同比增长(%)
房地产开发投资	亿元	2.11	-7.0
房屋施工面积	万平方米	32.60	-21.7
其中：住宅	万平方米	23.14	-23.2
其中：本年新开工面积	万平方米	10.40	18.3
房屋竣工面积	万平方米	10.30	-33.1
其中：住宅	万平方米	9.56	-26.2
商品房销售面积	万平方米	10.47	-23.4
其中：住宅	万平方米	10.03	-18.2
商品房待售面积	万平方米	12.56	-3.8

续表

指　　标	单位	绝对数	同比增长(%)
其中：住宅	万平方米	7.97	-7.4
商品房销售额	亿元	3.31	-14.2
其中：住宅	亿元	3.14	-6.0
本年实际到位资金	亿元	2.07	68.0
其中：自筹资金	亿元	0.00	-100.0
定金及预收款	亿元	1.44	171.5
个人按揭贷款	亿元	0.48	25.9
其他资金	亿元	0.15	-23.3

表4　2021年全县房地产开发和销售主要指标及增速表

五、交通运输业

年末，全县公路通车里程1646公里；高速公路里程数72.7公里；全年旅客运输量10.45万人；载货汽车6176辆，其中：普通载货汽车5027辆，危险货物运输车辆1149辆；载客汽车675辆，其中：出租车431辆，公交车82辆，线路7条，校车51辆，班线车111辆。

六、国内贸易

全年社会消费品零售总额33.10亿元，同比增长2.3%。分城乡看，城镇消费品零售总额28.50亿元，增长3.5%；乡村消费品零售总额4.60亿元，下降4.8%。分行业看，批发业零售总额9.50亿元，增长4.1%；零售业零售总额18.51亿元，增长0.8%；住宿业营业额2572万元，下降0.5%；餐饮业营业额4.83亿元，增长4.9%。分经济类型看，国有经济零售额0.26亿元，增长4.0%；股份制经济零售额4.76亿元，增长33.4%；集体经济零售额951万元，下降3.1%；私营经济零售额7.06亿元，增长4.6%；个体经济零售额 20.52 亿元，下降 3.6%。

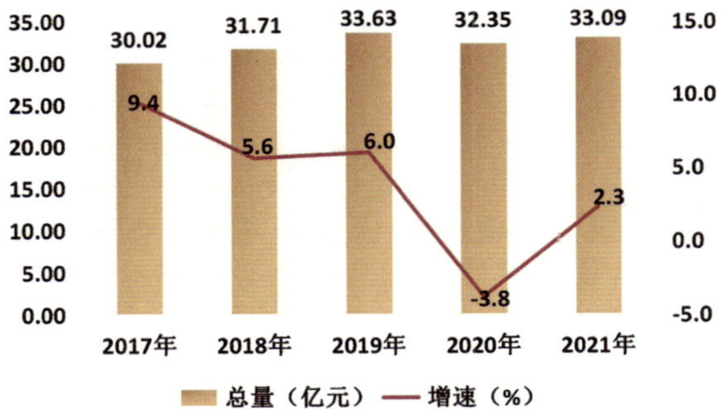

图 4　全县 2017—2021 年社会消费品零售总额及增速图

2021 年接待游客 70.23 万人次（含沙湖）；实现旅游总收入 11.11 亿元。

七、财政、金融

全年实现财政总收入 20.43 亿元，同比增长 28.6%。地方财政收入 11.03 亿元，增长 41.2%，完成地方一般公共预算收入 8.19 亿元，增长 15.2%。全年地方财政总支出 37.83 亿元，同比下降 17.2%。公共财政预算支出 36.80 亿元，下降 15.3%，其中，用于一般公共服务支出 3.05 亿元，下降 9.8%；用于教育支出 5.97 亿元，下降 8.7%；用于公共安全支出 1.31 亿元，下降 0.2%；用于社会保障和就业支出 6.03 亿元，增长 18.5%；用于卫生健康支出 2.28 亿元，下降 46.0%；用于节能环保支出 2.14 亿元，下降 43.6%；用于城乡社区事务支出 2.65 亿元，下降 19.5%；用于农林水事务支出 6.59 亿元，下降 2.9%。

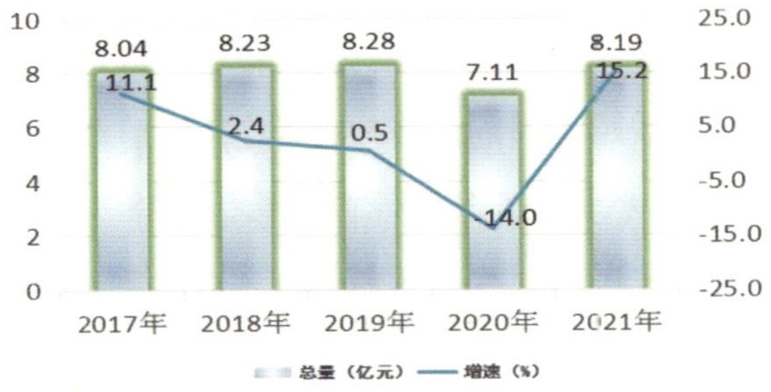

图 5　2017—2021 年全县地方一般公共预算收入及增速图

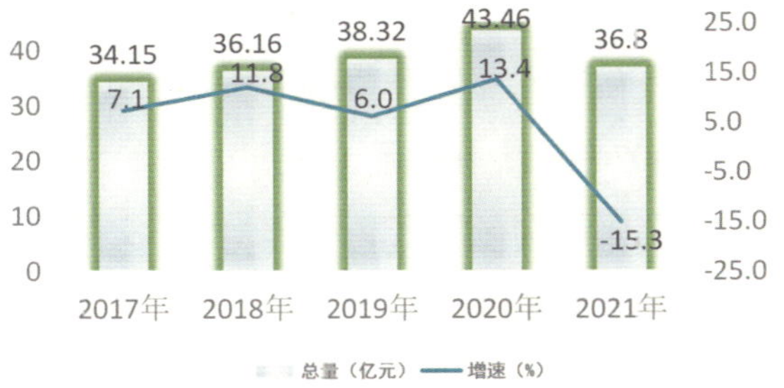

图 6　2017—2021 年全县地方一般公共预算支出及增速图

年末金融机构各项存款余额为 177.23 亿元，同比增长 7.7%，其中，居民储蓄存款余额 138.26 亿元，增长 4.3%。各项贷款余额为 124.24 亿元，同比下降 4.1%。

指标	年末数（亿元）	增长（%）
人民币各项存款	177.26	7.7
其中：住户存款	138.26	4.3
非金融企业存款	20.32	58.6
机关团体及财政性存款	18.64	−2.8
人民币各项贷款	124.24	−4.1
其中：住户贷款	49.37	−5.2
企（事）业单位贷款	74.86	−3.3

表 5　2021 年年末全县金融机构存贷款余额及增速表

八、教育、文化、卫生

年末全县共有幼儿园 33 所，其中公办 20 所（其中校中园 2 所），民办 13 所，在园幼儿 7872 人，教职工 1185 人，全县学前教育毛入园率为 95.5%。普通小学 24 所，在校学生 18586 人，专任教师数 1175 人，小学学龄人口入学率为 100%。中学 12 所，其中高级中学 2 所，初级中学 6 所，九年一贯制学校 4 所，在校学生 16602 人，专任教师数 1226 人，初中阶段毛入学率为

100%，高中阶段毛入学率为 94.1%，九年义务教育巩固率为 99.47%。中等职业教育学校 1 所，在校学生 4074 人，专任教师 116 人。

年末全县拥有文化馆 14 个，其中文化馆 1 个，分馆 13 个、档案馆 1 个、影院 2 个、博物馆 3 个、公共图书馆 4 个其中县级图书馆 1 个，分馆 3 个。公共图书馆藏书 12.6 万册。广播电视台 1 座，广播综合人口覆盖率 100%，有线电视数字用户 35073 户，电视综合人口覆盖率 100%。

年末全县共有医疗卫生机构 227 个，其中：医院 12 个、乡镇卫生院 14 个、社区卫生服务站 5 个、妇幼保健计划生育服务中心 1 个、健康体检中心 1 个、疾病预防控制中心 1 个、卫生监督所 1 个、村级卫生室 121 个。医疗卫生机构共有床位 1330 张；卫生技术人员 1872 人，执业（助理）医师 786 人，注册护士 801 人。

九、居民收入消费和社会保障

2021 年，全县城镇居民人均可支配收入 32299 元，同比增长 8.8%；扣除价格因素，实际增长 8.2%。其中，人均工资性收入 19041 元，增长 11.2%；人均经营净收入 5847 元，增长 8.8%；人均财产净收入 581 元，下降 43.2%；人均转移净收入 6830 元，增长 10.8%。城镇居民人均生活消费支出 17621 元，同比增长 11.5%，其中，用于食品消费支出 4755 元，增长 19.0%；衣着类支出 1131 元，增长 6.2%；居住类支出 3221 元，增长 6.5%；生活用品及服务支出 810 元，增长 10.9%；医疗保健支出 1912 元，增长 32.2%；教育文化娱乐消费支出 1862 元，增长 18.2%；交通和通信支出 2275 元，下降 15.6%；其他商品和服务支出 296 元，增长 19.4%。

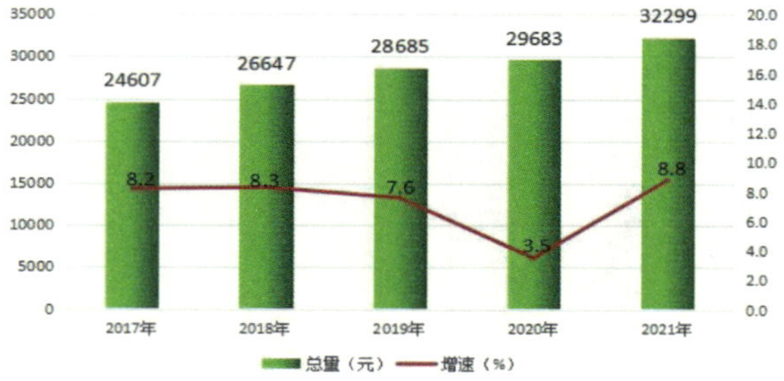

图 7　2017—2021 年全县城镇居民人均可支配收入及增速图

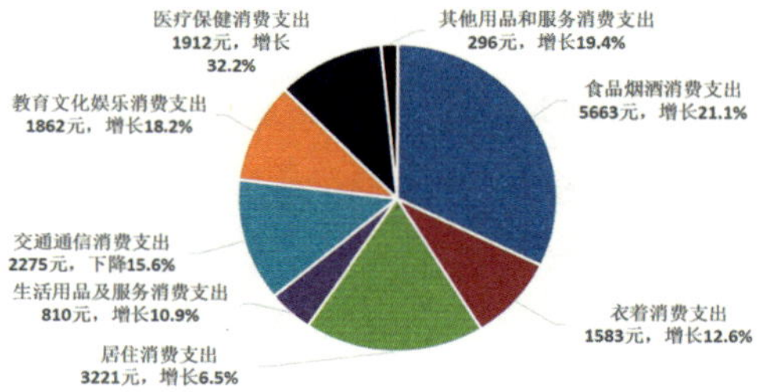

图 8　2021 年全县城镇居民人均生活消费支出及其构成图

全年农村居民人均可支配收入 18984 元，同比增长 12.4%，扣除价格因素，实际增长 12.1%。其中，人均工资性收入 4314 元，增长 17.8%；人均经营净收入 10665 元，增长 14.0%；人均财产净收入 158 元，下降 58.8%；人均转移净收入 3079 元，增长 8.4%。农民人均生活消费支出 13475 元，同比增长 15.9%，其中，食品烟酒类消费支出 4205 元，增长 17.3%；交通通信类消费支出 1530 元，增长 10.9%；教育文化娱乐类消费支出 1220 元，增长 23.6%；医疗保健消费支出 2167 元，增长 31.4%；衣着消费支出 857 元，与去年同期基本持平；居住类消费支出 2397 元，增长 10.1%；生活用品及服务类消费支出为 872 元，增长 11.4%；其他商品和服务支出 226 元，增长 10.7%。

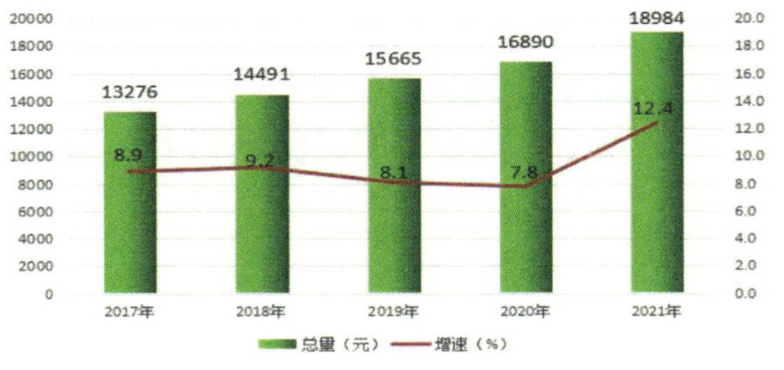

图 9　2017—2021 年全县农村居民人均可支配收入及增速图

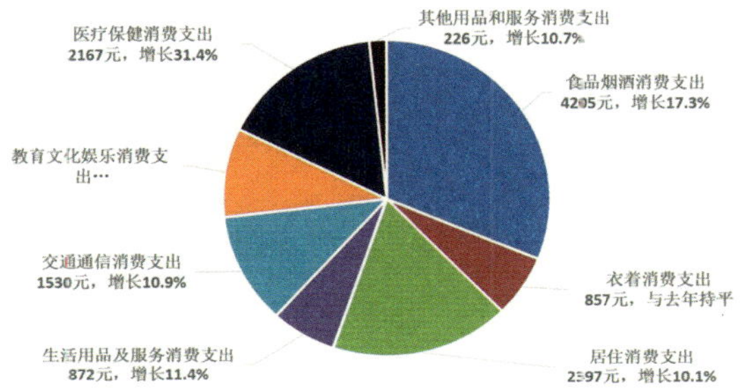

图 10　2021 年全县农村居民人均消费支出及其构成图

2021 年，全县参加基本养老保险人数为 121902 人，其中，企业参保职工 80324 人（含离退休人员 26423 人）；城乡居民参保 102816 人（含 60 岁以上享受待遇 25231 人）；机关事业单位参保 11062 人（含离退休 4440 人）。参加失业保险 21875 人。参加医疗保险人数为 299395 人，其中，参加城镇职工基本医疗保险 47025 人（含离退休人员 11067 人），城乡居民参保 252370 人。

2021 年末，全县拥有养老服务机构 8 个，其中，公办养老服务机构 3 个，设置床位 460 张，供养五保老人 216 人。全县集中供养 216 人，散居供养 437 人。享受城市最低生活保障 1079 人，全年累计发放城市最低生活保障金和各类补贴 790.19 万元；享受农村最低生活保障 10116 人，全年累计发放农村最低生活保障金和各类补贴 326.43 万元。

十、资源、环境和应急管理

全县全年能源消费总量为 859.74 万吨标准煤（等价值），比上年增长 2.4%，单位地区生产总值能耗同比下降 4.9%。其中，规模以上工业能源消费总量 816.45 万吨标准煤，同比增长 2.2%，单位工业增加值能耗同比下降 12.5%。

全县城市拥有道路长度 93.83 公里，道路面积 318.39 万平方米。全年供水总量 1052 万立方米，集中供热面积 420 万平方米，液化石油供气总量 3725 吨，天然气供气总量 5455 万立方米。

平罗县共完成营造林面积 3.31 万亩，森林抚育面积 1 万亩，草原生态修复面积 2.5 万亩，湿地保护修复 3.07 万亩，恢复湿地 8.04 万亩。建成区绿化覆盖率 42.7%，建成区绿地率 40.5%，城市人均公园绿地面积 10.46 平方米。生活垃圾无害化处理率 100%。

全县空气质量好于和达到二级的天数为 276 天，比例为 75.5%，细微颗粒（$PM_{2.5}$）平均浓度为 27 微克 / 立方米，比上年下降 18.2%；可吸入颗粒物（PM_{10}）平均浓度为 73 微克 / 立方米，下降 7.6%。

全县共发生生产安全事故 12 起，死亡 12 人，其中：工矿商贸事故 8 起，死亡 9 人；交通道路事故 4 起，死亡 3 人。全县亿元 GDP　生产安全事故死亡人数 0.06 人 / 亿元。

注：

1、本公报各项统计数据为初步统计数，正式数据以《2021 年平罗统计年鉴》为准。

2、公报中地区生产总值、各产业增加值绝对量按现价计算，增长速度按可比价计算。

县人民政府关于印发《平罗县国民经济和社会发展第十四个五年规划和2035年远景目标纲要》的通知

平党发〔2020〕14号

各乡镇、县直各部门，驻平区（市）属各单位：

《平罗县国民经济和社会发展第十四个五年规划和2035年远景目标纲要》已经县十七届人大五次会议审议通过，现予以印发，请结合实际，抓好组织实施。

平罗县人民政府

2021年6月1日

（此件公开发布）

平罗县国民经济和社会发展第十四个五年规划和2035年远景目标纲要

“十四五”时期（2021—2025年），是我国全面建成小康社会、实现第一个百年奋斗目标之后，乘势而上开启全面建设社会主义现代化国家新征程、向第二个百年奋斗目标进军的第一个五年，是平罗县深入贯彻落实习近平总书记视察宁夏重要讲话精神，在争当建设黄河流域生态保护和高质量发展先行区排头兵中打头阵当先锋的关键时期。围绕党的十九大和十九届二中、三中、四中、五中全会精神、《中共宁夏回族自治区委员会关于制定国民经济和社会发展第十四个五年规划和二〇三五年远景目标的建议》《中共石嘴山市委员会关于制定国民经济和社会发展第十四个五年规划和二〇三五年远景目标的建议》和《中共平罗县委员会关于制定国民经济和社会发展第十四个五年规划和二〇三五年远景目标的建议》,科学编制《平罗县国民经济和社会发展第十四个五年规划和二〇三五年远景目标纲要》(以下简称《纲要》),明确"十四五"时期平罗县经济社会高质量发展的基本思路、主要目标和2035年远景目标。《纲要》是未来五年平罗县发展的宏伟蓝图,是全县各族人民共同奋斗,奋力开启全面建设社会主义现代化新征程、加快向第二个百年目标奋进,为继续建设经济繁荣民族团结环境优美人民富裕美丽新宁夏作出更多平罗贡献的行动纲领。

第一章　全面建成小康社会,奋力开启现代化建设新征程

第一节　"十三五"发展回顾

"十三五"时期,面对国际国内环境的深刻变化,面对新冠肺炎疫情的严重冲击,在以习近平同志为核心的党中央领导下,全县上下坚持以习近平新时代中国特色社会主义思想为指引,深入学习贯彻习近平总书记视察宁夏重要讲话精神,认真贯彻落实党中央决策和自治区、石嘴山市党委政府部署要求,奋勇拼搏、开拓进取,基本实现"十三五"规划确定的目标任务,国民经济和社会发展各项事业取得显著成就。

(一)脱贫攻坚取得全面胜利

坚持精准扶贫、精准脱贫基本方略,紧扣"两个确保"和"两不愁三保障"目标,深入开展"四查四补""挂牌作战",创新推行"12345"扶贫模式,突出抓好产业、就业、社会融入3件事情,脱贫攻坚战取得全面胜利。3个贫困村全部出列,2674户14370名建档立卡贫困人口全部脱贫,连续三年荣获自治区脱贫攻坚成效考核优秀等次。易地扶贫搬迁安置全面完成,插花移民形成"平罗经验"并在自治区推广。强化产业扶贫,大力培育合作社和扶贫企业,累计实施产业扶贫项目100余个,带动2000余户贫困户持续增收。完善贫困村基础设施和公共服务配套,控辍保学、基本医疗、住房和饮水安全存量问题实现全部清零。

(二)综合经济实力持续增强

2020年地区生产总值达到177.4亿元,年均增长6.4%,实现了较2010年翻一番目标。人均地区生产总值5.8万元,年均增长5.5%。落实减税降费3.4亿元,地方公共财政预算收入7.1亿元。社会消费品零售总额32.4亿元,年均增长4.9%。五年累计完成全社会固定资产投资530亿元以上,连续七年入选全国中小城市投资潜力百强县。

(三)产业发展质量持续提升

工业经济提质增效,改造提升精细化工、特色冶金、碳基材料、能源电力四大传统产业,培育生物制药、新型煤化工、先进装备制造三大新兴产业。实施科技创新"双倍增"行动计划和工业企业行业对标升级,培育"小升规"企业35家,"专精特新"企业、自治区绿色工厂16家,新增高新技术企业、科技型中小企业62家,有研发投入的规上企业46家,R&D经费投入占GDP比重由2015年的0.47%提高至1.4%,传统产业"浴火重生"。加速"腾笼换鸟",实施独立工矿区搬迁改造工程,累计出清"僵尸企业"125家、"散乱污"企业587家,化解过剩产能64.8万吨,工业园区获评国家级产业转型升级示范园区、自治区高新技术产业开发区。工业总产值接近400亿元,规上工业企业增加值年均增速6.7%。特色农业集聚

发展，粮食生产实现“十七连丰”，粮食总产量跃居全区首位。现代畜牧、优质瓜菜、特色制种三大特色产业集聚优化，河东现代农业示范区建设开局良好，河西老灌区基础设施不断改善。黄渠桥羊羔肉国家地理标志产品声誉不断扩大；优质瓜菜产业提质增效，宁夏菜心、越夏番茄、沙漠瓜菜畅销北上广等城市；打响“平罗种业”品牌，成功举办七届（宁夏）种业博览会，获批全国首批区域性良种繁育基地。培育市级以上农业龙头企业67家，农产品加工转化率达68%，特色农业产值占农业总产值的比重达到70%。红崖子乡列入国家级农业产业强镇建设名单，陶乐镇获批自治区乡村振兴示范镇。服务业发展提档升级，传统商贸加快转型，现代物流、文化旅游、电子商务等新兴服务业快速发展。汇融新天地、阳光商业广场和鼓楼步行街三大商圈实现特色化、差异化发展，集聚效应凸显。建成农机农资城、铁路综合货场、晟晏路企专用线、滨河物流园等大型工程，现代物流体系不断完善。成功创建国家全域旅游示范县，“一心两带三廊四区五镇”的旅游大格局初步形成，累计接待游客1142万人次，实现旅游综合收入70.26亿元。成功创建全国电子商务进农村综合示范县，建成阳光电子商务物流中心，培育打造十大电商品牌，电商交易额年均增长20%以上。

（四）新型城镇化和乡村振兴协同推进

加快城乡建设、产业融合、公共服务等一体化进程，县城建成区面积达17.6平方公里，常住人口城镇化率达53.67%。中心城区建设提质扩容，综合整治老旧小区112万平方米、改造棚户区15888户，集中供热、污水处理实现全覆盖。加快智慧城市建设，城市管理高效运转，建成智慧小区、标准化物业小区22个，形成全新社区管理形态。实施特色田园小镇项目45个，建成陶乐休闲旅居小镇、黄渠桥特色美食小镇、姚伏商贸旅游小镇等美丽小城镇；实施美丽家园项目43个，建成美丽村庄示范点、人居环境整治示范村33个，庙庙湖村获评全国美丽宜居示范村。农村水电路讯全面提升，乡镇、建制村实现硬化路、自来水、4G网络全覆盖，启动全国数字乡村试点建设。实施农村人居环境整治三年行动，农村无害化卫生户厕普及率达到87.4%，农村生活污水处理率、农村生活垃圾无害化处理率、农作物秸秆综合利用率分别达到40%、90%、95%，现行标准下农村危房全部清零。

（五）生态立县战略深入实施

践行“绿水青山就是金山银山”理念，空间规划改革成效明显，形成“1+6+1”成果，构建了“三区三线”空间规划管控体系。污染防治攻坚战取得阶段性重大成果，山水林田湖草沙系统治理统筹推进，完成崇岗煤炭集中区环境综合整治；实施园区污水处理厂、三排庄和三二支沟人工湿地、威镇湖截流净化、镇朔湖拦洪库改造修复等一批水生态治理工程，黄河平罗段水质稳定在Ⅱ类；完成退化草原修复、防沙治沙11.6万亩，完成营造林14.1万亩，草原综合植被盖度、森林覆盖率分别为40.31%、8.09%，城市建成区人均公园绿地面积10.46平方米。新增、升级改造污染防治设施853套，医疗废物安全处置率达100%，城市生活垃圾无害化处理率达100%。

（六）民生福祉持续改善

2020年城镇、农村居民人均收入分别达到29682.5元、16889.8元，“十三五”期间年均增速分别为6.95%、8.37%，城乡居民收入比缩小至1.75，优于全国平均水平。坚持创业带动就业，累计转移农村劳动力21.5万人次，新增城镇就业

1.47万人，城镇调查失业率控制在6.1%以内。推动社会保障提标扩面，城乡居民医疗保险参保25.4万人，完成参保任务的100.4%。被征地农民、建档立卡户养老保险参保率均达到100%。医共体建设列入全国改革试点，分级诊疗制度不断完善，县域就诊率达92%。教育领域综合改革全面推进，普惠性幼儿园覆盖率达到81.8%，义务教育“大班额”全面消除，“互联网+教育”加快发展。公共文化服务体系效能大幅提升，建成融媒体中心，完成图书馆、文化馆整体搬迁，获批全国新时代文明实践中心建设试点县，成功创建国家公共文化服务体系示范区。建成各类养老服务机构175个，医养结合工作走在全区前列。

（七）社会大局持续稳定

落实“1+6”基层社会治理，自治、法治、德治“三治融合”的城乡基层治理体系不断健全，基层治理体系和治理能力现代化取得积极成效。开展和谐社区创建，推行“五步工作法”，连续三年荣获自治区星级和谐社区创建先进县。创新“1+X+N”矛盾调处机制，开展“枫桥式”基层派出所创建活动，各类矛盾调处成功率97%。成功创建全国民族团结进步创建示范县，新增区市级示范单位13个，民族团结、宗教和顺、社会和谐稳定的良好局面全面巩固。深入实施“雪亮工程”，重点区域视频监控全覆盖，各类案件呈下降态势。以“四个最严”强化食品、药品安全监管，食品、药品综合抽检合格率接近100%。全面压实安全生产工作责任，安全生产事故起数、死亡人数实现双下降。广泛开展禁毒人民战争，社区戒毒、社区康复工作执行率和巩固率分别达100%、75.3%。连续三年获评自治区“平安县”。面对突如其来的新冠肺炎疫情，全县30万干部群众众志成城守望相助，严格落实“四区”责任，抓好“四场”防控，控制传染源头、切断传播途径，始终保持“零感染”。

（八）发展环境持续优化

深入推进“放管服”改革，全面实施“一网、一门、一次”审批改革。落实政务服务改革“三减一提升”行动，办结时限、办理环节、申请材料分别压缩66.33%、29.81%、25.69%，政务服务满意度大幅提升。大力推行“互联网+政务服务”，下放县级1407项政务服务事项中1097项可实现不见面办理；1299项事项可实现“最多跑一次”。深化商事制度改革，新设立内资企业开办全流程压缩至1个工作日内办结。深入推进农村改革，累计承担国家24项农村改革试点试验任务，其中农村土地规模化流转、农村产权抵押贷款、农村产权资源有偿退出转让、宅基地规范化管理等改革做法被国家法律法规吸纳采用，形成了一批可复制、可推广的“平罗经验”，获批全国首个集成农村改革试验县。国有企业、国有林场、工业园区、供销社、财税、水利产权等体制机制改革有序落实。

第二节 “十四五”发展环境

当前和今后一段时期，世界百年未有之大变局进入加速演变期，中华民族伟大复兴步入加快推进期，新冠肺炎疫情影响广泛深远，国际环境不确定不稳定因素明显增加。新一轮科技革命和产业变革纵深发展，全球产业链分工和生产组织网络深刻调整，新技术新业态加速催生，国内外环境的深刻变化为平罗县发展带来一系列新机遇、新挑战。

从机遇看。我国已转向高质量发展阶段，经

济稳中向好、长期向好的基本态势没有改变，发展仍处于重要战略机遇期。党中央加快建立区域协调发展新机制，推进西部大开发形成新格局，着力构建国内国际“双循环”发展新格局，全面构建现代化产业体系，协调推进乡村振兴战略和以人为核心的新型城镇化战略，特别是支持宁夏建设黄河流域生态保护和高质量发展先行区，以及石嘴山市打造全国老工业城市和资源型城市产业转型升级示范区的决策部署，都为平罗县发展提供了重大机遇。平罗县作为宁夏沿黄经济带重要节点，新材料、绿色氰胺、先进装备制造“三大产业”集群加快转型，新获批了全国首个集成农村改革试验、新一轮宅基地制度改革、数字乡村建设等国家级试点，“3+X”农业特色产业持续发力，全域旅游示范县效应再创新高，随着先行区建设等重大战略深入实施，各方面潜能将全面释放。

从挑战看。平罗县发展不平衡不充分的问题依然突出，城乡发展差距较大，基础设施总体滞后，城乡居民收入水平偏低，社会治理还有弱项；经济结构矛盾突出，工业经济倚能倚重，农业和现代服务业提质提档增效不足；发展方式依然粗放，能耗水耗高位运行，生态保护任重道远；营商环境还存在痛点堵点，科技创新水平较低。

从整体看。当前和今后一个时期，平罗县发展面临的风险挑战和战略机遇前所未有，但基本面仍是机遇大于挑战。全县上下要胸怀“两个大局”，立足县情实际、保持战略定力、树立底线思维、发扬斗争精神，辩证看待新发展格局带来的新特征新要求、新发展环境带来的新机遇新挑战，在国家、自治区和石嘴山市大格局、大战略、大目标中找准定位和谋划发展，在危机中育先机、于变局中开新局，全力开展好现代化建设新征程的关键一局。

第二章　开好局起好步，明确“十四五”指导思想和主要目标

第一节　指导思想

高举中国特色社会主义伟大旗帜，深入贯彻党的十九大和十九届二中、三中、四中、五中全会精神，坚持以马克思列宁主义、毛泽东思想、邓小平理论、“三个代表”重要思想、科学发展观、习近平新时代中国特色社会主义思想为指导，坚持党的基本理论、基本路线、基本方略，全面贯彻落实习近平总书记视察宁夏重要讲话精神，按照“五位一体”总体布局和“四个全面”战略布局，坚定不移贯彻新发展理念，坚持稳中求进工作总基调，以推动高质量发展为主题，以深化供给侧结构性改革为主线，以建设黄河流域生态保护和高质量发展先行区为时代使命，以改革创新为根本动力，以满足人民日益增长的美好生活需要为根本目的，统筹发展和安全，主动融入新发展格局，加快建设现代化经济体系，扎实推进基层治理体系和治理能力现代化，坚决守好促进民族团结、维护政治安全、改善生态环境“三条生命线”，走出一条高质量发展的新路子，为继续建设经济繁荣民族团结环境优美人民富裕的美丽新宁夏做出平罗贡献，为全面建设社会主义现代化开好局、起好步。

第二节　发展原则

坚持党的全面领导。全面落实党领导经济社会发展的体制机制，坚持和完善中国特色社会主

义制度，不断提高贯彻新发展理念、构建新发展格局能力和水平，加快转变经济发展方式，深入推进经济结构优化升级，为实现高质量发展提供根本保证。

坚持以人民为中心。坚持人民主体地位，坚持共同富裕方向，始终做到发展为了人民、发展依靠人民、发展成果由人民共享，维护人民根本利益，激发全县人民积极性、主动性、创造性，促进社会公平，增进民生福祉，不断实现人民对美好生活的向往。

坚持新发展理念。把新发展理念贯穿发展全过程和各领域，把注意力集中到解决各种不平衡不充分的问题上来，主动融入新发展格局，切实转变发展方式，加快新旧动能转换，推动质量变革、效率变革、动力变革，实现更高质量、更有效率、更加公平、更可持续、更为安全的发展。

坚持深化改革开放。坚定不移推进改革，坚定不移扩大开放，加强基层治理体系和治理能力现代化建设，破除制约高质量发展、高品质生活的体制机制障碍，破解开放不足的短板制约，强化有利于提高资源配置效率、有利于调动全社会积极性的重大改革开放举措，持续增强发展动力和活力。

坚持科学系统观念。加强前瞻性思考、全局性谋划、战略性布局、整体性推进，在统筹国内国际两个大局中找准平罗定位，在办好发展和安全两件大事中借势发展，着力固根基、扬优势、补短板、强弱项，注重防范化解重大风险挑战，实现发展质量、结构、规模、速度、效益、安全相统一。

第三节　发展目标

展望2035年远景目标，把继续建设经济繁荣民族团结环境优美人民富裕的美丽新宁夏作为全面建设社会主义现代化的总目标、总要求、总遵循，经过15年接续努力，确保我县与全国同步基本实现社会主义现代化。经济繁荣。年均经济增速高于全区平均水平、经济总量在翻番的基础上质量大幅提升，人均地区生产总值达到2万美元以上，综合实力、科技创新能力、市场竞争力大幅跃升，投资结构、产业结构、供给结构契合新发展格局，形成优进优出的开放型经济新体制，基本实现新型工业化、信息化、城镇化、农业现代化，建成特色鲜明的现代化经济体系，发展水平、城乡融合发展能力走在全区前列。民族团结。中华民族共同体意识扎根全民，民族关系团结和谐，全国民族团结进步示范县成果更加巩固；宗教关系和顺健康，宗教与社会主义社会相适应；基本实现基层治理体系和治理能力现代化，人民平等参与、平等发展权利得到充分保障，建成更高水平的法治平罗、平安平罗。环境优美。在争当建设黄河流域生态保护和高质量发展先行区排头兵中打头阵当先锋，主要污染物排放达到全区平均水平，碳排放达峰后稳中有降，水资源节约集约利用达到全区平均水平，万元GDP能耗水平显著下降，广泛形成绿色生产生活方式，生态环境根本转变、持续向好，生态系统功能完善、稳定高效。人民富裕。城乡居民人均收入达到全区前列，中等收入群体显著扩大，城乡居民生活水平差距进一步缩小，各级各类教育普及程度达到全区前列，人均预期寿命高于全国平均水平，社会保障待遇水平和基本公共服务均等化实现水平走在全区前列，社会文明程度达到新高度，基本建成文化强县、教育强县和健康平罗，在幼有所育、学有所教、劳有所得、病有所医、老有所养、住有所居、弱有所扶上取得重大进展，在促进人的全面发展、实现共同富裕上取得更为明显的实质性进展。

“十四五”时期锚定2035年远景目标对标国家战略和区、市发展目标，坚持目标导向和问题导向相结合，坚持守正和创新相统一，努力实现以下主要目标。

——经济实力明显提升。地区生产总值年均增速达到6.5%左右，研发经费投入强度接近全区平均水平，创新能力显著增强，农业综合效益在全区领先，工业倚能倚重结构问题得到优化，服务业比重持续提升，特色农业、新型材料、绿色食品、清洁能源、文化旅游等产业规模化效益和市场竞争力明显提升，加快建设世界绿色氰胺之都、全国重要新材料基地、全国优质奶源基地、国家区域性蔬菜良种繁育基地及重要区域性物流节点，着力构建现代绿色产业新体系。

——改革开放明显突破。全面深化改革任务持续走深走实，各领域改革事项系统协同推进，生态文明、基层治理、农业农村等领域再创“平罗经验”，要素市场化配置改革取得重大突破，营商环境建设走在全区前列，政府治理体系、经济发展机制基本适应新发展格局、顺应高质量发展要求，资源配置效率明显提升，统一高效规范的市场体系基本建成，市场机制作用明显，市场主体充满活力，开放型经济体制不断完善、新优势不断显现、新动能不断增强。

——社会文明明显进步。社会主义核心价值观深入人心，人民思想道德素质、科学文化素质持续上升、身心健康素质稳步提升，公共文化服务体系更加完善、文化产业体系基本形成，人民群众精神文化生活日益丰富，全县人民共有精神家园根基牢固，中华文化影响力、中华民族凝聚力在平罗充分彰显，中国精神、中国价值、中国力量在平罗充分展示。

——生态环境明显改善。国土空间开发保护格局持续优化，生态文明体制机制更加健全，绿色生产生活方式加快形成，现代化防洪减灾体系、生态保护体系、污染治理体系、水源涵养体系、资源利用体系、绿色发展体系基本形成，森林覆盖率达到10.6%，单位GDP用水量、能源消耗大幅下降，黄河平罗段水质稳定保持在Ⅱ类，环境空气质量稳定达到国家二级标准，土壤污染风险有效防控，生态环境持续改善，生态安全屏障更加牢固，城乡人居环境明显改观。

——民生水平明显提高。居民收入与经济发展实现同步增长、高于全区水平，实现更加充分更高质量的就业，教育、医疗等软件建设水平明显改善，供给质量、服务效率大幅提升，各级各类教育普及程度高于全区平均水平，社会保障待遇水平、人均民生投入、基本公共服务水平达到全区中上水平，人均预期寿命达到全国平均水平，脱贫攻坚成果不断巩固、深入拓展，乡村振兴战略全面推进。

——治理效能明显增强。社会主义民主法治实践更加广泛深入，行政执行力、司法公信力显著提升，乡村、社区、宗教、校园、企业、社团等领域治理体系更加严密、责任体系更加清晰、服务体系更加高效、保障体系更加有力，治理能力和治理水平总体走在全区前列，重大风险防范化解能力、突发公共事件应急处置能力、自然灾害防御能力明显增强，发展安全保障更加有力。

专栏 1　平罗县"十四五"时期经济社会主要发展指标

类别	指标名称	单位	2020 年	2025 年	年均增速(%)或[累计]	属性
经济发展	(1)地区生产总值	亿元	177.4	245	6.5	预期性
	(2)人均地区生产总值 *	万元 / 人	6.12	8.2	6	预期性
	(3)地方公共财政预算收入 *	亿元	7.1	11.1	5	预期性
	(4)常住人口城镇化率	%	53.7	60	[5.3]	预期性
	(5)全员劳动生产率	万元 / 人	8.6	12	7	预期性
	(6)制造业增加值占 GDP 比重 *	%	24.2	30.0	[5.8]	预期性
	(7)服务业增加值占 GDP 比重 *	%	37.8	40	[2.2]	预期性
	(8)民间投资占固定资产投资比重 *	%	52	72	[20.0]	预期性
创新驱动	(9)研究与试验经费投入强度	%	1.4	2.0	7.5	预期性
	(10)每万人口发明专利拥有量	件	5.25	7.27	5.5	预期性
	(11)技术合同成交额与 GDP 之比 *	%	0.35	0.45	[0.1]	预期性
	(12)战略性新兴产业总产值占工业总产值比重	%	3.5	4.0	[0.5]	预期性
民生福祉	(13)城镇居民人均可支配收入	元	29683	41600	7	预期性
	(14)农村居民人均可支配收入	元	16890	24800	8	预期性
	(15)城镇调查失业率	%	6.1	≤5.5	—	预期性
	(16)劳动年龄人口平均受教育年限	年	10.5	11.3	[0.8]	约束性
	(17)每千人拥有执业(助理)医师数	人	3	3.6	[0.5]	约束性
	(18)基本养老保险参保率	%	95	96	[1.0]	预期性
	(19)每千人口拥有 3 岁以下婴幼儿托位数	个	—	1.5	—	约束性
	(20)人均预期寿命	岁	76.08	78.2	—	预期性
	(21)城镇新增就业人数 *	人	1703	6000	[4297]	预期性
绿色转型	(22)工业园区亩均税收 *	万元 / 亩	1.36	2.18	11.2	预期性
	(23)工业园区亩均经济密度 *	万元 / 亩	51.33	87.12	11.2	预期性
	(24)非化石能源占能源消费比重	%		14	—	约束性
	(25)单位 GDP 能源消耗降低	%	—	完成国家、自治区下达任务		约束性
	(26)单位 GDP 二氧化碳排放降低	%	—	完成国家、自治区下达任务		约束性
	(27)单位 GDP 用水量降低	%	[19]	[15]	—	约束性
	(28)环境空气质量优良天数比率	%	79.7	≥80	—	预期性

续表

类别	指标		2020 年	2025 年	年均增速(%)或[累计]	属性
	指标名称	单位				
绿色转型	(29)地表水质量达到或优于Ⅲ类水体比例	%	100	100	—	预期性
	(30)森林覆盖率	%	8.09	10.6	2.51	约束性
	(31)湿地保护率	%	47	47	—	预期性
	(32)水土保持率	%	—	70	—	约束性
	(33)草原综合植被盖度 *	%	40.31	41.8	1.49	约束性
	(34)建成区人均公园绿地面积 *	平方米 / 人	10.46	12	[1.54]	预期性
安全保障	(35)粮食综合生产能力	万吨	38.93	≥37	—	预期性
	(36)能源综合生产能力	万吨标准煤	26.36	47.5	12.5	预期性

注:带“*”指标为县级指标,不带“*”为区级指标;[ ]内为五年累计数

第三章 奋力担当时代新使命，在争当建设黄河流域生态保护和高质量发展先行区排头兵中打头阵当先锋

努力建设黄河流域生态保护和高质量发展先行区，是习近平总书记赋予宁夏的时代新使命,是政治责任所在、全国大局所系、黄河流域所需、宁夏发展所向。要坚持生态立县战略不动摇,聚焦“五个区”战略部署,落实“一带三区”总体布局，坚持以先行区建设统领全县生态文明建设、引领经济社会高质量发展,坚决扛起这一重大政治责任,加快推进银昆高速北延伸段、三新铁路连接线、中线供水、黄河治理及滩区生态保护等“十大工程”建设,在争当先行区建设排头兵中打头阵当先锋。

第一节 在建设河段堤防安全标准区上打头阵

坚持重在保护、要在治理的方针,落实综合治理、系统治理、源头治理的要求,按照一般河段 50 年一遇、城市河段 100 年一遇的防洪标准,实施两岸堤防、河道控导、滩区治理,打造百年堤防,实现平罗境内水患、堤防安全隐患基本消除,河道河槽河床、行洪功能基本稳定,现代防洪体系基本建成,确保两岸堤防安全有效防洪防凌。

第二节 在建设生态保护修复示范区上当先锋

以建设宁夏北部绿色发展区为统领,建立健全覆盖全域的空间规划体系，坚持落实河湖长制,加快建立山长制、林长制。严禁在黄河干流及主要支流临岸一定范围内新建“两高一资”项目及相关产业园,开展重点入黄排水沟、干支沟横向生态保护补偿机制试点。实施重大生态保护修复工程,在巩固提升贺兰山综合整治成果的基础上,加快贺兰山自然保护区外围保护地带生态修复;持续开展国土绿化行动,加大植树种草力度,推动黄河滩区退耕还湿还林还草生态保护修复

和黄河东岸防风固沙项目取得重大成果，全面提升水源涵养和水土保持功能。

第三节　在建设环境污染防治率先区上求突破

突出精准治污、科学治污、依法治污，打好打赢升级版“三大保卫战”，建立健全污染防治长效机制，不断提升治理能力。完善减少资源消耗、减少污染行为、减少废物排放、减少肥药用量“四减”措施，全面推行跨区域跨部门联合交叉执法，落实环境保护、节能减排约束性指标管理，推动生态环境质量稳中向好、好中向优。

第四节　在建设经济转型发展创新区上见实效

以创新驱动为引领，把推动高质量发展作为主攻方向，补齐创新链、优化供应链、重构产业链，促进更多技术、资本、劳动力等生产要素融入产业发展，建立现代生产体系、经营体系、服务体系，摆脱过度依赖扩大投资拉动增长的路径，摆脱过度依赖传统产业支撑发展的格局，摆脱过度依赖资源消耗实现发展的模式，推动布局区域化、经营规模化、生产标准化、发展产业化，实现产业体系升级、基础能力再造、新旧动能转换。

第五节　在建设黄河文化传承彰显区上创品牌

把黄河文化遗产作为重要资源，挖掘研究整理出黄河文化遗存水利史、农耕史和现代元素，实施黄河文化遗产保护、传承创新工程，建设黄河文化遗产廊道，发展黄河文化旅游，搭建有品牌力的文化载体、建设有带动力的示范项目、打造有传播力的宣传平台，传承黄河文化基因，讲好“黄河故事”，弘扬“黄河文化”。

第四章　坚持创新引领，打造更多高质量发展的动力源

坚持创新在现代化建设全局中的核心地位，把创新驱动发展、科技自立自强作为高质量发展的战略支撑，大力实施科技强县行动，推动经济发展从要素驱动向创新驱动深刻转变，努力塑造经济社会发展新优势。

第一节　加强科技力量建设

实施科技强县行动，坚持对内整合资源、对外扩大合作，走协同创新之路，加快构建区域创新体系。

推动产学研融合发展。强化经济运行体制机制创新与科技创新协同，围绕产业链布局创新链，支持园区骨干企业牵头组建创新联合体，推动科研项目、科研设备、资金人才一体化配置，共同建设创新平台、中试基地和研发机构，不断提升工业园区整体科技创新能力。实施重大产业科技攻关行动，加强工业尾气、工业固废、养殖场粪污处理等综合利用技术创新，以科技创新推动延链补链增链强链。实施石墨烯在航空轮胎中的应用、利用硅锰合金废渣生产建筑材料工艺研究等一批重大科技项目，攻克制约产业发展的技术瓶颈问题，推动经济发展向创新驱动深刻转变。推进以需求为导向的科研项目形成机制，提高科技成果转化效率、应用深度，加大创新成果保护力度。战略性新兴产业增加值占 GDP 比重达到 18%以上。

专栏2 科技力量强化行动
实施石墨烯在航空轮胎中的应用、利用工业尾气（CO）生物发酵制取燃料乙醇工艺研究及产业化示范、利用农作物秸秆生产可降解材料工艺研究、钛材深加工工艺研究、磷酸铁锂离子移动的动力学研发、煤制油废渣无害化处置及综合利用工艺设备研究、兰炭炉尾气内燃机发电工艺研发、利用硅锰合金废渣生产建筑材料工艺研究、利用粉煤灰作为土壤添加剂技术的研发、碳化硅炉尾气制备甲醇和乙醇工艺研究、锰粉矿球团造块工艺研究、重点产业（冶金化工等）围绕安全消防开展新工艺新技术研发等重点科技攻关项目。

建立东西部协同创新机制。开展东西部合作和技术交流，最大限度吸收优质创新资源，推动企业、研发机构与国家大院大所大学、发达地区创新主体建立协同创新共同体，合作共建创新平台、培养创新人才，共同实施重大科技项目，打造协同创新基地。支持企业在东中部发达地区设立研发中心、科技成果育成平台和离岸孵化器，开展科研代工、委托研发等合作模式。积极参与“一带一路”科技创新行动计划，加强国际技术交流合作。

推进科技创新平台建设。围绕重点领域、重点产业，加快工程技术研究中心、技术创新中心和重点实验室建设，重点推进碳基材料、氰胺化工新材料、工业固体废弃物综合利用、5G未来牧场创新中心等创新平台建设，打造以工业园区和重点企业为支撑的创新小高地，培育创新驱动发展引擎，构建创新平台综合化、协同化、专业化、服务化发展新格局。到2025年，建成自治区级以上创新平台达到30个。

加速推进成果转化和产业化。探索成果转化有效机制与模式，激发创新主体科技成果转移转化积极性，培育机制灵活、面向市场的技术转移机构。构建线上与线下相结合、专业化、市场化的国家技术交易网络平台，开展科技成果信息汇交与发布，探索市场化的科技成果产业化路径。发挥地方在推动科技成果转移转化中的重要作用，培育具有地方特色的科技成果产业化基地，完善基层承接科技成果转移转化的平台和机制，通过成果转化支撑区域产业转型升级。到2025年，转化科技成果30项以上，技术合同成交额达到1亿元以上。

专栏3 科技创新平台建设行动
建设高性能子午线轮胎研究开发产业协同创新中心、氰胺产业工程技术研究中心、碳基材料产业技术研究院碳素新材料研究所、PFM植物纤维生物材料研发中心、高性能锂离子电池材料工程技术研究中心、无碱枸杞干燥装备研发技术中心、大口径钛焊管和管件工程技术研究中心、工业园区公共检测服务中心等项目。

第二节 提升企业创新能力

推动创新链和产业链深度融合，形成利益联结机制，建立创新主体有活力、创新活动有效率的技术创新体系。

强化企业创新主体地位。加大政策引导力度，落实科技创新扶持政策，鼓励企业加大研发投入，引导社会资本进入科技型中小企业，形成以财政投入为引导、企业投入为主体、社会资金为补充、优惠政策为扶持的多渠道、多元化科技投入体系。推进科技与金融深度结合，充分运用“宁科贷”，促进科技型中小企业集群发展。开展多种形式的企业家创新教育培训，不断提升企业家创新理念和经营管理水平。

培育壮大科技型企业。实施科技型企业梯次培育工程，聚焦创新型示范企业、国家高新技术企业、科技小巨人企业、科技型中小企业培育，打造重点领域领军型创新企业，推动科技型企业群体规模持续壮大，创新活力和创新能力全面提升。到 2025 年，全社会 R&D 经费占 GDP 比重接近全区平均水平，科技型中小企业发展到 120 家，国家高新技术企业发展到 40 家，万人发明专利拥有量达到 7.27 件，年均增长 5.5%。

建设科技投融资平台。建立科技融资专业机构，建立科技资源共享平台、科技管理网络信息服务平台、知识产权服务平台，建立第三方知识产权服务机制，强化知识产权运维和专利分析预警，推行专利权质押拓宽融资渠道。构建技术转移协作网络和技术转移信息对接平台，凝聚和培养一批专业化技术转移机构和人才，吸引海内外优秀人才带团队、项目、技术来平创业。

第三节　激发人才创新活力

贯彻尊重劳动、尊重知识、尊重人才、尊重创造方针，深化人才发展体制机制改革，完善培养引进、使用评价、激励服务体系，推动人才向产业和企业集聚，提升人才质量和密度。

完善人才培养机制。鼓励企业、职教中心建立人才培养（培训）基地，鼓励校企联合招生、联合培养、产学研用结合的协同育人模式。大力实施各项人才工程，着力发现、培养各行业领军人才。积极推荐申报青年拔尖人才培养工程。大力培养本土人才，重点实施产业、技能、教育医疗、文化旅游、乡村振兴人才培养工程。鼓励企事业单位和园区建立人才小高地、专家服务基地等人才载体和服务平台。推行职业技能终身培训制度。

实施技能提升行动。围绕新产业、新业态开展职业技能培训，支持和鼓励社会力量举办职业技能培训学校、企业培训中心。支持职教中心、企业建立技能大师工作室和职业技能竞赛基地，开展各类技能竞赛活动，引导鼓励企业按照技能等级合理确定技能人才薪酬水平。

完善人才引进机制。拓宽人才引进渠道，落实人才引进政策。发挥院士工作站、专家服务基地、科技创新团队的作用，探索建立产学研与培训机构合作培养产业技术骨干和技能人才机制，完善常态化人才柔性引进机制，重点引进行业专家和研发团队，有计划组织青年人才、后备人才到发达地区交流学习。

完善人才使用机制。健全以创新能力、质量、实效、贡献为导向的科技人才评价体系，健全创新激励和保障机制。加大高层次特殊人才支持力度，完善科研人员职务发明成果权益分享机制，鼓励企事业单位对急需紧缺高层次人才实行灵活多样的分配方式。

加强科普和创新文化建设。完善科技馆、科普教育基地等科普阵地条件建设，推进科普资源数字化进程。实施科普惠民计划，推动科普与教育、文化、旅游融合发展。加大对优秀科技人员、企业家以及创新主体的宣传力度，弘扬科学家精神、企业家精神和工匠精神。组织开展创新创业大赛、发明创新大赛、科技活动周、科学节、科技成果发布、科技产品展览展示等活动，营造崇尚创新的社会氛围。

第五章 建设现代化产业体系，推动经济结构优化升级

坚持把发展经济着力点放在实体经济上，实施工业企业成长培育工程、绿色产业培育工程、产业载体基础设施提升工程、现代物流提档工程、全域旅游提升工程、消费融合升级工程等，持续优化产业结构、产能结构、产品结构，推动产业向高端化、绿色化、智能化、融合化方向发展，推进产业转型升级在全区走在前、做表率，走出一条高质量发展的新路子。

第一节 培育壮大先进制造业

坚持工业强县战略不动摇，加快构建以“新材料、绿色氰胺、先进装备制造”三大产业集群为主导，以“清洁能源”为配套的生态型工业体系，推动工业集群化发展，加快工业大县向工业强县转变。到2025年，力争全县规上工业实现产值600亿元左右，规上工业增加值年均增长8%以上。

（一）传统产业升级改造

做实做强新材料产业，打造百亿级产业集群。以“新型合金材料、高端化工材料、前沿新材料”等产业分支为突破，做实做强新材料产业；以合金产业为基础，推进合金产品延链补链，突出发展锰系特殊合金、高品质合金等新型合金材料产业，鼓励发展脱氧剂、还原剂、孕育剂、球化剂等下游高端产品，推动传统合金产业加速转型升级、传统合金产品加速迭代升级；进一步发展电池储能材料、碳基新材料、偶联剂等新材料产品及高端化工材料分支；持续延伸碳基材料、化工材料产业链，发展石墨烯材料、纳米级碳材料、3D打印材料等前沿新材料产业。引导企业大力发展电子级碳化硅材料及制品。到2025年，新材料产业总产值达到300亿元，发展成为全国重要的特种合金材料基地和绿色化学品材料生产基地。

专栏4　新材料产业集群工程
金属新材料：宁夏新合源科技有限公司年产1万吨氮化合金材料项目、宁夏晟晏实业集团能源循环经济有限公司年产30万吨硅锰合金项目等。
储能新材料：宁夏滨河新材料科技有限公司年产10万吨磷酸、10万吨电池级磷酸铁及高性能电池正极材料研发制造项目、宁夏众城新能源科技有限公司年产6000吨锂离子电池负极材料项目等。
化工新材料：宁夏福瑞硅烷材料有限公司年产5万吨硅烷偶联剂项目、宁夏鸿凯众新化工科技发展有限公司年产6万吨子午线轮胎黏合材料项目、宁夏丰华生物科技有限公司年产8000吨芳纶聚合单体项目等。
非金属新材料：宁夏汇亿嘉机械制造有限公司PFM植物纤维生物材料产业链示范基地项目、宁夏宏源新材料科技有限公司年产高品质有机颜料生产项目（二期）等。

做实做强绿色氰胺产业，打造百亿级产业集群。以延伸产业链条为核心，以电石化工、精细化工为基础，以绿色工艺技术为支撑，开发氰胺下游高端产品，壮大新型化工原料药规模，大力发展成品药，打造世界“氰胺之都”；拓展绿色医药中间体、成品药、高端涂料、新型化学助剂、添加剂、化工试剂、电子及化工材料、高分子复合材料加工等产品分支，不断丰富绿色氰胺产业产品体系和工艺技术基础，促进绿色氰胺产业、绿色医药产业走效益化、终端化、集约化的绿色发展之路，提升化工产业安全和绿色发展水平。到2025

年，绿色氰胺产业总产值达到150亿元。

专栏5　绿色氰胺产业集群工程
绿色医药农药：宁夏慕恩化工科技有限公司年产10万吨甲胺及7万吨DMF项目、宁夏新安科技有限公司年产6000吨草铵膦原药和2万吨甲基亚磷酸二乙酯项目、宁夏太康药业有限公司年产6万吨双氰胺和20万吨石灰氮项目（二期）、宁夏森萱药业有限公司年产2000吨G盐和4000吨氨基K酸及4000吨氟系列以及配套原料产品项目（二期）等。 绿色精细化工产品：森和（宁夏）新材料科技有限公司年产2.2万吨精细化工产品项目、宁夏文顺新型炭材有限公司石墨慢化辅料和石墨类产品延伸项目、宁夏金海诚盛化工科技有限公司年产2.5万吨氯代苯酚系列产品和2万吨聚合氯化铝项目、宁夏华耀生物科技有限公司年产21250吨精细化工产品建设项目等。

培育壮大先进装备制造产业，打造五十亿级产业集群。以拓展产业分支、延伸产业链条、拔高产业层级为核心，在轮胎制造、铸件、管材管件等产品基础上，耦合新型合金、新材料产业基础优势，大力拓展自动控制系统、工业机器人、关键零部件、智慧农机、关键电力设备等机械装备终端产品，延伸产业链条，增强产业竞争力，打造行业“单打冠军”，发展形成先进装备制造业集群。到2025年，先进装备制造产业总产值达到50亿元。

专栏6　先进装备制造产业集群工程
实施宁夏神州轮胎有限公司年产2010万条绿色高性能子午线轮胎及配套项目、宁夏文顺新型炭材有限公司新型煤基炭材专用装备项目、宁夏双玺化工环保设备科技有限公司年产1000台（套）化工专用及环保设备项目、宁夏东越铸造有限公司年产15万吨铸件铸造加工项目、博利龙（宁夏）科技有限公司高级智能型焦设备制造项目等。

积极培育清洁能源产业，打造十亿级产业集群。稳定热电产业规模，推动传统热电产业向清洁煤电绿色升级，延伸集中供热设施，统筹推进主城区周边村庄、小城镇集中供热覆盖。大力发展光电、风电分布式能源系统，增加新能源等清洁能源比例，形成清洁火电、风电和光电融合发展格局，使清洁能源成为能源生产消费增长的主体。到2025年，清洁能源产业总产值达到20亿元。

专栏7　清洁能源产业集群工程
新能源：大唐平罗500MW光伏＋沙漠治理＋牧草种植综合项目、平罗县45MW光伏项目等。 清洁火电和燃料：25万吨燃料乙醇产业集群项目、大唐平罗2×1000MW扩建火电项目等。

（二）实施工业企业成长培育工程

加快建立优质企业成长培育库，制定企业上市培育计划，支持引导企业通过联营合作、兼并重组、挂牌上市等方式，强联合、以大带小、做大做强，推动“个转企、小升规、规改股、股上市”，实现大中小企业规模、质量、效益“三提升”。力争培育百亿企业集团2家、50亿龙头企业1家、20亿骨干企业5家、10亿高成长型企业10家，培育上市企业2家，进入企业上市培育期3家，形成“小企业铺天盖地、大企业顶天立地”的发展格局。培育打造“平罗活性炭”“平罗氰胺”等区域公用品牌，支持企业加快制定行业标准、抢占行业话语权。

（三）推进工业园区专业化发展

以打造低成本园区为重点，集中人力物力财力，推动平罗工业园区全面提档升级。推动太西园打造绿色氰胺、特殊合金、高端碳材、绿色食品加工和能源乙醇生产基地，红崖子园打造绿色精细化工专业园，崇岗园打造能源加工储备、高端煤基炭材基地。深化园区体制机制改革，创新运营管理模式，组建平罗工业园区投资运营公司，搭建开放共享的公共服务平台。

第二节　提质发展高效种养业

实施绿色产业培育工程、农业基础设施提升工程和绿色品牌引领工程，大力调整种养结构，构建以现代畜牧（奶产业、肉牛肉羊产业）、优质瓜菜、特色制种三大产业为主导，经济林果和绿色食品等为补充的“3+X”现代农业产业体系，做实做强特色现代农业，实施科技兴农战略，推动农业大县向农业强县转变。到2025年，力争全县农业总产值达50亿元，农业增加值年均增长3.5%以上。

（一）实施绿色产业培育工程，构建“3+X”现代农业产业体系

推进现代畜牧业转型升级。做大奶产业，坚持“以地定畜、以种定养”，依据土地承载、饲草料供给能力等条件，实施奶业扩张行动，加快推进河东优质奶源基地建设，加强水电路等基础设施配套，引进高端乳制品企业，打造全国有影响力的“高端奶之乡”。推进“粮经饲”统筹，建设优质饲草料生产基地，促进种养一体草畜结合。到2025年，奶牛养殖规模达到15万头，鲜乳总产量达到100万吨左右，建立完整的生鲜乳生产供应体系，建成全区乃至全国优质奶源基地和乳制品加工基地，打造现代奶业高质量发展示范区。做优肉牛肉羊产业，实施肉牛、肉羊富民增收行动，加大肉牛肉羊品种改良力度，构建高效养殖技术体系，加快推进快速育肥，强化品种选育、高效养殖、精细管理等综合配套技术集成应用，加强优质富硒羊肉生产关键技术研究与集成示范，标准化规模化建设养殖基地和良繁基地。创新加工和营销模式，支持屠宰加工企业扩大产能加强精深产品开发，扩大消费半径，打造高端牛羊肉生产基地。到2025年，全县肉牛、肉羊饲养量分别达到15.5万头、115万只，规模化养殖比例分别达到60%、62%以上，屠宰加工率达到70%以上，精深加工率达到15%以上。

做强优质瓜菜产业。实施优质瓜菜提质增效行动，突出绿色有机，加快越夏番茄、沙漠西瓜、高端蔬菜标准化生产基地建设。提升改造设施农业，修复改造原有日光温室，建设河东高效蔬菜生产基地1万亩，着力培育城关镇（设施瓜菜）、姚伏镇（越夏番茄）、陶乐镇（沙漠瓜菜）和高仁乡（沙漠西瓜）等特色瓜菜产区。大力推广绿色高质高效生产技术和新品种示范，建设一批高效外销瓜菜、高端设施农业和露地瓜菜科技园区，打造“番茄之乡”“沙漠瓜菜之乡”。突出标准化生产、市场化营销，推进产加销一体化发展，推广供港蔬菜模式，建设瓜菜集配中心，打造京津冀、长三角、粤港澳大湾区菜园子，建设宁夏绿色瓜菜外销主产区。到2025年，全县瓜菜播种面积达到18万亩。

做精特色制种业。实施现代种业提升行动，推进特色制种全产业链发展。引进国内外良种资源、技术、设备，建设高标准蔬菜、玉米、水稻制种基地，加快建设集种子品种研发生产、种业信息共享交流、蔬菜产品采摘赏析、传统文化弘扬展示、农业农村观光旅游为一体的种子小镇。以黄渠桥、头闸制种产业基地为重点，建设高水平数字制种产业园区。实施种子质量提升工程，支持制种企业技改扩建，组建制种产业集团，成立技术研究中心，加快种子科技成果转化，办好宁夏种业博览会，唱响“平罗种子”品牌，建成引领西部、影响全国的种子加工贸易集散地。

加快发展绿色食品产业。以鲜乳、优质大米、

沙漠瓜菜、外销蔬菜、牛羊肉等优势农产品加工为重点，开发富硒、绿色、有机深加工产品，推动传统农副产品加工产业向绿色食品产业迭代升级。培育和引进绿色食品加工龙头企业，加强市场运营体系建设，完善物流配套、冷链保鲜、分拣包装等环节，发展农超对接、商超联营等模式，打造全区重要的绿色食品加工优势区。到2025年，农产品加工转化率达到80%以上，农产品加工业产值与农业总产值的比例达到2.5∶1。

适度发展经济林果产业。以苹果、红枣、桃、李、杏等经济林产业为重点，以林下经济为补充，计划完成经济林栽植面积1.5万亩。按照自治区枸杞产业发展布局，适度发展枸杞产业。发挥贺兰山东麓葡萄酒主产区地理优势，建设崇岗镇长青村、暖泉村酿酒葡萄种植基地。到2025年，酿酒葡萄种植基地达到4000亩，培育葡萄酒庄1家。

(二)实施农业生产设施提升工程，完善农业生产体系

开展耕地地力保护提升行动，健全耕地轮作制度，加强土壤改良，提高土地产出能力，实施中低产田改造、盐碱地改良治理、退化土地治理、有机肥替代、高效节水和水肥一体化工程，扩大测土配方施肥规模，全面开展秸秆还田，实现盐碱地改良全覆盖，打造盐碱地改良示范区。加大农业水利设施建设力度，发展高效节水农业，实施沟渠综合治理、井渠结合灌溉、末级渠系改造和田间配套，改善农业灌排条件，推广滴灌、喷灌和水肥一体等智能化高效节水技术。到2025年，高标准农田提升面积达到50万亩，高效节水灌溉12万亩，建成黄河流域现代农业高质量发展引领区。

(三)实施绿色品牌引领工程，强化农业质量品牌建设

继续强化“两品一标”认证，加强黄渠桥羊羔肉地理标志产品保护，培育壮大“番茄之乡”“沙漠瓜菜”两大公用品牌，推动区域公用品牌、企业品牌、农产品品牌“三牌联创”，建设新时代农产品区域品牌联合体。充分发挥农业产业化龙头企业带动作用，深入完善农业投入品使用管理、生产电子档案、质量安全监测数据、产品包装二维码标识等应用，建立健全生产全程数字化监管体系。到2025年，挖掘历史悠久、享有盛名的“老字号”“原字号”品牌，统一标识“珍硒石嘴山”公用品牌，实现优质瓜菜、牛羊肉、乳品加工等优势特色农产品质量安全追溯体系全覆盖，争创国家级农产品质量安全示范县。

(四)强化农业科技支撑

加快建设奶牛科创中心、专家工作站、科技成果转化基地等平台，积极推进农科教、产学研协同创新。组织开展水稻高产创建、牛羊杂交改良、制种育繁推一体化等专项研究，在种质资源保护、骨干亲本选育、新品种选育、新品种测试、分子标记辅助育种等方面开展科研联合攻关。推进农业资源循环高效利用技术集成，探索农业可持续发展的管理和运行机制，推广农产品加工、仓储新技术，促进农业先进适用技术集成配套。到2025年，培育2–3家研发投入大、技术水平高、综合效益好的农业科技型企业。

(五)推动一、二、三产深度融合

创新一、二、三产融合新业态、新模式、新载体，推进农业与工业、商贸、文旅、物流、信息等现代产业要素渗透融合，促进农业“内向”融合、产加销“纵向”融合、农文旅“横向”融合和产园产村“多向”融合。拓展“稻艺渔歌”休闲农业、中央厨房、研学旅游、亲子体验以及乡村手工艺等新业态，以信息技术带动发展数字农业、智慧农业等业态，打造“农业+”多业态发展态势，丰富乡村经济新业态新模式。争创国家级、自治区级农村产业融合发展示范区。

（六）推进农业社会化服务

探索建立政府与企业互联共建的农业产业人才培育机制，培养造就懂农业、爱农村、爱农民的“三农”工作队伍。加快推进粮食作物生产全程机械化，稳步发展经济作物和养殖业机械化。构建农业气象服务体系及灾害防御体系，实现精准预警预报。加强农村信用体系建设，建立健全新型农业经营主体信用评价体系，加大对农业经营主体的金融信贷支持力度。促进政策性农业保险提标扩面，逐步扩大农业保险品种范围。到 2025 年，形成以公益性服务为主体、经营性服务为补充的农业服务体系，培养高素质农民 3000 人以上，主要粮食作物耕种收机械化率达到 93%，农村气象信息覆盖率达到 95%。

专栏 8　高效种养业提质发展行动
奶产业：重点实施奶产业集群建设、河东现代奶业产业园及基础设施建设（二期）、河西奶牛养殖场改造提升等项目。 肉牛肉羊产业：加快推进肉牛育繁推一体化示范、宝丰羊产业小镇建设、肉牛养殖基地建设、肉羊养殖基地建设、动物疫病实验室及防疫物资储备库建设、宁夏动物及动物产品指定通道建设等项目。 优质瓜菜产业：重点实施高标准日光温室及老旧日光温室修复改造、瓜菜标准化基地建设、瓜菜集配中心建设等项目。 特色制种业：重点推进国家区域性良种繁育基地建设和种子小镇建设。 绿色食品产业：推进平罗乳制品加工、定点屠宰厂建设等项目建设。 数字农业：加快推进数字农业试点县建设、奶牛 5G 未来牧场建设、玖倍尔农业智能化示范牧场建设等项目。 产业融合发展：重点实施粮油生产加工设施设备技改、伊晟康农业年产 2000 吨果汁饮料、生鲜储备及冷链物流设施建设等项目。

第三节　提档升级现代服务业

紧盯消费需求、紧贴生产需要，实施全域旅游提升、现代物流提档、消费融合升级三大工程，加快构建以“文化旅游、现代物流、商贸服务”为主导，以“电子商务、颐养健康产业、服务型制造业”为配套的“三优三育”现代服务业体系，推动生产性服务业向专业化和价值链高端延伸，推动生活性服务业向高品质和多样化升级，促进服务业提档升级。到 2025 年，服务业增加值年均增长 6%。

（一）实施全域旅游提升工程，打造文化旅游新名片

全力构建“一心三廊四区”全域旅游格局。“一心”即打造县城全域旅游发展综合服务中心，大力提升县城区游客旅游集散、咨询服务、交通换乘、餐饮购物等服务能力，着力提升平罗城市品质，引领“精致平罗”“秀美平罗”提升发展。“三廊”即打造历史文化休闲体验廊（沿 G110），乡村生态产业发展廊（沿 G109），黄河百里景观休闲廊（沿滨河大道）。“四区”即贺兰山人文生态区，建设沿山风景道、服务驿站等，通过生态骑行运动廊道盘活贺兰山沿线游览空间；大沙湖协同发展区，充实 110 国道以东、109 国道以西片区水韵风光、山湖共览的生态景观，沿线有序规划种植大地植被景观，对湖光山色整体生态氛围进行环境营造和美化提升，形成围绕水系、山景、乡野地，以生态慢生活游憩方式为特色的塞上江南风貌区；河东农沙旅产业发展示范区，整合拉巴湖、庙庙湖、毛乌素沙漠等节点，汇聚百里长河、塞上大漠与生态农业景观，创新发展农旅、沙旅特色旅游项目，形成沙漠农业景观与黄河金岸景观相结合的特色旅游融合集聚区；文化休闲美食区，培育黄渠桥、宝丰、灵沙特色旅游村、民俗文化艺

术展示体验空间、乡村观光游览慢道系统等，扶持周边乡村旅游、生态观光、休闲度假、民俗体验等产品开发，提高文化休闲美食品牌市场认知度。

打造五大特色旅游产品。深挖生态、文化、历史等旅游资源，构建"五大"旅游主题产品。依托庙庙湖—拉巴湖沙漠生态、百里黄河风光以及滨水湿地资源，积极开发湿地观光、河湖休闲、自驾露营、亲水娱乐等生态观光旅游产品；完善陶乐康养特色小镇休闲度假配套设施，发展医养、食养、住养等休闲度假产品；激活拉巴湖、庙庙湖沙漠越野、沙漠运动、低空滑翔等康体运动产品；依托瀚海丝路风情园、文化旅游特色街区等开发文化休闲产品；围绕农牧体验、民宿休闲、乡村美食、文化鉴赏、创意手工等开发乡村体验产品。打响"醉美沙湖·毓秀平罗"旅游品牌。

提升旅游综合服务能力。围绕"吃、住、行、游、购、娱"，促进旅游服务全域化、优质化、智慧化升级，打造服务标准化旅游示范区。全域化，加大旅游公路建设力度，着力提升3A级以上景区与交通干道快速集散能力，依托客运枢纽建设旅游集散中心，引入共享交通服务企业打通景区"最后一公里"。优质化，按照景区、餐饮、酒店、大巴、购物场所等旅游业态服务标准化细则，推动传统旅游业态提档升级，培育品牌餐饮、星级酒店。扎实推进旅游"厕所革命"，加大环保卫生厕所建设力度。智慧化，对接智慧城市建设，完善全域旅游智慧平台，构建智慧旅游服务等体系，推进"平罗旅游"公众号、智慧旅游手机APP对接"一部手机游宁夏"旅游信息平台，提高游客全新服务体验。

（二）实施现代物流提档工程，构建现代物流新体系

推动物流通道建设。抢抓国家建设西部陆海贸易新通道重大机遇，着力提升平罗在"一带一路"建设中物流节点作用，强化东西南北全面贯通的物流网络体系。着力加强同天津港等港口合作，打通向东通道；着力加强同兰州、乌鲁木齐、霍尔果斯等西部陆路通道节点城市合作，打通向西通道；着力加强同策克、二连浩特口岸城市合作，打通向北通道；着力加强同西安、重庆、北部湾等西部海上通道节点城市合作，打通向南通道。

培育发展多元物流业态。积极培育多元物流服务业态，努力把平罗县打造成为区域性物流节点。工业生产性物流，力促新材料、绿色氰氨、先进装备制造等企业剥离物流资产与业务，推动现有和在建铁路专用线扩规提质，提升铁路综合货场物流效率，积极培育多式联运体系，加快推进物流公共服务平台建设。积极发展保税物流、期货交割、网络货运等产业，建设石嘴山保税物流中心平罗工业园B型保税仓，打造现代物流业集聚区，建成具有资源配置功能的沿黄城市群重要的供应链服务中心。城乡共同配送，加强城市中小型仓储、配送服务设施建设，健全产业园区（基地）"最初一公里"和镇村"最后一公里"物流服务设施，积极引进第三方物流企业，提升城乡共同配送服务水平。农业冷链物流，在城关镇、姚伏镇、陶乐镇、红崖子乡等地建设新鲜瓜菜物流中心，配套建设中小型气调库；在宝丰镇、高仁乡等建设畜产品物流中心，配套建设标准化、专业化冷藏仓库等设施，大力发展冷链物流。快递物流，建设快递物流智慧分拨中心，推进物流与电子商务协同发展。积极推进逆向物流、应急物流等多元发展。

创新发展智慧物流。引进培育智慧物流骨干企业，建设集信息发布、在线交易、数据交换、智

能分析等功能为一体的公铁物流园区多式联运信息平台和综合物流园公共信息平台，实现物流实时跟踪和可视化管理。建设标准化、智能化、仓配一体化的仓储物流中心，发展智能仓储、数字配送、自动分拨、供应链管理、物流金融、物流科技、物流结算等为主体的高端业态和增值服务。

（三）实施消费融合升级工程，培育传统商贸新亮点

优化城区商圈布局。结合现状商业布局和城区拓展方向，规划布局城区商贸发展功能区，重点打造三大商圈。鼓楼商圈，加快推进鼓楼步行街改造提升工程，对步行街地面、景观环境、两侧建筑外立面实施重点改造，打造宜购、宜食、宜游、宜娱商业消费环境。加快引入精品商超、时尚消费、艺术生活、新型零售等新业态，着力打造鼓楼北街商贸区商业核心区。汇融商圈，发挥毗邻玉皇阁景区优势，着力打造文化休闲、特色餐饮、电子产品三大板块，引入时尚购物中心、数字娱乐、创意DIY、智慧餐饮、共享私厨、健身休闲、精品酒店、无人零售店等新业态。阳光商圈，打造以休闲旅游、红色教育、民俗体验、亲子游乐为主题特色商圈，开发视听剧院、乐动场馆、购物潮地、美食空间、文鉴艺廊、风情街区等消费场景；提升阳光文化美食城运营水平，丰富消费供给，提升消费档次，促进消费提质升级。

培育发展夜间经济、假日经济。合理规划业态分布、夜间交通组织衔接、体制机制建设和经济运营管理等，有效激发内需潜力，繁荣夜间经济，推动夜间经济有序发展。鼓励步行街、汇融九街、阳光“沙湖夜话”等提质发展，提升夜间餐饮、购物、演艺等服务，打造夜间经济打卡地，不断提升“平罗八点半”夜经济品牌影响力，推动夜间消费持续扩大。增加文艺汇演、丰富文化旅游项目供给，举办各种大型活动活跃夜间消费氛围，打造文体消费型夜间经济集聚区。创新发展假日消费，挖掘二次消费潜力，举办文化旅游消费月、文旅消费体验周等活动，促进假日经济发展，培育经济新增长点。

（四）塑造电商发展新标杆

升级电商服务体系。推进国家电子商务进农村综合示范项目建设，完善县域电商公共服务中心服务功能。培育电商专业人才，加大广告文创、网货摄影、营销策划、电商营销等电商专业人才及乡村网红、自媒体达人等人才培育。创新电商服务供给，创建电商文旅体验基地等电商融合示范点，通过电商直播、网红带货等方式，创新内容电商、体验电商、媒体电商等新服务，举办电子商务竞技孵化大赛、电子商务体验消费节等活动，打响“宁好·平罗大吉”电商节品牌。推广“电子商务平台+社区智能便利店+集成网络终端”社区商业模式，完善智能快递柜、菜鸟驿站、快递超市等终端服务。

打造网货供应品牌。实施网货品牌培育行动，大力推进农产品上行。以“珍硒石嘴山”公共品牌为依托，进一步加强富硒香米等平罗电商网销品牌创建力度，打造县域农产品网络爆款产品和示范企业。加快推进优质特色农副产品供应链项目，在一、二线城市建设平罗特产经销外埠窗口，开展线上线下经营。加大电商品牌宣传力度，利用国内重要展会和媒体，开展农村电商品牌对外宣传活动，扩大平罗电商影响力。

（五）建设颐养健康新高地

加快养老与房地产、医疗、保险、旅游等融合步伐，大力发展候鸟式养老、旅游养老、农家养老、会员制养老等新兴业态，带动“银发经济”提质扩容。以市场化养老服务需求为导向，注重培

育引进产业化龙头企业，搭建供需对接平台，引导社会力量投资休闲健康养生养老基地，开发老年社区和养老综合体。推动陶乐镇创建以康养、疗养为主题的特色小镇，围绕特色小镇建设带来的综合效应，推动形成医疗康复、休闲养生、田园种植等康养产业，积极开发果园采摘、天然细沙保健、影视基地娱乐等康养服务产品，叫响陶乐"中国慢生活休闲体验镇"品牌，着力打造区内有影响力的健康养老基地。

（六）培育壮大服务型制造业

围绕研发设计、生产制造、经营管理、市场营销等企业价值链核心环节，支持制造企业在研发设计环节普及计算机辅助系统应用，推广虚拟现实模拟设计方式、基于数字化模型对产品进行仿真与验证分析。推动生产流程柔性化，发展网络众包、个性化定制等服务型制造新模式，支持企业开展制造信息化集成服务。

专栏 9　服务业提质增效行动
现代物流提档升级工程：实施铁路转运平罗北货场、网络货运平台等项目。 全域旅游示范区升级工程：实施大沙湖休闲旅游度假区基础设施建设、河东沙漠休闲度假区建设、黄河文化生态旅游廊道建设、沙湖景区—县城"景城"一体化旅游复合廊道建设、沙湖旅游协同示范区等项目。 现代商贸培育工程：实施传统风貌特色街区建设、黄渠桥镇特色美食小镇建设、崇岗商贸综合服务区、城关镇农贸市场提升改造等项目。 电子商务进农村升级版工程：建设县级快递物流智慧分拨中心及社区快递服务站点等。 颐养健康品牌塑造工程：实施陶乐特色康养小镇建设等项目。

第四节　建设现代化基础设施

补齐交通、水利、能源基础设施短板，提升信息网络基础设施等级，构建系统完备、高效实用、智能绿色、安全可靠的现代化基础设施体系。

（一）构建综合交通网络

完善对外交通网络。加强铁路建设，协调推进包银高铁平罗段、三新铁路连接线等建设。争取打通京藏高速与荣乌高速、京新高速、乌玛高速等连接线，实施银昆高速 G85 北延伸段工程、同城化平罗至石嘴山（银川公路）续建工程，推动黄河右岸银川市至石嘴山市堤路结合工程建设（平罗段），提高与周边地区互联互通能力。加快普通国省干线公路建设，实施国道 109 线平罗县段改扩建、省道 302 线蒙宁省界至陶乐段改扩建、平罗县高仁黄河公路大桥及连接线公路等国省干线公路建设项目，优化完善"七纵六横四联"干线公路网络，提升公路交通服务水平，形成通畅的对外交通大通道。

提升内部联通水平。围绕全域旅游、产业发展，实施平西公路至姚汝公路、红月路南北主要交通干线连接线、下庙至沙湖公路等经济干线及旅游路、生产路建设项目，加强道路改造提升及美化、亮化。持续推进"四好农村路"建设，新建改建乡村道 338 公里，实施农村公路危桥改造和公路安全生命防护工程，完善公路养护管理机制，构建"对外联通、内部畅通、品质优良"的现代综合交通体系。到 2025 年，路网密度达到 67.9 公里 / 百平方公里以上。

完善枢纽场站建设。推进客运场站建设，重点推进平罗县城、陶乐公交综合枢纽站建设。合理布局停保场、首末站及港湾式停靠站、加气

（油）站和充（换）电站等公交基础设施建设；新建公交停保场1座、首末站6个，鼓励公共交通场站设施用地综合开发。加强公交港湾站及附属设施的布点和建设，主城区主、次干道公交停靠站全部实现港湾式改造。完善城乡物流配送体系，重点推进乡镇综合运输服务站建设，推进乡镇汽车站、公路养护站、仓储物流站、邮政、乡村旅游集散中心和物流配送站等多站融合，实现一站多能，多站合一。

发展智能交通信息化。建设智慧交通一期工程，通过车载定位、视频、智能驾驶辅助等信息化手段，对出租车、公交车、危险化学品车辆实时监控监管，对超速、超载、疲劳驾驶等安全隐患进行及时预防和处理，实现事前、过程、事后三位一体主动型动态监管方式，建立集交通信息汇集、处理、展示、监管、服务和指挥于一体的综合性服务平台，将超限超载非现场执法进行联网管控。

专栏10　交通设施建设工程

对外及重点交通干线建设工程：实施三新铁路连接线、银昆高速G85北延伸段工程、黄河右岸银川市至石嘴山市堤路结合工程建设（平罗段）、省道302线蒙宁省界至陶乐段公路、国道109线平罗段改扩建工程、红月路南北主要干道连接线、高仁黄河公路大桥及连接线公路建设等项目。

旅游路、产业路建设工程：实施盛华阳光生态园至乐牧高仁畜牧养殖园产业路、河东地区奶牛产业园二期对外连接道路、贺兰山东麓葡萄酒产业区对外连接主干路、下庙至沙湖公路、同城化平罗至石嘴山（银川）公路续建等工程。

农村公路建设工程：重点实施农村公路建设项目、农村危桥改造及公路安全生命防护工程。

枢纽场站建设工程：重点实施城市公交首末站建设、城乡运输综合服务站、建制村物流服务点和乡村招呼站建设等项目。

（二）加强水利设施建设

增强供水保障。加强重点水源工程建设，实施抗旱应急水源工程，改造姚西水库抗旱补灌水库和先锋湖水库。实施中线供水工程和河西地区城乡供水水源替换工程，加快构建城乡统筹发展、左右岸联调联控、水质水量保障可靠的大水网保障供水体系。统筹城乡供水一体化建设，全面实施“互联网+城乡供水”项目、大水沟水源连通工程和城市居民饮水安全保障工程，完善水厂自控监控系统，配套建设输配水管网自动监测点，更换安装智能水表，提升城乡供水管网基础设施水平，使全县城乡群众喝上“同源、同网、同质、同价”的放心水。

建设现代化生态灌区。实施现代化生态灌区建设工程，以姚伏现代化灌区项目为试点，逐步实现现代化灌区建设全覆盖，率先在全县开展融资体制改革、水价水权体系改革、高效节水灌溉、灌区信息化建设等，实现灌溉用水联调联控、精准计量，打造水源可靠、体系完善、技术先进、管理科学、保障有力、生态良好的现代化生态灌区，推进智慧水务和智慧农业发展。实施黄河生态保护综合治理田间工程，加快灌区高效节水改造提升，实现灌区从传统水利向现代水利成功转变，打造节水灌溉示范区。

提升防洪能力。提升薄弱环节防洪能力，提升“两山一河”防洪标准体系和监测预警预报系统反应能力，构建较为完备的综合防洪减灾体系。重点实施都斯兔河综合治理工程、红崖子山二道沟（红翔新村区域）防洪治理工程、大水沟下段综合治理工程等项目，巩固完善贺兰山东麓防汛体系、红崖子山防洪体系，推进防汛基础设施建设达到百年一遇洪水校核标准。

建设智慧水利。建设全县“智慧水利”管理云平台，整合数据资源，建设应用支撑平台、一张图服务体系及业务系统等，围绕水利云、“互联网+”机制创新、管理创新和服务创新，利用数字化加强供水工程监管，建成集调度、运行、监控、维养、缴费、应急于一体的供水管理服务数字化平台，实现对水源地、供水、节水、排水、防洪等各环节全流程自动化监控管理，实现城乡用水全过程数字化精准管控。

专栏 11　现代水网体系项目
供水保障工程：重点实施河西地区“互联网+城乡供水”提质增效工程、中线供水工程、河西地区城乡供水水源替换工程、黄河生态保护综合治理田间工程、城市居民饮水安全保障工程、第三水厂及供水管网改造工程、抗旱应急水源工程等项目。 现代化生态灌区建设工程：加快推进现代化生态灌区建设项目、黄河生态保护综合治理田间工程项目。 防洪能力提升工程：实施贺兰山东麓平罗段防洪体系提升改造工程和镇朔湖清淤工程、红崖子山南部防洪体系改造修复工程、都斯兔河中小河流综合治理工程、大水沟下段综合治理工程、红崖子山二道沟（红翔新村区域）防洪治理工程等项目。

（三）完善能源基础设施

建设智能电网。巩固小康电示范县建设成果，加快落实“新时代宁夏配电网高质量发展三年行动计划”，推动配电网高质量发展。持续完善电网主网架，优化电网布局，实施平罗电厂送出750千伏输变电、新一轮农村电网改造升级等工程，提升配网线路及设备供电容量和供电可靠性。加快智慧电网建设，建设智能变电站、智能配电房、智能巡检等，推广应用智能电表，推进配电网终端智能化改造；探索“5G+智慧电力”融合模式，多方联合共同推动5G在智能电网应用，提高电网智能化水平。推进电动汽车充电设施布局，构建车桩相随、智能高效的充电基础设施体系。

完善燃气设施。加强天然气供气基础设施建设，合理布局城市燃气管网，实施小区管网改造、城网新建及改扩建项目，完善县城和灵沙乡、红崖子乡等乡镇天然气管网及配套设施建设，推动天然气管道向周边社区和农村延伸，天然气管网暂时覆盖不到地区，推广压缩天然气或液化石油气等清洁能源。合理布局天然气站点，因地制宜布局LNG、CNG点对点气化装置。实施燃气智能化改造工程，对接智能城市管理平台，配套智能终端感知设备。

专栏 12　能源保障体系项目
电力工程：重点实施平罗电厂送出750千伏输变电、110千伏水泉子变电站1座、35千伏变电站3座、城区电缆通道建设、10千伏线路建设等项目。 城乡燃气设施建设工程：实施平罗工业园区红崖子园LNG气化站、17个小区管网改造、城网新建、城网改扩建、燃气智能化改造工程等项目。

（四）大力建设智慧城市

升级网络设施。加快推进5G网络建设，在主城区、集镇区、旅游景区、商业集聚区、工业园区以及医院等重点区域率先推进5G基站建设，逐步实现全覆盖；在智能控制、智慧景区、远程医疗、视频监控等场景率先开展5G产业应用。实施千兆宽带网络光纤化改造工程，提高城市老旧小区、城中村光纤改造，提升农村地区光纤宽带接入能力。推进“无线平罗”建设升级，拓展免费无线网络覆盖面。

融合媒体网络。推进媒体融合，打造基于5G技术的融合媒体网络。加速有线电视网络升级，完成有线电视网络IP化、智慧化、融合化改造升级。加快推进下一代互联网建设,推进有线电视网络整合和广电5G建设一体化发展,实现广电5G网、有线电视网、宽带通信网“三网融合”,同步推进城乡网络安全建设。推动电视平台之间、电视与手机平台之间融合,丰富社交化、智能化、移动化的传播矩阵,实现由“平面媒体”到“立体媒体”“沉浸式媒体”升级。

建设“感知平罗”。推进以窄带物联网为代表的基础网络建设,加快布局全域感知的智能终端设施。实施智能传感节点部署工程,推动“万物互联”发展。深化物联网技术在城市管理、民生服务、公共安全、医疗卫生、公共基础设施及农林业、生态环境、安全生产等领域应用,打造智能感知“一张网”。

第六章　主动融入新发展格局,增强发展协同性和高效性

紧紧扭住供给侧结构性改革这条主线,注重需求侧管理,打通堵点,补齐短板,贯通生产、分配、流通、消费各环节,形成需求牵引供给、供给创造需求的更高水平动态平衡,提升经济体系整体效能。

第一节　全面融入循环体系

发挥比较优势,在国内大循环和国内国际双循环中找准定位,积极参与新发展格局,增强供需平衡性、灵活性、适应性。

主动融入国内大循环。着眼融入全国统一大市场,加快清理阻碍要素资源和商品服务自由流动的政策做法、体制机制和隐性规则,构建现代化流通体系。加快推动对外路网建设,着力提升高效率基础设施覆盖率,降低交易成本、提高循环效率。加快淘汰过剩落后产能,为优质产能释放腾出环境容量和生产要素。推动产业链、供应链、创新链、价值链与全国大市场全方位对接、深层次融合,优化供给结构,改善供给质量,提升供给体系对国内需求的适配性。

主动参与国内国际双循环。用好国内国际两个市场两种资源,落实促进开放型经济发展政策措施,大力培育本土外贸服务企业、壮大进出口龙头企业群体,提升高新技术产品出口占货物贸易比重,提高外贸企业核心竞争力。依托平罗铁路综合货场,向北连结乌力吉、乌兰巴托,畅通原料运输物流通道,向西连结阿拉山口(霍尔果斯)口岸,向东经天津港,积极融入成品出口面向欧洲、中东、北非和亚太地区的物流大通道,畅通国内国际双循环。

第二节　大力促进消费升级

顺应消费升级趋势,促进消费向绿色、健康、安全发展, 进一步提升消费对经济增长的基础性作用。到2025年,居民人均消费支出年均增速6%。

提升传统消费。积极推进消费惠民计划、商业街区改造计划、消费网络建设工程、消费融合升级工程,优化零售业企业规划布局,鼓励有条件的零售企业发展电商平台、物联网应用,引导实体企业更多开发数字化产品和服务,鼓励传统流通企业向供应链服务企业转型。大力发展夜间经济和假日经济,丰富线上消费、服务消费等消费形式。完善社区便民服务设施,打造便民消费圈。加快完善县、乡镇、村三级物流快递配送体系,大力发展农村电子商务,实现快递末端服务

场所标准化、规范化建设。

培育新型消费。鼓励发展网络消费、智能消费、定制消费，推动互联网医疗、在线文娱、智慧旅游、智能体育、智慧广电等新型消费扩容提质。推动文旅商融合，加快推进黄渠桥等全国乡村旅游重点村建设，提高旅游接待服务能力和水平。搭建集居家养老、体育健身、就近就医、文化教育、休闲娱乐等多种服务于一体的社区综合服务消费平台，大力发展文化、健康、教育、体育、托幼、养老、家政等服务消费，全面推广绿色消费。鼓励实体商业通过直播电商、社交营销等新模式，促进线上线下消费深度融合发展。

优化消费环境。强化消费信用体系建设，加快建设覆盖线上线下的重要产品追溯体系，打造放心商圈、放心街区、放心商店。加强消费者权益保护，完善跨部门协同监管机制，实现线上线下协调互补、市场监管与行业监管连接互动，加大对销售假冒伪劣商品、侵犯知识产权、虚假宣传、价格欺诈、泄露隐私等行为打击力度。完善消费后评价制度。推行消费者维权环节经营者首问和赔偿先付制度，督促落实经营者主体责任，推进商业诚信体系建设。

第三节　不断拓展投资空间

强化投资对稳增长、促转型的关键性作用，优化投资结构，激发民间投资活力，谋划推进重大关键项目，力争固定资产投资与经济发展同步增长。扩大产业领域投资，以突出工业技改、产业延链、新动能培育为重点，引进和实施一批非资源型企业、高新技术产业、战略性新兴产业、现代化服务业投资项目，实施工业尾气制燃料乙醇产业集群、河东优质奶源基地、河东沙漠休闲度假区等重大产业项目，加大技术改造、设备更新、产业基础等领域投资。扩大基础设施投资，重点推进城乡供水一体化、国道109平罗段改扩建等项目建设。谋划5G基站、人工智能、工业互联网等新型基础设施项目。扩大生态文明建设投资，聚焦黄河流域生态保护修复、环境污染治理、生态系统建设等先行区建设重点任务，重点推进黄河平罗段滨河水系扩壑、湖泊湿地水生态修复、国土绿化、防沙治沙等项目建设。鼓励民间投资参与农业农村、基础设施、公共服务设施、生态保护修复等领域建设发展，充分激发社会投资动力和活力。

第七章　全面深化改革开放，持续增强发展动力和活力

坚持社会主义市场经济改革方向，认真落实中央关于新时代加快完善社会主义市场经济体制的意见，推动有效市场和有为政府更好结合，推进改革往深里走、往实里落，激发市场活力、增强发展动力。

第一节　激发各类市场主体活力

坚持“两个毫不动摇”，培育更多充满活力的市场主体。

深化国企国资改革。落实国企改革三年行动方案，大力推动混合所有制改革。加快推进国有企业退休人员社会化管理，完成企业分离办社会职能改革。鼓励非公有制资本参与混合所有制改革，在优势产业、基础设施行业、公用事业领域，探索组建混合所有制企业，完善国有企业产权结构、法人治理结构、组织结构改革，加快完善现代

企业制度。

支持非公经济发展。贯彻落实好国家、自治区关于民营经济税收优惠等支持政策，完善对民营经济发展的生产要素支持政策，包括土地要素供给与利用政策、金融信贷政策、人才引进与培育政策等。保障民营企业依法平等使用资源要素、公开公平公正参与竞争、同等受到法律保护，推动民营企业改革创新、转型升级、健康发展。建设民营经济线上线下融合的一站式综合服务平台，为企业提供全面的维权、融资、技术、人才、培训、法律、进出口等综合性服务。实施民营企业培育工程和优秀企业家培育计划，弘扬企业家精神和工匠精神，引导民营企业建立现代企业制度，促进民营企业改革创新、转型升级、健康成长。

第二节　建立现代财税金融体制

深化预算管理制度改革，完善预算绩效一体化管理机制，切实提高财政资金配置效率和使用效益。注重开源节流，大力培植税源，建立健全税收共治格局，切实提高“宁夏回族自治区税费保障办法”执行力，不断增强财政“造血”功能。加快投融资模式创新，推动政府融资平台市场化转型。发展普惠金融、科技金融、绿色金融，提升金融服务实体经济能力，支持发行企业债、公司债。鼓励企业通过直接融资，特别是股权融资拓宽融资渠道。创新化解企业流动性风险、地方法人银行机构风险和政府隐性债务风险等政策措施。

第三节　建设高标准市场体系

促进劳动力要素自由流动。健全人力资源服务业发展和人力资源流动政策体系，开展企业用工监测分析，实时更新企业人才需求清单，组织企业与科研院所开展人才政策推介活动。优化人才招聘、引进、培养、使用机制，确保人才引得来、留得住、用得好。完善人事档案管理服务，加快提升人事档案信息化水平。为高层次人才来平开通绿色通道。

推进资本要素市场化配置。积极发展产权交易中心、金融超市、债券交易等资本要素市场，增强产业园区、各类孵化器金融政策咨询和代理代办能力，开发绿色金融、普惠金融、科创金融，创新金融产品和服务，为实体经济在关键技术、关键产业链建设和民生等重点领域提供更好的金融支持。

积极推进技术市场化配置。深化科技成果使用权、处置权和收益权改革。协同推进科技领域体制机制改革，促进科技成果转化收益分配、科技人员创新创业等重大科技政策落实。探索通过天使投资、创业投资、知识产权证券化、科技保险等方式推动科技成果资本化，健全技术市场化配置。

加快发展行业大数据市场。加速政务数据开放，推动政务数据在各行业、各领域的综合利用。推动行业数据开放，扩大大数据需求与消费。做好制度建设，强化数据链安全。

第四节　加快转变政府职能

提高政府治理效能。大力推进相对集中行政许可权改革，实行“三集中、三到位”，构建“一个主体对外，一枚印章管审批”的行政审批格局。全面推行“前台综合受理、后台分类审批、统一窗口出件”的“一窗受理、集成服务”审批服务新模式，让企业和群众由“一事跑多窗”变为“一窗办多事”。完善部门联席会议等制度，确保审管分离、审管互动，审批与监管无缝对接。推进“数字政府”建设，推广“我的宁夏”APP 应用，打造“网上办、掌上办、指尖办”政务服务升级版，全县政务服务事项网上可办率不低于 90%、“一窗” 分类受理率达 70%。加强事中事后监管，对新产业新业态实行包容审慎监管。健全重大政策事前评估和事后评价制度，畅通参与政策制定的渠道，提高决策科学化、民主化、法治化水平。

持续优化发展环境。建立健全营商环境监督、投诉、受理、督办、反馈工作机制，坚决打通营商环境政策落地“最后一公里”。加快服务型政府建设，强化服务保障，真正树立服务意识，构建亲清新型政商关系，畅通政商双向沟通渠道，建立信息沟通机制，注重搭建与企业沟通交流的平台，切实营造亲商、安商、富商的浓厚氛围。深化行业协会、商会和中介机构改革。

第五节　加快开放合作步伐

实施开放带动战略，大力弘扬开放精神，加快构建高水平开放平台，破解开放不足短板，以高水平开放促进高质量发展。

畅通对外开放通道。主动融入西部陆海新通道和国家黄河流域现代化交通网络建设。协调推进三新铁路连接线、平罗铁路综合货场经包兰线连临策铁路至策克口岸连通工程、平罗至乌力吉口岸公路连通工程，打通北向能源通道，降低企业交易成本；协调推进包银高铁及沙湖高铁站建设，实现平罗从“高速时代”迈向“高铁时代”。推动城际公共交通一体化，实现半小时经济圈。实施银昆高速北延伸段、高仁黄河大桥及连接线等重大交通基础设施项目，提升对外通行能力。

构建高水平开放平台。借助中国—阿拉伯国家博览会经贸合作平台，推动内外合作交流。实施“管委会 + 公司”改革攻坚工程，加快组建工业园区投资建设发展有限责任公司，推动社会资本参与园区公共设施低成本化改造和智慧园区建设运营。实施基础设施改造提升工程，抓好园区给排水、蒸汽管网、道路改造、绿化提升，推进园区老旧厂房、闲置土地、过期建筑物整治，布局配套商务中心、企业职工租赁住房、金融及商贸物流等生产性、生活性服务设施，优化园区综合服务功能，建设开放型园区。实施招商引资项目储备工程，优化完善投资政策，加强与京津冀、长三角、粤港澳大湾区对接合作，探索建立跨区域对接会商、产业衔接机制。围绕平罗县优势产业延链补链强链和集群化发展，着力引进一批非资源型、创新驱动型项目，形成产业配套或战略合作，积极融入国内国际产业链供应链价值链。加强沿黄城市群协同发展，深化地区合作，推动区域互联互通、优势互补协同发展。

第八章　全面推进乡村振兴，加快农业农村现代化步伐

坚持把解决好“三农”问题作为党的工作重中之重，全面实施乡村振兴战略，强化以工补农、以城带乡，加快构建城乡新格局，促进农业全面升级、农村全面进步、农民全面发展。

第一节　夯实农业发展基础

（一）实行最严格的耕地保护制度

健全农业支持保护制度，强化惠农强农政策。落实粮食生产安全制度，开展粮食节约行动，巩固全国粮食生产先进县和全区“产粮大县”优

势。实行最严格的耕地保护制度,实施藏粮于地、藏粮于技战略,持续实行永久基本农田保护制度,调优种植结构,提高复种指数,保障重要农产品供给安全。到2025年,耕地保有量稳定在95万亩左右,粮食总产量稳定在37万吨以上。

(二)推动农业供给侧结构性改革

优化农业生产结构和区域布局,实施农产品加工业提升行动,规划建设302省道农产品加工流通产业园,改造提升平罗工业园区农产品加工产业园,逐步扩大通伏乡稻米加工产业园,构筑重要农产品加工优势区。提升粮食收储调控能力,实施20万吨级粮食烘干仓储物流、成品粮油应急低温储备库、粮食和物资储备基础设施设备建设等项目,促进粮食"产购储加销"一体化发展。增强优质粮食供给,在通伏乡、渠口乡、姚伏镇等水稻生产优势区和头闸镇、宝丰镇等小麦玉米生产优势区,以龙头企业为基础,大力发展优质粮食生产基地。依托通伏乡万亩绿色富硒稻渔综合种养示范区,建设富硒种养示范基地和富硒精深加工示范基地。到2025年,水稻种植面积稳定在20万亩左右,其中富硒水稻稳定在10万亩左右。

第二节 实施乡村建设行动

(一)补齐乡村建设发展短板

统筹城镇和村庄规划。构建以县城为中心、以乡镇政府驻地为支撑、以中心村为补充的城乡融合发展新格局,在城乡一体化上蹚出一条新路子。培育特色小城镇、推进"一村一庄"建设,鼓励和支持各乡镇配套完善基础设施建设,打造中心村建设示范点。建立空心村分批次治理机制,扎实推进"空心村"治理,力争五年内完成空心率60%以上村落整治。

完善村庄基础设施建设。实施村庄基础设施改善工程,完善水、电、路、气、讯和物流等基础设施,同步规划部署消防安全改造。深入实施信息进村入户工程,加快农村下一代互联网发展。持续扩大4G网络覆盖广度和深度,推进5G、物联网等新型基础设施应用。推进农村地区广播电视基础设施升级改造,建设农业农村多网互通网络体系,同步做好网络安全工作。加大村庄综合性公共服务中心建设力度,整合用好现有农村资源,因地制宜推动农村公共服务设施改扩建,建成集办公、生活、文体、交流等功能为一体的综合性服务中心。

(二)实施人居环境整治工程

深化"厕所革命"。持续推进农村"厕所革命",基本普及农村户用卫生厕所。引导农村新建住房配套建设无害化卫生厕所,人口规模较大村庄配套建设公共厕所。建立完善粪液粪渣清运服务体系,提高厕所粪污无害化处理或资源化利用率,建立管护长效机制,形成文明如厕新风尚。到2025年,卫生厕所普及率达到90%以上。

深化"垃圾革命"。按照"户分类、村收集、乡转运、县处理"的收运处置模式,配齐配足垃圾收集转运设施和处理设施。开展农村生活垃圾源头分类减量,积极推行集中回收、就地减量、统一转运等垃圾分类处理模式,建立完善垃圾分类激励引导制度。推进城乡环卫一体化建设,推行农村环卫保洁网格化管理制度和乡村环卫社会化运营,对农村生活垃圾收运处置进行市场化维护管理。到2025年,农村生活垃圾治理率达到100%。

深化"污水革命"。加快建设集镇污水处理厂,加强已建成污水处理厂(站)提标改造和规范管理,确保正常运行和在线监测,实现污水达标排放。推动城镇污水管网向周边村庄延伸,离城镇较远村庄，建设污水集中处理设施，居住相对分散的村庄引导农户对生活废水二次利用。将农村水环境治理纳入河长制管理，以房前屋后、河塘沟渠为重点，采取综合措施恢复水生态，实现污水集中处理。到 2025 年，农村生活污水处理率达到 68%以上。

提升村容村貌。以村庄硬化、美化、绿化、亮化为重点，持续推进村庄清洁，巩固提升“五清一改一绿”行动成效，全面提升农村人居环境整治成效，按照“一村一庄”总体要求，每个乡镇至少打造 1 个美丽村庄示范点。

（三）聚焦乡村发展要素

深入推进人才振兴。发挥“两个带头人”作用，实施高素质农民培育工程和农村劳动力就业能力提升行动，培养有文化、懂技术、会经营的高素质农民。加强数字农业农村业务培训，开展数字农业农村领域人才下乡活动，提高“三农”干部、新型经营主体、高素质农民的数字技术应用和管理水平。壮大农技推广人才队伍，鼓励各类人才返乡入乡创业兴业，培育“田秀才”“土专家”“乡创客”等乡土人才，及乡村工匠、文化能人、手工艺人等能工巧匠。

加大农村资金投入。健全“三农”投入保障机制，确保公共财政更大力度向“三农”倾斜。探索设立平罗乡村振兴专项基金，重点用于特色产业发展。加大招商引资力度，吸引社会资本下乡，支持社会资本发展种养殖业、冷链物流、休闲农业、生产性服务等，带动乡村创新发展。

第三节　农村改革提标扩面

（一）开展集成农村改革试验

以集成农村改革试验国家级试点为抓手，在体制机制互促、改革要素互利、资源信息互通、部门合作互融方面系统集成，激发农业农村内生动力。完善农村土地管理制度，高质量完成第二轮土地承包到期延包和“订单农业 + 保险 + 期货 + 融资”改革试点任务，抓好“三块地”改革，稳步推进“一块田”改革。开展新一轮农村宅基地制度改革试点，健全宅基地有偿使用和自愿有偿退出管理体制机制，探索宅基地“三权分置”有效实现形式，分期分批开展规划不保留村庄清理腾退，逐步实现“一村一庄”。推进农村集体经营性建设用地调整入市，探索集体建设用地建设租赁住房试点，高效盘活农村闲置土地资源。深化“三资管理”和集体股权量化，培育发展“一乡一业”“一村一品”，集体经济实现“一社一型”。健全完善农村产权管理机制，将农村各类产权全部纳入农村产权流转交易平台，实行“一门受理”。到 2025 年，全县土地集约规模经营率达 60%以上，30%以上农民承包土地实现“一家一田”。

（二）推进农村其他领域改革

健全完善农村金融服务体系，巩固农村信用体系试验区建设成果，推进农村信用共同体建设。创新农村金融服务，支持发展乡村普惠金融，支持民间资本设立面向农村的村镇银行等新型农村金融机构。鼓励和引导各类金融机构在乡村增设服务网点，推动农村金融综合服务站升级改造，提高农村地区金融服务普惠程度，激发金融机构参与贷款的积极性。建立多层次农业保险体系。持续深化供销合作社综合改革，加快恢复和发展壮大基层供销社和村级综合服务社，切实强化监事会在促进供销合作事业健康发展中的监督职能，加快建设综合性、规模化、可持续的为农服务体系，把供销社办成服务农民生产生活的生力军和综合平台。

第四节　巩固拓展脱贫攻坚成果同乡村振兴有效衔接

严格落实“四个不摘”要求，保持现有帮扶政策、资金支持、帮扶力量总体稳定，把脱贫作为新生活新奋斗起点，实现巩固拓展脱贫攻坚成果同乡村振兴有效衔接。

（一）健全防止返贫监测帮扶机制

继续对脱贫村、脱贫人口开展监测，对脱贫不稳定户、边缘易致贫户开展常态化监测预警，持续跟踪收入变化和“两不愁三保障”巩固情况，定期核查，及时发现，及时帮扶，动态清零。落实完善金融支持、产业奖补、职业培训、兜底保障等帮扶措施，健全农村低收入人口帮扶机制，筑牢返贫致贫防线。健全社会资本参与解决相对贫困的共建共享共治机制，形成解决相对贫困的多层次、多体系机制保障。加强资金资产项目管理，建立健全资产管理制度，持续发挥效益。

（二）持续推进脱贫人口发展

增强巩固脱贫成果及内生发展动力，坚持“四个优先”要求，按照“五级书记一起抓、部门包干”要求，建立领导包抓、部门帮扶、社会参与、乡村主体的工作推进机制。深化产业、就业、科技帮扶，坚持因地制宜，培育发展乡村主导产业。继续加强脱贫人口产业发展基础设施建设，实施红崖子乡草畜一体化提质增效、红瑞村日光节能温室休闲观光农业、庙庙湖村特色沙漠瓜菜基地等项目，推动规模养殖场建设、规范发展种植养殖园区，带动农户参与养殖种植，实现村有致富产业、户有增收项目，确保脱贫户不返贫、边缘户不致贫。

（三）持续落实各类保障性措施

以现有社会保障体系为依托，促进弱劳力、半劳力等家庭就近就地解决就业。推进脱贫人口稳岗就业，加大对脱贫人口职业技能培训力度，通过扶贫车间、劳务输出、创业、公益性岗位等促进就业。强化易地搬迁后续扶持，实施政策性移民基础设施完善、后续产业发展项目，拓宽移民就业增收渠道，确保搬迁群众稳得住、有就业、能致富，推动移民群众融入新环境、过上新生活。

专栏 13　乡村振兴实施项目
乡村建设行动：按照“一村一庄”实施空心村整治、农村人居环境整治及村庄公共基础设施建设等项目。 粮食安全保障行动：重点实施宁夏常新农业发展有限公司 20 万吨级粮食烘干仓储物流、宁夏西粮粮油集团有限公司成品粮油应急低温储备库、宁夏马季食用油有限公司粮食和物资储备基础设施设备建设等项目。 脱贫成果巩固行动：加快推进政策性移民基础设施完善、政策性移民后续产业发展等项目。

第九章　优化国土空间布局，推进新型城镇化建设

加快推进以人为核心的新型城镇化，优化城乡国土空间格局，推进城乡协调发展、融合发展、一体化发展，以城乡融合作为城乡协调发展的核心，让城镇与乡村各美其美、美与共。

第一节　健全国土空间规划体系

优化国土空间和功能布局，严格落实国土空间规划管控要求，实行最严格的生态保护制度，强化空间管制红线，合理划分生态空间、城镇空

间、农业空间。根据资源环境承载能力和国土空间开发适宜性评价，合理确定开发强度和保护力度，推动总详专三类规划有机衔接，协同配套。科学划定生态保护红线、永久基本农田、城镇开发边界三条控制线，合理布局城乡体系、产业载体、公共服务设施和生态环境保护等各类空间要素，严守三条红线，强化底线约束，推进县域空间高效利用和有序开发。重点保护黄河、贺兰山以及沙漠治理、湿地、森林等生态环境；以农业产业园、特色种植养殖基地为重点布局农业经济，以工业园区为重点布局制造业，以旅游景区、物流园区等为核心布局现代服务业。强化土地投入与产出强度指标要求，作为产业准入、项目建设的必要条件。统筹推进村庄规划工作，加快补齐乡村建设发展短板，合理布局乡村基础设施、公共服务设施、产业发展和生态环境治理。严格落实村庄规划“不规划不建设、不规划不投入”要求，为新型城镇化、村庄建设行动、生态保护行动提供指南。依托国土空间规划蓝图，深入推进“多审合一、多评合一、并联审批”，为优化营商环境、建设数字服务政府创造便利条件。实现生产空间绿色高效、生活空间宜居适度、生态空间山清水秀。

第二节　促进城乡融合一体发展

实施城市更新行动。科学编制城市更新行动方案，推动城市内涵式发展，努力创造宜居宜业宜游的良好环境。实施居住品质提升工程，扎实抓好老旧小区、老旧街区、老旧厂区和城中村改造，盘活闲置商业综合体，开发建设改善性住宅小区，完成胜利巷等43个老旧小区改造，推进水电暖气等老旧管网更新改造，完善城市生活、产业、生态和人文功能，努力改善市民居住条件。实施基础设施提升工程，打通人民路西延伸段等“断头路”，抓好积水道路、破损路面等维修改造，完善无障碍设施，推进停车场、节能路灯等智能化改造，亮化既有公共建筑，完善交通出行服务体系，畅通城市内部交通。实施绿色空间提升工程，持续清理整治拆迁遗留场地，因地制宜规划建设健身广场、小微游园、街头绿地，加快城市裸露地绿化美化，推进唐徕渠带状公园等提标改造，提升住宅小区绿化档次，打造城市“绿肺”，让居民享有更多绿色空间，让美景处处环绕生活。实施城市管理提标行动。深化全国文明城市创建，推动城市管理网格化、智慧化、法治化、精细化，用绣花功夫提升城市治理水平，争取全国文明城市提名资格。加快智慧城市建设，推进5G全覆盖，引进网络运营商建设智慧城市数字平台，整合综治、城管、交通、公安、社区、物业等行业平台，逐步实现“一网通管”，推动城市实时感知、智能管理，让城市更“聪明”。全面落实“门前五包”责任制，推进机关单位卫生包片常态化，精细抓好环卫保洁、交通秩序和绿化管护，提升居民楼院和背街小巷环境品质。强化市容市貌整治，规范工地施工、运输车辆和建筑垃圾处理监管。推进环卫市场改革，提高机械清扫率。加强物业服务管理，推广“红色物业”模式，鼓励具备条件的小区破墙整合、一体管理，提高物业服务质量、提升群众满意度。深化“车让人·人守规”活动，加大不文明行为曝光力度，进一步提升市民文明素养和城市文明程度。

抓好美丽小城镇建设。完善重点小城镇基础设施，提升镇区学校、卫生院、农贸市场、养老等民生服务设施，推进城镇公共服务向农村延伸，打造以乡镇政府驻地为中心的品质生活圈，把乡镇建成服务农民的区域中心。鼓励建立镇区产业发展园区，推进镇园一体化发展，提高城镇产业带动能力。结合乡镇发展特色，重点打造黄渠桥特色美食小镇、姚伏商贸旅游特色小镇等。

抓好村庄建设。抓好农村社区、美丽乡村、特色村庄建设，提升基础设施互联互通、公共服务共建共享水平。创新乡村村落、田园、农庄等生活生产方式，创建休闲度假型、未来乡村体验型、生态康养型、中医养生养老型、乡村创客型、互动游乐型等精品农村社区。巩固提升已有的美丽村庄，继续推进美丽村庄建设。动态开展农村危房和抗震宜居农房改造建设。

推进城乡融合一体。促进城乡一体，推进城乡产业发展一体化、基础设施一体化、公共服务一体化，构建城乡快捷高效的交通网、市政网、信息网、服务网，加快公共服务向农村延伸、社会事业向农村覆盖，推动形成工农互促、城乡互补、协调发展、共同繁荣的新型功能成像关系。

专栏 14　城乡融合发展
城市更新行动：实施老旧小区改造配套基础设施建设项目。实施鼓楼南北街排水系统改造、翰林大街排水系统改造等防洪排涝设施建设工程。实施人民西路西延伸段、广场路、规划南一路等市政道路及排水建设工程。实施城市道路两侧绿化、城市环境综合整治—裸露地绿化、重点镇生活垃圾收集及转运设施提升、生活垃圾填埋场一期工程封场、生态停车场及小微游园等城市生态环境治理工程。 美丽小城镇：实施黄渠桥特色美食小镇建设、姚伏商贸旅游特色小镇建设等项目。 美丽乡村：实施美丽村庄建设、农村危房和抗震宜居农房改造建设等项目。

第十章　推进文化事业繁荣兴盛，建设更富魅力的书香平罗

坚持马克思主义在意识形态领域的指导地位，坚定文化自信，围绕高举旗帜、聚民心、育新人、兴文化、展形象使命任务，以社会主义核心价值观引领文化繁荣发展、推进精神文明建设，实现满足人民文化需求和增强人民精神力量相统一。

第一节　着力提高社会文明程度

坚持以社会主义核心价值观为引领，推动形成适应新时代要求的思想观念、精神面貌、文明风尚、行为规范。

打牢共同思想基础。压紧压实意识形态工作责任制，深入推进习近平新时代中国特色社会主义思想“七进”活动，推动理想信念教育常态化、制度化，开展党史、新中国史、改革开放史、社会主义发展史教育，加强爱国主义、集体主义、社会主义教育，弘扬党和人民在各个历史时期奋斗中形成的伟大精神。

推进公民道德建设。全面提升农民思想道德素质和农村社会文明程度，培树道德模范和践行社会主义核心价值观影响广泛的各类先进典型，大力开展“星级文明户”“最美家庭”评选等活动，消除陈规陋习、推行移风易俗。加强家庭家教家风建设，推动家庭文明、家庭教育、家庭服务、家庭研究工作，深入实施“家家幸福安康工程”，建立完善覆盖城乡的家庭教育指导服务体系。弘扬先进文化，正确引导舆论导向，倡导社会主义新风尚。

深化群众性精神文明创建。深入开展文明县城、文明村镇、文明单位、文明家庭、文明校园创建活动，深化拓展新时代文明实践中心建设，形成乡镇有品牌、村有特色的新时代文明实践格局。完善志愿服务体系，实现村有志愿服务队伍。加强诚信建设，推进诚信建设制度化，积极开展诚信缺失突出问题治理。

第二节　提升公共文化服务水平

实施文化惠民工程。开展文化进万家等群众性文化活动，做大做强示范性、导向性文化活动。深入开展"我为乡亲送戏来""百姓健康舞"等文化品牌活动，开展特色广场文化展演、群众文化会演、书画摄影作品展、社火大赛等群众文化活动。丰富乡镇节会活动，深化"新时代文明实践"主题活动，举办黄河生态摄影展、民间民俗文化展演、文化遗产摄影大赛等。开展送文化下乡、走基层文艺演出、举办各类展览及公益性讲座，群众精神文化生活更加丰富多彩。建立健全文艺事业发展激励机制，加强社区、社团、乡镇文艺团队建设，鼓励创作、编排具有乡土气息的文艺节目，支持民间文艺团队和协会开展民间文艺交流互动；不断激发文艺人才创作激情、提升作品质量，增加城乡优秀文化产品和服务供给。打造"书香平罗"品牌，传承弘扬黄河文化，争创"宁夏诗词之乡"。

实施城乡公共文化数字服务体系建设工程。推进文化馆、图书馆和乡镇文化站达标升级，实施平罗县文化馆、博物馆建设工程，完善文化馆综合服务功能及流动文化服务设施。实施城乡公共文化数字服务体系建设工程，加快数字文化馆、数字图书馆、数字广播等项目建设。到2025年，馆藏数字资源达到100TB，馆藏图书达到20万册。实施图书馆总分馆制，加强乡镇图书馆和城市图书馆分馆建设，建成2～3个乡镇分馆。提升村综合文化服务中心功能，开展特色文化示范社区（村）创建活动，探索"有声图书馆"，提高文化设施利用率。推动公共文化设施免费开放，促进城乡文化资源互联互通。

实施黄河文化挖掘研究和利用工程。保护传承优秀文化，推进黄河文化旅游带景观廊道等项目建设，持续做好黄河文化的普查、挖掘、保护和传承，打造黄河文化品牌。实施特色文化传承工程，加强民间文学、民俗文化、民间音乐舞蹈戏曲等研究整理，对濒危技艺、珍贵实物资料进行抢救性保护。加强文物遗产保护及利用，加大贺兰山岩画、长城等文化遗产的整体性保护和修复力度，建立健全县、乡镇、村保护工作网络，将文化遗产资源优势转化为文化品牌。

实施文化遗产保护传承工程。实施黄河非物质文化遗产传承体验中心（基地）建设项目，建设非物质文化遗产保护名录体系，建立健全非遗数据库，将非遗传承与学校教育、文化生产和旅游活动有机结合。加强对国家及自治区级代表性项目、传承人扶持和管理，鼓励传承人（团体）开展传习活动，资助非遗衍生品开发，鼓励民间艺人和爱好者融入传承基地（点）参与非遗传习展演活动。

加强公共文化服务队伍建设。积极推进文化体制改革，深化公益性文化事业单位人事制度改革，引入人才竞争机制，缓解专业文艺人才匮乏现状。充分发挥乡土文艺人才作用，建立乡土文艺人才库，组建乡镇和村（社区）专兼职文化辅导员队伍，着力解决基层文化工作人员不足问题。积极培养文化经营队伍，扶持、培养、造就文化企业和文化企业家。扶持书画社、文艺协会、工作室、小剧团等民间文化社团组织发展，积极发挥民间文艺社团、文化志愿者作用，培养文艺人才。

第三节　加快发展现代文化产业

培育壮大文化产业市场主体。促进文化与旅游、农业、康养、体育等产业融合，加大文化新业态开发，形成以文化创意引领、文化制造为骨干、文化旅游为支撑的文化产业发展新格局。培育壮大文化产业主体，大力实施文化产业龙头促进计划，充分盘活文化展览中心、人民会堂、塞上江南博物馆等公共资源，组建成立平罗文化旅游产业发展公司，开展节庆会展、文化传播、艺术培训和演艺经营活动；深度挖掘社火、泥哇呜、剪纸、刺绣等民间文化资源，鼓励支持文化产业经营主体创新发展。

推进文化产业转型升级。支持新闻出版、广播影视、文学艺术等生产创作，大幅提升创意设计、演艺休闲、工艺美术等领域竞争力，引进文化装备制造企业，推进文化与科技、金融、会展、商务等相关产业融合发展。以国家文化大数据体系建设为契机，加快文化遗产标本库、文化基因库、文化大数据云平台等建设，全面加强数字文化供给能力。开展精品产出推介行动，实施“六个一”工程，支持办好《塞上》《平罗诗苑》等一批刊物，出版《书香平罗》一套丛书，创作《黄河画卷》一组长卷，打造一批黄河文化创作交流基地，开展一系列文体赛事活动，推出一批文化艺术名家，打造具有浓厚地方特色和深厚文化底蕴的本土文创品牌，不断满足群众多样化、高品质文化需求。加快文化大县向文化强县转变，文化及相关产业增加值占全县 GDP 比重达到 1.5%。

推动文化市场繁荣发展。依托特色街区，吸引小微文化休闲娱乐服务企业入驻，搭建文化传播、节会展、信息交流、引导消费的文化产业综合平台。对接融入“黄河文化大数据联盟”“黄河文化演艺联盟”等文创发展服务平台，建设文创商店、特色书店、小剧场、文化娱乐等多种业态为一体的消费集聚地。培育健康向上的文化消费意识，强化文化市场监管。

专栏 15　公共文化提升行动
实施图书馆数字化提档升级、文化馆数字文化馆和总分馆、黄河非物质文化遗产传承体验中心、博物馆、革命传统教育基地等项目。

第十一章　坚持生态优先绿色发展，建设更可持续的美丽平罗

牢固树立和践行绿水青山就是金山银山理念，坚持生态立县战略，坚持节约优先、保护优先、自然恢复为主，全面落实可持续发展战略，统筹山水林田湖草沙系统治理，深入打好污染防治攻坚战，提升生态系统质量，守住自然生态安全边界，促进人与自然和谐共生。

第一节　推动绿色低碳发展

（一）推进绿色改造

将绿色发展融入国民经济发展全过程，统筹经济生态化和生态经济化，大力发展绿色工业、绿色农业，扩大绿色产品供给。支持绿色技术创新，加大节能环保、清洁生产、生态修复等领域技术研发。巩固提升平罗工业园区循环化改造示范

试点成果，加快产业园区绿色低碳循环改造，大力发展以绿色工艺技术为支撑的生态型工业产业体系。发展现代生态循环农业，构建“饲草种植—肉牛（肉羊）养殖—有机肥加工”种养循环模式，推广种养结合、秸秆还田、测土配方施肥、有机肥替代化肥、畜禽粪污资源化利用等生态种养方式，规范饲料添加剂和兽药使用，推进农业绿色发展。大力发展以生态旅游、绿色商贸物流、绿色金融等为主的绿色服务业。

（二）加快低碳发展

降低碳排放强度，推动能源清洁低碳安全高效利用。实施清洁能源替代工程，开展无集中供热区域（清洁取暖）试点示范，推进城市建成区清洁取暖全覆盖。深入开展农村清洁能源替代行动，鼓励使用天然气、生物质能、太阳能等清洁能源，提高清洁能源在农村能源消费中的比重。到2025年，非化石能源占能源消费总量比重达到15%以上。

（三）倡导绿色生活

鼓励新增和更新车辆采用新能源和清洁能源汽车，推进电动汽车充电设施布局，鼓励绿色出行。持续开展绿色社区、绿色学校、绿色家庭等“绿色细胞”创建活动。鼓励使用生态环保产品，树立绿色消费观念。鼓励建设节能建筑，推广使用环保建材。

第二节　持续改善环境质量

（一）持续打赢蓝天保卫战

深入推进大气污染防治工作，持续开展工业企业污染防治，巩固崇岗园环境综合整治成果，加强重点行业、重点企业大气污染源治理，实现工业企业空气污染物全面达标排放。强化煤质管控，全地域全时段全过程推进扬尘、煤尘、汽尘、烟尘“四尘共治”，全面深化区域大气污染联防联控，确保环境空气质量稳定达到国家二级标准。到2025年，空气质量优良天数比率达到80%以上。

（二）持续打好碧水保卫战

以源头治理为重点，统筹饮用水源、工业废水、城乡污水、农业退水、畜禽养殖、渔业养殖废水“六水共治”，持续改善水环境质量。强化污水处理，建立地下水资源污染防治体系，实施地下水污染防控专项行动；加强城乡污水管控，工业和城镇污水处理厂全部达到一级A排放标准；实施乡镇污水处理厂提标扩容及配套管网等项目。加强农业退水处置，提高农田退水循环利用率。严格落实河湖长制，实现河湖“四乱”问题存量清零，创建“示范河湖”。到2025年，地表水质量达到或优于Ⅲ类水体比例保持100%。

（三）持续打好净土保卫战

健全土壤监测网络体系，统筹推进建筑垃圾、生活垃圾、危险废物、畜禽粪便、工业固废、电子废弃物“六废联治”，深化“清废行动”。深入治理危险废物，严格危险废物跨区域转移监管，完善危险废物经营许可、转移管理等制度，实施建材水泥窑协同处置危废技术改造、无害化综合利用等项目，确保危险废物100%安全处置处理。加强工业固废综合利用，实施平罗工业园区固废资源化综合利用等项目，一般工业固体废物综合利用率达到70%以上。加大农业面源污染治理，推进化肥农药减量化、畜禽粪污资源化和土壤污染治理，加强白色污染治理，完善农用残膜回收利用机制，农用残膜回收利用率达到90%以上；开展畜禽养殖场区、散养密集区专项整治行动，实施非规模畜禽养殖污染综合治理工程等项目。

基本建成生活垃圾分类处理系统,城镇生活垃圾无害化处理率达到100%,城镇垃圾分类收集覆盖率达到70%。

专栏16　环境污染治理工程
污水处理:重点实施第三污水处理厂及集污管网工程、乡镇污水处理厂提标扩容及配套管网工程、平罗工业园区红崖子园水污染治理等项目。 土壤污染治理:实施宁夏滨河海利建材有限公司水泥窑协同处置危废技术改造、坤厚环保无害化综合利用等项目。

第三节　提高资源利用效率

强化水资源管控,按照"以水定城、以水定地、以水定人、以水定产"要求,大力推进黄河水资源集约节约利用,持续开展农业节水领跑、工业节水增效、城市节水普及、全民节水文明"四大节水行动",建设节水型社会。提高土地利用效率,坚决淘汰落后产能、低端产业,盘活闲置土地。力促单位GDP能耗、用水量"双下降",加快现有企业技术改造,推进企业余热余压、固废综合利用、中水回用等,实施平罗工业园区中水回用及配套管网工程,推动企业节能、降耗、增效;力争实现单位地区生产总值用水量下降15%,工业用水重复利用率提高到95%以上。加强农业废弃物综合利用,构建"特色养殖—粪污资源化利用—特色种植""富硒食品—副产物—有机肥"等循环链条,实施畜禽粪污资源化利用整县推进项目,建立万亩秸秆综合利用示范区。全面推进城市生活垃圾分类和减量化资源化利用,建立稳定的废旧物资循环利用体系,鼓励废旧家电、废旧轮胎、废旧车辆、废塑料、包装物等回收利用,建成从源头分类到末端处置一体化的废旧物资源处理体系。

专栏17　资源高效利用工程
重点实施余热回收发电、平罗工业园区太西园1号综合固体废弃物处置(二期)、平罗工业园区红崖园固废(二期)等项目。

第四节　提升生态系统质量

(一)保障黄河安澜

坚持把黄河保护治理作为重中之重,共同抓好大保护、协同推进大治理,在黄河流域生态保护和高质量发展先行区建设中充分体现平罗担当作为。持续推进"黄河金岸"绿色廊道、典农河多彩休闲廊道、五排绿色长廊建设,守好黄河流域生态安全屏障。

提升堤防安全。实施黄河平罗段河道整治工程、入黄排水沟堤防提标改造工程等,打造百年堤防,有效提升防洪防凌能力,消除堤防安全隐患,实现防洪保障线、抢险交通线、生态景观线、运输快速通道有机统一。

提升河道治理。实施黄河右岸平罗段堤防工程,建立黄河平罗段全线常态化排查机制,实施黄河河道综合治理防洪工程,加快推进三、四、五排流域综合治理,巩固黄河平罗段防洪工程建设成果,严格控制泥沙入黄。

提升滩区治理。实施黄河平罗段滩区治理工程,开展黄河滩区生态修复和岸线利用专项整治,推进黄河平罗段岸坡防护、都斯兔河左岸治理等项目,连通内外水系,加强红崖子黄河大桥两侧灰鹤栖息湿地保护,在四排入黄末端建设人工湿地,构建滩河林田草综合生态空间。

(二)打造"贺兰山生态长城"

加强贺兰山内外一体化综合整治。巩固贺兰山清理整治成果，深入推进矿山地质环境恢复治理，实施贺兰山东麓110国道(平罗段)国土空间生态修复、汝箕沟矿区(生活区)生态修复治理、贺兰山东麓(平罗段)浅山区生态绿化建设等项目，健全完善贺兰山绿色生态保护体系，巩固提升贺兰山防风防沙和水源涵养生态功能。

加强工业园区崇岗园综合治理。持续实施崇岗园综合治理项目，改造提升道路、防洪、通信等基础设施，推进园区主次干道绿化和厂区绿化，实施工厂景区化改造。加快完善崇岗沿山自然资源资产管理和生态监管平台，形成以信息化管控系统与人力管控相结合的监管机制。

(三)加强生态保护与修复

坚持自然恢复和人工修复相结合，统筹推进山水林田湖草沙生态系统修复。

实施水源涵养工程。持续开展国土绿化行动，重点推进贺兰山水源涵养林建设，持续加大以林草植被为主体的生态系统修复，大规模植树造林，因地制宜封山育林、人工造林，集中连片营造农田防护林、防风固沙林、水源涵养林、水土保持林、生态经济林，加快实施沿黄生态绿色廊道、生态沟道治理等项目，构建多树种、多林种、多层次的区域性林网体系。

实施水土保持工程。逐步推动10万亩河滩地退耕还湿还林还草，推进天然林保护等项目建设。新建、改造、提升黄河护岸林，实施贺兰山东麓大水沟流域综合治理工程、黄河东岸平罗段水土保持生态修复、陶乐地区水土保持综合治理等项目，加强水土流失综合治理。开展水源地保护专项行动，实施水源地保护工程。强化地下水超采区治理，全部依法关停公共管网覆盖区内地下水开采井。到2025年，新增治理水土流失面积70平方公里、治理率70%。

(四)加强生态系统建设

建设湿地生态系统。加大重点湿地区域植被恢复和生态修复，以天河湾国家湿地公园为核心，推进瀚泉海生态修复绿化工程、天河湾国家湿地公园退耕还湿，打造黄河流域平罗天河湾段高质量湿地生态功能区。实施黄河流域湿地保护修复和退化湿地修复治理等工程，抓好先锋湖、镇朔湖等湿地恢复提升。到2025年，湿地保护率47%，恢复湿地面积16万亩，保护修复面积14万亩，湿地面积稳定在55万亩以上。

建设流域生态系统。联动推进水土治理、污染治理、水源涵养、生物平衡、生态经济，改善全流域生态环境系统。加强河湖生态修复与综合治理，保持湖泊湿地生态平衡，增强河湖生态调节能力，促进河湖生态系统健康。到2025年，重点湖泊和入黄排水沟水质全面达标。

建设森林生态系统。巩固提升国家园林县城建设成果，全面推行标准化、工程化、专业化、社会化造林，深入实施退耕还林还草和封山育林等工程，持续推进道路绿荫化、城区景观美化、工业园区绿化、庭院景观化、农田林网化建设，扎实推进全域绿化。保障森林资源安全，加强森林资源保护与管理，提高森林防火防控预警能力和有害生物防治能力，依法严厉打击涉林违法行为，注重森林动植物生物链完整性、生态间协调性，增强森林系统生态功能。到2025年，完成营造林面积11.1万亩，森林覆盖率达10.6%以上。

建设草原生态系统。推进草原修复治理，全面加强草原生态脆弱区治理，加大退耕还草、退牧还草、草原有害生物防控等实施力度，实施退化草原人工种草生态修复工程。到2025年，完成退化草原生态修复10.5万亩，草原综合植被盖度达到41.8%。

建设沙漠生态系统。用好麦草方格等治沙经验，创新沙漠治理方法，科学固沙治沙防沙，重点实施防风固沙建设工程、黄河流域沙化土地治理等工程，强化主要沙地边缘地区生态屏障建设，大力治理流动沙丘，在适宜地区设立沙化土地封育保护区，织起绿网、建设绿带、形成绿洲，完成沙漠治理5万亩。积极发展治沙先进技术和产业，推进河东沙漠休闲度假区建设，实现沙漠生态功能转化增值，促进人沙和谐。

专栏18　生态安全屏障提升行动
黄河安澜保障：重点实施黄河宁夏段头道墩至都斯兔河左岸综合治理、黄河宁夏平罗段河道整治、入黄排水沟堤防提标改造、黄河滩地生态修复、黄河平罗段水生态修复及保护等项目。 “贺兰山生态长城”建设：重点实施贺兰山东麓110国道(平罗段)国土空间生态修复、贺兰山沿线生态保护修复重大工程、汝箕沟矿区(生活区)生态修复治理、崇岗镇绿化廊道、贺兰山东麓(平罗段)浅山区生态绿化建设等项目。 道路绿化：重点实施平罗县高速公路(京藏高速、乌玛高速及连接线)两侧绿化工程、红陶路(红崖子段)西侧绿化工程、主干道路绿化建设等项目。 生态系统建设：重点实施天河湾国家湿地公园建设、沿黄湿地保护修复、引黄灌区防护林建设、黄河流域沙化土地治理工程、黄河生态廊道滨河大道东侧(平罗段)建设工程、10.5万亩退化草原人工种草生态修复工程、黄河东岸平罗段水土保持生态修复、湖泊湿地水生态修复工程、退耕还林还草工程、封山育林工程等项目。

第十二章　改善人民生活品质，建设更加公平的幸福平罗

坚持以人民为中心的发展思想，尽力而为、量力而行，加强普惠性、基础性、兜底性民生建设，大力实施民生重大工程，健全基本公共服务体系，扎实推动共同富裕，促进人的全面发展和社会全面进步。

第一节　扩大就业促进增收

(一)积极拓展就业空间

坚持经济发展就业导向，支持发展新业态、新职业，建设高质量创业孵化基地和创业产业园，加大创业担保贷款发放和创业培训政策实施力度，促进创业带动就业。实施“双创”支撑平台项目建设，规范发展“集市经济”，开展创业服务活动，促进多渠道灵活就业。支持企业稳定岗位和中小微企业吸纳就业；强化用工指导，推进人力资源市场功能向企业、院校、乡镇延伸，引导家政服务业与养老、托幼、托育融合发展，引导劳动力在家门口就地就近转移就业。促进重点群体就业，健全重点群体就业支持体系，实施重点群体专项就业促进计划，加大对就业困难人员的就业援助帮扶和公益岗位安置，规范管理公益岗位，千方百计稳定和扩大就业，确保零就业家庭动态清零。鼓励劳务中介组织发展壮大，提高劳动力转移就业组织化水平。到2025年，实现新增就业0.7万人，城镇调查失业率控制在5.5%以内。

(二)完善就业公共服务体系

实施县、乡公共就业服务标准化建设项目，充分利用“我的宁夏”“掌上12333”，建立县乡村

三级人力资源信息化管理和公共服务体系，推动财政、人社、卫健、民政、教育、扶贫、公安等部门数据实现互通共享，建立基于大数据的公共就业服务平台。健全就业需求调查和失业监测预警机制，进一步健全完善劳动关系协调机制，开展“常态化巡查”与“专项整治行动”，落实保障农民工工资支付条例，完善劳动关系风险监测预警机制，推行“互联网+调解仲裁”，推动形成劳动人事争议调解联动机制，构建和谐劳动关系。开展提升劳动者技能素质行动，强化企业职工技能培训，落实终身职业技能培训制度，缓解结构性就业矛盾，实施公共服务实训楼项目，建设信息化人力资源市场，推进人力资源服务业发展，打造人力资源产业园，优化提升人力资源服务发展环境和服务水平。

(三)实施城乡居民收入提升行动

坚持居民收入增长和经济增长同步、劳动报酬提高和劳动生产率提高同步，着力提高低收入群体收入，扩大中等收入群体，多渠道增加居民工资性、财产性和经营性收入。落实机关事业单位工资制度和动态调整机制，落实企业工资集体协商机制，推进企业工资收入分配制度改革。探索通过土地、资本等要素使用权、收益权增加中低收入群体要素收入。加大税收、社保、转移支付等调节力度和精准性，努力缩小城乡、区域、行业收入分配差距。落实惠农富农政策，不断增加城乡居民转移性收入。创新发展公益事业和慈善事业，改善收入和财富分配格局。城镇、农村居民人均可支配收入年均增长水平达到7%和8%。

第二节　打造教育体育强县

(一)建设高质量教育体系

学前教育普及普惠优质。扩大普惠性学前教育资源，迁建平罗县第一幼儿园、第二幼儿园，新建高庄幼儿园，彻底消除幼儿园“大班额”现象。继续推进城镇小区配套幼儿园治理，补齐农村学前教育短板，建成覆盖城乡、布局合理、安全优质的学前教育公共服务体系。普惠性幼儿园覆盖率达到85%以上，学前教育毛入园率达到93%。

义务教育优质均衡发展。扩大优质义务教育资源覆盖面，实施城关九小建设、城关六小综合楼建设、第四中学扩建、第六中学教学楼建设、中小学校运动场地改造、农村学校厕所改造等项目，在中小学建设智慧教室，确保义务教育阶段学校办学条件达到国家义务教育优质均衡发展标准。推进城乡学校结对帮扶全覆盖，实行优秀教师跨校执教激励机制，实现全县义务教育优质资源全覆盖。九年义务教育巩固率达到97%以上，成功创建义务教育优质均衡发展县。

高中教育品牌特色发展。深入实施高中阶段教育普及攻坚计划，巩固普及高中阶段教育成果，全面改善普通高中办学条件，扩建平罗中学、平罗二中，发挥平罗中学自治区示范性高中引领辐射作用，推进以创新实验室和学科教室为载体的学科基地建设。发挥艺术和体育特长教育特色，提升教育的多样性和个性化。深化普通高中课程改革，形成办学优势和特色。建立普通高中和中职学校合作机制，畅通普通高中学校与中等职业学校之间学分互认和学生互转通道。

推进职业教育提质培优。扩建职业教育中心(宁夏卫生学校)，建设智能实训中心，发挥护理、助产药剂等专业的品牌效应，不断扩大办学规模和办学效益，助推现代化工、电子商务、健康养老等产业发展急需紧缺学科专业。深入实施职业技能提升三年行动方案，建设地方产业特色型公共实训基地。深化职普融通、产教融合、校企合作，推进职业学校和企业联盟、与行业联合、同园区联结，全面推行现代学徒制和企业新型学徒制，组建“校内＋校外”实训基地。强化职业学校继续教育功能，加强高技能人才培养，完善终身技能培训制度，推进终身教育体系建设。力争职业教育中心升格为高等职业专科院校，打响平罗职业教育品牌。

推进特殊教育全覆盖。切实将残疾儿童少年接受义务教育纳入义务教育发展整体之中，扩大特殊教育学校办学规模，实施特殊教育质量二期提升工程，不断加强残疾儿童少年接受义务教育就学保障。积极探索镇村、社区特殊教育送教上门服务工作做法和经验，适龄残疾儿童少年入学率达到95%以上，全面推进融合教育，促进医教结合。

规范民办教育管理。深入实施民办教育分类管理，加强民办教育管理机构建设，推进民办学校分类注册和监管制度，健全民办学校退出机制，保障和引导民办教育健康有序发展。持续开展校外培训机构专项整治，切实减轻学生课业负担。构建规模适度、结构合理的民办教育办学体系，确保民办教育规模与经济发展、社会需求和教育事业总规模相协调。

（二）提高教育教学质量

深化义务教育课程改革，落实国家课程计划，规范办学行为。深入推进校园治理，创建自治区校园治理达标示范县（校），提高教育治理能力和水平，实现教育强县目标。开展平安、健康、文明、和谐校园创建活动，提升办学品质，促进学校管理制度化、规范化、科学化。深化新时代教育评价改革。实施“县城带农村，强校带弱校”工程，探索集团化办学实践新模式，鼓励跨区域、跨体制、跨学段组建多形式集团化办学，推进优势互补、资源共享、共同进步，全面提高教育教学质量。坚持德智体美劳“五育”并举，加快形成全员育人、全过程育人、全方位育人格局。

（三）建设新时代教师队伍

加强师德师风建设。深入开展“大学习、大宣讲、大调研、大讨论”活动，实施“优秀文化传承弘扬工程”，健全完善师德模范宣传表彰制度，建立师德师风档案，将教师工作作风、师德表现、教学质量及师德师风评价作为重要内容，构建教师、学生、家长和社会广泛参与的师德评价体系，建设一支有理想信念、有道德情操、有扎实学识、有仁爱之心的教师队伍。

多渠道壮大教师队伍。推行更积极、更开放、更有效的人才引进政策，重点补齐职业教育中心、第二中学优秀教师，支持平罗中学引进国家“双一流”大学博士、硕士研究生学历教师，鼓励本县户籍优秀师范类毕业生回乡从教，实行教师编制配备和政府购买服务相结合，依标配足配齐幼儿园教职工。加大义务教育学校教师、校（园）长交流轮岗力度，促进县域内义务教育师资均衡配置。

提升教师能力素质。实施“教育三名”工程，完善教师队伍稳定机制，加强高质量师资队伍建设，提升教师教书育人的能力素质。实施好“教学能手”遴选培养工程，健全完善区、市、县相互衔接的骨干教师培养体系，完善中小学教师“县管校聘”改革，打造懂教育、会管理、讲团结、守法纪的校长教师队伍。

（四）大力推进教育信息化

建设“互联网＋教育”示范区，加强薄弱学校信息化建设，实施“互联网＋教育”能力提升项目，升级改造各级各类学校网络设备及老旧设施，建设覆盖城乡的数字化智慧教育网络，全面提升信息化教育基础支撑能力。全面推进三个课堂与应用,农村薄弱学校与县城学校建立在线课堂等"智能手拉手"结对关系,实现中小学在线课堂全覆盖。建设智慧校园,实施智慧教室建设项目,完成城关二小、四小自治区级互联网+教育标杆学校能力提升建设。

(五)振兴发展人民体育事业

完善体育基础设施建设。加快推动体育场地建设,实施陶乐镇全民健身中心、社区健身中心、全民健身活动中心游泳馆、仿真冰馆、速度轮滑场、自行车慢骑道、职业教育中学和第四中学风雨操场等新型体育场地建设项目,努力打造百姓身边健身组织和"15分钟健身圈"。建立健全公共体育设施管护机制,明确乡镇、村、社区公共体育设施管护责任,确保公共体育设施及时维护和正常使用。到2025年,人均体育场地面积达到2.5平方米。

大力开展全民健身运动。推进公共体育设施免费或低收费开放,建设健全全民健身公共服务体系。持续实施全民健身计划,普及科学健身知识和健身方法,广泛开展全民健身活动。大力普及群众性冰雪运动,丰富群众性赛事,大力推广居家健身,创建"全民健身模范县"。推动形成体医结合的疾病管理和健康服务模式。深化教体融合,做好青少年体育工作,加强青少年社会体育组织建设、体育教师和教练员培养,积极申请承办各类体育赛事,常态化开展国家体育青少年标准测试活动,推动体育人才参与国内国际重要体育赛事。到2025年,学生体质健康标准达标优良率达到35%以上。

推进体育产业高质量发展。依托沙湖、拉巴湖,加强体育示范基地建设,继续申办好全国拉巴湖越野车大赛,积极引进符合我县体育需求和特色传统的大型赛事。推进、引导体育消费,优化参赛体验,充分发挥"两湖"体育产业带动效应。

第三节 全面建设健康平罗

(一)健全医疗卫生服务体系

增强医疗卫生保障能力。实施县级医疗救治能力提升工程,强化重症医学、呼吸、麻醉等专业学科建设;持续实施基层医疗服务能力提升工程,推进区域医疗中心建设、乡镇卫生院迁建和改扩建、行政村卫生室标准化建设等项目建设,实现基层医疗卫生机构标准化建设全覆盖,完善以县级医院为骨干、区域基层医疗中心为引领的县乡村三级医疗卫生服务体系。实施城市社区卫生服务中心建设,建立健全以社区卫生服务为基础的城市医疗卫生服务体系,构建城市居民步行15分钟医疗卫生和健康管理服务圈。

中医药传承创新发展。实施中医服务能力提升工程,建立覆盖城乡、服务功能完善、中医特色突出、适应群众需求的中医药医疗服务体系,打造中医特色乡镇卫生院,加强中医适宜技术推广工作,推进中医"治未病"健康工程,提升基层医疗卫生机构中医药服务能力。健全融预防、养生、保健、康复为一体,服务规范的中医预防保健体系。实现全部社区卫生服务中心和乡镇卫生院设置中医馆、配备中医医师。

加强卫生人才队伍建设。深化区域交流合作,以全科医生为重点,建立健全急需紧缺专业人才和公共卫生与临床医学复合型人才常态化、可持续培训机制,重点引进培养高层次人才,补齐人才短板,提升医疗服务质量。做实"千名医师下基层"、凡晋必下等工作,鼓励开展医师多点执业,实现城乡医疗资源共享,每千人拥有执业(助理)医师数达到3.6人。

(二)完善公共卫生服务体系

推进健康平罗建设。把保障人民健康放在优先发展的战略位置,坚持预防为主方针,大力实施全民健康水平提升工程,巩固提升全国健康促进县创建成果,为群众提供全生命周期健康服务。深入开展爱国卫生运动,继续实施好基本公共卫生服务项目,全面提升妇女儿童健康水平,加强重点人群健康档案管理和后续服务工作。强化居民健康教育,持续开展“健康细胞”创建活动,加强心理健康服务体系建设和规范化管理,加强体医融合和非医疗健康干预。完善慢性病综合防控工作体系,持续巩固提升国家慢性病综合防控示范县建设。

完善疾病预防控制体系。加快推进疾控中心建设,加强社区、乡镇、农村等基层防控能力建设,健全疾控中心和城镇社区联动工作机制,完善以县疾控中心为核心,各级医疗机构为依托的疾控体系,夯实联防联控基层基础。建设平战结合重大疫情防控救治体系,统筹应急状态下医疗卫生机构动员响应、区域联动、人员调集,建立健全分级、分层、分流的传染病等重大疫情救治机制。创新医防协同机制,建立人员通、信息通、资源通和监督监管相互制约机制,推动公共卫生服务与医疗服务高效协同、无缝衔接,健全防治结合、联防联控、群防群治工作机制。

完善卫生应急管理体系。健全重大疫情响应机制,优化重大疫情救治体系,实施公共卫生应急保障项目;健全重大疾病医疗保险和救助制度、应急医疗救助机制、重点疾病防控体系、应急物资保障体系,建立健全上下联动、反应灵敏、处置及时的公共卫生应急管理体系,提高卫生应急保障水平,全面做好突发公共卫生事件监测预警报告和及时有效处置。完善公共卫生重大风险研判、评估、决策、防控协同机制。

(三)深化医药卫生体制改革

持续深入推进县域综合医改工作,健全现代医院管理制度。不断完善平罗县卫生健康总院管理运行机制,逐步提升统筹管理能力,推进县域紧密型医共体建设向纵深发展。全面推行县乡(镇)村医疗卫生一体化管理,有效推动优质医疗卫生资源下沉、工作重心下移。深化医保支付方式改革,强化“三医联动”,提高城乡居民受益面。落实分级诊疗制度,形成基层首诊、双向转诊上下联动、分工协作的就医新秩序,确保县域内就诊率达到95%以上。鼓励引导社会资本进入医疗卫生领域,着重发展特色专科,增加优质医疗资源和公共产品,更好满足群众多元化、多层次医疗卫生服务需求。

(四)推进“互联网+医疗健康”

加快“互联网+医疗健康”示范区建设,实施智慧健康云平台建设项目,建设互联网医院、智慧医院,建立“互联网+远程医疗”服务模式,创新“互联网+”家庭医生签约服务,完善“互联网+”药品供应保障服务,推进“互联网+”医疗保障结算服务,加快实现医疗资源上下贯通、信息互通共享、业务高效协同。开展“互联网+”公共卫生服务,完善全民健康信息平台,实施妇幼“母子健康”信息化管理,加强老年慢性病在线服务管理,加强对严重精神障碍患者的信息管理、随访评估和分类干预,建成疾病防控动态监测系统,实现“由治病为中心向以居民健康服务为中心”转变。到2025年,基本建成覆盖全生命周期、应用丰富特色鲜明、结构完善的“互联网+医疗健康”应用服务体系和监管治理体系。

第四节 健全社会保障体系

（一）健全多层次社会保障体系

推进社会保险提标扩面。深化社会保险领域改革，深入实施全民参保计划，推动养老、医疗保险参保扩面，落实基本养老、失业、工伤、医疗区级统筹，促进应参尽参、应保尽保、应征尽征，逐步实现法定人群全覆盖。健全社会保障制度体系，推进机关事业单位养老保险制度和失业保险制度改革。推进社保关系转移接续。推进电子社保卡、医保电子凭证应用，实现社会保障全区统筹“一卡通”。加强社保基金监管运营，完善社保信用管理和联合惩戒机制，确保基金安全。到2025年，城乡居民基本养老保险和城乡医疗保险参保率均达到96%以上。

打造多层次救助体系。建立健全分层分类的社会救助体系，夯实基本生活救助，探索“物质+服务”救助方式，健全县乡村衔接互通的社会救助网络。健全医疗、住房、教育、就业等各项社会救助，完善临时救助、流浪乞讨人员救助、突发公共事件困难群众急难救助等社会救助，稳步提高救助标准和补差水平，扩大救助覆盖面。提高重点群体社会保障水平，健全重大医疗疾病保险和救治制度，统筹城乡低保、特困供养等群体待遇标准同步动态调整机制。完善优抚对象帮扶救援、医疗救助机制，探索实施居住地帮扶制度。引导社会工作专业力量参与社会救助，促进社会救助领域志愿服务发展。加强社会救助信息化，运用现代信息技术推进救助信息聚合、救助资源统筹、救助效率提升，实现精准救助、高效救助、温暖救助、智慧救助。

稳步提高社会福利水平。大力发展社会福利和慈善事业，推进残疾人福利工作，落实残疾人各项政策，加快推进残疾人事业发展。完善老年人关爱服务体系，持续做好老年人、残疾人、孤儿关爱服务工作，完善关爱服务体系和设施，保障合法权益。充分体现殡葬公益性，加快推进殡葬乱象整治。

健全退役军人工作体系和保障制度。推进军民融合深度发展，以党建为引领，引导“兵支书”“兵主任”以及村支两委的退役军人和退役军人创业带头人在乡村振兴中发挥积极的带头作用。高质量推进全国示范型退役军人服务中心（站）创建工作，严格落实优抚政策，努力营造尊崇军人氛围，为争创“全国双拥模范县”奠定基础。

完善青年社会保障。全面贯彻落实宁夏中长期青年发展规划，推进全国中长期青年发展规划试点县建设。深化“希望工程”“圆梦微心愿”等公益品牌，加大对陷入困境青少年提供救助和帮助。建设未成年人保护和服务中心，加大对留守儿童和残疾青少年的关心关注。维护青少年合法权益，全面预防青少年违法犯罪，将预防青少年违法犯罪工作纳入“平安平罗”建设考核范畴，净化校园周边环境，严厉打击各类涉及青少年违法犯罪行为，为青少年健康成长保驾护航。

促进妇女全面发展。全面贯彻落实男女平等基本国策，坚持和完善促进男女平等、妇女全面发展的制度机制，保障妇女平等获得就学、就业、社会保障、婚姻家庭财产、参与社会事务等权利和机会。制定并实施妇女发展规划，促使妇女参与经济社会发展、享有改革发展成果的平等权利得到切实保障，提高妇女参与国家和经济文化社会事务管理水平。拓宽妇女就业渠道，消除就业性别歧视和偏见。培养女科技人才，高质量促进妇女成长成才。

保障儿童优先发展。全面贯彻落实儿童优先

原则，建立和完善促进儿童优先发展和全面发展的制度体系，保障资源配置对儿童基本需求的高度优先。制定并实施儿童发展规划。保障儿童生存、发展、受保护和参与的权利。多元化促进3岁以下婴幼儿照护服务体系建设。完善学校家庭社会协同育人机制。完善儿童监护制度，加强留守、流动儿童关爱服务。加强残疾儿童康复救助，促进残疾儿童全面发展。

（二）积极应对人口老龄化问题

落实生育政策，促进人口长期均衡发展。开发老龄人力资源和市场资源，加快构建居家社区机构相协调、医养康养相结合的养老服务体系。

健全基本养老服务体系。构建以居家为基础、社区为依托、机构为补充、医养结合的多层次养老服务体系。持续深化居家和社区养老服务，推动设施无障碍建设和改造，建设具备全托、日托、上门服务、对下指导等综合功能的社区养老服务机构（设施）。加强农村养老服务机构建设，建立嵌入式养老服务机构或日间照料中心，重点实施农村老饭桌建设、社区日间照料中心建设、社会福利院建设等项目。建立完善覆盖城乡的老年人协会等为老服务组织，建立健全定期巡访独居、空巢、留守老年人工作机制，开展“爱心敲门”等关爱留守、空巢老人志愿服务活动。鼓励引导社会资本参与养老服务业，推进公办养老服务机构改革，持续开展养老院服务质量建设专项行动，提高养老机构入住率。城镇社区养老服务设施覆盖率达到100%、农村达到60%以上。

创新推进医养结合。推广“医养一体化”发展模式，支持养老机构内设诊所、卫生室、医务室、护理站；探索开展“医养一体、两院融合、三中心合一”试点工作，实现乡镇卫生院与敬老院、养老院、幸福院融合，城市社区卫生服务中心（站）与日间照料中心、康复中心合一的医养一体服务模式。鼓励公立医院执业医师到养老机构多点执业，推进医疗、养老资源深度融合，逐步建立健全医养结合的政策体系和管理制度。

创新发展智慧养老。构建智慧健康养老服务信息平台，利用石嘴山信息平台系统，建设涵盖全县居家、社区、机构养老服务和管理有效融合的养老服务信息综合平台，将老年人、服务人员、服务组织、运营机构、民政协理员、社区网格员紧密联系起来，打造“虚拟养老院”，实现各类养老服务机构有效监管，全体老年人安享居家养老服务。

第五节　加强和创新社会治理

（一）构建基层治理新格局

健全党组织领导的基层自治、法治、德治相结合治理机制，加强党支部标准化、规范化建设，深入开展基层党组织评星定级。加强基层自治实践，进一步规范村（居）委会职责和办事流程，推广“五步工作法”，推进基层协商制度化。坚持法治平罗、法治政府、法治社会一体建设，持续推行行政执法“三项制度”，加快推进公共法律服务体系建设，开展“八五”普法教育，扎实推动民法典实施，创建全国法治示范县、民主法治示范村（社区）。提升德治水平，因地制宜推进农村移风易俗，注重发挥家教家风在社会治理中的积极作用。加强全民安全教育。

（二）织密高校便民服务网

实施社区就业、社会保障、养老助残、卫生计生、文化教育体育、流动人口、公共安全、环境美化、便民利民和志愿互助等社区服务“十个全覆盖工程”。推行以社区为平台、以社会组织为载体、以社会工作者为支撑、以社会志愿者为补充的“四社联动”社会治理新模式，满足社区在托幼服务、心理辅导、矛盾调解、婚姻劝导等方面日益扩大的需求。

（三）推动多元共治新局面

完善民主协商、社会协同、公众参与体制。积极搭建公众参与平台，实行重大民生决策公示、听证等制度，尊重群众知情权、参与权、监督权。加大三级综治（服务）中心规范化管理和实体化运行，健全完善矛盾纠纷多元化解机制，总结推广黄渠桥镇“大综治服务模式”、东苑社区“一核多元四线服务”模式等基层社会治理“平罗经验”。

专栏 19　人民生活品质改善行动
教育强县建设：重点实施“互联网 + 教育”能力提升、城关九小建设、城关六小新建综合楼、第四中学扩建、第六中学新建教学楼、职业教育中心扩建、中小学校运动场地改造、农村学校厕所改造、托幼等项目；推进第一幼儿园迁建，高庄幼儿园、平罗工业园区红崖子园小学及幼儿园新建，平罗中学、第二中学、陶乐中学等学校扩建，中小学电子阅览室等项目。
体育事业振兴行动：实施社区健身中心、全民健身活动中心游泳馆、陶乐镇全民健身中心等项目。
健康平罗建设：实施公共卫生应急保障、县级医疗救治能力提升工程、智慧健康云平台（互联网 + 医疗健康）、乡镇卫生院改扩建、城市社区卫生服务中心、行政村卫生室标准化建设等项目。
社会保障提升：实施城市社区日间照料中心、农村老饭桌、平罗县中心敬老院养护楼以及县社会福利院等项目；建设青年中心，设立青年创业贷款基金，制定并实施平罗县妇女发展规划，制定并实施平罗县儿童发展规划，完善就业公共服务体系等。
社会治理创新：社区服务“十个全覆盖工程”“四社联动”示范社区创建项目等。

第十三章　科学统筹发展和安全，建设更高水平的平安平罗

落实总体国家安全观，着力固根基、扬优势、补短板、强弱项，全面提高防范化解各个领域重大风险的能力水平，把安全发展贯穿经济社会各领域和全过程，确保社会安定团结、和谐稳定。

第一节　维护国家政治安全

推进重大风险协同防控。落实集中统一、高效权威的国家安全领导体制，建立健全风险研判、决策风险评估、风险防控协同、风险防控责任四大机制，筑牢防范化解重大风险的“防火墙”。加强国家安全队伍建设，提高应对和化解国家安全风险隐患的能力水平。多层次、多形式、多渠道开展国家安全宣传教育，提高全民国家安全法治意识，营造维护国家安全的浓厚法治氛围，增强防范和抵御安全风险能力。

严防宗教领域政治风险。坚持我国宗教中国化方向，深化“五进”宗教活动场所活动，持续巩固“三化”等宗教领域突出问题治理成果，积极引导宗教与社会主义社会相适应。健全县乡村三级宗教工作网络，推动宗教治理由被动向主动转变、由治标向治本转变、由管住向管好转变。不断提高宗教法治化水平，严格实行宗教活动场所设立审批和登记管理制度，除生态移民、城镇化改造外，原则上不再审批新建宗教活动场所。依法加强网络宗教管理和舆情监管，坚决打击非法网络宗教行为。坚决遏制宗教极端化倾向。

阻断经济领域风险传导。深化金融监管体系改革，压实金融机构主体责任、监管部门监管责任，在不降低效率的前提下加强对金融机构的审

慎性监管，严密防范和打击非法集资、金融诈骗等违法犯罪行为，守住不发生系统性金融风险底线。维护水利、电力、油气、交通等重要基础设施安全，提高水资源安全利用水平。

建设网络安全防火墙。贯彻落实国家网络空间安全战略，完善网络安全审查和监督机制、数据安全防护和灾备体系、网络安全应急和管控体系，对核心网络、业务系统、服务平台、数据库、政府网站进行安全评估，堵塞安全漏洞，强化隐私保护，推动网络安全综合防控。组建技术支撑队伍，加强互联网管理和内容治理，强化应急反应能力，深化网络空间净化工作，普及网络空间行为规范。

第二节　保持社会和谐稳定

铸牢中华民族共同体意识。将中华民族共同体教育融入学校教育、社区教育、干部教育中，持续推进民族团结教育“八进”，构建课堂教学、社会实践、主题教育多位一体的教育平台，让“三个离不开”“五个认同”思想融入全县广大群众血脉，铸牢民族团结进步的思想基础，建设民族团结进步教育基地。充分运用新技术、新媒体打造实体化的宣传载体，创新利用县文化馆、社区（村）文化广场等平台丰富民族团结教育活动形式，奏响“中华民族一家亲”主旋律。

促进各民族交往交流交融。大力弘扬各民族手足相亲、守望相助的优良传统，开展各民族群众互帮互助、小手拉大手、民族团结故事大赛、民族健身操等活动，使各族群众相互了解、相互尊重、相互包容、相互欣赏、相互学习、相互帮助，促进各民族搭建起你中有我、我中有你的命运共同体。完善居民公约、村规民约、学生守则、行业规章，尊重少数民族区域文化、风俗习惯，营造自觉遵纪守法、维护民族团结的社会氛围。以城乡社区为平台，开展各族群众交流培养、融洽感情的各类活动，逐步由空间嵌入拓展到经济、文化、社会和心理嵌入。

全面深化民族团结创建。坚持抓基层、强基础，推动民族团结进步创建下沉到社区、乡村、学校、企业等基层单位，搭建更多各族群众便于、乐于参与的平台。加大重点行业、窗口单位和新社会阶层等创建力度，找准民族团结进步与社会心理的契合点、与民族情感的共鸣点、与群众利益的结合点，拓展创新“创建＋”模式，注重创建活动与经济发展、民生改善、社会公益等工作相结合，使创建活动更好地服务群众。深化民族团结“细胞工程”，建立健全以街道社区、企事业单位、社会组织为依托的网格化管理模式，开展“社区邻居节”等民族联谊活动。

扎牢矛盾调解工作网。坚持和发展新时代“枫桥经验”，健全“三调联动”矛盾纠纷多元化解机制，推广人民调解“四张网”经验，完善村（居）法律顾问制度，实现平安不出事、矛盾不上交、服务不缺位。健全社会矛盾纠纷排查预警机制，运用信息技术加强对社情、舆情和公众诉求的监测分析，及时发现、有效处理苗头性风险问题。完善调解、仲裁、裁决和复议、诉讼等机制，落实积案办理和信访领导包案制度，加强新时代信访工作，拓展网络信访渠道。建立健全社会心理服务体系，推动城乡社区建设心理服务社会组织，成立心理健康服务协会，促进社会心理和谐。基层社会矛盾纠纷调解成功率稳定在98%以上。

打造治安防控升级版。推进基层防控专业化，进一步充实基层防控力量，新建平罗公安执法办案中心。推进“雪亮工程”,老旧小区改造、新建小区同步建设“智安小区”。利用“网格化+大数据”加强影响社会稳定和发展的各类信息研判和风险管控,建强集应急指挥、视频会议、视频信访、信息发布等功能为一体的县级综治中心。推广“小翼看家”视频监控、“天翼大喇叭”智治等智能化乡村治理措施,深化“村警联建”“群防群治”“警企联防”等平安建设举措,深入开展平安乡镇、平安村(居)、平安医院、平安学校等“平安细胞”创建工作。巩固扫黑除恶专项斗争成果,建立完善扫黑除恶长效机制,重拳打击电信网络诈骗等新型突出违法犯罪行为。深化交巡合一机制改革,扎实开展道路交通安全隐患整治,提高全县交通安全水平。推动社区矫正、安置帮教、社区戒毒工作规范化,健全政府主导、社会参与、家庭扶持帮扶机制,使矫正对象尽快融入社会。

第三节　保障人民生命安全

强化行业安全生产。健全落实安全生产责任制,深入开展安全生产专项整治三年行动,持续抓好危险化学品、道路交通、特种设备等重点行业领域安全生产。建立安全风险分级管控、隐患排查治理双重预防机制,完成县级应急平台建设,将工业园区危化、冶金等高危企业监控系统接入应急平台进行监管。进一步推进企业安全生产标准化,推动工业园区80%以上危险化学品、金属冶炼、建材、机械、轻工等行业规模以上企业达到安全生产标准化三级以上。鼓励支持高危行业企业加大机械化、自动化改造和建设力度,不断提高企业本质安全水平。全面推行安全生产责任保险。

提升应急救援能力。健全防灾减灾统筹协调、属地管理体制,完善军的协调联动机制,鼓励支持社会力量参与防灾减灾救灾,发展防灾减灾救灾志愿者队伍、企事业单位专兼职队伍和专业社工队伍。完善自然灾害监测预报预警体系,优化洪涝干旱、森林草原防灭火、地质地震等监测预警网站基础设施建设,提高信息发布准确性、时效性和公众覆盖面。强化火灾防控能力,实施基层应急消防基地建设,推进县乡村应急消防救援一体化建设。大力普及红十字应急救护知识,提升群众现场救护意识和能力。建设县级救灾物资储备库,提升物资储备和保障能力。

创建食品药品安全区。构建“党政同责、部门协作、企业自律、社会参与、行业规范”的食品药品安全社会共治新格局,高水平创建“食品药品安全区”。建立政治过硬、素质优良的职业化专业化食品、药品监督检查队伍。健全完善食品药品安全应急预案,不定期组织开展突发事件应急演练,建立重大舆情收集、分析研判和快速响应机制,有效防范区域性、系统性重大食品药品安全风险。实施地产食品“一品一码”,加快生产、批发、连锁企业接入宁夏药品追溯监管系统,建立健全食品药品从产地环境、种植养殖、生产加工、储存运输到终端消费各环节、全链条的“线上线下”食品药品安全治理体系。

专栏20　公共安全重点项目
实施基层派出所、智能治安检查站、执法办案中心、交通安全隐患治理、翰林南街消防站及应急物资储备库、陶乐镇和黄渠桥镇消防站点、市政消火栓维护等项目。

第十四章　强化实施保障，确保规划目标任务全面落实

实现“十四五”规划和2035年远景目标，必须把党的全面领导贯穿始终，发挥党的政治优势和组织优势，充分调动一切积极因素，广泛凝聚全社会力量，形成推动发展的强大合力。

第一节　加强党的集中统一领导

坚持党总揽全局、协调各方，发挥各级党委（党组）在经济社会工作中的领导核心作用，为“十四五”规划实施提供坚强政治保障。全面贯彻新时代党的组织路线，贯彻党把方向、谋大局、定政策、促改革的要求，把深入学习贯彻习近平新时代中国特色社会主义思想作为重大政治任务，与学习贯彻习近平总书记视察宁夏重要讲话精神结合起来，进一步增强“四个意识”、坚定“四个自信”、做到“两个维护”。完善党委（党组）研究经济社会发展战略、定期分析经济形势、贯彻落实重大方针政策的工作机制，健全决策咨询机制，提高决策科学化水平。加强各级党委（党组）对经济社会发展的综合协调，充分发挥工会、共青团、妇联和民主党派、工商联和无党派人士作用，完善大统战工作格局，发展和形成大团结大联合局面。

第二节　激发干部群众奋斗精神

深入践行习近平总书记“社会主义是干出来的”伟大号召，发扬“不到长城非好汉”的革命精神，奋战“十四五”、开启新征程。激发奋斗之志，深入学习并运用中国共产党一百年的宝贵经验，教育引导广大党员、干部坚持共产主义远大理想和中国特色社会主义共同理想，不忘初心、牢记使命，为党和人民事业不懈奋斗。落实以高质量发展为导向的政绩考核评价机制，推动各级领导班子和领导干部树立正确政绩观。提升能力素质，加强干部队伍建设，认真落实新时期好干部标准，实施干部政治能力、专业能力提升“两大工程”，提高各级领导班子和干部适应新时代新要求抓改革、促发展、保稳定水平和专业化能力。激励担当作为，健全落实科学精准的选贤任能制度，鲜明重基层、重实干、重实绩导向，严把政治标准，加强对敢担当善作为干部的激励保护，以正确用人导向引领干事创业导向。严格落实“三个区分开来”要求，健全完善容错纠错机制，有效激励干部担当作为、干事创业。

第三节　确保目标任务落到实处

遵照党的十九届五中全会精神，按照国家、自治区、石嘴山市及平罗县“建议”确定的指导思想、主要目标、重点任务和举措，制定“十四五”规划纲要和专项规划。强化规划衔接，坚持国民经济和社会发展总体规划的引导地位，加强各级各类规划间的有机衔接，形成定位准确、边界清晰、功能互补、统一衔接的规划体系。强化政策调控，健全政策协调和工作协同机制，增强政策调控能力，加强经济社会发展政策的统筹协调，围绕重点领域研究建立配套政策储备库，提升政策的精准性和落地性。强化项目支撑，把项目建设作为推动规划落实的强力抓手和重要支撑，发挥项目投资对经济发展的关键作用，健全完善重点项目领导包抓、定期通报、观摩促评和考核奖罚等制度，确保重点项目接替有序、持续有力推进。强化

考核评估，健全规划实施监测评估机制，加强规划实施的人大监督和社会监督，完善规划年度考核和中期评估制度，确保党中央和区、市党委关于“十四五”发展的决策部署落到实处。强化宣传引导，进一步凝聚社会共识，调动公众参与，集全县之力、集各方之智共同推动规划落实。

抄送：县委、人大、政协、人武部、法院、检察院。

组织机构及负责人名录

（截至2021年12月31日）

中国共产党平罗县第十四届委员会

2021年度

书　记　蒋哲文

副书记　郭耀峰　朱　辉

常　委　蒋哲文　郭耀峰　朱　辉　许　锐
王彦锋　刘　超　郑　华　马　冬
丁志军(回族)　蔡广林　寇学文

中国共产党平罗县第十五届委员会

2021年度

书　记　宋世文

副书记　郭耀峰　丁志军(回族)

常　委　宋世文　郭耀峰　丁志军(回族)
马　冬　蔡广林　寇学文　迟宏禹
杨自军　李晓坤(回族)　张学梅(女)
徐建军

平罗县第十七届人大常委会

2021年度

党组书记、主任　马长青

党组书记　马洪斌

党组副书记　顾自军

副主任　顾自军　金凤霞　李维元
冯　斌

委　员　贾学军　骆根川　马海忠　刘仲富
张燕萍　马会玲　马学福　马新民
蒋洪波　靳桂琴　姜　峰　王生林
王利民　王怀东　梁　静　刘静萍
李　宏　杨晓君　肖天文　黄善清
罗占华　莫良宗　徐明忠　许东铭
黄学梅

平罗县第十八届人大常委会

党组书记、主任　马洪斌

党组副书记　冯　斌

党组成员　王新民　刘桂莲　陈国洪

副主任　冯　斌　文　军　王新民　刘桂莲

委　员　丁光山　万慧军　马　仙　马宁惠
马学军　王利民　王宗涛　王晓波
仇学文　刘仲富　许东铭　孙建勤
李占龙　李生华　李自军　李　宏
杨淑娟　张燕萍　周　洋　郝春燕
姜　峰　贾学军　徐春霞　郭华利
黄　飞　黄善清　蒋洪波　谢　燕

办公室主任　贾学军(12月离任)
马春潮(12月任)

办公室副主任　蔡佳楠

财经委主任　骆根川　许东铭

教委主任　马海忠　姜　峰

法工委主任　刘仲富

选委主任　张燕萍

平罗县人民政府

县　长　郭耀峰

副县长　寇学文　陈东升(8月离任)

李晓坤(8月离任)

徐建军(离任)　蒋新录(10月离任)

王　敏(8月任)　杨瑞雍(8月任)

杨占斌(10月任)　张万青(10月任)

政协第十一届平罗县委员会

党组书记、主席　毛精明(7月离任)　任学成

党组副书记　刘　超(6月离任)

杨树仁(1月离任)

党组成员　张宝华　张　斌　陈小龙

副主席　杨树仁(1月离任)　张建丽

张宝华　谭　润

秘书长　张　斌

常务委员　毛精明　张建丽　杨树仁　张宝华

王玉林　尤建民　吴会军　樊　燕

王　娟　李　娜　赵丽华　王燕霞

赵　洁　潘　东　李晓庆　杨占云

韩晓莉　马文燕　冯奇刚　马　志

代正礼　马保云　简　军　马建军

王　浩　王　军　郭兆芹　薛丽娟

胡崇智　王玉林　李　杰　李惠霞

陈小龙　姚　农(1月2日任)为县政协十一届委员会常务委员

政协平罗县第十二届委员会

党组书记、主席　任学成

党组副书记　李晓坤(回族)(兼任)　谭　润

党组成员　代正礼　张　斌　陈小龙

副主席　谭　润　代正礼　樊　燕

秘书长　张　斌

常务委员　任学成　谭　润　代正礼　樊　燕

张　斌　李　杰　李惠霞(女,回族)

郭兆芹　简　军　王秀娟(女,回族)

王学刚　姚　茜　李　娜　赵丽华

韩晓莉　马文燕(女,回族)　何　艳

薛丽娟　陈小龙　李正坤　王　军

丁丽娟(女,回族)

王　楠(女,回族)　赵永宏

吴成宁　梁海涛　马　路(回族)

吴晓慧　马俊锋(回族)　罗少文

王洪军(回族)

办公室主任　陈小龙

办公室副主任　苏文娟

经济委员会专职副主任　李　杰

教科文卫体委员会专职副主任　王玉林

社会治理委员会专职副主任　姚　农

提案和委员联络委员会专职副主任　李惠霞

中国共产党平罗县纪律检查委员会
平罗县监察委员会

纪委书记、监委主任　郑　华(7月离任)

杨自军(8月任)

副书记、监委副主任　王学军　胡新华

纪委常委　郑　华(7月离任)　杨自军(8月任)

王学军　胡新华
马宝红(女、回族)　孔　丽(女)
陈　元　吴成宁
监委委员　郑　华(7月离任)　杨自军(7月任)
王学军　胡新华　马宝红　陈　元
县委巡察办主任　吴成宁
纪委监委办公室主任　马映晖
第一纪检监察室主任　黄　超
第二纪检监察室主任　李　波
第三纪检监察室主任　陈　元
第四纪检监察室主任　杨润泽
第一纪检监察组组长　王鑫荣
第二纪检监察组组长　刘瑞武
第三纪检监察组组长　胡兴斌
第五纪检监察组组长　解永忠
派驻公安局纪检监察组组长　殷月星
派驻法院纪检监察组组长　陈惠萍(3月离任)
赵桂萍(3月任)
派驻检察院纪检监察组组长
刘万宗(12月离任)
李冬梅(12月任)

平罗县人民法院

党组书记、院长　刘　敏(8月离任)
王正栋(8月任)
副院长　龚明胜　张宁喜
王　强(7月离任)
张　红(女)　何志兵
审委会专委　王华勇
政治部主任　万　娟(女)
办公室主任　冯彩红(女)
沙湖法庭庭长　王学宗
立案庭庭长　马　琼(女回族)
法警队队长　路泽宁
法警队政委　徐　迁
行政庭庭长　赵文琴
执行局局长　杨金国
刑庭庭长　燕　峰
民一庭庭长　许　静(女,回族)
民二庭庭长　马瑞玲(女,回族)
头闸法庭庭长　吴建军
陶乐法庭庭长　刘　丹
黄渠桥法庭庭长　任学斌
姚伏法庭庭长　金　婧(女,回族)
审判管理办公室主任　石良玉(女)

平罗县人民检察院

党组书记、检察长　金立栋
副检察长　路　联　马凤俊
范秀红(女)
综合业务部主任　朱红刚
检委会专委　王　卫
办公室主任　张浩磊
政治部主任　赵　鑫
第一检察部主任　王建胜
第二检察部主任　赵德睿
第三检察部主任　曹文娜(女)
第四检察部主任　王华燕(女)
第五检察部主任　李慧霞(女)

平罗县工业园区管委会

党工委书记　蒋哲文(5月离任)
宋世文(9月任)

管委会主任　郭耀峰
党工委副书记、常务副主任　李绍峰
党工委副书记　韩学强　郭廷武
俞红永(9月任)
副主任　李志高　赵虎

县委工作部门

【县委办公室】
主任　李刚(12月离任)　李长林(12月任)
副主任　杨健　张强(4月离任)
李栋(6月离任)
金鹏(4月任)　景天姣(12月任)
机要局局长　李刚
档案局局长　杨健
督查室副主任　李宁
档案馆馆长、地方志办公室主任　刘彦龙
【县委组织部】
部长　马冬
常务副部长　王利民(12月离任)
副部长　简军　王霞
马海桥(12月兼任)
县非公经济组织和社会组织工委书记　简军
专职副书记　朱燕(7月任)
直属机关工作委员会常务副书记　王霞
专职副书记　蔡盼盼(12月任)
离退休干部党工委书记　简军
离退休干部党工委副书记　强永清
老干部局副局长　强永清
【县委宣传部】
部长　许锐(2月离任)
张学梅（女8月任)
副部长　徐明忠　赵燕萍(女)
谢芳(女)
【县委政法委】
书记　朱辉(8月离任)
李晓坤(8月任)
常务副书记　罗占华
副书记　王占宏　杨春玲(女)
【县委统战部】
部长　刘超(8月离任)
李晓坤(8月任)
常务副部长　郭兆芹(12月离任)
贾学军(12月任)
副部长、工商联党组书记　王军
副部长、民族宗教局局长　杨洪军
统战部副部长　顾月娟
民族宗教局副局长　郭学龙
伊斯兰教协会秘书长　吴学贵
【县委党校】
校长　朱辉(8月离任)
丁志军(8月任)
常务副校长　万慧军
副校长　简军　席学贤
【政策研究室】
主任　马学军
副主任　张凤丽　周亮(12月任)
【机构编制委员会办公室】
主任　周洋(12月离任)
马海桥(12月任)
副主任　王文志　刘君芹
【县委网信办】
主任　任生虎
副主任　李金霞　马春燕

【融媒体中心】

主　　任　叶荣宏

副 主 任　马文燕　潘　莉

群众团体

【总工会】

主　　席　许　锐(2月离任)

副 主 席　李生华　王艳霞(女)

刘招婕(女)　孙　体(兼职)

姚　婷(女、兼职)

经审会主任　张　瑜(6月自治区审计厅挂职)

【妇联】

主　　席　黄学梅(1月离任)

徐春霞(1月任)

妇儿工委办专职副主任　龚　潇

【团县委】

书　　记　王　浩(6月离任)

韩　硕(12月任)

副 书 记　郭　琦(3月离任)

【残联】

党组书记、理事长　黄学梅

副理事长　白海涛

【工商业联合会】

党组书记　王　军

专职副会长、秘书长　马海龙(1月离任)

【红十字会】

会　　长　陈东升

常务副会长　王　娟

副 会 长　郑　宁

监 事 长　姜　峰(兼)

副监事长　王东芳(兼)

【科学技术协会】

主　　席　王凤岐

主　　任　李忠孝　金自云

【伊斯兰教协会】

秘 书 长　吴学贵

【文艺联合会】

主　　席　岳昌鸿

政府工作部门

【政府办公室】

主　　任　雍珍善

副 主 任　刘　超　马亚西　何建如

刘俊杰

马俊锋(6月离任)

勉海生(12月任)

县机关事务管理中心主任　雍珍善

中心副主任　白　岗(4月离任)　乔　俊

【财政局】

党组书记、局长　谭　润

副书记、副局长　彭小华

副 局 长　沙占友　杜艳红

党组成员、县纪委监委派驻第二纪检组组长

刘瑞武

【公安局】

党委书记、局长　杨瑞雍

副书记、政委　贺立兵

党委委员、副局长　王宏伟　范怀志　张志祥

李学磊　吴宝清

党委委员　马学兵

指挥中心主任　李玲玉

警务保障室主任　张星宁

政工监督室主任　刘伏新

专职纪委副书记　刘　冬

法制大队大队长	杨　乐	灵沙派出所副所长	李小龙
法制大队教导员	郭　锐	头闸派出所所长	吴会民
禁毒大队大队长	何文东	头闸派出所教导员	马瑞芳
国保大队教导员	何耀华	头闸派出所副所长	刘学平
治安管理大队大队长	周学东	渠口派出所教导员	张学利
治安管理大队教导员	苏建平	渠口派出所副所长	岳建国
刑事侦查大队大队长	马继东	通伏派出所所长	吴军平
刑事侦查大队教导员	韩凌宇	通伏派出所教导员	王　鹏
交通管理大队大队长	邱　岳	通伏派出所副所长	马少军
交通管理大队教导员	赵　燕	姚伏派出所所长	王洪兵
经济侦查大队大队长	孔　维	姚伏派出所教导员	王彦峰
经济侦查大队教导员	孔　磊	姚伏派出所副所长	许　娜　丁海军
网络安全保卫大队大队长	崔　超	崇岗派出所所长	朱进峰
网络安全保卫大队教导员	王占平	崇岗派出所教导员	秦建平
汝箕沟分局局长	王庆生	崇岗派出所副所长	何建国　雍加林
汝箕沟分局教导员	刘勇鸿	陶乐派出所所长	徐文川
城关南街派出所所长	吴建国	陶乐派出所教导员	李万靖
城关南街派出所教导员	陈维义	陶乐派出所副所长	张　宏　徐东坡
城关南街派出所副所长	张　立　金占仁	高仁派出所所长	杨怀斌
城关北街派出所所长	郭新惠	高仁派出所教导员	杨　梅
城关北街派出所教导员	骆文卿	高仁派出所副所长	马　涛
城关北街派出所副所长	马学锋　雍　杰	红崖子派出所所长	马桂军
黄渠桥派出所所长	李学虎	红崖子派出所教导员	贺金云
黄渠桥派出所教导员	王志维	沙湖派出所所长	顾海涛
黄渠桥派出所副所长	刘志明　闫生旗	沙湖派出所教导员	吴宝清
高庄派出所所长	李　仁	沙湖派出所副所长	马保英
高庄派出所教导员	刘　宁	太沙派出所所长	张　军
高庄派出所副所长	樊爱平	太沙派出所教导员	杨　兵
宝丰派出所所长	余洪亮	太沙派出所副所长	朱　杰　张孝武
宝丰派出所教导员	王爱林	草原派出所所长	李学章
宝丰派出所副所长	马苏利	草原派出所教导员	高吉业
灵沙派出所所长	郭志力	草原派出所副所长	莫海涛
灵沙派出所教导员	赵金豹	交通治安派出所所长	马建红

交通治安派出所教导　林　云
交通治安派出所副所长　王秉政
森林公安派出所所长　王彦宁
森林公安派出所教导员　马洪杰
森林公安派出所副所长　马海珍

【发展和改革局】

党组书记、局长　张万青
副书记、副局长　王丽萍
副　局　长　关尚德　杜永浩

【工业信息局】

党组书记、局长　王　林
党组副书记、副局长　张晓利(1月免副局长)
副　局　长　路　双
王文军(4月离任)
王　楠

【交通运输局】

党组书记、局长　冯　斌(12月离任)
王利民(12月任)
党组副书记、副局长　杨立升(12月离任)
副　局　长　闫占清　马佳佳(12月任)
杨林明
公路管理段段长　扈建刚
副　段　长　杨小瑞
交通运输综合执法大队队长　张兴和
副　队　长　田　雷

【教育体育局】

党组书记、局长　雍珍善(4月离任)
胡淑娟(4月任)
党组成员第三派驻纪检组组长　胡兴斌
副　书　记　贺永春(12月任)
副　局　长　石德文　何　艳　邵惠新
张兴红
贾金林(5月离任)
杭改英(5月任)

【平罗中学】

党委书记　李占龙
校　　长　马新民
副　校　长　王胜利　王保定　王万宏
办公室主任/校长助理　张振华
保卫处主任　项　飞
德育主任　丁晓军
总务主任　马占锋
办公室副主任　李　鲲
教务副主任　赵永亮
教科研主任　孙丽丽
德育副主任/高三教学副主任　杨生冬
总务副主任/高三德育副主任　卢建华

【职业教育中心】

党总支书记　崔利华
校　　长　徐学红
副　校　长　王宗明　刘　鹏　周　茜
龚小宁

【退役军人事务局】

党组书记、局长　李自军(4月离任)
副　局　长　张爱娟　路漪冰
退役军人服务中心主任　吴永权

【科学技术局】

党组书记、局长　张银军
副　局　长　刘建忠　杨建华

【民政局】

党组书记、局长　陈晓燕
副　局　长　王平胜　杨　彦　姚万金

【农业局】

党组书记、局长　卢军国
副　局　长　董绍兵　王兴民(12月离任)

王生林(12月任)　罗　祥

农业技术推广服务中心主任　马金国

农副产品加工流通服务中心主任　施建宁

综合执法大队队长　王　斌(7月任)

水产技术推广服务中心主任　马建勤

农村合作经济经营管理站站长　王　云

县扶贫开发服务中心主任　马建平

农业综合开发办公室主任　黄立峰

动物卫生监督所所长　谭　俊

【农村综合改革服务中心】

主　　任　徐春霞(2月离任)

顾思伟(4月任)

副 主 任　雍志林(2月任)

马晓芳(4月任)

【人力资源和社会保障局】

党组书记、局长　马建虎

党组副书记、副局长　雍海威

副 局 长　黄志刚

就业创业服务局局长　吴小龙

副 局 长　吴国权

社会保险事业管理中心主任　王新国

劳动保险监察执法局局长　冯明宏

劳动人事争议仲裁院院长　贺　莉

【审计局】

党组书记、局长　方志斌

副 局 长　王建文　王东芳

马　丽

【审批服务管理局】

党组书记、局长　李长林

副 局 长　曹　军　陈文杰

县政务服务中心主任　童海军

【统计局】

党组书记、局长　王继萍

副 局 长　徐光宏　石　颖

统计普查中心主任　黄保峰

【商务和投资局】

党组书记、局长　马春朝(12月离任)

郭兆芹(12月任)

副 局 长　李建江(8月任)

陈富忠(2月任)

谈静涛(1月离任)

段尧凯(1月离任)

【应急管理局】

党委书记、局长　王新民

副书记、副局　李志强

副 局 长　牛慧强　温新兵

陈永虎　王文军(4月任)

【自然资源局】

党组书记、局长　昝树诚(4月离任)

吕占林(12月任)

副书记、副局长　尤建民

副 局 长　陆　波(6月离任)

王占全　代新义

白　超(12月任)

【市场监督管理局】

党组书记、局长　代正礼

副书记、副局长　李雪斌

副 局 长　吴　哲　丁燕辉

执法稽查队队长　李树强

城关市场监督管理南区所所长　逯　水

城关市场监督管理北区所所长　侯保东

工业园区市场监督管理所所长　杨立峰

沙湖市场监督管理所所长　薛　军

黄渠桥市场监督管理所所长　杨　轲

陶乐市场监督管理所所长　　汤东尧
姚伏市场监督管理所所长　　祁俊峰
头闸市场监督管理所所长　　马惠军
红崖子市场监督管理所所长　　支兴国

【水务局】

党组书记、局长　　马建虎
副书记、副局长　　贾华荣
副　局　长　　黄　霄　马少华
　　闫建军

【司法局】

党组书记、局长　　谢生良
副书记、副局长　　王雪梅
副　局　长　　黄　飞(9月离任)
　　马春霞

【文化旅游局】

局长、书记　　马海桥(12月离任)
　　张素玲(12月任)
副局长、副书记　　李冬梅(12月离任)
副　局　长　　徐　敬
图书馆馆长　　田金霖
副　馆　长　　李　娜
文化馆馆长　　祁　燕
党支部书记　　蔡自荣
文化市场综合执法大队大队长　　李春燕
电影公司经理　　韩晓明

【住房和城乡建设局】

党组书记、局长　　宋志斌
副　局　长　　郜秀蓉
　　李　波(12月任)
城市管理大队队长　　李建军
公共事业管理所所长　　夏振崇

【卫生健康局】

党组书记、局长　　钱　丽
副书记、副局长　　李文忠
副　局　长　　林海亮　高金梅
县人民医院院长　　孙建勤
县中医医院院长　　冯奇刚(4月离任)
　　樊宗元(6月任)
妇幼保健计划生育服务中心主任　　王玉林
卫生监督所所长　　叶尚聪
姚伏卫生院院长　　樊宗元(6月离任)
城关镇中心卫生院院长　　周正安

【医疗保障局】

局　　长　　邹　韬
副　局　长　　韩　硕　顾永华

【供销社】

党组书记　理事会主任　　王宗贵
监事会主任　　吴会军
理事会副主任　　徐　建

【德渊市政】

党委书记、董事长　　闫志强(12离任)
　　王丽萍(12月任)
党委副书记、总经理　　王晓波
党委副书记、纪委书记　　陈国俭
副总经理　　叶淑娟　杨　勇
　　马锦波
工会主席　　李　斌

驻平区、市属单位

【平罗县税务局】

党委书记、局长　　孙　岸(2月离任)
　　苏　诚(2月任)
副　局　长　　张庆生　李鼎陶
　　俞行利(3月离任)
　　贺云飞(3月离任)

桂　和(2月离任)
李　波(2月离任)
王　强(2月任)
孙　敏
副书记　马生勋(5月离任)
纪检组组长　于洪勇
第一税务分局局长　马青云(2月离任)
　刘　琳(6月任)
第二税务分局局长　李荣刚(6月离任)
　强洪峰(6月任)
姚伏税务分局局长　闫　斌(5月离任)
　赵金国(6月任)
宝丰税务分局局长　田光华
崇岗税务分局局长　强洪峰(6月离任)
　李荣刚(6月任)
城关税务分局局长　许贤德(3月离任)
　王志国(6月主持)
陶乐税务分局局长　薛　峰(6月离任)
　赵　勇(6月主持)
黄渠桥税务分局局长　赵金国(6月离任)
　孔佳丽(6月主持)

【市生态环境局平罗分局】

局长　梁　迈
副局长　桂学利　李晓佳
　罗　鹏

【平罗气象局】

副局长　王艳华(主持工作)
党组副书记、陶乐气象站站长　李学斌
纪检组组长　丁惠荣
气象台台长　杨正兴
陶乐气象站副站长　李文军

【国家统计局平罗调查队】

队长　赵建军
纪检员　俞海宁
副队长　陈　刚
挂职副队长　滕学强

【平罗邮政分公司】

总经理　于晓玲
副总经理　姜学军　杨　楠

【人民银行平罗县支行】

行长　董俊儒
副行长　计　铖　马鹏霞

【农业银行平罗县支行】

行长　王成伟
纪委书记　海建忠
副行长　仵中诚　曹玉敏

【工商银行平罗县支行】

行长　李建明
纪检员　贾鹏飞
副行长　柴　桦　谢　乐

【农业发展银行平罗县支行】

行长　郭建华
副行长　李　华　丁学林

【邮储银行平罗县支行】

行长　王劲奇
副行长　仝叶青　周立峰

【石嘴山银行平罗支行】

行长　陈　亮
行长助理　张　惠

【中国人寿平罗支公司】

总经理　赵建成
总经理助理　赵　晶
副经理　王东义　王建恒

【中国人寿财险平罗支公司】

经理　李芳斌
见习经理　刘少兵

综合部经理　何　潇

【中国电信平罗分公司】

总　经　理　牛得泉

副总经理　吴　伟　黄晓明

【平罗县烟草专卖局】

局长、经理　哈德军

副　局　长　贾　勇

副　经　理　甄文鹏

乡　镇

【城关镇】

党委书记　迟宏禹(6月任)

党委副书记、镇长　赵海燕

人民代表大会主席　黄　飞(9月任)

党委副书记　张　瑞(6月任)

纪委书记　仇宁华(6月任)

副 镇 长　张金喜(9月任)

郭红刚(9月任)

冯　鑫(9月任)

组织委员　张崇海

【陶乐镇】

党委书记　丁志军(6月离任)

杜　涛(8月任)

副书记、镇长　杜　涛(6月离任)

李　栋(6月任)

人民代表大会主席　靳桂琴(6月离任)

丁光山(6月任)

副 书 记　贺永春(6月离任)

王　轩(6月任)

纪委书记　李　刚

副 镇 长　吴光贤

刘　瑞(6月离任)

胡月梅(6月任)

陈　宁(6月任)

组织委员　马　佳

【崇岗镇】

党委书记　吕占林(6月离任)

万晓山(6月任)

副书记、镇长　张建荣(6月离任)

谷　亮(6月任)

人民代表大会主席　吕永红(6月离任)

仇学文(6月任)

副 书 记　杨学仁(7月挂职)

纪委书记　王建军(6月离任)

孙　涛(6月任)

副 镇 长　李正国(7月离任)

姚　亮(7月离任)

余　东(7月离任)

马占平(7月任)

赵　洁(7月任)

张光耀(7月任)

组织委员　黄丽蓉

【宝丰镇】

党委书记　刘桂莲(11月离任)

副书记、镇长　王建虎

人民代表大会主席　张立东(6月离任)

李菊红(6月任)

副 书 记　李菊红(6月离任)

闫晓庆(6月任)

纪委书记　闫晓庆(6月离任)

吴　磊(9月任)

副 镇 长　吴　涛(6月任)

刘　刚　(6月任)

付　强(6月离任)

石荣昌

组织委员　何梅玲

【头闸镇】

党委书记　王立刚

副书记、政府镇长　赵冬梅

人民代表大会主席　岳文艳

副书记　王　娜

纪委书记　马　琴

副镇长　田生元(6月离任)

李晓军(6月离任)

王会文(6月任)　吴乔伟(6月任)

组织委员　金　鹏(6月离任)

刘晓龙(6月任)

【姚伏镇】

党委书记　张立川

副书记、镇长　杨　楠

人民代表大会主席　赵冬梅(1月离任)

李自军(4月任)

副书记　杨金莲　赵建明(7月任)

纪委书记　靳贵军(6月离任)

纪委书记　马学娇(6月任)

副镇长　刘万俊

叶立国(6月离任)

刘　逵(6月离任)

魏剑云(7月任)

姚东升(7月任)

组织委员　王润梓

【黄渠桥镇】

党委书记　张素玲(6月离任)

贺　波(6月任)

副书记、镇长　李　涛(6月任)

副书记　李　波(6月离任)

王苓苓(6月任)

贾廷栋(8月挂任)

人民代表大会主席　王宗涛(11月离任)

纪委书记　何立明(9月任)

副镇长　孙　涛(6月离任)

尚建亭(6月离任)

田生元(6月任)　吴学荣

刘　刚(6月任)

组织委员　薛　乐(6月任)

【灵沙乡】

党委书记　杨自飞

副书记、镇长　王　浩

人民代表大会主席　靳贵军

副书记　马学荣　冯　煜(挂职)

纪委书记　杨巧凤

副乡长　辛　仝　马俊锋　李三姓

组织委员　沙如月

【高庄乡】

党委书记　杨占斌

副书记、乡长　闻立锋

人民代表大会主席　王生林(6月离任)

李菊红(6月任)

副书记　征自武(6月离任)

刘　逵(6月任)

纪委书记　岳文艳(1月离任)

高婷婷(6月任)

副乡长　周学忠

王建武(6月离任)

马继玲(6月离任)

马志财(6月任)

曹　刚(6月任)

组织委员　张　娜

【渠口乡】

党委书记　蒋海龙

副书记、乡长　梁　静(6月任)

人民代表大会主席　余　冬(6月任)
副 书 记　吴晓瑞
纪委书记　毛海旺(6月任)
副 乡 长　柯茂华　王　鹏(6月任)
李小乐(6月任)
组织委员　范淑萍(6月任)

【通伏乡】

党委书记　吴少兵
副书记、乡长　蔡少峰
人民代表大会主席　沙光鑫
副 书 记　王　瑞
纪委书记　程瑞军
副 乡 长　王苓苓(6月离任)
王永平(9月离任)
吴晓亮(6月任)
叶立国(6月任)
杨敏雪(9月任)
组织委员、宣传委员　路　婷(6月任)

【红崖子乡】

党委书记　解　毅(4月离任)
王　波　(7月任)
副书记、乡长　王　波(7月离任)
征自武(7月任)
人民代表大会主席　白　超(6月离任)
焦　峰(7月任)
纪委书记　姚　江(7月任)
副 书 记　苏惠军
副 乡 长　宁建军
吴　磊(6月离任)
吕建国
马　阳(7月任)
组织委员　张　丽(6月离任)
安　婷(7月任)
书记助理　纳　静
乡长助理　曹　刚(7月离任)

【高仁乡】

党委书记　万晓山(6月离任)
苏万龙(6月任)
乡　　长　苏万龙(6月离任)
伏　博(6月任)
人民代表大会主席　郭华利
党委副书记　焦　峰(6月离任)
杨　涛(6月任)
纪委书记　梁建华(6月离任)
赵　雪(6月任)
副 乡 长　赵　雪(6月离任)
郝　丽(6月任)
李　鑫(6月任)
杨　涛(6月离任)
丁建鹏(6月任)
组织委员　郝　丽(6月离任)
张　丽(6月任)